“十三五”国家重点出版物出版规划项目

经济科学译丛

发展宏观经济学

（第四版）

皮埃尔·理查德·阿根诺（Pierre-Richard Agénor）
彼得·J. 蒙蒂尔（Peter J. Montiel） 著

董 琦 范 翻 译
陶 然 校

Development Macroeconomics

（Fourth Edition）

中国人民大学出版社
·北京·

《经济科学译丛》

编辑委员会

学术顾问

高鸿业　王传纶　胡代光　范家骧　朱绍文　吴易风

主　编

陈岱孙

副主编

梁　晶　海　闻

编　委（按姓氏笔画排序）

王一江　王利民　王逸舟　贝多广　平新乔　白重恩
朱　玲　刘　伟　许成钢　李　扬　李晓西　李稻葵
杨小凯　汪丁丁　张宇燕　张维迎　林毅夫　易　纲
金　碚　姚开建　钱颖一　徐　宽　高培勇　盛　洪
梁小民　樊　纲

《经济科学译丛》总序

中国是一个文明古国，有着几千年的辉煌历史。近百年来，中国由盛而衰，一度成为世界上最贫穷、落后的国家之一。1949 年中国共产党领导的革命，把中国从饥饿、贫困、被欺侮、被奴役的境地中解放出来。1978 年以来的改革开放，使中国真正走上了通向繁荣富强的道路。

中国改革开放的目标是建立一个有效的社会主义市场经济体制，加速发展经济，提高人民生活水平。但是，要完成这一历史使命绝非易事，我们不仅需要从自己的实践中总结教训，也要从别人的实践中获取经验，还要用理论来指导我们的改革。市场经济虽然对我们这个共和国来说是全新的，但市场经济的运行在发达国家已有几百年的历史，市场经济的理论亦在不断发展完善，并形成了一个现代经济学理论体系。虽然许多经济学名著出自西方学者之手，研究的是西方国家的经济问题，但他们归纳出来的许多经济学理论反映的是人类社会的普遍行为，这些理论是全人类的共同财富。要想迅速稳定地改革和发展我国的经济，我们必须学习和借鉴世界各国包括西方国家在内的先进经济学的理论与知识。

本着这一目的，我们组织翻译了这套经济学教科书系列。这套译丛的特点是：第一，全面系统。除了经济学、宏观经济学、微观经济学等基本原理之外，这套译丛还包括了产业组织理论、国际经济学、发展经济学、货币金融学、公共财政、劳动经济学、计量经济学等重要领域。第二，简明通俗。与经济学的经典名著不同，这套丛书都是国外大学通用的经济学教科书，大部分都已发行了几版或十几版。作者尽可能地用简明通俗的语言来阐述深奥的经济学原理，并附有案例与习题，对于初学者来说，更容易理解与掌握。

经济学是一门社会科学，许多基本原理的应用受各种不同的社会、政治或经济体制的影响，许多经济学理论是建立在一定的假设条件上的，假设条件不同，结论也就不一定成立。因此，正确理解掌握经济分析的方法而不是生搬硬套某些不同条件下产生的结论，才是我们学习当代经济学的正确方法。

本套译丛于 1995 年春由中国人民大学出版社发起筹备并成立了由许多经济学专家学者组织的编辑委员会。中国留美经济学会的许多学者参与了原著的推荐工作。中国人民大学出版社向所有原著的出版社购买了翻译版权。北京大学、中国人民大学、复旦大学以及中国社会科学院的许多专家教授参与了翻译工作。前任策划编辑梁晶女士为本套译丛的出版做出了重要贡献，在此表示衷心的感谢。在中国经济体制转轨的历史时期，我们把这套译丛献给读者，希望为中国经济的深入改革与发展做出贡献。

《经济科学译丛》编辑委员会

第四版序言

20 世纪 70 年代早期，大量的文献开始致力于解决发展中国家所面临的各类宏观经济困境。到了 80 年代，该领域的文献整体上的复杂与严谨程度已经可以和以高收入国家为研究主体的宏观经济文献等量齐观。但是，这些研究进展并没有在标准的宏观经济学（或开放宏观经济学）教科书中体现出来，标准宏观经济学教材的分析大多建立在为高收入国家设计的研究框架之上，当宏观经济问题涉及发展中国家时，已有教材并没有尝试改变分析框架以适应发展中国家的一些特殊条件和结构性特征。

前三版《发展宏观经济学》填补了上述鸿沟，为读者呈现出一个关于发展中国家宏观经济分析的连贯、严谨、全面的文献概述。教材中回顾了将发展中国家特征、条件纳入标准宏观经济分析范式的大量尝试，并且运用众多模型研究了发展中国家的宏观经济政策问题。教材的理论分析部分均辅以关于行为假设和发展中国家宏观经济政策效应的经验证据。

第三版教材出版于 2008 年，写作时间主要集中于 2006 年至 2007 年初。当时，高收入国家还处于全球经济的“大稳健”（Great Moderation）时期，美国房地产市场问题初现端倪。对于大多数发展中国家来说，21 世纪初期是繁荣的至高点。许多国家经历着高经济增长、低通货膨胀，并且对外贸易拥有良好表现。上述正面成果往往源于 20 世纪 90 年代这些国家的结构化改革和宏观经济改革措施（前几版教材对此进行了描述），以及非常有利的外部经济环境。因此，对于宏观经济稳定问题的关注让位于对经济政策背景的研究，其中包括许多结构性问题，例如贫困和收入分配、失业、法律和行政体系改革以及政府运作的可信度和透明度等。

肇始于美国并使美国于 2008 年末、2009 年初坠入低谷的全球金融危机彻底改变了这一局面。由于 20 世纪 90 年代的改革，大多数发展中国家的商业和金融开放程度大幅增加，这一方面改善了发展中国家的经济效率和增长，但与此同时也使这些国家高度暴露于外部实体经济和金融冲击中，而全球金融危机带来的上述两类冲击被证实是十分严重的。国际动荡加剧了对发展中国家经济稳定的挑战，宏观经济稳定问题再次回到了舞台中心。例如国内金融系统的适当管理、资本流动的政策反应、汇率政策的形成以及货币政策与财政政策如何搭配以具备中期可信度与短期灵活性等问题，再一次成为政策讨论的核心。在过去一段时间内，这些问题以特殊的形式出现在发展中国家，加之发展中国家更高的商业开放度、更多变的资本流动、不完善的宏观经济体制与政策制度以及宏观经济管理的信心不足等因素，对上述问题的解决提出了尤为严峻的挑战。

发展中国家所面临的新的宏观经济挑战为本书新版的出现提供了良好的契机。第四版教材除了总体更新了实证分析和理论分析内容，我们对第三版教材进行了大量的改动以反映当前发展中国家应对的经济环境改变。关于公共债务和资本流动管理的内容被进一步扩充，关于财政纪律、货币政策、货币、银行、主权债务危机、货币区和汇率制度选择的部分均添加了新的章节。除此之外，关于经济稳定计划的内容加入了最新的重要经验。新加入的一章主要介绍了带有金融摩擦的动态随机一般均衡模型（DSGE），全球金融危机中的金融摩擦在产生与扩大宏观经济冲击中充当了重要角色，危机重塑了我们对于这一角色的思考，该章正反映了金融问题在宏观经济框架中新的关注点。危机后，宏观审慎监管成为同时保持金融与宏观经济稳定的重要工具，我们也在本书中加入了相关介绍。

教师和学生可以访问网站 http：//press. princeton. edu/titles/10494. html 来获得本书的补充资料。

在准备新版教材的过程中，前三版教材大量的读者评论和建议使我们受益匪浅。同时，我们还亏欠我们的合著者、现在以及过去的同事与学生一份特殊的并且仍在延续的“债务”，其中特别需要感谢的人包括 Joshua Aizenman，Koray Alper，Nihal Bayraktar，Keith Blackburn，Otaviano Canuto，Jerry Caprio，Karim El Aynaoui，Eduardo Fernandez-Arias，Alejandro Izquierdo，Henning Jensen，Mohsin Khan，Prachi Mishra，Kyriakos Neanidis，Emmanuel Pinto Moreira，Luiz Pereira da Silva，Eswar Prasad，Carmen Reinhart，Issouf Samake，Murat Ucer，Nadeem Ul Haque，Carlos Végh，Devrim Yilmaz。当然，上述贡献者不对本书的观点承担任何责任。同时，我们对曼彻斯特大学和威廉姆斯学院的财务支持深表谢意。最后，我们还要对以下刊物出版商允许我们在本书中使用我们之前的一些研究成果表示感谢：*Handbook of International Macroeconomics*，*IMF Staff Papers*，*International Journal of Central Banking*，*Journal of Development Economics*，*Journal of Economic Dynamics and Control*，*Journal of International Money and Finance*，*Journal of Macroeconomics*，*Journal of Money*，*Credit*，*and Banking*，*Open Economies Review*，*Oxford Economic Papers*，以及 Princeton Essays and Studies in International Finance。

目　录

导论与概览

发展中国家与转型经济体，包含如韩国等那些现在已经被划分为发达国家的成员，当前已经占据了超过一半的世界产出（以购买力平价汇率衡量），而大部分被国际货币基金组织（IMF）监督的国家仍处于发展中阶段。因此，不仅大部分世界产出源于发展中国家，而且国家宏观经济政策的形成通常也基于发展中国家的背景。尽管如此，大部分现代宏观经济学内容被用来解决和应对工业化国家所面临的问题与境况。对于经济学家和政策制定者来说，这些适用于分析工业化国家宏观经济问题的工具和模型，在多大程度上可以为发展中国家宏观经济政策的制定和实施提供指导是一个非常重要的问题。

1 发展宏观经济学的范畴

本书的题目表明发展中国家的宏观经济学在本质上与“标准的”宏观经济学存在一些区别。如果“标准的”宏观经济学教材中的那些用以分析工业化国家宏观经济现象的方法足以应对发展中国家的问题，那么“发展”宏观经济学将没有任何存在的理由。同时，这样一个名称也表明，发展中国家的宏观经济存在着充分的相似性，以至于发展宏观经济学的称谓相比于如巴西宏观经济学、喀麦隆或者尼泊尔宏观经济学充满了意义。我们深知上述两点都是存在疑问的：一方面，很多经济学家认同“标准的”宏观经济学工具与模型可以被用于发展中国家，另一方面，一些经济学家可能会争论巴西、喀麦隆和尼泊尔几乎不存在共通性，因此“发展”宏观经济学的概念缺乏意义。

以上疑问使得证明的重担落在了我们身上。发展宏观经济学是独特的这一观点听起来让人感到怀疑，这就像 20 世纪 60 年代陈旧而又不可信的主张：现代新古典（微观）经济学与发展中国家无关，因为发展中国家在某些不明确的方面与工业化国家存在着一定程度的不同，或是因为这些“传统”社会中的经济主体是非理性的且不以最优化为行为目标。本书中所采用的观点不应被这一主张所动摇，我们并不认为发展中国家经济主体的经济行为与新古典（微观）经济学所强调的理性最优化原则不一致，进而与工业化国家中的经济主体行为不同。相反，我们认为他们的行为表现与发达的工业化国家的经济参与者别无二致，只是其行为产生的经济环境不同。我们的观点是现代宏观经济学中那些标准的分析方法与发展中国家和工业化国家的联系实际上是一样紧密的，但在发展中国家中那些与工业化国家相似的问题需要不同的模型进行分析。

这是因为工业化国家与发展中国家的“结构化”差异使得很多被广泛应用的工业化国家模型在用以分析发展中国家宏观经济现象时并不是十分理想。“结构化”被打上了引号，是因为我们所提及的差异并不指那些不变的或不受改革影响的差异，而是那些在某一时刻是外生给定的并在关注这些国家时需要被宏观经济学家所考虑的差异，同时这些宏观经济环境中的差异是可以被明显识别的。[①] 这些能够将发展中国家与工业化国家区分开的结构化特征在发展中国家是十分普遍的，以至于将其定义为特殊的一类“发展”宏观经济模型是充满意义的。发展宏观经济学的任务就是发掘这些结构化差异对宏观经济运行与政策的启示。

谈及上述内容，我们并不旨在夸大我们的贡献。优秀的经济学家在任何条件下都会将经济运行的制度性框架纳入分析。那些以高收入国家为主要分析对象的经济学家同样对差异化工资设定、预算制度、汇率和货币政策以及金融结构对宏观经济分析的影响了如指掌。我们的主张是发展中国家和工业化国家的经济存在着系统性差异，并且在发展中国家之间这一特质存在着足够的相似性，因此对它们提出一个统一的宏观经济分析框架是具有意义的。

2 一些特殊的专题

除了结构化差异外，发展中国家的经济学家和政策制定者所关心的一些宏观经济问题并没有在工业化国家中具有相似的重要性，同样这些问题并不拘泥于一国，而是在不同的时段中发生在不同的国家，成为发展中国家广泛关注的对象。总而言之，不仅是研究模型自身的性质，而且包含它们被应用的目的使得发展中国家的宏观经济学有别于工业化国家。

- **高通货膨胀率下的稳定**

在过去 30 年，发展中国家的高通货膨胀现象比工业化国家更为普遍。在这个过程中发展中国家也见证了许多用以维持价格水平稳定的方法。这其中包含正统的货币型方案，如紧缩性财政政策与货币政策和与对外收支平衡相适应的汇率政策等，也有“非正统”的辅以固定汇率的紧缩需求的政策以及一些工资与物价的价格控制手段。这些政策与方法的演进及其对未来不同国家经济稳定的经验是一个重要的研究领域。

- **通货膨胀目标制和货币政策**

自 20 世纪 90 年代起，包括高收入国家和发展中国家在内的很多国家，开始运用通过管理短期利率以达到对外公布的通货膨胀目标的货币政策。关于通货膨胀目标制的设计和实施目前成为很多发展中国家的政策前沿。在这些国家中，周期性的贸易冲击、汇率管理以及货币政策传导途径的不确定性都为通货膨胀目标制的实施带来了挑战。

---

① 在发展宏观经济学中这些特殊的差异包括贸易冲击、中间商品的进口与资本流入、金融领域的部分对外开放、非正规借贷市场、公共部门生产、劳动力市场分割、收入不均、政策不稳定性和经济波动性。

● **汇率管理**

大部分高收入国家要么实行浮动汇率制度，要么隶属于货币同盟。浮动汇率制度和货币同盟同样在发展中国家存在，但很多发展中国家仍然持续地对汇率进行主动管理，来寻求国内价格稳定和对外贸易的竞争优势。关于如何依据国家的条件和经济环境选取最优的汇率制度，以及如何调整和实施有管理的汇率制度安排，对于发展中国家仍然在各项政策议程中占据着重要地位。

● **货币同盟的收益与成本**

近些年，对发展中国家形成货币同盟的关注不断升温。发展中国家货币同盟已经在西非和加勒比地区出现，而且在 MERCOSUR（一个南美地区的贸易组织）* 、东南亚地区的《清迈协议》、东非共同体等基础之上被广泛地讨论。因此，成立货币同盟的收益与成本也成为发展中国家宏观经济政策中的重要议题之一。①

● **财政规则和财政政策的顺周期性**

关于显性财政规则是否有助于实现和保持财政纪律，近年来被人们广泛讨论。正如通货膨胀目标制，这些财政规则同样在高收入国家和发展中国家并行。但是，由于更加高频的主权债务危机和财政政策显著的顺周期性，使得这些财政规则在发展中国家扮演着尤为重要的角色。

● **资本流动管理**

无论是 2000 年初还是 2008 年全球金融危机期间，大幅的资本流动都使发展中国家宏观经济管理变得异常复杂。资本流入与流出的起因、资本流动的福利影响以及相应的政策响应等成为发展中国家众多研究文献的关注点。

● **金融危机**

伴随着资本流动性的增加，货币危机开始困扰工业化国家和发展中国家，而这些危机在发展中国家显得更加频繁与严重，自然也成为发展宏观经济学的研究前沿之一。过去几年里，围绕着自我实现预期和政策制定者偏好的作用，货币、银行系统和主权债务危机的联系，特别是不同经济指标的预测，产生了数目可观的研究文献。

● **金融部门改革**

自 20 世纪 90 年代起，大量的发展中国家针对自己的金融系统进行了广泛而深入的改革。金融部门的改革强化了金融中介转化国内储蓄的角色，同时也使实体经济更趋于外向发展模式。金融改革和宏观经济稳定的关系，需要依据发展中国家金融部门的特点赋予结构化分析。同时，上述关系在金融危机后的宏观审慎监管背景中也成为热点和前沿。

● **劳动力市场运行**

宏观经济学家开始关注发展中国家不同劳动力市场结构在政策冲击传导机制中充当的重要角色。特别重要的现象包含劳动力市场分割、政府管制的作用（比如，不同工种的最低工资设定或失业保障计划的设计）、短期内不同行业之间较弱的劳动力流动性。

---

* MERCOSUR 为南方共同市场，是南美地区的区域性经济合作组织，也是第一个完全由发展中国家组成的共同市场。——译者注

① Ishiyama（1975）和 DeGrauwe（2012）提供了关于该主题的文献综述。

● **公共资本和增长**

公共投资和公共资本对于经济增长的影响成为发展中国家近期学术研究和政策探讨的核心。大量的学术研究（包括实证和理论研究）特别关注了公共基础设施的效应（Agénor，2012b）。早期研究中强调了基础设施特别是教育和健康，带来的外部性，目前大家对上述领域之外的其他基础设施带来的外部性越发认同。

● **宏观经济的政治因素**

在任何一个国家，经济生活都逃不开政治因素的影响。近期的宏观经济文献已经将政治因素纳入思考框架，用以理解更多的宏观经济现象，例如通货膨胀惯性、政策工具设定和改革的持续性。在发展中国家持续的宏观经济改革进程中，政策制定者的政治目标和经济政策设计间的联系显得尤为重要，自然也成为研究的重要领域。

3 全书概览

本书分为五个部分。第一部分主要关注发展中国家和发达国家间的宏观经济联系以及市场结构的差异。第 1 章确定了用以区分发展中国家和教科书中标准工业化国家的一些结构化特征，描述了国民账户框架并讨论了一些关于发展中国家宏观经济建模的重要因素。第 2 章重点关注行为函数，集中探讨了那些根据发展中国家的特性对标准函数形式所进行的修正与改进。这些修正与改进包括总消费的流动性约束、信贷与外汇资源配额、债务悬置对生产和个人投资的影响、投资的不确定性和不可逆性以及货币需求中的货币替代效应。

本书的第二部分重点关注发展中国家的金融（财政、货币和汇率）政策。第 3 章考察了政府预算的性质和对财政管理的影响及其与财政规则、财政纪律和公共投资的联系。第 4 章通过探讨财政赤字对宏观经济变量的影响来继续分析财政问题，我们特别关注了财政赤字与经常账户的联系、财政紧缩是否具备扩张性以及财政政策对劳动力市场动态的影响。该章还研究了劳动力市场分割和部门工资黏性在财政政策冲击传导过程中的角色。

第 5、6、7 章主要关注货币政策。近年来大量发展中国家的金融自由化显著地降低了金融抑制的负面影响。第 5 章开篇，我们回顾了从金融抑制中走出的国家（大部分为中等收入国家）金融系统的关键特性，我们重点关注了银行、信贷市场、信息不对称等主题。另一种从宏观层面出发对信贷市场建模的方法同样被本书提及，其中我们重点关注抵押物的角色以及抵押物对风险溢价和借贷约束的影响。第 5 章中，我们还提供了关于货币政策传导途径的概览，并讨论了美元化的影响。

我们在第 6 章中，基于小型开放经济体和资本不能完全自由流动的前提，建立了在固定汇率制和浮动汇率制中的货币政策传导途径静态分析框架。这个模型可被用来研究多样的政策与外生性冲击。尽管该模型中行为方程不是从最优化问题中推导出来的，但我们仍将该模型（给定该模型的一般均衡性质）视为分析中等收入国家货币政策的有力工具。更严格来说，很多具备微观基础的模型并不能提供更加准确的分析，特别是在面对现实世界中的政策问题时。正因为该模型的理论机制相对直接，因此它能被用来解决很多超出该章讨论范围的问题。

第7章的重点是货币政策、宏观经济稳定与金融稳定。第7章开头我们将对通货膨胀目标制的原理和机制进行详尽的介绍。除此之外，该章比较了通货膨胀目标与货币数量目标、汇率目标以及名义收入目标，随后我们还讨论了通货膨胀目标制的表现和对该目标制的现实挑战。基于通货膨胀目标制，该章还关注了金融稳定问题以及货币政策与宏观审慎政策的关系。在2008年全球金融危机后，宏观审慎监管的角色以及是否应将金融稳定目标列为货币政策目标等问题成为各国政策研究的前沿。该章我们以货币政策的研究前沿——信息不对称和非线性、货币传导途径中的不确定性、以改善宏观经济与金融稳定性为目标的利率规则设计等问题——的讨论作为结束。

第8章和第9章讨论了发展中国家的汇率制度选择。在简短地回顾了各种汇率制度后，第8章讨论了在固定汇率制度下，关于通货膨胀目标可信度的问题。然后我们对汇率区间在权衡汇率自由度与通货膨胀目标可信度时的作用以及货币联盟等问题进行了讨论。

第9章中我们介绍了关于汇率制度选择的其他标准。首先，我们关注了汇率制度在随机冲击中的角色并探讨了名义汇率变动对于产出收缩影响的多种渠道（包含资产负债表效应）。由于收缩的效应较大，这可能给汇率的高度自由浮动带来负面影响。其次，在讨论了钉住汇率制中的道德风险问题后，该章以各种汇率制度的优劣比较作为终结。

高通货膨胀一直是很多发展中国家面临的核心问题。因此，本书的第三部分着重介绍通货膨胀稳定问题以及当前用以分析货币政策对通货膨胀影响的模型。

第10章中我们为读者呈现了另一个描述通货膨胀过程的模型。该模型主要关注了“正统”和“新结构”方法的不同之处。同时，我们考察了基于国际资本非自由流动前提下，货币政策与汇率政策规则的宏观经济动态。第11章基于以汇率为基准的反通货膨胀政策讨论了三个重要的问题（产出行为、实际利率、实际工资）并介绍了大量关于反通货膨胀政策中可信度因素的作用。我们特别考察了一些可以加强稳定政策可信度的其他方案和政策中各种名义锚的选择问题。

近期的全球金融危机使宏观经济分析无法脱离金融因素。越来越多的实证研究和现实依据表明，对于发达国家和发展中国家来说，金融因素是一种重要的经济冲击来源，同时也是一种关键的经济冲击的放大渠道。危机也改变了宏观经济问题的类型，并且想要回答当下的宏观经济问题往往需要对金融领域进行关注（Woodford，2010）。同时，各国中央银行也需要对其自身角色以及制定政策所依据的宏观模型进行反思。政策制定模型不仅应该纳入对金融因素的考量，也应该将宏观审慎政策以及货币政策与宏观审慎政策的交互影响列入模型所关注的范围。实际上，要理解宏观审慎工具的运作需要对货币政策传导途径有更加深入的认识，这反过来也要求宏观经济模型应该将信贷市场的不完全性作为核心要素。但是，同样重要的一点是，宏观审慎政策会改变货币政策的传导途径，理解宏观审慎政策为什么以及怎样改变了货币政策的传导途径对于制定货币政策具有至关重要的意义。

从上述观点出发，第12章介绍了各国央行正在使用或正在研究的动态随机一般均衡模型（DSGE）。首先，我们向读者展示了一个基础（不含金融部门）的DSGE模型，然后我们将关注点集中于将信贷市场摩擦引入模型。如第5章所述，信贷市场的摩擦在中等收入国家中非常典型，基于此我们讨论了货币政策和宏观审慎政策交互作用对宏观经济运行的影响以及如何减弱了金融系统的顺周期性。关于这些模型的扩展和不足同样在该章中有所讨论。

本书的第四部分重点关注金融开放性、资本流动与金融危机。第 13 章涉及金融一体化和资本流动的关系。我们讨论了金融一体化的潜在成本与收益。同时，我们还给出了关于大量资本向发展中国家流入的标准解释并回顾了资本流动对宏观经济的挑战和资本流入国的政策反馈。

对于发展中国家来说更加重要的问题是，它们对于资本流入突然逆转而体现出的脆弱性以及由此产生的货币与银行危机。第 14 章和第 15 章涉及了上述问题。第 14 章第 1 节呈现了关于投机性攻击和货币危机的第一代模型，模型强调了财政、信贷和固定汇率政策间的不一致性。之后我们介绍了第一代模型的扩展，提出了强调政策权衡和自我实现式预期的第二代货币危机模型。[①] 该章的第 3 节介绍了货币危机第三代模型，该模型强调了金融结构的脆弱性与金融机构的重要地位。该章最后呈现了资本流入“突然中断”，即资本流入的大规模、突然逆转的替代模型。第 15 章讨论了关于银行危机、货币与银行危机的联系以及金融危机预警系统等各类模型。

第 16 章转向主权债务危机的话题。主权债务发展的历史中充满了危机的身影。在过去 30 年中，很多发展中国家政府都出现了债务违约的情况。在这一章中我们介绍了与此相关的大量分析性与经验性研究话题。例如，评估一国政府财政政策是否可持续（指与债务清偿能力相一致的含义），政府在法规机制缺失的情况下采取可持续财政政策的激励，主权债务违约对一国国内经济的影响等。

本书第五部分将关注点集中于发展宏观经济学中的一些中期问题以及经济调整的政治经济学。第 17 章介绍了经济增长以及增长的决定因素。该章开篇回顾了传统的新古典理论中的增长，以人均收入为含义的增长被视为是外生的。然后我们将目光延伸至将人力资本和经济规模效应视为长期增长因素的内生增长模型。财政政策扩张、金融因素（包括通货膨胀）、经济波动、收入不均等问题的重要性在该章中也被我们所讨论。

第 18 章考察了贸易与金融自由化的宏观经济效应，以及一些与改革顺序与速度相关的问题。首先，我们讨论了贸易改革对劳动力市场动态和失业的影响。之后，我们分析了以利率自由化和放松信贷分配约束为代表的金融自由化。我们还讨论了金融自由化对金融稳定性的影响。该章最后详细介绍了金融自由化的正确次序、各领域改革衡量指标、可供选择的其他改革顺序和最优改革速度的分析性评论与经验性证据。

第 19 章将重心置于采用或放弃稳定计划的政治因素考量以及介绍发展中国家的结构性调整计划。该章总结了已有研究的主要发现，讨论了关于政治商业周期的不同模型，为读者提供了一个分析汇率政策与选举周期相联系的模型。尽管汇率政策与选举周期的关系还未受到大量关注，但在很多发展中国家该联系的表现非常显著。在该章中我们还探讨了制度的角色、财产权、财政规则设计、金融一体化和腐败的联系等问题。

---

① 关于墨西哥货币危机（1994 年 12 月）、泰国货币危机（1997 年 7 月，该危机最终引发了亚洲金融危机）、巴西货币危机（1999 年 1 月）和阿根廷货币危机（2002 年 1 月）的详细情况以及其他重要的货币危机请参考 Montiel (2013b)。

4 一些方法论问题

本书试图在一个易于读者理解的层面上提供对理论和政策的介绍，因此不可避免地会对一些复杂性和具有争论性的问题进行简化。为了分析的简便与清晰，书中的一些结论有时看起来会缺乏说服力。一些复杂结果的证明在书中一些重要的实例中将予以体现，而在其他实例中本书展示了模型的基本性质和相关的参考文献。本书所需的数学背景包括标准的代数、微分方程组和一些基本的动态优化技巧。

本书中的大量模型并不是从“第一准则”（first principles）推导产生的，它们被包含在本书中是因为它们对于理解宏观经济问题非常有效。正如大多数人所知，过去的宏观经济模型在很多方面大受诟病。首先，很多模型的结果对于个人行为的主观假设非常敏感。其次，这些模型受到了卢卡斯批判，根据卢卡斯批判的含义，模型的决策规则应该是政策不变的（policy-invariant）（Lucas，1976）。再次，没有关于不同经济主体偏好的清晰描述以及定义其所面临的各种预算约束，这类模型是不适宜用来进行福利比较分析的。最后，这类模型经常忽视横截条件（transversality conditions）所暗含的跨期约束，即与最优过程相关的对于模型解的路径的正确约束。相比之下，从显性的跨期最优问题推导出个人行为的模型则具有很多作用。首先，在最优化模型所暗示的假设条件中，总体行为关系通常与个人效用最大化行为一致。其次，因为模型建立于不受政策改变影响的偏好假设的基础之上，模型提供了一个免受卢卡斯批判的政策分析载体。最后，这类模型提供了一个恰当的背景用以分析评估宏观经济政策的福利影响。

但是，代表性经济主体的最优模型也受到了大量的批评。异质性和加总问题在这类模型中被忽视，而这常常引致一些错误的结论。基于“代表性”公司、消费者的宏观经济模型不能充分地解决不完全信息带来的问题，因为异质性在不完全信息中具有重要意义。[①] 货币经常在缺乏微观基础的方式中引入最优模型，因此它们并不能逃脱卢卡斯批判问题。最重要的是，从缺乏微观基础的模型得到的结论与洞见常常可以通过更加复杂的最优模型推导得出。因此我们没有试图从最优化框架出发来改动与重铸已有发展中国家的宏观经济文献，因此避免使用过分复杂的数学模型。我们仅对更简单的模型给出清晰的政策含义。但是在对反通货膨胀政策、公共资本和经济增长的讨论与分析中，我们介绍了一系列含有从最优理论框架推导出的行为函数的经济模型，以此来展示这类分析范式如何广泛地运用在对发展中国家的分析中。

在宏观经济学中，如何在分析中处理货币是一个重要的方法论问题。货币的存在始终是困扰着货币经济学的问题之一，本书的重点不在于对这类问题的讨论。本书中的模型与大部分“新”开放宏观经济学文献相同，通过大量不同假设将货币引入模型。[②] 第一

① 近期的宏观经济学文献已经发现这一方法的缺陷并引进了两类或更多类型的经济主体，如具备流动性约束和无流动性约束的经济主体，参见 Kirman（1992）。Kirman（1992）提出的代表性主体模型仅仅为宏观行为方程提供了虚假的微观基础。更多内容参考 Greenwald and Stiglitz（1987）和 Stiglitz（1992）。

② 了解新开放宏观经济学的概念请参考 Obstfeld（2001）。Lane（2001）回顾了大量模型，Ganelli（2005）从财政政策角度做出了贡献。

种方法是效用函数中的货币（money-in-utility）模型，因为正如通过消费实际商品获得效用一样，经济主体可以从持有现金余额中获得效用。第二种方法将货币视为交易的必备，经济主体需要在购买消费品前预先持有现金，这个视角即为非常流行的现金先行（cash-in-advance）约束（Stockman，1989）。第三种方法将货币视为通过减少购物时间以促进交易的载体，因此其被视为休闲的替代品。这种观点将交易技术的具体形式引入个人预算之中。我们在本书中的偏好是在使用最优化分析框架时采用效用函数中的货币模型，因为现金先行模型中的约束具有一些限制性含义（该约束含有货币需求零利率弹性的含义）。尽管在一些条件下选择特定的形式对于模型影响甚微（Feenstra，1985），但在大部分情况下，对于货币作用的不同假设都会影响宏观经济模型的预测。

尽管我们付出了努力，但我们仍无法保证本书所使用的符号完全统一且一致。在本书不同部分，同样的符号可能代表不同的含义，但这些符号的差异不会在同一章节中出现，因此它们对于读者的困扰应非常有限。全书中，单一变量函数的导数我们都标注以撇号，多元函数的偏导数我们均给出了下标。最后，依据现行标准，函数关于时间求导，我们都在相应变量上方标注点号。

第一部分

宏观经济账户、市场结构和行为方程

第 1 章 经济结构和总账户

本章描述了区分大多数发展中国家与教科书中工业化国家宏观经济模型的特征，并且介绍了发展中国家宏观经济模型一些基本的分析特征。从模型的角度出发，我们重点关注了发展中国家宏观经济模型的一般结构，包括账户结构、商品分类、劳动力市场的作用。第 2 章将重点集中在宏观经济模型的特殊组成部分，考察发展中国家个人行为方程特点的一些经验证据。

本章被分为四个部分。第 1 节介绍了发展宏观经济学的特点，同时呈现了发展中国家宏观经济波动的规律。在第 2 节中，我们建立了一个一般的分析框架，将发展中国家宏观经济模型中各类经济主体的预算约束纳入其中，并且定义了一些之后具有重要意义的概念。第 3 节通过回顾三种商品分类方法，我们考察了经济结构如何影响账户间的关系。这三种方法分别是蒙代尔-弗莱明（Mundell-Fleming）模型，“依赖型经济”模型和区分了出口品、进口品、非贸易品的三产品结构模型。大部分发展中国家的宏观经济模型都依赖于上述方法的某种变体。上述三种方法在古典和凯恩斯模式中都进行了分析。

第 4 节将目光集中于劳动力市场。劳动力市场在宏观经济模型分析中占有重要地位，它的运行无论在发展中国家还是发达国家都依赖于国家具体的制度性因素。正如第 3 节中所强调的，劳动力市场在决定经济体短期总供给函数的性质中是至关重要的。因此，在第 4 节中我们考察了发展中国家劳动力市场的结构性特征。我们重点关注了这些特征的短期影响并强调了工资黏性在其中的角色和劳动力市场分割的性质。

1 经济结构和宏观经济学

“代表性”发展中国家和教科书上的发达国家的结构性特点存在方方面面的区别，涉及宏观经济模型的大部分成分。其中，多数特征并非所有的发展中国家都具有的，有一些特征在发达国家也可能存在。本节中，我们将对其中一些特点提供描述，很容易发现，所有这些特点都会影响宏观经济行为。这些特征也能有效区分发展中国家与标准教科书中的发达国家。它们包括在商品贸易和资产贸易方面开放的性质、金融市场的性质、财政制度和政府预算的特点、经济供给函数的特点、政治体制的稳定性、收入不平等以及宏观经济波动的程度。

□ 1.1　商品与资产的贸易开放度

1. 发展中国家，像小型工业化国家一样，比主要的工业化国家在产品和贸易方面往往要更加开放。

开放度的一个标准度量方法是贸易份额，即出口和进口占国内生产总值的比例。根据这个标准，发展中国家往往比主要的工业化国家要开放得多。① 当然，这种程度的贸易开放会限制封闭经济教科书工业化国家模型在发展中国家的可适用性。按照这个标准，几乎没有几个发展中国家能够被近似地描述为封闭经济。

2. 发展中国家往往对于其出口和进口产品价格没有影响力——它们往往面临着外生的贸易条件。

这个特点甚至能够把发展中国家与小型工业化国家区分开来。对于发展中国家来说，贸易条件的外生性是因为它们在国际市场的份额较小，而这也与它们出口产品的组成结构有关。

很少有发展中国家能够在某个市场上占据显著的份额，甚至对于那些它们专业化出口的产品而言，情况也是这样。而且，大量的研究表明除了个别产品的特例外，这些国家一般对于其在国际市场上交易的产品的价格几乎没有施加独立影响的能力。正是由于上述贸易条件的外生性，我们对下面这个问题产生了疑问：分析发达国家的情况时所广泛使用的开放经济模型能否用于分析发展中国家的很多宏观经济政策？长期以来，蒙代尔-弗莱明模型已经成为开放经济条件下研究工业化国家的一个基本模型。它假设贸易条件是内生决定的，而国内经济也完全专业化生产某种产品，并在国际市场上施加相当程度的市场影响。与发展中国家宏观经济现象分析最适应的生产结构可能是“依赖型经济”模型，或者是（由于贸易条件的改变可能对于这些国家非常重要）一个包括出口品、进口品和非贸易品的三产品模型。这种生产结构允许我们界定外生贸易条件和内生实际汇率之间的区别，后者是这些国家主要的期内（intratemporal）宏观经济的相对价格。

对于发展中国家十分重要的初级产品以外生给定的价格出口，是大多数发展中国家宏观经济不稳定的重要来源。初级产品的价格波动往往非常剧烈。因此，在过去20年中的不同时期，发展中国家面临着高度不稳定的且带有不对称效应的贸易条件。举例来说，通过研究1957—1999年间36个世界商品的真实价格表现，Cashin et al.（2002）发现价格暴跌的时间通常要长于价格暴涨的时间。② 有几个时期内发展中国家的贸易条件发生了巨大的变化，这种变化主要受石油价格变动的影响，但有时非能源商品价格也会发生剧烈波动而引起贸易条件改变。考虑到出口和进口在国内经济活动中占有比较大的份额，出口价格的波动意味着国民收入有显著的外生变化，而这又构成了这些国家宏观经济不稳定的一个重要来源。

3. 相比于工业化国家，资产对外贸易的开放度在发展中国家往往比较有限，尽管对于一些重要的发展中国家来说，这种情况最近已经发生了很大变化。

在有关工业化国家的标准教科书式假设中，我们往往假设资本具有完全的流动性。

---

① 这组国家包含加拿大、法国、德国、意大利、日本、英国和美国。必须指出，小型工业化国家（如比利时）的开放程度往往要大很多。

② 但是，初级产品相对制成品的价格是否存在长久的恶化仍存在大量争议，即所谓的“普雷维什-辛格命题”（Prebisch-Singer thesis）。对于此问题的其他观点，参见 Bleaney and Greenaway（1993b），Reinhart and Wickham（1994）。

尽管这种控制的有效性受到了质疑，在发展中国家中，资本控制仍是一项长期的规则。而且那些没有采用资本控制的国家，其资本流动程度仍然远远低于教科书中工业化国家模型的假设。因此，与工业化国家标准的宏观经济模型不同，在发展中国家中，完全的资本流动性假设往往是不合理的。我们在第 13 章提供了有关的证据，并在第 6 章和第 10 章中使用这些证据建立了一个分析发展中国家货币政策传导途径和稳定政策的恰当的模型。

4. 国际金融市场的一体化使大量中等收入国家发生了突然的逆向资本流动，加剧了这些国家的宏观经济波动。

大量发展中国家持有巨额的外债对宏观经济运行提出了挑战。在高负债的低收入国家中，债务产生主要由于政府举债，这些债务的存在对公共支出水平和结构产生了重要影响。但是对于那些刚刚融入国际资本市场的国家，外债的出现更多源于私人部门。因此，政策挑战不仅包含与资本突然流入相联系的潜在宏观经济过热，还包含与资本突然逆向流动引致的宏观经济波动而带来的脆弱性。正如 Caballero（2000）指出，对于中等收入发展中国家来说，引发经济高度波动的可能因素包括这些国家与国际金融市场日益增强但仍然较弱的联系（限制了通过借贷平滑冲击的能力）以及这些国家国内金融系统发展的不成熟（限制了恶性冲击后资源配置的速度进而加大产出的缩减）。

□ 1.2　汇率管理

5. 与主要的工业化国家不同，大部分发展中国家既没有采取完全灵活的汇率制度，也没有加入任何货币联盟。

在理论模型中，工业化国家往往被假设为采取浮动汇率，或者是某个货币联盟中的成员，而在发展中国家中，其汇率主要是官方决定的汇率，并通过一系列其他规则来调整汇率（不严格地来说，可以被称为“有管理的”汇率）。我们将在第 8 章简要描述各个发展中国家汇率制度的性质。自从 1973 年布雷顿森林体系瓦解之后，发展中国家的汇率制度开始变得更具灵活性。但是，在实践中，这种灵活性要么意味着更频繁地对官定汇率进行调整，要么意味着采取市场决定汇率并对其进行官方干预。中间汇率制度的日益普遍意味着，钉住制度和对钉住制度的调整（往往是以货币贬值的形式），以及调整钉住制度的准则带来的宏观经济影响在发展中国家越来越重要。我们将在第 8 章和第 9 章讨论这些问题。

□ 1.3　国内金融市场

6. 近年来，很多发展中国家的金融体系成为去监管化的主要目标。但是，这些国家的金融体系仍然被银行所主导并十分脆弱，这常常加大宏观经济和金融的波动性。

虽然个别发展中国家近期发展出了规模较大的股票市场，但对于很多发展中国家来说，这种市场（以及证券的二级市场）的规模仍然较小，甚至一些国家还不存在这类市场。在大部分发展中国家，金融市场仍然是被一种机构类型——商业银行——所主导。因此，对于私人储蓄者而言，资产类型清单仍然非常有限；而且对于股票市场已经发展起来的国家来说，股票市场也往往被少数几个以大股东持有为主的企业所主宰，并表现出相当低的交易周转比率。

发展中国家的商业银行部门长期以来受到严格的管制：它们往往受到高额准备金、

高流动性比例以及法定利率上限和部门信贷配额的约束。但是，在过去 20 年里很多国家开始尝试金融市场的去监管化，这带来了竞争加强、外资银行进入渠道拓宽与效率改善。因此，在发展中国家中信贷配给现象不再像此前那样是由法规管制所造成的，而是像发达国家一样是由信息不对称所内生造成的。

然而，很多国家的金融体系仍然发展不足。除了储蓄者面对有限的金融资产种类外，货币化比率（以货币总额与名义 GDP 之比衡量）在发展中国家也往往低于发达国家。这主要是由于金融体系的性质，部分是由于前面所提到的一些其他特点，我们在研究发展中国家时，标准教科书式的宏观经济行为关系（决策规则）界定可能需要修正。一个重要的特点是，当存在信贷和外汇配给时，可能需要把这些配给所带来的影响纳入私人决策的规则当中去。比如，这会影响私人的消费、投资、资产需求、出口供给和进口需求函数。可以通过不同的方式来把这些现象纳入我们的分析：比如，在消费和投资方程中纳入数量限制。我们会在第 2 章中讨论这些问题。

另外一个问题是成功进行自由化所需要的制度条件——比如合适的管制和监督机制——往往不存在，这就导致了宏观经济不稳定性增加和包含支付系统与金融体系交互影响的经济危机。在第 14 章和第 15 章中我们讨论了许多发展中国家制度框架的弱点，这些弱点使得这种危机的频繁程度和深度往往比发达国家要大得多。

□ 1.4 政府预算

7. 发达国家和发展中国家政府预算的构成有非常显著的差别。

在很多发展中国家，政府在经济中起着主导性作用。这个作用不仅是通过非金融性公共部门（包括中央政府、地方政府、专业化政府机构以及非银行的公共企业）的活动来体现，而且通过政府所拥有的金融机构来体现。就非金融性公共部门本身而言，发展中国家政府往往比发达国家政府在生产中起着更加积极的作用，而发展中国家公共部门企业的表现对其政府的财政状况也往往非常关键。

不幸的是，在很多发展中国家中，并没有关于非金融性公共部门规模和业绩的系统性数据，所公布的信息往往只有中央政府的财政状况。即便如此，现有的研究表明相比于发达国家，发展中国家中央政府的财政占整个经济的比例较小，两组国家之间支出的组成结果也显著不同。发展中国家把其支出的相当一部分用于一般性公共服务、国防、教育和其他的经济服务（反映政府在生产中发挥的作用），这些支出的比例往往比发达国家要高得多，而发达国家更多地将其政府支出用于健康和社会保障。

就财政收入来看，中央政府的主要收入来源是税收，但在发展中国家，非税收收入占总收入的比例要比发达国家的相应数值高得多。发展中国家税收的征缴往往被其有限的行政能力和政治因素所限制（Bird and Zolt，2005），而这种情况的一个后果是发展中国家直接税收所起的作用比发达国家要小得多。如 Bird and Zolt（2005）提到，大多数发展中国家的税收结构中消费税占据主导地位，而发达国家中所得税占比最大，贸易税收几乎可以忽略不计。就直接税而言，发展中国家财政收入个人所得税（往往源于对正规部门劳动收入扣缴）比公司所得税要多得多，而在发达国家中，情况却正好相反。在发展中国家，贸易税收主要是进口关税，而不是出口关税，而且在最贫穷的国家，关税的使用往往更为普遍。

发展中国家在征税方面所受到的政治和行政能力的约束，再加上这些国家中发行内部国债的空间有限，导致了政府更多地依靠铸币税收入。因此，往往会带来比发达国家更高的通货膨胀（平均水平）。除了少数几个例外，发达国家铸币税收入往往较低（低于国内生产总值的1%），而大部分发展中国家却非常高。结果是，发展中国家的通货膨胀率往往高于发达国家普遍的通货膨胀率。

近些年来，预算制度——准备、修改和由议会批准政府预算的规则和程序——的宏观经济含义引起了很多学者的兴趣。在拉丁美洲国家，情况尤其如此（Grisanti et al. 1998；Agénor and Yilmaz，2011）。主要有四个方面的问题被学者们讨论得最多：（1）可以用于对财政赤字施加限制的宪法规则，比如平衡预算规则的性质（和可信度）；（2）行政机构的预算设计、立法机构对预算的批准及预算执行的有关程序和规则（到底是权力共享性的，还是等级制的）；（3）影响预算过程透明度的规则类型；（4）关于以增长为目的的其他财政规则实施。已有评论指出，在一个波动的环境中，不对称的平衡预算规则（防止经济形势较差时期的借贷，但在经济向好时期，却没有强制储蓄）可能具有太强的限制性——使得政府对不利的经济冲击只能做出顺周期的反应。与此相反，对债务/产出比率施加上限可能是较好的，尤其是政府可以用它来确保财政收支的可持续性（参见第3章）。也有人指出，在拉丁美洲国家，较好的预算制度往往对应着较低的财政赤字和公共债务。但同时，高通货膨胀和经济活动较大的波动却往往会减少预算过程施加财政纪律的能力（Aizenman and Hausmann，1995）

□ 1.5 总供给和劳动力市场

8. 在很多发展中国家，政府在生产过程中所发挥的较大直接作用意味着公共资本存量的规模和效率在总生产函数（或前面所提到的三产品分类体系中的部门生产函数）中十分重要。

在大部分发展中国家，非金融性公共企业是重要的经济单位。在这些国家中，公共资本在总的资本存量中所占的比重要比发达国家的相应比重高得多。虽然并没有关于这些国家可靠的资本存量数据，已有数据表明在很多国家公共部门投资占据了总投资相当大的比重。考虑到公共部门在发展过程中所起的重要作用，我们不能够忽视政府支出的中期供给效应。

在最近这些年间，人们开始重新审视发展中国家的公共部门作为生产者的传统角色。一些发展中国家已经开展了大规模的非金融性公共企业私有化。由于相对于工业化国家而言，发展中国家的公共部门在生产所占的比重比较大，这些措施的宏观经济含义就显得特别重要。

9. 发展中国家进口的中间产品在总的生产函数（或者就三产品模型来说，在部门生产函数）中起着很大的作用。

发展中国家进口的中间产品在经济活动中起着非常重要的作用，而这些产品占发展中国家所有进口非常大的比重。在有些发展中国家，能源和非能源中间产品的进口比重甚至超过了70%。这种情况所导致结果是，发展中国家国内生产价格和国内产品附加值之间的差距往往比发达国家的相应差距更大。由于进口中间产品的成本问题，发展中国家的汇率对于经济短期供给曲线的位置有重要的影响。进口中间产品不仅意味着汇率的变化可能会带来短期供给面的影响，而且当存在外汇配给时，外汇的可得性也可能对于经济的短期供给曲线的位置有直接的影响。中间产品在开放的宏观经济模型中的作用将在第12章中讨论。

10. 发展中国家的短期供给函数可能受到营运资本的显著影响。

由于金融系统发展不足，很多发展中国家的公司都依赖银行信贷来补充自己的营运资本需求（劳动力成本和进口中间产品）。这些需求的存在表明官定利率的冲击和信贷资源可得性在短期的供给面扮演着重要角色。比如，收紧的货币政策可能会带来短期滞胀的结果。这些问题将在第6章中讨论。

11. 虽然不同发展中国家的劳动力市场制度差别很大，但非正规部门在工资和就业的决定中仍然扮演着重要的角色。

短期工资设定行为的性质是现代宏观经济学主要学派之间分歧的一个关键所在。但在这些理论性的争议中，大部分参与者都承认各国特定的制度差异（比如美国的交错工资合同，或斯堪的纳维亚的同期工资讨价还价体制）在决定经济的短期供给行为中是非常重要的。基于此，整个经济体范围内的回顾性工资指数机制在反通货膨胀政策中所起的作用受到了很大的关注。虽然劳动力市场制度在工资的形成中起了很大的作用，但是，关于发展中国家工资决定行为的（有限的）经验证据表明，在很多国家中工资的制定有相当程度的灵活性（Horton et al.，1994；Agénor，2006b）。

人们也越来越多地认识到城市非正规部门所起的宏观经济作用。在发展中国家，尤其是亚洲、中东和撒哈拉以南非洲国家，这些部门可能占经济活动和总就业的相当比例（50%～60%，在一些个例中甚至更高）。正规部门-非正规部门二元结构的一个结果就是城市劳动力市场的分割。这个因素在解释发展中国家城市穷困、失业和就业不足方面发挥着重要的作用。

□ 1.6　政策体制的稳定性

12. 发展中国家的政策体制比发达国家变化更频繁。

高通货膨胀已经成为政策不稳定的征兆之一，而且往往与政策的不确定性紧密相关。在很多发展中国家，尤其是拉丁美洲和非洲国家，政策的不稳定性是非常普遍的，这部分是由于当地特殊的因素。政治不稳定是很多发展中国家自从独立以来就有的特点，而自由选举下的多党民主体制往往比较少见。政府的改变往往表示着统治集团意识形态的改变，并带来经济政策体制的改变。

政策的不稳定性是发展宏观经济学中的一个重要因素，在很多情况下，它会引发货币替代、资本外逃、汇率危机和私人投资的大幅度下降。政策环境的不稳定性——或者是对未来政策变化的预期——是在建立发展中国家宏观经济学模型和设计宏观改革政策时所必须经常考虑的一个特点。

□ 1.7　宏观经济波动

13. 由于前面所描述的很多现象，发展中国家的宏观经济环境往往比工业化国家要不稳定得多。

很多发展中国家宏观经济环境的一个关键特点，就是宏观经济运行结果的不稳定性。这种宏观经济不稳定的来源包括外部和内部。贸易条件和国际金融条件的波动会直接传输给比较小的发展中国家，这些国家在国际产品、劳务和金融资产市场上往往只是价格接受者，再加上国内宏观经济工具的不灵活性，以及政治的不稳定性及其所带来的在不完善制度背景中政策体制的不连续变化，很多发展中国家的宏观经济往往伴随着一系列的经济危机。这对很多宏观经济现象都产生了影响。比如，发展中国家政府预算的组成部分比工业化国家的相应部分要不稳定得多，而且这种不稳定性也表现在诸如贸易条件和实际汇率这样的宏观经济相对价格上。最重要的是，宏观经济的不稳定性导致了实际国内生产总值和私人消费增长率的不稳定。也有证据表明，一些国家（特别是拉丁美洲国家）的宏观经济波动可能会被顺周期的财政政策反应所加重，即政府的支出和财政赤字在经济扩张时期会增加，但在经济萧条时期会下降（Gavin and Perotti，1997）。总之，发展中国家的经济繁荣和萧条现象要比工业化国家更加普遍；由于这些现象所带来的宏观经济波动越剧烈，发展中国家所面临的成本越高。实际上，运用校准后的代表性消费者模型（Pallage and Robe，2003）发现，即使消费者是弱风险厌恶型，宏观经济波动也会引发社会福利的大量损失。因此，从福利角度出发，消除这些经济波动比拉动消费持续增长更好。

14. 由于更易受到波动影响，发展中国家宏观经济波动的特点与工业化国家呈现出显著的不同。特别是供给侧和外部冲击在其中扮演了更加突出的角色。

一个相关的问题是工业化国家和发展中国家宏观经济波动的来源显著不同。发展中国家不仅所受冲击的类型和幅度与工业化国家不同，冲击所影响的本国宏观经济环境也与发达国家的典型假设不同。因此，宏观经济冲击的来源与传导机制在发展中国家具有特殊性。

Agénor et al.（2000）尝试对 12 个具有不同结构性变化经历的发展中国家（它们分别是哥伦比亚、智利、印度、韩国、马来西亚、墨西哥、摩洛哥、尼日利亚、菲律宾、突尼斯、土耳其、乌拉圭，这些国家的季度数据质量可靠且便于得到）提供一个关于宏观经济波动的系统性描述。他们在研究中应用的数据覆盖了大量宏观经济变量，包含了工业产出、价格、工资、各类货币加总口径数据、国内个人信贷、财政数据、汇率、贸易数据等。同时，他们对上述国家间的宏观经济波动关系以及工业化国家产出指数和对世界实际利率的衡量都进行了研究。

检验经济中商业周期的频率的波动需要对宏观经济时间序列进行分解，因为数据具有交叉相关等实证特征，只有数据稳定时检验结果才是可靠的，因此我们需要将其分解为不稳定（趋势性）部分和稳定（周期性）部分。Agénor et al.（2000）利用三种滤波，修正的 HP 滤波（Hodrick and Prescott，1997）、BK 滤波［由 Baxter and King（1999）提出，被 Christiano and Fitzgerald（2003）扩展］以及一种非参去趋势方法，检验了结果的稳定性。

与大部分文献保持一致，Agénor et al.（2000）利用相关系数 $\rho(j)$，$j\in(0, \pm1, \pm2, \cdots)$ 衡量一系列时间序列 y_t 与工业产出 x_t 的联动关系。这些相关性建立于通过同样滤波得到的关于 x_t 和 y_t 的平稳性部分。根据同期相关系数 $\rho(0)$ 大于零、等于零或小于零，序列 y_t 分别被称为顺周期、无周期与逆周期。除此之外，如果 $0.26\leqslant|\rho(0)|<1$，序列 y_t 被称为强同期相关，如果 $0.13\leqslant|\rho(0)|<0.26$，序列 y_t 被称为弱同期相关，若 $0\leqslant|\rho(0)|<0.13$，序列 y_t 为无同期相关。[①]

相关系数 $\rho(j)$，$j\in(0, \pm1, \pm2, \cdots)$ 表明了序列 y_t 在工业产出周期中的相移。与

① 0.13 为基于真实相关系数为零的原假设而计算出的这些相关系数的近似标准误，这一标准误为各个国家数据样本的平均数。

现有文献一致，当 $|\rho(j)|$ 在一个正的周期 j 达到最大，则称 y_t 领先于周期 j，当 $|\rho(j)|$ 在 $j=0$ 时最大，则称 y_t 同步于周期，当 $|\rho(j)|$ 在一个负的周期 j 达到最大时，则称 y_t 滞后于周期。[①] 为了确定哪个相关系数显著不为零，他们利用了由 Kendall and Stuart（1967，pp. 292 - 293）建立的结果：统计量 $\ln[(1+\rho)/(1-\rho)]/2$ 是方差为 $1/(T-3)$（T 为样本数）的近似正态分布，ρ 是去趋势的产出与去趋势变量 x_t 的二元相关系数。举例来说，当有 27 个样本时，当正相关系数大于等于 0.32 时，相关系数在 10%的显著性水平上异于零，0.48 对应 1%的显著性水平。

他们的主要发现可总结如下：

● 发展中国家间产出的波动性（以滤去周期性部分的工业产出的标准差衡量）存在较大不同，但平均来看高于工业化国家。这一结论与 Neumeyer and Perri（2005）及 Calderón and Fuentes（2014）的结论一致。[②] 发展中国家产出的波动还具有较强的持续性（以自相关系数衡量）。

● 工业化国家的活动对发展中国家的产出具有正向但较弱的影响［与 Hoffman（2007）的结论相反］。工业化国家的实际利率水平与发展中国家产出波动具有正相关性，这些结论与 Ahmed（2003），Neumeyer and Perri（2005），Uribe and Yue（2006）以美国利率水平为研究对象的结论一致。

● 政府支出是逆周期的。在一些国家中政府收入是非周期性，但在另一些国家又是显著逆周期的，这一现象很难得到合理的解释。政府支出与政府收入之比与经济周期是负相关的。

● 名义工资的周期性在不同国家存在显著不同，并且通过滤波测算仍不稳定。相比之下，这一结论强有力地支持关于真实工资顺周期性的假设。

● 产出与价格或产出与通货膨胀序列稳定部分之间不存在一致的关系。价格水平和通货膨胀的变化在一些国家中呈现逆周期性，在另一些国家则为顺周期。

● 货币（以不同货币总量衡量）和产出当期相关性大体为正，但与来自工业化国家的经验证据相比相关性不强。

● 广义货币流动速度与工业产出的当期相关性显著为负。而在大部分先进的工业化国家，货币流动速度表现为较弱的顺周期性。

● 在一些国家中国内信贷和产出正相关。但是二者之间联系的强度随着不同去趋势方法的使用显得并不稳健。在一些国家中，二者还呈负相关。

● 商品贸易活动（以出口/进口比率衡量）和产出间不存在稳健的联系。一些国家的当期相关性为负（不考虑使用的滤波），然而另外一些国家显著为正。后者可能表明工业产出波动由出口需求拉动，进口对于国内需求的变动并不像工业化国家一样敏感。

● 贸易的周期性活动与产出波动呈现较强的正相关性。

● 名义有效汇率和产出间的同期相关性不存在系统性的模式。除此之外，研究中的大部分国家这一相关性并不显著异于零。关于真实有效汇率，结论相似。

---

① 关于领先-滞后相关性的含义，特别是当正相关达到峰值时，可以被解释为来自变量 y_t 的新息（innovations）传导到实际活动 x_t 的速度。

② Pallage et al.（2006）估计了发展中国家（排除受内战影响的国家）人均消费的波动性，发现在过去 30 年这些国家的波动性要 2～6 倍于发达国家。

这些结果强调了外部以及供给冲击在引领发展中国家经济周期方面的重要性。这些结论与一些工业化国家的研究，以及 Hoffmaister and Roldós（1997，2001），Hoffmaister et al.（1998），Kalulumia and Nyankiye（2000），Kose and Riezman（2001），Kose（2002），Frankel et al.（2013）等人的研究一致。[①] 后续的研究中 Claessens et al.（2011）以及 Calderón and Fuentes（2014）证明了金融周期（以信贷增长和资产价格变动衡量）与商业周期紧密相关。[②] 当然，利用相关系数作为衡量需求导向与供给导向的相关性，在宏观经济理论方面可能存疑。[③] 这些结论在不同国家也不尽相同。特别是一些国家价格-产出的负相关性支持了"真实"经济周期或经济周期的供给面解释，关系为正的国家则支持了需求面解释。

□ 1.8 收入不均等

15. 发展中国家的收入不均等的程度要远远高于工业化国家。收入不均等不仅影响经济的增长和发展，还影响短期宏观经济波动。

关于发展中国家收入高度不均等的文献较多（Todaro and Smith，2011），其中大部分研究集中于收入不均等对经济增长和长期发展的影响。但是，收入高度不均等同样会对短期经济波动带来影响。那些收入不均等的国家拥有窄而易于波动的税基（Woo，2005），实际上，Woo（2011）发现收入更均等的社会倾向于诉诸更加具有顺周期性的财政政策。

另外，如 Iyigun and Owen（2004）所述，在可得信贷资源依赖于收入时，收入不均等的程度可以影响个人消费的变动。当收入作为获得信贷的手段时，收入分配蕴含着关于信贷受约束并且不能平滑消费个体比例的信息。如果信贷资源丰富，只有底层阶级无法进入信贷市场并且不能在衰退期平滑消费，更高的收入不均等（较小的中产阶级）会与更强消费的波动联系起来。相比之下，如果信贷资源对低收入和中产阶级均具有约束性，更高的收入不均等会使总消费更加平滑。换个角度来说，当信贷约束和非约束个体拥有不同的消费平滑能力时，财富和收入的分配可以影响经济总的波动性，因为这些分配决定了信贷受约束群体的比例。

利用 1962—1992 年跨国面板数据，Iyigun and Owen（2004）发现更高的收入不均等与更少的消费变动相联系。与之相比，当人均收入较高时，更高的收入不均等与更高的消费变动相联系。因此，收入分配可以对高收入与低收入国家短期消费波动性产生不同的影响。正如第 18 章中所讨论的，这可能源于金融发展和信贷资源可得性与更高的人均收入水平正相关。

---

① Raddatz（2007）的研究是唯一一个偏离关于外部冲击在解释产出波动具有数量层面重要性这一一致结论的文献。但是，他只关注了低收入国家。

② Claessens et al.（2011）发现伴随金融崩溃的经济衰退更加长久和严重。在没有信贷紧缩时，衰退中的产出平均下降 5%，当存在信贷紧缩时下降 8.5%。同时，股票价格泡沫破裂下的产出平均下降 6.8%，当不存在泡沫破裂时产出下降 3.3%。这些结论都反映了银行等金融中介的顺周期性。

③ 更一般来说，一系列变量的协变性可能不仅仅依赖于冲击的性质，在理性预期框架中还取决于感知（声明）和实现（实施）这一冲击的滞后期。

2 一般的分析框架

所有的宏观经济模型都基于一个国民账户框架，这一框架实际上描述了模型中所有经济主体参与者所面临的跨期预算约束，并且界定了每种类型的经济主体所拥有的选择集，完整的模型还需加上关于这类选择的决策准则和调和不同主体所做决策的均衡条件。在这一部分中，我们将描述一个一般性的国民账户框架，在这个框架的基础之上，我们可以建立很多不同的发展中国家经济模型。我们的目标是使标准工业化国家宏观经济的国民账户框架适用于前文所描述的发展中国家的特征。

第一步是界定各类经济主体。我们将依次讨论非金融性私人部门、非金融性公共部门、中央银行和商业银行体系。

□ 2.1 非金融性私人部门

在描述非金融性私人部门所面临的预算和资产负债约束时，一个很好的逻辑起点是界定私人经济主体可能获得的不同资产类型。当然，它是该国金融体系复杂程度的函数。在一些中等收入的发展中国家，小型的股票市场已经存在了一定时间，而在一些国家，政府把债券销售给非银行的私人部门并在二级市场上进行交易。但是，在大部分其他发展中国家，这种情形是非常少见的。而且考虑到这些特征的宏观经济模型分析与标准的工业化国家宏观经济模型分析并不相同（Buiter，1980），因此，这里所要描述的资产组合选择只对那些金融体系不太发达的发展中国家适用。

非金融性私人部门不仅持有实物资产（real assets），也持有金融资产。金融资产包括有中央银行发行的货币 CU，商业银行承担的储蓄 D^p ①，净外国资产 EF^p（其中 E 是以本国货币价格表示的外国货币汇率，F^p 为这些资产的外币价值），以及非正规市场上由家庭所放出的贷款 L^h。该部门的负债包括银行的贷款 L^p，以及由非正规市场所获得的贷款。部门的实物资产包括通货膨胀保值品（inflation hedges）（一般为房地产或黄金），其价值为 p_H，数量为 $\overline{H}$。② 当缺乏股票市场时，实物资本（physical capital）和人力资本在模型中被同等对待，二者均被作为能够产生收入并为消费融资的不可交易资产，同时其不构成家庭可交易资产组合的部分。在这些条件下，非金融性私人部门可交易资产的净值 Ω^p 为：

$$\Omega^p = CU + D^p + EF^p + p_H\overline{H} - L^p \qquad (1)$$

注意，由非正规市场产生的贷款并不影响净值，由于这些贷款完全在非金融性私人部门内部交易，因此，它们并不代表其他经济部门的债权。

将（1）式对时间求导可得：

$$\dot{\Omega}^p = \dot{CU} + \dot{D}^p + \dot{E}F^p + E\dot{F}^p + \dot{p}_H\overline{H} - \dot{L}^p \qquad (2)$$

非金融性私人部门可交易净值变化包括金融性资产（金融性储蓄，以 S^p 代表）的购

① 在很多宏观模型中，由于资产的需求函数不同，往往被描述为活期和定期存款。但是就我们当前的模型来说，这一区分并不重要。因为两种类型的存款都是非金融性私人部门的资产，是银行系统的负债。

② 我们应假设它们的存量是固定的。当这些保值资产价格变化的时候，总数量不能变动。

买加上资本收益。

$$\dot{\Omega}^p = S^p + \dot{E}F^p + \dot{p}_H \overline{H} \tag{3}$$

通过（2）式和（3）式，我们可得 S^p ①：

$$S^p = C\dot{U} + \dot{D}^p + E\dot{F}^p - \dot{L}^p \tag{4}$$

最后，金融性储蓄是可支配收入与消费和投资支出的差值：

$$S^p = Y + i_d D^p + i^* EF^p - i_c L^p - \tau^p - C^p - I^p \tag{5}$$

（5）式表明，可支配收入包括要素收入 Y 加上净利息收入（储蓄所获利息和外国资产所获收入之和减去银行信贷利息支付，相应的利率分别为 i_d，i^*，i_c），减去净税收 τ^p。私人消费为 C^p，私人投资为 I^p。

□ 2.2 公共部门

2.2.1 非金融性公共部门

非金融性公共部门往往是一个很大的净债务人。它的债务来自中央银行（L^{bg}）②、商业银行（L^{cg}）以及外国债权人（$-EF^g$）。③ 因此，非金融性公共部门的净价值 Ω^g 为：

$$\Omega^g = EF^g - L^{bg} - L^{cg} \tag{6}$$

Ω^g 随时间的变化为：

$$\dot{\Omega}^g = \dot{E}F^g + E\dot{F}^g - \dot{L}^{bg} - \dot{L}^{cg} \tag{7}$$

其中，包括非金融性公共部门的新借贷 $-S^g$，加上净外国资产的资本收益。

$$\dot{\Omega}^g = S^g + \dot{E}F^g \tag{8}$$

由（7）和（8）式，可得 S^g 为：

$$S^g = E\dot{F}^g - \dot{L}^{bg} - \dot{L}^{cg} \tag{9}$$

非金融性公共部门总的新借贷必须等于总的财政赤字：

$$-S^g = C^g + I^g + i_b L^{bg} + i_c L^{cg} - i^* EF^g - \tau^p - \tau^g \tag{10}$$

其中，τ^g 为由中央银行向非金融性公共部门进行的转移支付，i_b 为由中央银行提供贷款所应支付的利息率。

1.2.2 中央银行

在本书的很多模型中，中央银行的资产负债表都会扮演核心角色。在当前的假设下，它可由（11）式给出：

$$\Omega^b = ER^* + (L^{bg} + L^{bc}) - M \tag{11}$$

其中，R^* 代表中央银行的净外国资产，L^{bc} 为中央银行提供给商业银行的信贷，M 为高能货币（或货币基础），被定义为非金融性私人部门持有的货币 CU 和商业银行在中央银行的存款准备金 RR 之和。

$$M = CU + RR \tag{12}$$

---

① 金融性储蓄不包括通货膨胀保值品。这是因为它们的存量是固定的，而且它们仅被非金融性私人部门持有，不能被其他部门的经济主体获得。

② L^{bg} 为中央银行对公共部门的净债权。它是中央银行所持有的公共部门债券，加上银行信贷，减去公共部门储蓄。

③ 这里我们加入减号是为了统一符号起见，因为 F 为对世界其他国家的净债权。

至于其他部门，Ω^b 的变化可以被写为：

$$\dot{\Omega}^b = E\dot{R}^* + \dot{E}R^* + (\dot{L}^{bg} + \dot{L}^{bc}) - \dot{M} \tag{13}$$

或

$$\dot{\Omega}^b = S^b + \dot{E}R^* \tag{14}$$

其中，S^b 可以被写为：

$$S^b = E\dot{R}^* + (\dot{L}^{bg} + \dot{L}^{bc}) - \dot{M} \tag{15}$$

S^b 可以被称为“准财政盈余”（或准财政赤字，如果为负的话）。① 它是中央银行的收入和支出之差。前者包括净外汇储备、对商业银行的信贷和对非金融性公共部门净信贷的利息收益；后者包括向政府部门的转移支付 τ^g ：

$$S^b = i^*ER^* + i_b(L^{bg} + L^{bc}) - \tau^g \tag{16}$$

为了简化，我们假设中央银行在向政府和商业银行贷款时收取同样的利息 i_b。

（15）式可以写为如下的形式，以便推导基础货币增长的来源：

$$\dot{M} = \dot{L}^{bg} + E\dot{R}^* - S^b + \dot{L}^{bc} \tag{17}$$

（17）式表明，基础货币增长的来源有中央银行对非金融性公共部门的融资、国际收支盈余、准财政赤字以及中央银行对私人银行体系的信贷。

2.2.3　统一的公共部门

统一的公共部门包括非金融性公共部门和中央银行。通过（6）式和（11）式，统一的公共部门的净值 Ω^{ps} 为：

$$\Omega^{ps} = \Omega^g + \Omega^b = E(F^g + R^*) + (L^{bc} - L^{cg}) - M \tag{18}$$

其随时间的变化为：

$$\dot{\Omega}^{ps} = E(\dot{F}^g + \dot{R}^*) + (\dot{L}^{bc} - \dot{L}^{cg}) - \dot{M} + \dot{E}(F^g + R^*) \tag{19}$$

从（9）式和（15）式，可知其金融性储蓄包括：

$$S^{ps} = S^g + S^b = E(\dot{F}^g + \dot{R}^*) + (\dot{L}^{bc} - \dot{L}^{cg}) - \dot{M} \tag{20}$$

因此，（19）式可以写为：

$$\dot{\Omega}^{ps} = S^{ps} + \dot{E}(F^g + R^*) \tag{21}$$

统一的公共部门的总金融盈余可以通过（10）式和（16）式得到：

$$S^{ps} = S^g + S^b = (\tau^p - C^g - I^g) + i_bL^{bc} + i^*E(F^g + R^*) - i_cL^{cg} \tag{22}$$

其他的关于总公共部门账户的概念为初级盈余（包括总公共部门剩余的非利息部分）和经营盈余，经营盈余去除了以名义利率进行交易中的通货膨胀因素，因此它包括初级盈余和实际利率支付。在第 3 章我们将对这些概念进行进一步研究。

□ 2.3　商业银行体系

商业银行的金融资产净值 Ω^c 由银行资产和负债的差构成：

$$\Omega^c = L^p + L^{cg} + RR - D^p - L^{bc} \tag{23}$$

其随时间变化的轨迹为：

$$\dot{\Omega}^c = \dot{L}^p + \dot{L}^{cg} + R\dot{R} - \dot{D}^p - \dot{L}^{bc} \tag{24}$$

---

① 关于准财政赤字的讨论将在第 3 章中进行。

由于商业银行被假定为既不持有外国资产，也不持有通货膨胀保值品，银行的净资产随时间的变化为：

$$\dot{\Omega}^c = S^c = \dot{L}^p + \dot{L}^{cg} + R\dot{R} - \dot{D}^p - \dot{L}^{bc} \tag{25}$$

其中，S^c 可被表示为：

$$S^c = i_c(L^p + L^{cg}) - i_d D^p - i_b L^{bc} \tag{26}$$

□ 2.4　总关系

把（1）式、（18）式和（23）式加总，经济体的总净值 Ω 包括净国际债权（对外国人的净债权 F）加上通货膨胀保值品的存量：

$$\Omega = \Omega^p + \Omega^{ps} + \Omega^c = E(F^p + F^g + R^*) + p_H\overline{H} = EF + p_H\overline{H} \tag{27}$$

其随时间变化的方程为：

$$\dot{\Omega} = E\dot{F} + \dot{E}F + \dot{p}_H\overline{H} \tag{28}$$

可以通过对（27）式求导或把（2）式、（19）式和（24）式加总得到（28）式。从（8）式、（21）式和（25）式，它也可以被写为：

$$\dot{\Omega} = S^p + S^{ps} + S^c + \dot{E}F + \dot{p}_H\overline{H} = S + \dot{E}F + \dot{p}_H\overline{H} \tag{29}$$

其中，S 代表国民金融性储蓄。（28）式和（29）式意味着：

$$S = E\dot{F} \tag{30}$$

这表明国民储蓄代表着对其他国家的净债权积累。通过加总（5）式、（22）式、（26）式，S 也可以被写为：

$$S = Y + i^* EF - (C^p + C^g) - (I^p + I^g) \tag{31}$$

这意味着国民金融性储蓄是国民生产总值 $GNP = Y + i^* EF$ 与国内吸收部分 $DA = (C^p + C^g) + (I^p + I^g)$ 的差，即国际收支中的经常账户部分 CA。负的国民金融性储蓄通常被称为外国储蓄（经常账户赤字）。我们可以通过（31）式推出一些更加熟悉的宏观经济等式，首先把非金融性公共部门的总吸收定义为 $G = C^g + I^g$，然后用 CA 代替 S，产生了国民收入账户等式：

$$GNP = C^p + I^g + G + CA \tag{32}$$

其次，把总国民储蓄 S_T（总金融性储蓄和实际储蓄之和）定义为国民收入和总消费之差（$S_T = GNP - C^p - C^g$），然后得到（32）式的资金流版本：

$$CA = S_T - (I^p + I^g) \tag{33}$$

它是把总储蓄（$S_T - CA$）和总投资（$I^p + I^g$）联系在一起的等式。最后，把 S 代入（30）式并经过部门分解后，我们有：

$$E\dot{R} = (GNP - C^p - I^p - G) - E(\dot{F}^p + \dot{F}^g) \tag{34}$$

（34）式是我们非常熟悉的以国内货币单位表示的国际收支等式。等式左边代表中央银行的储备积累（总的国际收支），右边第一项是经常账户，第二项为资本账户。

3　开放经济中的生产结构

为了把前一节中所描述的一系列等式转换成为宏观经济模型，就必须界定经济行为和均衡条件。但是，首先必须决定部门分解的程度。正如导论中指出的，大多数开放经济条件下的宏观经济学提供了三种基本的选择。[①] 在这一节中，我们将依次描述它们。

□ 3.1　蒙代尔-弗莱明模型

研究工业化国家开放经济条件下的生产结构模型时，普遍采用的理论框架是蒙代尔-弗莱明框架。[②] 这个框架假设经济专业化生产一种（组合的）产品，它是其他国家生产的另外一种（组合的）产品的不完全替代品。对于每种产品来说，一价定律都成立。因此，外国产品的国内货币价格等于该产品的外国（国际）货币价格（我们用 P^* 来表示）乘以外币的本币价格 E。同样，国内生产产品的外币价格等于其本币价格 P 除以外币的本币价格。国内居民和外国居民均对本国和外国产品有需求。因此，外国产品是本国的可进口产品，而本国产品是本国的出口品。外国产品相对本国产品的价格被称为本国经济的贸易条件或实际汇率。在蒙代尔-弗莱明模型中，这两个术语是可以互相替代的。

蒙代尔-弗莱明模型的一个关键的特点是国内经济的贸易条件是内生的，因为本国经济在其进口品市场上是很小的，但是在其出口品市场上却比较大，即拥有一定程度的垄断权力。后者意味着对出口品的国内需求发生变化会影响该种产品的相对价格或生产水平。这种情况发生的机制以及通过相对价格或产出调整恢复到均衡条件的程度取决于汇率体制和该种出口产品的短期供给函数。为了说明贸易条件是如何被决定的，我们研究一个简单的短期蒙代尔-弗莱明模型，该模型只考虑经济的生产侧，即产品市场和劳动力市场。我们只考虑固定汇率的情况。[③]

y 代表国内产品产出，a 为国内吸收（domestic absorption），b 为贸易余额，均以本国产品单位衡量。令 $z=EP^*/P$ 代表贸易条件。由于本国产品和外国产品是不完全替代品，贸易余额可以写为：

$$b=b(\overset{+}{z},\ \overset{-}{a}),\quad -1<b_a<0 \tag{35}$$

其中，贸易条件偏导数的符号假设该国满足马歇尔-勒纳条件。[④] 本国产品的市场均衡条件为：

$$y=a+b(z,\ a) \tag{36}$$

均衡机制的性质取决于经济的供给面。在短期，国内产出由具有劳动力报酬递减性质的生产函数给出：

$$y=y(n),\quad y'>0,\ y''<0 \tag{37}$$

其中，n 为就业水平。将 w 定义为名义工资，ω 为按进口品表示的实际工资。那么，按照出口品表示的实际工资为 $w/P=(w/EP^*)(EP^*/P)=z\omega$。劳动需求 n^d 根据利润最大化条件给出：

$$y'(n)=z\omega \Rightarrow n^d=n^d(z\omega) \tag{38}$$

其中，$n^{d'}=1/y''<0$。最后，劳动力市场均衡需要满足：

$$n^d(z\omega)=\bar{n} \tag{39}$$

---

① 第四种选择是由 McCallum and Nelson（2000）提供的方法。在他们的框架中，进口品不被当作最终消费品而被当作中间产品，以用于国内产品的生产。正如第 12 章所讨论的，这种方法对于那些原材料进口占进口比重较大的发展中国家非常适用。

② 参见 Mundell（1963）和 Fleming（1962）。蒙代尔-弗莱明模型在标准的开放宏观经济学教科书中都有介绍。详细的描述可以参考 Frenkel and Razin（1987）。

③ 对浮动汇率制下蒙代尔-弗莱明模型的描述请参见 Dornbusch（1980）。

④ 如果 $x=x(z,\ \cdot)$ 和 $m=m(z,\ a,\ \cdot)$ 分别表示实际出口和进口行为。$b=x-zm$，欲假设 $b_z>0$ 需要满足在 $b=0$ 时，$\eta_{xz}+\eta_{mz}-1>0$，其中 $\eta_x z$ 和 $\eta_m z$ 分别表示出口品和进口品的需求弹性。

其中，$\bar{n}$ 为外生的劳动供给。

在古典或者凯恩斯框架下，该模型均可求解出 z，其中 z 为用 a 表示的函数。在古典假设条件下，劳动力市场出清，因此（39）式可用（37）式中的 $\bar{n}$ 代替 n，使得（36）式表达为以下形式：

$$y(\bar{n})=a+b(z,\ a) \tag{40}$$

上式将 z 表示为 a 的隐函数。a 上升对 z 的影响可以由 $\mathrm{d}z/\mathrm{d}a=-(1+b_a)/b_z$ 表示，其中的负号意味着国内吸收的增加提高了国内价格水平，因此贸易条件改善。[①] 在凯恩斯框架中，ω 为外生的，劳动力市场出清条件（39）并不成立。把劳动需求 n^d 从（38）式代入（37）式，我们可以把（40）式写为：

$$y[n^d(z\omega)]=a+b(z,\ a) \tag{41}$$

这意味着在这种情况下，z 和 a 之间的关系为 $\mathrm{d}z/\mathrm{d}a=(1+b_a)/(\omega y'n^{d\prime}-b_z)<0$。因为分子为正，分母为负。在凯恩斯框架中，国内吸收的变化对贸易条件的影响较小（$\mathrm{d}z/\mathrm{d}a$ 的分母的绝对值较大），因为 z 的变化在这种情况下同时导致了供给和需求的反应。所以，给定 z 的变化，其在消除国内产品过度需求上更加有效。

图 1-1 展示了模型内部平衡和外部平衡如何被同时决定。CC 曲线描述了古典模型中与本国产品市场均衡相容的 z 和 a。CC 的斜率反映了在蒙代尔-弗莱明模型中贸易条件对国内支出的依赖程度。BB 曲线描述了一组与一定贸易差额相容的 z 和 a，比如一个可持续的贸易盈余水平 b_0。它可由（35）式推出，其斜率为正，等于 $-b_a/b_z$。在 BB 曲线之上的点对应着相对于 b_0 的贸易平衡的改善，而低于 BB 的点对应着贸易平衡相对于 b_0 水平的恶化。（36）式意味着经济必须在 CC 上，即国内产品市场出清。给定国内吸收水平 a_0，CC 决定了国内产品市场出清所对应的 z，CC 的负斜率缘于 $\mathrm{d}z/\mathrm{d}a$ 的符号。图中，对应 a_0 的贸易条件平衡值为 z_0。对应（a_0，z_0）的贸易平衡点 B 表现出超过 b_0 的贸易赤字。因此，在古典的情况下，B 点代表着内部平衡，而不是外部平衡。要同时实现内部和外部平衡，即点 E，则需要将国内吸收从 a_0 降至 $\tilde{a}$。

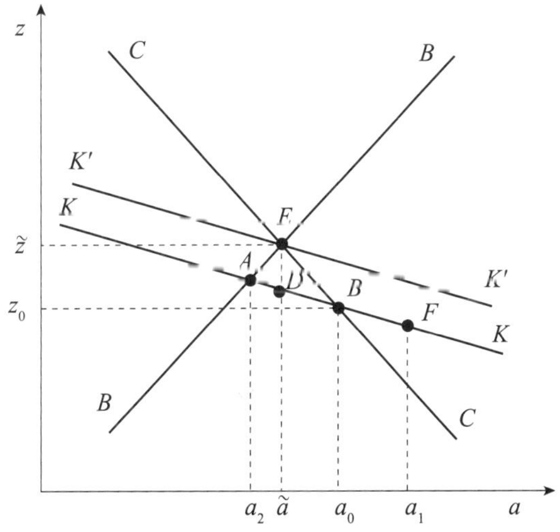

图 1-1　蒙代尔-弗莱明模型中内部与外部平衡

---

① 在已知 z 的解的情况下，（39）式决定了以进口品衡量的实际工资水平 ω。

凯恩斯模型中商品市场均衡由（41）式推导得出。其位置取决于按照进口品计算的实际工资 ω 的初始值。从图上看，ω 的变化导致商品市场均衡曲线垂直移动。当 ω 增加时，它将垂直向下移动，而当 ω 减少时，它将垂直向上移动。无论哪种情况，移动的比例都小于 ω 变化的比例。[①] 通过初始点 B 的凯恩斯均衡线被标记为 KK。因为在古典模式中，z 对 a 的反应更加灵敏，图中 KK 曲线比 CC 曲线要更加平缓。在凯恩斯模型中，内部平衡也许无法在 B 点实现。尽管根据假设产品市场出清，但劳动力市场均衡条件（39）式也许无法成立。[②] 增加吸收水平至 a_1 将使得经济移动到 F，从而取得内部平衡。但是，这意味着经济更加偏离外部平衡。在古典条件下，吸收调整到 $\bar{a}$ 将无法恢复外部平衡（因为贸易条件恶化并不充分），同时导致经济进一步偏离内部平衡。最后，外部平衡在 A 点得到恢复，但这会使得经济更加偏离内部平衡。

在凯恩斯模型中，需要对吸收能力和以进口品计算的实际工资进行同时调整。在古典模型中，后者是通过名义工资的灵活性来达到的。在凯恩斯模型中，则必须通过名义工资的调整来达到。从 a_0 到 $\bar{a}$ 的吸收水平调整，加上足以使得 KK 曲线移动至 $K'K'$ 曲线的名义汇率贬值将使得经济在 E 点同时实现内部和外部平衡。

□ 3.2 依赖型经济模型

在蒙代尔-弗莱明模型中，贸易条件的内生性与之前所述的经验证据并不一致，即发展中国家在其出口品市场上的影响往往是比较小的。因此，实际上这些国家并不能控制其出口品的国际价格。如果把贸易条件当成是外生的，但仍然保留蒙代尔-弗莱明模型关于单一国内生产产品的假设，那么国内的需求情况对国内产品的价格或产出都将没有影响，因为在一个被一价定律所决定的本币价格水平上，该种产品将面临具有无限弹性的外部需求。在这种情况下，国内需求的决定源于对国内产品的过剩需求以及贸易平衡。

这种情况并不符合现实，因为很多国内产品和劳务不能销往国外；交通成本和商业政策使得这些国内产品在外国市场上没有竞争力。但是，这些产品和劳务也无法进口，因为比如前面已经提到的各种贸易壁垒可能会使这些外国产品和劳务在国内市场上缺乏竞争力。这种不能在国外销售或购买的产品和劳务被称为非贸易品。非贸易品是在国内生产和销售的。

根据 Swan（1960）和 Salter（1959）的研究，依赖型经济模型包括两个国内生产部门，其中一个生产贸易品，另一个生产非贸易品。贸易品部门包括进口品和出口品。它们可以被加总成为一个部门，因为贸易条件被看成是外生的，而且是固定的，因此，出口品和进口品可以被当作一个单一的希克斯综合产品（Hicksian composite good）。对宏观经济均衡来说，关键是国内生产和消费的贸易品总价值，而不是单独的出口品或进口品。模型中国内居民被假设为在贸易品和非贸易品方面均有支出。

正如前面已经指出的，在这个依赖型经济模型中，贸易条件是固定的。一价定律

---

① 移动幅度由 $dz/d\omega=-z/(\omega+b_z)$ 表示，因此对应比例的移动可被表示为 $(dz/d\omega)(\omega/z)=-\omega/(\omega+b_z)$。

② 对于一个给定的 ω，有一个唯一的 z 能够满足（39）式。因此，这个公式只在 KK 曲线上的一个点可以成立，比如 F 点。沿着 KK 曲线，在 F 点的西北方向，劳动需求小于劳动供给，而在 F 点的东南方向，劳动需求超过劳动供给。

对贸易品是成立的，因此，对一个小国来说，本国出口品面临着完全弹性的世界需求，本国进口品在其相应的国际市场价格上具有完全弹性供给。在依赖型经济模型中，最关键的相对价格是实际汇率，即贸易品与非贸易品的相对价格，$z=P_T/P_N$，其中 P_T 是贸易品的国内货币价格，按照出口品、进口品或两者的任意混合来测度，P_N 为非贸易品价格。每个部门的生产都可以用带有资本和劳动的同质部门的线性生产函数来描述，但在短期内，每个部门的资本存量是固定的。另一方面，劳动是同质的，而且在部门之间可以流动。从短期来看，每个部门的产出取决于该部门的雇佣劳动力数量：

$$y_h=y(n_h),\quad y'_h>0,\ y''_h<0,\ h=N,\ T \tag{42}$$

其中，y_T，y_N 分别代表贸易品和非贸易品的国内生产价值。n_T，n_N 分别代表两个部门的就业，每个部门的劳动需求与该部门的工资成反比：

$$n_T^d=n_T^d(\omega),\ n_N^d=n_N^d(z\omega),\quad n_T^{d'},\ n_N^{d'}<0 \tag{43}$$

其中，$\omega=w/P_T$ 代表按照贸易品计算的实际工资。将（43）式代入（42）式，我们得到部门供给函数：

$$y_T^s=y_T^s(\omega),\ y_N^s=y_N^s\ (z\omega),\quad y_T^{s'},\ y_N^{s'}<0 \tag{44}$$

这里，我们认为，在给定实际汇率的情况下，贸易品和非贸易品的国内需求取决于两种产品的相对价格和按照贸易品度量的国内总吸收 a，a 由下面的公式给出：

$$a=a_T+z^{-1}a_N \tag{45}$$

因此[①]，

$$a_T=a_T(\overset{-}{z},\ \overset{+}{a}),\quad 0<\partial a_T/\partial a<1 \tag{46}$$

$$a_N=a_N(\overset{+}{z},\ \overset{+}{a}),\quad 0<\partial a_N/\partial a=1-\partial a_T/\partial a<1 \tag{47}$$

贸易余额 b 由贸易品的国内剩余供给决定：

$$b=y_T^s(\omega)-a_T(z,\ a) \tag{48}$$

非贸易品市场的均衡要求为：

$$y_N^s(z\omega)=a_N(z,\ a) \tag{49}$$

最后，劳动力市场的出清条件是由下面的公式给出：

$$n_T^d(\omega)+n_N^d(z\omega)=\bar{n} \tag{50}$$

与蒙代尔-弗莱明模型不同，这个模型的古典版本并不具有递归的性质。该模型并不是首先决定实际汇率，然后再推导出实际工资，实际汇率和实际工资必须依据条件（49）式和（50）式被同时解出。也就是说，ω 和 z 的均衡解必须能够同时出清劳动力市场和非贸易品市场。在图 1－2 中，我们画出了这个方程组的解。轨迹 LL 代表 ω 和 z 的组合，它们能够满足劳动力市场的均衡条件（50）式，NN 则代表非贸易品市场均衡条件（49）式的轨迹。LL 斜率为 $-(n_N^{d'}+n_T^{d'})/n_N^{d'}<-1$，$NN$ 的斜率为 $-(y_N^{s'}n_N^{d'}/(y_N^{s'}n_N^{d'}-\partial a_N/\partial z)>-1$，它大于 -1，而且是负数。[②] 为了参考起见，我们在图中插入了直线 CD，它的斜率也为 -1。在 LL 的右边（左边），实际工资过高（过低），因此，存在着劳动力市场的过度供给（过度需求）。与此相似，在 NN 的下面（上面），实际汇率过度升值

① 同前面的模型一样，我们把实际吸收能力作为外生变量。关于依赖型经济模型的详细介绍，参见 Montiel（1985），Buiter（1988），Brock and Turnovsky（1994）。

② 两个斜率都是在初始值，$z=\omega=1$ 附近计算的。

（贬值），因此，存在着非贸易品市场的过度供给（需求）。ω 和 z 的均衡组合是（$\tilde{z}$，$\tilde{\omega}$），存在于 LL 和 NN 的交点（E 点）。

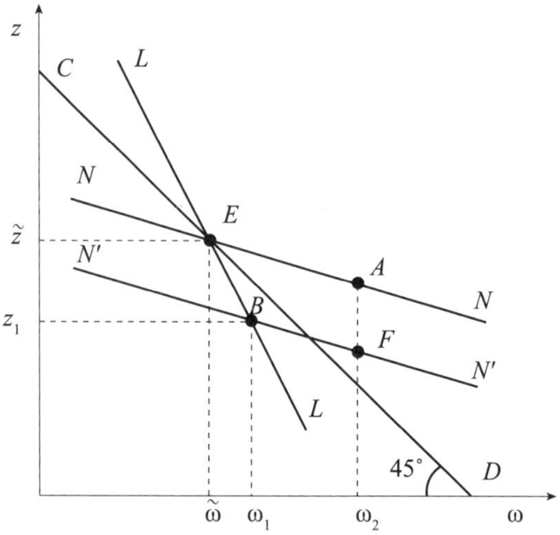

图 1－2　依赖型经济模型的古典均衡

下面，我们考虑吸收能力 a 的增加所带来的影响。非贸易品市场均衡的轨迹 NN 将会向下移动到 $N'N'$，因为当总支出更高时，这个市场的均衡要求汇率进一步升值。新的均衡点会移动到 B，带来实际汇率升值与实际工资上涨。注意，由于 B 点在 CD 下面，z 减少的比例超过 ω 上升的比例。这就意味着非贸易品部门的工资会下降。因此，劳动力从贸易品部门中被释放出来，并被非贸易品部门吸收。由于这个原因，并且外加实际汇率的升值降低了贸易品的需求，贸易平衡就会恶化。

对于内部和外部平衡决定的图形化分析的方法和蒙代尔-弗莱明模型中求解（50）式时把 ω 表达为 z 的函数的方法相似。在图 1－2 中，这种关系的斜率也就是 LL 轨迹的斜率，它是负数而且绝对值大于 1。把这个表达式代入（48）式和（49）式，我们就能够得到一组公式，它们能够决定贸易剩余和非贸易品市场均衡，并将其作为 z 和 a 的函数，与图 1－1 一致。

这个模型的凯恩斯形式则把 ω 作为外生，在图 1－2 中，如果 ω 的初始值是 ω_2，那么非贸易品市场就会在 A 点出清，而劳动力市场则会存在过度供给，这是因为 A 点在 LL 的右边，a 的增加将会使经济移向 F 点，由于贸易品部门的扩张，这就会减少劳动力市场的过度供给，在这种情况下，非贸易品部门的扩张并不是由于向贸易品部门吸收劳动力，而是由于吸收失业的工人。同样，在凯恩斯框架下我们可以使用（49）式和（50）式来分析内部平衡和外部平衡的情况，并把 ω 作为给定的变量。由于名义的货币贬值将改变 ω，它会使得凯恩斯模型中的（49）式和（50）式在 $z-a$ 空间中发生移动。

□ 3.3　三产品模型

依赖型经济模型将前文所述的发展中国家特点——贸易条件的外生性纳入分析框架。但是，它并没有抓住发展中经济的另外一个特性，即贸易条件的变化是宏观经济冲击的来源。之所以没有纳入这一特性，是因为加总出口品和进口品以形成一个复合产品，意味着贸易条件被假设为固定不变。因此，要把贸易条件的变化考虑进去，就需要我们把贸易品部门分解为独立的出口品部门（用符号 X 来表示）和进口品部门（用符号 I 来表示）；也就是说，要求我们使用一个三产品模型。

在这一小节，我们就研究这个模型的简单版本。在这个版本中，出口品并不在国内消费。这种假设将非常合理地近似描述一个初级产品占出口主导地位的经济体的情况。正如前文所指出的，尽管这些年来发展中国家制成品的相对重要性在上升，但是对于很多发展中国家而言，初级产品出口占据出口主导仍然是比较普遍的情况。

在三产品模型中，生产在三个部门中进行。各部门的生产函数是：

$$y_h = y_h(n_h),\quad y_h'>0,\ y_h''<0,\ h=X,\ I,\ N \tag{51}$$

劳动需求为：

$$n_X^d = n_X^d(\omega\Theta^{-1}),\quad n_I^d = n_I^d(\omega),\ n_N^d = n_N^d(z\omega) \tag{52}$$

其中，$n_h^{d'} < 0$。在这个公式中，Θ 代表贸易条件，等于 P_X/P_I；z 是按照进口品单位度量的实际汇率，因此 $z \equiv P_I/P_N$；ω 是按照进口品单位度量的实际工资。P_X，P_I，P_N 分别代表出口品、进口品和非贸易品的国内货币价格。前面两个变量是由一价定律所给出的，因此 $P_X = EP_X^*$，$P_I = EP_I^*$。与此相对，P_N 是由国内市场决定的。

一般而言，可以预期贸易条件的变化会给经济的供给面带来部门资源重新配置的影响，在我们对依赖型经济模型的讨论中，这种效应已经被提及。但是，除此之外，由于贸易条件的变化会影响一个国家的实际收入，我们可以预期它们也有需求面的效应。为了以一种最简单的方式把这些效应纳入分析，我们假设按进口品单位度量的国内吸收能力（a）由下公式所给出的：

$$a = a(\overset{+}{\Theta},\ \overset{+}{g}) \tag{53}$$

因此，国内吸收能力与贸易条件和转移参数（shift parameter）g 成正比。正如前面一节中所指出的，各部门供给函数可以把（52）式所给出的部门劳动需求函数代入（51）式所代表的部门生产函数式。非贸易品市场的均衡要求为：

$$y_N(z\omega) = a_N(\overset{+}{z},\ \overset{+}{a}),\quad 0<\partial a_N/\partial a<1 \tag{54}$$

按照进口品单位度量的贸易剩余（b）由贸易品的国内过度供给给出：

$$b = \Theta y_X(\omega\Theta^{-1}) + y_I(\omega) - a_I(z,a) \tag{55}$$

最后，完全就业的条件是：

$$n_X^d(\omega\Theta^{-1}) + n_I^d(\omega) + n_N^d(z\omega) = \bar{n} \tag{56}$$

与其他模型一样，该模型也可以在古典模型或凯恩斯模型下进行分析。在给定贸易条件的情况下，该模型的分析过程与依赖型经济模型完全一致，故在此省略。这个模型与前面模型的不同之处在于它能够应对贸易条件的变化。因此，本节剩下的部分将会主要研究贸易条件的变化在一个三产品模型中是如何影响实际汇率和实际工资的。在古典模型中，这些变量是由（54）式和（56）式同时决定的。在图 1－3 中，曲线 NN 和 LL 分别代表（54）式和（56）式，而均衡点 E 与图 1－2 中的情况完全一样。

考虑由于 P_X 的减少所带来的贸易条件的恶化，在这种情况下，Θ 将会下降。从（53）式中，我们知道国内的吸收能力也会下降。这就意味着实际汇率必须贬值，以维持非贸易品市场的均衡，即在图 1－3 中，NN 曲线将会向上移至 $N'N'$。同时，出口品部门的工资水平也会上升，使得该部门收缩生产并释放劳动力。在一个给定 ω 的情况下，为了保持完全就业，必须由非贸易品部门吸收过度的劳动力。只有当 z 下降，LL 向下移动

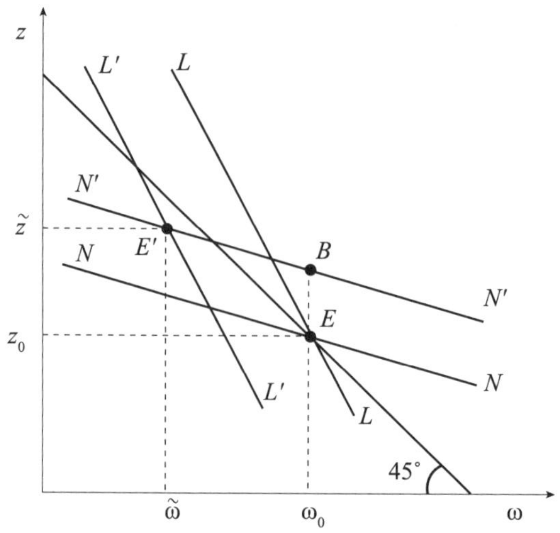

图 1-3　三产品模型中负向贸易条件冲击的影响

时，这种情况才会发生。正如图 1-3 所表明的，所得到的结果是一个在 E'点新的均衡。这个均衡中实际汇率贬值，实际工资下降。

在凯恩斯模型中，以进口品为单位的实际工资不会变化。因此，新的均衡点将会在 B 点，而不是 E'点。在这种情况下会出现失业，因为 B 点在劳动力市场均衡轨迹 $L'L'$的右边。在凯恩斯框架内，实际汇率贬值少于古典模型中的贬值。为了在凯恩斯框架内保持充分就业，就需要进行名义贬值，它将会使得实际工资由 ω 下降到$\tilde{\omega}$，从而使得经济沿着 $N'N'$ 从 B 点移动到 E'点。

这一节中所描述模型的一个重要应用是所谓的“荷兰病”现象，它是指一种由急速发展的部门或产业对宏观经济带来的影响。① “急速发展”可以用前文所分析的冲击的相反情况来表现，也就是 P_X 的上升。在这种情况下，实际汇率将会升值（z 将会下降），因此 ω 也会上升。其结果是进口品部门的产出将会收缩。产生这个结果的部分原因是非贸易品支出增加，非贸易品支出的增加源于与贸易条件冲击相联系的收入效应，因此这些效应越明显，进口品部门收缩就越严重。在发展中国家，“荷兰病”现象往往因为对有利的贸易条件冲击所做出的扩张性宏观经济政策而进一步恶化。当导致这些效应的冲击为暂时性时，这些扩张性政策反应往往很难被扭转回来。

4　劳动力市场的结构

从传统角度说，发展经济学中关于劳动力市场的研究始终关注的是中期和长期问题，比如决定从农村到城市的人口流动的因素、城市劳动力的增长以及相应的失业率上升情况、教育对收入水平的影响。一些研究发现了劳动力市场结构在决定贸易改革和结构调

① “荷兰病”这个术语来自人们对北海石油发现后荷兰非工业化的担心。对于这个问题的有关文献请参见 Corden (1984)。

整政策中所扮演的重要角色。① 但是，在传导宏观经济政策冲击方面，劳动力市场也具有重要的作用。比如，前面一节中所分析的古典模型和凯恩斯模型中，政策和外部冲击的不同影响完全可以归结于对名义工资灵活性不同程度的假设。更一般而言，工资刚性水平在很大程度上决定了财政、货币和汇率政策对实际产出的影响。在第 9 章中，我们将会指出，实际工资刚性在决定名义贬值是否是紧缩性时起到了重要的作用。本节的目的是研究发展中国家劳动力市场的经验性特征，并阐述它们的宏观经济含义，特别强调对工资短期决定因素和劳动力市场分割性质的研究。我们首先勾画出这些市场的结构性特征，然后研究产出、工资和失业之间的相关性。最后，我们会讨论发展中国家劳动力市场分割的性质和产生原因。

□ 4.1 劳动力市场的运行

与工业化国家的劳动力市场相比，发展中国家的劳动力市场在很多重要的方面存在差异。关键的结构性差异表现在农业部门在经济活动中的重要性（这点意味着就业表现出很明显的季节性特征），以及自我雇佣和不规律的生产活动的重要性。这些结构性差异意味着，工业化国家中标准的劳动力市场概念（比如就业和失业）在发展中国家并不一定有相同的含义，而且必须对其进行谨慎的解读。

发展经济学家往往把发展中国家的劳动力市场区分为三个部门（Agénor，2006b）。第一个是农村劳动力，它包括很多自我雇佣的个体和没有支付工资的家庭工人。第二个是城市非正规部门，主要由自我雇佣者或小型的以提供劳务和其他非贸易产品的私人企业所组成。这个部门的活动主要依靠所有者及其家庭所提供的劳动服务，但有时依赖于雇用没有正规就业合同的劳动力。这些部门的工作不稳定性很强，工资也相当灵活，而且工人从其雇主那里获得极少的收益。法定的最低工资在这一部门并不适用，工会的作用也相当有限。劳动力市场的第三个部门是城市正规部门，包括中型或大型企业（包括国有企业），这些企业根据正规合同来雇用工人。工人和雇主都受到劳动力市场各项管制的约束。特别是雇主必须为工人提供一系列福利（比如退休金、医疗保险和相关的工作安全保障）。② 在工资决定中，工会往往起着重要的作用，尽管在不同行业和国家以不同的严格度来执行，最低工资法是存在的。

很多研究都尝试对决定正规和非正规部门大小的因素进行探究。Dabla-Norris et al.（2008）通过运用一般均衡模型分析，发现法律系统的质量（或甄别非正规活动的可能性）不仅在改善接受政府所提供服务的渠道方面作用明显，同时还在规制行业遵守现存的准入管制方面具有重要作用。特别是，更好的法律系统意味着可以甄别出非正规部门企业家躲避行业准入管制行为更大的可能性，例如逃避牌照费和不遵守劳工准则等。他们以各个国家的公司数据为基准的回归方程表明了法律系统在决定非正规部门大小方面的重要作用。③ 一个重要的方面是法律系统质量与信贷市场的不完全性（以履行金融合约

① 比如，可以参见 Edwards（1988）的研究。他强调了不同部门之间劳动力市场重新配置所起的重要作用。

② 在某些国家，正规部门并不仅仅限于城市地区；在农业领域中，也有通过明确合同雇用劳动力的现象。

③ Auriol and Warlters（2005）指出正规部门行业准入的高门槛与政府故意提高税收收入相一致。高昂的市场准入费用，使市场进入者具有市场影响力，进而产生“租金”，这同时培育了大型的税收支付者。因为租金被政府以准入费和利润税的形式进行征收。但是，这种观点基于税收征收的管理成本很低这一假设，但该假设与这些国家的经验证据不符（Bird and Zolt，2005）。

的成本衡量）紧密相关。Antunes and Cavalcanti（2007）通过大量的数值分析与实验提出这些成本与监管成本在解释发展中国家非正规部门规模方面具有同等重要的作用。

通过运用类似的方法，Straub（2005）指出成为正规部门的好处来自两类公共产品。第一类是使生产成为可能（比如政策和法规的保护）和改善生产率（例如公共基础设施）的公共产品。第二类公共产品具备保护产权、保障合约执行以及确保进入特定市场渠道以使私人业主沟通更加有效的作用。第二类公共产品的作用在信贷市场尤为重要。他的分析表明一个企业家决定进入正规部门或非正规部门并不取决于他的初始资本（这会影响担保抵押物的价值），信贷市场的相对效率（以通过法律系统回收贷款的能力衡量）以及注册为正规部门的成本。研究中的其他因素还包括经济环境的变动，劳动刚性的存在（例如最低工资要求或者解雇成本）。

在很多发展中国家，农业领域仍然雇用着农村地区的绝大部分劳动力，“现代”部门的规模仍然相当小。农村劳动力市场和城市劳动力市场的运作至少在以下三个方面有显著的不同：第一，城市地区生产的异质性和多元化要求工人具备各种能力和技术；第二，季节和气候对城市地区生产的影响相比于对农村地区的影响要小得多；第三，城市的生产活动在地理上比农村的农业活动要集中得多。

由于农村和城市非正规部门的重要性，发展中国家中获得正规工资的劳动者在总就业人口中的比例要比发达的工业化国家低得多，虽然在发展中国家之间也有很大的差别。工资型就业（这种就业与城镇化率以及公共部门规模大小存在正相关性）在一些低收入的撒哈拉以南非洲国家只占总就业的10%左右，但在一些中等收入的拉丁美洲国家却达到了80%。非正规部门就业占总城市就业的比例在很多发展中国家也相当可观，尤其是在亚洲、中东和撒哈拉以南非洲国家的一部分地区，这些地区的比率在40%和60%之间浮动（Agénor，2006b；Schneider，2011）。

□ 4.2 显性与隐性失业

发展中国家可得的就业与失业数据并不十分可信而且通常很难进行跨国比较。[①] 另一个问题是公开发布的失业信息大部分基于在正规部门寻找工作的失业者，并没有将非正规部门和农业部门的失业情况考虑在其中，即所谓的隐性失业。因此，有效的超额劳动供给可能被低估。除此之外，尽管就业率增长态势良好，但是公开性失业的趋势仍然在上升。这是因为与工业化相伴的农村人口向城市转移，使得原本隐性失业的工人在正规部门寻找工作时被登记为新的失业人员。已有的经验证据表明，不充分就业情况比显性失业情况要更为普遍。在不同国家中，显性与隐性失业率从25%到60%不等（Agénor，2006b）。

发展中国家产出增长率和失业率的数据表明，在某些情况下一些国家的产出增长率和失业率有相当密切的负向关系，但这个关系对于其他国家来说却非常弱，而且会随着时间发生不规律的变化。缺乏稳定的“奥肯定理”（Blanchard and Fischer，1989，pp. 8－9）也许是劳动力市场不同部门之间存在溢出效应的结果，正如后文我们即将讨论到的。

---

① 大部分估计数据来自劳动力市场调查或者频度较低的人口普查。国际劳工组织一直致力于构建针对发展中国家失业情况的充分的测量标准。

□ 4.3　指数化和工资刚性

从宏观经济的角度来看，劳动力市场运行的一个关键方面是实际工资刚性的程度。在发展中国家，各种劳动力市场管制——最低工资、指数化法律、保护就业的措施（比如劳力保护法）、对于劳动力流动的限制、政府所施加的税收以及强大的工会——都可能会阻碍实际工资和名义工资的灵活性。[①] 虽然这些因素在不同的地区与国家的相对重要性有所不同，而且也随时间的变化而变化，一个常见的特点是隐性的或显性的工资指数化。尤其是在高通货膨胀国家，工资指数化是劳动力市场的一个关键特点。

在正常的条件下，工资指数化条款允许工资随着生产率变化以及过去的通货膨胀进行调整。不同国家、不同时期的调整主要有三个方面的差别：工资调整之间的间隔、对通货膨胀的指数化程度和随生产率变化所进行的调整的性质。在一些国家，法律允许工人和雇主之间就生产率变化所导致的工资调整进行自由谈判；而在其他国家，这种调整是由政府所决定的。还有一些国家工资调整的频率往往随着通货膨胀率的增加而增加；很多经济学家把工资调整的频率也看成是通货膨胀过程中一个结构性的要素（Dornbusch et al.；1990；Simonsen，1983；Parkin，1991）。在某些情况下，工资指数化随通货膨胀调整的程度是工资水平的函数。平均的指数化程度也被用来作为改变通货膨胀预期和减少通货膨胀的惯性因素的一种手段，比如阿根廷的情况。

对于政策冲击对产出、通货膨胀和失业的传导途径而言，指数化运作的方式非常重要。关于工资指数化的传统观点认为，指数化能够使产出和失业从货币性（需求）冲击中隔离开来，但不能使产出和就业免受实际（供给）冲击的影响。[②] 因此，较高的实际工资刚性会把实际部门和总需求冲击隔离开来。但是，在部门层次上，高程度的工资指数化也可能会扭曲政策引致的价格信号，比如名义贬值，而且可能阻碍资源的重新配置。此外，指数化的工资合约被认为是通货膨胀预期黏性和持续通货膨胀的根本原因。因此，那些旨在降低工资指数化程度的制度改革可能是确保反通货膨胀政策可信度和最终成功的一个关键要素（参见第11章）。

虽然工资指数化的存在非常普遍，但是在很多国家，实际工资比普遍假设的情况更加灵活。Horton et al.（1994）总结了世界银行对发展中国家劳动力市场和结构调整的一项研究的结果，这些研究从数据角度支持了下面这个观点，即在拉丁美洲和亚洲国家，实际工资的灵活性程度比较高。Agénor（2006b）更进一步考察了相关的经验证据。在很多情况下，失业的持续存在不能够归结于过度的实际工资刚性，而是可能来源于与下降的实际工资和产出市场不完善相关的总需求效应。第一种影响带来的效应被称为是凯恩斯-卡莱斯基效应（Keynes-Kalecki effect）（Taylor，1991）。它基于假设：挣工资者的储蓄倾向比获得利润者的储蓄倾向要低得多。只要真实工资的下降伴随着工资在国民收入中的比例的下降，总的需求也会下降。因此，虽然实际工资显著下降，但失业仍然会

---

① 比如，在解释拉丁美洲的工资刚性时，人们往往认为工会是主要的原因。近年来一些国家的制度改革浪潮，已经在很大程度上降低了工会的讨价还价能力和向雇主强加工资安排的能力。

② 参见Blanchard And Fischer（1989，pp.523－525）。Carmichael et al.（1985）在一个开放经济的模型中，对工资指数化规则进行了详细的讨论。大部分理论文献假设存在先验的指数化。在实践中，工资指数化往往是后验的，或称为事后的，即当前的工资会对过去的价格变化做出调整。Fischer（1988）研究了在反通货膨胀政策实施中后验的工资指数化所起的作用。

持续。第二种影响带来的效应来自产品市场的不完全竞争，虽然劳动力市场是完全竞争的，实际工资也是灵活的（Layard et al.，1991）。不幸的是，区分这些不同假设的经验研究微乎其微。

尽管是否广泛地存在实际工资刚性是一个值得怀疑的问题，但是人们普遍认为在很多发展中国家，名义工资刚性是劳动力市场的一个显著特征。名义工资刚性源自一系列因素，包括滞后的工资指数化、交错和迭代的工资合同以及通货膨胀预期的调整缓慢。在中等收入国家，多期劳动力合同的存在看上去是名义工资刚性的一个主要来源。我们将研究一个关于名义工资合约的模型，其中包括前瞻性和回顾性指数规则。

□ 4.4　劳动力市场分割

发展中国家的劳动力市场二元化也许与就业部门或生产结构（农业和工业，或传统产业和现代产业）、生产活动的地理区位（农村和城市）、生产活动的法律性质（正规部门和非正规部门）、劳动力的组成（熟练劳动力和非熟练劳动力）等因素有关。这些分解一般不对应着前面所讨论过的贸易品和非贸易品部门之间的区别，或者是对应三产品生产的框架。但是，它们对于宏观经济分析而言却大有裨益。这是因为，二元主义的启示是劳动力市场分割，后者可以被定义为一种情况，即可以观察到相同的工人由于其就业部门不同得到不同的工资。特别地，即使工资具有完全的灵活性，由于制度性的阻碍或其他因素所导致的对部门之间职业流动性的限制，也可能使得低工资部门的工人无法得到资质与之相似的工人在其他部门所获得的高工资。如果没有这些阻碍，低工资部门的工人将会进入高工资部门并把高工资部门的工资压低，直到两个部门的工资相等为止。劳动力市场也可能是由于部门工资刚性的存在所导致，部门工资刚性会导致就业水平受到需求约束。

发展中国家劳动力市场分割的最有名的模型是哈里斯-托达罗（Harris and Todaro，1970）的人口流动模型。该模型的主要目标是解释当发展中国家存在着广泛的城市失业现象时，由农村向城市的人口流动仍然会持续这一现象。这个模型的一个关键要素是把预期（而不是实际）工资相等作为劳动力市场不同部分的基本均衡条件。具体说来，哈里斯-托达罗模型假设，农村的工人在决定是否迁移时，将比较农业的当前工资 w_A 和城市的预期工资 w_U^e，后者是用城市的工资 w_U（被假设为固定，例如由最低工资法所规定）乘以城市就业率（衡量被雇用概率的指标）。在均衡条件下，哈里斯-托达罗模型可以得到：

$$w_A = w_U^e = w_U \frac{n_U}{n_U + L_U} \tag{57}$$

其中，n_U 为城市就业，L_U 为城市地区失业工人总人数。在过去很多年间，学者们已经在很多方向上对哈里斯-托达罗模型进行了扩展（Agénor，2006b）。其中，特别有趣的拓展是把城市部门的工资刚性解释为效率提升的结果，而不是政府管制的结果。根据这些假说，实际工资削减会导致生产率较低，因为它们会直接降低工人努力工作的激励（Stiglitz，1982），并提高偷懒的激励，增加辞职率［从而增加流转成本，这一点被 Stiglitz（1974）所强调］，并降低雇员对企业的忠诚度。比如工人的努力程度可能取决于当前就业部门（比如说城市部门）所支付的工资相比于其他生产部门所支付的工资

（农业工资）或保留工资的高低。在这种情况下，每一个企业都会设定其工资，以最小化每单位有效劳动的成本，而不是每个工人的劳动成本。能够最小化每单位有效劳动成本的工资被称为效率工资。企业将雇用劳动力，直到其边际收益等于其所制定的实际工资为止。因此，一个通常发生的情况是，当每个企业提供其效率工资时，总的劳动需求将低于总的劳动供给，从而出现非自愿失业的现象。① 在分割劳动力市场的模型中，要解释为什么现代部门的企业要支付高于市场出清工资的现象时，效率工资理论特别有用。该理论预测即使没有工会和其他的制度性约束，也会出现非竞争性的工资差异。

可以用一个简单的图形分析来说明考虑劳动力市场分割和工资灵活性，对理解宏观经济冲击在影响失业方面的重要性。考虑一个小型开放经济体，该经济体仅用劳动投入生产贸易品和非贸易品，而劳动供给是给定的。图 1-4 显示了在四种不同劳动力市场调整的假设下，工资和就业是如何被决定的。在所有的四幅图中，横轴都度量整个经济体提供的劳动为 O_TO_N。纵轴则表示经济中的工资率，该工资率或者在各个部门都一样，或各有不同。贸易（非贸易）品部门的劳动需求是由斜率为负的曲线 $L_T^d(L_N^d)$ 所代表。首先，让我们考虑第一幅图，它是基于工资完全灵活和劳动力的不同部门之间具有完全流动性的假设。劳动力市场最初的均衡位置是 E 点，其中经济的均衡工资率为 w^*，贸易品部门所雇用的劳动为 $O_TL_T^*$，而非贸易品生产中所使用的劳动为 $L_T^*O_N$。

在第二、第三、第四幅图中，贸易品部门的工资率被固定为 w_T^c（超过经济中的市场出清工资），而非贸易品部门的工资仍然是灵活的。② 这三幅图之间的区别是隐含的关于部门间劳动力流动程度的假设不同。在第二幅图中，劳动力可以在部门间自由流动，这和第一幅图的情况一样。完全的劳动力流动性加上非贸易品部门的工资灵活性，阻止了失业的出现。贸易品部门最初的均衡是在 A 点，对应于该部门的就业水平为 $O_TL_T^c$，在非贸易品部门的 E_N 点，工资为 w_N，就业为 $L_T^cO_N$。在第三幅图中，劳动力在所分析的时间框架内是完全不流动的。贸易品部门的劳动为 $O_T\bar{L}_T$，而非贸易品部门的劳动供给为 $\bar{L}_TO_N$。由于部门的劳动供给是完全没有弹性的，而且在贸易品部门工资不能调整，贸易品部门往往会出现失业现象。第三幅图中所描述的情况表明贸易品部门的就业等于 $O_TL_T^c$，而失业等于 $L_T^c\bar{L}_T$。最后，第四幅图是哈里斯-托达罗劳动配置机制发生作用时的情况，它假设当非贸易品部门工资率等于贸易品部门预期的工资率时，经济达到均衡。斜率为负的直角双曲线 QQ 是使得这个条件成立的曲线，被称为哈里斯-托达罗曲线（Corden and Findlay，1975）。③ 曲线 L_N^d 与曲线 QQ 的交点决定非贸易品部门的均衡工资和就业水平，而曲线 L_T^d 与水平线 w_T^c 的交点决定了贸易品部门的就业。因此，最初的均衡中部门失业为 $L_T^cL_N$。

---

① 在发达国家，有非常大量的文献认为非自愿失业是由效率工资所引起的。参见 Blanchard and Fischer（1989）和 Layard et al.（1991）。

② 在贸易品部门，工资刚性的来源这里并没有涉及。通常的理由是存在政府所强加的最低工资，它往往只涉及制造业部门。另外一种解释在下面所给出的一般均衡模型中会提及。

③ 正如前面所指出的，贸易品部门的预期工资被定义为该部门的实际工资乘以被雇佣概率，后者也就是雇佣比率 $w_T(L_T^d/O_T\bar{L}_T)$。哈里斯-托达罗模型的均衡条件也就意味着 $w_N(O_T\bar{L}_T)=w_TL_T^d$，由于 L_T^d 一般而言是 w_T 的递减函数，前面的条件也就定义了一个直角双曲线 QQ。只有在 QQ 曲线上的点 A 和 E_N，工资率必须等于劳动的边际产出，即 $w_T=w_T^c$ 的要求才能够满足。

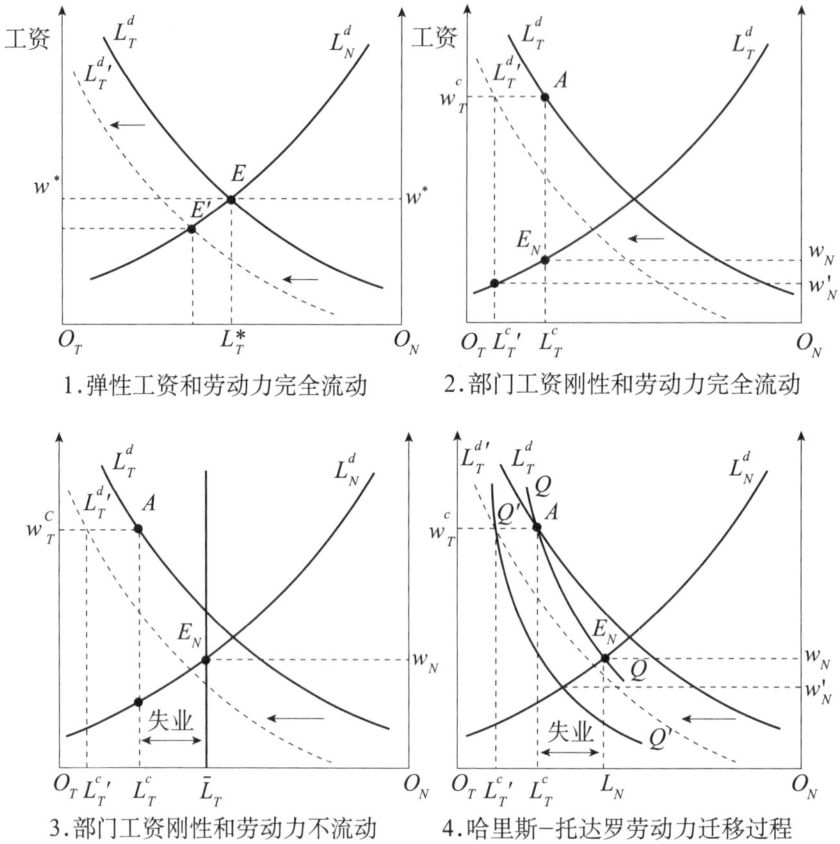

图 1－4　劳动力流动性，部门工资刚性和调整

假设劳动需求由于宏观经济冲击（比如说部门生产率下降）而下降，使得曲线 L_T^d 向左移动，但非贸易品部门的劳动需求曲线仍然不变。我们在这个局部均衡分析中也暂不考虑总需求冲击对相对价格、收入和财富的影响。如果在部门之间劳动力是完全流动的，工资也是完全灵活的，劳动力市场的调整将导致经济中总体工资率的下降，并带来部门之间劳动力的重新配置，从而使经济到达一个完全就业的新均衡（第一幅图中的 E' 点）。

现在，让我们考虑当存在部门工资刚性的情况。假如劳动力是在不同部门之间完全流动的，需求冲击将只会导致劳动力的重新配置和非贸易品部分工资的下降（第二幅图）。但是，如果劳动力在不同部门之间不能流动，需求的下降将导致贸易品部门的失业上升，对非贸易品部门的工资和就业则没有影响（第三幅图）。当存在哈里斯-托达罗类型的劳动配置机制时，需求冲击将降低贸易品部门的就业（与第三幅图描述一致），但对失业率的影响就不确定了。这是由于就业率的下降将减少被雇用的可能性，也因此减少贸易品部门的预期工资，从而使得曲线 QQ 将随着 L_T^d 的移动而向左移动。这就意味着更多的工人将会在非贸易品部门寻找就业机会，从而降低了该部门的工资。因此，非贸易品部门的就业会增加而工资会下降。但是，即使劳动力在部门之间重新配置，均衡中贸易品部门的失业率仍然可能上升。因此，促使这种分析的动力在于为了评价宏观经济冲击对工资、就业和失业率的影响，必须正确地评估劳动力市场的关键特点。[①] 第 4 章中我们将会研究效率因素所诱致的劳动力市场分割和相对工资刚性会如何改变宏观经济政策冲击的传导机制。

劳动力市场分割的另一个启示是它能够帮助我们解读奥肯法则为什么在发展中国家表现出明显的不稳定性（前面讨论过）。Agénor and Aizenman（1999a）提供了一个分析框架以解释其中的机制，第 4 章中我们将对它进行更详细的讨论。关键点是他们的分析强调了短期看来，正规和非正规劳动力市场之间的互动表现出替代性而不是互补性这种可能性，这意味着宏观经济政策冲击对就业的影响可以在很大程度上被缓解。比如当产出增长较低时，正规部门所解雇的熟练和非熟练劳动力都可以在工资和劳动生产率较低的非正规部门寻找就业机会。除非熟练劳动力的保留工资高于非正规部门非熟练劳动力的当前工资（这可能是由于正规部门的失业保障较好所造成的），那么总需求的波动就会导致平均生产率的变化而不是公开性失业的上升。

① 注意，第三幅图中所描述的失业现象的存在可能只是一个短期的现象。如果劳动力可以随着时间进行调整，长期的结果可能与第二幅图中所描述的结果相似。

第 2 章 行为函数

适合政策分析的宏观经济学框架，不仅需要描述基本的核算等式或总体经济需要满足的均衡条件，还必须对私人经济主体的行为函数进行描述。在过去这些年中，学术界已经出现了大量旨在设定和估计发展中国家私人经济主体行为的模型。虽然这个领域早期文献的重点与其他领域的文献一样，对工业化国家使用的标准概念和模型设定进行应用，但近些年的研究则（在理论以及经验分析的层次上）系统性地考虑了发展中国家某些具体的结构性特征。

本章研究了发展中国家的总行为函数的理论设定和相关经验证据。第 1 节分析了消费与储蓄函数的设定，特别关注了流动性与信贷约束问题以及利率对储蓄决策的影响。第 2 节则讨论了私人投资的决定因素，强调了信贷配给、宏观经济不稳定性、不确定性和不可逆性的影响，以及私人资本形成与公共投资之间的关系。在第 3 节，我们研究了货币需求的决定因素，与传统模型强调货币与实际产品之间替代效应不同，新的模型强调货币替代因素以及金融创新在实际货币需求决定中所起的作用。

1 消费与储蓄

正如在工业化国家中一样，私人消费是发展中国家总需求中占比最大的一部分。从理论分析的角度看，无论是发达国家还是发展中国家，消费在宏观经济模型中起着关键作用。比如在任何宏观经济模型中，财政政策对总需求的影响都主要取决于消费函数的性质。在发展中国家，私人消费行为也受到了很大关注。尽管外部资源的作用十分重要，但几乎所有这些国家中大部分国内投资始终是通过国内储蓄来进行融资的，而储蓄的一个重要决定因素是私人消费。而且由于国际收支中经常账户的赤字在定义上等于国内储蓄与国内投资之差（参见第 1 章），所以私人消费行为对于经济外部调整过程也十分重要。

在工业化国家广泛应用的标准家庭消费模型中，往往假设一个代表性家庭以最大化生命期效用为目的设计其消费计划，并受到跨期的预算约束。[①] 当效用为加性可分（ad-

① 这部分的模型忽略了人口因素，例如抚养比率。Rossi（1989）研究并验证了一个关于发展中国家抚养比率、消费与储蓄率之间联系的理论性框架，参见 Loayza et al.（2000）。

ditively separable utility）并没有不确定性存在时，家庭的最大化的生命期效用函数 V 为：

$$V=\sum_{t=0}^{T}\frac{u(c_t)}{(1+\rho)^t} \tag{1}$$

其中，$u(\cdot)$ 为效用函数，c 为实际消费，ρ 为一个恒定的时间偏好率。假设有一个恒定的实际利率 r，函数 V 的最大化通过选择消费路径 $\{c\}_{t=0}^{T}$ 来实现，并受限于下面的约束：

$$\sum_{t=0}^{T}\frac{u(c_t)}{(1+r)^t}\leqslant a_0+\sum_{t=0}^{T}\frac{y_t}{(1+r)^t} \tag{2}$$

其中，a_0 为家庭初始财富，y 为可支配要素收入。最优化的一阶条件由欧拉方程给出：

$$u'(c_{t+1})=\frac{1+\rho}{1+\mathrm{r}}u'(c_t),\quad t=1,\cdots,T-1 \tag{3}$$

条件（3）意味着：在不同时期之间的消费配置必然是下面的情况：即不管配置于哪个时期，新增的一单位消费都应对生命期总效用的贡献相同。[①] 解出家庭最优化问题的消费路径必然满足（3）式，而且使（2）式以等式形式成立，这样才不会浪费任何收入。条件（3）决定了消费路径的形状（消费的增长率）。而条件（2）则决定了消费路径的高度（初始的消费水平）。

这个消费模型的主要特性是家庭会愿意平滑化消费。也就是说，消费未必像在简单的凯恩斯消费函数（KCF）中一样与当期收入紧密相关。当存在递减的边际效用（$u''<0$）和波动的收入时，把消费与当期收入过分紧密地联系起来将违背欧拉等式（3），因为邻近的高消费期与低消费期将产生边际效用比率 $u'(c_{t+1})/u'(c_t)$，并使之大于或小于 $(1+\rho)/(1+r)$。该模型也预测，收入变化对当前消费的影响取决于这些变化何时发生以及将持续多久，因为这些特点将决定收入变化对家庭生命期资源的影响。最后，该模型对利率变化对作为当期净储蓄者家庭的消费的影响不能做出任何预测。对于这些家庭而言，根据（3）式，其替代效应将使消费向未来倾斜，抑制当前的消费，而跨期预算约束（2）式的放松产生的收入效应，将倾向于增加当前消费，r 的变化对消费的净效果将取决于这两种效应的相对程度，而这又取决于效用函数自身的特点。

基于发展中国家的条件应用该理论会带来四个方面的问题。第一个问题来自家庭是否可以有效地平滑化其消费。这取决于家庭是否可以不受约束地进行借贷与放贷，而这可能受到防止家庭在不同时期之间转移资源的流动性约束阻碍。第二个问题与计划时期的有效长度有关。即使家庭可以在不同时期之间平滑消费，它们可能也不会在足够长的时期这样做而使消费平滑真正发挥作用。因此，前文所描述的模型与简单的凯恩斯函数不同，依赖于计划时期的长度，在较长的时期二者差别会更大。比如，在具体应用中，李嘉图等价的相关性取决于消费者计划时期的长度（参见后文）。第三个问题和利率变化对消费影响的经验确定有关。为了验证理论，有必要区分更高的利率对当前消费的影响（理论对这方面无任何预测）以及其对消费增长的影响（它应当与利率正相关）。最后是关于财政政策对私人消费的影响问题，这些影响不仅取决于前面已经列出的因素，也取决于下面一种可能性，即公共消费可能为即期效用函数项 $u(\cdot)$ 中的一项，而且在极端

---

① 如果将之配置到现在，生命期的效用将会上升 u'；如果配置到下一期，它将会产生 $(1+r)$ 单位的未来消费，从而产生 $(1+r)u'(c_{t+1})$ 单位的未来效用，相当于今天的 $[(1+r)/(1+\rho)]u'(c_{t+1})$。

的情况下，公共消费可能是私人消费的替代品，以至于公共消费对私人消费就会有“直接的挤出效应”。

Gersovitz（1988），Deaton（1989，1992）以及 Rosenzweig（2001）提出了大量关于发展中国家庭消费行为可能不同于工业化国家的原因。第一种区别由于发展中国家的家庭往往与工业化国家的家庭拥有不同的人口结构。前者的家庭规模往往较大，并且更多代人居住在一起共享资源。这对于消费行为有多方面的影响：首先，如果资源在家庭中的几代人之间共享，那么就没有必要把储蓄“堆积”起来以备退休之用，因为当新一代开始工作并替代老一代时，家庭收入将会持续；其次，当家庭成员统筹使用其资源时，家庭将为个人提供防范特定类型风险（比如健康风险）的保险，而这类风险在市场上却无法被完全地保险，这为家庭预防性储蓄提供了动机；最后，同一家庭中代际的利他主义更加合理，这种利他主义需要家庭将计划时期扩展到当前工作一代主体的生命期之外。也就是说，发展中国家的家庭可能更接近于 Barro（1974）的代际式（dynastic）家庭。

发展中国家与发达国家之间消费行为的第二种区别源于发展中国家的家庭收入比工业化国家的家庭收入具有更大的不确定性。造成这种情况的原因多种多样，其中包括发展中国家农业所占份额更大，以及外部冲击（比如第 1 章提到的贸易条件的改变）和国内宏观政策冲击所带来的宏观经济不稳定性。这种不确定性将影响整个家庭并且无法通过家庭内部的风险共担来分散。因此，正如 Deaton（1989）和 Rosenzweig（2001）所强调的，发展中国家的预防性储蓄动机可能更加重要。

Caballero（1990）和 Irvine and Wang（2001）研究了未来收入不确定性的增加将如何加强预防性储蓄动机，Wang（2004）建立了一个模型，其结论是未来部分收入（尽管总收入可以被观测到）更高的不确定性将增加预防性储蓄。但是大体来看，在本章描述的模型中，更高的不确定性并不带来更多的储蓄。当家庭最大化预期效用并面临不确定性时，欧拉方程使得当期消费的边际效用等于预期的储蓄边际效用。不确定性对于当期消费的影响取决于不确定性的来源以及效用函数的性质。比如，当不确定性来源于未来收入时，预防性储蓄动机仅在效用函数是凸性时才会存在（Gersovitz，1988）。

第三种区别的来源可能是下面这个可以被广泛观察到的现象，即发展中国家的许多家庭在接近维持生存的收入水平上运转，这可能会强化平滑消费的动机，因为在这种环境下，一个给定时期较差的收入可能是灾难性的。最后，消费行为的差别还可能来自发展中国家家庭应对金融抑制（参见第 1 章）的需要。因此，即使家庭平滑消费的动机很强，也可能由于无法借贷防范未来收入风险或当期储蓄实际回报率过低，而在跨期转移资源方面受到约束。为了分析这些因素在现实中如何起作用，我们首先考察发展中国家私人消费行为的经验证据，特别是关于前面所提到的问题。

□ 1.1 消费平滑化

正如前面所提出的，给定具有凹性的效用函数，如果家庭能够多期计划其消费并且可以在不同时期间转移资源，我们就可以观察到消费的平滑化。因此，家庭平滑消费的经验证据表明上述两个因素均存在。在发展中国家中这些经验证据通过多种形式被表现出来。

首先，由于平滑消费之外的另一种选择是消费全部当期收入，因此有关消费平滑化的经验证据来自对持久收入假说（PIH）的检验。学者们已经进行了大量关于发展中国家的这类检验。这些检验实际上包含对下述回归方程的估计：

$$c = a_0 + a_1 y_p + a_2(y - y_p) + u \tag{4}$$

其中，c 为实际人均收入，y_p 为实际人均持久收入，y 为实际人均收入，u 为误差项。在持久收入假说之下，消费等于持久收入，因此 $a_1 = 1$，而 $a_0 = a_2 = 0$。在凯恩斯消费函数中，消费取决于当期收入，而持久/暂时收入的区分并不重要，$a_1 = a_2$ 且 $a_0 = 0$。这类方程已经在发展中国家的不同时段上进行了估计。比如，早期 Bhalla（1980）和 Wolpin（1982）的文献研究了印度农村的家庭情况。Musgrove（1979）研究了三个南美洲国家城市家庭的情况。Gan and Soon（1994）研究了马来西亚和新加坡的情况。总体来看，这些研究表明对收入进行分解是很重要的，即持久收入的消费倾向高于当期收入的消费倾向。因此，这些结果也与消费平滑化的假设相一致。但同时，消费关于持久收入的弹性并不等于 1，关于暂时性收入的消费倾向也往往不为 0。因此，虽然这类证据支持消费平滑化，但发展中国家的数据往往不支持严格形式的持久收入假说。持久收入假说的理性预期模型［比如 Abel（1990）所讨论的内容］也被大量的研究所拒绝，比如 Gan and Soon（1994），Zuehlke and Payne（1989）。

第二类实证证据来自跨国储蓄行为的研究。如果生命周期中的储蓄“堆积”现象确实十分重要，那么这个理论就意味着经历了人均收入快速增长的国家应当表现出相对较高的储蓄率，因为与“堆积”储蓄相关的年轻人比储蓄率较低的老人要更富裕，因此占总收入的比例要大一些。出于同样的原因，人口中处于高创收阶段的人口比例较大的国家的储蓄率也应该比较高。发展中国家的横截面数据与这些预测相一致（Fry，1996；Loayza et al.，2000），意味着对于这些国家，生命周期的消费平滑可能确实十分重要。① 几个学者也已经找到了支持这种机制的时间序列证据，比如 Lahiri（1998）研究了 8 个亚洲发展中国家的储蓄行为，Kwack and Lee（2005）研究了韩国 1975—2002 年间的情况。在这两项研究中，年轻人和年纪较大群体的抚养比率的提升均倾向于降低储蓄率。

另一类十分不同的证据与收入冲击的反应相关。正如已经指出的，贸易条件的变化一般来自初级出口产品的价格变化。在许多发展中国家的不同时段内，这些价格变化往往相当之大。由于公共部门在出口生产中的作用，这些冲击并不总会传导到家庭收入。但是在那些传导到家庭的情况中，家庭消费的反应可为我们理解是否有较强的消费平滑行为提供十分有益的信息。比如，Bevan et al.（1993）分析了 1976—1979 年咖啡热销对肯尼亚农民的影响。与邻国坦桑尼亚的情况不同，在肯尼亚，国际咖啡价格上扬传导到了肯尼亚的小型种植者，使之收入显著上升。他们所报告的经验证据表明，这些由于巴西的霜冻所导致的收入实增是暂时性的，而且收入大部分被储蓄下来，这一点与农民家庭寻求平滑消费的假设相一致。

□ 1.2 计划时期的长度与流动性约束

发展中国家存在消费平滑化的经验证据意味着，平均而言计划周期超过一个时期以

① 但是，这种证据是不确定的。储蓄率与人均收入增长之间的因果关系可能是任何一种方向。而且，如果生命周期储蓄能解释这些结果，那么相比于经济增长较慢的国家而言，增长较快的国家中年龄-消费组合（age-consumption profile）应当相对更倾向于年轻人。但是，正如 Deaton（1989）所展示的，在几个可以获得这类数据的发展中国家的样本中情况并非如此。

上，而且至少一部分家庭可以跨期转移资源。关于计划时期长度及流动性约束非常普遍的直接证据也是存在的。[①] 比如，Haque（1988）修改了关于 Yaari-Blanchard 假说的一个实证检验。根据这个假说，家庭迭代模式消失的可能性使公共部门实际计划时间与私人部门实际计划时间存在差别（Blanchard and Fischer，1988，pp115－126）。他对 16 个发展中国家进行了检验，其中 15 个国家并未发现存在这样的差别，这意味着私人家庭的计划时期实际上为无限长。Leiderman and Razin（1988）在研究以色列时发现了相同的结果。这个结论被 Haque and Montiel（1989）的研究所进一步强化，他们将 Haque 的方法一般化以独立地度量家庭计划时期的长度，以及总消费中由于受到流动性约束而从当期收入流出的消费比例。在与 Haque 不同的 16 个国家样本中，他们无法拒绝无限期计划周期的原假设。总之，发展中国家关于家庭计划时期长度的直接证据看上去与 Deaton 关于代际家庭建构也许对发展中国家比工业化国家更为适用的观点相一致。

与之相反，流动性约束的发生率看上去在发展中国家要高得多。[②] Veidyanathan（1993）通过利用将近 60 个国家覆盖 30 年的年度数据发现，发展中国家的消费者受限于流动性和借贷约束。Loayza et al.（2000）利用面板数据发现衡量流动性约束的变量对家庭的储蓄率有显著的影响。Haque and Montiel（1989）对用使用当期收入的消费占总消费的比例进行了点估计。在他们所研究的 16 个国家中，有 14 个估计的比例超过 20%，有几个国家甚至超过 50%，这些值比通常估计的美国的 10%要高很多。由 Haque and Montiel（1989）所估计的各个国家的结果与 Rossi（1988）使用欧拉方程方法（参见下面）所进行的区域估计的结果大致位于一个量级上。对于低收入国家，Rossi 的估计在 0.7～0.8，中等收入国家的该值所取范围较大但仍然较高，为 0.2～0.8。正如 Lee and Sawada（2010）对巴基斯坦的描述，信贷市场约束可能会引致预防性储蓄行为。

但是应该注意到，一些经济学家提出当期收入和消费之间的联系并不是检验流动性约束的合适目标。例如 Zeldes（1989）认为如果消费者面临流动性约束，但是消费者是前瞻型的，他们会倾向于在他们的生命阶段内平滑消费，这些阶段被无外债的可持续性消费水平所内生界定。另外，Chah et al.（1995）提出在生命周期模型里，流动性约束对于耐用品和非耐用品消费行为的预测大相径庭，假设耐用品可以提供长期服务时，约束对耐用品的购买时机影响更大。但是，利用发展中国家数据对这类预测的验证却微乎其微。

□ 1.3　流动性约束和非对称效应

借贷约束有助于解释个人消费与储蓄对于收入冲击的非对称效应。比如，Agénor and Aizenman（2004）考察了有利与不利的永久性收入冲击对储蓄具有不对称的影响。为了从理论角度探究这一观点，他们建立了一个三期模型，模型包含同质性消费者（家庭）并且仅可以生存三期，模型中家庭在遇到恶性冲击时同样受限于借贷约束。

假设代表性消费者拥有二次效用函数并且时间偏好率和实际利率均等于零。具体来讲，假设家庭整个生命期总效用函数 V 可由下式表示：

---

① Hubbard and Judd（1986）和 Zeldes（1989）均提出了带有借贷约束的生命周期模型。这些模型中流动性约束以简单的非负财富约束被外生给定。

② 对于工业化国家，关于这些约束条件的重要性存在着争论（Attanasio and Weber，2010）。比如 Sarantis and Stewart（2003）发现流动性约束的存在和预防性储蓄是基本的 RE-PIH（理性预期持久收入假说）模型在大多数工业化国家被拒绝的重要原因。

$$V=u(c_0,\ c_1)+u(c_1,\ c_2)+u(c_2,\ c_3) \tag{5}$$

其中，

$$u(c_{h-1},\ c_h)=c_h-0.5\phi c_h^2-0.5\tau(c_h-c_{h-1})^2 \tag{6}$$

其中，C_h 为 h 期的消费并且 $\phi\geqslant 0$，$\tau\geqslant 0$。我们假设 ϕ 在相关的区间足够小使得消费的边际效用为正。(6) 式考虑到了家庭消费习惯的形成，当期消费水平相对于前期水平的变动会以比例 τ 带来效用的降低。在第一期之前，消费和收入都是稳定的并且被预期保持当前水平。因此，资产在第一期的初始水平为零，消费等于收入 y：

$$y_0=c_0=1$$

假设从第一期开始，收入的随机过程发生变化。首先，一个持久性冲击将收入提升了 ε。其次，一个逆向的暂时性冲击（例如由于贸易条件的不利变动引起）在第二期以 q 的概率发生，这一冲击将使第二期收入减少 δ。因此修正后的收入路径为：

$$y=\begin{cases}y_h=1+\varepsilon,\ h=1,\ 2,\ 3 & \text{概率为 } 1-q\\ y_1=y_3=1+\varepsilon,\ y_2=1+\varepsilon-\delta & \text{概率为 } q\end{cases} \tag{7}$$

该模型一个便利的特性是如果忽略习惯的形成（$\tau=0$）并且存在一个运行良好的资本市场，那么消费者将会依据之前提及的持久收入假说表现。也就是说，如果消费者在第二期面临不利的暂时性冲击，他们将会在那一期进行借贷以平滑他们的消费路径。但是，一个关键的问题是借贷是否是可行的。接下来我们将会通过对比两种情况来分析信贷约束对于储蓄的影响，一个情况是假设消费者可以进入国际资本市场，另一个情况是由于国家风险等因素，消费者不能进入资本市场进行借贷。

当消费者可以自由进入资本市场时，消费者会在第二期受到不利冲击时借入资金并且在第三期全额偿还。因此代表性消费者的问题可以被表述为，当 $x=1+\varepsilon$，

$$\max_{s_1,s_2^L,s_2^H}\begin{cases}u(1;\ x-s_1)\\ +q\ [u(x-s_1;\ x-\delta+s_1-s_2^L)+u(x-\delta+s_1-s_2^L;\ x+s_2^L)]\\ +(1-q)[u(x-s_1;\ x+s_1-s_2^H)+u(x+s_1-s_2^H;\ x+s_2^H)]\end{cases} \tag{8}$$

其中，s_2^L（s_2^H）表示第二期逆向冲击为正（冲击为零）时的储蓄。

上述问题的一阶条件可以提供关于 s_1，s_2^L，s_2^H 的三个线性方程：

$$s_1=\frac{\delta q(1+3\theta)(1+\theta)+\varepsilon\theta(2+5\theta)}{3+14\theta(1+\theta)} \tag{9}$$

其中，$\theta=\dfrac{\tau}{\phi}$ 衡量了习惯形成对于消费边际效用递减的相对重要性。注意到，

$$s_1|_{\theta=0}=\frac{\delta q}{3} \tag{10}$$

$$s_1|_{\theta\to\infty}=\frac{3\delta q+5\varepsilon}{14} \tag{11}$$

(10) 式描述的是忽略习惯形成（$\theta=\tau=0$）的情形。在这种情况下，第一期的储蓄与持久性收入假说相一致，由禀赋 $x=1+\varepsilon$ 和永久性收入 y_p 的差异决定。其中，

$$y_P=\frac{x+(x-q\delta)+x}{3}=x-\frac{\delta q}{3}$$

消费在第一期将会由于收入的永久性增加而增加，然后减去暂时性冲击的预期值，并在生命周期的三期中被平滑。(11) 式与另一个极端情况相关，在这种条件中消费的调整是成本极其高昂的（或者说边际效用是常数）。注意到习惯形成代表持久性冲击的一部分在

第一期被储蓄起来以平滑之后调整的成本。在无消费习惯形成的条件中运用一阶条件，第二期储蓄等于①：

$$s_2^L|_{\theta=0}=-\frac{\delta(3-q)}{6}<0 \tag{12}$$

(12) 式表示如果不利的短期冲击减少了第二期收入，家庭会通过借贷平滑其消费。

假设习惯形成参数 ϕ 和持久性冲击相对于暂时性冲击并不足够大，以至于 $s_2^L<0$。但是，同样假设家庭不能进行借贷。在这种条件下，代表性家庭的最大化问题变为：

$$\max_{s_1,s_2^H}\begin{cases}u(1;\ x-s_1)\\+q[u(x-s_1;\ x-\delta+s_1)+u(x-\delta+s_1;\ x)]\\+(1-q)[u(x-s_1;\ x+s_1-s_2^H)+u(x+s_1-s_2^H;\ x+s_2^H)]\end{cases} \tag{13}$$

求解该问题我们可以利用借贷约束将第一期储蓄变为：

$$\tilde{s}_1=\frac{\delta q(1+3\theta)+\varepsilon\theta}{(2+6\theta)(2+5\theta)-(1-q)(1+4\theta)^2}(2+5\theta) \tag{14}$$

因此，在无习惯形成因素时，

$$\tilde{s}_1|_{\theta=0}=\frac{\delta q}{2-0.5(1-q)} \tag{15}$$

比较 (10) 式和 (15) 式，我们可以发现在存在借贷约束时第一期储蓄要更高，因为消费者在积累资产以应对第二期的困难，两种情况第一期消费的差值等于：

$$\tilde{s}_1|_{\theta=0}-s_1|_{\theta=0}=\frac{\delta q\ (3-q)}{3\ (3+q)},\ \frac{\partial(\tilde{s}_1-s_1)}{\partial\theta}<0$$

因此，第二期不利冲击发生的可能性越高，不利冲击越大，带有借贷约束和不带约束的消费率间差异越大。除此之外，更牢固的习惯形成（θ 更大）会降低两种储蓄率的差异。

从另一个角度来看，与持久收入假说一致，正的（负的）暂时性收入冲击会被全部储蓄下来（吸取已有储蓄）。但是，如果习惯形成因素存在，持久收入的一部分同样应该在好的时期（第一阶段）被储蓄起来。实际上，从 (14) 式中我们可以看出，只要 $\theta>0$，持久性冲击 ε 就会对第一期储蓄带来正面影响。因此，在不好的时期借贷约束为紧的可能性（存在习惯形成因素时）意味着储蓄对于持久收入冲击的不对称反应。

值得注意的一点是在前面的讨论中，我们为了简化分析仅仅关注了不利的暂时性冲击出现在第二期的情况。如果暂时性冲击是正向的，借贷约束并不会发生作用。因此，即使暂时性冲击服从对称分布，我们的分析仍然成立。我们可以通过一个简单的例子说明这一观点。假设第二期的暂时性冲击为 δ 的概率为 0.5，$-\delta$ 的概率为 0.5，同时不存在习惯形成因素（$\tau=0$），保留全部其他假设。容易证明在这些条件下：

$$s_1|_{\theta=0}=0,\ \tilde{s}_1|_{\theta=0}=\frac{\delta}{7}$$

结果是在无借贷约束时，第一期储蓄为零，有约束时储蓄为正（与暂时性冲击的标

---

① 如果没有习惯形成而且消费者在第二期受到不利冲击，修正后的持久收入等于：

$$y_P=0.5s_1|_{\theta=0}+\frac{(x-\delta)+x}{2}=x+\frac{(\delta q/3)-\delta}{2}$$

因此，储蓄等于：

$$x-\frac{\delta q}{3}-\delta-\left[x+\frac{(\delta q/3)-\delta}{2}\right]=-\frac{\delta(3-q)}{6}$$

准差成比例)。

Agénor and Aizenman(2004)表明厌恶损失(通过额外增加效用函数对“不好”时期的权重来表示)会进一步增加一部分储蓄,这部分储蓄的增加是通过预期贸易条件冲击引致的借贷约束收紧而产生的。造成这一结果的原因是,在规避损失(一种不对称效用偏好的特殊形式)假设下,消费者会展示出更大程度的对逆向收入冲击的风险厌恶,他们倾向于在好的时期储蓄更多,因此消费增长比收入增长要少一些。

□ 1.4 利率变化对储蓄的影响

正如前面所指出的,本节中所描述的消费理论与利率变化对储蓄的正面或负面影响均相容,这种影响取决于收入效应与替代效应的大小。但是这个问题在发展中国家十分重要,因为支持金融自由化的一个论点是较高的实际利率将刺激国内储蓄。[①]

关于这个问题的传统经验研究方法是估计结构化的储蓄方程,其中,将储蓄率对一系列由上述理论所提及的变量进行回归。虽然有些学者使用这个方法研究发展中国家情况时,发现了利率对储蓄的正面影响,但所估计的影响一般较小(甚至为负)。[②] 例如,Loayza et al.(2000)发现在他们的部分回归中,实际利率每增加 1 个百分点将使储蓄率提高 0.05 个百分点。但是,在另外的回归中他们发现了显著的负向效应,这意味着收入效应强于替代效应。

另外一种办法是直接估计跨期替代弹性。如果效用函数表现为不变的相对风险厌恶,欧拉方程(3)将使消费增长率等于实际利率与(不变的)时间偏好率之差,再乘以一个与跨期替代弹性成比例的因子。因此,根据对欧拉方程的估计,我们可以得到对跨期替代弹性的估计。利率对消费的负面影响要求跨期弹性足够大,以至于产生一个替代效应,使之大于更高利率对净储蓄者带来的正收入效应。这种方法的优点是它直接估计了一个较“深层次”的参数并依赖于消费数据,而后者可以从私人部门获取。

Giovaninni(1985)估计了 18 个发展中国家的欧拉方程,只在 5 个国家中发现了统计上显著的跨期替代弹性(平均约为 0.5)。Rossi(1988)改变了 Giovaninni 的步骤,考虑了流动性约束以及私人与公共消费之间的直接替代性。他的更一般化的设定产生了比 Giovaninni 对工业化国家的估计结果更高的发展中国家跨期替代弹性,但 Rossi 断言,这些估计仍然太小,以至于无法改变实际利率变化只对消费产生微弱影响这一结果。

在一项最近的研究中,Ogaki et al.(1996)使用了一大组国家横截面数据估计了实际利率对储蓄的影响。在他们的模型中,所设定的跨期替代弹性随财富水平变化而变化。他们发现了很强的经验证据支持下面一个假说,即储蓄对利率的敏感性随收入上升而上升。在低收入国家,消费与维持生存的因素的相关性看上去比与跨期因素的相关性更强,结果是跨期替代弹性的估计可能会较低。在那些生活必需品(尤其是食物)占总支出比例较高的国家,情况尤其如此。他们的研究所估计的跨期替代弹性跨度实际上相当大,

---

① 参见第 18 章。但是,进行自由化的理由并不仅仅来自这个观点,因为不管是否增加储蓄,自由化都可能会影响一个给定的储蓄在潜在投资机会之中配置的效率。

② 对于发展中国家储蓄行为的实证研究,特别是关于储蓄和利率之间的关系的研究始终被严重的数据局限性所限制。储蓄数据往往是用残差项计算出来的,或者是用总国民产出减去消费支出,或者是用总国内投资减去经常账户赤字(再减去从国外获得的净要素收入)。不管使用哪种方法,关于总储蓄的数据可能会存在相当程度的测量误差。而且,由于名义利率往往受到管制,在相当长时间内,它们往往变化很小或不发生任何变化。

由乌干达和埃塞俄比亚（样本中最贫穷的国家）的约为 0.05，到委内瑞拉与新加坡较高的 0.6。最高的估计值仍然相当小，这意味着利率变化对储蓄的影响仍然相当低，即使在最先进的发展中国家也是如此。

□ 1.5 公共与私人消费

本节所要讨论的最后一个问题是发展中国家公共消费可能作为私人消费直接替代品的可能性。但是大量证据都不能支持公共消费直接影响私人消费的假说。例如，参见 Haque（1988）和 Rossi（1988）的研究。Karras（1994）的研究中覆盖了大量的发展中国家，他发现私人消费和公共消费支出呈现互补性而不是替代性。类似的结果可以在 Chiu（2001）对中国台湾的研究中发现。

2 私人投资

私人投资在发展中国家起着重要作用的原因与它在工业化国家相同：投资决定了实物资本积累率，因此，它是影响生产能力增长的一个重要因素。而且，由于投资是一种具有某些不可逆性的前瞻性活动，它往往是总需求中变动较大的一部分。从传统上来看，在发展中国家，生产能力增长与实物资本积累之间的联系要比其在发达的工业化国家中更为紧密。因为投资是一个不可逆的且带有前瞻性的活动，因此它在总需求中是具有波动性的组成部分。我们首先回顾投资传统的决定因素，然后将注意力转移到不确定性和不可逆性带来的影响上。

□ 2.1 传统的决定因素

工业化国家的经验性投资函数往往采取或“存量”或“流量”的方法（Abel, 1990）。在存量方法［也被称为新古典或“灵活加速器”（flexible accelerator）方法］之下，资本假设可以以价格 p_k 购买，给定贴现率 ρ 和折旧率 δ，资本的租赁价格为 $\sigma=(\rho+\delta)p_k$。给出

$$\pi(k)=py[k,n(w/p,k)]-wn(w/p,k) \tag{16}$$

其中，p 为产出价格，w 为名义工资，而 $n(\cdot)$ 为就业水平，它由以现有资本存量为条件的利润最大化所得到。最优资本存量 k^* 将满足：

$$\pi'(k^*)=\sigma \tag{17}$$

给定初始资本存量 k_0，净投资代表实物资本存量向合意资本存量的逐渐调整，总投资则是净投资加上与初始资本存量成比例的更新投资所得到的。与此相反，流量模型假设存在一个凸函数 $h(I)$，它测度了实现总投资所需的总成本（以产出为单位）。如果企业的目标是最大化利润 $\pi(k)$ 减去投资成本 $ph(I)$ 之后的现值 $V(k)$（使用贴现率 ρ），那么，任何时点上投资率必须满足下面的公式：

$$h'(I^*)=q/p \tag{18}$$

其中，$q=\mathrm{d}V(k)/\mathrm{d}k$ 为当期新增资本的边际价值，而 q/p 为“托宾 q”的边际值，即新增资本价值与其重置成本之比。

按存量模型，在上述设定条件下投资的决定因素包括总需求的未来预期价值、资本的使用成本（在前面所描述的简单模型之下，往往要进行调整以反映影响投资的税收政策）以及工资率和初始资本存量。这些因素以模型设定的方式以非线性形式互相影响。在流量模型中，托宾 q 的边际价值及成本调整函数的参数起到了重要作用。

□ 2.2 理论的重构

工业化国家所研究的投资理论，需要被重新构建以应对发展中国家的条件，这其中的原因多种多样。[①]

2.2.1 金融系统的特性

第一，金融变量对投资行为的影响使投资函数的设定严重依赖于金融体系的制度环境。发展中国家股票市场的缺失以及发展有限的公司债券市场意味着在发展中国家不能盲目地使用托宾 q 或标准新古典的“灵活加速”投资函数。信贷配给会影响许多这类国家中的私人投资行为。例如，Mlambo and Oshikoya（2001）的研究与许多研究一致，他们发现信贷可得性对于非洲国家的私人投资影响很大。但是，如果实际的信贷流动反映了公司投资的信贷需求而不是信贷配给，那么因果关系可能不是单向的。

2.2.2 进口品

第二，给定发展中国家进口资本品的重要性，这些资本品的相对价格（或者在一些国家中的外汇配给程度）也许是私人投资行为重要的决定因素。发展中国家进口中间产品的作用意味着经验投资函数中相对要素价格的设定不可局限于工资率和资本使用成本，还必须考虑这类中间产品的国内货币价格以及可得性的因素。如 Nucci and Pozzolo（2001）所述，如果公司为本地和国外市场生产，实际汇率的贬值会给投资带来两个相反的影响：通过更高的收入产生正向效应，通过更高的成本产生负向效应。净效应是不确定的并且依赖于公司对外国销售占总销售的比例以及公司对进口原材料的依赖程度。

Servén（1990）从动态视角阐明了在解释投资行为时考虑进口资本品的重要性。他研究了实际汇率贬值对私人资本形成的影响[②]，长期来看实际汇率贬值对个人资本形成的影响是不确定的。总资本存量是上升还是下降取决于实际汇率贬值对资本品进口情况的影响。从长期来看，贸易品部门的资本存量可能会上升，而非贸易品部门的资本存量可能会下降。但是，虽然从长期看可能存在一定的不确定性，但预期到的实际汇率贬值将为投资的跨期配置提供激励。当人们预期到会有实际汇率贬值时，如果资本品中的进口部分相对于资本流动程度而言较高，就可能会出现投资高涨。因为预期的贬值将会诱致人们转向外国产品，当汇率贬值已经实际执行后，投资高涨之后又会有一个投资衰退，因为汇率贬值实际上等同于消除对投资的补贴。当资本流动性较高时，预期的贬值将促使资本涌向外国资产，然后相反的模式就会发生。

2.2.3 债务悬置效应

发展中国家需要重新调整投资理论的第三个因素来自许多国家债务悬置存在的影响。

---

① Servén and Solimano（1993）提供了投资函数在发展中国家中模型设定问题的早期综述。也可参见 Chhibber and Dailami（1993）以及 Rama（1993）的研究。

② Cardoso（1993）和 Faini and de Melo（1992）也分析了投资、实物资本成本和实际汇率之间的关系。在本书第 9 章分析货币贬值的紧缩效应时，我们进一步研究了这个问题。

债务悬置往往被认为是一个阻碍私人投资的因素。政府利用没收性税赋为未来债务融资提供服务的可能性需要在私人投资行为的设定中加以反映。[①] Fitzgerald et al.（1994），Greene and Villanueva（1991），Oshikoya（1994），Schmidt-Hebbel and Muller（1992），Iyoha（2000）和 Clements et al.（2003）均发现债务/产出比率对投资显著的负向影响，这为债务悬置效应提供了支持。但是 Cohen（1993）提供的证据表明，不一定是债务存量自身对私人投资产生了直接影响，可能是债务服务（debt service）减少了公共投资，然后通过互补效应减少了私人资本的形成（下文将会讨论）。

2.2.4　公共资本的作用

第四，发展中国家公共资本存量的重要作用意味着需要将公共投资与私人资本之间的互补性与替代性关系纳入私人投资决策。在发展中国家，公共投资与私人投资之间关系的重要性比工业化国家要大，这是因为政府在资本特别是核心基础设施（Agénor，2012b）形成的整个过程中所起的作用更大。一般而言，公共投资提高或降低事先是不确定的。一方面，如果公共部门投资使用了本可以用于私人部门稀缺的实物与金融资源时，它可能会对私人投资支出产生挤出效应。为公共部门投资所进行的融资，不管是通过税收、发行债务工具或通货膨胀，均可能降低私人部门的可得资源，从而抑制私人投资活动。[②] 而且公共部门可能生产与私人部门产生竞争的产品。但另一方面，为维持或扩大基础设施和公共产品供给而进行的公共投资可能与私人投资产生互补。并无事先的原因使我们相信公共投资及私人投资必然是替代或互补关系。而且公共投资可能会通过增加对投入及其他服务的需求而刺激私人产出，并可能通过扩大总产出和储蓄来增加总体资源的可得性。公共投资对私人投资的净效应取决于上述这些因素的相对大小。

Agénor（2012b）回顾的一些研究发现公共投资对私人资本形成有积极影响。其他研究发现对基础设施的公共投资对于私人投资具有互补性影响，然而其他类型的政府投资会挤出私人投资。当减少财政赤字的政策调整以削减基础设施公共投资支出为形式时，公共投资与私人投资间的互补性对经济增长和就业具有重要含义。比如 Buffie（1992）就指出这层关系可能为 20 世纪 80 年代早期由债务危机引发的高负债拉丁美洲国家长时间衰退提供了解释，因为衰退正与上述类型的政策调整相关。

2.2.5　宏观经济不稳定性与不确定性

最后，宏观经济不稳定性往往是由政治因素所引致的。在第 1 章中，我们已经指出它是发展中国家所面临的宏观经济环境的一个重要特点，而其所带来的不确定性可能会对私人投资有重大影响。比如 Alesina and Tabellini（1989）从理论角度验证了政治不确定性对发展中国家投资与资本外逃的影响。他们的分析表明选举出倾向于向资本以及生产性活动征税的政府，会导致消费与资本外逃对国内生产性投资的替代，进而减少国内产出。

一些论文发现宏观经济不稳定性指标对私人投资有显著的负向影响。比如，Rodrik（1991）提供的证据指出，发展中国家经济主体对政府未来政策意图的不确定性会影响投资行为。Aizenman and Marion（1993）利用 40 个发展中国家 1970—1985 年的数据得到

---

① 比如，参见 Sachs（1989）。但是 Borensztein（1990）指出，国际资本市场中的信贷配给比债务悬置对国内投资的有害影响还要大一些，即使在高负债国家也是如此。

② 当然，当公共部门的项目是通过较优惠的外国贷款融资，那么私人部门可得资源就不会减少。

了类似的结果。Larraín and Vergara (1993) 提出真实汇率变化（一种非常流行的衡量宏观经济不稳定性的指标）对私人资本形成具有不利影响。他们的研究中还有关于外部冲击和债务悬置对私人投资影响的证据。Cardoso (1993) 和 Bleaney and Greenaway (1993a) 表示贸易条件的波动（经由它对实际收入和出口品部门利润的影响）同样会影响私人投资。

当面临不确定性时，推迟不可逆投资的倾向被许多关于资本形成的理论文章所强调，其中最著名的当属 Dixit and Pindyck (1994)。即使投资者是风险中性的，这种倾向仍然存在。当未来不确定时，推迟投资意味着权衡在当下进行投资的回报与未来更确定的情况下做出投资决定的回报。我们现在转向对这一效应的详细讨论。

□ 2.3 不确定性和不可逆性的影响

Dixit and Pindyck (1994) 的重要观点是在不确定性下推迟投资存在一个“期权价值”以便等待新的市场状态信息出现。

他们的结论可以通过下面的理论来描述，这一框架引自 Dixit and Pindyck (1994，第 4 章和第 5 章)。[①] 假设一个垄断者要进行一项现值为 X 的投资，而且会引致现值为 S 的沉没成本。投资不可逆意味着不可能在未来抛弃资本。在传统的净现值（NPV）标准下，在 $X-S\geqslant 0$ 时公司会进行投资。

现在假设 X 随时间变化并服从含有漂移项的几何布朗运动：

$$\mathrm{d}X=\alpha X\mathrm{d}t+\sigma X\mathrm{d}z \tag{19}$$

α 是 $\mathrm{d}X$ 的均值，σ 是 $\mathrm{d}X$ 的标准差。$\mathrm{d}z$ 是维纳过程（Wiener process）的随机增量，并且

$$\mathrm{d}z=\varepsilon_t\sqrt{\mathrm{d}t} \tag{20}$$

ε_t 服从标准正态分布（均值为 0，方差为 1）并且序列无自相关（即 $\mathbb{E}(\varepsilon_i\varepsilon_j)=0$，$\forall i$，$j$，$i\neq j$）。[②]

(19) 式和 (20) 式表明与投资相关的未来收益服从均值为 $\mathbb{E}(X_t)=X_0\exp(\alpha t)$，方差随时间 t 呈几何增长的对数正态分布，其中 X_0 为 X 当前的值。垄断者会对投资决策进行规划以最大化投资的预期现值 $F(X)$：

$$F(X)=\max\mathbb{E}(X_T-S)=X_0\exp(-\rho T) \tag{21}$$

X_T 代表在未知未来时间 T 进行投资时的投资价值，ρ 为贴现率且 $\rho>\alpha$。

推迟投资决策并且保有期权相当于持有了一份资产，资产不支付股利并且可能会随着时间流逝使持有者获得收益。如 Dixit and Pindyck (1994) 所描述，如果公司推迟投资并持有期权，那么最优化问题（或者贝尔曼方程）的基本条件为：

$$\rho F=\mathbb{E}(\mathrm{d}F)/\mathrm{d}t \tag{22}$$

(22) 式左边是投资者持有期权贴现后的正常收益率，右边是持有期权每单位时间的预期总收益。如果条件满足，公司会将推迟投资的预期收益等于推迟投资的机会成本。

---

① 参见 Bertola (1998) 对公司在面对技术不确定性、需求和资本价格时进行不可逆投资的复杂模型介绍。

② 维纳过程（也被称作布朗运动）是一个连续时间马尔可夫随机过程，无论时间间隔多小，增量都是独立的。具体来讲，如果 z_t 是一个维纳过程，任何 z_t 对应时间间隔 Δt 的变化 Δz_t 都满足如下条件：(1) Δz_t 和 Δt 的关系为 $\Delta z_t=\varepsilon_t\sqrt{\Delta t}$，$\varepsilon_t$ 服从均值为 0、标准差为 1 的正态分布；(2) ε_t 序列无自相关，$\mathbb{E}(\varepsilon_t\varepsilon_s)=0$ 对于 $t\neq s$。因此 Δz_t 在任何两个不同时间区间都是独立的，z_t 服从马尔可夫过程。让 Δt 趋于无限小，维纳过程的增量可以写为 (20) 式。

实际上（22）式给出了无套利条件。

下一步是计算全微分 dF。假设 F 是一个连续时间随机过程，计算全微分需要使用伊藤引理（Ito's lemma）——对一个复合方程计算随机微分的链式法则：

$$\mathrm{d}F = F'(X)\mathrm{d}X + \frac{1}{2}F''(X)(\mathrm{d}X)^2 \tag{23}$$

将（19）式代入并取期望可得[①]：

$$\mathbb{E}(\mathrm{d}F) = \alpha XF'(X)\mathrm{d}t + \frac{\sigma^2}{2}X^2F''(X)\mathrm{d}t \tag{24}$$

将（24）式代入套利条件（22）式中可得关于 X 的二阶微分方程：

$$\rho F(X) = \alpha XF'(X) + \frac{\sigma^2}{2}X^2F''(X) \tag{25}$$

如果公司遵循最优投资准则，选择等待的价值必然满足（25）式。除此之外，它满足三项边界条件：

$$F(0) = 0$$

$$F(\widetilde{X}) = \widetilde{X} - S$$

$$F'(\widetilde{X}) = 1$$

第一个条件描述了如果投资价值为零，那么选择进行投资的价值即为零。第二项定义了最优投资时 X 的净收益。第三项被称为平滑粘合条件（smooth pasting condition），要求函数 $F(x)$ 在最优投资时间点周围平滑且连续。

（25）式的解受限于：

$$F(X) = aX^b \tag{26}$$

其中，$a=(\widetilde{X}-S)/\widetilde{X}^b$，并且

$$b = \frac{1}{2} - \frac{\alpha}{\sigma^2} + \sqrt{\left(\frac{\alpha}{\sigma^2} - \frac{1}{2}\right)^2 + \frac{2\rho}{\sigma^2}} \tag{27}$$

通过将（26）式代入第二个和第三个边界条件，最优投资时机的回报等于：

$$\widetilde{X} = \frac{b}{b-1}S \tag{28}$$

因为 $b > 1$，同时 $\frac{b}{b-1} > 1$。因此 $\widetilde{X} > S$。在不确定性和不可逆性存在的条件下，NPV 标准含有的 $\widetilde{X}=S$ 不再成立。从（27）式中可以得到 $\widetilde{X}$ 与 S 的差距随着未来收益的不确定性（以 σ^2 衡量）增加而增加。因此增加不确定性会通过增加选择等待的价值来减少投资。

总结来看，在不确定性和不可逆性存在的条件中，投资准则要求投资的预期收益不少于资本使用成本加上行使投资期权的机会成本。期权具有价值是因为投资者可以在未来预期收益较低时不进行投资，因此通过期权推迟决策的预期收益会高于不能推迟投资决策的收益。期权在投资可逆时不具有价值，因为投资者可以在低收益时撤回投资。[②]

工业化国家和发展中国家大量的实证经验表明不确定性（包括微观与宏观层面）倾

① 由于期望为 0，因此 dz 项消失。

② 但是，如 Abel and Eberly（1999）提出，不可逆性可能会减少或增加资本积累。不可逆性除了对资本使用成本的不利影响外还存在悬置效应（hangover effect），因为不可逆性可能会阻碍公司在边际收入较低时卖出资本。

向于降低投资率。这意味着不可逆性影响的存在，然而越高的不确定性越会提升"看涨期权"推迟投资的价值。这种影响会强于任何由于不确定性而带来的提升资本边际收益的正向效应（Caballero，1991）。关于这类问题的论述被用来解释撒哈拉以南非洲国家在80—90年代低投资水平的现象。[①] Oshikoya（1994），Servén（1997）以及 Mlambo and Oshikoya（2001）发现不稳定性、不可逆性和不确定性在撒哈拉以南非洲国家过去几十年的低投资现象中扮演了重要角色。在更具普遍性的研究中，Asteriou and Price（2005）利用59个工业化国家和发展中国家1966—1992年的面板数据发现不确定性（以产出的条件方差衡量）对私人投资有强烈的负面影响。

3 货币需求

无论是出于理论目的还是实证目的所进行的宏观分析中，对实际货币需求的设定都扮演着一个重要的角色。从理论方面看，货币需求函数是很多宏观经济理论设定中的一个关键要素。从操作的角度看，确定实际货币需求和其他宏观经济变量之间的稳定关系对于建立数量性的货币目标也是非常关键的。货币政策冲击的传导机制（以及更一般的宏观经济管理）取决于那些决定货币需求的变量。

近些年来，已经产生了大量对发展中国家货币需求估计的文献，这些文献主要是随着计量经济学和统计方法的进步而产生的，尤其是协整技术和经济学中对长期关系估计方法的改进（Greene，2003）。这一节我们将首先讨论与发展中国家传统的货币需求模型设定有关的经验证据，并且我们会评估一些更为前沿的计量经济学研究。[②] 然后，我们会探讨货币替代的现象，以及它对国内实际货币需求的影响。由于关于发展中国家货币需求的已有文献非常多，我们并不试图对已有的研究做一个全面的综述。我们将主要把注意力放在一些与此有关的一般性的方法论问题上，并在讨论中给出具体的参考文献。

□ 3.1 传统的货币需求模型

发展中国家的早期货币需求模型往往只将实际收入作为规模变量，再加上通货膨胀率作为机会成本变量。国内利率被排除在外，这或是由于假设并不存在其他形式的金融资产，因此资产持有的选择只能是货币或是实物资产，比如商品存货或耐用消费品，或是由于与金融抑制相关的政府管制意味着这些利率往往并不随时间发生较大的变化，因此其潜在效应从计量上很难被确定（Khan，1980）。

早期试图在货币需求函数中纳入名义利率的一些尝试并不成功。但是，一些随后的研究则发现，在中等收入发展中国家，利率对货币需求有显著影响。这些国家的金融体制已经达到了较高程度的多元化水平，金融市场运作较为自由并不大受政府干预和管制。比如，Arrau et al.（1995）和 Reinhart and Végh（1995）表明利率变量对实际货币需求有显著影响。Arize et al.（1995）在对8个发展中国家1973—1999年的研究中也得出了

① Caballero（1999）和 Carruth et al.（2002）提供了关于工业化国家经验证据的回顾。

② Duca and VanHoose（2004）提供了关于工业化国家货币需求的文献综述。

相同的结论。在一项关于摩洛哥货币需求的最新研究中，Hoffman and Tahiri（1994）发现国外利率也可以作为持有国内货币资产的相关机会成本。Calvo and Mendoza（1996）关于墨西哥的研究也得到了相似的结果。

假设存在一个由实际到合意水平的部分调整机制，传统的货币需求函数可以被表达为①：

$$\ln m = \lambda a_0 + \lambda a_1 \ln y - \lambda a_2 i_t - \lambda a_3 \pi^a_{+k} + (1-\lambda)\ln m_{-1} + u \tag{29}$$

其中，m 代表实际货币需求，y 为实际收入，π^a_{+k}为 K 期后的预期通货膨胀率，u 为误差项，$\lambda \in (0,\ 1)$为调整速度。

对（29）式的估计产生了一系列与同时性、预期的代理变量选择等有关的计量经济问题。② 关于发展中国家传统货币需求函数的大部分研究表明，预期通货膨胀率（往往用实际通货膨胀率代替并以消费者价格来度量）非常显著。这个结果强调了实物资产和实际货币余额之间替代效应的重要性。

与计量经济技术的近期发展相一致，许多研究基于前面所描述的传统模型设定及其变种，使用了两步估计法（Greene，2003）。其要点在于，第一步包括使用协整技术估计货币需求的长期决定因素。第二步中使用估计动态时间序列的“从一般到特殊”的方法来界定货币需求的短期动态。这个方法产生了能够区分实际货币需求函数的短期非均衡及长期均衡性质的误差修正模型。在 Asilis et al.（1993）关于玻利维亚，Ahumada（1992）关于阿根廷的研究及许多其他研究中，均采用了这种方法。相比于早期所使用的简单部分调整框架，这类文献提供了更加丰富的短期动态分析，而且往往可以对短期实际货币持有行为进行较好的预测。③ 但是，相比于从那些不太复杂方法所获的结果，这种方法估计出的长期参数看上去差别并不大。此外，从经济学上解释所估计的货币需求方程中出现的过长时滞时，往往也会碰到问题。

关于发展中国家货币需求的研究也会关注将更多的解释变量纳入传统的模型设定之中。比如，Arrau et al.（1995）尝试对金融创新的作用进行研究，Deutsch and Zilberfarb（1994）和 Arize et al.（2005）考虑了通货膨胀变动（一个宏观经济稳定性的代表变量）对货币需求的不利影响。但无论从理论层次还是从实证层次上看，受到最多关注的问题仍然是对本国和外国货币持有的需求问题。

□ 3.2 货币替代和美元化

货币替代——外国货币作为价值储藏、价值尺度及交换媒介替代本国货币的过程，已经成为发展中国家一个十分突出的现象。④ 在很多金融发展程度不同、与世界一体化程

---

① 如 Goldfeld and Sichel（1990）的证明，类似于（29）式可以由对下列最优化问题的解推导出来。在此问题中，给定调整成本的存在，经济主体最小化来自实际货币余额与合意货币余额之间差别所导致的不均衡损失。这里，我们假设货币需求向其均衡的调整以实际方式而非名义方式进行。

② Goldfeld and Sichel（1990）提供了货币需求模型估计中出现的有关计量经济模型的一个广泛综述。

③ 近期技术的另一个作用是它阐明了在一定条件下将货币需求函数重新界定为以通货膨胀率为因变量，同时通货膨胀率由名义货币余额增长率超出实际货币需求增长率的部分所决定的这一条件是一个合理的过程（比如，参见 Darrat and Arize，1990）。

④ “美元化”这个术语也用于许多拉丁美洲国家，正如 Calvo and Végh（1996a）所建议的，这个术语应当被用于指代使用外币作为价值度量单位及价值储存单位的情况，而“货币替代”应当被用于指以下一种阶段，即除了美元化之外，外币也被用作一种交换的媒介。

度不同、汇率制度及其实践不同的国家中，我们都可以观察到这种情况。

过去这些年，大量关于发展中国家货币替代的实证研究都希望将导致这种现象的因素进行分解。[①] 这些研究表明货币替代的程度与各种各样的因素相关。在较小且十分开放的经济中，交易动机可能尤为重要。更一般地讲，在那些通货膨胀水平和名义汇率贬值较高，资产组合多元化机会有限或存在国内利率上限的国家中，以本币为基础的资产失去了其提供有效对冲风险的能力。如果由本币资产转向外币资产的交易成本较低，货币替代的程度就会较高。比如，在对亚洲 6 个国家 1977—1996 年的研究中，Sharma et al.（2005）发现汇率贬值对国内货币需求存在显著影响，这意味着高度的货币替代。[②] 社会与政治发展中的不确定性、对以国内货币为基础资产被政府征收的恐惧以及离开本国的潜在需求等因素也往往鼓励持有外币。[③] 在那些通货膨胀率较高且多变并且国内政策在很长一段时间都具有不确定性的国家，大量的国内销售和合约都以外币作为交易手段。另外一个有助于解释货币替代的因素是通信和金融管理方面的技术进步，这类进步大幅减少了跨国转移资金的成本。

发展中国家的外国货币要么以现金方式（存于本国银行）持有，要么以存款方式存于国外的银行。尽管对一些特殊情况进行了尝试性的估计，但对私人持有的外币存量进行估计非常困难。由于越来越多的发展中国家许可人们持有外币存款，关于外币存款在本国银行的信息更便于获得，IMF 的《国际金融统计》（*International Financial Statistics*）一般报告了这类存款数据。IMF 还收集了大量发展中国家居民境外持有外币存款的数据。[④]

Agénor and Khan（1996）很好地分析了增加持有外币的长期和短期影响。[⑤] 短期内，国外持有外币存款的增加，即等同于资本外流，会对本国利率、汇率以及国际储备产生潜在的不稳定性影响。这种资本外流可能会使本国银行产生流动性短缺，然后对本国利率提高产生影响。在浮动汇率制下，资本外流还会使本国货币贬值。如果政府声明对特定汇率水平进行保护，那就会减少该国的外汇储备。更进一步地，当该国面临支付危机并且没有及时采取正确政策时，国内居民就会预见实际的贬值和更高的通货膨胀或者外汇管制，那么他们就会更倾向于向国外转移资金。最终，在国家急需外汇资源时，外币被转移至国外，这就会加速官方准备金的消耗和危机恶化（参见第 14 章）。如果国外的外币存款积累是永久的，即本国资源实际损失了，就会带来各种长期影响。首先，可为国内投资进行融资的资源减少了，导致短期内投资活动减少、长期内资本形成速率的降低，对一国经济增长率产生不利影响。[⑥] 其次，向境外外币存款的转移会降低政府征

① 更详尽的参考文献列表请参见 Agénor and Khan（1996），Calvo and Végh（1996），Giovannini and Turtleboom（1994）。Prock et al.（2003）还讨论了工业化国家的证据。

② 当外国货币和外国债券均可得时，对本国货币需求与汇率贬值存在负向关系，这一负向联系源于两个渠道：外国货币的替代（实质的货币替代）和外国债券的替代（资本外逃）。因此，本国货币需求中预期汇率贬值的显著性并不能对货币替代问题提供可靠的验证。但是，如 Freitas and Veiga（2006）指出，如果外国债券无法获得（比如通过资本管制），本币与外币作为支付的替代，这种情况下检验就是可靠的。

③ Poloz（1986）已经发展出一个分析框架，其中货币替代是由于持有货币的预防性动机所导致的结果。

④ 这些数据被定义为“以非银行储蓄者居住地分类的跨国银行存款”并且可以从由国际银行中心管理层准备的资产地理分布以及储蓄银行负债报告中获得。

⑤ 在后面一些章节中，我们将会讨论发展中国家美元化及货币替代的财政、货币及汇率管理方面的影响。

⑥ 注意将外币在本国银行体系的存款转移至国外，同样会对本国信贷和其他宏观经济变量在短期与长期产生不利影响。Rodríguez（1993）讨论了与外币存款存放位置相关的宏观经济效应。

税的能力，这主要因为政府很难对境外持有资产及其产生的收益进行征税。最后，由于侵蚀税基而造成的政府收入降低会提升对境外借贷进而为本国融资的需求，这会导致长期通货膨胀率的上升。

因此货币替代的程度对很多发展中国家具有重要影响，特别是对货币政策（参见第5章）的作用。为准确衡量外币持有，需要增加对本国居民持有的境外外币储蓄的信息，以及本国银行的外汇储蓄和流通中外币的数据。但是，最后一项几乎无法精确估计。因此，关于总外币储蓄的已有数据只能为发展中国家居民持有外汇数量提供一个下限。

之前所讨论的方法论问题可以提供的一个更一般化和重要的启示，即对约简式进行合理的估计时，需要在特定的设定下对理论进行仔细和明确的推导。过去的计量经济研究中存在太多的例子，将变量加入回归却不能给出清晰的理论框架进行支撑。

第二部分

金融政策

第3章 政府预算与财政管理

不管是发达国家还是发展中国家，评估公共部门赤字对宏观经济的影响一直是大量文献的研究主题。特别是财政赤字、货币增长和通货膨胀之间的关系，很久以来构成了通货膨胀过程“正统”研究的核心部分。在第1章中，我们已经提到了这一点。其他吸引注意力的重要问题包括实际利率和财政赤字的可持续性中其他融资方式所起的作用、公共部门的不平衡对经常账户和实际汇率所产生的影响、未来财政政策预期在价格动态中所起的作用以及政府债券被私人经济主体认为是“净财富”的程度，即所谓的“李嘉图”等价定理。虽然这些问题在发达国家和发展中国家都普遍存在，但这两组国家之间的结构化差异，对于政策争论以及各个方面具体因素都有非常重要的影响。正如第1章中所讨论的，最重要的差异存在于两组国家之间公共财政的结构、金融体系的多元化程度以及中央银行和财政当局之间的制度安排等。

本章讨论发展中国家财政赤字的度量和可持续性问题，以及财政规则的作用。① 在第1节中，我们将讨论政府预算约束，并推导出其他政府赤字的概念。在第2节，我们主要讨论一些发展中国家关于度量赤字的主题。特别是度量所谓的准财政赤字。在很多发展中国家，准财政赤字是一种非常普遍的现象。第3节研究财政或有负债问题。在第4节，我们讨论铸币税和为赤字融资的通货膨胀税的作用。在这一节中还涉及金融抑制的特性并从公共财政视角展示了传统税收、金融抑制程度、资本管制和通货膨胀税作为赤字融资手段之间的权衡。第5节中，我们讨论了决定财政赤字（或更一般而言，公共部门的可偿付性）可持续性的因素，以及稳定性政策的整体一致性问题。第6、7节主要关注财政规则，首先讨论关于财政纪律的问题，其次讨论财政规则与公共投资、经济增长的关系。

1 政府预算约束

当财政收入小于经常性支出和资本支出（包括公共债务利息支付）时，政府就存在

① 因此，我们主要关注财政及公共融资的稳定性作用，而不考虑配置性及分配性问题。Goode（1984）对此有所讨论。

赤字，并可以由不同方式进行融资。政府预算约束提供了税收、支出及为公共账户不平衡进行融资来源之间的联系。它是我们理解货币政策与财政政策关系，或更一般而言，财政赤字宏观经济效应的关键工具。

为了推导这一约束，首先考虑一个小型开放经济体，其在一个预先决定的汇率制度下运行。央行只向政府提供贷款，包括地方及中央政府。政府可以通过发行国内债券、向外国借贷以及向央行借款为财政赤字融资。政府的统一预算等式由下式给出：

$$\dot{L}+\dot{B}+E\dot{F}^{g}=P(g-\tau)+iB+i^{*}EF^{g}+i_{c}L \tag{1}$$

其中，L 为央行分配的名义信贷存量，B 为以国内货币计算的付息公债存量，F^{g} 为以外币计值的付息公债存量，g 为商品和服务的实际公共开支（包括经常及资本支出），τ 为实际税收收入（除去转移支付），i 为国内利率，i^{*} 为国外利率，$i_{c}\leqslant i$ 为政府对央行贷款所付利率，E 为名义汇率，P 为国内价格水平。[①]（1）式不考虑非税收收入及外国捐赠，虽然对一些发展中国家而言，这些收入可能相当可观。如第 1 章中讨论的，相比于工业化国家，非税收收入在发展中国家的财政收入中占比要大得多。为简化起见，我们在后面的讨论中仍忽略非税收收入及外国捐赠。

（1）式右边为一般政府赤字的各个部分（支出、税收、国内债务及外债的到期利息），等式左边则是为财政不平衡融资的不同来源。因此，政府预算约束表明财政赤字或由生息的内外债融资，或由央行借贷进行融资。

央行的资产负债表由下式给出：

$$M=L+ER-\Omega \tag{2}$$

其中，M 为基础货币的名义存量（公共持有的现金和商业银行的准备金），R 为外汇储备，Ω 为央行累积利润，或称央行净值。可以通过加入央行向商业银行贷款将（2）式一般化为第 1 章中的（11）式。央行利润包括向政府贷款所获利息、外汇储备的利息收益和重估外汇储备获得的资本利得 $\dot{E}R$。当不存在运营成本时，这些利润的增加对应着央行净值的上升，其名义价值也受汇率贬值后所获资本收益的影响：

$$\dot{\Omega}=i^{*}ER+i_{c}L+\dot{E}R \tag{3}$$

为简化问题，假设储备所得到的利息等于政府支付外债的利息。

类似第 1 章，为得到总公共部门赤字，需要将一般政府预算与央行预算约束统一起来。首先，需要将央行利润从一般政府赤字中减掉，其净值上升必须从一般政府债务增加中减去。因此，由（1）式和（3）式，我们有：

$$\dot{L}+\dot{B}+E\dot{F}^{g}-\dot{\Omega}=P(g-\tau)+iB+i^{*}E(F^{g}-R)-\dot{E}R \tag{4}$$

由（2）式，我们有 $\dot{L}=\dot{M}-E\dot{R}-\dot{E}R+\dot{\Omega}$。将这个结果代入（4）式，可以得到：

$$\dot{M}+\dot{B}+E(\dot{F}^{g}-\dot{R})=P(g-\tau)+iB+i^{*}E(F^{g}-R)$$

将净公共外债定义为 $F^{*}=F^{g}-R$，可得：

$$\dot{M}+\dot{B}+E\dot{F}^{*}=P(g-\tau)+iB+i^{*}EF^{*} \tag{5}$$

① 我们在分析公式部门预算约束时，忽略诸如自然资源及公有资本之类的资产，但它们在某些国家可能十分重要。Buiter (1983) 提出，忽略这些资产及负债可能导致对政府净价值的有偏估计，以及对当前及未来金融约束的错误估计。我们还排除了公共部门资本存量的现金收入，以及用于为赤字融资而进行的公共部门资产销售（参见本章附录）。

在（5）式的基础之上可以推导出一些通用的预算概念。[1] 第一个概念为原始（非利息性）财政赤字，按实际变量度量，它由下式给出：

$$d_P = g - \tau \tag{6}$$

如我们接下来即将讨论的，原始财政赤字对于估计政府赤字的持续性和宏观经济政策目标间的一致性而言十分重要。

第二个常用的概念为常规财政赤字，它等于原始财政赤字加上公共部门内、外债的利息支付，以实际变量度量，常规财政赤字被定义为：

$$d_C = g + i\left(\frac{B}{P}\right) + i^*\left(\frac{EF^*}{P}\right) - \tau \tag{7}$$

最后，（经通货膨胀修正后的）运营财政赤字为：

$$d_O = g + (i - \pi)\left(\frac{B}{P}\right) + i^*\left(\frac{EF^*}{P}\right) - \tau \tag{8}$$

其中，π 为国内通货膨胀率。[2]

运营财政赤字是从实际的常规财政赤字中减去国内债券利息支付的通货膨胀部分。之所以进行这种调整，是假设通货膨胀引致的利息支付在其经济影响方面等同于分期支付，即它们不代表资产持存者的“新”收入。并且这部分收入倾向于再次被投入政府债券，因此不影响实际总支出。运营财政赤字可以被认为是对政府在零通货膨胀下赤字规模的一种近似度量。

在实际中，不同赤字概念之间的差别相当大。因此在判断财政政策立场时需要非常谨慎地选择具体的衡量角度与概念。

2 财政赤字的度量

在发展中国家，财政赤字的度量会引发许多概念性的和实际的问题，而在不同国家缺乏统一性又会使这些问题进一步复杂化。[3] 比如，常规财政赤字可以用收付实现制，或以权责发生制（或者支付顺序）来衡量。在前一种情况下，赤字为总现金流支出与财政收入之差，而在后一种情况下，赤字代表总的应计收入与支出之差，不管有没有包括现金支付。欠款或收入的累积在以获利方式衡量时要比以现金方式衡量时要高一些。

另一个重要的度量问题是，在对公共及私人经济关键价格控制十分普遍的国家，只要支出按官方价格计算，赤字就可能被大幅低估。为了合理估算，这一问题的解决办法需要决定一个合理的受政府价格管制的产品与服务的“影子价格”。但做到这一点往往十

① 关于公共部门赤字的最一般概念性分析是政府净价值的变化，它等于所有税收（包括后面要讨论的铸币税）的预期现值加现有资产的净现值（包括自然资源及固定资本）减去非或有性及或有性负债现值（Buiter，1983）。但是，很少有人试图在实际分析中使用这种概念。

② 当世界的通货膨胀水平为零时，如果经济体只生产一种产品，而且购买力平价无论以绝对还是以相对方式均成立，即 $E=P$，$\varepsilon=\pi$，其中 $\varepsilon \equiv \dot{E}/E$ 代表贬值率，而且未补偿利率平价连续成立（$i=i+\varepsilon$），(8) 式可能简化为 $d \equiv g + (i-\pi)[(B/P) + F^*] - \tau$。

③ 对于评估财政赤字规模的度量问题综述可以参见 Blejer and Cheasty（1991）的研究。

分困难，充满了经验性及概念性的问题。

在现实中决定一个合适的（有经济意义的）公共部门规模，并考虑不同公共部门实体的运作也是非常困难的。鉴于此，对于发展中国家财政一个特别重要的问题与如何对待央行运行相关。在很多国家，央行以“准财政”方式进行操作，比如隐性征税（或通过汇率机制或通过无息准备金要求）、政府补贴项目管理、债务服务和转移、优先贷款准备和金融系统应急贷款以及为应对其他行业流动性与支付问题的贷款。[①] 在发展中国家，与这些准财政运营方式相关的央行损失非常巨大。除了央行之外的公共金融中介运营也是产生大量准财政赤字的原因。

在实践中，将央行的货币性操作与准财政操作分开也会带来方法层面的问题。比如，如何处理价值变化带来的资本损益（该价值变化可能来自以本币计价的净外国资产受汇率波动的影响），或如何正确估计央行损益账户之外的准财政活动问题。在一些国家，央行提供的汇率或贷款保证仍然完全在其资产负债表之外。此外，政府与央行往往使用不同的核算体系：政府以现金收付方式，而央行账户则为权责发生制。当前的预算实践，如 Robinson and Stella（1993），Blejer and Cheasty（1991）所指出的，当央行盈利时，往往将其大部分利润转移给政府，但当央行亏损时，则减少自己的储备（或印发货币）而不是由政府的转移支付来弥补其全部或部分损失。这种不对称的现实情况可能在央行亏损较大时，为财政赤字的度量带来严重偏误。因此，正确评估财政赤字的规模需要对称性的机制，并且央行亏损应全部纳入政府账户。

3 或有债务

准财政活动可能会带来隐性的或有负债，尽管所需的支出在引发债务的特定事件发生前是不确定的。这种隐性的或有负债可以被定义为当特定条件被满足时，政府会履行的偿债义务。一个好的例子是因支持金融系统（当系统的稳定性存在风险时）或大型公共企业的需要所产生的债务。

发展中国家的政府还会面对多样的显性或有财政债务。这种显性的或有财政债务可以被宽泛地定义为当引致这些债务的主体不能或者选择不去履行偿债义务时，政府在法律层面必须承担的债务。这类例子包括政府对半国有企业或地方政府部门借贷的担保（Polackova，1998）。

近些年在发展中国家，不论显性还是隐性的或有债务与直接债务都在迅速增长（例如，现收现付制下的社保机制带来的债务，以及公共投资项目未来的经常性费用），并且在很多国家还造成了巨大的财政危机。因为对于财政状况的传统评估方法不能合理地考虑全部或有债务的预期未来成本，因此这些方法提供了关于财政赤字可持续性和政府偿

① 对外汇交易的隐性税收存在于当出口商必须屈从于外币收入的物价低于一些进口商可以从央行购入外汇的价格。反向的情况也时常发生：中央银行对特定部门进行补贴，央行以低于给出口商的汇率水平卖出外汇。当存在一个良好运行的非正规外汇市场时，在更广义的经济含义上，“征税”和“补贴”均可以通过平行的市场溢价单位来衡量。

债能力的误导性的指标。

由于准财政活动潜在地对资源分配产生严重扭曲，因此消除或者至少减少准财政活动成为宏观经济管理核心目标之一。但是由于政治或者其他一些原因，最优解决办法很难在短期内实现。因此通过识别和量化这些活动并且将它们转化为显性税收和支出，将这些准财政操作引入预算内就变得尤为重要。对于显性和隐性的或有债务的合理计算是评估财政政策态势的关键。但是与此同时，这又是一项非常困难的任务。如 Blejer and Cheasty（1991，p. 1667）所述，计算或有债务的预期成本会因为道德风险而变得非常复杂。现实中政府选择显性地承担这些债务可能会导致私人部门行为的变化，增加债务产生的可能。

4 铸币税及通货膨胀融资

> 一个政府可以通过印刷货币长期存在。也就是说，它可以通过这种办法来控制实际资源，这与通过征税所起的效果一样。虽然我们应当谴责这种方法，但必须承认在相当大的程度上它十分有效。只要公众还使用货币，政府就可以通过通货膨胀来汲取资源。通过印刷货币所获资源与通过征收啤酒税或所得税所获资源并无二致。政府的花费都是公众所支付的，不存在所谓的不能抵消的赤字（约翰·梅纳德·凯恩斯）。[①]

铸币税是政府征收的一种重要隐性税收。从广义上看，它包括政府由基础货币创造所获得的实际资源量。定义基础货币存量为 M，价格水平为 P，铸币税收入 S_{rev} 可以被标示为：

$$S_{rev} = \dot{M}/P = \mu m = \dot{m} + \pi m \tag{9}$$

其中，$\mu \equiv \dot{M}/M$ 代表基础货币增长率，m 为实际货币余额。(9) 式把铸币税定义为名义货币存量的变化率除以价格水平。(9) 式的第二部分将总铸币税定义为名义货币增长率乘以公众持有实际货币余额。与公共财政的文献相一致，μ 代表税率，m 为税基，它在货币市场均衡条件下等于现金余额的需求。(9) 式的第三部分将政府汲取资源的价值定义为实际货币存量的增加加上当假定名义货币存量不变时通货膨胀带来的实际货币存量变化 πm。表达式最后一项代表通货膨胀税 I_{tax}。

$$I_{tax} = \pi m \tag{10}$$

因此，

$$S_{rev} = I_{tax} + \dot{m} \tag{11}$$

在静态条件下（$\dot{m} = 0$），铸币税等于通货膨胀税。[②] 只要货币创造带来通货膨胀，从而影响名义资产的实际价值，铸币税就可以被认为是对私人持有本币的征税。

---

① Dornbusch（1993，p. 19）.

② 很多宏观经济学家将“铸币税”和“通货膨胀税”概念视为是可以互换使用的。如（11）式所示，但这种做法是存在问题的。

□ 4.1　最优通货膨胀税

很长时间以来，虽然通货膨胀税被认为是政府收入的一个重要来源（正如前面凯恩斯的说法所指出的），Phelps（1973）是第一个强调政策制定者可以决定最优通货膨胀率的经济学家。为了说明他是如何进行分析的，我们不妨考虑一个不存在商业银行的经济体，基础货币只包括个人所持有的实际现金余额。假设该经济现在处于稳态均衡，其中产出的增长率为零，预期也得到了实现，通货膨胀率被固定为 π^s 。[①] 由（10）式，我们知道通货膨胀税收入等于：

$$I_{tax} = \pi^s m \tag{12}$$

假设货币需求方程是 Cagan 形式的（Blanchard and Fischer，1989，pp. 195 - 196）。因此，实际货币余额与预期和实际的通货膨胀率呈反向变化：

$$m = m_0 e^{-\alpha\pi^s} \tag{13}$$

其中，m_0 代表一个常数。将（12）式和（13）式放在一起，然后为了简化问题，假设 $m_0 = 1$ ，可得，

$$I_{tax} = \pi^s e^{-\alpha\pi^s} \tag{14}$$

（14）式的等号右边在图 3 - 1 中体现为曲线 I，它定义了通货膨胀税的拉弗曲线。当 $\pi^s = 0$ 时，由通货膨胀税所获得的收入也等于零。当通货膨胀率增加时，收入首先上升（以递减的速度增加），然后开始下降（以递增的速度下降）。当 $dI_{tax}/d\pi^s = 0$ 时，最大化财政收入。或者说，当实际货币余额的需求弹性绝对值等于 1（即 A 点）时，达到财政收入最大化。对于任何给定的低于 A 点的通货膨胀税收的水平，都有两个均衡水平的通货膨胀率。因此，唯一的最大化财政收入的通货膨胀率为：

$$\pi^s_{tax} = \alpha^{-1} \tag{15}$$

这也就是货币需求半弹性的倒数。给定通货膨胀预期形成的具体假设，对于每个国家，我们可以很容易估计出参数 α 的值（Rodriguez，1991）。

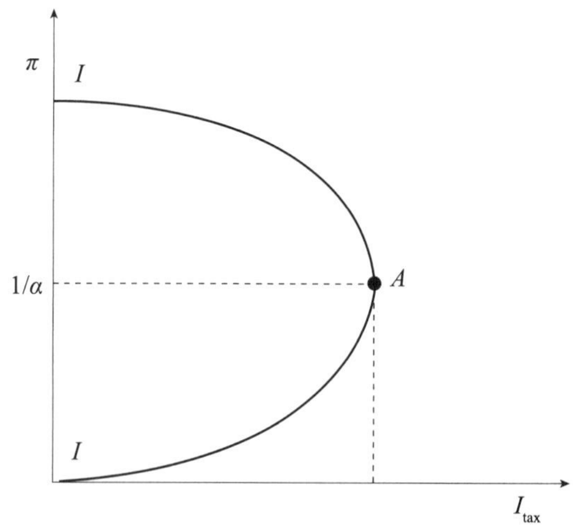

图 3 - 1　通货膨胀和通货膨胀融资的收入

① 参见 Auenheimer（1974）关于决定最优通货膨胀率的过渡期影响的明确阐述。

对于最优通货膨胀税的分析，学者们已经在很多方向上进行了扩展。比如，学者已经认识到，政府不仅是对于公众所持有的货币征收通货膨胀税，也通过对强加给商业银行的无息法定存款准备金要求来征收通货膨胀税（Brock，1989）。另外，在一个政府债券和私人发债为不完全替代品的模型中，Cox（1983）研究了能够最大化政府收入的通货膨胀率以及为赤字融资所带来的社会成本。他的分析表明，传统的模型设定（认为私人债务和公共债务是完全替代品）可能会大幅低估最大化政府收入的通货膨胀率。与此相反，Kimbrough（2006）发现在带有劳动-休闲选择和因降低交易成本而持有货币的更一般的均衡框架内，可以使财政收入最大化的通货膨胀税低于 Cagan 对应的情况。

在许多发展中国家中，通货膨胀税和货币替代之间的关系起到了重要作用。[①] Végh（1989a）研究了存在货币替代时，使用通货膨胀为政府财政赤字融资是否最优的问题。他特别指出对于一个给定的政府支出水平而言，当货币替代程度越高时，最优的通货膨胀税越高。除了研究在货币替代情况下使用通货膨胀税是否最优的问题以外，一些学者也研究了货币替代对通货膨胀税收入水平及其变化的影响。Khan and Ramirez-Rojas（1986）证明，当存在货币替代的情况时，最大化政府收入的通货膨胀率会比较低，因为在那种情况下对国内实际货币余额的需求弹性更高，而且外国货币也能够提供流动性服务。但是，较高的货币替代将降低通货膨胀税的传统观点（这是因为经济个体可以重新配置他们的资产组合，从而较少地持有本国的货币）并不总是成立。Brock（1984）已经证明，当对资本流入施加准备金要求（对国内储畜也施加准备金要求）时，通货膨胀税的收入会随着经济对世界资本市场的开放程度的增加而增加。在分析最优通货膨胀税时，也有更多的学者注意到征税时滞和征税成本的问题，并且这方面的研究也取得了显著的进展。

最后，Easterly et al.（1995）对 Cagan 理论中的（13）式的假设，即对通货膨胀的货币需求半弹性为常数的假设提出了质疑。通过利用包含经济个体消费面临预留现金约束的最优框架下，他们证明了（只要货币和债券在家庭资产中可替代性足够高）通货膨胀的货币需求半弹性会随着通货膨胀增加而增加。这一结论也被他们提供的 11 个高通货膨胀国家的实证检验所支持。他们的研究还表明使铸币税最大化的通货膨胀率（在他们的样本中为 266%）会与货币和债券的可替代性变动成反比。但是，关于货币需求和通货膨胀关系的稳健性检验对二者的非线性关系提供了支持。[②]

□ 4.2　征税时滞和 Olivera-Tanzi 效应

在关于最优地使用通货膨胀为财政赤字融资的讨论中，通货膨胀对税收体系的影响是一个需要考虑的重要方面。具体说，也就是通货膨胀和传统的税收收入征税时滞之间的关系。关于这个因素 Olivera（1967）已经在研究中强调，在 Tanzi（1978）的研究中被更强有力地提了出来。所以它被称为 Olivera-Tanzi 效应。在发展中国家的财政、货币

---

① 参见 Calvo and Végh（1996）对该问题详细的讨论。

② Esterly et al.（1995）在他们的实证研究中使用了 $\ln(m/y)=m_0+\lambda\pi^{\gamma}$ 的货币需求函数形式，其中，m 为货币存量，y 为产出，π 为通货膨胀率。因此通货膨胀半弹性系数为 $\partial\ln(m/y)\partial\pi=\gamma\lambda\pi^{\gamma-1}$，当 $\gamma>1$ 时，系数随着 π 的增加而增加。最大化铸币税的通货膨胀率为 $\pi^{s}_{tax}=(-\lambda\gamma)^{-1/\gamma}/[-(-\lambda\gamma)^{-1/\gamma}]$，当 $-\lambda\gamma>1$ 时会存在一个有限的 π^{s}_{tax}。否则，铸币税会随着 π 单调递增，而且不存在拉弗曲线，π^{s}_{tax} 趋于无穷大。

和通货膨胀动态中，它起到了一个非常重要的作用。[1]

在几乎所有的国家，征税都存在时滞问题，在工业化国家中平均的征收时滞（计算出应缴税收时间和实际支付税收时间之间的时间间隔）从某些情况下或某些特别税种（比如保留在税收来源的所得税）的 1 个月，到其他情况下的 6～10 个月（比如一些间接税）不等。在发展中国家情况却有所不同，平均的征收时滞可能要高很多。通过累进税方式征收的税收收入和保留在税收来源的税收收入占总税收的比例比较小，而且有一些税种（比如进口关税和消费税）往往对不同商品具有不同的税率。在这样的情况下，通货膨胀率的增加将会导致实际的一般税收收入的降低，而后者降低的程度又取决于平均的征税时滞和已有的税收负担水平，也就是税收占总产出的最初比例。更形式化地表达出来，让 n 为代表以月为单位的一般税收征收的平均征收时滞，让 π_M 代表每月的通货膨胀率。当年通货膨胀率等于 π^s 时一般税收收入的实际价值为（Tanzi，1978，p. 426）：

$$Tax(\pi^s)=\frac{Tax(0)}{(1+\pi_M)^n}=\frac{Tax(0)}{(1+\pi^s)^{n/12}} \tag{16}$$

其中，$Tax(0)$ 代表通货膨胀率为 0 时，一般税收的实际价值。因此，当存在征收时滞时（$n>0$），通货膨胀将降低税收收入。

利用（14）式和（16）式，政府的总财政收入 T 为：

$$T=\pi^s e^{-\alpha\pi^s}+\frac{Tax(0)}{(1+\pi^s)^{n/12}} \tag{17}$$

将（17）式对 π^s 求导数，并使该导数等于 0，我们就可以得到能够最大化实际收入的通货膨胀率 $\tilde{\pi}$：

$$dT/d\pi=(1-\alpha\tilde{\pi})e^{-\alpha\tilde{\pi}}-\left(\frac{n}{12}\right)\frac{Tax(0)}{(1+\tilde{\pi})^{1+n/12}}=0 \tag{18}$$

它是关于 $\tilde{\pi}$ 的非线性函数。图 3-2 给出了这个问题的图形解。正如前面章节一样，曲线 I 代表了通货膨胀税的拉弗曲线。曲线 N 代表了从一般税收所获得的财政收入，税收收入与通货膨胀率有负相关关系，而且在零通货膨胀率时（即图中 F 点）被最大化。曲线 T 代表了曲线 I 和曲线 N 的横向加总，从而代表了总的收入。如图所示，能够最大化财政收入的通货膨胀率 $\tilde{\pi}$ 低于能够从发行货币中所获得最大收入的通货膨胀率 $1/\alpha$［参见（15）式］。在这样的通货膨胀水平，从通货膨胀税所获得的收入等于 OB（它等于 JG），而一般的税收收入等于 BG（它等于 OJ）。总税收在 $0<\tilde{\pi}<1/\alpha$ 区间达到最大。与在通货膨胀率为 $1/\alpha$ 时进行对比，一般税收收入从 OJ 提升到 OD，但是由于通货膨胀率为正使得一般税收所获得的收入比通货膨胀率为 0 时的情况降低了（下降幅度等于 $OF-OD$，即 DF）。同样地，通货膨胀税对总收入的贡献（OH）与通货膨胀率为 $1/\alpha$ 相比，也变得更低了（减少 HB）。

实际上，由于通货膨胀增加所导致的一般税收收入的减少可能足够大，以至于能够抵消由通货膨胀税所带来的收入增加，这样就使得总的实际收入会下降。这可以从图 3-2 中看出来。在 $\tilde{\pi}$ 点，总税收收入被最大化（等于 OC）。超过 $\tilde{\pi}$ 的范围，更高的通货膨胀水平会减少总收入，因为由通货膨胀税带来的收入增加不足以弥补一般税收收入的降低。

① 在为拉丁美洲国家 20 世纪 60 年代长期通货膨胀进行解释所做的一个尝试中，Olivera（1967）提出由于财政滞后存在，短期内名义收入被固定，因此短期名义收入的实际价值随通货膨胀而下降。Aghevli and Khan（1978）以及 Dutton（1971）也是首先强调税收-通货膨胀纽带的经济学家。

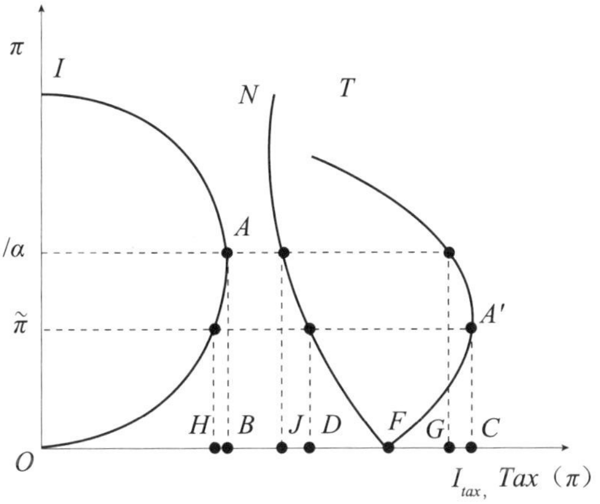

图 3-2　通货膨胀、通货膨胀型融资和总税收收入

资料来源：Tanzi (1978, p. 428).

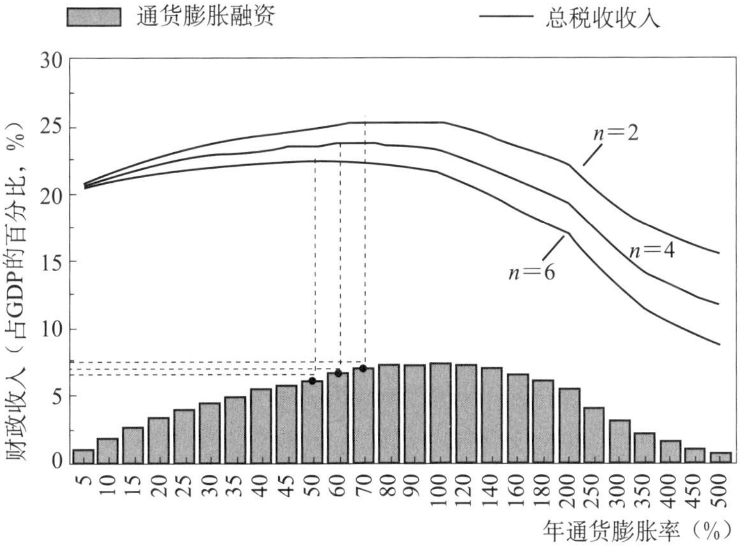

图 3-3　通货膨胀、通货膨胀融资和税收收入

资料来源：Tanzi (1978, pp. 443, 446).

注：$1/n$ 表示以月度为衡量单位的税收时滞。模拟与计算在 $\alpha=1$、货币对 GDP 的占比和总税收收入占 GDP 的比例（这两个比率的通货膨胀率为 0）均为 20%水平下进行。

例如在 $\pi=1/\alpha$，$OG<OC$。Tanzi (1978, 1988) 所提供的模拟结果表明，在一定的参数设置下这种情况是完全合理的。图 3-3 中显示了当征收时滞是 2 个月时，最大化财政收入的通货膨胀率等于 70%。当征收时滞上升到 6 个月时，最大化财政收入的通货膨胀率降低到 50%。在那种情况下，保持 70%的通货膨胀率将增加从通货膨胀税所获得的收入（从 GDP 的 6.1%上升到 7%），但是总的税收收入将会下降。①

Olivera-Tanzi 效应的重要作用是它将最大化铸币税的通货膨胀率和最大化收入的通

① 在图 3-3 所报告的模拟中，通货膨胀率被假设为直接受货币当局控制，即对货币创造的价格反馈被认为是即时的。在实际中这个假设也许不成立，从而使结果出现相当的偏误。

货膨胀率进行了区分。但是 Olivera-Tanzi 效应有多重要呢？根据 18 个发展中国家的数据，Choudhry（1991）估计了财政收入的各个不同部分征收时滞的情况。对于总的财政收入而言，平均征收时滞看上去大约为 6 个月，但对于不同财政收入部分之间存在很大的差别。所得税的征收时滞高于平均值（对于个人所得税而言大约是 7 个月。对于利润和资本收益税而言，大约是 4 个月）。国内产品和劳务税的征税时滞大约是 9 个月，进口关税的征税时滞大约是 8 个月。非税收入，比如由公共企业中所获得的转移支付的征税时滞大约是 12 个月。此外，这些时滞在不同国家具有较大差异。在几个国家中，计量估计表明，由通货膨胀税所增加的财政资源可能会由于一般性财政收入减少而被抵消，甚至会导致净财政收入下降。因此，在那些征税时滞很长的国家，增加通货膨胀税可能会有反面的效果，这就是 Olivera-Tanzi 效应的结果。[①]

图 3－1 中所画出的一般性通货膨胀税拉弗曲线看上去得到了具有温和通货膨胀国家经验证据的支持。Easterly and Schmidt-Hebbel（1994）指出，对于最大化财政收入的通货膨胀率，传统的估计可能有误差，在高通货膨胀国家偏高，而在低通货膨胀国家偏低。这是因为错误地假设实际货币余额的需求函数相对于通货膨胀的半弹性为常数。而实际上，随着通货膨胀的上升，该半弹性可能下降。[②] 更一般地，可得的经验证据表明在高通货膨胀国家，通货膨胀率要高于可以达到最大化稳态收入时的通货膨胀税率。尽管在拉丁美洲国家 1982 年债务危机后，通货膨胀水平出现加速，并且这与利用内部资源为外部和内部进行融资的需求相一致，公共财政的通货膨胀型融资需求看来不能解释长期处于高通货膨胀状态的国家的现实。[③] 因此，如果排除通货膨胀预期调整中所存在的不完全信息或滞后问题，就必须为长期存在的高通货膨胀率找到另外一种解释。缺乏可信度和政策制定者所面临的时间不一致问题也许能够提供这样一种解释，在第 11 章中我们详细地讨论了这一点。

□ 4.3　征税成本和税收系统的效率

使用通货膨胀来为政府的支出和财政赤字融资被很多讨论所证实。早期关于通货膨胀融资是否合适的争论主要关注其他为政府支出融资方法所带来的福利成本（Bailey，1956；Auernheimer，1974）。但是，正如 Aghevli（1977）所指出的，如果政府并没有其他的很容易获得财政收入的办法，那么上面所谈到的比较分析就是没有意义的。在大部分发展中国家，税收基础相当不足，低收入者的比例特别高，逃税现象非常严重，这些情况就使得政府无法对人口施加较高的税收。同时，国家的税务管理也相对薄弱、缺乏效率，而且往往存在很大程度的腐败（Goode，1984）。在这样的条件下，比较通货膨胀融资成本［如 Tanzi（1978）强调需要将通货膨胀对税收系统的扭曲考虑进去］和更高的政府支出水平带来的收益（以未来可以增加的额外消费衡量）是合理的。

---

① Dixit（1991）已指出，一般而言，征税时滞的存在不仅影响最优通货膨胀税水平，也影响整个税收结构。在这样的条件下，与代用税和传统税收相关的征税成本，而不是不同的税收收入，可能成为一个关键考虑因素。时滞的存在可能导致所得税税负过重，从而导致比不存在征税时滞时对通货膨胀税的更大依赖。但读者也可参考 Mourmouras and Tijerina（1994）对 Dixit 推测的评价。

② 参见前文 Easterly et al.（1995）的讨论。

③ Dornbusch and Fischer（1993）以及 Dornbusch et al.（1990）采用了一个传统的观点，认为收入动机无法解释发展中国家的高通货膨胀。但值得注意，从 Phylaktis and Taylor（1992，1993）对中国台湾地区 1945—1949 年的恶性通货膨胀及拉丁美洲国家（阿根廷、玻利维亚、巴西、智利及秘鲁）最近通货膨胀的研究，无法拒绝 20 世纪 70 年代及 20 世纪 80 年代平均通货膨胀率等于最大化收入通货膨胀率 $1/\alpha$ 的假设。

我们可以通过一个简单的理论框架来说明税收系统的效率对于最优通货膨胀税率的影响。假设政府所面临的预算约束为：

$$g-\theta\iota y=\pi m$$

其中，g 代表政府的支出，$0<\iota<1$ 代表一般收入的税率，$0<\theta<1$ 代表能够反映税收系统效率的一个系数（即实际征收税收债务的比例），y 代表税基。$(1-\theta)\iota$ 代表单位征收成本，也就是税收系统低效率所浪费的部分。政府的目的是最大化潜在的财政收入 ιy，政府需要选择一般的税率和通货膨胀税率，所面临的预算约束在前文已经给出。正如 De Gregorio（1993）所证明的，给定这个目标，税收系统效率的降低（即 θ 的减少）会导致最优通货膨胀税率的增加和通货膨胀税税基的下降。它对于最优税率的影响是不确定的，但随着通货膨胀税在总财政收入中比例的上升，所得税在总财政收入中的比例就会下降。因此，即使当最优的一般税率增加，它也不会抵消效率下降对所得税收入所产生的影响。

直接税收和通货膨胀税之间的权衡已经被证明在一般的条件下仍然存在。在 Aizenman（1987）和 Végh（1989b）的研究中，他们就特别强调了这一点。两位学者都指出，税收系统效率的下降将会提高最优的通货膨胀税率。[①] Végh 研究了政府支出和通货膨胀税融资之间的关系。在他的模型中，传统的征税方式（比如消费税）在征收时会出现边际成本递增的现象。因此，他证明通货膨胀税随着政府支出水平的上升而上升。所以，征税效率的增加将会减少政府把通货膨胀税作为收入来源的需求。

其他一些研究工作试图分析政治因素对税收系统效率的影响以及制度约束，比如公共管理能力的大小。在大部分发展中国家，高收入人群往往有相当强的政治权力，这使得政府很难实施税法。对于税收系统的效率（用铸币税作为财政收入来源的程度来度量）和政治不稳定性以及经济结构之间关系的正式分析，已经由 Cukierman et al.（1992）给出。他们的分析表明，发展中国家税收系统的效率与产出的组成结构有很大的关系（比如，农业部门较大的国家往往比那些具有较大矿业和制造业部门的国家更多地依靠铸币税），而且也与政治体制的不稳定程度以及极化程度有关。对外贸易的开放程度以及城市化率对于税收系统的效率也有显著的影响。因此，除了结构性和管理性的因素之外，那些政治上更不稳定的国家往往更依赖使用通货膨胀税作为政府收入的来源。[②]

□ 4.4 金融抑制与通货膨胀税

"金融抑制"这一术语由 McKinnon（1973）和 Shaw（1973）首次使用。这些学者第一次系统性地尝试将发展中国家金融市场的具体特征纳入分析框架。根据 McKinnon（1973）的研究，金融系统在大多数发展中国家中被政府一系列的干预（将国内银行提供给储蓄者的利率维持在较低甚至负的水平上）所"抑制"（保持较小规模）。很多时候这种干预的背后动机源于财政方面。政府希望积极地改善经济发展，但又因为缺乏政治意愿或管理约束而缺少直接的财政手段以完成目标。因此它利用金融系统在两方面为经济发展进行融资。首先是对银行实施较高的存款准备金和流动性要求，这使得银行对自有的非利息和利息工具产生了需求。因此，政府可以通过发行债券为支出优先项目进行融

① 相似的结论中，Fishlow and Friedman（1994）已经证明，更高程度的所得税避税（它往往随通货膨胀率上升而增加）会提高为给定财政赤字融资的通货膨胀水平。

② 但是，用政治软弱来解释持续的铸币税融资的能力已受到 Cukierman（1992）的质疑。

资。其次，政府通过施加借贷利率上限将利率维持在较低水平，这就对信贷产生了超额需求。然后政府要求银行必须将部分信贷资金投向优先发展部门。这一体系对经济效率和收入分配均存在影响。

较低的资产回报率和较高的准备金要求相结合意味着即使是充满竞争的银行系统也要被迫提供较低的债务利率。在很多发展中国家，债务方面较低的名义利率和温和乃至较高的通货膨胀水平会带来国内金融资产负的实际收益率，这对储蓄和金融中介发展存在不利影响。如果收益率在国内金融体系中代表着经济体中相关的跨期价格，储蓄的增加与减少都取决于收入效应和替代效应的权衡（参见第2章）。但是，忽略利率上限对储蓄影响的方向，利率上限会给社会和私人资产积累的回报率带来差异，因此扰乱了经济体中的各项跨期选择。更进一步，利率上限的组合效应有利于金融脱媒，因为储蓄者会将对银行系统的资产诉求转移至对实物资产以及外国资产的积累上。

在很多国家中，类似黄金和房地产等资产在居民的金融决策中都占有重要地位。但是，持有实物资产的动机并不代表需要这些国家达到了很高的投资水平。原因在于，尽管理论上投资需求很高，但是很多投资者不能确保未来的融资安全。他们的未来储蓄额可能对于大型项目的实施来说并不充足；由于政府通过银行和其他金融中介吸收了大量小额储蓄，正规金融体系也可能没有可得的资源；并且在非正规市场开展活动的潜在成本以及逃避资本管制的成本都很高昂，会使通过这些渠道融资并不具有经济性。最后，由于缺少通过价格系统进行配合的机制，通过正规金融体系获得融资的项目并不一定会比其他项目产生更高的回报。

由于金融系统将实际和潜在的储蓄者、被排除的借贷者的资源转移给受欢迎的借贷者（这些借贷者有能力在合同利率上获得资源），因此金融抑制对收入分布产生影响。后者中最关键的是公共部门自身。但是除此之外，优先发展部门的企业以及与资源联系较强的个人可以从特权准入中获得利益。① 额外的公共支出带来的收益由于这类为公共部门进行的融资而变得可能，潜在的纳税人会因为金融抑制税被更一般的税收取代而受到影响。

之前的讨论并没有为金融抑制现象提供一个一般性的原理解释以及介绍它与资本管制的联系。利用政策工具来抑制金融系统并且对资本流动设置障碍会带来无效率，为什么国家依然会选择这样的举措？我们通过财政视角来理解政府的这一动机。具体来讲，我们将金融抑制程度和资本管制程度的决定因素视为财政问题，这一问题包含在适当的约束下对不同税收工具的选择。首先，在给定私人持有的资产组合、政策制定者的目标是最大化铸币税的模型中，我们考虑金融抑制和通货膨胀税之间的最优选择问题。其次，我们在一般税收和资本管制作为额外的政府税收工具的条件下考虑一个更一般的分析框架。

通货膨胀税和金融抑制程度之间的权衡可以由 Brock（1989）中一个简单的分析框架所阐述。② 假定一个封闭的经济体，经济主体持有现金和银行存款，现金不会产生利息。产出被外生给定并且为简便起见正规化为零。银行的存款受限于部分存款准备金要求。对于现金 m 和银行存款 d 的资产需求方程可以写为③：

① 因为金融抑制为受欢迎的借贷者产生经济租金，寻租活动带来的次要的效率损失也同样被这种租金所导致。

② Bencivenga and Smith（1992）和 Roubini and Sala-i-Martin（1995）在经济增长的基础上考察了最优金融抑制程度的决定因素。但是，后续的研究将通货膨胀视为金融抑制的代理变量，这一假设对于我们本章的分析并不适用。

③ Brock（1989）展示了如何从一个简单的最优化问题中推导得到（19）式和（20）式，在最优化问题中现金和存款都可以提供流动性服务以降低交易成本。

$$m = m\ (\overset{-}{i_L},\ \overset{+}{i_L - i_D}) \tag{19}$$

$$d = d\ (\overset{+}{i_L},\ \overset{-}{i_L - i_D}) \tag{20}$$

i_L 表示名义贷款利率，i_D 表示存款利率。如果银行没有运营成本，那么由零利润条件可得：

$$i_L = i_D/(1-\mu),\ 0<\mu<1 \tag{21}$$

μ 表示存款准备金率。为简便起见，假设资产需求函数的形式为：

$$\ln m = \alpha_0 - \alpha i_L,\ \ln d = \beta_0 - \beta\ (i_L - i_D)\ = \beta_0 - \beta\mu i_L \tag{22}$$

假设实际利率是常数且为零。因此 $i_L = \pi$，π 表示（实际的和预期的）通货膨胀率。政策制定者的目标是最大化通货膨胀税的收入，这一收入是关于通货膨胀率和准备金比率的①：

$$S_{rev} = \pi(m + \mu d) \tag{23}$$

Brock（1989，pp. 111 - 112）证明了通过对最优化问题求解得到：

$$\partial S_{rev}/\partial\mu = 0 \Rightarrow \pi\mu = 1/\beta \tag{24}$$

$$\partial S_{rev}/\partial\pi = 0 \Rightarrow \pi = \frac{1}{\alpha} + \frac{\beta\mu d}{\alpha m}\left(\frac{1}{\beta} - \pi\mu\right) \tag{25}$$

（25）式表示当准备金率为零时，最大化收入的通货膨胀率等于之前推导得到的 $1/\alpha$。但是，当两种工具都被使用时，最优通货膨胀率可能或者高于或者低于 $1/\alpha$。从图 3 - 4 中，我们可以看出图形中的交点［从（24）式和（25）式得到］即为两种政策工具的最优价值。因为一般而言，$\mu>0$ 存在一个最优的金融抑制程度，这一程度是对最优通货膨胀税（旨在提高货币需求）和通货膨胀税税基之间的权衡。

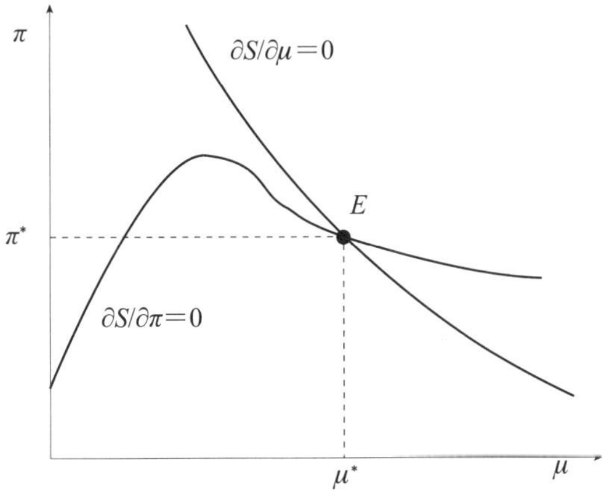

图 3 - 4　铸币税、准备金率和通货膨胀税

资料来源：Brock（1989，p. 113）.

实际上，无息或者固定利息存款准备金要求代表了铸币税收入的一大部分。另外一项金融抑制带来的收入是政府的隐性补贴（政府从银行融资的利率低于市场利率）和隐性税收（政府对私人存款准备金支付低于市场的利率）。在之前存款准备金的讨论中，这种金融抑制税与通货膨胀税是一种互补关系并不是替代关系。如果个人持有组合的金融

① McKinnon and Mathieson（1981）讨论了政策制定者目标为最小化通货膨胀率（不是最大化通货膨胀税收入）且关于法定存款准备金率的情形。

资产种类受限，而且实际利率为负以提升实际现金，即通货膨胀税的税基。这种情形就有可能发生（Giovannini and de Melo，1993）。

在大多数发展中国家，对本国金融系统的抑制往往伴随着对国际资本流动的管制。这么做是防止本国金融中介通过将资产向外国中介转移而绕开对本国的约束。对资本流动限制的程度会强制居民持有比意愿持有数目更多的本币（因此提升通货膨胀税基）。资本管制可以被视为对资产持有者的征税，持有者的收益和成本必须在各项隐性和显性的税收间进行权衡。因此，一个理解发展中国家金融抑制、资本控制和通货膨胀税的统一框架需要模型里的政策制定者在使用各种常规税收时面对各类约束。

为了描述这一框架的基本含义，假设资产组合和前文描述的相似，但增加不可完全替代的外国债券。在这样的环境中，资本管制可以被视为对外国利息收入的显性税收或对外国资产购买的征税。[①] 税收系统中应被纳入思考的最关键因素是征税和执行成本，如 Aizenman（1987）和 Végh（1989b）将收入函数假设为递增且具有凸性的函数。与此相反，政府的其他税收（金融抑制和通货膨胀带来的隐性税收以及资本管制）的征税成本很低。政府面对的问题要么是最大化通货膨胀税收收入，即一个为“最低”水平公共支出来融资的总收入目标，要么是最大化消费者受制于预算约束的间接效用，如 Aizenman（1987）和 Végh（1989b）规范性模型的描述。一个一般性的预测是当常规税收征税成本非常高时，资本管制、金融抑制和通货膨胀税必须与常规税收一起使用。征税成本的上升还会减少对常规税收的使用，然而财政赤字目标的增加（例如由政府支出增加造成）可以导致更频繁地使用全部税收工具。前一个预测与最优税收结构中最高的税率应该被施加于征收成本最低的活动上这一想法相一致。

前面讨论所提到的统一的公共财政框架帮助我们强调了在一般性税收和金融抑制、资本管制以及通货膨胀税同时存在情况下的财政因素。当然，存款准备金经常会由于单纯的货币政策目的（例如，减少经济体过多的流动性）而变动，而且资本管制也经常被用来防范投机性供给和固定汇率制度的崩溃（参见第 14 章）。然而，长期来看，财政视角是理解发展中国家使用这些工具的更明智的角度。这一角度最重要的一个启示是高强度的金融抑制可能是最优税收结构的结果。在这种条件下，成功的金融自由化需要同时实施合适的财政改革，我们将在本书的第 18 章中再次讨论这一问题。

5 政策一致性和偿付能力

前面所推导出来的政府预算流量等式，并没有说明公共部门一般所面临的融资约束的动态性质。政府不可能无限地累计其内部和外部债务。因此，政府往往面临着一个跨期的预算约束，它为预算等式中不同部分的发展路径施加了约束。除此之外，流量预算约束也对政府宏观经济政策目标的总体设定施加了一致性的要求，在设计稳定性政策的时候必须考虑到这一点。本节的第一部分研究了如何推导出可偿付约束来评价财政政策

① Aizenman（1986）建立了资本管制模型，模型建立在双重汇率制度上，汇率管制带来了经常账户和资本账户交易时所使用汇率的差异。资本管制还可以被视为放弃对某类出口品使用更高的汇率要求。

的可持续性。第二部分则分析了融资约束对宏观经济政策目标方面的要求。

□ 5.1 跨期的可偿付性约束

正如（5）式所示，统一的公共部门赤字可以用实际值定义为：

$$\frac{\dot{M}}{P}+\frac{\dot{B}}{P}+\frac{E\dot{F}^*}{P}=g+i\left(\frac{B}{P}\right)+i^*\left(\frac{EF^*}{P}\right)-\tau \tag{26}$$

（26）式可以被改写为每单位产出存量和流量随时间变化的情况，这就使我们得到：

$$\frac{\dot{M}}{Py}+\dot{b}+z\dot{f}^*=g-\tau+(i-\pi-n)b+(i^*+\varepsilon-\pi-n)zf^* \tag{27}$$

其中，小写字母是相应的大写字母代表的变量与名义产出的比例（比如，$b\equiv B/Py$），n 代表实际产出的生产率，$z=E/P$ 代表实际汇率，ε 代表货币贬值率。$b\equiv B/Py$ 则代表铸币税占总产出的比例。[1]

令 $d'_P=(g-\tau)/y$ 代表原始公共部门赤字占总产出的比例。同时，令铸币税占产出的比例 $s=\dot{M}/Py$。总的公共部门的债务与产出的比例则可以定义为 $\Delta=b+zf^*$。

使用等式 $\mathrm{d}(zf^*)/\mathrm{d}t\equiv z\dot{f}^*+\hat{z}zf^*$，其中，$\hat{z}$ 代表实际汇率贬值率，（27）式可以写为：

$$\dot{\Delta}=(r-n)\Delta+d'_P+(i^*+\hat{z}-r)zf^*-s \tag{28}$$

其中，r 代表本国实际利率，定义扩展的原始赤字为：

$$d=d'_P+(i^*+\hat{z}-r)zf^* \tag{29}$$

我们可得：

$$\dot{\Delta}=(r-n)\Delta+d-s \tag{30}$$

这就意味着，（扩展的）原始赤字加上现有债务的利息支付和铸币税收入必须通过国内和国外的借贷来融资。

对（30）式进行积分，我们就得到了公共部门的跨期预算等式：

$$\Delta=\mathbb{E}_t\int_t^{\infty}(s_k-d_k)\mathrm{e}^{-\int_t^k(r_h-n_h)\mathrm{d}h}\mathrm{d}k+\lim_{k\to\infty}\mathbb{E}_t\Delta\mathrm{e}^{-\int_t^k(r_h-n_h)\mathrm{d}h} \tag{31}$$

其中，$\Delta=\mathbb{E}_t$ 代表在时间 t 期信息可得时的预期算子。如果在未来，政府能够用来偿付债务的资源的预期现值至少等于其初始债务存量的面值，那么政府就可以偿还债务。在这样的条件下，政府将能够按照市场的条件偿还其债务，因此，可偿付性要求政府的未来财政计划必须满足现值预算约束：

$$\Delta\leqslant\mathbb{E}_t\int_t^{\infty}(s_k-d_k)\mathrm{e}^{-\int_t^k(r_h-n_h)\mathrm{d}h}\mathrm{d}k$$

或者说，

$$\Delta\leqslant PV(s,\ t,\ r-n)-PV(d,\ t,\ r-n) \tag{32}$$

其中，

---

① 如果购买力平价成立（因此 $z\equiv1$），而且未套补利率平价成立，（27）式就变为 $\dot{M}/(Py)+\dot{b}+\dot{f}^*=g-\tau+(r-n)(b+f^*)$，其中，$r=i-\pi$ 代表实际利率，但后面我们将集中分析更一般的（27）式。

$$PV(x,t,r-n)=\mathbb{E}_t\int_t^{\infty}x_k e^{-\int_t^k(r_h-n_h)dh}dk$$

代表流量 x 在时间 t 的现值，其即时的贴现率为（$r-n$）。（32）式表明，公共债务最多等于 t 时期铸币税收入的现值，减去 t 时期未来（扩展的）原始赤字的现值。这些条件意味着横截条件为：

$$\lim_{k\to\infty}E_t\Delta e^{-\int_t^k(r_h-n_h)dh}\leqslant 0 \tag{33}$$

（33）式表明在时间 t 合并的（国内和国外）未来公共债务现值的预期极限不能为正。

（33）式意味着，从长期来看，债务/产出比率的增长率必须低于实际利率减去产出的增长率。这个限制条件排除了一个无限期庞氏骗局的可能性：政府不可能通过更多的借债来支付国内外债务的利息。到某一点之后，政府必须通过降低原始赤字或增加铸币税收入的办法。

偿付性约束，或者说政府的跨时预算约束，只能够保证现有的债务最终会被偿还（通过现在和未来的原始财政盈余或通过现在或未来的铸币税收入）；它并不意味着债务能够实际被偿还（Buiter，1989a）。前面所进行分析的一个逻辑含义是，即使债务/产出比率能够以一个正的速率增长，只要这个比率仍然低于实际利率和实际增长率之间差距的长期值，就能够确保政府可以偿还债务。因此，即使一个政府的实际债务余额和其债务/产出比率会无限增长，该政府仍然可能具有还债能力。如果实际利率一直低于产出的增长率（对于所有的时间 t，$r<n$），那么条件（33）就不会取等号，政府就可以通过进一步借贷来在每一个时期偿还其现有的债务，陷入一个“诚实”的庞氏骗局。但是，我们将假设这个条件并不会在无限期成立，因此也就排除了庞式博弈的可能性。[①] 可偿付性要求（$s-d$）即铸币税收入和原始财政赤字之间的差距最终为正。虽然能够保持传统的财政盈余并不是确保可偿付性的必要条件，但是，在没有铸币税收入的条件下，保持正的经营性财政盈余还是必须的。更一般地说，为了确保可偿付性，要求政府降低扩展的原始财政赤字（通过降低政府的支出，增加当前的净收入，或改变内外债之间的比例）或增加未来铸币税的现值。

对于（$r-n$）的不同路径和一个给定的铸币税收入的净现值，从原则上可以计算为了稳定债务/产出比率所必需的原始财政盈余的规模。或者，通过把债务和初级剩余看为外生的，就能够计算 $r-n$ 的不同值所对应的、为确保可偿付性所需要的铸币税收入水平。这些计算取决于所假设的货币需求函数的形式，这项设定对于通货膨胀率也有影响。但是在实践中，使用可偿付性约束来决定一个可持续的财政政策路径却有着很大的困难，这主要是来自关于未来收入和支出流的不确定性。因此，就可偿付性约束而言，很少有研究去分析财政赤字的可持续性。对于工业化国家，Uctum and Wickens（2000），Bravo and Silvestre（2002）和 Arghyrou and Luintel（2007）代表了一些已有研究成果。对于发展中国家，Buiter and Patel（1992）关于印度的分析，以及 Haque and Montiel（1994）关于巴基斯坦的分析是仅有的几个研究。大多数关于财政可持续性的这类检验都

① 条件 $r>n$ 即封闭经济宏观经济学中经济动态有效率的要求（Blanchard and Ficher，1989，pp. 103 - 164）。虽然在快速增长的国家（比如，亚洲新兴工业化国家）中相当一段时期内实际利率可能低于增长率，但这种情况不会无限持续下去。

通过研究公共支出和收入（一般为二者对 GDP 的比例）的协整关系来进行分析。

可能更重要的是，在评估财政政策的可持续性方面，可偿付性是一个很弱的标准（Buiter，1985）。另外还有几种财政政策规则，也可能与一个给定的跨时预算约束相一致，但从长期来看，它们未必都是可持续的。[①] 正如下面所讨论的，其他财政策略的可持续性必须在总体的宏观经济政策的背景下加以评估，其中要考虑所有宏观经济目标。

□ 5.2 融资约束和政策一致性

宏观经济政策一般包括确定通货膨胀、产出增长、国内和国外借贷以及总体国际收支的目标。这些目标的存在对于使用不同公共部门债务融资的办法提出了约束。给定政府的政策目标，政府的预算约束就决定了一个“可融资的”或可持续的财政赤字水平。如果实际的财政赤字超过了这个可持续的赤字水平，就必须放弃一个或所有的宏观经济目标，或者必须进行财政政策的调整。比如，对于一个给定的财政赤字水平，政府的财政约束允许我们推出一个“均衡”通货膨胀率。在该通货膨胀率下，并不需要进行财政的调整。但是，给定一个汇率体制，有限的外汇储备将会决定中央银行对政府信贷的路径，而且会通过预算约束决定基本财政赤字的规模。正如第 14 章中所讨论的，如果忽视一个固定的汇率体制所施加的财政政策、通货膨胀和信贷增长之间的一致性要求，将会导致不断发生的投机性攻击，并最终导致汇率体制的崩溃。

前面所推导出来的政府预算等式提供了一个小型开放经济条件下对财政赤字、通货膨胀、产出增长和国际收支之间的一致性要求进行分析的方便的核算框架。[②]（28）式提供了其中关键的分析工具。例如，可以通过预测一个给定货币需求变化、合适的通货膨胀率、实际利率以及经济增长率条件下的债务/产出比率的路径（使用第 2 章中所讨论的几种不同设定中的一种）来决定一个给定的财政路径是否具有可持续性。如果分析表明债务/产出比率将会连续上升，最终违反了可偿付性约束，那么财政调整或其他目标的调整就必须进行。

如果政策目标是对内和对外都保持一个固定的债务/产出比率，那么实际债务就不能比实际产出增长得快。使用（28）式以及一个通货膨胀目标（给定从货币创造过程中得到的收入水平）将会产生原始财政赤字加上国内和国外债务的利息支付。给定原始赤字的水平，就有可能决定一个通货膨胀率，在该通货膨胀率水平下，从通货膨胀税所获得的收入将能够弥补政府融资需要和其发放有息债务之间的差距。一个相似的策略将会使我们能够确定在给定的原始财政赤字和通货膨胀目标下国外和国内借贷的合适路径。不管进行了什么样的选择，政策变量的路径将取决于一些预先决定的变量（国内产出增长、实际汇率、外国的通货膨胀以及外国的实际利率）的行为以及实际货币余额需求函数的估计形式。

一致性要求在宏观经济政策的不同目标之间取得平衡，这些不同的目标在政府融资方面的影响是设计宏观经济改革计划的关键部分。但是，给定财政政策路径可持续并给

---

① 参见 Spaventa（1987）。此外，在具有完全预见性的世界中，可持续的准则在一个随机环境中未必可行，参见 Bohn（1990）。

② Anand and van Wijnbergen（1989）提供了在推导与内外债战略、通货膨胀目标及不同汇率安排相一致的赤字水平过程中出现的方法论问题的详细描述。Budina and van Wijnbergen（2008）将不确定性引入这一设定。

定其他宏观经济目标，并不意味着它是最优的选择（Fischer and Easterly，1990）。比如，一个可融资的财政赤字足够大以至于挤出了私人投资。在这样的条件下，降低债务/产出比率将会是一个较好的政策选择。因为它会吸引私人投资的支出，并允许该经济保持一个更高的产出增长率。

6 财政规则和财政纪律

近年来，有很多关于显性的财政框架是否有助于实现和维持财政纪律以保证财政偿债能力的讨论。特别是以维持固定赤字目标或公共债务/GDP 比率的财政规则，这些规则在工业化国家和发展中国家均有使用（García，2012）。比如，巴西在 2000 年 5 月引入了财政责任法，禁止对各级政府提供金融支持，限制各级政府的债务上限。

关于标准的赤字规则（包括预算规则）一个常见的批评是规则的不灵活性（忽视经济周期的影响）和顺周期性。[①] 关于美国财政约束的研究，比如 Fat ás and Mihov（2006），已经证明平衡预算规则在限制赤字规模和支出波动上是有效的，它们还为国家经济附加了额外的成本，因为在衰退时期需要对政府支出大幅度地（向下）调整。[②] 同样的结论可以在工业化国家的跨国研究中找到（Lane，2003）。

为应对上述问题，财政规则已经修正并适用于周期调整的赤字衡量水平（比如结构化财政赤字）或经济周期的平均水平。例如，智利在 2000 年早期引入了结构化盈余规则（GDP 的 1%）考虑了衰退时期的有限赤字。[③] 这样的规则允许自动稳定器的运行并且为周期中使用相机抉择的政策提供了空间。

但是，这种灵活性的提高同时会增加成本。因为与标准的财政表现相比，这种灵活性使财政活动更加复杂。特别是经常对潜在产出的估计进行调整。同时，灵活性的提高也会增加规避财政规则的行为，使财政规则执行起来更加困难并且会损害规则的可信度。在政策一致性比较弱的国家中，可信度的缺失带来了更高的利率水平，因此恶化了债务可持续问题。

7 财政规则、公共投资和经济增长

对于财政规则的另外一个批评是它对总财政赤字/GDP 比率设立了严格的限制，这种限制有可能会带来公共投资的降低。一个覆盖总体财政赤字的财政规则将经常性支出

---

① 关于预算规则的另一项批评是严格限制总财政赤字/GDP 比率可能会带来公共投资的减少。参见 Agénor and Yilmaz（2011）的详细讨论。

② 基于美国的情况，Canova and Pappa（2006）的研究表明财政约束和波动性之间并不存在紧密的联系。他们认为其中的原因在于这些约束并没有被恰当地执行。

③ 参见 Rodríguez et al.（2007）。预算调整不仅由于商业周期对公共财政产生影响，还源于铜（智利最主要的出口产品）价的波动。

和投资支出置于衡量赤字的平等地位。因此，危险之处在于，一旦规则产生约束力，政府将选择削减那些在政治上改变成本较低的支出项目。如果推迟投资或取消投资项目的政治成本低于从政治上约束当期支出的成本（现实中常见的情况），总体财政赤字规则将会包含一个对公共投资的偏差，并对经济增长产生不利影响（参见第 17 章）。

偏差的存在导致很多经济学家提倡依赖黄金律，其中最为著名的是 Blanchard and Giavazzi（2004），强调应关注维持当期余额（当期收入减去当期支出）或者盈余，其中资本支出由政府储蓄和借贷进行融资。在 Blanchard-Giavazzi 规则中，政府应该在连续基础上进行净借贷业务，这种净借贷为净公共投资提供资金（总投资减去资本折旧，被视为经常性支出）。[①] 因此，这一规则允许为到期债务再融资进行借贷，从而使净债务不受影响。更进一步，公共投资可以长久促进经济生产能力，它不止会影响当前一代人的福利水平，还会影响未来几代人的福利。因此，代际平等通过在当期和未来政府之间分散借贷为公共投资融资的成本提供了原理。通过施行黄金律，或者更具体来说，不允许为经常性支出融资而借贷产生新的净债务，任何国家的债务存量随着时间流逝都会被公共资本存量全部支撑起来。

尽管黄金律直觉上非常吸引人，但是它受到了大量的批评。[②] 第一，黄金律的支持者一般强调将对基础设施的资本支出从财政赤字规则中排除。在基础设施存在差距的国家中，某些项目（公路、码头和机场）拥有极高的回报率，且私人补充投资（参见第 2 章）非常有限，这些项目在公共投资项目中拥有优先权。但是在其他国家，人力资本（健康和教育）投资可能与此同等重要，部分原因是它们对经济增长的影响更大。将对核心基础设施（与对学校、医院的投资相反）进行的公共投资从财政目标中排除将会导致公共投资中其他部分的偏误。

第二，如果将黄金律应用于总公共投资，而不是净投资，如 Blanchard and Giavazzi（2004）所倡导的，黄金律将变为赤字和债务削减的一种障碍。给定公共投资在 GDP 中的比例，政府债务的长期均衡水平可能会相当高，特别是在低通货膨胀环境中。这反过来会推升利率，将债务置于不可持续的水平。为了防止这类情况发生，一个附随的公共债务限制是十分必要的。

第三，如果一些经常性支出（比如经营和维持公共设施的成本或者对健康和人力资本积累的支出）可以比资本支出更有效地促进经济增长，黄金律并不是一个对于财政政策好的指引。特别是当黄金律产生道德风险问题时，无投资融资约束借贷的可能性将减少评估项目成本收益时必要的重视。换句话说，周期性支出（例如，对学校和医院的支出）可能对于维持这些种类中资本存量所提供的服务质量同等重要。如果对经常性支出的关注中存在对运营和维护（现有基础设施良好运行所需的支出）的偏差，则会带来同样的问题。

前文的讨论指出了其他财政规则可能给财政表现和经济增长带来不确定的影响。最关键的问题是应该在哪里界定并实施赤字规则。如之前所述，对教育和医疗的经常性支出加强了人力资本。除基础设施投资之外，从经济和财政稳定视角来看，将对教育和健康的经常性支出排除出去是成本巨大的。但是，与此同时，基础设施中的公共资本可能会对健康

---

① Musgrave（1939）是将资本支出从经营预算中排除出去，同时将折旧列入政府资本存量的早期支持者。

② 参见 Agénor and Yilmaz（2011）和他们文中的参考文献。

和教育产生可观的影响（参见第 17 章）。如果这些外部性足够大，尽管投资过程中本身带有一点无效性，但是包含对基础设施投资偏误的财政规则可能仍会带来更高的增长率。

附录　私有化的财政效应

在许多发展中国家，国有企业的运营是政府预算相当重要的部分。在相当多的情况下，国有企业的作用在独立经营后都被加强了。政府在经济中被认为发挥着非常重要的作用，这不仅是由于意识形态方面的作用，也是由于人们宣称，在经济发展的过程中，公共产品（基础设施、健康和教育）能够起到非常重要的作用。20 世纪 70 年代出现的有利贸易条件以及比较低的国际市场利率对发展中国家公共投资的债务融资起到巨大的推动作用。但后来，在很多国家，国有企业开始消耗财政资源，其中的一部分原因是投资不善以及多样的结构化问题。在很多情况下，私有化成为对付财政赤字的一个非常具有吸引力的方法。[①] 实际上，私有化是改革能取得可信度并降低财政赤字的一种方式。在很多情况下，可信度来自这样一个事实，即财政赤字的主要来源是公共部门的企业，而将这些企业再次国有化的成本十分高。因此，政府可以通过使自己从企业中抽身而将自己锁定在现在和未来的财政调整中。

关于私有化的财政效应的关键一点是，它一般不等于私有化收入，这关键是因为仅以私有化收入来度量其财政效应的办法往往忽视了政府继续保有企业所产生的对政府收支的（正面或负面）效应。

为了证明这一点，回忆一下前面的讨论。在缺乏债务融资的条件下，政府的预算约束可以写为：

$$-d_P+(\pi+n)m=(r-n)\Delta \tag{A1}$$

其中，$-d_p$ 为基础财政盈余，π 为通货膨胀率，m 为实际货币余额，r 为实际利率，n 为产出增长率，Δ 为公共债务存量。

为了简化，假定政府只拥有一个国有企业，将 $-d_p$ 分解为该国有企业贡献的部分及初级剩余的其余部分 p^s，我们有：

$$-d_P=p^s+(r_G-n)k_G \tag{A2}$$

其中，k_G 为以置换成本估计的国有企业资本存量占 GDP 的比例，r_G 为国有企业净收入（利润减折旧）占其资本存量 k_G 的比例，r_G-n 为由于国有企业保持资本/产出比率 k_G 时获得的持续收入（因为每期国有企业必须新增投资 nk_G）。

使用（A2）式，公共部门预算约束可以写为：

$$p^s+(r_G-n)k_G+(\pi+n)m=(r-n)\Delta \tag{A3}$$

r_G-n 越小，对预算的吸收越大，这给 p^s 施加了压力。

那么，我们如何知道销售 k_G 是一个从财政角度来看好的选择呢？为了回答这个问

① 但是对于私有化的讨论并不仅仅局限于财政领域。效率常常是最重要的考察对象。即使理论上公共所有权与经济效率是相容的，结构化问题也使经营私人企业更加有益。即使一个国有企业是能够赚取利润的，如果私人企业能够产生更高的利润，经济仍有可能因为将其转化为私人企业而得到改善。

题，我们必须问一下，如果政府卖掉 k_G，p^s 向哪个方向移动才能使上述公式持续成立。首先，让我们考虑一下如果 k_G 被简单地送掉会发生什么。此时，将不会产生私有化收入，但私有化依然会存在财政效应：只要 $r_G > n$，政府将失去一个持续的收入流。这也就说明，私有化的财政效应并不仅限于其直接收入效应。[①]

现在考虑一下政府卖出 k_G。假设资本的私人回报率为 $(r_p - n)$，那么，私人部门将为购买 k_G 支付：

$$Q = (r_P - n)/(r - n)$$

如果 $(r_p - n) < 0$，那么无人购买国有企业资本。现在，假设债务存量被固定为 Δ，公共部门的预算约束（A3）将可以写为：

$$\frac{p^s + (r_G - n)k_G + (\pi + n)m}{r - n} = \Delta$$

如果私人部门支付 Q，那么销售的效应将等式左边的 $(r_G - n)k_G/(r - n)$ 替换为 Qk_G。因此，销售的财政影响由下式给出：

$$\frac{\Delta p^s}{r - n} = -\left(Q - \frac{r_G - n}{r - n}\right)k_G$$

这就意味着只要 $r_p > r_G$，政府的财政状况就有所改善（p^s 所需要的调整为负），因为这会使括号中的表达式为正。结论如下：

- 只有当私人部门使该国有企业盈利时，才可能将企业私有化。
- 即使国有企业盈利，政府卖掉它也有可能使政府财政状况改善。
- 政府从销售中所获财政福利为：

如果 $r_G - n > 0$，那么财政福利小于销售价格；

如果 $r_P < r_G$，那么财政福利为负；

如果 $r_G - n = 0$，那么财政福利等于销售价格；

如果 $r_G - n < 0$，那么财政福利大于销售价格。

再回到可信度问题，很重要的一点是通过销售一个亏损企业，政府可以把自己锁定在一个未来的财政调整中。它可以同时增加今天及明天的基础财政盈余，因此债权人不需要依靠政府未来采取财政行动的承诺，而这样的承诺也许未必会被政府实现。也就是说，它可以在今天的现值意义上进行调整。

还有两点也值得注意，第一，要指出私有化对财政的实际影响必须被正确地度量。这里的关键在于可持续的非国有企业基础盈余在多大程度上受私有化的影响，答案为：

$$\Delta p^s = -(r - n)\left(Q - \frac{r_G - n}{r - n}\right)k_G$$

也就是说，收益的现值必须被摊销，来计算对可持续性基础盈余的影响。

第二，私有化是否值得追求并不完全取决于其在财政方面的作用。更一般而言，它是否值得追求取决于所涉及资源在公共部门及私人部门使用中能否产生更大的社会收益。但无论何时，将这些资源保留在公共部门或转移到私人部门的决定都必然有财政效应。在分析公共部门偿债能力时，我们必须考虑这些因素。

---

① 一个更一般的问题是私有化的收益应该被视为收入还是一种融资方式，这与债券的相关问题相似。参见 MacKenzie（1998）。

第 4 章 财政政策的宏观经济影响

理解财政政策的宏观经济影响的关键起点是第 1 章中所讨论的经济总资源或储蓄-投资约束，它体现了传统的公共财政赤字（$I^g - S^g$）是如何通过私人部门剩余（$S^p - I^p$）和世界其他地方的 CA 来进行融资的，其中 CA 是经常账户赤字。①

$$D = I^g - S^g = (S^p - I^p) + CA \tag{1}$$

巨额财政赤字对宏观经济的影响取决于公式中各部分的调整。同时，调整又取决于通过国内或国外融资的比例、金融市场的多样化程度（或多或少决定了通过货币市场或债券市场融资的选择）、赤字的构成。对未来政府政策的预期同样在财政政策传导中扮演了重要角色。

本章我们将为研究财政政策的宏观经济影响提供一个宽泛的视角。首先，我们先对李嘉图等价定理的理论实用性进行讨论，并且回顾与发展中国家相关的实证研究。然后，我们利用封闭经济体模型研究财政赤字、货币政策与通货膨胀之间的联系，模型中政府面临清算约束并且在未来确定的时间中需要协调总体的政策立场。在第 3 节，将利用零资本流动的小型开放经济体模型，探讨公共部门赤字对实际利率和私人投资（挤出效应）的影响。第 4 节重点关注财政赤字与经常账户之间的关系。在第 5 节中我们将考虑现实中财政政策收缩可能在实际上带来财政扩张的情况。最后，在第 6 节我们将研究财政政策对产出与劳动力市场的动态影响。

1 李嘉图等价

李嘉图等价定理主要表述的是赤字与税收对于消费的影响是相等的（Barro，1974）。税收的一次性变动对于消费者支出没有实质影响，减税带来了储蓄水平的同等增加。因为消费者预期由于减税而造成的政府债务增加最终都将通过未来税收的增加而弥补，因此未来增加税收的现值应该等于当前减税的价值。如果考虑未来税收的增加，消费者今天会增加必要的储蓄来应对未来的税收支付。李嘉图等价意味着财政赤字对于总储蓄或

① （1）式通过将国家储蓄 S（如第 1 章中的定义）分解为私人部分和公共部分，即 S^p 和 S^g 并重新调整公式得出。

者总投资将不会产生影响，通过上文提及的经济体储蓄-投资恒等式可以看出，赤字最终对经常账户的平衡也不会产生影响。

使得李嘉图等价能够成立的条件是存在一个无限的计划时期，而且关于未来的税收负担不存在不确定性。同时，要有完善的资本市场（或者说没有借贷的约束），还要求理性预期和非扭曲性的税收。很多学者已经指出这些条件具有很强的限制性。特别地，如果经济主体具有有限的计划时期、资本市场不完善且具有不确定性以及分配效应在个人消费和储蓄决策中起到重要作用时，债务中性定理将不再成立。①

在发展中国家和工业化国家已经获得的证据并没有对李嘉图等价假说提供太多的支持。从工业化国家所得到的经验证据看上去具有相当的不确定性（Romer，2000b；Riccuiti，2003）。在发展中国家，金融体系往往不太发达，资本市场高度扭曲或者受到金融抑制的约束，而私人主体关于未来的税收也具有相当的不确定性，使得债务中立的很多条件看上去不可能成立。正如第 2 章中所指出的，已有的经验证据确实无法对李嘉图等价定理提供太多的支持。在一项对 16 个发展中国家的研究中，Haque and Montiel（1989）显示 15 个国家拒绝了债务中立的原假设。在 Veidyanathan（1993）以及 Easterly and Schmidt-Hebbel（1994）所做的研究中，大部分的结论也没有发现公共部门的赤字对私人消费有任何显著的影响。Haque and Montiel（1989）和 Veidyanathan（1993）都指出发展中国家的消费者受到了流动性和借贷的约束。

2 赤字、通货膨胀以及“银根紧缩”悖论

> 米尔顿·弗里德曼最著名的论断——通货膨胀归根结底是一种货币现象——是准确无误的。但是，政府并不是无限制地以高速率发行货币，政府通常通过印钱来弥补预算赤字。如果没有潜在的财政收支不平衡，货币供给的快速增长是可以想象的，但在现实中那是不可能的。因此，快速的通货膨胀总是一种财政现象（Fischer and Easterly，1990，pp. 138 - 139）。

财政赤字与通货膨胀之间的关系始终是发展宏观经济学的研究重点之一。我们将对此问题进行一些实证的以及理论性的探讨，特别是政策预期与融资约束在其中的影响。在第 11 章中我们将进一步讨论财政赤字、货币增长在通货膨胀过程中的联系。

对于发展中国家财政赤字引发通货膨胀的一个常见解释是本国资本市场没有充分发展，因此无法吸收新发行的政府债务。对于任何一个特定的国家，财政赤字与通货膨胀之间可能并不存在短期联系，甚至二者之间的关系在稍微扩展的时期内还会出现负向特征。二者长期内所呈现的正向关系也并非一个明确的现象。Catão and Terrones（2005）利用 107 个国家 1960—2001 年的数据，通过可以区分短期与长期影响的动态面板模型发现在高通货膨胀国家财政赤字与通货膨胀之间的关系非常紧密，但是在低通货膨胀国家

① 参见 Leiderman and Blejer（1988）和 Riccuiti（2003）对于债务非中性条件的讨论。Barro（1989）对此提供了更加赞同的观点。

二者之间并无显著的联系。Lin and Chu（2013）对 1960—2006 年间 91 个国家的研究发现，在高通货膨胀时期财政赤字对于通货膨胀的影响更加明显，在低通货膨胀时期财政赤字对通货膨胀的影响较弱。

已经有很多学者提出了各种不同的观点来解释短期预算赤字和通货膨胀之间不存在紧密相关性的原因。第一，财政赤字的增加可以通过增发债券，而不是增发货币来融资。虽然这一政策由于受到政府的可偿付性约束并不具有可持续性（如第 3 章所述），但是它可能意味着从短期来看财政赤字和通货膨胀之间的关系比较微弱。第二，赤字融资来源的组成随时间发生变化（特别是由国外融资转向国内融资），可能会在公共部门的总赤字水平不变的情况下导致更高的通货膨胀。第三，如果货币需求方程不稳定，或者如果预期调整较慢，或惯性的力量（比如，工资合同调整较慢），使得经济无法随着通货膨胀的压力进行迅速的调整，那么通货膨胀与财政赤字间的相关性就比较低。

第四个观点也是一个特别具有说服力的观点，它取决于公众关于未来政府政策是否具有很强的预期效应。在一个具有很高财政赤字的经济中，私人经济主体可能在不同时期对如何降低这些赤字有不同的预期，比如，如果公众相信在一个给定的时期，政府将会试图通过通货膨胀降低其财政赤字（从而降低了公共债务的价值），那么当前的通货膨胀反映了对未来价格上升的预期，其将会上升。如果之后公众相信政府将会通过进行一项有效的财政调整计划来降低财政赤字，那么通货膨胀的预期将会向下调整，而当前的通货膨胀将会下降（Drazen and Helpman，1990）。

关于未来政策预期所起的作用的一个特别有名的例子是由“货币主义算法”（monetarist arithmetic）所展现的，也就是所谓的“银根紧缩”悖论。在一项影响深远的研究中，Sargent and Wallace（1981）证明了，当融资约束迫使政府通过通货膨胀税来为财政赤字融资时，当前任何降低通货膨胀的尝试，即便是成功的，也会导致未来更高的通货膨胀。对于一个给定的政府支出和常规的税收水平，通过货币创造导致的税收减少将会提高政府借贷的水平。如果一个可偿付约束（之前章节所涉及的非庞氏博弈）对公共债务施加了上限，政府将会最终回到一个足够高的货币增长率水平。它不仅能为最初政策变化之前所具有的原始赤字融资，也能为政策变化之后所增加的债务带来的更高利息支付进行融资。因此，政府的偿付能力和宏观经济的一致性对于降低通货膨胀率的政策选择施加了约束。在下面的讨论中，我们给出了 Sargent-Wallace 的结果，我们主要参考了 Liviatan（1984，1986）的研究。①

□ 2.1　分析性框架

考虑一个封闭经济，其中人口增长率为零（$n=0$），代表性家庭的流量预算约束由下式给出：

$$\dot{m}+\dot{b}=(1-\iota)(y+\tau+rb)-c-\pi m \tag{2}$$

其中，m 代表实际货币余额，b 为公众所持有的政府债券存量，y 为产出（假设为外生），τ 为由政府的一次性转移支付，c 为消费支出，π 为通货膨胀率，r 为固定的实际利率。②

① Sargent and Wallace（1981）提供的分析性框架基于世代交叠模型。Liviatan 的模型更具一般化。同时，需要注意的是 Sargent and Wallace（1981）所研究的问题是基于名义货币存量一次性增加的假设，而非货币增长率的提升。

② 参考 Fernández（1991）在实际利率内生化的条件下对 Sargent-Wallace 货币主义算法进行的分析。

$0<\iota<1$ 为等比例收入税的税率，在这里，为简化问题，它被假设为对总收入的所有部分征收，实际财富 a 可以被定义为：

$$a=m+b+(1-\iota)\int_t^{\infty}(y+\tau)\mathrm{e}^{-(1-\iota)rh}\mathrm{d}h$$

假设转移支付也随时间保持不变，我们有：

$$a=m+b+(y+\tau)/r \tag{3}$$

对商品和货币的需求函数被定义为：

$$c=\kappa a,\ \kappa>0 \tag{4}$$

$$m=(\rho-\kappa)\ a/i,\ \rho>\kappa \tag{5}$$

其中，$i=(1-\iota)r+\pi$ 代表净名义利率，ρ 为时间偏好率。这里，我们假设与税后实际利率相等[①]：

$$\rho=(1-\iota)r$$

产品市场的均衡条件为：

$$c=y-g \tag{6}$$

其中，g 即非利息性政府支出，被假设随时间保持不变。政府的预算约束可以被写为：

$$\dot{m}+\dot{b}=g-\iota y+(1-\iota)(\tau+rb)-\pi m \tag{7}$$

最后，实际货币存量的动态可被表示为：

$$\dot{m}=(\mu-\pi)m \tag{8}$$

其中，$\mu=\dot{M}/M$ 代表名义货币存量的增长率。

在稳态中，$\dot{m}=\dot{b}=0$。因此，使用（2）式到（8）式以及 $r=\rho/(1-\iota)$，我们有：

$$\tilde{c}=y-g \tag{9}$$

$$\widetilde{m}=\frac{\rho-\kappa}{(1-\iota)\rho+\mu}\{\widetilde{m}+\tilde{b}+r^{-1}(y+\tau)\} \tag{10}$$

$$g-\iota y+(1-\iota)(\tau+r\tilde{b})=\widetilde{m} \tag{11}$$

而且 $\pi^*=\mu$。在这个系统中，只有两个独立方程，它可以用来决定通货膨胀率的稳态值（或名义货币存量的稳态值）以及在一个给定债券存量水平下的实际货币余额，或给出在给定通货膨胀率条件下的实际货币持有量和债券解。但不管选择什么准则，指出以下一点是有用的，即在不同的稳态下，消费及实际利率独立于名义货币存量的增长率。实际利率的这个含义，是由 $r=\rho/(1-\iota)$ 的假设及市场出清条件所要求的 $\tilde{c}=y-g$ 所隐含的。

□ 2.2　不变的原始赤字

考虑一下在（0，T）期间货币增长率的一个暂时性下降，而政府预算赤字被固定为 $\widetilde{d}$，它等于：

$$\widetilde{d}=g-\iota y+(1-\iota)\tau \tag{12}$$

在 T 之后，实际政府债券存量被假设保持在时期 T 的水平，因此，在（0，T）期

① Liviatan 通过最优化条件推导得出（4）式与（5）式。条件 $\rho=(1-\iota)r$ 保证消费的解是稳定的。实际货币余额的利率弹性等于 1。更一般的情况参考 Drazen（1985）。

间，μ 为外生，b 为内生，而 $t \geqslant T$ 时，债券存量仍然保持为 b_T^+，而 μ 变为内生的。[①]

研究一下这个政策准则对通货膨胀及实际货币余额动态的影响。我们分两步看，首先，将（8）式代入（7）式，我们有：

$$\dot{b} = (1-\iota)rb - \mu m - z_b \tag{13}$$

其中，$z_b = (1-\iota)(y+\tau) - c$，由于产出与公共支出为恒定，私人消费也保持不变。从（6）式看，为（$y-g$）。由此，z_b 也为恒定。

由（8）式，我们有 $\pi m = \mu m - \dot{m}$。（4）式和（5）式在给定名义利率固定的条件下意味着：

$$\dot{m} = [\mu + (1-\iota)r]m + z_m,\ \ z_m = -\left(\frac{\alpha-\kappa}{\kappa}\right)(y-g) \tag{14}$$

其中，z_m 也为恒定。根据（4）式，恒定的消费水平意味着实际财富在均衡路径上必为恒定，因此 $\dot{m} + \dot{b} = 0$。这个条件也可以通过（3）式以及（4）式加上（13）式和（14）式来证明。

假设在稳态下，其中货币当局在时间 $t=0$ 之后的（0，T）上出人意料地将货币增长率降低到 $\mu^s < \mu^h$。虽然价格水平完全灵活，实际货币余额在 $t=0$ 时不会发生跳跃。这是由于 m_0 已经被决定而导致的，因为根据（4）式和（5）式，消费必须为恒定并且 b_0 不能发生跳跃。[②] 因此，从（14）式，我们知道名义货币增长率下降意味着 $\dot{m}_0 < 0$，因此，实际货币余额随时间下降。对（40）式求解我们可得：

$$m = \widetilde{m}(\mu^s) + [m_0 - \widetilde{m}(\mu^s)]e^{[(\mu^s + (1-\iota)r)t]} \tag{15}$$

其中，$m_0 < \widetilde{m}(\mu^s) = -z_m/[\mu^s + (1-\iota)r]$。（15）式意味着实际货币余额在（0，$T$）内随时间增加而加速下降。由（4）式、（5）式和（6）式可得：

$$\pi = \left(\frac{\alpha-\kappa}{\kappa}\right)(y-g)m^{-1} - (1-\iota)r, \quad 0 < t < T \tag{16}$$

这意味着通货膨胀率在（0，T）期间连续下降。$t \geqslant T$ 时的解也如下给出，因为 $\dot{m} < 0$，而且 $\dot{m} + \dot{b} = 0$，在（0，T）期间，b 必须上升。由于后面一个条件在 $t \geqslant T$ 时一直成立，债券存量在 $t \geqslant T$ 时必须不变。我们必然有，$t \geqslant T$ 时，$\dot{m} = 0$。因此，实际货币余额必然在 $t \geqslant T$ 时保持恒定，比如为 m_T^+。通过在 T 不连续调整货币增长率以满足（14）式：

$$\dot{m}_T = 0 = [\tilde{\mu} + (1-\iota)r]m_T^+ + z_m \tag{17}$$

由于在 $0 < t < T$ 时，$\dot{m} < 0$。（17）式意味着 $\tilde{\mu}$ 必然会向上升，而且由于 $m_T^+ < m_0$，我们有：

$$\mu^s < \mu^h < \tilde{\mu} \tag{18}$$

这意味着（0，T）期间货币增长率下降到一个低于其初始值的水平之后，一定会在 T 期上升到其初始水平之上。

使用（16）式，我们也可以证明，调整后稳态下的通货膨胀率将保持为 π_T^+，而

---

① 关于私人有一个持有实际债券存量上限的假设看上去忽视了在不违反政府可偿付性约束条件下，只要公众所获利息收入可以被以总量税（lump-sum taxation）的方式取走，国内债务存量就可以趋于无穷大（McCallum，1984）。但如果总量税不可行，财政赤字的债券融资及债务积累就不会无限持续（Erbas，1989）。只要私人部门能正确估计政府所面临的约束，它们也就能预期未来任何稳定公共债务的行动。

② 但正如 Liviatan（1986）所示，实际货币余额不发生变化并不一定在更一般的条件下成立，尤其是当货币与实际商品为替代品或互补品时，或消费对实际利率变化高度敏感时。

且有：

$$\pi_T^+ > \pi_0，\ t \geqslant T \tag{19}$$

这意味着 T 期后的稳态通货膨胀率低于其初始水平。通货膨胀率上升在（0，T）期发生，因为存在完全预见性，通货膨胀率在 T 期不会发生跳跃。

上述分析揭示了货币增长率的一个暂时性下降会在政策变化时及之后提高通货膨胀率。从直觉上看，名义货币增长率的一个暂时性下降会被债券融资的上升所抵消。因此，在初始政策变化取消后，更高的利息支付要求更高的铸币税来为赤字融资，这又进一步要求更高的通货膨胀。未来更高的通货膨胀预期意味着即使有紧缩性政策，通货膨胀也会升高，否则价格水平的跳跃将导致套利机会。

□ 2.3 不变的常规赤字

考虑当包括利息支付在内的赤字（即常规赤字）保持固定的情况，使用（11）式，（12）式可以用下式代替：

$$\tilde{d} = g - \iota y + (1-\iota)(\tau + rb). \tag{20}$$

当 b 为内生时，为使（20）式在连续条件下成立，我们假设政府以转移支付方式向家庭进行补偿性调整，大小为 τ。由于公共支出与产出保持不变，这种融资准则意味着 $\tau + rb$ 将固定为 Λ。在后面的分析中，我们也假设人口增长率 n 为正（并保持不变），而不是零。①

由（3）～（6）式及（8）式，并使用（20）式，我们有：

$$\dot{b} = -nb - \mu m + z_b',\ z_b' \equiv (1-\iota)(y+\Lambda) - (y-g) \tag{21}$$

而且（14）式不变，对于给定的 μ，（14）式和（21）式形成一个关于 b 和 m 的微分方程系统，且稳态均衡为鞍点均衡，鞍点均衡路径斜率在这种情况下与［$\dot{m}=0$］曲线的斜率相一致。如图 4-1 所示，在给定 $\mu = \mu^h$ 的条件下，稳态在点 E 达到。由于内生转移支付及财富和消费最开始就保持不变，实际余额可能会马上变动。变化 μ 并保持 $\dot{m} = \dot{b} = 0$ 将允许实际货币余额的其他长期均衡值与债券存量相偏离，换句话说，给定 b 的值，将 m 和 μ 作为内生变量，允许我们推出实际货币及债券持有量之间的稳态关系，该关系由下式给出：

$$m = (nb - z_b' - z_m)/(1-\iota)r \tag{22}$$

（22）式由图 4-2 中的曲线 MM 代表。在 $\mu = \mu^h$ 的情况下，最初的长期均衡值在 E 点可达到。

和前文描述一样，现在考虑在（0，T）期间货币增长率由 μ^h 降低为 μ^s。与此相对应，与（14）式、（21）式相联系的新稳态平衡在点 E' 达到，它也处于曲线 MM 上，实际货币余额会马上上升，并伴随价格水平及初始稳态通货膨胀的下降，该体系也从点 E 跳跃到点 A，此后，在（0，T）内经济沿另一条道路从点 A 移到点 B，点 B 也在曲线 MM 上，在 T 时刻正好达到点 B。如果在该时刻政策制定者提高货币存量到 $\mu^c > \mu^s$，并冻结债券存量到 b_T^+，那么，点 B 就代表一个稳态均衡②，在转型期间，实际货币余额下

① 人口增长率非零的假设是为了防止在当前情况下模型的动态退化。

② 通过与之前推导一致的逻辑链条，我们可以证明 $\dot{m}=0$ 对于 $t \geqslant T$。因此，货币实验的第二阶段必须与稳态相联系。

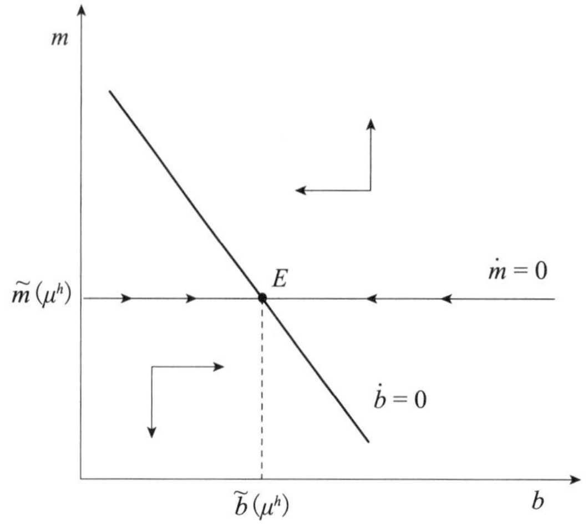

图 4-1　包含不变常规赤字的稳态均衡

资料来源：Liviatan（1984，p. 13）.

降，而债券及通货膨胀率均上升。但是，在点 B，实际货币余额依然在原来的均衡水平 $\widetilde{m}(\mu^h)$ 之上，这意味着通货膨胀将一直低于其初始稳态水平。因此，货币增长率的暂时下降会导致通货膨胀率永久性下降。从根本上看，这种情况与前一种情况的根本区别在于这样一个事实，即当原始赤字保持为一个固定水平时，公共债务利息支付上升将由通货膨胀税来融资，因而导致通货膨胀。与此相同，当总赤字保持不变时，政府债务的利息支付上升将由税收上升来融资，这导致对通货膨胀税较低的依赖。

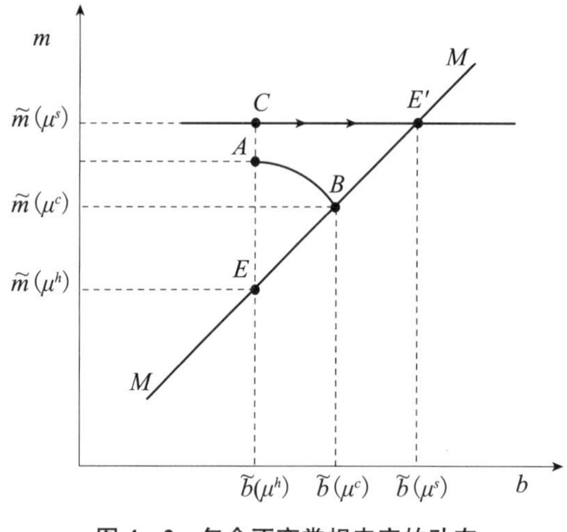

图 4-2　包含不变常规赤字的动态

资料来源：Liviatan（1984，p. 14）.

在前面的分析框架下，将“紧缩性货币政策”定义为名义货币存量增长率下降导致系统在（0，T）期间动态不稳定。可偿付约束最终要求固定政府债券存量。因此，对于 $t \geqslant T$，经济将会面临较少的货币存量、更多的债券以及一个持久性的更高的通货膨胀率。Liviatan（1986）证明，如果我们将紧缩性货币政策定义为（0，T）期间政府赤字由货币融资比例的下降，那么这种动态不稳定性会消失。在这种情况下，货币融资与债务融资的比率为外生变量，而名义货币存量增长率为内生变量。现在，紧缩性货币政策被定义为γ的暂时性下降，Liviatan证明，这个修改过的模型是鞍点稳定的，只要初始货币融资的比例不过小，他也证明当原始赤字保持不变时，暂时性的银根紧缩导致通货膨胀即时的、暂时性的上升，而永久性银根紧缩则导致通货膨胀的迅速而持续性的上升，这个结果与早些时候推导的Sargent-Wallace之谜有所不同。那里银根紧缩被定义为货币增长率下降。但是，前面所推出的传统性赤字结果仍然成立，如果赤字被定义为包括公共债务的利息支付，那么结果会与Sargent-Wallace的结果相反。

当赤字目标被写为如下公式时，我们可以获得更一般性的结果，

$$\tilde{d} = g - \iota y + (1-\iota)\tau + \Theta rb$$

其中，$0 < \Theta < 1$。对于$\Theta = 0$，我们就获得了不变的原始赤字的条件，而对于$\Theta = 1$，得到了总赤字不变的条件。假设赤字融资的组成γ仍为政策参数，Liviatan（1988b）证明，当选择最优组合（γ，Θ）时存在一个权衡。特别地，他证明存在一个值Θ^*，使得对于$\Theta < \Theta^*$，货币/债券比率上升会导致通货紧缩，而对于$\Theta > \Theta^*$而言，γ的上升具有通货膨胀效应。在任何给定的通货膨胀水平，在γ和Θ之间存在一个权衡，当$\Theta > \Theta^*$时为正，否则为负。

在财政赤字与通货膨胀之间缺乏紧密相关关系的情况下，可能会由于政策制定者使用政策工具来解决赤字的不确定性而使问题更加复杂。假设政府今天增加公共支出，并通过发行债券而为之融资。正如前面所指出的，这个政策不可持续，并需要在未来采取措施来消除赤字，并满足跨时政府预算赤字约束。但是，公众并不确定政府将会使用加税、货币融资或综合使用两种办法来为财政赤字进行融资。Kawai and Maccini（1990）在一个封闭经济条件下研究了这种不确定性所带来的效果。① 他们的分析表明，如果人们预期未来将完全使用货币融资，那么通货膨胀往往与财政赤字表现出比较强而且为正的相关性，但如果人们预期未来将通过征税融资，通货膨胀与赤字可能为正，也可能为负。这些结果对于解释Fischer et al.（2002）的实证研究具有重要意义，他们的实证结果显示财政赤字与通货膨胀之间不具有显著的长期关系。

3 赤字、实际利率与挤出效应

在那些金融体系相对发达而且利率也由市场决定的国家，对通过国内债务来为政府预算赤字融资的依赖可能会对实际利率产生较大影响。比如，在哥伦比亚，1983—1986年间较大的公共赤字看上去是该时期实际利率上升的首要因素（Easterly and Schmidt-Hebbel，1994）。国内公共债务上升也增加了债务违约风险，并降低了私人部门对财政可持续性的信心，从而导致很高的实际利率及更进一步的财政状况恶化，并形成一种潜在的不稳定机制（Fishlow and Morley，1987；Agénor et al.，2006）。

① Drazen and Helpman（1990）同样进行了分析。Kawai and Maccini（1990）利用了Blanchard-Yaari框架，其模型中家庭的生命期不确定（Blanchard and Fischer，1989，pp. 115－126）。他们的分析对于解释赤字与实际利率之间的相关性也具有重要的意义，后文我们将会谈及。

财政赤字与实际利率间较弱的联系可能源于中央银行对名义利率调整的管制行为，也可能源于对未来财政政策的预期。接下来我们会将政策预期所引导的实际利率动态引入一个简单的宏观经济模型进行讨论。

□ 3.1 预期、赤字与实际利率

考虑一个小型开放经济体，其中只有三类经济主体：家庭、政府以及央行。国内生产包括一种贸易品，并假设在分析的时间框架内被固定为 y，购买力平价成立，世界价格被单位化为 1，使得国内价格水平等于名义汇率，后者由央行按一个预先决定的恒定速率 ε 贬值。家庭在其资产组合中持有两种资产，分别为国内货币及政府指数化债券。国内货币无利息，但交易技术使持有现金余额可以减少与购买消费品相关的流动性成本。资本在国际上完全不流动①，政府消费最终产品，征收收入税，并对债券支付利息，政府通过发行债券或从央行借贷来为财政赤字融资。最后，经济主体具有完全预期。

代表性家庭在无限期内最大化效用的贴现值为：

$$\int_t^{\infty} [u(c,\ m)]\mathrm{e}^{-\rho t}\,\mathrm{d}t \tag{23}$$

其中，$\rho>0$ 代表时间偏好率（假设不变），c 为消费，m 为实际货币余额，$u(\cdot)$ 为即时效用函数且严格凹，并满足稻田条件。为了简化问题，我们假设函数在 c 和 m 之间可分，且有如下形式：

$$u(c,m)=\frac{c^{1-\eta}}{1-\eta}+\chi\ln m,\quad \chi>0$$

其中，η 为相对风险厌恶系数，为正且不等于 1。②

代表性家庭的实际金融财富 a 由下式给出：

$$a = m + b \tag{24}$$

其中，b 代表指数化政府债券的实际存量。流量预算约束将实际财富的变化作为事前储蓄与实际货币余额的资本损失之间的差异：

$$\dot{a} = (1-\iota)(y+\tau+rb) - c - \varepsilon m \tag{25}$$

其中，r 代表实际利率，τ 为政府的一次性转移支付。$0<\iota<1$ 代表总量税税率。为简化问题，对总收入部分以一个统一的税率进行征收。

根据（24）式，（25）式可以表示为：

$$\dot{a} = (1-\iota)ra + (1-\iota)(y+\tau) - c - im \tag{26}$$

其中，$i=(1-\iota)r+\varepsilon$ 代表净名义利率。

家庭将 y，r，ε，τ 视为外生，通过选择关于 $\{c,\ m,\ b\}_{t=0}^{\infty}$ 的序列，在约束条件（26）下最大化（23）式，该问题的汉密尔顿表达式可以表示为③：

$$H=u(c,\ m)+\lambda\{(1-\iota)ra+(1-\iota)(y+\tau)-c-im\}$$

其中，λ 是与流量预算约束条件相应的共态变量，它可以被理解为实际财富边际效用的测度，相应的最优化条件为：

---

① 零资本流动的假设与现实经验不符。但是这里的假设可以简化分析，在第 10 章中我们讨论稳定型政策时会在当前分析框架中对该假设进行放松。

② 参考 Blanchard and Fischer（1989，pp. 43－44）。当 $\eta=1$，$u(\cdot)$ 变为 $u(c,\ m)=\ln c+\chi\ln m$。

③ 关于此类问题的求解过程可以参考 Beavis and Dobbs（1990）。

$$c^{-\eta}=\lambda,\ \chi/m=\lambda i,\ \dot{\lambda}/\lambda=\rho-(1-\iota)r$$

横截条件为：

$$\lim_{t\to\infty}(e^{-\rho t}a)=0$$

注意 $\dot{\lambda}=-\eta\dot{c}^{\eta-1}$，最优化条件可以改写为：

$$\chi c^{\eta}/m^{\phi}=i \tag{27}$$

$$\dot{c}/c=\sigma[(1-\iota)r-\rho] \tag{28}$$

其中，$\sigma=1/\eta$ 度量了消费的跨时替代弹性。

（27）式使消费与实际货币余额的边际替代率等于名义利率，后者代表了持有货币的机会成本。（28）式表明，消费的动态由税后实际利率与时间偏好率之差来决定。在第10章，我们会进一步研究 σ 在决定消费动态时的作用。

（27）式可以写为：

$$m=\chi c^{\eta}/i \tag{29}$$

它使货币需求与名义利率反向相关，而与交易水平正向相关，名义货币存量必须满足：

$$M=D+ER \tag{30}$$

其中，D 代表国内信贷存量（由央行向政府放贷），R 为央行持有的净外国资产的外币值，实际信贷存量 d 的变化由下式给出：

$$\dot{d}=(\mu-\varepsilon)d \tag{31}$$

其中，μ 代表名义信贷增长率。为了简化问题，净外国资产及向政府贷款并不付息，央行净利润只包括储备的资本利得 $\dot{E}R$，它转移给了政府。按实际值，政府预算约束由下式给出：

$$\dot{d}+\dot{b}=g-\iota y+(1-\iota)(\tau+rb)-\varepsilon m \tag{32}$$

其中，g 代表非利息性公共支出，被假设为常数。

将（26）、（30）、（31）和（32）式结合起来，我们得到经济的总预算约束，它决定了国际收支的演化：

$$\dot{m}=y-c-g \tag{33}$$

使用（29）式，我们可以通过求解均衡名义利率来求解货币市场的均衡条件：

$$i=i(\overset{+}{c},\ \overset{-}{m})$$

得到实际利率：

$$r=[i\ (c,\ m)-\varepsilon]/(1-\iota) \tag{34}$$

（34）式表明，消费增长要求实际利率上升来保持货币市场均衡。由于国内信贷上升或净外国资产积累导致的实际货币存量上升会降低实际利率。最后，贬值速度上升要求实际利率的补偿性下降。

假设央行增加名义信贷，以补偿政府信贷存量余额由于通货膨胀所带来的损失（$\mu=\varepsilon$）。由此，$\dot{d}=0$。为了确保长期可偿付性，并消除庞氏骗局，让我们进一步假设政府放弃发放债券为财政赤字融资（$\dot{b}=0$），而是调整向家庭的转移支付水平来平衡预算，（32）式变为：

$$\tau=(1-\iota)^{-1}(\iota y-g+\varepsilon m) \tag{35}$$

为了简化问题，恒定的国内信贷及实际存量被设为零。因此铸币税收入等于 εm。

（28）、（33）及（34）式形成了关于 c 和 m 的一阶差分方程组，在稳态周围使用线性近似方法，可以将之写为：

$$\begin{bmatrix}\dot{c}\\ \dot{m}\end{bmatrix}=\begin{bmatrix}\sigma i_c & \sigma i_m\\ -1 & 0\end{bmatrix}\begin{bmatrix}c-\tilde{c}\\ m-\widetilde{m}\end{bmatrix}$$

其中“～”用于表示稳态数值。注意（34）式，我们有 $c=\Phi(r, m)$，其中 Φ_r，$\Phi_m>0$。由此，$\dot{c}=\Phi_r\dot{r}+\Phi_m\dot{m}$。将这个结果与（28）式及（33）式合起来，在 $y=g=0$ 时可得：

$$\dot{c}=\Phi_r\dot{r}-\Phi_m\Phi(r, m)=\sigma\Phi(r, m)[(1-\iota)r-\rho]$$

该公式可以写为：

$$\dot{r}=\Lambda(\overset{+}{r}, \overset{+}{m})$$

因此，c 和 m 的动态系统也可以用 r 和 m 表示为：

$$\begin{bmatrix}\dot{r}\\ \dot{m}\end{bmatrix}=\begin{bmatrix}\Lambda_r & \Lambda_m\\ -\Phi_r & -\Phi_m\end{bmatrix}\begin{bmatrix}r-\tilde{r}\\ m-\widetilde{m}\end{bmatrix} \tag{36}$$

给定该系统的解，可以计算出来消费行为及实际转移支付路径［由（35）式得出］随时间变化的情况。后面，假设（36）式鞍点稳定的条件成立，即系数矩阵的绝对值为负，（$\Phi_r\Lambda_m-\Lambda_r\Phi_m<0$）。如图 4－3 所示，该条件要求［$\dot{m}=0$］的斜率陡于［$\dot{r}=0$］的斜率，鞍点路径 SS 斜率为负，稳态均衡在点 E 达到，如（28）式所示，在点 E，税后实际利率必须等于时间偏好率。

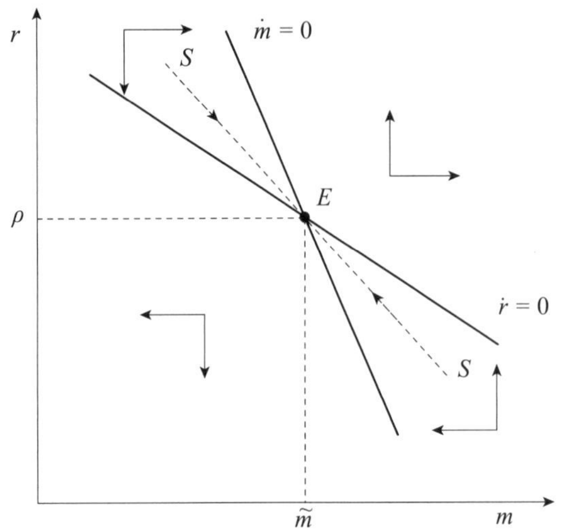

图 4－3　零资本流动下的稳态均衡

假设该经济最开始处于一个稳态均衡，然后再考虑由一个永久性的、未预期到的政府支出增加所带来的财政政策冲击。公共支出的增加将会马上导致对产品的过度需求，但由于国内的生产是固定的，就要求私人消费的同时下降。结果是实际利率必须下降以保持货币市场的均衡。随着时间的增加，消费会上升，从而导致实际利率的逐渐增加，直到它恢复到其初始稳态值为止。在整个转型期间，外汇储备会一直下降。在图 4－4 中，我们画出了调整的过程。公共支出的增加将会使曲线［$\dot{r}=0$］和［$\dot{m}=0$］向左移动，实际利率将会从点 E 向下移动到新鞍点轨迹 $S'S'$ 上的点 A，然后会沿着 $S'S'$ 向上移动直到新的稳态，即点 E'。私人消费会下降，但不会降低到稳态水平，因此经济体在调整阶段经常账户存在赤字，外汇储备减少。

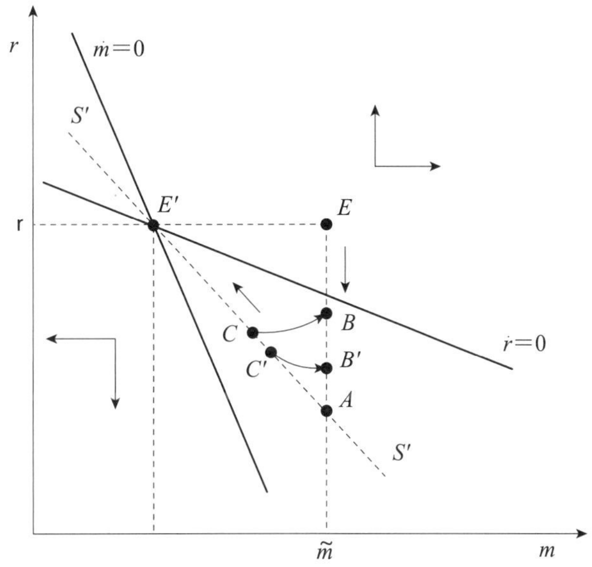

图 4-4　零资本流动下政府支出永久和暂时增加

现在，考虑政府支出在 $t=0$ 时被宣布将在 T 时增加。从数量上来看，其长期效果与前面所描述的效果非常相似。在短期，实际利率的动态将取决于 T 的长度。如果它将发生在很远的未来，实际利率将会向下跳跃到点 B，然后会在（0，T）期间沿着 BC 持续下降。经济将到达新的拐点轨迹 $S'S'$（点 C），其时间正好是公共支出增加所实施的时间。与此相反，如果时间长度很短，那么实际利率将会在首先下降到点 B 之后马上上升，它将沿着 $B'C'$ 移动，新的拐点轨迹也还会在时期 T 达到。

前面所进行分析的关键结论是，实际利率不仅会对实际财政政策冲击做出反应，也会对未来财政状况的预期变化做出反应。比如说，只要经济主体能够正确地预期公共支出的增加，那么实际利率就会马上开始进行调整，而当该项政策措施被实施时，则不再有任何影响了。因此，从短期来看，财政赤字和实际利率之间的相关性可能很微弱。

预期可能不仅仅与人们所想象的政策工具变化的本身有关，也与政府在未来所可能使用的融资政策组合有关。比如，政府可能会首先提高公共支出水平，然后在时间段（0，T）之间，通过发行债券来为后面的赤字融资。同时，政府可能宣布它或者会降低向家庭的净转移支付，或削减最终产品的支出来平衡其预算，并且使得时间 T 之后实际债券的存量被保持在 b_T^+ 的水平。其他政策序列对实际利率行为影响的一个更加规范的分析由 Kawai and Maccini（1990）所给出。在他们的模型中，通货膨胀是内生决定的。在其分析框架里，政府有财政赤字（来自减税或政府支出的增加），在短时期内使用债券融资，而在未来的某个时期，通过提高税收或使用货币性融资来解决财政赤字问题。[①] 当经济主体预期到政府可能使用货币性融资时，预期的通货膨胀率就会上升，并导致名义利率的增加。这就使得资产持有者将会减少其货币余额并转而购买债券，从而降低了实际利率。因此，当前赤字和名义利率有正相关关系。但是在当前赤字和实际利率之间却有

① 关于未来货币化的主观概率在 Kawai-Maccini 分析框架中被假设为外生。在另一个框架里 Masson（1985）将这个概率与赤字和产出的相对值相关联。

反向关系。取决于人们对政策预期的状态，较高的财政赤字可能会降低实际利率。此外，只要政府在未来解决财政赤字所用的融资工具不确定性随着时间变化，当前的赤字和利率之间的关系就会有很大的波动。

□ 3.2 赤字、投资与挤出效应

上面一小节的模型中政府不会向国内信贷市场举债，但是在那些利率相对比较灵活的国家，通过向国内信贷市场融资的大规模公共部门赤字可能会对实际利率施加向上的压力，从而减少私人部门的投资和产出。在那些存在金融抑制的国家，其利率结构由政府决定，过度地国内借贷也可能会导致挤出私人部门的支出，这主要是因为由银行体系所配置的信贷会直接减少（参见第 2 章）。此外，当存在非正规信贷市场时，对官方贷款可得性所进行的更紧的限制可能会导致更高的非正规市场利率，而这又会在融资成本对价格决策起很大作用的时候带来价格的上升。[①] 因此，很大的财政赤字除了会导致通货膨胀以外，还会带来负的产出效应。但是，如果大规模的财政赤字主要是反映公共投资的增加，而且如果正如第 2 章中所讨论的，私人投资和公共投资是互补品，而不是替代品，那么，大规模财政赤字的负面效应可能就没有那么大。因此，一般而言，财政赤字是否对私人投资、产出和经济增长产生负面影响，在很大程度上取决于财政赤字的来源和政府支出的组成。

4 预算赤字与经常账户

财政赤字和经常账户之间的关系可以通过观察由（1）式所推导出的融资等式以及暂时假设净私人储蓄为给定的来理解。在这样的条件下，财政赤字和经常账户赤字之间可能存在紧密的相关性。其含义是外部融资可得性的减少会对财政调整提出要求。[②]

已经有很多理论模型试图去分析财政赤字、外部赤字和实际汇率之间的关系。比如，Carlos Rodríguez（1991）提出了一个分析框架，它能够体现财政政策对私人支出和外国资产积累的多个机制。外部赤字决定了与非贸易品市场出清相一致的实际汇率。这些模型的一个重要含义是财政赤字或财政政策，对经常账户和实际汇率的效应不仅取决于公共支出的水平，还取决于公共支出的构成（Montiel，1986；Khan and Lizondo，1987）。[③]

另外一种观察财政赤字和经常账户之间关系的办法是研究关于未来政策的预期。这在我们前面小节中讨论实际利率和银根紧缩悖论时已经得到了强调。假设政府在一段有

---

① 这一结果被结构主义经济学家在对货币政策的滞胀影响进行讨论时所强调，参见 Taylor（1983）和 van Wijnbergen（1982）的研究。

② 李嘉图等价假设——私人消费及投资与政府借贷融资及征税融资的方式相独立——意味着财政赤字与经常账户之间不存在任何关系。当存在债务中性时，由于税收增加所导致的赤字减少将导致私人储蓄的余额减少，而不改变经常账户。同样，公共支出的永久性削减将导致私人消费的余额增加，而对经常账户的余额没有影响。但是，我们前面已经指出支持债务中性的证据十分弱。

③ 跨期效应可能会改变政府支出对实际汇率的影响，参见 Frenkel and Razin（1992）更一般性的讨论。

限的时间内通过债权融资来保持财政赤字，在调整过渡阶段，该经济的动态取决于公众预期政府转向税收融资体制，还是转向货币融资体制（Kawai and Maccini，1995）。如果公众预期政府在未来将使用税收融资来解决赤字问题，那么当前的财政赤字将会带来当前的经常账户赤字。与此相反，如果货币融资——或铸币税——被公众预期，那么财政赤字将会带来经常账户的剩余。"双赤字"现象只会在私营经济主体预期政府将会在未来提高税收以消除当前财政赤字的情况下才会出现。

已有的经验研究看起来支持大规模财政赤字与大量外部失衡之间存在正向联系。比如 Khan and Kumar（1994）通过利用 42 个国家 20 世纪 70 年代至 80 年代的数据发现，财政赤字对于经常账户存在显著的影响。①

5 扩张性财政紧缩

接下来的章节中我们将会看到发展中国家的宏观调整在很多时候都与缩减财政赤字相关。传统的或"凯恩斯主义"视角认为财政紧缩会通过对总需求的抑制为产出带来负面影响。但是，对于小型工业化国家 20 世纪 80 年代末（最著名的例子是 1983—1986 年的丹麦以及 1987—1989 年的爱尔兰）的研究产生了另外一种观点，即政府支出削减可能会刺激私人需求，因此可能会抵销财政紧缩的影响，使得对产出的总体影响为正。

关于解释财政紧缩而实质带来扩张的理论众多。首先，预期视角提出由于税收因素以及私人预期的存在，政府支出的削减可能会是扩张性的（Barry and Devereux，1995，2003；Sutherland，1997）。如果前瞻性的消费者和投资者意识到由于当前支出削减会带来税收长期降低，那么他们便会增加当前支出从而抵消财政紧缩的效应。另外，如果税收非预期性增加并稳定当前债务，从而避免未来更高幅度的税收增加来弥补债务，预期的变化则会导致扩张性效果。这种情况在高债务-产出比的国家更有可能出现。实际上，Barry and Devereux（2003）已经证明扩张性效应是非线性的，政府支出占产出的比重越高，政府支出对产出的负面影响越大。换句话说，当政府支出占产出的比重足够高时，政府支出的削减最终可能会对经济活动产生正向影响。②

另外一种理论是基于劳动力市场视角，这一视角强调了财政调节（无论赤字削减是通过增加税收还是削减支出）通过劳动力市场和生产成本对经济的影响。这种观点认为通过削减公共支出进行的财政调节（特别是转移支付与政府薪资支付）相比于增加税收更易于成功（以降低债务/产出比率来衡量）且具有扩张性。其会缓和工会关于工资的诉求，促进就业与资本积累以及经济增长。

当前关于扩张性财政紧缩的经验研究多集中于工业化国家。Giavazzi et al.（2000），Alesina and Perotti（1997），Perotti（1999）以及 Giavazzi et al.（2005）均通过对多国消

① Khan and Kumar（1994）的研究结果表明，当回归只用 20 世纪 70 年代的数据时，财政赤字对经常账户有显著影响，而 20 世纪 80 年代则无显著影响。但是，外债存量在 20 世纪 80 年代具有显著影响，这些结果可以反映如下事实：20 世纪 70 年代财政赤字主要用经常账户赤字融资，而 20 世纪 80 年代则用外债来融资。

② 如 Choi and Devereux（2006）指出，由于对未来税收的预期，财政政策的扩张性在实际利率高企的环境中会较弱。

费和储蓄的研究表明，削减支出大体上对消费并不存在凯恩斯提出的抑制效应。Alesina and Perotti（1997）对广泛的财政调整进行研究并发现，通过削减支出来稳定债务水平所进行的调整政策比那些通过提高税收的政策更容易获得成功。支出削减型政策的成功并不仅仅因为降低了赤字，而是带来了更高的经济增长。在一项关于 17 个工业化国家财政紧缩的研究中，Ardagna（2004）发现对未来财政政策预期以及财政调整的方式是理解稳定政策增长效应的两个关键点，其中后者较前者更加重要。这一研究为劳动力市场视角提供了进一步支持。[①]

财政紧缩可能是扩张性的这一论断对发展中国家财政政策调整具有重要意义。在稳定政策方面，不存在关于当前更高成本（以低产出与高失业衡量）与未来更高收益（以更低的通货膨胀衡量）的动态权衡取舍。从政治经济学视角出发，非凯恩斯效应可能会加强调节政策的可行性（参见第 19 章）。不幸的是，当前对于发展中国家并没有足够的经验证据支持上述论断。在一项关于私人消费行为的研究中，Schclarek（2007）通过对 40 个国家（其中包括 19 个工业化国家，21 个发展中国家）1970—2000 年的考察发现，没有证据支持扩张性财政紧缩假说。Hogan（2004）和 Perotti（2013）的研究同样对这一假说在工业化国家中是否成立提出了疑问。

6 财政调节与劳动力市场

如第 1 章所述，发展中国家劳动力市场分割的特性在近些年被人们广泛讨论，特别是基于城镇化政策以及农村与城市人口流动的研究。在第 2 章中曾经提到，Harris and Todaro（1970）提出城镇部门最低工资约束的存在会导致城镇与农村工资水平持续差异以及均衡中的失业，即便农村劳动力市场是充分竞争的。劳动需求的扩张以及城镇实际工资约束可能并不会促进充分就业的实现，反而会增加失业。

大量的研究都集中于劳动力市场分割在贸易与结构化改革方面的作用。[②] 另外对开放发展中国家中劳动力市场的二元性以及分割性短期内对产出决定的文献日渐增多。在这部分，我们将重点关注劳动力不完全流动对于宏观经济政策冲击的影响。[③] 动态一般均衡模型里将包含非正规部门、异质性劳动力、最低工资管制以及劳动力不完全流动。

我们提供的模型包含一个大型的非正规部门、公共部门生产与就业、劳动力市场分割（由政府管制以及工资设定形成）、异质性且不完全流动的劳动力、工资与价格在非正规部门灵活调整等特征。在推导模型动态形式以及稳态解后，我们将着重分析政府对非贸易品的支出永久性削减的长期与短期效应。

---

① 在这些经验研究结果的基础上，Ardagna（2007）通过建立包含劳动力市场的一般均衡模型对财政政策的影响进行了分析。

② 参见第 18 章。例如 Edwards（1988）研究了贸易条件失调、关税以及劳动力市场之间的联系。

③ Demekas（1990）是首个将劳动力市场分割纳入一般均衡框架进行研究的。我们的研究主要参考 Agénor and Aizenman（1999a）和 Agénor and Santaella（1998）。另外一种基于劳动力不完全流动的最优化模型参见 Turnovsky and Basher（2009）。

□ 6.1 模型

考虑一个小型开放经济体，经济体中包含三类经济主体，企业、家庭与政府。名义汇率以政府预先设定好的速率贬值。经济体主要包含两部分，正规部门与非正规部门。正规部门生产可供贸易的产品且只能销往海外。[①] 非正规部门的企业生产非贸易品，被用于最终消费，且商品价格具有弹性，价格浮动可以消除超额需求。资本存量在分析中被假设为固定。劳动供给（同样为常数）是异质的且包含技术工人与非技术工人。非贸易的生产以及政府服务仅需要非技术工人，出口品的生产对两类工人均具有需求。

对于非技术工人，政府设立最低工资标准，但仅在正规部门实行，正规部门企业通过决定雇佣数量最大化自身利润，同时它们通过考虑工人工作效率以及工人的机会成本设定正规部门技术工人的工资水平（以国内的出口品价格进行衡量）。[②] 与此相反，非正规部门的非技术工人的工资完全自由浮动。

由于迁移和拥堵成本，非技术工人在正规与非正规部门间不能自由流动。人口移动由预期利润机会决定［与 Harris and Todaro（1970）的研究相一致］。[③] 具体来讲，正规部门非技术工人的供给是随着不同部门间工资差异而逐渐变化的。工资与就业前景基于当前劳动力市场运行情况。在非正规部门，所有非技术工人不需要排队等候正规部门就业，因此工资可以进行连续调整实现劳动供给与需求的平衡。

家庭消费是关于财富的函数，财富包括对可交易债券的持有。家庭无弹性地提供劳动供给，消费由非正规部门生产的非贸易品以及进口的最终产品组成，进口品与国内产品不完全替代。政府同样消费非贸易品与进口品，并通过向家庭征收总量税为支出融资。

6.1.1 正规经济

如前文所述，正规经济的生产包括出口品。假定出口品的世界价格是外生且单位化为 1 的。国内出口品的价格就等于名义汇率 E。出口品的生产技术可以表示为：

$$y_X = y_X(en_S,\ n_U) \tag{37}$$

其中，y_X是出口品产出，n_S和n_U是对于技术工人和非技术工人的雇佣（以自然单位衡量），e是努力程度。出口品的生产是劳动回报率递减的，即$\partial y_X/\partial n_U>0$，$\partial^2 y_X/\partial n_U^2<0$。我们还假设技术工人与非技术工人是埃奇沃思互补的（Edgeworth complements），即$\partial^2 y_X/\partial n_S\partial n_U>0$。

根据 Agénor and Aizenman（1999a），表示努力程度的函数被定义为：

$$e = 1-\left(\frac{\Omega}{\omega_S}\right)^{\gamma},\quad \gamma>0 \tag{38}$$

其中，ω_S表示出口品生产部门技术工人的产品工资，$\Omega<\omega_S$被定义为保留工资或努力的机会成本。(38) 式表示正规部门技术工人可获得工资相对于保留工资的提升会提高他们的努力程度。努力程度是关于ω_S的凹函数。

---

① 正规经济中进口竞争性部门的缺失可以通过 Agénor and Aizenman（1999a）的研究来合理化。他们通过假设政府对贸易设限导致效率损失过高，以至于进口品变为非贸易品。

② 参见 Agénor（2006b）关于计件工资导致非自愿型失业的文献综述。

③ 参见第 1 章中的讨论。本部门 Harris-Todaro 的框架旨在解释（城镇）非正规部门与（农村）正规部门间的人口流动，而不是单纯农村与城镇部门间的流动。

ω_m^*是出口品部门非技术工人的实际最低工资（以出口品价格衡量）。假设企业没有雇佣或辞退成本，企业的决策问题可以表示为：

$$\max_{n_S,\omega_S,n_U} \Pi_X = y_X\left\{n_S\left[1-\left(\frac{\Omega}{\omega_S}\right)^{\gamma}\right],\ n_U\right\}-\omega_S n_S-\omega_m^* n_U$$

最优化问题的一阶条件为[①]：

$$\left(\frac{\partial y_X}{\partial n_S}\right)\left[1-\left(\frac{\Omega}{\omega_S}\right)^{\gamma}\right]=\omega_S \tag{39}$$

$$\left(\frac{\partial y_X}{\partial \omega_S}\right)\left(\frac{\Omega}{\omega_S}\right)^{\gamma}=\gamma^{-1}n_S \tag{40}$$

$$\partial y_X/\partial n_U=\omega_m^* \tag{41}$$

由条件（39）和（40）可以得到：

$$\omega_S=\delta\Omega,\ \delta\equiv(1+\gamma)^{1/\gamma}>1 \tag{42}$$

该式表示在均衡中，企业为正规部门技术工人设立的效率工资（计件工资）高于努力的机会成本。效率工资的决定在图 4-5 中被表示出来。

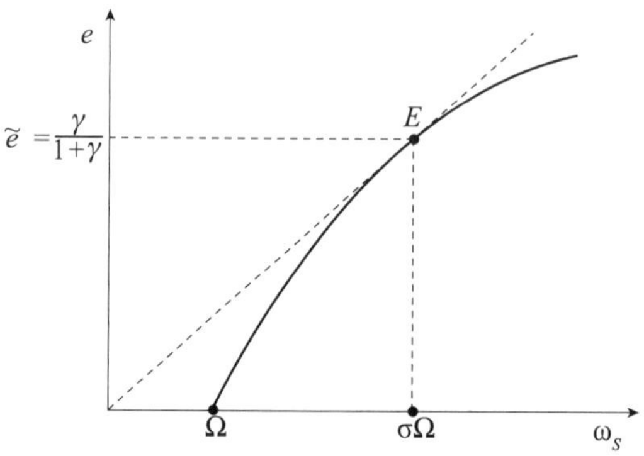

图 4-5　正规部门的生产与工资

资料来源：Agénor and Santaella（1998，p. 272）.

（38）式和（42）式表明在均衡中努力程度为常数且为：

$$\tilde{e}=1-\delta^{-\gamma}\equiv\gamma/(1+\gamma)$$

假设技术工人的保留工资取决于外生因素 Ω_0 以及非正规经济的实际工资 ω_N，二者均由出口品价格衡量：

$$\Omega=\omega_N^{\theta}\Omega_0^{1-\theta} \tag{43}$$

其中，$0\leqslant\theta<1$。为简化起见，我们进一步假设 $\Omega_0=1$。如后文所示，θ 等于零或者为正对于财政调节政策的动态具有重要作用。

将（43）式代入（42）式，可以得到最优 ω_S：

$$\omega_S=\delta\omega_N^{\theta} \tag{44}$$

将（43）式、（44）式代入（39）式和（40）式并利用（41）式解出方程的解，可以得到正规部门对于技术工人和非技术工人的需求函数：

$$n_S^d=n_S^d(\overset{-}{\omega_N},\ \overset{-}{\omega_m^*}),\ n_U^d=n_U^d(\overset{-}{\omega_N},\ \overset{-}{\omega_m^*}) \tag{45}$$

① 由（39）式可得索洛条件，努力（effort）程度对产品工资的弹性在均衡中等于 1。

非正规部门工资的增加降低了正规部门对于技术工人与非技术工人的需求。为了使工人的努力程度最优，ω_N 的增加将使得正规部门技术工人的效率工资增加。这种增加直接降低了对技术工人的需求，并且由于互补性，也降低了对非技术工人的需求。最低工资的上升不仅降低了非技术工人的需求，由于同样的原因也降低了对于技术工人的需求。

将（42）式、(45）式代入（37）式可得：

$$y_X^s = y_X^s(\overset{-}{\omega_N}, \overset{-}{\omega_m^*}) \tag{46}$$

上式表明无论对于非技术工人最低工资的增加还是对于非正规部门市场出清工资的增加都会减少出口品的产出。

6.1.2 非正规部门

非正规部门的非贸易品生产技术可以表示为：

$$y_N = y_N(n_N), \quad y_N' > 0, \quad y_N'' < 0 \tag{47}$$

其中，y_N 为产出，n_N 为非正规部门雇用的劳动力。生产商最大化利润 $z^{-1}y_N - \omega_N n_N$，其中，ω_N 为非正规部门的实际工资（以出口品价格衡量)，z 为出口品对国内产品的相对价格，即实际汇率。对利润最大化问题的求解可以得到我们所熟悉的关于边际利润与边际成本的等式，$\omega_N = y_N'/z$，由此我们可以推导出劳动需求表达式：

$$n_N^d = y'^{-1}_N(\omega_N z) = n_N^d(\omega_N z), \qquad n_N^{d'} < 0 \tag{48}$$

其中，$\omega_N z$ 衡量了非正规部门的产品工资。将（48）式代入（47）式可以得到非正规部门产品的供给函数：

$$y_N^s = y_N^s(\omega_N z), \quad y_N^{s'} < 0 \tag{49}$$

为了简化起见，我们再次假定只有一家企业（代表性企业）在每个部门运营。通过（46）式和（50）式，净要素收入 y（以出口品衡量）可以被定义为：

$$y = y_X^s + z^{-1}y_N^s \tag{50}$$

6.1.3 消费与财富

经济体中仅含有一个家庭，该家庭包含全部的工人。家庭的总消费支出 c（以出口品价格衡量）被假定为与金融财富 B^* 正相关①：

$$c = \alpha B^*, \quad \alpha > 0 \tag{51}$$

家庭部门的金融财富仅由可进行跨国交易的债券构成，其随时间的变化遵循：

$$\dot{B}^* = i^* B^* + y - c - \tau \tag{52}$$

其中，i^* 为债券利率（被假定为常数)，τ 为政府施加的总量税。

家庭消费包括进口品（数量为 c_I）以及国内产品（c_N）。假设消费这些产品得到的效用符合柯布-道格拉斯函数，对于消费支出的分配可以被表示为：

$$c_I = (1-\delta)c, \quad c_N = \delta z c, \qquad 0 < \delta < 1 \tag{53}$$

其中，δ 为国内产品消费占总消费支出的比重。

6.1.4 非正规部门产品市场

通过（49）式、(51）式以及（53）式可得非贸易品市场的均衡条件为：

$$y_N^s(\omega_N z) = \alpha\delta z B^* + g_N \tag{54}$$

---

① 消费函数仅取决于财富是为了简化分析而采取的假设。另一个与当前模型相似的分析采取最优化家庭抉择可以参考 Agénor（2005）的研究，具有劳动力完全流动性质的分析可以参考 Agénor and Aizenman（1999a）的研究。

其中，g_N为非贸易品的公共消费，后文中我们将利用（45）式解出 z。

6.1.5 非正规部门劳动力市场

前面我们提到通过利润最大化可以解得非正规部门劳动需求，即（48）式。除此之外，正规部门非技术工人的供给 n_U^s 已经被预先给定。因此，非正规部门的非技术工人供给同样被给定。

与"奢侈失业"假说（Horton et al.，1994）相一致，我们假定技术工人人员如果不能在正规部门获得工作，那么他们宁愿选择失业而不是去非正规经济中寻求雇佣。[①] 非正规经济劳动力市场的均衡条件为：

$$n_U^p - n_U^s = n_N^d(\omega_N z) \tag{55}$$

其中，n_U^p 表示劳动力中不变的非技术工人数量。求解（55）式可得：

$$\omega_N = \kappa(\overset{-}{z}, \overset{+}{n_U^s}), \quad \kappa_z = -1 \tag{56}$$

（56）式表明实际汇率的降低会对非正规部门工资产生负向影响（产品工资保持不变），然而正规部门寻求雇佣工人数量的上升会带来正向影响。

非技术工人在部门间流动的机制遵循 Harris and Todaro（1970）的设定，劳动力流动与不同部门间预期工资差异相关。正规部门的预期工资等于以被正规部门雇佣概率为权重的最低工资。假设雇佣是随机的，这个概率可以近似等于当前被雇用的工人与寻求工作工人的比率 n^d/n^s，非正规部门的预期工资就是当前工资水平，因为非正规部门进出不存在障碍。因此，正规部门非技术工人的供给等于：

$$\dot{n}_U^s = \beta\left\{\frac{\omega_m^* n_U^d}{n_U^s} - \omega_N\right\}, \quad \beta > 0 \tag{57}$$

其中，β 表示调整的速度。这个等式表明非正规部门工资的提升对于劳动力流动具有两种影响。一方面，它提升了在非正规部门工作的预期回报，因此减少了向非正规部门转移的激励。另一方面，它提升了正规部门工资并且通过互补性降低了出口品部门对于非技术工人的需求［（44）式与（45）式］，而这降低了雇佣概率以及在正规经济工作的预期收入。因此，总效应为负（$\partial \dot{n}_U^s / \partial \omega_N < 0$）。

当前模型中关于非正规部门在职搜寻的缺失有多种理由可以解释。一个重要的因素是信息无效情形的存在。这种信息无效可能由于社会机制无法向潜在申请者提供及时有效的相关信息。因此，非技术工人在正规部门的搜寻活动需要在工厂大门前等待工作机会。

6.1.6 政府

政府消费国内产品以及进口品，并且通过对家庭的总量税为支出进行融资：

$$\tau - g_I - z^{-1} g_N = 0 \tag{58}$$

其中，g_I表示政府进口。

6.2 动态结构

为了更方便地考察模型的动态性质，我们将模型表述为更加紧凑的形式。如下文所

---

① 参见 Agénor（2006b）关于发展中国家技术工人失业的经验研究。总体来说，在正规部门没有获得雇佣的技术工人是否在非正规部门寻找工作取决于在职搜寻的效率、动机削弱效应（demotivation effect）、亲人家属的支持程度。

示，模型的动态特性可以由正规部门找寻工作的非技术工人以及家庭持有的可交易债券的数量进行表示。

通过定义，$c = c_I + z^{-1}c_N$。将这个结果代入代表性家庭的预算约束（52）式，结合非贸易品市场的均衡条件（54）式、（50）式以及政府的预算约束（58）式，可以得到：

$$\dot{B}^* = i^*B^* + y_X^s - c_I - g_I$$

通过（46）式、（51）式以及（53）式，上式可以被表示为：

$$\dot{B}^* = [i^* - \alpha(1-\delta)]B^* + y_X^s(\omega_N, \omega_m^*) - g_I \qquad (59)$$

为了求解短期市场出清的实际汇率以及非正规部门的实际工资（以出口品价格衡量），我们用（56）式代表非贸易品市场均衡条件中的 ω_N［（54 式）］并在给定 B^* 和 n_U^s 的情况下求解 z，结果为：

$$z = z(\overset{-}{n_U^s}, \overset{-}{B^*}; \overset{-}{g_N}) \qquad (60)$$

正规部门非技术工人供给的增加会产生非正规部门对于劳动力的超额需求，因此会对工资产生上升压力。非正规部门产出下降，实际汇率必须上升（z 必须下降）以维持市场均衡。可交易债券的持有量增加会刺激对国内产品的消费，并且同样会要求实际汇率上升以维持市场均衡。

将（60）式代入（56）式可得：

$$\omega_N = \omega_N(\overset{+}{n_U^s}, \overset{+}{B^*}; \overset{+}{g_N}) \qquad (61)$$

将（51）式、（53）式、（61）式代入（59）式，我们可得：

$$\dot{B}^* = [i^* - \alpha(1-\delta)]B^* + y_X^s(n_U^s, B^*; g_N) - g_I \qquad (62)$$

其中，当 $\theta=0$ 时，$\partial y_X^s/\partial n_U^s = \partial y_X^s/\partial B^* = 0$ 。

最后，用（45）式代表 n_U^d 以及（61）式代表（57）式中的 ω_N 可得：

$$\dot{n}_U^s = \beta\Psi(\overset{-}{n_U^s}, \overset{-}{B^*}; \overset{-}{g_N}) \qquad (63)$$

（63）式表示正规部门找寻工作的工人人数增加会加强劳动力流动。一方面，正规部门找寻工作人数增加会降低在正规经济得到的雇佣概率以及预期收入水平。另一方面，它会引起非正规部门工资水平的增加，即排队等待的机会成本，这又进一步降低了正规部门的预期收入以及涌入正规部门的动机。

（62）式和（63）式构成了代表模型的动态方程组，这 方程组以正规部门非技术工人的数量和以外币衡量的可交易债券持有量为变量，利用线性近似可得：

$$\begin{bmatrix}\dot{n}_U^s \\ \dot{B}^*\end{bmatrix} = \begin{bmatrix}\beta\Psi_{n_U^s} & \beta\Psi_{B^*} \\ \partial y_X^s/\partial n_U^s & \Lambda\end{bmatrix}\begin{bmatrix}n_U^s - \tilde{n}_U^s \\ B^* - \tilde{B}^*\end{bmatrix} \qquad (64)$$

其中，

$$\Lambda = i^* - \alpha(1-\delta) + (\partial y_X^s/\partial B^*)$$

假设世界利率足够小以至于 $\Lambda<0$ 微分方程组局部稳定的充要条件是，系数矩阵 **A** 的迹为负，矩阵的行列式为正：

$$\mathrm{tr}\mathbf{A} = \Lambda + \beta\Psi_{n_U^s} < 0$$

$$\det\mathbf{A} = \beta[\Lambda\Psi_{n_U^s} - \Psi_{B^*}(\partial Y_X^s/\partial n_U^s)] > 0$$

第一个条件无论怎样总可以被满足，第二个条件被人为假设为满足，后文图形中表述了这一条件。

□ 6.3　稳态解

模型的稳态解可以由（62）式中的 $\dot{B}^* = \dot{n}_U^s = 0$ 和（63）式获得。（57）式表示在稳态时，经常账户必须达到平衡，即服务账户的盈余 $i^*\widetilde{B}^*$ 必须与贸易赤字相吻合 $\tilde{c}_I + g_I - \tilde{y}_X^s$：

$$i^*\widetilde{B}^* = \tilde{c}_I + g_I - \tilde{y}_X^s \tag{65}$$

（59）式同样表示正规部门与非正规部门的非技术工人获得的工资比率必须在长期等于两类劳动力在私人正规经济中雇佣概率的倒数：

$$\omega_m/\tilde{\omega}_N = \tilde{n}_U^s/\tilde{n}_U^d \tag{66}$$

这个结果意味着只要最低工资比非正规部门工资高，非技术工人失业就会在均衡中存在。①

最后，通过关于 B^* 和 n_U^s 的稳态解，短期均衡的变量、实际汇率、非正规部门的实际工资均可由（60）式和（61）式求得。

图 4-6 提供了 $\theta > 0$ 时，关于稳态均衡的图形描述。B^*B^* 轨迹给出了当债券持有量为常数时，关于 B^* 和 n_U^s 的情况。LL 描述了正规部门找寻工作的非技术工人为常数时 B^* 和 n_U^s 的情况。第二个条件需要 B^*B^* 的斜率比 LL 更加陡峭。稳态均衡在点 E 处获得。总体来说，调整过程循环的可能性不能被排除。为了简化，我们仅关注非循环路径。如果经济初始点在点 A，正规部门与非正规部门预期工资差异为正，经常账户存在赤字，向稳态的过渡可以被描述为，债券持有量的增加以及正规部门中非技术工人数量的增加。如果 $\theta = 0$，B^*B^* 将变为垂直，因为 y_X^s 独立于 ω_N 和 n_U^s。

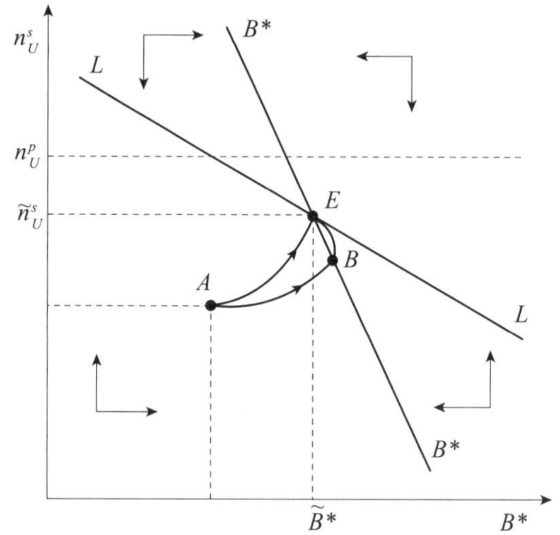

图 4-6　稳态均衡

图 4-7 中给出了劳动力市场局部的长期均衡。子图（A）描述了正规部门的劳动需求函数，技术工人的需求曲线 n_S^d 是一条向下的曲线，与技术工人工资 ω_s 负相关。正规部

① 在我们的假定中，最低工资要高于市场出清工资是为了避免角点解的出现，即没有非技术工人想要在正规经济中寻找工作的情况。

门对非技术工人的需求曲线同样为向下倾斜的曲线 n_U^d。因为两种工人间是总体互补的。正规部门非技术工人的供给 n_U^s 由（57）式的解获得，与正规部门总需求与非技术工人的工资比率成比例。前文提及，如果工资比率大于 1，n_U^s 大于 n_U^d，将会出现非技术工人失业，这就是子图（B）中的情况。从非技术工人总供给 n_U^p 中减去 n_U^s，子图（B）还决定了非正规部门的劳动供给（以及实际的雇佣情况）。给定非正规部门的劳动需求曲线 n_N^d，市场出清工资在子图（C）中的点 C 被决定。[①] $\theta>0$ 时，技术工人工资与非正规部门工资的正向关系由子图（D）中的曲线 WW 表示。因此，尽管工资具有弹性，但均衡中两类劳动力均存在失业情况。技术工人失业在子图（A）中被表示为技术工人供给 n_s^p 与需求曲线 n_S^d 上均衡点之间的距离。非技术工人失业在子图（B）中被表示为劳动总供给 n_U^s 与正规部门劳动需求 n_U^d 之间的差异。因此技术工人的“拟自愿”型失业和非技术工人的“等待”型失业都将出现在均衡中。[②]

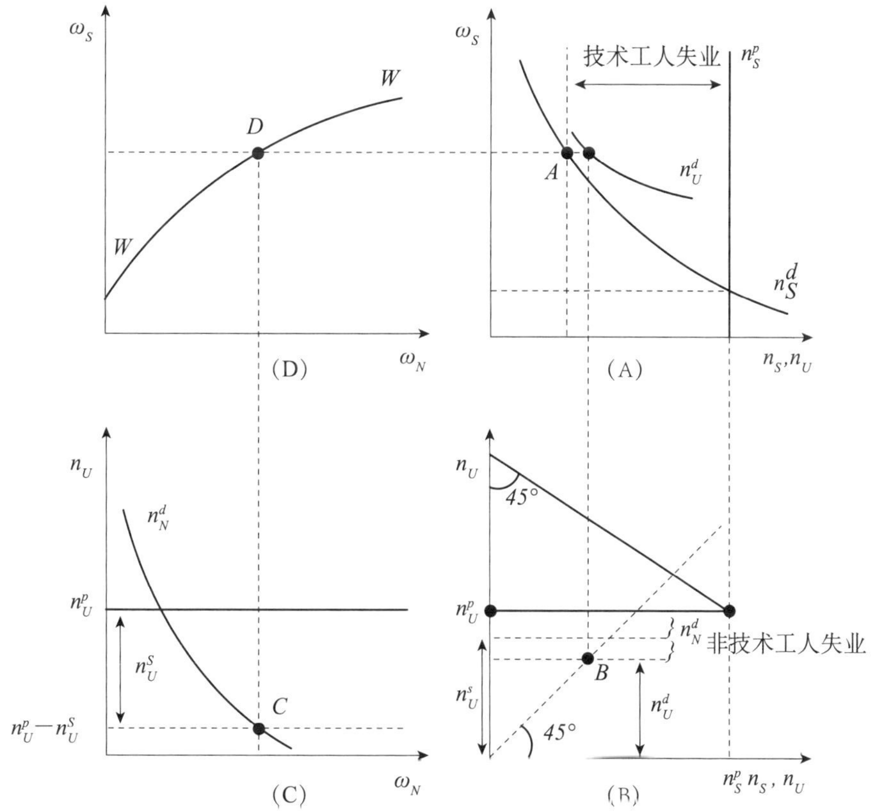

图 4-7　劳动力市场均衡

□ 6.4　政府支出削减

我们现在转向政府对国内产品 g_N及产出的永久削减、部门间劳动雇佣以及失业率长

---

① 从（46）式和（56）式中可知，n_N^d 是关于 z 的函数。从非贸易品市场的均衡条件中[(54)式]可得，$z=z(\omega N,\ \cdot)$，其中 $|z'_{\omega N}|<1$。将这个结果代入（56）式可以得到结果 n_N^d 在 ω_N-n_U 平面中是向下倾斜的曲线。

② 因为当前分析框架中不存在失业补助计划，失业工人在长期要么在家进行生产要么依靠亲属支持来生活。

期影响及稳态效应的分析。

总体而言，对于可交易债券持有数量和正规部门非技术工人供给的影响是不确定的。① 图 4－8 描述了一种可能的情况，其中 θ 的数值并不过高。曲线 B^*B^* 和 LL 都将右移。在新的稳态，债券持有和正规部门非技术工人供给都将变得更高。给定 B^* 和 n_U^s，政府削减支出对于国内产品的最初影响是不连续的实际贬值，并且保持着国内产品供给需求的平衡［（60）式］。实际贬值意味着 ω_N 必须下降［（56）式］。z 和 ω_N 的移动必须是反向的，而且彼此抵消以保证产品工资 $z\omega_N$ 在非正规部门为常数。这是因为非正规部门的劳动供给不能改变，仅有 n_U^s 缓慢调整。给定总消费不变［如（51）式所示］，对于进口品的消费同样不能改变［参考（53）式］。同时，非正规部门工资的下降会降低正规部门的效率工资，进而导致对两种劳动需求的上升以及出口品生产的扩张。因此，经常账户会出现盈余（$\dot{B}^*>0$），如图 4－8 所示。削减支出的影响对于向正规部门流动的寻找工作的非技术工人同样为正（$\dot{n}_U^s>0$）。原因是 ω_N 的下降会降低非正规部门的预期收入，同时它会提升正规部门的预期收入，因为如（45）式所示，它提升了正规部门对非技术工人的需求。因此预期收入间的差异变动［如（57）式所示，决定了对于 $\dot{n}_U^s$ 的初始影响］是正向的。

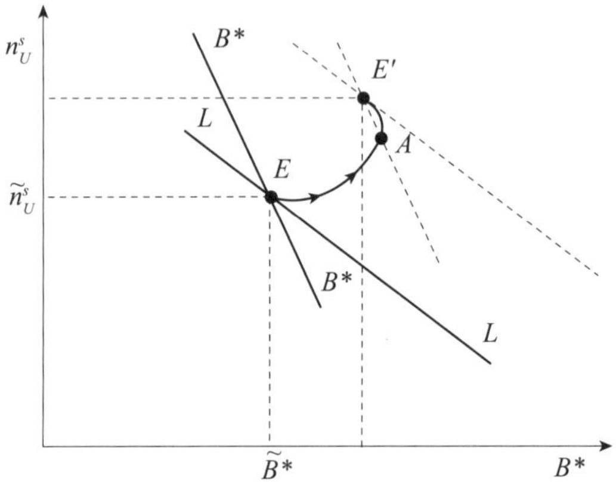

图 4－8　本国产品政府支出的减少

图 4－8 还描述了模型过渡阶段的动态。动态调整包含两个阶段。首先，债券持有和正规部门非技术劳动供给均出现增加。在第二阶段，债券持有出现下降（在到达 A 点后），劳动供给仍然继续增加。两阶段变化的原因是，在第一阶段，实际汇率连续升值［如（60）式所示］，因此导致了非正规部门以及效率工资持续的缓慢提升。出口品产出一直在这个阶段下降，导致了贸易赤字增加，最终还带来了经常账户赤字。如图 4－8 中所描绘的，在长期，国外债券存量以及正规部门非技术工人劳动供给达到更高的水平（点 E'）。稳态中实际汇率升值或贬值（非正规部门工资将更高或更低）并不能被先验决定。因此，对于非技术工人工资比率（前文提及该比率等于稳态私人经济雇佣概率的倒数）以及非技术工人失业情况的长期影响都是不确定的。

① 正规来讲，削减支出对于稳态的冲击可以通过（62）式和（63）式推导，即令 $\dot{B}^*=\dot{n}_U^s=0$。将 B^* 和 n_U^s 表示为 g_N 的函数。

第 5 章 金融市场和货币政策传导机制

区分发达国家和发展中国家的一个重要的经济特征是金融体系的结构。[①] 在发展中国家，私人储蓄者从正规金融体系中所能得到的资产往往局限于现金、短期储蓄和长期储蓄，有时还有从一级市场上获得的政府债券。

除了限制服务范围之外，发展中国家的金融体系往往规模较小，而且在地理上的分布也比较集中。因此，很多私人个体无法获得商业银行的服务，而这些银行往往是发展中国家里占据主导地位的金融机构，它们一般在寡头垄断的市场结构下运作，并有很高的集中性。当然，还存在其他类型的专业化金融机构。但是，在整个经济中，它们往往只占有金融中介服务业很小的一部分。在这些发展中国家，证券和股票市场或者不存在，或者规模很小。因此，银行信贷和自有资金是私人企业的主要融资来源。[②]

本章将研究发达国家和发展中国家金融结构之间的差异，以及这些差异对货币政策传导的影响。第 2 节描述了发展中国家金融结构的主要特征，特别关注了商业银行在金融中介领域的作用。第 3 节概述了在金融结构相对多元化、政府证券二级市场运行良好、资产价格往往由市场决定的国家中货币政策的传导机制。第 4 节讨论美元化对货币政策的影响。

1 金融结构和商业银行的地位

因为货币政策的运行需要以金融市场为媒介，所以货币政策工具、政策传导机制以及政策效用的大小都取决于本国金融系统的结构。除此之外，货币政策和金融结构之间存在两个值得关注的具体联系。首先，在自由化的金融体系中，货币政策成为逆周期调整的政策工具，相比于财政政策，货币政策灵活性的特点是其最大的优势。但是，近些年来越发明显的现实情况表明，使用紧缩性货币政策的可行性和灵活性取决于一国金融

① Papademos and Modigliani (1983) 提供了一个宏观经济分析框架，将工业化国家金融系统内的绝大多数资产纳入进来。

② 相对而言，在工业化国家中银行信贷在公司资本结构中的地位千差万别。虽然银行信贷在美国的非金融性私人公司的负债中占比较小，但在欧洲与日本却是非常重要的融资渠道。数据可参见 IMF 2013 年 9 月发布的《全球金融稳定报告》的附录。

系统的稳定性。金融发展中金融系统健康程度越高，货币政策操作的灵活性就越大。其次，金融结构内部与外部的相互影响会对货币政策的有效性产生重要影响，特别是外汇市场干预的有效性取决于国内和国外金融市场间套利联系的强弱，还包括国内金融资产间的联系。

在大多数发展中国家（低收入和中等收入国家），银行仍然在金融系统中占据主导地位（Mohanty et al.，2006；Agénor Pereira da Silva，2013；Mishra et al.，2013）。其他专业化的机构以各种形式存在，但只占据经济体中金融中介领域很小的一部分。银行存款对于居民储蓄来说仍然是最重要的部分，并且银行信贷（以及留存收益）是企业营运资本需求和固定资产投资最重要的融资来源。事实上，尽管在近年来，消费信贷正在高速增长，但绝大部分的银行信贷都归属于发展中国家的公司短期贷款。而且近年发展中国家的股权市场和公司债券市场的规模也在增长；但是股票市场证券化和发达的工业化国家相比，依然保持在较低水平，同时股权融资局限在大企业中。类似地，公司债券市场维持在一个狭隘、集中并且流动性较低的状态。

从货币政策的视角来看，考虑银行在经济中的重要角色是十分必要的。通常，银行有三个功能：第一，银行将家庭或者个人短期的、流动的存款转化成企业的非流动性负债；第二，银行代表储户筛选潜在的借款人，同时也代表储户监控实际借款人；第三，通过提供支付服务，银行使得包括企业、劳动者、买家和卖家之间的各种经济事务更加便利。

在许多中等收入国家之中，银行较少受到政府的限制，这些限制包括制定有法律效力的贷款利率上限、较高的存款准备金率、流动性要求以及限制其投资组合旨在将资源用于惠及部门。① 出于审慎原因或消除大量资本流入，准备金要求仍然很重要（见第13章），但是对它们的动机不再像过去为大量财政赤字融资时那么强烈。②

在许多发展中国家，银行系统的本质及其复杂程度近年来已经通过私有化和跨国并购被转化了，然而，在绝大部分的发展中国家中，金融系统持续大幅落后于国家经济和工业的发展。尤其是非银行类的金融机构（对冲基金、大宗商品基金、私人股本集团和货币市场基金）、银行向"发起-分销"模式的转变以及从事表外业务的机构都尚未达到其在发达的经济体系中的重要地位。事实上，除了少数几个国家之外，其余国家的非银行金融机构都尚未达到高度发达水平。Ghosh et al.(2014）的研究指出，影子银行的重要性表明这种机构仅能在少数几个发展中国家发展壮大，例如菲律宾和泰国。③

对于大多数中等收入国家而言，金融系统的另一个重要特征就是其薄弱的监管能力和被限制的审慎监管执行能力。在多数这类国家，银行监管者缺乏去评估银行风险管理

---

① 流动性要求银行必须持有特定类型的政府债券，其数量和银行存款负债成正比，超过所需准备金。

② 理论上，其他解释可能很重要。例如，Di Giorgio（1999）表明，最优准备金率取决于金融部门效率的程度（通过核查成本衡量）。Castiglionesi（2007）建立了一个模型选择最佳的准备金，以便确保在可能引发银行危机的不利冲击的情况下，中央银行仍具有足够的流动性，同时避免损害潜在的贷款和投资机会。

③ 影子银行业由一系列活动组成，包括市场、合同以及传统商业银行部门以外的部分，并且因此受到的监管较轻或完全没有受到监管（Pozsar et al.，2010）。在工业化国家，常规银行融资的替代方法包括票据转让或贴现（依靠持有的票据借款）、基于资产的融资（依靠机器或者厂房等设施借款）、私人对私人之间的借贷以及私人对企业的贷款（私人通过网络借贷平台向私人个体或者企业提供贷款）。新贷款模式还包括向商业（例如餐馆和酒店）提供现金预支，这些商业的大部分收入来自信用卡业务。然而，这些新的贷款模式没有积累足够多的借款人，因此并没有重要到被认为是银行融资的替代品。

实践有效性的能力，尤其是缺乏评估与这种风险相匹配的资金充足性的能力。对于允许银行通过历史数据和内部模型决定信贷风险和资本充足率的国家来说，监管主体缺乏此类经验更是一个问题。监管能力的缺乏同时还影响对其余风险的评估，例如市场风险和利率风险。此外，不够审慎的监管会造成宏观系统的脆弱，还有可能导致银行挤兑或者通货膨胀风险，就像第 15 章中讨论的那样，银行运行经济环境持续的脆弱性还会使得货币政策实施过程变得复杂化。正如之后会讨论到的，这些缺点扭曲了货币政策的传导机制，对于那些缺乏能力控制自身资产负债表的银行而言，它们对利率变化的敏感性也更低。并且正如第 7 章所述，银行的这些问题会减少流动性紧缩的余地，并提高利率以降低通货膨胀目标制度中的价格压力。

2 信息不对称和信贷

区分信贷市场与其他商品和金融资产市场的关键点是银行向贷款人索要的贷款利率不同于提供给借款人的借款利率，后者等于合约利率和贷款人最终偿还贷款的概率之积。由于信息不对称，即借款人通常比贷款人更了解他们违约的风险，这种概率总是小于 1，Stiglitz and Weiss（1981）一个开创性的分析表明在信息不对称的情况下，信贷控制可能变成内生性的，而非来自政府部门因金融抑制而出台限制。

本章从展示 Stiglitz-Weiss 的分析开始，然后考虑 Townsend（1979）和 Williamson（1986）建立在基于有成本的状态查证的另一种方法。我们将会通过 Agénor and Aizenman（1998，1999b）建立的一个随机模型证明这个方法是无效的并且是局部均衡的。在第 12 章我们将会思考怎样将有成本的状态查证模型（costly state verification model，简称 CSV 模型）嵌入到完整的一般均衡模型中，然后我们进一步研究了由 Kiyotaki and Moore（1997）提出的分析抵押约束具体作用的重要模型。①

□ 2.1 Stiglitz-Weiss 信贷配给模型

Stiglitz and Weiss（1981）分析中的关键点是：还款概率可能和约定利率存在负相关，换句话说，当贷款约定利率提高时，还款概率随之下降。当贷款约定利率上升到一个特定的水平时，对某些特定的还款人而言，还款概率下降程度甚至高于约定贷款利率的上升程度——这意味着银行对于贷款的预期收益也许会随着未来约定贷款利率的提高而下降。因为银行并无动力去促进这样的情况产生，因此银行将会停止借款给这些人——即使这些人愿意接受一个更高的约定贷款利率：信贷配给因此产生。

对 Stiglitz-Weiss 模型的描述如下：假设有一个由一家银行和多个借款人组成的经济体，每个借款人可以投资一个单期项目，每个项目需要一笔固定数量的资金 L，在没有

① 参见 Freixas and Rocher（1997）对于带有逆向选择和信贷配给的信贷市场模型综述。另外一个描述信贷市场不完全性的方法可以参见 Wasmer and Weil（2004）的研究，他们假设了搜寻摩擦的存在（类似劳动力市场模型中的假设）。但是，我们发现“定位”信贷是金融部门不完全性的关键根源，这种“定位”包括借款人与贷款人的随机匹配过程。

任何禀赋的情况下，L 也是每个借款人为实施该项目必须获得的金额。[①] 每个借款人必须以价值 $C_i<L$ 抵押抵押品。所有代理人都是风险中性的利润最大化者。

假设每个需要资助的项目的总收益服从 $F(R_i, \theta_i)$ 的分布，其中，R_i 是项目的回报（假定在整个项目过程中保持不变），θ_i 是衡量项目风险的参数。所有项目产出均为 R_i（如果它们成功）或 0（如果它们失败）；借款人在任何情况下不能影响 R_i。虽然项目风险不同，但它们都有相同的平均收益率 R；因此，如果 p_i 表示项目产生 R_i 的概率，那么

$$p_i(\theta_i)R_i+[1-p_i(\theta_i)]\cdot 0=R \tag{1}$$

对于所有 i（$p_i'<0$）而言，θ 的值越大，表明风险增加。更确切地说，θ 的增加意味着项目收益方差的增加，而项目收益的预期值不变，因此 θ 变化的前提是收益均值不变。[②] $p_i'<0$ 表示风险较大的项目成功的可能性更小。

借款人 i 以合同利率 r 获取固定的贷款 L，如果项目的收益 R_i 加上抵押物的价值 C_i 不足以偿还贷款［即 $R_i+C_i<(1+r)L_i$］那么借款人将违约。因此银行要么收到完全的偿还贷款 $(1+r)L_i$，要么收到违约情况下 R_i+C_i 的最大值，假设贷款人没有集合或执行成本——这个假设我们将会在之后讨论到，那么银行的收益为下面两项的较小值：

$$\min\{R_i+C_i;\ (1+r)L\}$$

当项目失败的时候，收益为零，所以对于借款人而言，收益由下面的公式给出：

$$\max\{R_i-(1+r)L;\ -C_i\}$$

Stiglitz and Weiss（1981）的研究表明，对于一个给定的合同利率 r 而言，θ 有一个临界值，记作 $\tilde{\theta}$，当且仅当 $\theta>\tilde{\theta}$ 时，经济主体才会借款投资；换句话说，借款利率充当了筛选机制。Stiglitz and Weiss（1981）同时还发现利率的上升会触发两种效应：(1) 逆向选择的效用：因为所有申请人的风险上升，风险较小的借款人便退出市场，这个效用导致 θ 的临界值的上升；(2) 逆向动机效应，或者叫道德风险，即因为风险高的项目有更高的收益，于是借款人被更高的收益诱导去选择更高风险的项目，同时违约率也更高。这种行为对于贷款人的预期收益有负面的影响，这种影响可能是合同借款利率提高的主要原因。

第一个结果 $\partial\tilde{\theta}/\partial r>0$，表示合同利率提高对银行贷款期望收益具有直接正向作用，ρ（被定义为合同利率以及偿还概率的乘积）因为所有借款人违约风险的提高，可能会被部分地抵消掉。如果后一种效用占据主导地位，那么期望收益 ρ 将不是单一地由 r 决定，同时会在均衡中可能存在信贷配给。值得注意的是，逆向选择和道德风险的差别仅仅在于：在道德风险效应中，贷款人选择了影响借款人行为的利率（使得他们避免风险更大的项目）；而在逆向选择效应中，贷款人选择利率影响所有借款人（即借款人群体）的质量（为了避免导致选择风险更低项目的借款人离开市场）。除此之外，贷款人的本质目的都是一样的——无论在何种情况下，贷款人都试图引导资金流向更安全的项目。

上述结果由图 5－1 进行了说明，第一象限表示对贷款的需求 L^d 以及可供贷款的供应 L^s，L^d 和 L^s 都是作为合同贷款利率 r 的函数。标准地看，对贷款的需求是与合同贷款利率负相关的函数，并向下倾斜。相反地，在一定水平的利率 $\hat{r}$ 之内，可供贷款的供

① 缺乏禀赋这一条件限制了借款人投资自己的资金或通过其他方式筹集资金的可能性，例如股票发行或使用本票。

② 参见 Varian（1992，p. 186）中一个关于均值分布的例子。

应被认为与贷款有正相关的函数关系。正如前面所述，超过银行最优利率时，利率的继续增加会触发逆向选择和道德风险效应，通过降低对银行的预期回报率，导致向借款人提供的信贷额减少。因此，利率和可供贷款之间的关系变为负相关，并且 L^s 的值减少到了 $\tilde{r}$ 右边，换句话说，贷款的供给曲线呈现凹形。

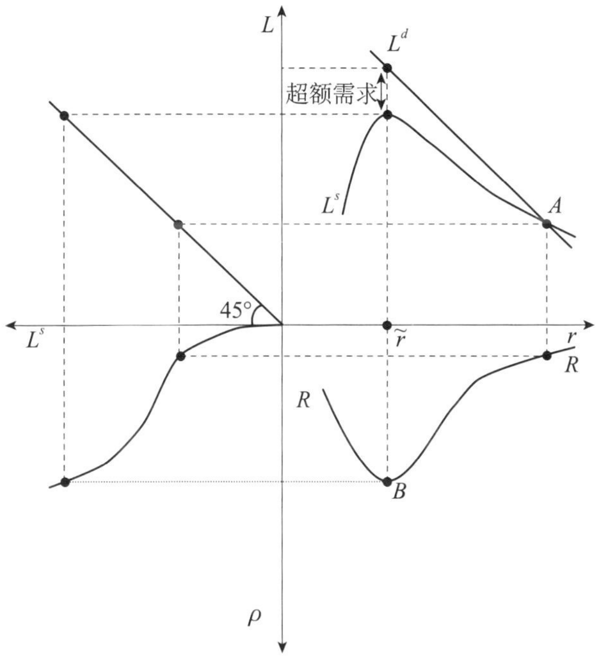

图 5-1　Stiglitz-Weiss 信贷配给模型中的利率决定图

资料来源：Stiglitz and Weiss (1981, p. 397).

如前所述，银行的预期回报率 ρ 是合同利率和还款的概率的乘积。由于与利率上升相关的逆向选择和道德风险效应，在合同利率的界限值 $\tilde{r}$ 之上，偿还概率下降的水平超过合同利率增加的水平。因此，ρ 和合同利率之间的关系是非单调的，正如图 5-1 中第四象限中的曲线 RR 所示。此外，与 L^s 相比，RR 的图像具有更显著的凹形。

较高的预期回报率激励了贷款行为；因此，ρ 和可供贷款之间存在正相关关系，如图 5-1 中的第三象限所示。第二象限中，均衡贷款额和贷款供给曲线 L^s 的图像是 45 度线的映射关系。第一象限中的 A 点表示合同利率，这个合同利率确保了贷款需求和贷款供给的平衡。然而，信贷配给均衡（以贷款需求过剩为特征）发生在利率为 $\tilde{r}$ 时，此时银行的预期收益处于最大水平。并且市场利率对银行来说不是最优的，因为此时银行的利润小于 $\tilde{r}$，这也是低效率的，具有高偿还概率的借款人退出，并被那些具有高违约风险的人替代。相反地，市场非出清利率既是最佳的也是最有效率的，因为在此时银行利润达到了一个极大值，同时风险借款人也被筛选掉了。①

因此，在不完全信息条件下，即使在竞争性信贷市场中，也可以观察到低于市场出清水平的贷款利率。这种非市场出清水平的贷款利率是对利润机会的有效反映。这种分

① Stiglitz and Weiss (1981) 还表明，当借款人可以具有明显的组别特征的时候，尽管事实上一些人所投资项目的预期生产可能高于那些实际上获得信贷的群体。但他们仍有可能被排除在信贷市场之外。

析的含义是，当超过特定水平时，官方利率的增加可能会适得其反。即使在对贷款需求过剩的情况下，就算银行之间存在一定程度的竞争，借款人也可能面临对借款能力的限制，尽管银行可能会收取低于市场出清水平的利率。对银行而言，将利率提高到市场出清水平利率之上并不是明智的做法，因为如果这样做，银行的预期利润将低于信贷配给水平下所能达到的预期收益，而具有较高偿还率的借款人很有可能会退出，被具有高违约率风险的借款人取代。

信贷配给均衡的 Stiglitz-Weiss 假设有助于理解为什么在一些发展中国家，在银行贷款利率不能满足对信贷的过度需求的条件下，银行信贷在很大程度上是依赖于配给的（除政府强制法规导致的信贷配给的扭曲因素之外），例如，项目的风险程度（通过上述 θ 系数衡量）可能与经济系统活动水平有内在的相关性，而经济系统活动水平本身可能取决于可用贷款的数量。这种关联性创造了一个机制，通过这个传导机制，信贷配给可能会被恶化并且在一段时间内持续下去。

然而，Stiglitz-Weiss 模型的假设也存在一些约束。第一个约束是必须假设贷款人完全无法评估潜在借款人的风险程度。如果利率上升确实导致风险较高的项目被投资，银行则被激励提高筛选技术以获得有关其客户的风险特征的信息。这在动态环境下尤其合理，即使这种筛查可能受到高风险借款人试图模仿低风险借款人的阻碍。

第二个与假设相关的问题是：必须假设所有项目都具有相同的平均回报［见（1）式］。正如 De Meza and Webb（1987）所示，如果项目的预期收益不同，配给不会在均衡的条件下出现。原因如下：假设在上述的分析框架中，所有的项目如果成功的话，都有相同的收益 R，但是不同项目成功的概率不一样，而项目成功的概率仅有借款人才了解。

如前所述，假设失败的项目具有零回报，因此，相比于具有较低成功率的项目而言，具有较高成功率的项目会具有更高的预期收益率。银行更倾向于贷款给拥有更高成功率项目的借款人。但是现在当借款利率提高时，具有较低成功率的项目会从市场中退出，因此，存在有利的选择效应，而非逆向选择效应。并且因为利率的提高，借款人群体的质量随之上升。银行的预期收益率 ρ 与合同利率之间的关系变为单调的，银行同时获取两方面的收益：一是由于利率提高带来的收益，二是由借款人违约风险降低带来的收益。因此，银行将在市场出清水平上设定合同利率，贷款配给将不会发生。

第三个问题涉及抵押品 C 在模型中的作用。Wette（1983）表明，如果贷款人试图通过增加借款人所需的抵押品来提高平均收益，可能会导致类似于 Stiglitz-Weiss 模型所强调的逆向选择效应。增加担保要求可能会降低银行的预期收益并且导致均衡配给。然而，Bester（1985）认为，如果贷款人可以通过改变贷款要求和合同贷款利率来筛选贷款申请人，配给均衡的可能性就会消失。原因是通过操纵这两种工具，贷款人可以诱导借款人（他们愿意典当抵押品的倾向与其项目的风险程度呈负相关）通过自我选择进入低风险和高风险群体。在随后的一篇文章中，Stiglitz and Weiss（1992）认为，即使银行能够操纵利率和抵押品，如果借款人绝对风险厌恶程度降低，均衡配给仍然可能出现。在这种情况下，借款人的抵押品和风险程度将是正相关的。

第四点是 Stigliz-Weiss 模型中的信用配给均衡是在假设企业有固定借款要求的项目情况下获得的。De Meza and Webb（2006）认为，在配给平衡中，借款人的资金边际成本是无限的，因此无论配给的起源是道德风险还是逆向选择，减少贷款规模几乎总是值得的。在这种可选择性的信贷配给均衡中，内部资金将存在溢价，企业家（借款人）将有强烈的动机削减流动支出以减少借款。此外，如果项目可以缩小规模或延迟实施，企业家（借款人）总会被激励去这样做。缩小规模或者延迟实施意味着银行永远无法达到其收益的转折点，而是永远处于增加的阶段，因此，竞争性信贷市场一般会被清算，并且配给不会出现。

第五个限制在于收集和核查信息的成本，我们将会在下面讨论到。

□ 2.2 有成本的状态查证模型

如前所述，Stiglitz-Weiss 模型中的信息不对称完全是事前的：虽然在实施前，项目收益的分布不同，但贷款人可以无成本地观察实际（或事后）结果。Townsend（1979）和 Williamson（1986）提供的另一种方法是：假定项目事前是相同的，但只有借款人能够无成本地观察项目回报。这种事后不对称的信息也产生了一个道德风险问题，即：虽然回报实际上可能高于偿还债务所需的资金，借款人可能会被激励谎称这个项目回报低到难以偿还贷款。为了防止这种情况的发生，贷款人必须承诺承担事后监督和执行成本，以达到以下两种目的：（1）核实借款人宣布破产的所有项目的结果；（2）当借款人选择违约的时候，按照法律执行贷款合同的条款（特别是关于扣押抵押品的）。如 Williamson（1986）所示，在这种情况下，合同利率和预期监控以及执行成本之间为正相关关系，而这种正相关关系可能导致贷款人的预期收益率 ρ 和合同利率 r 之间的非单调关系，从而产生信贷配给的可能性。原因是合同贷款利率越高，每一个借款人真正遭受破产的可能性越大，贷款人越有可能承担监督和执行成本。通过将合同利率提高到市场出清水平，银行可能招致这些成本上升，并且抵消了由较高的信贷价格带来的直接利益，并且在实际上导致贷款的预期收益减少，正如 Stiglitz-Weiss 框架中阐述的一样。但是，由于在这种条件下，银行并不会受到发放贷款的激励，信用配给将出现平衡。

为了说明这种有成本的状态查证方式的影响，我们将考虑由 Agénor and Aizenman（1998，1999b）提出的静态分析框架的简化版本，这个框架重点突出了生产率和信用冲击的外部成本对国内产出的影响。[①] 我们首先考虑银行信贷与供给方之间的联系，然后得出合同利率和资金成本关系的曲线。最后，我们研究中介费用增加对就业和产出的影响。

2.2.1 银行信贷和供给端

考虑这样一种经济体：风险中性的银行向需要用信贷来支撑生产计划的国内生产者提供金融中介服务。而生产受到随机生产率的冲击。对银行而言，生产率冲击的实现价值仅仅体现在成本上。如果生产者（也是借款人）选择违约不履行其还款义务，银行将扣押作为贷款合同的一部分的抵押品，加上已经实现的产出的部分 κ。成本包括两种类型：首先是验证项目的净值所需要高昂成本；其次，通常需要诉诸法律使用强制手段要求借款人偿还贷款，这也带来昂贵的成本。

假设所有的生产者都采用事前定好的生产技术，在这样的条件下，要实现产出，必须先获得一个等同于工资的借款—— wL_i，其中 w 代表工资水平（假定为常数），L_i 代表生产者 i 的雇佣劳动力，在工资水平为 w、雇佣劳动力为 L_i 的条件下，生产者能够得到的产出是：

---

① Agénor and Aizenman（2006）提出过一个强调了金融中介和投资波动影响的动态模型。

$$y_i = (1+\varepsilon_i)L_i^{\beta},\ |\varepsilon_i| \leqslant U < 1,\ i=1,\ \cdots,\ n \tag{2}$$

其中，$0 < \beta < 1$，ε_i 代表生产率冲击。[①] (2) 式表示减少劳动报酬。

生产者不能准确地预测未来的产出和资本存量，并且只能在 $Q_i < wL_i$ 的条件下进行抵押。令 rL_i 为合同利率；如果 $\kappa(1+\varepsilon_i)L_i^{\beta} + Q_i$ 小于按照合同利率应该偿还的贷款 $(1+r_L^i)wL_i$，则生产者 i 将违约：

$$\kappa(1+\varepsilon_i)L_i^{\beta} + Q_i < (1+r_L^i)wL_i \tag{3}$$

令 ε_i^* 表示导致违约的生产率冲击的最高值，即：

$$\kappa(1+\varepsilon_i^*)L_i^{\beta} + Q_i = (1+r_L^i)wL_i \tag{4}$$

这意味着：

$$\varepsilon_i^* = \frac{(1+r_L^i)wL_i - Q_i}{\kappa L_i^{\beta}} - 1 \tag{5}$$

这个方程表明，对于负的 ε_i^*，预期产出，即 L_i^{β} 与 k 的乘积，必须超过合同规定的偿还资金。

如果从不发生违约，那么银行从对生产商 i 的贷款中可获得的收益 Π_i 等于 $(1+r_L^i)wL_i$，并且 ε_i^* 被设定在最低的情况（$\varepsilon_i^* = -U$），在发生违约的情况下，Π_i 是由生产者的还款加上被扣押的抵押品减去状态验证和合同执行成本 C_i[②③]：

$$\Pi_i\,|_{default} = \kappa(1+\varepsilon_i)L_i^{\beta} + Q_i - C_i \tag{6}$$

银行可以以一个实际成本 r_C 获得弹性的资金供应（最高不超过一个给定的上限），这个资金的弹性供应与 i 无关。目前，假设对信贷的需求从未受到过约束，银行是风险中性的并且银行以类似于垄断竞争的方式进行竞争。这种关于市场结构的假设是通过一种溢价定价规则进行描述的，在银行要求扣除执行成本后，其贷款的预期收益为 $\theta(1+r_C)$，其中 $\theta \geqslant 1$ 被认为是恒定的，因此对生产者而言，贷款的合同利率是由收支状况决定的：

$$\theta(1+r_C)wL_i = \int_{\varepsilon_i^*}^{U} [(1+r_L^i)wL_i] f(\varepsilon_i)\mathrm{d}\varepsilon_i + \int_{-U}^{\varepsilon_i^*} [\kappa(1+\varepsilon_i)L_i^{\beta} + Q_i - C_i] f(\varepsilon_i)\mathrm{d}\varepsilon_i \tag{7}$$

其中，$f(\varepsilon_i)$ 是 ε_i 的密度函数，为了简单起见，并且假定生产者是同质化的（即 $C_i = C$），因此指数 i 将在下面的讨论中省略。

(7) 式可以被写作：

$$\theta(1+r_C)wL = (1+r_L)wL - \int_{-U}^{\varepsilon^*} [(1+r_L)wL - \kappa(1+\varepsilon)L^{\beta} - Q] f(\varepsilon)\mathrm{d}\varepsilon - C\int_{-U}^{\varepsilon^*} f(\varepsilon)\mathrm{d}\varepsilon$$

在上式右边的第二项中，将 (4) 式代入 $(1+r_L)wL$，重新调整得到利率为：

$$1 + r_L = \theta(1+r_C) + \frac{\kappa L^{\beta}\int_{-U}^{\varepsilon^*} (\varepsilon^* - \varepsilon) f(\varepsilon)\mathrm{d}\varepsilon}{wL} + \frac{C\int_{-U}^{\varepsilon^*} f(\varepsilon)\mathrm{d}\varepsilon}{wL} \tag{8}$$

---

① 注意在模型中不能加总风险，所有公司都是同质的，并且生产率冲击 ε_i 是独立的。

② C_i 是银行为了识别生产率冲击并执行适当的还款而支付的一次性成本。如果在获得关于 ε_i 的信息之后又支付了一些成本，那么分析将会变得更加复杂。在这种情况下，银行在确认了生产率低于"执行标准"之后，将不会强制偿还债务。我们也忽视与金融中介有关的所有其他实际成本。

③ 可以假设 C 将会随着企业产出水平的提高而提高，即 $C_i = c_i y_i$，正如 Greenwald and Stiglitz (1993) 提到的例子一样。这个假设和其余的变量一样，不会定性地改变之后讨论的结果；重要的是在 y_i 中，成本函数是凸性的。

(8) 式表明，(总) 合同利率是由加权规则决定的，同银行通过其资金获得的净收益相比，该规则有两项超额收益。第一项：$\kappa L^{\beta}\int_{-U}^{\varepsilon^*}(\varepsilon^*-\varepsilon)f(\varepsilon)\mathrm{d}\varepsilon/wL$，是由于自然存在的违约而导致的预期损失；第二项：$C\int_{-U}^{\varepsilon^*}f(\varepsilon)\mathrm{d}\varepsilon/wL$，衡量了预期中的验证和合同执行成本。注意，抵押品通过 ε^* 影响加成方程 (8)，抵押品的价值越高，违约的成本就越高，从而 ε^* 降低时，违约的概率随之降低。因此，价值较高的抵押品降低了利率差。

根据贷款合同，生产者需要偿还的贷款义务是 $(1+r_L)w_L$，然而，预期的偿还金额取决于现实情况，即取决于 ε 的价值，它是由下面的函数决定的：

$$\int_{\varepsilon^*}^{U}[(1+r_L)wL]f(\varepsilon)\mathrm{d}\varepsilon+(\kappa L^{\beta}+Q)\int_{-U}^{\varepsilon^*}(1+\varepsilon)f(\varepsilon)\mathrm{d}\varepsilon$$

该式第一项的含义是：当生产冲击高于 ε^* 时，贷款人能获得的偿还；第二项的含义是：当生产冲击低于 ε^* 时，贷款人能获得最终偿还。

因此，生产者的预期净收益等同于下式：

$$E\max\{(1+\varepsilon)L^{\beta}-(1+r_L)wL,\ (1-\kappa)(1+\varepsilon)L^{\beta}-Q\}$$

上式也可以被写成预期产出 L^{β} 减去“好的”和“坏的”自然状态下的预期还款：

$$L^{\beta}-\int_{\varepsilon^*}^{U}[(1+r_L)wL]f(\varepsilon)\mathrm{d}\varepsilon-\int_{-U}^{\varepsilon^*}[\kappa(1+\varepsilon)L^{\beta}+Q]f(\varepsilon)\mathrm{d}\varepsilon \tag{9}$$

通过 (7) 式，我们可以将 (9) 式写作：

$$L^{\beta}-\theta(1+r_C)wL-C\int_{-U}^{\varepsilon^*}f(\varepsilon)\mathrm{d}\varepsilon \tag{10}$$

2.2.2 资金成本-合同利率曲线

假设冲击 ε 服从一个均匀分布，因此有：$-U\leqslant\varepsilon\leqslant U$。解 (8) 式得到一个二次方程。

$$1+r_L=\theta(1+r_C)+\frac{U\kappa L^{\beta}}{wL}\Phi^2+\frac{C}{wL}\Phi \tag{11}$$

其中，Φ 表示违约的概率（因此 $C\Phi$ 衡量的是金融中介的预期成本），Φ 由下式给出：

$$\Phi=\int_{-U}^{\varepsilon^*}f(\varepsilon)\mathrm{d}\varepsilon=\frac{U+\varepsilon^*}{2U} \tag{12}$$

(11) 式的第二项阐述了生产者是怎样通过银行的加成规则 (markup rule) 来偿还信息不对成的成本，综合 (4) 式、(10) 式以及 (11) 式来看，合同利率可以作为银行资金成本的函数被推导出来。事实上，这条曲线是非线性的，并且在 ε 均匀分布的情况下，曲线是二次型的：

$$\theta(1+r_C)+\Psi_g(r_L)^2+\frac{C}{wL}g(r_L)-(1+r_L)=0 \tag{13}$$

为简便起见，令 $\Psi=U\kappa L^{\beta}/w$，$Q_i=0$：

$$g(r_L)=\frac{1}{2}-\frac{1}{2U}+\frac{1+r_L}{2\Psi}$$

从 (13) 式中可以得到：

$$\frac{\mathrm{d}r_L}{\mathrm{d}r_C}=-\frac{\theta}{\Phi+(C/2wL\Psi)-1} \tag{14}$$

可以从图 5-2 中推断出 (14) 式的进一步含义，图 5-2 涉及对生产冲击的价值 ε 的补偿，曲线 BB（AA）对应（3）式的左边（右边）。这些曲线的交点确定 ε^*，贷款偿还的概率由 $U\varepsilon^*$ 部分的长度决定，并且通过 $2U$ 标准化。曲线 $A'A'$ 对应合同利率边际增长 Δr_L。利率的提高会在两个相反的方面影响银行的还款预期。一方面，预期偿还增加了被 $2U$ 标准化的阴影面积（表示在好的自然状态下，在给定的贷款需求水平上偿还价值的增加）——该面积也等于偿还概率 $1-\Phi$，因为 Φ 代表违约的概率与 $wL\Delta r_L$ 的乘积。另一方面，预期偿还因为预期中间成本的增加而下降，中间成本等于 C 乘以［$(\mathrm{d}\varepsilon^*/\mathrm{d}r_L)/2U$］$\Delta r_L$。① 预期偿还的净增长由下式给出：

$$\left\{(1-\Phi)wL-\frac{C}{2U}\frac{\mathrm{d}\varepsilon^*}{\mathrm{d}r_L}\right\}\Delta r_L$$

由（5）式可知，$\mathrm{d}\varepsilon^*/\mathrm{d}r_L=wL/\kappa L^\beta>0$，代入上式中我们可得：

$$\left\{(1-\Phi)-\frac{C}{2U\kappa L^\beta}\right\}wL\Delta r_L \tag{15}$$

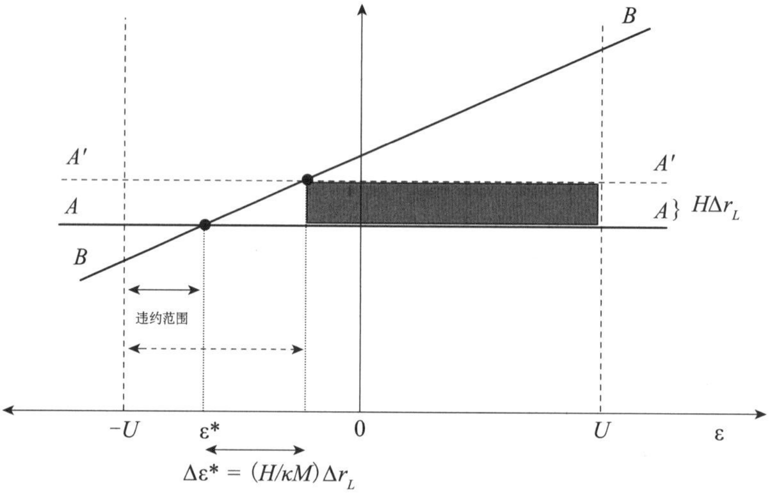

图 5-2　有成本的状态查证下的利率和预期收益

资料来源：Agénor 和 Alzeman（1999b，p. 205).

因此，当 $\Phi=0$ 时，$\Delta r_L/\Delta r_C>0$ 的条件是：

$$1-\frac{C}{2U\kappa L^\beta}>0$$

即 $C/2U<\kappa L^\beta$。因此，如果满足上述条件，我们将观察到一个合同利率/可贷资金成本曲线的上升部分。

假设这个条件得到满足。如果 $\kappa L^\beta(1-U)+Q<\theta(1+r_C)wL$，则 $U+\varepsilon_i^*>0$（上文已经给定 ε_i^* 的含义），并且违约的概率 Φ 将会是正的。在这种情况下，合同利率/可贷资金成本曲线将向后弯曲。正如图 5-3 所示，在图中，当（15）式中的项为 0 时，将达到 M 点。

在银行融资成本较低的情况下，如果满足 $\kappa L^\beta(1-U)+Q>\theta(1+r_C)wL$，那么违约概率 Φ 将会是 0——正如图 5-3 中的 KL 部分一样，这里蕴含着如（11）式所展示的

① 根据之前的探讨，$\Phi=(U+\varepsilon^*)/2U$，同时有：$\mathrm{d}\Phi/\mathrm{d}r_L=(2U)^{-1}\mathrm{d}\varepsilon^*/\mathrm{d}r_L$。

盈亏平衡条件 $\Phi=0$，

$$1+r_L=\theta(1+r_C)$$

因此，违约概率为 0，合同利率反映了银行的资金成本和根据加成规则进行的调整。

当银行的资金成本足够高时（因此合同利率也足够高），生产者在最坏的自然状态下将会发生违约，即如下式所描述：

$$r_C \geqslant \tilde{r}_C=\frac{\kappa L^{\beta}(1-U)+Q}{\theta wL}-1$$

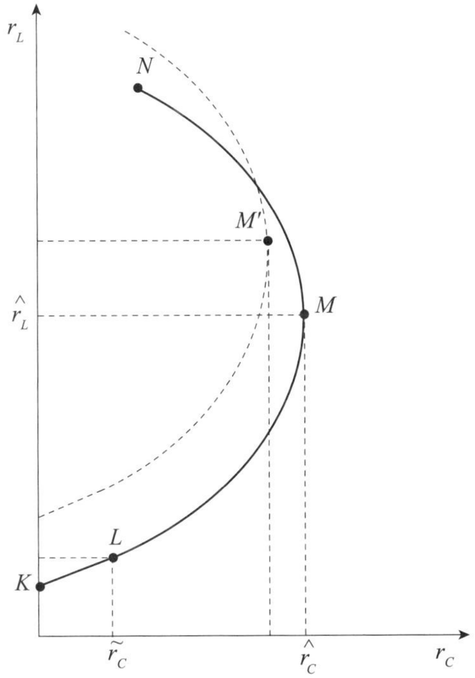

图 5-3　资金成本-合同利率曲线

资料来源：Agénor and Alzeman (1999b, p. 207).

$r_C=\tilde{r}_C$的点对应于图 5-3 中的点 L。除了 $\tilde{r}_C$，银行融资成本的进一步提高将增加违约概率，这将导致风险溢价和合同利率沿着 LM 部分上升。(14) 式意味着，在点 L 上方，曲线的斜率随着违约概率的上升而增加。在足够高的资金成本下，经济体将达到 M 点（此时 $r_C=\tilde{r}_C$），此时银行融资成本的进一步上升将使项目不可行。因为较高的合同贷款利率降低了还款的概率，并且在 M 点，该利率的进一步增加将使违约概率提高到足以减少预期还款的程度。M 点的利率可以由下式给出：

$$\hat{r}_L=\frac{\kappa L^{\beta}(1+U)+Q-C}{wL}-1, \quad \hat{r}_C=\frac{(C^2/4U\kappa L^{\beta})+\kappa L^{\beta}-C}{w\theta L}-1 \tag{16}$$

(16) 式的含义是：当国内波动性提高时，即 U 增加，将导致 M 点向左上方移动。这可以通过图 5-3 中的虚线证实，即从 M 点移动到了 M' 点。

从 (16) 式可以得知：

$$sg\left(\frac{\mathrm{d}\hat{r}_C}{\mathrm{d}C}\right)=sg\left(\frac{C}{2U\kappa L^{\beta}}-1\right)<0$$

给定先前推导出的具有向上倾斜部分的连接 r_L 和 r_C 曲线的条件。较高的执行和验证成本会降低资金成本的阈值水平，而高于这个水平时，贷款无法达成。

一般而言，考虑到资金成本的变化会在两个相反的方向影响预期偿还（正如前面所述），因此将有两个与 r_C 水平相关的国内合同利率。

高利率也与低偿还概率有关，如果竞争力足够强，它们将阻止与在曲线向后弯曲部分（MN 段）相关联的无效率平衡。

如前所述，假定银行仅在该曲线的向上倾斜部分（出于效率考虑的结果）运行。可以证明，如果 $C/2U>\kappa L$，将在与违约相关的贷款的最低水平达到信用上限。在这些情况下，供给曲线具有倒 L 形。如果因查证成本太大而无法收回成本，则会发生这种情况。在这种情况下，银行不会提供导致某些自然状态下违约的信贷水平。

2.2.3 中间费用、就业以及产出

为了分析对就业和产出的影响，现在假设每个（同质的）生产者选择使预期利润最大化的就业水平 L，这不是由 L^β 和合同偿还之间的差额 $(1+r_C)L$ 决定的，而是由（10）式给出的，结合（12）式，可以写为：

$$L^\beta-\theta(1+r_C)wL-C\Phi \tag{17}$$

因此，在零违约概率（即 $\Phi=0$）的情况下，执行成本对利润没有影响。将上述表达式对 L 求导并令结果等于 0，可以得到：

$$\beta L^{\beta-1}-\theta(1+r_C)w-C\frac{\mathrm{d}\Phi}{\mathrm{d}L}=0$$

因此，利用（5）式和（12）式得到：

$$\beta L^{\beta-1}-\theta(1+r_C)w-C(1-\beta)\frac{(1+r_L)w}{\kappa L^\beta}=0 \tag{18}$$

这个式子决定了最优劳动力的数量。[①] 从表达式中（使用隐函数定理）很容易得出：对劳动的需求与执行成本以及验证成本成反比（即 $\mathrm{d}L/\mathrm{d}C<0$）。因此，中间成本的增加也对产出造成不利影响。

在有成本的状态查证模型中抵押品可以被轻松地引入。[②] 存在事后信息不对称时，抵押品减少了在违约的情况下必须清算的（无效的）金额，因此增加了福利。更具体地说，Aizenman and Powell（2003）通过在前面描述的模型中引入抵押品，表明通过增加违约成本和降低生产率冲击的阈值，较高的抵押品降低了贷款利率相对于银行借款成本的溢价。

□ 2.3 资本净值和信贷约束

对信贷约束进行建模的另一种方法是假设信贷约束以某种方式与潜在借款人的净值挂钩。Kiyotaki and Moore（1997）发表了一种与此相关的研究方法，他们的论文构建了几个不同版本的“信用周期”模型，他们着重强调了几个版本之间的复杂性，特别是动态机制方面的不同。本节我们将给出一个关于他们分析框架的简化版介绍。

考虑一个经济体，这个经济体有两个生产部门和两类公司，一个受限制的部门（包

① 注意，r_L 由每个生产者在决定最优雇佣人数时给出。原因如下：假设存在一大批前期同质分布的生产者，所有这些生产者都由贷款人收取相同的利率。如前所述，r_L 是由收支平衡决定的，收支平衡内部化了关于特殊冲击分布的所有信息。

② 参见 Coco（2000）关于抵押品的文献综述，尽管这些概述更侧重于工业化国家。

含 C 类型的企业家）和一个不受约束的部门（包含 U 类型的企业家）。两种类型的区别在于用于生产易腐商品（perishable good）的技术。在 t 期，这两种技术都需要投入土地和劳动，然后在 $t+1$ 期得到产出，但在其劳动投入的性质上有重要的区别。U 类企业家的劳动投入可以在 t 时刻之前保证，并与他们可能拥有的债务无关。相比之下，C 类企业家不能做出这种承诺。这使潜在的贷款人面临违约风险，因为假设如果没有 C 类企业家的劳动投入，就没有产出。如果一个 C 类企业家的债务变得太繁重，在利益的激励下，他将撤回他的劳动而导致违约。因此，贷款人要求需要贷款的 C 类企业家提供抵押品。

一般来说，所需的抵押品的数量取决于违约后议价过程的具体情况。Kiyotaki and Moore（1997）认为，C 类企业家将获得其债务和其土地清算价值之间的整体价值差异，使得贷款人需要他们完整的土地（预期）价值作为抵押品。[①] 换句话说，C 类企业家不能拿到超过目前土地所有权（预期）价值的贷款。这个约束使得平衡是连续的，并且满足所有模型的动态结构。[②]

在其基本框架中，Kiyotaki and Moore（1997）做了三个非传统的假设以便于分析。首先，他们通过假设偏好在消费中是线性的，从而忽略风险分担。其次，他们假设 C 类和 U 类企业家有不同的时间偏好率。特别是，C 类企业家被认为不如 U 类企业家具有耐心，所以在均衡中，C 类企业家是借款人，而 U 类企业家是贷款人。最后，他们对 C 类企业家的储蓄率（通过假设他们的一些产出不能交易）施加技术上限，并且为他们的储蓄决策施加保证角点解的参数限制。因此，储蓄动态在基本框架中没有发挥作用。

即使有这些简化假设，模型仍然相当复杂，并在资产价格和整体经济活动之间产生了丰富的动态互动。然而，Kiyotaki and Moore（1997）在扩展版本中强调了基本框架有一些不太具有吸引力的特点：第一，没有总投资，土地的总供给是固定的，互动是以在 C 类和 U 类企业家之间重新分配土地的形式进行的。第二，杠杆率不切实际地高，等于总利率的倒数。这样的高杠杆率会产生不可预测的、较大的、对未预料冲击的脉冲响应。此外，缺乏总投资使得这些反应相当短暂。

Kiyotaki and Moore（1997）通过在模型中引入可再生产的资本来弥补这些缺陷。这种资本与土地和劳动一起用作生产投入，并通过投资（作为产出的一部分）增加。它由特定资产组成，因此不能作为抵押品。这降低了杠杆率，并抑制了经济对冲击的反应。通过假设在任何给定时期，都只有小部分 C 类企业家有机会投资可再生的资本，Kiyotaki and Moore（1997）得出经济对冲击的反应。此外，他们表明这种扩展模型可能有（稳定的）复数解，从而产生对冲击的周期性响应。[③]

C 类和 U 类企业家都面临着一个不变的死亡概率，即 $1-p$，其中 p 是从一个时期到下一个时期存活的概率。每个时期都会出现新的企业家群体，每个企业家群体的死亡概率都是 $1-p$，所以通过大数法则，经济总人口保持为常数 2。尽管寿命服从几何分布的

① 因为 C 类企业家不能承诺支付股息，因此引入股票市场也不会帮助他们筹集资金。然而，在 Kiyotaki and Moore（1997）模型的一些版本中，建立土地租赁市场可能是有利的。

② 参见 Kiyotaki（1998）的论述，存在其余的方式引入金融市场缺陷，如前所述，最常见的方法是假设信息不对称。然而将借贷建立在人力资源的不可分割性上，而非建立在道德风险或者逆向选择上面的做法，在动态环境中大大简化了问题。

③ 该模型的第三个版本在他们论文的附录中有介绍，第三个版本旨在表明其基本框架的结论并没有依赖其非常规偏好和技术假设。

假设在人口统计学上并不现实，但是它使得加总变得简单，因为储蓄的边际倾向相对于年龄而言是独立的。所有企业家都拥有完美的远见，并能够使预期的消费效用的贴现价值最大化，条件是他们每个连续时期都存活。并且每种类型企业家的偏好假设是相同的和凹性的，所以每个企业家的问题是：

$$\max_{c_t} U = \mathbb{E}_t \sum_{j=0}^{\infty} (\beta p)^j \ln c_{t+j} \tag{19}$$

其中，β 是贴现因子，$\mathbb{E}_t$ 是期望运算符。为了易于理解，瞬时效用函数被取为对数。劳动供给是灵活的，所以休闲时间不进入效用函数。

根据生产技术来区分不同的企业家，如果 C 类企业家的生产技术是线性的，因此，如果用 H_t^C 表示在 t 时刻时 C 类企业家所持有的土地量，用 Y_{t+1}^C 表示在 $t+1$ 时刻的产出，那么得到：

$$Y_{t+1}^C = aH_t^C,\ a > 0 \tag{20}$$

U 类企业家的产出，即 Y_{t+1}^U，服从递减的回报；假设一个二次生产技术的产出为：

$$Y_{t+1}^U = F(H_t^U) = b_1 H_t^U - \frac{b_2}{2}(H_t^U)^2,\ b_1,\ b_2 > 0 \tag{21}$$

其中，H_t^U 表示 U 类企业家所拥有的土地数量。总的土地供应量被假设为是固定的 $\overline{K}$，对于所有的 t，市场清算要求 $\overline{H} = H_t^C + H_T^U$。因此，模型的动态部分采取在两类企业家中重新分配土地的形式。为了保证分配过程中的内部稳定，需要满足以下参数条件：$b_1 > a > pa > b_1 - b_2\overline{H}$，这组不等式表明，如果 U 类企业家拥有所有的土地，那么 C 类的边际产出大于 U 类。反之，如果 C 类企业家拥有所有的土地，那么 U 类将拥有最大的边际产出。

在每个阶段的初期，交换会在四个市场中发生：（1）现货商品市场，其中产出被买卖；（2）房地产市场，其中土地被用于交易；（3）国内债券市场，两种类型的企业家相互借贷；（4）国际资本市场，这个市场吸收国内产出和国内支出之间的差异。假定国内产出以数字表示，其价格标准化为 1。t 时间的单位土地价格表示为 q_t，世界利率为 R（均以国内商品的单位表示）。

企业家在一系列预算约束中解决最大化（19）式的问题。假设企业家自身不带有任何禀赋；如果 b_t 表示任何一类企业家在 t 时刻的债务，这些约束条件体现如下（合计）①：对 C 类企业家而言：

$$q_t(H_t^C - H_{t-1}^C) + Rb_{t-1} + c_t = paH_{t-1}^C + b_t \tag{22}$$

对于 U 类企业家而言：

$$q_t(H_t^U - H_{t-1}^U) + Rb_{t-1} + c_t = p\left\{b_1 H_{t-1}^U - \frac{b_1}{2}(H_{t-1}^U)^2\right\} + b_t \tag{23}$$

约束的右边是 t 时刻的资金来源，其中包括当前幸存企业家的生产和新债务问题。左边是 t 时刻资金的用途——包括土地购买、偿还债务和消费支出。

模型的关键因素是限制并约束了 C 类企业家的债务 b_t。在假设没有劳动就没有产出的情况下，这种约束源于他们无法承诺劳动。Kiyotaki and Moore（1997）认为，在完美

① 死亡风险意味着个人贷款利率为 R/p。然而，总体上这种风险是完全多样化的，因此部门预算约束如（22）式和（23）式所示。

的展望情况下，C类企业家不能拿到一笔超过他目前持有的土地现值的贷款，因为贷款人承认如果债务超过该价值，则将鼓励违约。如果地价不是随机的，抵押物的未来价值为 $q_{t+1}H_t^C$。为简单起见，假设C类企业家能够借到等于其土地（预期）现值的借款，那么其信贷约束将生效：

$$Rb_t = q_{t+1}H_t^C \tag{24}$$

此处，我们用 R 而不是 R/p，是因为当C类企业家死亡时，他的土地还在。换句话说，借入资金必须等于在 $t+1$ 时刻土地现值。

使用（24）式代替企业家（总）预算约束（22）式中的 b_t 得到：

$$z_tH_t^C + c_t = (pa + q_t)H_{t-1}^C - Rb_{t-1} \tag{25}$$

其中，$z_t = q_t - q_{t+1}/R$ 可以被描述为：t 时刻“用户资本的成本”，或者每单位完全抵押的土地所需的首付。

受制于（25）式的约束，为了解决（19）式中的产量问题，将采取以下关于C类企业家土地方面投资支出的决策规则：

$$H_t^C = \frac{\beta p}{z_t}paH_{t-1}^C \tag{26}$$

这个方程表明C类企业家花费了在 t 时刻净值的固定比例 βp 部分在土地上。而剩余部分 $1-\beta p$ 则用于消费。

（26）式是模型的两个基本方程之一。第二个基本方程总结了U类企业家的最佳行为。因为U类企业家没有面临借款限制，他们的土地购买是基于无套利的条件下的。特别地，U类企业家在贷款和购买土地中间保持独立性（或者，对借贷和卖地）。这将是以下等式成立时的情况：

$$\frac{F'(H_t^U)}{z_t} = \frac{R}{p} \tag{27}$$

（27）式的左边是购买一块土地的回报率，而右边是贷款的回报率（记住，个人贷款收取寿险风险溢价）。

使用市场清算条件 $\overline{H} = H_t^C + H_t^U$ 和 z_t 的定义式（25），可以将（26）式和（27）式简化将为关于两个未知数 q_t 和 H_t^C 的随机过程。将（27）代入（26）式中的 z_t 得到下面的非线性差分方程决定了C类企业家的土地所有权的平衡路径：

$$\frac{p}{R}F'(\overline{H} - H_t^C)H_t^C - \beta p^2aH_{t-1}^C = 0 \tag{28}$$

这两个结果总结了该方程的基本性质。第一个结果表明存在着一种独特积极的稳态土地分配。如果世界利率满足限制 $R\beta > 1$，以及生产函数满足上述限制，则在稳态下农民的土地所有权为：

$$\widetilde{H}^C = \frac{\beta Rpa - (b_1 - b_2\overline{H})}{b_2} \tag{29}$$

这个命题的证明是非常直接的。由（21）式可知，$F'(\overline{H} - H_t^C) = b_1 - b_2(\overline{H} - H_t^C)$。因此，（28）式的左边是二次的。为了解出稳态，设定 $H_t^C = H_{t-1}^C = \widetilde{H}^C$，得到 $pR^{-1}[b_1 - b_2(\overline{H} - \widetilde{H}^C)]\widetilde{H}^C - \beta p^2a\widetilde{H}^C = 0$，可以调整为 $b_1 - b_2(\overline{H} - \widetilde{H}^C) - \beta Rpa = 0$。为求解这一等式，我们给出（29）式，如果 $R\beta > 1$ 并且（如上所述）$pa > b_1 - b_2\overline{H}$，那么 $\widetilde{H}^C > 0$。

第二个结果是在 $\widetilde{K}^C$ 附近线性化（28）式得到的。它意味着在稳态的两侧，农民的土地持有遵循稳定的一阶自回归过程，由下式给出：

$$H_t^C = H_0^C + \lambda H_{t-1}^C \tag{30}$$

其中，

$$\lambda = \frac{\beta Rpa}{2\beta Rpa - (b_1 - b_2\overline{H})} < 1,\quad H_0^C = \frac{b_2\overline{H}^2}{b_1 - b_2\overline{H} + 2b_2\widetilde{H}^C} \tag{31}$$

当 H_t^C 的平衡过程被确定后，(27) 式可以用于推导 q_t 的平衡过程。在稳态的两侧，地价也是由稳定的一阶自回归过程驱动的：

$$q_t = \bar{q} + \left(\frac{pb_2}{R-\lambda}\right)H_t^C = \left\{(1-\lambda)\bar{q} + \left(\frac{pb_2}{R-\lambda}\right)\widetilde{H}^C\right\} + \lambda q_{t-1} \tag{32}$$

其中，

$$\bar{q} = \frac{p(b_1 - b_2\overline{H})}{R-1} - \frac{pb_2 H_0^C}{(R-\lambda)(1-\lambda)}$$

实际上，由 (27) 式可得 $z_t = q_t - q_{t+1}/R = (p/R)F'(\overline{H} - H_t^C) = (p/R)[b_1 - b_2(\overline{H} - H_t^C)]$。向前迭代（即在地价方面应用横截条件），将 H_t^C 代入 (30) 式并对当前所得到的贴现价值结果进行衡量后得到 (32) 式。

如 Kiyotaki-Moore 所示，只要 $R < 1/\beta p$，则信贷约束的存在意味着在稳态下，约束行业的回报率超过了无约束行业的回报率①，这个差异是模型的关键特征；它意味着土地的边际再分配对产出和资产价格产生了一级后果。此外，当信贷约束变得更紧时，参数 λ 增加。因此，从 (30) 式和 (32) 式得到，更严格的信贷约束放大和延长了经济对冲击的反应。

前面描述的 Kiyotaki-Moore 模型是基于一些“非标准”假设——如假设 C 类企业家具备线性技术［见(20)式］，这些假设并不是完美的。Cordoba and Ripoll (2004) 扩展了模型，以便考虑标准偏好和技术。通过校准，他们发现抵押约束在作为冲击放大机制时，定量层面的显著性比原来的模型更加有限。此外，Krishnamurthy (2003) 发现在引入可以使公司对冲常见冲击的市场后，这一机制将不再稳定。

3 货币政策传导机制：概述

更加灵活的汇率制度带来更大的货币政策自主性，这也带来了对发展中国家货币传导机制的重新关注。本节的主要内容是针对小型开放发展中经济体，回顾货币政策决策对于总需求和供给端的主要传导渠道。② 我们将重点关注金融系统发展较健全的国家的情况，其中货币政策的目标是短期政策利率，中央银行通过影响商业银行的流动性供应来控制短期利率。③ 具体来说，我们将假设中央银行的流动性供应在官方利率上是完全弹性的。

① 实际上，C类的稳态恢复率为 $a/\bar{z}$，也就是说，由 (26) 式得出，$\bar{z}=\beta p^2 a$，$a/\bar{z}=1/\beta p^2$。相比之下，C类企业家可以自由地等于边际值，所以他们的稳态回报率是市场利率 R/P。因此，如果 $R<1/\beta p$，则 $1/\beta p^2 > R/p$ 成立。

② 关于发展中国家货币政策传导渠道的更详细概述，见 Agénor (2004b) 以及 Mishra et al. (2013)。我们后续不讨论贸易信贷（小企业特别依赖的信贷资源）如何影响货币传导机制；参见 Mateut (2005) 更广泛的概述。

③ 参见 Laurens (2005) 讨论现代中央银行用于实施货币政策的各种政策工具。

□ 3.1　从政策利率到市场利率的传导

在回顾货币政策传导途径之前，一个关键的问题在于：短期官方利率能够在多大程度上影响市场利率。如果从政策利率到短期市场利率的通道是完整和快速的，那么则可以用一个更具代表性的市场利率（如隔夜同业拆借利率、货币市场利率或者三个月的国库券利率等）作为政策工具本身。

然而，在发展中国家，由于各种类型的市场缺陷，这种传导渠道并不总是完整或者快速的。一般来说，在任何一个给定的经济体中，银行贷款利率的黏性取决于国家金融系统的结构，而金融结构取决于诸如金融市场的发展程度、银行体系内的竞争程度以及金融中介的所有权结构等因素。例如，信贷市场的竞争程度越低，可替代性融资的来源就越有限；贷款需求的弹性越低，贷款利率对政策变化以及货币市场利率的反应就越有限。与此同时，货币市场利率的变化越短暂，贷款利率的反应就越低。在银行体系持续由国有银行控制的国家，政治压力（或纯粹的低效率）也可能延缓贷款利率的调整。如果对贷款而言，银行间市场的竞争性不足，或者政策利率的调整被认为是暂时性的，那么货币市场利率本身的反应也可能受到限制。这意味着银行存款和贷款利率对官方利率变化的反应可能是不对称的。例如，Chong et al.（2006）发现，在新加坡，当银行利率低于其长期均衡水平时，银行利率的调整速度较慢，因此，紧缩性货币政策可能比扩张性货币政策需要更长的时间来影响经济。

此外，短期利率水平只影响家庭和公司极小部分的总支出。私人部门也可以通过留存收益（通常是发展中国家的情况）以及在较低程度上通过银行系统或资本市场的长期利率进行融资。来自这些来源的借款成本只是间接地受短期利率的影响。

总体而言，政策利率变化对金融成本的影响取决于不同形式融资方式之间的可替代程度、这些利率对短期市场利率（包括银行贷款和存款利率）反应的渠道以及短期利率变化对长期利率的影响。不同金融形式之间的可替代性取决于金融市场的结构和运作。

已有研究如 Disyatat and Vongsinsirikul（2003）和 Archer（2006）表明，政策利率对短期市场利率的影响存在明显的滞后。这一发现对于评估货币政策的作用和影响很重要；它表明货币政策的传递机制可以通过旨在加强金融中介之间竞争性的结构性措施来加强。因此，后文将假设政策利率的变化在很大程度上（即使会有一段延迟）被转移到市场利率上。

对于一个拥有固定或者浮动汇率的小型开放发展中国家而言，它的货币政策传导过程可以参见图 5－4 和图 5－5。这些渠道可以分为利率效应、名义汇率效应、资产价格和资产负债表效应、信贷可得性效应和预期效应。资产负债表效应和信贷可得性效应通常被称为信用渠道（Bernanke and Gertler，1995）。

以上的传导过程基本上依赖于这样的观点：信贷市场的运行受到借款人和贷款人之间的信息不对称的阻碍。从动态的角度看，当然还有关键宏观经济总量（产出和通货膨胀）的行为对政策决策和期望的反馈效应，如图中的虚线所示。

□ 3.2　利率效应

货币政策决策引发的利率变化会影响总需求和总供给两个方面，有四个渠道可以对总需求产生影响。

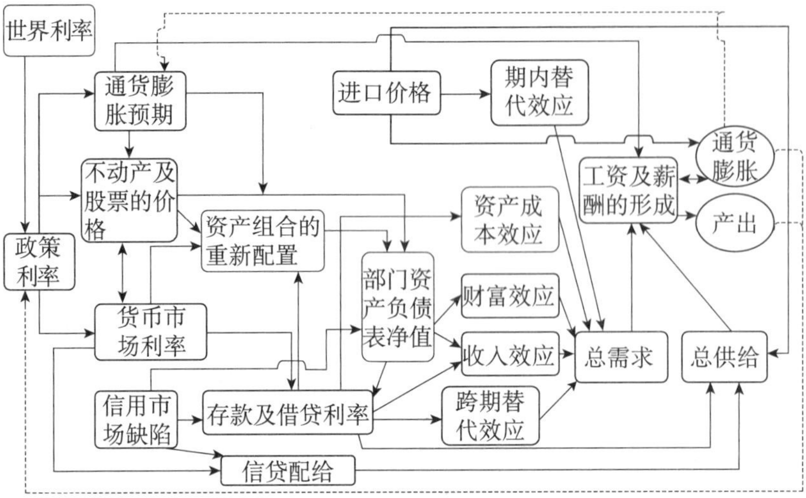

图 5－4　在固定汇率下货币政策的传导过程

资料来源：改编自 Agénor（2004a，p. 133）.

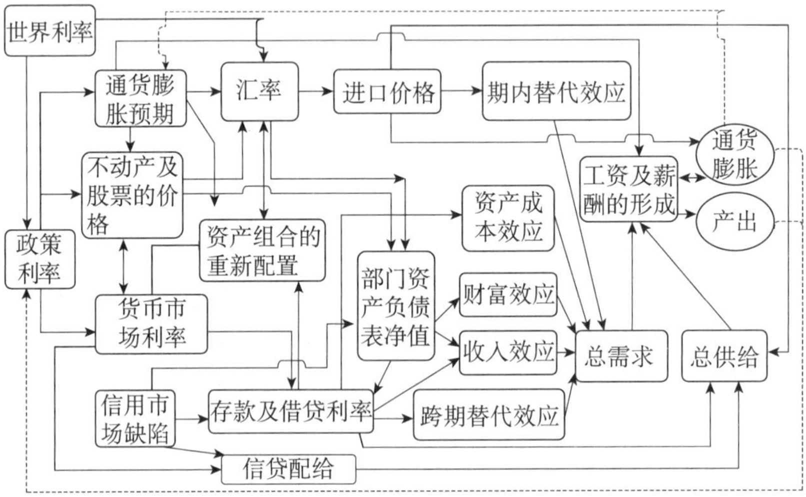

图 5－5　在浮动汇率下货币政策的传导过程

资料来源：改编自 Agénor（2004b，p. 133）.

第一个是资本成本：包括购买耐用消费品、房屋投资、厂房和设备的商业投资以及库存。如果企业必须借款来促成资本的形成，那么由于名义政策利率的上升而引起的实际银行贷款利率的上升将会提高资本成本，并倾向于降低投资和产出。第二个是家庭支出的财富效应。官方利率的增加将转化为较高的国内利率，并且会降低来自实物资产和固定利率金融资产的现值。这往往会降低其价格并降低这些资产在家庭投资组合中的价值，而私人财富下降将使私人支出减少。

第三个是收入效应，收入效应的积极性或者消极性取决于家庭是银行系统的净债务人还是债权人。如果家庭是净债权人，官方利率的增加将转化为更高的存款利率，这将导致家庭拥有更多的可支配收入和更高的支出。作为商业银行的资金来源，中央银行贷款和银行存款之间的可替代程度越大，官方利率变化对存款利率的影响就越大。第四个是消费支出的跨期替代效应，例如，实际利率的上升诱使家庭用更便宜的未来消费替代更昂贵的当前消费。因为利率上升产生了积极的收入效应（如前所述），这往往抵消了跨期替代对支出的不利影响，所以利率变动对私人支出的净影响通常是不确定的。

关于总供给也有几种效应。第一，劳动供给效应，如果利率上升导致家庭减少对休闲的需求，从而导致劳动供给增加，那么可能会导致潜在产出的暂时增加。第二，成本效应，在发展中国家这一效应尤其重要，如果企业是银行体系的净债务人，那么银行再融资成本较高所导致的高贷款利率将提高生产成本，正如前文提到的一样，例如，如果企业必须在产品卖出之前支付工人的工资，因此就必须要从银行借款，在这种情况下，劳动的有效成本就包括贷款利率。

因此，政策利率变化对产出的净效应一般取决于供给效应是扩张还是收缩，以及对总需求效应的影响是减轻的还是加剧的。例如，如果财富效应是扩张性的，但是需要一些时间来实现，利率的提高可能会导致衰退。此外，通货膨胀的影响取决于工资和价格的形成过程，如果工资和价格在短期内是黏性的，那么就不能快速地对劳动的过度供给以及货物和服务的过度需求做出反应，政策利率的变化只会逐渐地影响通货膨胀。

□ 3.3　汇率效应

在浮动汇率下，政策引起的名义汇率变化是货币政策影响通货膨胀和产出的重要传导渠道（见图 5－5）。通常情况下，对于给定的预期通货膨胀率，国内利率上升的直接影响是资本流入和名义汇率的升值，因此汇率对宏观经济有着直接或间接的影响。

首先，汇率对通货膨胀存在直接影响，即通过进口商品的成本直接影响通货膨胀。在开放经济中，这通常是从货币政策到通货膨胀最快速的传导途径。例如，实际汇率的升值降低了进口品的国内价格，并对进口竞争品的价格产生了直接的影响，使之价格下降。相反，较低的进口品价格对最终需求价格的传递可能随着时间的推移而扩散。① 其次，总需求和支出变化对通货膨胀存在间接影响，这是由贸易品和非贸易品相对价格的变动引起的，是一种跨期替代效应。② 举例而言，非贸易品相对价格的上涨（实际升值）将会降低对这些货物的需求，并对通货膨胀施加下行压力。然而，作为资本品净进口国（发展中国家通常属于这类国家），真正的升值也可能通过降低投资品的国内价格来刺激私人投资。这种传导途径最终可能对通货膨胀和经济活动产生影响，尽管这种过程可能是渐进的。

最后，由于进口投入品（如石油）的国内货币价格变动对贸易品和非贸易品生产的影响，汇率变动产生了直接的供给侧效应。例如，名义汇率的贬值提高了进口中间产品的国内货币价格，如果这些投入在国内不存在完全替代品，可能导致两个部门的国内产量缩减。Agénor（2002），Gagnon and Ihrig（2004），Ghosh（2013），Ho and McCauley（2003），Carranza et al.（2009）研究了汇率变化如何传递到国内通货膨胀，近期的研究侧重于高度美元化的经济体。Agénor（2002）发现，传导机制取决于制度，在某种意义上，它随着商业周期的阶段而变化。在经济衰退期间，传导的有效性较弱。Gagnon and

① 更低的消费者价格会降低工资需求，因此也会逐渐影响通货膨胀。

② 当然，货币替代效应也可能会因以外币衡量的进口品价格的改变而引起，如图 5－3 所示。

Ihrig（2004）发现，自20世纪80年代以来，在工业化国家中观察到这种传导有效性的减弱，似乎是由于对这些国家通货膨胀稳定性重视程度的增加而引起的。在1971—2003年间，通货膨胀水平或标准差减少最多的国家（中央银行政策对预期价格变化更具响应的结果）同时也是传导途径有效性下降最大的国家。Ghosh（2013）对9个拉丁美洲国家在1970—2010年间的一项研究中发现，低通货膨胀率和低贸易开放程度会减轻传导的程度。他还发现，在过去10年中，汇率传导途径的影响程度已经下降，这一结果可归因于一个国家进口构成的转变，即从原材料和能源进口向制造品（这些制造品具有更多高竞争力市场）转变，另一个原因是本国货币定价的改变，即以目标市场货币币值定价的行为。

□ 3.4 资产价格以及资产负债表效应

如前所述，因为大多数发展中国家证券市场的发展程度较低，资产价格的变化（主要是土地和汇率）可能对住房和持有外国债券等资产的价值产生巨大影响，这会通过改变人们对所持有财富的感知价值影响支出。[①] 例如，由于利率政策变化而引起的汇率变动可能产生很大的估值效应，这取决于经济体中债务人的债务结构。汇率贬值将减少具有净外币负债头寸国家的财富。事实上，汇率波动的资产负债表效应可能远远大于它对消费支出和消费总需求（由财富感知变化引起的）的影响。

实物资产价值的变化往往发生在传导过程的早期，因为资产价格的调整速度往往高于货物和服务价格的调整速度，并且在本质上来讲，资产价格比利率变化以及预期变化更加敏感；通常情况下，持有资产的目的是在不同时期替代消费或者对冲预期的价格变动。因此，持有资产这一行为可能包含中介机构如何看待未来经济变化的信息。然而，资产价格同时也受到除短期内货币政策之外的一系列因素的影响。这就提出了一个问题：如何以及在何种程度上应对资产价格短期变化的问题，上述问题是工业化国家中一个特别重要的议题。在这种情况下，股票价格的变化往往会产生巨大的财富效应（Cecchetti et al.，2000）

资产负债表的恶化主要通过短期内的支出和总需求实现，尽管从长远来看，它们可能通过抑制资本形成来影响总供给，同时也可能产生显著的反馈和放大效应。首先，可能存在对资产价格的反馈，当支出和收入下降时，资产的销售也会下降，这将导致资产价格的进一步下降。其次，销售和就业下降意味着持续削弱现金流，进而导致支出的进一步下降。另外，放大效应也可以通过外部融资溢价来实现。

3.4.1 净值和融资溢价

外部融资溢价可以定义为外部筹集的资金成本（发展中国家大多数企业的银行贷款利率）和内部资金（或留存收益）的机会成本之间的差值，这可能是政府债券的利率，银行存款利率或外国利率。这种溢价反向取决于借款人的可抵押净值相对于贷款的债务的比例。[②] 可抵押净值包括净金融资产和任何有形的可以作为抵押品的实物资产（如建筑物或机械）。

---

① 财富效应也可能影响借款的能力，正如Kiyotaki-Moore的框架论述的一样。

② Mizen and Tsoukas（2012）使用公司债券市场的数据，证实了印度尼西亚、韩国和泰国的资产负债表信用指标影响外部融资溢价。

3.4.2 金融加速器

由于外部资金的溢价影响借款人面临的整体资金价格（贷款利率），信贷市场的不完善会影响消费和投资决策——无论配给是否普遍（见图5－4和图5－5）。企业净值的变化对融资溢价和资本成本有额外的影响。例如，资产价格上涨将改善公司的资产负债表，促使银行收取较低的贷款融资溢价，从而降低资本成本和刺激投资。[①] 因此，资产负债表效应通过金融加速器机制传播。

包含这种类型机制的模型包括 Bernanke and Gertler（1989），Bernanke et al.（2000），Gertler（1992）和 Gertler et al.（2007）。[②] 在所有这些模型中，借款人财务状况的顺周期性变动导致溢价对外部资金的逆周期变动。净效应是一个金融加速器，它放大了借款人支出的周期性波动。[③] 例如，例如，在 Bernanke and Gertler（1989）的模型中，金融中介的代理成本导致了资金的内部成本和外部融资的成本之间的差别。通过增加代理成本，单期外生冲击可能导致投资下降，从而导致未来产出下降。类似地，在 Bernanke et al.（2000）的研究中，资产价格变化的影响在很大程度上通过其对家庭、公司和金融中介的资产负债表的影响传递。公司、家庭可以利用持有的资产作为融资的抵押物，以此减轻由于信息不对称和激励问题导致的对它们融资的约束。在这种假设下，资产价值的降低会减少抵押品价值，阻碍潜在借款者获得信贷资源。金融中介为保持自身的资本充足率就会停止放贷或改变放贷对象的构成（从依赖银行融资的部门转移出来，通常这些部门中包含较多的小型经营主体）。

如前所述，在 Kiyotaki and Moore（1997）的研究中，可抵押净值在降低贷款成本中发挥了关键作用，而且通过限制总信贷供应，对净值的负面冲击也降低了产出。在他们的模型中，土地被用作流动资金贷款的抵押品（这是生产过程中的中间投入）。对降低产出的经济负面冲击将导致土地价格下降，从而降低抵押品的价值，并且因为银行为维持营运资本而限制贷款，因此会放大初始的负面冲击。

金融加速器的机制更适用于小型借款人，因为该群体可能会面临特别高的外部资金溢价。这一现象的产生存在多种解释：一种可能性是由于评估和监测过程中存在固定成本，小型借款人的破产成本相应更大。另一种可能性是大型借款人具有相当大的可抵押净值。[④] 此外，决定激励问题的严重性的因素——不可观测的异质性风险，对于小型借款人（平均而言，他们的资产组合是难以分散化的）而言更大。

下一章提出的分析框架将阐明金融加速器是如何运作的，第12章也将强调这种机制是如何嵌入到具有金融摩擦的动态随机一般均衡模型中的。我们已经注意到，金融加速器特征的传导机制有助于理解为什么汇率贬值在经历金融危机的一些发展中国家可能是紧缩性的。货币贬值（或急剧的初始贬值）对企业的资产负债表产生直接影响。如果企业拥有外币负债，贬值会增加以国内货币计算的债务负担。同时，由于资产通常以本币

---

① 参见 Hubbard（1998）关于净值、外部溢价以及投资之间的联系的图解。

② Iacoviello（2005）扩展了 Bernanke 等人的论述，如 Kiyotaki and Moore（1997）所述，他对与房地产价值相关的企业的抵押限制进行计算。

③ Fountas and Papagapitos（2001）提供了间接证据，金融加速器对于预测一些欧洲国家（法国、德国、意大利和英国）的产出波动很重要，作为外部融资溢价的衡量，金融加速器通过使用公司债券和政府证券之间的利差运作。

④ Gertler（1992）认为，净值是借款人贴现未来收益的函数。在小公司的预期期限较短的情况下，其净值相对于当前投资的比例会较小。

表示，因此公司资产的价值没有随之增加。因此，贬值导致公司资产负债表恶化和净值下降，进而加剧逆向选择问题，因为有效抵押已经下降，从而对贷款提供了较少的激励。[①] 贷款下降往往会对投资和经济活动产生负面影响。一个典型的例子是东南亚金融危机。由于国内本币和外币贷款之间存在巨大的利差，这些国家的银行和公司在20世纪90年代初期积累了大量未对冲的外币债务。在1997年中期的泰国金融危机之后，该地区发生的大量贬值提高了这些债务的本币价值，削弱了银行和公司的资产负债表并导致信贷和产出的崩溃。

但是，值得注意的是信贷市场扭曲扩大经济冲击影响的想法受到了一些学者的批评。正如House（2006）阐述的一样，当这些扭曲是逆向选择问题的结果时，金融加速器可能具有稳定经济而非扩大冲击的效果。在他的框架中，与信用市场扭曲相关的总放大效应可以分解为三个独立的渠道。例如，增加内部资金的冲击以三种不同的方式影响投资。首先，内部资金的增加导致借入资金的溢价下降，较低的溢价会使公司投资更多。这是在许多现有文献中强调的“代理成本”渠道。其次，由于借款人的净资产越高，其投资项目的成本和利益越多，投资水平越接近有效水平，这可能会导致投资的增加或减少。在后一种情况下，金融市场不完美会减轻冲击的影响。最后，当内部资金增加时，投资的分配变得更有效率。具有高预期回报项目的投资增加，对预期回报低的项目的投资减少。因此，即使投资总额不变，也会放大冲击，因为投资分配更加有效了。对投资的总效应是这三种效应的总和。如果第二种效应是负面的，并且支配其他两种效应，那么金融市场的不完美将对经济产生维稳（虽然效率低下）的影响。

□ 3.5 信贷可得性效应

货币政策的银行信贷渠道建立在银行贷款和资本市场筹集的资金不是完美替代品的基础上。某些类型的借款人，特别是小型公司，缺乏进入资本市场的渠道，因此只能依赖银行。银行有能力监测和筛选这些借款人的活动。但是，这种能力是不完善的，如前所述，借款人比银行更了解自身的贷款偿还能力，因此银行也使用非价格配给的做法，如安全检查、信用风险评估和抵押要求，作为贷款审批的一部分流程。当货币政策收紧，银行流动性储备下降时，银行贷款的供应部分通过这些流程减少，因为银行认定提高贷款利率本身可能会产生逆向选择效应，如之前的Stiglitz-Weiss模型所示。那些依赖银行的借款人将受到特别的影响，而前面描述的资产负债表效应可以通过它们对可抵押净值的影响来加强这一结果。

对发展中国家来说，很少有研究试图评估货币政策信贷渠道的强度。例如，Disyatat and Vongsinsirikul（2003）研究了这个渠道对泰国的重要性。但是，尚未最终确定（至少对发展中国家而言）信贷可得性效应是否是货币政策的关键传导渠道。实际上，在解决这个问题时出现了重要的识别问题。特别是，难以根据经验区分紧缩的信贷条件是由银行流动性储备减少而引起，还是由潜在借款人的信用度下降引起，即区分银行贷款渠道和资产负债表效应。

---

① 净值的下降也可能增加道德风险激励从而使企业承担更大的风险，因为如果不履行贷款，那么它们将承担更少的损失。

□ 3.6 预期

预期变化（尤其是通货膨胀和名义汇率变动）可能放大前面描述的传导途径，这取决于政策变化的可信程度及其感知的持续时间。例如，如果利率上升被认为只是暂时的（主要是由于对名义汇率的过渡压力），那么可能对私人的经济行为没有影响。同样，加息可能对私人支出没有影响，因为经济活动较少，失业率高，金融中介希望货币当局为了避免经济衰退对就业的影响（见第 11 章）而最终扭转其行动方向。但是，如果政策变化被认为是可信的，它对经济的影响可能会被预期变化所放大。假设较高的利率确实降低了投资和消费，而且金融中介认为总需求的下降最终将降低通货膨胀。以前瞻性的价格预期来看，结果将是政策变化可能导致通货膨胀立即下降。例如今天劳动合同中较低的工资需求。

4 美元化

美元化是指外币和本国货币同时被用作计价单位、价值储存和交换媒介的情况（Giovannini and Turtelboom，1994）。[①] 美元化程度的常用衡量标准——外币存款在国内银行存款总额中的份额——表明美元化在许多国家普遍存在。[②]

□ 4.1 美元化的决定因素

美元化与经济不稳定和高通货膨胀有关。使用 1990—2001 年间的大量国家样本，Nicoló et al.（2005）发现，在控制相关法规的影响后，宏观经济政策环境（以通货膨胀率衡量）和制度结构是存款美元化过程中跨国差异的关键决定因素。此外，允许美元化似乎仅在通货膨胀经济体中才能对国内金融体系有所帮助，换句话说，美元化倾向于缓和通货膨胀对金融深度的不利影响。

因此，美元化可以被看作是国内机构试图避免以本国货币计价资产的通货膨胀税和资本损失的内生反映（见第 3 章）。[③] 同时，它当然也反映了投资组合多元化的需求，这种需求即使在通货膨胀率较低的时候也存在。

□ 4.2 美元化的持续性

有证据表明，即使通货膨胀率急剧下降之后，美元化可能仍然相对较高。已经有若干研究来解释在低通货膨胀环境中高度美元化的持续性。Guidotti and Rodríguez（1992）

① Calvo and Végh（1996）建议使用“美元化”（或“资产替代”）一词来指使用外币作为价值储存，而“货币替代”一词指的是一个阶段，它超越了“美元化”，外国货币被用作交换媒介或计价单位。然而，在实践中，“货币替代”和“美元化”这两个术语通常可以互换使用。

② 使用外币存款来衡量美元化的程度严重低估了问题的普遍程度；如果在国内银行持有的外汇资产被没收的风险很高，代理商可以在银行之外持有现金，即“在床垫下”的方式。外币存款也可以存在国外。

③ 但是请注意，在一些国家，如巴西，宏观经济不稳定并不导致美元化，而是导致各种指数型金融资产的发展。

认为，从一种货币转换到另一种货币所产生的交易成本（由使用单一货币具备规模经济的假设所支撑）意味着存在一定通货膨胀率范围，使得美元化程度保持不变。换句话说，如果没有与转换回本国货币作为支付手段相关的重大利益，在达到稳态后，美元化的逆转将趋于缓慢。

其他文献在不依赖于交易成本存在的情况下解释了美元化的持续性。Freitas（2004）提出了一个解释，他提出了一个小型开放经济模型，其中，国内与国外货币是作为支付手段的完美替代品。外国居民不得持有本国货币（即货币替代是不对称的），国内货币持有量受制于最低约束（这反映了涉及政府的交易不能以外币结算的事实）。结果显示，即使没有交易成本，美元化滞后也是普遍的。当通货膨胀下降时（例如，实施反通货膨胀政策时），对外币的需求不一定会下降。

第二个关于不依赖交易成本的解释由 McNelis and Rojas-Suárez（1996）提出。他们强调美元化的程度不仅取决于通货膨胀和汇率贬值预期，还与这些变量相关的风险（或波动性）有关。在高通货膨胀期间，风险部分往往主导了通货膨胀的水平；而在低通货膨胀时期（或后稳定阶段）风险因素变得更加重要。在控制变量的情况下，增加了风险（或波动性）的价格和汇率将导致资产持有者从本币转向外币。因此，降低美元化的程度不仅需要降低预期通货膨胀水平和汇率贬值预期，还要减少这些变量的波动性。

Duffy et al.(2006) 提出了美元化中滞后效应的第三种解释。在他们的模型中，有两种生产技术，其中最高效的一种受固定的操作成本限制。套利令生产资本和外汇的回报相等（这两者都具有储藏价值）。高通货膨胀（起初促进美元化）损害了金融中介，导致人们采用效率较低的生产技术，使“美元化陷阱”成为可能。这其中的原因是外生给定的外汇收益确定了生产性资本的回报，从而使资本存量和产出与通货膨胀无关。持续的通货膨胀增加了外币持有，而不是资本存量。退出低增长陷阱的唯一方法是减少通货膨胀，直至其低于一定的阈值水平。

□ 4.3　美元化和宏观经济管理

美元化在一定程度上可能是有益的，因为它可以增加流入银行系统的资金，从而改善金融中介的经营状况。此外，美元化程度低（按外币在国内银行账户中的比例衡量）可能只反映“正常”投资组合分散化的需求。但是，高度美元化会使货币和汇率政策的实施变得复杂化。

第一，美元化会损失铸币税收入。因为国内基本货币的需求会因此降低。减少的通货膨胀税基可以导致更高的通货膨胀，这可能导致进一步的通货膨胀，从而减少国内货币余额（见第 3 章）。结果可能是一个通货膨胀螺旋，而完全的美元化则是最终结果。然而，Edwards and Magdenzo（2006）提供的数据表明，事实上与非美元化的国家相比，美元化的经济体的通货膨胀率明显更低。

第二，美元化影响了资产的选择，这些资产应该纳入决策者用作衡量货币条件和目标变量的货币总量（monetary aggregates）之中。货币总量在使用外汇作为交易媒介联结国内货币和通货膨胀时，容易产生扭曲。如果美元化代表了资产多样化并且对总需求和通货膨胀没有影响，就不会有较多理由去考虑更全面的衡量标准。其实，如后文所述，在货币总量中包含或者排除外币存款的困难是促使一些国家采取通货膨胀目标的原因之一。

第三，美元化（以国内银行中的外币存款形式衡量）实际上将存款对汇率进行了指数化。因为外币存款的国内货币价值与汇率贬值成正比，而货币总量会根据通货膨胀压力调整。由于根据外币存款提供的贷款以国内货币计量，如果贷款利率不能调整以吸收以外币衡量的贷款本金的损失，随后的货币错配可能会使得银行的资产负债表衰退。这些问题可以强迫中央银行干预货币流通，而货币流动性的增加可能加剧通货膨胀压力。

第四，美元化影响汇率制度的选择（见第9章），因为它会导致相对较高的短期外币负债（与外汇储备比较）。在这种情况下，国内银行中外币存款的增加可能会提高银行系统的脆弱性，并提高官方汇率导致市场情绪和资本流动方面的突然逆转。同时，由于本币与外币大幅而又不可预测地在国内外的交易中被兑换[①]，美元化可能会导致汇率的高度波动。Nicoló et al.（2005）提供的经验证据确实表明，银行体系中的风险是由不良贷款的平均比率、存款的波动性或代理银行违约概率衡量的，美元化似乎提高了清偿风险和流动性风险（部分是因为货币错配），从而造成财务系统更加脆弱。因此，高度的美元化似乎带来了金融不稳定。

虽然前面的讨论表明美元化可能会对宏观经济管理产生不利的后果，旨在减少持有外国资产行为的政策可能由于资产持有人可以通过非正规货币市场逃避约束而显得无效。正如Chang and Velasco（2002）所指出的，如果政策制定者的可信度低，那么美元化可以作为一个有效的规则机制，它实际上可以改善福利。更重要的是，高度的美元化一般不是原因，而是一种潜在金融失衡和金融脆弱的征兆。因此，旨在减少美元化的措施，例如创造一个有利于国内货币存款的利率差异，提高外币存款准备金率，在国内交易中实施促进使用本国货币高于使用国外支付手段的法律和制度，特别是涉及公共部门的交易，是不可能在不稳定的宏观经济环境中有效的。金融逆美元化需要可信的货币政策框架以及加强制度和监管环境的措施。

□ 4.4 宏观审慎和货币政策

全球金融危机促使中央银行更加系统地考虑宏观经济的稳定和金融稳定这两个目标之间潜在的权衡取舍，以及央行的政策损失函数（以及它对于利率的反应）需要在多大程度上考虑金融稳定。[②] 这个问题并不是新出现的，而是长期以来都被学者和政策制定者所认识到的。例如，为抑制通货膨胀压力而增加的利率，可能同时增加金融市场的不确定性并增加其波动性。我们最初讨论的重点是货币政策应在多大程度来应对资产价格的不一致变动，如房地产和股票价格。[③] 在这个方面，一些经济学家认为，试图稳定资产价格本身是存在问题的，其背后的原因较多，其中一个原因就是几乎不可能知道资产价值

---

① Besancenot and Vranceanu（2007）强调了美元化加剧汇率波动的另一种渠道。他们提出了一种模型，模型中公司通过借钱来为自己融资，收入以本币单位计值。他们表明政府在想要实施充分浮动的汇率制度时，应首先减少美元负债。

② 在现有文献中，金融稳定性的概念仍然令人难以捉摸。金融稳定性通常被认为是一种消极的概念，它涉及不需要的因素。事实上，两个常见的定义是"金融稳定性是指金融系统功能障碍对实体经济没有不利影响或风险"，"金融稳定性是指金融危机不存在，金融危机定义为一系列事件或风险，这些事件和风险会损害信用中介或资本分配"（Goodhart，2006）。

③ 见 Agénor and Pereira da Silva（2013）。

变化是由于潜在的基本面因素还是非基本因素，或二者共同变化所产生。通过聚焦关于资产价格变动对信贷增长和总需求的影响，中央银行可能会专注于这些变化的不利影响，而不会陷入判断其在多大程度上代表基本面变化这一棘手的问题。

全球金融危机的另一个教训是金融监管必须采取宏观审慎的视角来识别金融体系的脆弱性和缓解系统性风险。这个问题以及与之相关的问题，例如货币政策和宏观审慎政策是替代性的还是互补性的，将在第 7 章中进行更详细的讨论。

第 6 章 货币政策分析框架

正如此前章节所述，信贷市场不完善在货币传导机制中扮演了核心角色。当存在不完善信息时，公司资产负债表的质量（strength）成为决定外部资金可得性和价格的主要因素。由于向金融中介贷款的融资形式不再是完善的可替代融资渠道，公司将面临外部融资的重要选择。此外，一些公司的自身特征会阻止其从其他市场（比如，通过公司票据或债券市场）融资，因此会格外依赖银行融资。这就催生了银行贷款渠道，使其在发展中国家变得尤其重要。

信贷渠道是货币政策影响经济过程中的重要渠道，尽管研究者对此已经达成广泛共识，但很少有易于处理的货币政策分析模型能够考虑信贷市场及其不完善。Bernanke and Blinder（1988）的早期分析中，在标准 *IS-LM* 模型下分隔信贷市场和债券市场，继而以不同方式扩展到开放经济。这些模型中的货币政策往往被定义为流动性变动，然而在实践中中央银行通常使用短期利率作为工具。

正如 Romer（2000a）指出，*IS-LM* 模型的一个基础假设是中央银行的目标是货币供给，但如今大多数中央银行在实施货币政策时很少关注货币流通总额。Romer 的方法是抛弃 *LM* 曲线以及中央银行以货币供给为目标的假设（或者更具体地说，对商业银行的流动性储备供给），替换为实际利率准则假设。然而，这也无法很好地刻画货币政策。中央银行在实践中通常设定名义利率，而非实际利率。因为在短期内，央行不能响应通货膨胀预期的改变，因此无法控制实际利率。此外，Romer 的模型也没有区分官方（政策）利率和市场决定的利率，后者决定于银行（贷款人）和私人（借款人和存款人）的行为。这要求能够对于信贷市场不完善和私人金融决策进行模型化。

借鉴 Agénor and Montiel（2006，2007）的研究，本章介绍了一个小型开放经济体下货币政策分析的简单框架。模型考虑了信贷市场不完善的一个重要来源，即合同的有限实施（limited enforceability of contracts）。我们没有在第一准则下导出行为关系，而是沿袭 *IS-LM* 传统，将这些关系视作理所当然，并提出一些与之相关的背景中所包含的理性与直觉的论断。这么做的原因在于我们将模型本质上视作与他人交流的一种方式，即在信贷市场不完全信息存在时，随机宏观模型发挥了突出的作用，例如有成本的状态查证方法或者前面章节讨论的基于 Kiyotaki-Moore 的贷款约束理论。在其中的一些模型中，我们将银行收取的风险溢价（定义为融资成本的加价）与借款人的净值相联系，但我们采取了一个相对直接的方式，没有将可能导致借款人违约的随机冲击纳入考虑。

本章内容安排如下：第 1 节给出了固定汇率下的基础模型，在描述完模型结构及解法后，我们研究了一系列政策效果，例如再贷款利率（refinance rate）和法定准备金率的改变，以及外生冲击。第 2 节考虑浮动汇率的情况，为了进行比较，研究了相同政策设定和外生冲击下模型的行为。第 3 节讨论了三种拓展分析，包括对冲政策、营运资本需求和动态。

1　基础模型：固定汇率

与上述讨论一致，基础模型的核心特征在于假定银行融资是完全替代的，贷款利率被设定为从中央银行贷款的成本溢价（premium），而溢价是企业可抵押净值的一个函数。因此，在我们的设定中，信贷市场不完善意味着处于更弱金融地位的企业（以其净值衡量）在获取贷款方面需要花费更多的成本，而并不是弱势（通常也是小型）企业被完全剥夺了获取银行贷款的途径。换言之，我们没有考虑 Kiyotaki-Moore 模型（见第 5 章）提出的信贷配给或信贷约束。中央银行在官方利率下能够提供的贷款供给和流动性是完全弹性的。

此外，正如将在第 13 章中进一步讨论的，资本并非完全流动的，这使得国内债券利率由国内宏观经济的均衡条件决定，与世界利率无关。在求解模型后，我们介绍了一系列政策经验，包括再贷款利率和法定准备金率的改变、中央银行拍卖、溢价与合同实施成本的外生性冲击以及公共支出和世界利率的改变。

1.1　模型结构

考虑一个小型开放经济体，该经济体生产一种（综合）产品，能够作为国外产品的不完全替代品。国内产出固定在时间框架分析内，但其价格是内生决定的，因此，生产结构沿袭了蒙代尔-弗莱明模型。正如本书第 1 章和其他章节所讨论的，一个依赖型经济分析框架，或者部门模型通常是讨论发展中国家的一个更合适的起点。然而，由于我们更关注货币机制而非实际部门现象，为简化考虑我们在此处保留这一假设。

经济体中存在五个市场（现金、银行存款、信贷、债券和产品市场）以及四类经济主体（居民、商业银行、政府与中央银行）。名义汇率 E 是固定的。由于是小型经济体，国外产品的世界价格被视作是外生的。

1.1.1　家庭资产配置

家庭的劳动供给完全无弹性，其消费国内和国外产品且持有以下资产：国内现金（无利息）、国内存款、国外存款和土地（供给固定且被标准化为 1）。所有资产均是不完全替代品。[①] 外国人不持有国内资产。因此，居民财富 A^H 被定义为：

$$A^H = BILL + D + 1 \cdot Q + E \cdot D^* \tag{1}$$

其中，$BILL$ 代表持有的现金，D（D^*）代表国内（国外）银行存款，Q 代表土地的价

① 存在一系列因素阻碍资产间的相互替代，比如异质性信息、制度约束以及政府导致的扭曲。第 13 章将讨论更多细节，针对大量发展中国家的实证研究拒绝了国内和国外资产之间的完全替代假设，即便这些资产仅在类似货币面额或到期日等单个维度上有所差异。

格。有必要将家庭的金融财富定义为：

$$F^H = A^H - Q = BILL + D + E \cdot D^* \tag{2}$$

由于名义汇率被固定为 $E=\bar{E}$，并且我们区分了开始时期和结束时期，开始时期金融财富总值 F_0^H 是预先决定的。

假定现金需求与持有货币的机会成本负相关（以银行存款利率度量），资产需求方程如下：

$$\frac{BILL}{D} = \nu(i_D) \tag{3}$$

其中，i_D是银行存款利率，$v'<0$。居民将现金仅仅视作国内存款的代替，因此，假定现金没有直接回报率，（3）式中仅包含存款利率 i_D。①

国内存款的实际需求与外生产出 $\bar{Y}$ 和银行存款利率正相关，与国外存款利率、土地价格上涨 $\hat{q}$ 负相关：

$$\frac{D}{P} = d(i_D, i^*, \hat{q}, \bar{Y}) \tag{4}$$

其中，P 是生活成本指数，i^*是国外存款利率，且 $d_{i_D}>0$，$d_Y>0$，$d_{i^*}<0$，$d_{\hat{q}}<0$。

假定名义汇率不变，不存在货币贬值，土地价格变动被视作外生的。利用（3）式，我们可以假设：

$$\frac{\eta_D}{\eta_\nu} > \frac{BILL}{BILL + D} = \frac{\nu}{1+\nu} \tag{5}$$

其中，$\eta_D = Pd_{iD}i_D/D = d_{iD}i_D/d>0$，并且 $\eta_v = -v'i_D/v>0$。

这意味着存款需求利率弹性与现金持有利率弹性的比值超过现金在所有货币中的份额，后者可以用 $BILL+D$ 衡量。当满足此条件时，存款利率的增加会提高货币需求［即 $\partial(BILL+D)/\partial i_D > 0$］。

土地需求函数为：

$$Q = q(i^*, \hat{q})(A^H - BILL - D)$$

或者，给定 $A^H = F^H + Q$，

$$Q = \frac{q(i^*, \hat{q})}{1-q(i^*, \hat{q})}(F^H - BILL - D) \tag{6}$$

其中，$q_{i^*}<0$，$q_{\hat{q}}>0$。因此，由于 $F^H - BILL - D = \bar{E} \cdot D^*$，在 i^* 和 $\hat{q}$ 为常数的情况下，土地需求与国外存款成正比。相应地，国外存款的需求可以由（1）式和（6）式推导出。

1.1.2 商业银行

银行的可投资资产（法定准备金净资产）可以分为银行贷款和政府债券。为了平衡其资产负债表，银行可以向央行借款，但不能从国外借款。商业银行的资产包括企业信贷 L^F、放在央行的准备金 RR、政府债券 B^B。银行负债包括居民存款 D 和从央行的借款 L^B。

因此，商业银行的资产负债表可以写为：

$$L^F + RR + B^B = D + L^B \tag{7}$$

其中，所有变量均是名义变量。放在央行的准备金没有任何利息收入并由存款决定：

$$RR = \mu D \tag{8}$$

---

① 我们不考虑通货膨胀预期，假定其对现金需求和存款需求的效应是完全相同的。

其中，$\mu \in (0, 1)$ 是法定准备金率。

银行设定存款利率和贷款利率。国内货币资金的来源是无关紧要的，或者说，商业银行将国内存款与中央银行提供的贷款视作（边际意义上的）完全替代品。① 因此，以国内货币计的存款利率被设定等于中央银行提供资金的成本，即以法定存款准备金成本校正后的 i_R：

$$1+i_D=(1+i_R)(1-\mu) \tag{9}$$

商业银行的存款供给对于利率 i_D 是完全弹性的。②

不同于中央银行，商业银行是国内政府债券的唯一持有者。银行需要为政府债券支付的利率被设定为其资金边际成本的溢价。假定中央银行流动性在现行再贷款利率下是完全弹性的，资金的边际成本为 i_R：

$$1+i_B=(1+\theta_B)(1+i_R) \tag{10}$$

θ_B 是政府债券的风险溢价。我们假定该溢价与银行对该债券的持有量和政府财政计划支持的最大债券量的比值 $B^{\max}$ 成正比③：

$$\theta_B=\theta_B(B^B/B^{\max}), \quad \theta'_B>0 \tag{11}$$

国内贷款利率 i_L 被设定为政府债券现行利率的溢价，代表着替代资产的回报率：

$$1+i_L=(1+\theta_L)(1+i_B) \tag{12}$$

其中，向公司借款的风险溢价 θ_L 与公司资产负债比负相关，公司资产取决于给定的开始阶段资本存量 K_0 与国内商品价格 P_D，公司负债取决于开始阶段的国内借款 L_0^F：

$$\theta_L=\theta_L\left(\frac{\kappa P_D K_0}{L_0^F};\ x_P\right) \tag{13}$$

其中，x_P 是一个转化参数（shift parameter），同时 $\theta_{L_{K/L^F}}<0$，$\theta_{L_{x_P}}>0$。正如 Agenor et al.（2006）所示，（13）式中的系数 $\kappa \in (0, 1)$ 度量了可以用来有效使用或作为贷款抵押品的资产比例；因此，$\kappa P_D K_0$ 是企业的“可抵押”财富。④

这一设定暗含着银行收取的风险溢价反映了它们向国内企业贷款可能面临的违约风险。相对于国内负债而言，公司的实物资本价值越高，银行在项目违约时能收回的贷款的比例越高。这会降低风险溢价和借款成本。因此，在现在的设定下，由于企业有能力去抵押贷款，它们并不受“严格的”配额限制；银行在现行贷款利率下为企业提供所有的流动性。然而，因为 K_0 和 L_0^F 均是给定的，风险溢价与国内商品价格 P_D 成反比。这将引入货币政策效应下的金融加速器。

在上述的利率设定下，商业银行持有政府债券的总量决定于中央银行政策。具体而言，商业银行持有的政府债券由发行的债券总量 $\bar{B}$ 与中央银行持有的债券 B^C 之间的差值决定：

---

① 如果存款和借入的准备金是不完全替代品，存款利率可以视作是一个关于中央银行借款成本和银行资产回报的正函数。或者说，可以引入 i_D 与 i_R 的差值以反映竞争程度或存款业务成本。

② 注意到如果银行存在过度流动性，它们可能不会以官方利率的增加来向上调整存款利率［如（9）式所示］，以避免吸引更多的存款。总之，银行的价格设定行为可能是非对称的。

③ 因为我们没有明确地考虑政府债务约束，并且给定模型的静态性质，我们将 $B^{\max}$ 视作给定的。一种更彻底的处理方式是将 $B^{\max}$ 作为内生的，将其与影响政府当期债务约束联系起来（见第 3 章）。

④ 尽管我们将 κ 视作常数，但是值得注意的是一个更一般的设定是它应该是逆周期的。这能够反映出当企业现金流更高的时候，银行更愿意给企业贷款；或者说，在繁荣时期，银行愿意更多地放贷。κ 的逆周期性质同样可以由银行之间竞争强度的顺周期推导出。

$$B^B = \bar{B} - B^C \tag{14}$$

给定商业银行的利率设定行为，它们的贷款存量是由企业对信贷的需求决定的。[①] 通过这种方式决定的 B^B和 L^F，（7）式揭示了从中央银行的借款必须满足：

$$L^B = L^F + RR + B^B - D$$

利用（4）式和（8）式，该公式变为：

$$L^B = L^F + B^B - (1-\mu)d(i_D,\ i^*,\ \hat{q},\ Y)P \tag{15}$$

1.1.3 中央银行

中央银行确保以官方确定的汇率 E，将国内货币无成本地转换为外国货币；它还以固定的官方（或再贷款）利率 i_R向商业银行提供准备金。因为银行基于官方利率设定其存款利率，货币政策主要通过再贷款利率对银行系统资金成本的影响来生效。并且因为流动性的供给是完全弹性的，基础货币是内生的；它被动地对银行的流动性需求的冲击做出反应，这些需求本身与银行的资产定价决定、中央银行对政府债券的拍卖以及国内企业对信贷的需求有关。

在资产方面，中央银行的资产负债表包括对商业银行的贷款 L^B、外汇储备（外币项目）R^*和政府债券 B^C。负债方面则仅包括基础货币 MB：

$$E \cdot R^* + B^C + L^B = MB \tag{16}$$

基础货币也是流通中的现金和法定准备金之和：

$$MB = BILL + RR \tag{17}$$

这意味着，利用（8）式，货币供给可以表示为：

$$BILL^s = MB - \mu D \tag{18}$$

这一框架旨在真实地描述许多发展中国家的金融结构，中央银行的工具箱中有三种货币政策工具：再贷款利率 i_R、保留在其簿记上而非拍卖到银行系统的政府债券数量 B^C、法定准备金率 μ。因为中央银行遵循利率规则，基础货币将完全被动发行，因此模型中将不包括 LM 曲线。我们稍后将考虑中央银行控制基础货币水平的情况。

1.1.4 价格水平和实际部门

生活成本指数 P 定义为国内商品价格 P_D和进口最终商品价格 EP_M^*的几何加权平均值，其中 P_M^*是商品的外币价格（假设是外生的）：

$$P = P_D^{1-\delta}(EP_M^*)^{\delta} \tag{19}$$

其中，$\delta \in (0,\ 1)$ 是居民花费在进口商品上的支出份额。假定 $P_M^*=1$，公式变为：

$$P = P_D z^{\delta} \tag{20}$$

其中，$z=E/P_D$是实际汇率。

以国内产品衡量家庭的实际消费支出 C，消费支出取决于家庭可得资源和跨期相对价格，可得资源以人力资本、实物资本以及财富为形式。因为我们的模型没有明确的跨期选择，所以通过允许消费正相关于可支配收入和金融财富的真实价值来衡量人力和实物资本的贡献。为了衡量跨期相对价格的影响，我们允许它对家庭持有资产（国内存款、

---

① 注意到在现行设定下，银行利润并不必然为零，而是取决于 $i_L L^F + i_B B^B - i_D D - i_R L^B$。为了简化，我们假定银行将利润写入资产负债表内，而不是分配给居民。在一个完全动态设定下，这当然是不能让人满意的，并需要明确地解释保留利润对银行的净资产的影响。

国外存款和土地）的实际收益率负相关。我们将这些回报率对当前消费回报率的偏效应视为相同的[①]，因此，消费支出可以写为：

$$C = \alpha_1(\bar{Y} - T) - \alpha_2[(i_D - \pi^a) + (i^* - \pi^a) + (\hat{q} - \pi^a)] + \alpha_3(A^H/P_D) \tag{21}$$

其中，T 代表总量税（lump-sum taxes），π^a 是预期利率，$\alpha \in (0, 1)$ 是可支配收入的边际消费倾向，α_2，$\alpha_3 > 0$。

企业的所需资本 K_d 与实际贷款利率 $i_L - \pi^a$ 负相关，国内企业的实际投资支出 I 是所需资本与实物资本 K_0 之差的线性函数：

$$I = K^d(i_L - \pi^a) - K_0 = I(i_L - \pi^a; K_0) \tag{22}$$

其中，$I_1 = I_{i_L - \pi^a} < 0$。在下文中，我们假设所有投资必须由银行贷款提供资金。因此，给定开始阶段的贷款为 L_0^F，商业银行的新贷款需求等于[②]：

$$L^F = L_0^F + P_D I \tag{23}$$

将出口记为 $X(z)$，而出口与实际汇率正相关，所以 $X' > 0$。因此，面向国内市场的国内商品供给为 $\bar{Y} - X(z)$。从而，国内商品市场的均衡条件为：

$$\bar{Y} - X(z) = (1 - \delta)C + I + G \tag{24}$$

其中，G 是政府的国内商品购买。

□ 1.2　模型解

在我们的模型中，宏观经济均衡要求市场上对五种金融资产（国内现金、国内存款、政府债券、商业银行贷款、中央银行信贷）、模型中唯一可交易的实物资产（土地）以及国内商品的供给和需求同时达到出清。根据瓦尔拉斯定律，六项资产的市场均衡条件并非独立的；其中一个条件可以从其他方程中导出，因而可以被消去。假设中央银行固定政策利率 i^R，并在此利率下满足银行所有的信贷需求，中央银行信贷市场始终是均衡的。我们由商业银行资产定价决策导出国内存款、政府债券和商业银行贷款的均衡条件，并单独分析土地市场的均衡条件。因此我们选择消去现金市场的均衡条件。为了解出模型，我们接下来首先考虑土地价格的决定因素。将（3）式、（4）式和（19）式代入（6）式得：

$$Q = \frac{q(i^*, \hat{q})}{1 - q(i^*, \hat{q})}\{F^H - [1 + v(i_D)]d(i_D, i^*, \hat{q}, \bar{Y})P_D^{1-\delta}E^\delta\}$$

也就是，

$$Q = Q(P_D; i_R, \mu, B^B, \cdots) \tag{25}$$

其中，给定假设（5）：

$$Q_1 = \frac{\partial Q}{\partial P_D} = -\left(\frac{q}{1-q}\right)(1-\delta)(1+\nu)d \cdot z^\delta < 0$$

$$Q_2 = \frac{\partial Q}{\partial i_R} = -\left(\frac{q}{1-q}\right)(1-\mu)\left(\frac{D}{i_D}\right)\eta_\nu(1+\nu)\left(\frac{\eta_D}{\eta_v} - \frac{v}{1+v}\right) < 0$$

$$Q_3 = \partial Q/\partial u = \left(\frac{q}{1-q}\right)\left(\frac{D}{i_D}\right)\eta_\nu(1+\nu)\left(\frac{\eta_D}{\eta_v} - \frac{v}{1+v}\right)(1+i_R) > 0$$

---

① 众所周知，生命周期模型预测消费与财富而非收入有关。然而，第 2 章说明受流动性约束的消费者的确会根据（可支配）收入调整消费。

② 通过简单地假设留存利润是总产出 $\bar{Y}$ 的一个比例 χ，模型可以加入内部融资。因此，企业的新增贷款变为 $P_D(I - \chi\bar{Y})$。但是，在假定产出外生的情况下，这不会太多地改变我们的政策试验结果。

$Q_4 = \partial Q / \partial B^B = 0$

因此，国内价格水平的增加降低了土地价格，这是因为价格水平变动导致家庭重新配置资产，从土地转向增加现金和存款的组合。再贴现率上升对土地价格的偏均衡效应也是负向的，因为更高的再贴现率提高了银行的存款利率，从而导致家庭将其投资组合从货币和土地中转移，降低了土地价格。然而，法定准备金率的提高将会使土地价格上涨，因为这会降低存款利率并导致家庭将存款转换为土地。商业银行持有政府债券由（14）式决定，不会直接影响土地价格。

我们接着转向贷款利率，根据（10）式到（13）式，可得：

$$i_L = \left[1+\theta_L\left(\frac{\kappa P_D K_0}{L_0^F}; x_P\right)\right]\left[1+\theta_B\left(\frac{B^B}{B^{\max}}\right)\right](1+i_R)-1 \tag{26}$$

这个公式是模型的金融市场均衡的核心条件。它决定了均衡贷款利率是关于套利条件的函数，这一套利条件确定了银行的资金平衡分配。由中央银行控制的国内物价水平和货币政策变量的变化对均衡贷款利率的影响为：

$$\frac{\partial i_L}{\partial P_D} = \left(\frac{\kappa K_0}{L_0^F}\right)\theta_L'(1+\theta_B)(1+i_R) < 0$$

$$\frac{\partial i_L}{\partial i_R} = (1+\theta_L)(1+\theta_B) > 0$$

$$\frac{\partial i_L}{\partial \mu} = 0$$

$$\frac{\partial i_L}{\partial B^B} = \left(\frac{\theta_B'}{B^{\max}}\right)(1+\theta_L)(1+i_R) > 0$$

因此，均衡贷款利率下降，国内价格水平上升，这反映了金融加速器效应。对于名义项，国内价格水平的增加提升了公司与未偿还贷款相关的抵押品净值，净值通常固定为名义价值（相应地，对于实际部分，未偿还贷款的实际价值相对于其实际抵押品下降了）。这意味着银行愿意接受更低的风险溢价，从而降低贷款利率。反之，再贴现率的上升增加了银行的融资成本，而贷款利率体现为融资成本加上一个加成（markup）系数 $(1+\theta_L)(1+\theta_B)$，这将导致贷款利率的增加。法定准备金率的增加对贷款利率没有任何影响：边际融资成本取决于再贴现率，法定准备金仅仅降低存款利率。最终，中央银行持有的政府债券减少要求商业银行持有更多的政府债券。因为相对于政府的偿债能力，这会增加政府债务在私人手中的份额。最终效果是增加了政府债券的风险溢价，同时增加了对私人企业的贷款风险溢价，导致贷款利率增高。

我们转向实际部门，通过（10）式、（21）式、（22）式，假设 $C_0=0$，金融财富由初始时期度量，我们可以将商品市场均衡条件（24）写成：

$$\bar{Y} = (1-\delta)\left\{\alpha_1(\bar{Y}-T)-\alpha_2[(i_D-\pi^a)+(i^*-\pi^a)+(\hat{q}-\pi^a)] + \alpha^3\left(\frac{F_0^H+Q}{P_D}\right)\right\} + I(i_L-\pi^a; K_0)+G+X(E/P_D) \tag{27}$$

通过（9）式解出 i_D，用（25）式替换 Q，这个方程隐含地定义了一组贷款利率和国内价格水平的组合，这与国内商品市场的均衡是一致的：

$$i_L = i_L(P_D; i_R, \mu, B^B, \cdots) \tag{28}$$

其中，

$$\frac{\partial i_L}{\partial P^D}=-\left\{(1-\delta)\alpha_3\left[\frac{Q_1}{P_D}-\left(\frac{F_0^H+Q}{P_D^2}\right)\right]-X'\left(\frac{z}{P_D}\right)\right\}/I_1<0$$

$$\frac{\partial i_L}{\partial i_R}=(1-\delta)\left[\alpha_2(1-\mu)-\alpha_3\left(\frac{Q^2}{P_D}\right)\right]/I_1<0$$

$$\partial i_L/\partial\mu=-(1-\delta)\left[\alpha_2(1+i_R)+\alpha_3\left(\frac{Q^3}{P_D}\right)\right]/I_1<0$$

$$\partial i_L/\partial B^B=0$$

（26）式和（28）式可以同时解出贷款利率 i_L 和国内商品价格 P_D 的均衡价值。图6－1描绘了这对解。这两个方程在 i_L-P_D 平面上画出了斜率为负的轨迹曲线。然而，在标准的动态假设下，局部稳定要求（28）式导出的商品市场均衡曲线，即图 6－1 中的 GG 曲线，比（26）式导出的金融市场均衡曲线，即 FF 曲线，更加陡峭。因此，如图 6－1 所示，经济体中 i_L 和 P_D 的均衡取决于相对平坦的 FF 曲线和较陡的 GG 曲线的交点。

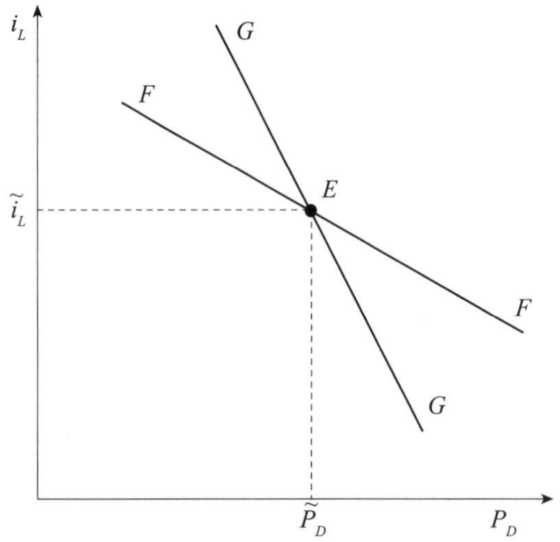

图 6－1　固定汇率下商品和金融市场均衡

资料来源：Agénor and Montiel（2006）.

一旦确定了贷款利率和国内商品价格水平，模型中的其他外生变量可以直接用简单的方式确定下来。特别值得注意的是如何求解模型中的金融部门的变量。给定贷款利率和国内价格水平的均衡价值，国内企业的名义投资规模也随之确定。相应地，这确定了商业银行新增贷款需求的流动。因此，给定银行系统设定贷款利率的情况下，新增贷款的规模取决于市场的需求因素。银行在设定的政策利率 i_R 下向企业提供从中央银行借贷的资金，相应地，中央银行向商业银行提供贷款，增加了新的基础货币。给定借款人的资产定价行为，与向企业提供贷款一样，向银行提供的贷款同样取决于市场的需求端。

同样需要注意到，官方国外储备（在固定汇率下是外生的）的改变对均衡没有直接效应。原则上，国际收支平衡条件要求：

$$E^{-1}P_D[X(z)-\delta C]+i^*(D_0^*+R_0^*)-(D^*-D_0^*)-(R^*-R_0^*)=0$$

其中，D_0^*和 $R_0{}^*$是初始时期的居民国外存款和官方储备。给定基础货币的定义［见（26）式］，国外储备的改变在没有对冲的情况下一对一地改变了基础货币和现金供给［见（18）式］。然而，（3）式规定现金需求与国内银行存款成正比，由瓦尔拉斯定律知（用来消除现金市场的均衡条件)，(18) 式对求解模型没有直接作用。因此，官方储备可能是确保外部平衡的任何值。然而，均衡情况下官方储备的连续损失将不可持续（见第 14 章)。因为我们并不要求法定准备金是不变的，给定我们对期望和供给端的处理，均衡的概念在模型中是短期性的。

□ 1.3 政策和外生冲击

为了展示我们模型的功能，我们考虑了若干个实验：官方利率 i_R 的上升；中央银行拍卖导致 B^B 的变化；法定准备金率 μ 的上升；风险溢价 x_p 与合同执行成本 κ 的外生冲击；公共支出 G 和世界利率 i^* 的变化。

1.3.1 再贷款利率的上升

承前所述，改变再贷款利率是银行系统对于债券利率与贷款利率的中间工具。正如商品市场均衡条件 (28) 式所讨论的，因为银行会直接作用于存款利率，再贷款利率的上升会降低对国内商品的需求。消费会同时受利率效应和财富效应的影响。存款利率的上升会直接导致消费者增加储蓄，并因此减少在国内商品上的支出。同样地，消费者也会从包括土地的其他资产转向存款，从而压低土地价格。更低的土地价格意味着家庭财富的减少，这也增强了存款利率对消费的抑制作用。最终结果是为了在不变价格 P_D 下维持国内商品市场的均衡，贷款利率将不得不降低。因此，如图 6－2 所示，GG 曲线向下移动。

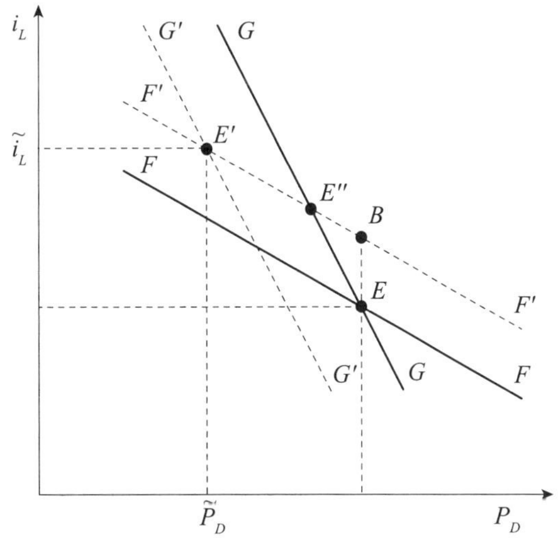

图 6－2 中央银行再贴现率的增加

资料来源：Agénor and Montiel (2006).

同时，再贷款利率的上升会增加银行的借贷成本，在假定再贷款利率是银行融资成本的加成时，这将促使其贷款利率上升。结果是 FF 曲线向上移动。如图 6－2 所示，这意味着再贷款利率的上升将会同时导致均衡贷款利率的上升和国内商品价格的下降。该政策的通货紧缩效应将会通过三个渠道进行传导：作用于消费的直接利率效应，由于土地需求降低引发作用于消费的财富效应，以及由银行借贷成本上升引发作用于投资的直接利率效应。

值得注意的是，贷款利率上升的最终幅度要大于银行融资成本的增加，即 $di_L/di_R > 1$。

由银行融资成本增加带来的 i_L 与图 6－2 中 FF 曲线的向上移动相联系。点 B 即为上述情形。但是，即使 GG 曲线没有向下移动，贷款利率均衡价值的上升也会比 i_L 的变动更大。也就是说，当 GG 曲线没有向下移动的时候，新的均衡将会在点E''，而非点 B 处。贷款利率的额外效应体现在金融加速器的影响上：国内商品价格的降低将会增加公司对银行债务的实际价值，使部分由实物资产抵押的债务缩水，从而增加对企业贷款的风险。国内价格水平的降低会导致银行在未来提高贷款利率。GG 曲线的向下移动将会进一步恶化这一效应，因为 GG 曲线的移动将会扩大政策对于国内价格水平的影响。在更复杂的信贷市场不完善模型中，金融加速器揭示了贷款利率变化的逆周期模式。

1.3.2 中央银行拍卖（公开市场操作）

中等收入发展中国家中央银行通常使用的另一项货币政策工具是将政府债券拍卖给商业银行。为了检验这一政策工具的宏观经济效应，我们考虑中央银行提高商业银行必须持有的政府债券数量 B^B后的结果。因为这一工具对于银行存款利率没有任何影响，所以它将不会改变国内家庭所持的资产组合中任意资产的回报率。因此，家庭将没有激励去改变其资产组合，也不会对家庭的土地需求产生影响。这意味着土地价格在这个案例中不是货币传导机制的环节，国内商品市场均衡 GG 曲线也不会发生变动。

但是，因为政府的债务偿付能力（以 B^{max}衡量）没有发生改变，商业银行持有的额外债券增加了与其相关联的风险。结果是银行因其持有政府债券的需求，将会增加自身的溢价 θ_B。由于贷款利率是由政府债券利率的加成所决定，为了继续持有大量贷款，银行需要的贷款利率将会上升。如图 6－3 所示，FF 曲线同样会向上移动。结果是经济将会沿着 GG 曲线向左上方移动，从点 E 移动到点E'：贷款利率上升，国内商品价格下降。注意到此时的传导机制与之前有所不同：对于消费的直接利率效应和财富均不是货币传导机制的一部分。相反，货币政策通过对国内企业的投资支出收取较高贷款利率产生不利影响。

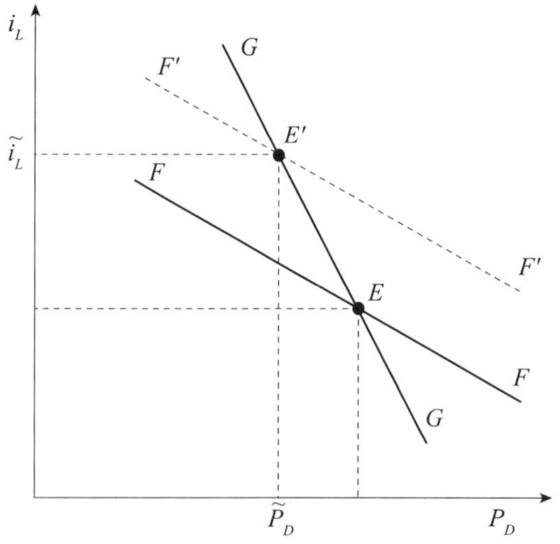

图 6－3　中央银行债券拍卖

资料来源：Agénor and Montiel（2006）.

尽管在这一案例中，土地价格的变化在货币传导过程中不扮演任何直接角色，但是土地价格并非一成不变的。国内价格水平的降低导致居民将重新配置资产组合，从现金和存款转向土地和国外资产。结果是均衡时的土地价格实际上变得更高了。实物资产价格的角色在于削弱货币政策对于实际经济的效应，尽管这一效应已经被 GG 曲线的斜率所描述，但是不能抵消债券拍卖的整体通缩效应。

1.3.3　法定准备金率的上升

模型包括的第三个货币政策工具是法定准备金率 μ。法定准备金率 μ 的上升导致作为融资来源之一的存款对银行的吸引力变小了，并将导致它们降低存款利率。这将会影响商品市场：直接来说，较低的存款利率不鼓励储蓄，且会刺激消费；间接来说，较低的存款利率导致家庭重新配置资产组合，从存款转移到实物资产，如土地，导致土地价格上升并通过财富效应刺激消费。这两种效应均会增加对国内商品的需求，因而需要更高的贷款利率来使市场出清。因此，GG 曲线向上移动。相对而言，假定中央银行对商业银行的资金供给对于政策利率 i_R 是完全弹性的，法定准备金率的上升将对银行融资的边际成本没有任何影响。结果是，FF 曲线不受政策影响。最终，如图 6－4 所示，法定准备金率的上升实际上是通货膨胀性的。

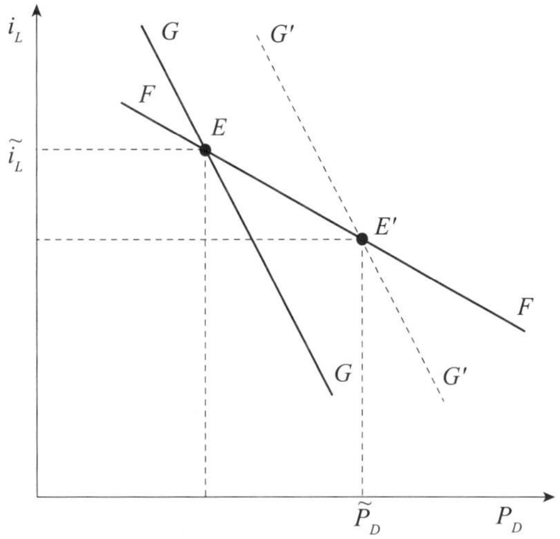

图 6－4　法定准备金率的增加

资料来源：Agénor and Montiel (2006).

在我们假定的货币政策机制下，正如前面已经提到的，这一看似违反直觉的结果是法定准备金率的改变对于银行借贷成本没有任何影响。由于中央银行准备好在给定的政策利率 i_R 下提供商业银行所需的资金，法定准备金率的上升并不影响商业银行的融资成本，因此也不会影响其贷款利率。同时降低的利率代表了未来消费的当前机会成本，以及持有实物资产而非金融资产的机会成本。

1.3.4　风险溢价和合约执行成本的改变

模型同样允许我们分析非政策金融冲击对经济的影响。比如，考虑银行向私人企业提供贷款的风险改变的效应。我们可以通过改变风险参数 x_p 的形式在模型中描述这一改变。[①] 如果银行所感知的对私人企业贷款的风险增加（表现为 x_p 向上移动），银行

① 在发展中国家，即便是那些已经采取金融自由化的国家，银行的扩张速度仍然远远高于工业化国家。比如，像 Bajaras et al. (1999) 和 Chirwa and Mlachila (2004) 提到的那样，除了缺乏竞争和较高的通货膨胀之外，这通常反映了更高的监管成本和合约执行成本。

将会需要更高的风险溢价。正如中央银行拍卖，这将不会对商品市场均衡条件或者 GG 曲线有任何影响，但是会让 FF 曲线向上移动，反映了银行要求的贷款利率增加以获得更高的风险溢价。同样地，图 6－3 描绘了宏观经济结果：均衡贷款利率上升，国内商品价格下降。金融加速器再一次发挥作用：由于未偿还贷款实际价值的上升降低了企业抵押品的价值，增加了银行的调解成本。因此贷款利率必须上升以抵消风险的上升。

另一个金融冲击是合约执行成本的降低，这也体现在许多发展中国家正在进行的金融改革日程上。这一冲击将会增加企业抵押的实物资产的价值，并通过 κ 的增加体现在模型中。抵押品的质量提升减少了银行的调解成本，并允许它们收取较少的溢价。因此，如图 6－5 所示，对企业贷款的加成 θ_L 降低了，FF 曲线向下移动。这显然是通货膨胀效应，国内价格水平上升，贷款利率下降。

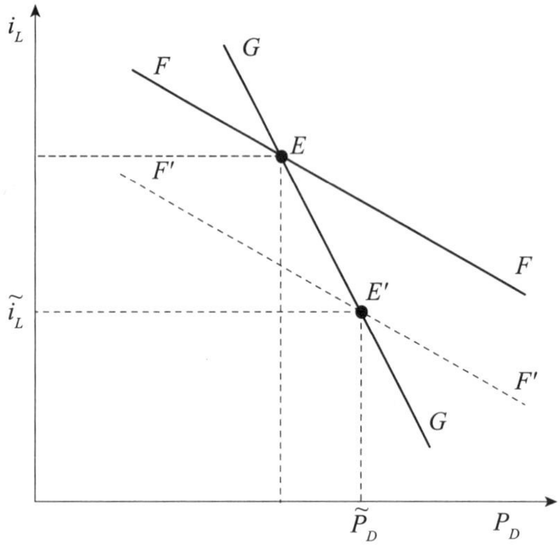

图 6－5　合同执行成本的减少

资料来源：Agénor and Montiel (2006).

注意到金融加速器在这个例子中放大了贷款利率的减少，由于国内价格水平的增加降低了企业贷款的实际价值，因而增加了其抵押品的有效价值，其中有效价值的增加是通过降低合约履行成本来实现的。

1.3.5　公共支出和世界利率的改变

将分析扩展到实际冲击并不困难。比如，国债融资增加了政府对国内商品的支出，这一财政政策冲击将会让 GG 曲线向右移动，从而增加国内价格水平并降低贷款利率。[①] 后者可能看上去是违反直觉的，但回想中央银行在我们的假设下遵循适应性的货币政策，保持再贷款利率 i_R 固定并自由地再贴现以满足银行的融资需求。因此，对于银行的资金供给是完全弹性的，在金融加速器不存在的情况下，贷款利率将不会发生改变。贷款利率的影响纯粹是由于金融加速器效应。在这个例子中，因为更高的国内价格水平降低了企业对银行未偿还债务的实际价值，金融加速器降低了贷款利率。

① 按照我们的习惯，政府支出在当期的增加会转化为下一期的公共债券增加。因此，不存在同期的财富效应。或者说，人们可以分析政府支出的增加由总量税的增加提供资金的情况。

同样地，世界利率的改变在模型中也会产生直接的效应。比如，由于银行被假定为不会从国外借贷，i^*的上升对于国内金融市场均衡没有直接的影响。然而，居民的确能够接触到国外资产，并且更高的国外存款利率将会使他们将资产配置从国内资产转向国外资产。这意味着对土地的需求降低，土地价格随之下降。最终，GG 曲线向左移动，国内商品价格降低，贷款利率因为金融加速器效应而上升。

2 浮动汇率

我们现在来考虑浮动汇率的情况。由于模型结构与之前十分相似，对一些此前引入的公式我们仅仅做简要展示，重点解释浮动汇率与固定汇率的不同。

□ 2.1 模型结构

家庭总金融财富再次被定义为：

$$A^H = BILL + D + Q \cdot 1 + E \cdot D^* \tag{29}$$

此时，E 是被内生决定的。方程可以重新写为：

$$A^H = (BILL + D + Q_0 + E_0 \cdot D^*) + (Q - Q_0) + (E - E_0)D^*$$

代入（29）式，得到：

$$A^H = A_0^H + (Q - Q_0) + (E - E_0)D_0^* \tag{30}$$

其中，E_0是开始时期的名义汇率，D_0^*是开始时期的国外存款数量。A_0^*代表着家庭金融财富最初确定的部分，$(Q-Q_0)+(E-E_0)D_0^*$是内生的部分。

（3）式和（4）式分别表示对现金的需求和对国内存款的实际需求，为简便起见，此处重复写出上述公式：

$$\frac{BILL}{D} = \nu(i_D) \tag{31}$$

$$\frac{D}{P} = d(i_D, i^* + \varepsilon, \hat{q}, \bar{Y}) \tag{32}$$

其中，$v' < 0$，d_1，$d_4 > 0$，d_2，$d_3 < 0$，且 $\eta_D / \eta_v > v/(1+v)$。

对土地和国外存款的需求同样由（6）式给出：

$$\frac{E \cdot D^*}{Q + E \cdot D^*} = f(i^* + \varepsilon, \hat{q})$$

或

$$E \cdot D^* = \frac{f(i^* + \varepsilon, \hat{q})}{1 - f(i^* + \varepsilon, \hat{q})} Q = h(i^* + \varepsilon, \hat{q}) Q \tag{33}$$

其中，$f_1 > 0$，$f_2 < 0$，且 $h = f/(1-f)$，因此 $h_1 > 0$，$h_2 < 0$。

但是，我们此时假定家庭需要面对调整其国外存款数量的成本。尽管这种成本可能来源于许多方面，其中一个简单的假定为国家保持对资本流出的（不完全）限制，即使家庭会调整其国外存款的数量，这也将由于机制上的阻碍使得调整不能立即发生。我们将假定这些调整在一定时期内逐步发生，在这种方式下，每个时期的资本流出，记作 ΔD^*，与家庭需要的国外存款和从上一期继承的实际数量之间的差额成正比：

$$\Delta D^* = \lambda(D^* - D_0^*)$$

代入（33）式，有：

$$\Delta D^* = \lambda[h(i^* + \varepsilon,\ \hat{q})Q/E - D_0^*] \tag{34}$$

参数 $\lambda>0$，代表着调整成本的严格程度。当 $\lambda=1$ 时，完全不存在成本，当 $\lambda=0$ 时，调整成本过高，同时消除了私人资本的流动。

在这些条件下，国外存款的有效需求变为：

$$E \cdot D^* = \lambda h(i^* + \varepsilon,\ \hat{q})Q + (1-\lambda)E \cdot D_0^* \tag{35}$$

相应地，由（29）式可以导出对土地的有效需求：

$$Q = A^H - BILL - D - E \cdot D^*$$

代入（31）式、（32）式和（35）式，有

$$Q = A_0^H + (Q - Q_0) + (E - E_0)D_0^* - (1+\nu)Pd(\cdot) - \lambda h(\cdot)Q - (1-\lambda)E \cdot D_0^*$$

重新调整可以得到：

$$Q = \frac{A_0^H - Q_0 - [1+\nu(i_D)]Pd(i_D,\ i^* + \varepsilon,\ \hat{q},\ \bar{Y}) + (\lambda E - E_0)D_0^*}{\lambda h(i^* + \varepsilon,\ \hat{q})}$$

等价地，

$$Q = Q(i_D,\ i^* + \varepsilon,\ \hat{q},\ \bar{Y},\ E;\ A_0^H) \tag{36}$$

由于土地供给是外生的，这一方程也代表着土地市场均衡条件。Q 的均衡价值也由此确定并遵循以下性质：

$$Q_1 = -\frac{Pd\eta_\nu(1+\nu)}{i_D\lambda h}\left(\frac{\eta_D}{\eta_v} - \frac{v}{1+v}\right) < 0$$

$$Q_2 = -\frac{Q\lambda h_1 + (1+\nu)Pd_2}{\lambda h} < 0$$

$$Q_3 = -\frac{Q\lambda h_2 + (1+\nu)Pd_3}{\lambda h} > 0$$

$$Q_4 = -\frac{(1+\nu)Pd_4}{\lambda h} < 0$$

$$Q_5 = D_0^*/h > 0$$

$$Q_6 = 1/\lambda h > 0$$

关于上述结论的逻辑如下：在其他条件不变时，存款利率的上升促使家庭转向货币（国内银行存款），这不影响其在土地和国外存款之间的选择，最终导致土地需求下降和土地均衡价格下降。与此相反，国外存款的回报率上升对土地需求有两方面的效应：首先，造成对资金需求的收缩，对所有非货币资产的需求将会提高，包括土地；其次，通过促使家庭从土地转向国外存款，对土地的需求也会减少。因此，原则上来说，对土地需求的净效应是不确定的。然而，如果土地对于国外存款是相比现金更近似的替代物，第二种效应将会成为主导。由于这一假定更加合理，我们假设 Q_2 的符号为负。

接下来，土地价格预期增长率的增加，明确地提高了对土地的需求，同时从货币持有和外币存款中汲取资源。因此，对未来土地价格上升的预期将会提升其现在的价格。相比之下，更高的国内收入促使家庭持有更多以交易为目的的货币，减少作为资产的土地并降低其价格。汇率降低创造了国外存款的资本流入，增加了家庭财富，从而也增加

了土地需求和均衡价格。该效应的幅度取决于家庭最初的资产组合配置。如果家庭最初持有的国外存款与土地之间的比例是合意的，即 $E_0D_0^*/Q_0=h$，从而 $Q_5E_0/Q_0=1$，土地均衡价格和名义汇率发生同等比例的变化。最终，家庭最初财富的增加提升了对土地的需求，由于缺少货币需求的财富效应，额外的资源将被配置到土地和国外存款的持有上。结果是增加了土地均衡价格。

关于商业银行行为特征的方程与之前相同，(8) 式和 (15) 式对此进行了描述。为了简便，我们总结如下：

$$RR=\mu D \tag{37}$$

$$1+i_D=(1+i_R)(1-\mu) \tag{38}$$

$$1+i_B=(1+\theta_B)(1+i_R) \tag{39}$$

$$\theta_B=\theta_B(B^B/B^{\max})\quad \theta_B'>0 \tag{40}$$

$$1+i_L=(1+\theta_L)(1+i_B) \tag{41}$$

$$\theta_L=\theta_L\left(\frac{\kappa P_DK_0}{L_0^F};\ x_P\right) \tag{42}$$

$$B^B=\bar{B}-B^C \tag{43}$$

$$L^B=L^F+B^B-(1-\mu)d(i_D,\ i^*+\varepsilon,\ \hat{q},\ \bar{Y})P \tag{44}$$

由 (11) 式、(12) 式和 (13) 式可知，银行贷款利率可以写成：

$$i_L=\left[1+\theta_L\left(\frac{\kappa P_DK_0}{L_0^F};\ x_P\right)\right][1+\theta_B(B^B/B^{\max})](1+i_R)-1$$

或者，

$$i_L=i_L(P_D;\ B^B,\ i_R,\ x_P,\ \cdots) \tag{45}$$

其中，$i_{L1}<0$，$i_{L2}>0$，$i_{L3}>0$，且 $i_{L4}>0$。这个方程与 (26) 式具有相同的性质。

中央银行负债被设定为：

$$E\cdot R^*+(B^C+L^B)=MB+(E-E_0)R^* \tag{46}$$

负债端的 $(E-E_0)R^*$ 代表资本，包括市场汇率相对于参考汇率 E_0 的波动所带来的外汇储备上的资本收益或损失。

正如 (17) 式所示，基础货币是流通中的现金与法定准备金之和。这意味着，由 (37) 式可得，现金的供应再次由 (18) 式决定。

与以前一样，中央银行可以运用三种工具来实施货币政策：再贷款利率 i_R、持有政府债券 B^C 以及法定准备金率 μ。此外，中央银行现在还可以以持有国外储备 R^* 的形式实施汇率政策工具。

(20) 式到 (24) 式描述了价格水平和实际部门的情况，与此前类似，为了方便，我们在此进行化简：

$$P=P_Dz^{\delta} \tag{47}$$

$$C=\alpha_1(\bar{Y}-T)-\alpha_2[(i_D-\pi^a)+(i^*-\pi^a)+(\hat{q}-\pi^a)]+\alpha_3(A^H/P_D) \tag{48}$$

$$I=I(i_L-\pi^a;\ K_0) \tag{49}$$

$$L^F=L_0^F+P_DI \tag{50}$$

$$\bar{Y}-X(z)=(1-\delta)C+I+G \tag{51}$$

考虑到国际收支平衡，假设官方国外储备金是一个常数，即 $R_0^*=0$。我们通过设立国际收支平衡的均衡条件来使模型成立：

$$E^{-1}P_D[X(z)-\delta C]+i^* D_0^* -(D^* - D_0^*)=0$$

其中，D_0^*是开始时期家庭持有的国外存款数量。给定 $E/P_D=z$，这一条件可以写作：

$$z^{-1}[X(z)-\delta C]+i^* D_0^* -\Delta D^* = 0 \tag{52}$$

□ 2.2 模型解

在模型求解过程中，与前一章一样，我们将预期的土地价格变化率、预期通货膨胀率和预期折旧率均视作外生的。模型中存在三个关键的内生变量：银行贷款利率 i_L、国内商品价格 P_D 和实际汇率 z。我们将国内商品市场出清条件（51）式和国际收支差额均衡条件（52）式表示为这三个变量的函数，再利用（45）式消除这些方程中的贷款利率。因此，模型简化为由两个未知变量 z 和 P_D 决定的两个方程：内部平衡条件，用来描述国内商品市场的均衡；外部平衡条件，用来描述国际收支差额均衡。

首先考虑内部平衡条件。将消费函数（48）式和投资函数（49）式代入（51）式，商品市场均衡可以表示为国内商品的超额需求等于零：

$$(1-\delta)\{\alpha_1(\bar{Y}-T)-\alpha_2[(i_D-\pi^a)+(i^*+\varepsilon-\pi^a)+(\hat{q}-\pi^a)]$$
$$+\alpha_3(A^H/P_D)\}+I(i_L-\pi^a;\ K_0)+G+X(z)-\bar{Y}=0$$

根据（30）、（36）、（38）、（40）和（41）式，这一条件变为：

$$(1-\delta)\{\alpha_1(\bar{Y}-T)-\alpha_2\{[(1+i_R)(1-\mu)-1-\pi^a]+(i^*+\varepsilon-\pi^a)+(\hat{q}-\pi^a)\}$$
$$+(\alpha_3/P_D)[A_0^H+Q(i_D,\ i^*+\varepsilon,\ \hat{q},\ Y,\ zP_D;\ A_0^H)-Q_0+(zP_D-E_0)D_0^*\}$$
$$+I\left\{\left[1+\theta_L\left(\frac{\kappa P_D K_0}{L_0^F};\ x_P\right)\right]\left[1+\theta_B\left(\frac{B^B}{B^{\max}}\right)\right](1+i_R)-1-\pi^a;\ K_0\right\}$$
$$+G+X(z)-\bar{Y}=0$$

该方程将内部平衡条件描述为内生变量 z 和 P_D 的函数。我们注意到实际汇率 z 的改变对国内商品超额需求的效应为：

$$\alpha_3(1-\delta)(Q_5+D_0^*)+X'>0$$

这个条件包括两个方面：对于国内商品消费的财富效应，由 $\alpha_3(1-\delta)(Q_5+D_0^*)$ 表示，以及竞争效应 X'。给定国内商品价格，实际汇率贬值等价于名义汇率贬值，从而产生财富效应。名义汇率贬值同时导致国外存款的资本收益和土地价格的上升［见（34）式］。家庭财富的总效应为 $Q_5+Q_0^*$，国内商品消费需求的增加为 $\alpha_3(1-\delta)(Q_5+D_0^*)$。承前所述，财富效应和竞争效应之和为正：在维持国内商品价格不变的情况下，实际汇率贬值增加了超额需求。

在维持实际利率不变的情况下，国内商品价格增加对商品超额需求的效应更复杂，可以表示为：

$$\frac{\alpha_3(1-\delta)}{P_D}\left[(Q_5+D_0^*)z-\left(\frac{A_0^H}{P_D}\right)\right]+I_1\theta_{L_1}\left(\frac{\kappa K_0}{L_0^F}\right)(1+\theta_B)(1+i_R)$$

方程的第一项为负：它描述了在实际汇率不变的情况下，国内商品价格上升对消费的财富效应。当国内商品价格在实际汇率价值不变的情况下上升时，名义利率必须下降，降幅与国内商品价格上升的幅度相等。正如我们所见，这会带来国外存款和土地的资本收益的提升。假定家庭最初持有合意的国外存款-土地比率，土地价格的上升与汇率贬值成正比。这意味着土地的实际价值和国外现金存款的实际价值没有发生变化。因此，家庭金融财富实际价值的净效应可以表示为$[(Q_5+D_0^*)z-A_0^H/P_D]/P_D$，这种净效应由价格水平在实际货币余额基础上的增加所决定，并且是负的。[①]

第二项是金融加速器效应。由于 $I_1<0$ 和 $\theta_{L_1}<0$，因此这一项是正的：国内价格水平的上升提高了国内企业抵押品的净值，因此减少其外部融资溢价，降低银行贷款利率并增加投资。接下来，这会提高国内商品的超额需求。国内商品价格的上升将会通过财富效应对该商品的超额需求产生负向的影响，我们现在假定前述效应加剧而非逆转了这一影响。然而，接下来我们会注意金融加速器效应对模型性质的影响。

汇总实际汇率变动和国内商品价格变动对商品超额需求的效应，我们将得到一个可以画在 z-P_D 平面上的内部平衡轨迹。假定对于消费的财富效应比对于投资的金融加速器效应更加明显，内部平衡轨迹必然有正的斜率，与图 6－6 中的 IB 曲线类似：由实际贬值引起的对超额需求的正效应必须抵消由国内价格水平上升引起的负效应。IB 的斜率可以写作：

$$\left.\frac{\mathrm{d}z}{\mathrm{d}P_D}\right|_{IB}=-\frac{\alpha_3(1-\delta)P_D^{-1}[(Q_5+D_0^*)z-P_D^{-1}A_0^H]+I_1\theta_{L_1}i_L}{\alpha_3(1-\delta)(Q_5+D_0^*)+X'}>0$$

我们注意到由于金融加速器效应减弱了 P_D 上升对国内商品超额需求的效应，导致内部平衡轨迹比其他情况下更加平坦。这也意味着，在没有金融加速器效应的情况下，国内价格水平需要上升更多以恢复实际贬值后的内部平衡。

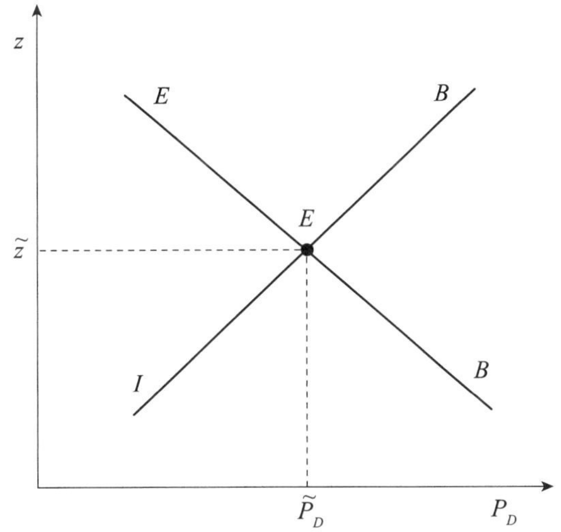

图 6－6　浮动汇率下商品和金融市场均衡

资料来源：Agénor and Montiel (2007).

接下来考虑外部平衡条件。将消费函数（48）式和资本流动（34）式代入收支平衡的均衡条件（52）式，可以得到外部平衡条件：

$$z^{-1}\{X(z)-\delta\{\alpha_1(\bar{Y}-T)-\alpha_2[(i_D-\pi^a)+(i^*+\varepsilon-\pi^a)+(\hat{q}-\pi^a)]$$
$$+\alpha_3(A^H/P_D)\}\}+i^*D_0^*-\lambda[h(i^*+\varepsilon,\hat{q})Q/E-D_0^*]=0$$

从（38）式中代入存款利率，从（30）式中导入家庭金融财富，从（36）式中导入土地价格，并将名义汇率 E 替换为 P_D，外部平衡条件变为：

---

① 如果 $h=E_0D_0^*/Q_0$，$Q_5=D_0^*/h=Q_0/E_0$。代入第一项可以得到 $(Q_5+D_0^*)z-A_0^H/P_D=(Q_0+ED_0^*-A_0^H)/P_D=-(BILL+D)/P_D$。

$$z^{-1}\{X(z)-\delta[\alpha_1(\bar{Y}-T)-\alpha_2[\{(1+i_R)(1-\mu)-1-\pi\}+(i^*+\varepsilon-\pi^a)$$

$$+(\hat{q}-\pi^a)]+\frac{\alpha_3}{P_D}[A_0^H+(Q((1+i_R)(1-\mu)-1,\ i^*+\varepsilon,\ \hat{q},\ Y,\ zP_D;\ A_0^H)$$

$$-Q_0)+(zP_D-E_0)D_0^*]\}+i^*D_0^*-\lambda\Bigg[\frac{h(i^*+\varepsilon,\ \hat{q})}{zP_D}Q$$

$$\times\{(1+i_R)(1-\mu)-1,\ i^*+\varepsilon,\ \hat{q},\ Y,\ zP_D;\ A_0^H\}-D_0^*\Bigg]=0$$

这一条件再次被描述为内生变量 z 和 P_D的方程。

为了得到外部平衡轨迹，首先考虑实际汇率贬值对国家外部平衡的影响。这一效应可以表示为：

$$z^{-1}\left(X'-\frac{TB}{z}\right)-z^{-1}\delta\alpha_3(Q_5+D_0^*)-\frac{\lambda h}{z^2P_D}(Q_5zP_D-Q) \tag{53}$$

其中，$TB=X-\delta C$ 是最初的贸易平衡。这个表达式可以分为三个部分，分别对应于三项。第一项描述了传统的马歇尔-勒纳支出转移效应。除非国家存在一个较大的初始贸易盈余（$TB>zX'$），否则该项符号为正。并且国家出口的替代弹性相对较小，我们在此假定正号成立。

第二项描述了汇率贬值对资本外流的效应。名义汇率的贬值同时会增加家庭对国外存款的需求和供给。由于汇率贬值增加了持有国外存款的国内货币价值，后一效应将会增加。因为国外存款的国内货币价值的增加会提高土地价格，进一步增加了对国外存款的需求，前一效应将会增加。但是，如果家庭最初持有合意的土地和国外存款，正如我们已经假设的那样（即如果 $E_0D_0^*/Q_0=h$），那么显而易见的是这些效应会互相抵消，因而 $Q_5zP_D-Q=0$，第三项消除了。接下来我们将会考虑支出转移效应占主导地位的例子，这将使（53）式的符号为正。但是，一如此前，我们将在之后构造的实验中考虑这一条件不成立的情况。

最后，考虑到国内商品价格 P_D 的增加对收支平衡的影响。总效应可以写作：

$$-\frac{\delta\alpha_3}{zP_D}\left[(Q_5+D_0^*)z-\frac{A_0^H}{P_D}\right]-\left(\frac{\lambda h}{zP_D^2}\right)(Q_5zP_D-Q)$$

第一项描述了国内商品价格上涨通过负的实际余额效应，对该国贸易平衡带来的支出减少效应。这一效应与 IB 曲线所引申的相同。在这个例子中，国内消费的减少意味着进口需求的减少，从而改善了国际收支平衡，使得第一项的符号为正。

第二项类似于前面所述的实际汇率贬值的影响。假设在 $E_0D_0^*/Q_0=h$ 的情况下，这一项将会消除。结果是在给定实际汇率价值的情况下，国内商品价格的上升必然会改善国际收支平衡，本质上是因为对进口需求的实际失衡产生影响。

汇总 z 和 P_D的变化对外部平衡条件的影响，为了保持国际收支平衡，国内商品价格的提升将会被实际汇率的升值所抵消。这意味着如图 6-6 中 EB 曲线所示，外部平衡轨迹的斜率必然为负。其斜率为：

$$\left.\frac{dz}{dP_D}\right|_{EB}=\frac{\delta\alpha_3[(Q_5+D_0^*)z-A_0^H/P_D]/P_D}{(X'-TB/z)-\delta\alpha_3(Q_5+D_0^*)}<0$$

如图 6-6 所示，将内部平衡轨迹和外部平衡轨迹放在一起，可以解出模型关于实际汇率与国内商品价格的均衡价值。为了理解模型是如何运行的，下一节将会分析不同政策和外生冲击对均衡的影响。

□ 2.3 政策和外生冲击

为了展示浮动汇率下模型的运行，我们在本节采取与固定汇率下相同的政策实验。

2.3.1 再贷款利率的上升

承前所述，再贷款利率的变化是银行系统与债券利率和贷款利率的中间工具。因其直接由银行传导至存款利率，再贷款利率的上升会同时通过利率效应和财富效应作用于消费。

存款利率的上升直接导致消费者增加储蓄，减少对国内商品的消费，同时会导致其将资产配置从非货币资产，包括土地，转向存款，这会压低土地价格。土地价格降低意味着家庭财富的减少，这会产生与更高存款利率对私人消费方向相反的效果。另外，更高的再贷款利率会被银行直接传导到贷款利率（假设贷款利率被设定为在政府债券利率的一个固定加成），这将降低国内企业的投资。

结果是为了在 P_D 不变的情况下维持内部平衡，实际汇率不得不发生贬值。因此，如图 6－7 所示，IB 曲线向上移动。再贷款利率的上升会对外部平衡条件产生三种效应。首先，其对存款利率的效应会直接减少消费支出，因而降低进口需求并改善贸易平衡。其次，通过压低土地价格，降低居民财富，产生对消费间接的负向影响，这些效应会加强直接效应。这两种效应导致再贷款利率的上升，会在给定 z 和 P_D 不变的情况下改善贸易平衡。

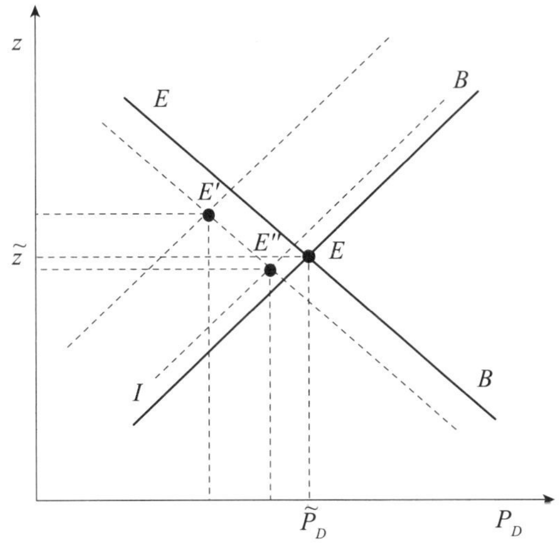

图 6－7 中央银行提高再贷款利率

资料来源：Agénor and Montiel（2007）.

同时，土地价格的下降会减少居民对国外存款的需求，家庭会调回资金。由此导致的资本流动加强了再贷款利率对贸易平衡的正面效应，三条途径均能改善国际收支平衡。结果是，为了保持外部平衡，实际汇率不得不升值，EB 曲线向下平移。最终导致国内商品价格必须下降，再贷款利率的上升会带来通缩，但是这项政策对实际汇率的效应是模糊的。如图 6－7 所示，取决于给定 EB 曲线时 IB 曲线移动的幅度，经济可能从初始点 E 移动到类似点 E'（贬值）或者点 E''（升值）的地方。

因为金融加速器效应会加剧 IB 曲线的变化，容易看出金融加速器效应越强，再贷款利率对国内经济的紧缩效应越大，意味着国内商品价格下降得越多。更强的金融加速器效应同样会让实际汇率更有可能在再贷款利率上升的情况下贬值。

2.3.2 中央银行拍卖

承前所述，中央银行拍卖导致商业银行持有的政府债券 B_B增加，将不会影响家庭资产负债表中资产的回报率，因此不会直接影响家庭对土地的需求，也意味着土地价格并非货币传导机制中的一环。

但是，因为必须持有更多的政府债券，银行会增加其溢价 θ_B。由于贷款利率是由政府债券利率的加成决定的，为了维持数量巨大的未偿贷款，贷款利率也要上升。这会降低对国内商品的投资需求，如图 6－8 所示，IB 曲线向上移动。然而，我们假设投资需求完全由国内商品交易构成，这一冲击对外部平衡轨迹没有任何影响。国内价格水平必须下降，带来紧缩性冲击，实际汇率必须贬值。容易看出，更强的金融加速器效应将会扩大这些影响。

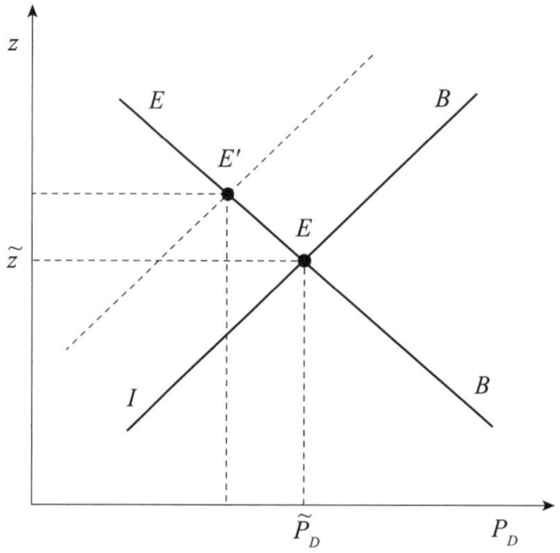

图 6－8 中央银行债券拍卖

资料来源：Agénor and Montiel (2007).

2.3.3 法定准备金率的上升

法定准备金率 μ 的上升使得存款作为融资来源之一，对银行而言显得不那么有吸引力，并导致银行降低存款利率。这将会直接影响商品市场，更低的存款利率不鼓励储蓄且刺激消费；也会间接地影响消费市场，更低的存款利率使得家庭重新配置其资产组合，从存款转向实物资产，比如土地。土地价格因此上升，并通过财富效应刺激消费。因为两种效应都会增加对国内商品的需求，产品市场出清要求实际汇率升值。

不同于再贷款利率的改变，法定准备金政策对贷款利率和投资支出没有影响。因为在我们考虑的货币政策机制下，法定准备金政策不会改变商业银行融资的边际成本。对消费的正面影响会使 IB 曲线向下移动（见图 6－9）。由于法定准备金率的改变仅仅通过影响 $(1+i_R)(1-\mu)-1$ 来影响外部平衡条件，EB 曲线会发生与再贷款利率上升时相反的变化：外部平衡轨迹向上移动。

最终的结果是国内商品价格会上升，但是实际汇率的变化是模糊的。如果 EB 曲线的变动足够大，新的均衡下很有可能发生升值（从点 E 移动到点 E''）。简而言之，法定

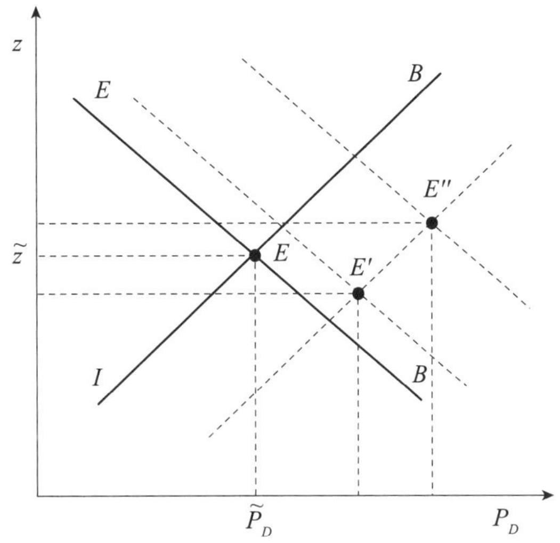

图 6－9　法定准备金率的增加

资料来源：Agénor and Montiel（2007）.

准备金率的上升带有通货膨胀性质。

跟之前一样，对这一看似反直觉结果的解释是法定准备金率的改变在我们假设的货币政策机制下不会影响银行的融资成本。因为中央银行随时准备在给定的政策利率 i_R 下为银行提供合意的资金，法定准备金率的上升不会影响银行的融资成本，也不会影响其贷款利率。然而降低利率代表当前消费相对于未来消费的机会成本和持有实物资产相对于金融资产的机会成本。最终，其导致了当前消费对未来消费的替代，实物资产的资本收益带来了更高的私人消费水平，上述过程是通货膨胀效应传递到实际经济的机制。

2.3.4　风险溢价和合约执行成本的改变

银行对借款给私人企业的感知风险增加可以由参数 x_p 的增加来描述，这会导致银行需要一个更高的风险溢价。与中央银行拍卖的情况类似，这会提高银行的贷款利率，进而带来国内投资合同的减少，*IB* 曲线向上移动。

图 6－8 描述了宏观经济的反应：实际汇率贬值，国内商品价格下降。金融加速器的存在再一次放大了这些效应：因为未偿还贷款的实际价值上升降低了企业提供的抵押品的价值，增加了银行的调节成本，贷款利率的增加将大于抵消感知风险初始转变的要求。

合约执行成本降低带来的参数 κ 的增加，提高了企业可以用来抵押的实物资产的比例。反过来，抵押品质量的改善降低了银行的调解成本，并允许其收取更低的溢价。因此，如图 6－10 所示，贷款利率降低了，*IB* 曲线向下移动。国内价格水平上升，实际汇率升值，显然会带来通货膨胀效应。

在这个例子中，由于国内价格水平的增加减少了企业贷款的实际价值，因而通过降低合同执行成本，抵押品的有效价值得到增加，金融加速器最终会放大贷款利率下降的效果。

2.3.5　公共支出和世界利率的改变

政府在国内商品上支出的增加会使 *IB* 曲线向下移动，同时 *EB* 曲线保持不变，造成国内价格水平上升，并导致实际汇率升值。容易看出，不同于标准的“挤出”理论所揭

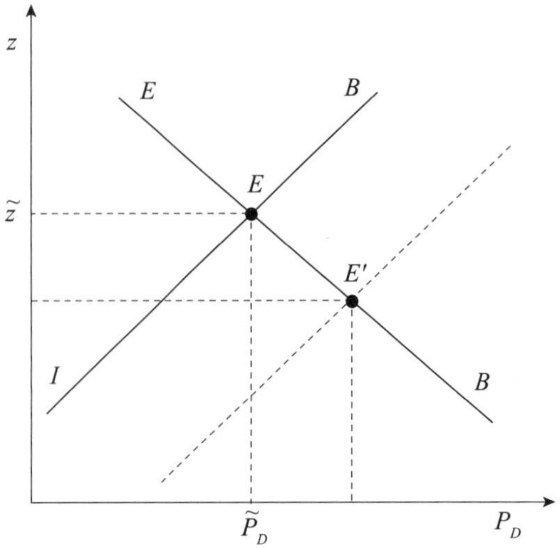

图 6-10　合同执行成本的降低

资料来源：Agénor and Montiel (2007).

示的，贷款利率在这个例子中实际上会降低。原因在于中央银行在我们的假设中遵循适应性的货币政策，固定再贷款利率 i_R，且通过自由地再贴现以满足银行的融资需求。因此银行的资金供给是完全弹性的，在金融加速器效应不存在的情况下，贷款利率将不会发生改变。因此，对贷款利率的影响完全来自金融加速器效应，在这个例子中，由于更高的国内价格水平减少了企业未偿还贷款的实际价值，实际上会降低贷款利率。

世界利率的改变会产生更复杂的效应。比如，i^* 的增加对商业银行或者政府没有任何直接影响，因为无论是金融中介还是政府，都不会向国外借贷。然而，家庭的确有途径以存款的形式接触到国外资产，更高的国外存款利率导致其将资产配置从国内转移到国外。这意味着伴随着价格的下降，土地需求减少。随着未来消费对当前消费替代引起的对消费支出的直接负效应，其结果是对国内商品的需求减少，导致 *IB* 曲线向上移动。但是，外部平衡轨迹的变化是模糊的。之前所描述的影响造成国内吸收的减少，同时国外存款的利息收入增加，带来经常账户的改善。但是，国外存款的回报增加带来了资本外流，让国际收支的总体效应变得模糊。如果资本流出障碍足够大（用参数 λ 来衡量），这样的资金流入将减弱，国际收支平衡表上的净效应将是正面的，*EB* 曲线向下移动。在这个例子中，对国内经济的影响必然是通货紧缩的（国内商品的价格必然下降），但是如图 6-11 所示，对实际汇率的影响是模糊的（可以从点 E 移动到点 E' 或点 E''）。

然而，如果资本外流足够大，结果则刚好相反。实际上，如果资本外流足够强，使世界利率的增加带来了国际收支的初期赤字，*EB* 曲线将向上移动。如果这样的话，实际汇率将发生贬值；并且如果 *EB* 的移动充分大，这次冲击将会是通货膨胀的（在图6-11 中，从点 E 移动到点 E''，而非点 E''）。在这种情况下，实际汇率贬值将会提高国内生产商的竞争力，创造关于消费的正的财富效应。

表 6-1 展示了对于消费、投资、国内商品的总需求（定义为家庭和公共在国内商品上的支出总值与投资之和，或者等价地记为产出减去出口），贷款利率和风险溢价的种种冲击。该表显示，不管在哪种汇率机制下，所有“国内”冲击均在同一方向上影

响这些变量。相反，世界利率仅仅对私人消费有着明确的效应（在两种汇率机制下有着相同数值的效应）；与此前讨论的一样，在浮动汇率下，关于所有其他变量的效应均是模糊的。

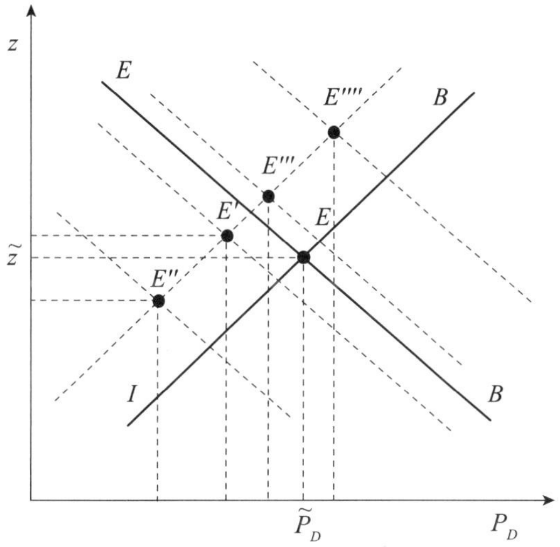

图 6-11　世界利率的增长

资料来源：Agénor and Montiel（2007）.

表 6-1　　　　　　　　固定汇率和浮动汇率下冲击结果的比较

改变项目	影响	固定汇率	浮动汇率
再贷款利率上升	总需求	−	−
	消费	−	−
	投资	−	−
	贷款利率	+	+
	风险溢价	+	+
	国内商品价格	−	−
	实际汇率	+	?
中央银行拍卖	总需求	−	−
	消费	+	+
	投资	−	−
	贷款利率	+	+
	风险溢价	+	+
	国内商品价格	−	−
	实际汇率	+	+
法定准备金率上升	总需求	+	+
	消费	+	+
	投资	+	+
	贷款利率	−	−
	风险溢价	−	−
	国内商品价格	+	+
	实际汇率	−	?

续前表

改变项目	影响	固定汇率	浮动汇率
风险溢价上升	总需求	—	—
	消费	+	+
	投资	—	—
	贷款利率	+	+
	风险溢价	+	+
	国内商品价格	—	—
	实际汇率	+	+
世界利率上升	总需求	—	?
	消费	—	—
	投资	—	?
	贷款利率	+	?
	风险溢价	+	?
	国内商品价格	—	?
	实际汇率	+	?

3 模型扩展

此前几节建立的基本框架可以以许多重要且有趣的方式进行扩展。本节中我们考虑三个问题：对冲政策，产出与营运资本需求之间的联系，价格和利率的动态变化。①

3.1 对冲

我们的模型中一个有趣的方面在于其关注了基础货币的变化以及货币对冲对宏观经济的影响。探讨这些问题能够很好地体现在一个国家特定的金融结构背景下，理解货币传导机制的重要性。我们在本节中将要展示，如果不能做到这一点，不管是在解释发展中国家的货币政策立场，还是在一般的货币政策设计中，都具有很大的误导性。

为了解释这些观点，考虑模型中基础货币的确定因素。将（3）式、（4）式和（8）式代入（17）式可得：

$$MB=[\nu(i_D)+\mu]d(i_D,i^*,\hat{q},Y)P_D^{\delta}E^{1-\delta} \tag{54}$$

假设 $\eta_D/\eta_\nu>\nu/(\nu+\mu)$，其中 $\eta_D=Pd_{i_D}i_D/D$，$\eta_\nu=-\nu' i_D/\nu$，因此基础货币的需求是存款利率的增函数。② 这有许多十分重要的推论。

考虑第 2 节的模型，中央银行设定再贷款利率并在此之上为银行系统提供完全弹性的信贷供给。在此设定下，紧缩的基础货币包括由政策决定的中央银行贷款利率的增加。但是从（9）式可知，商业银行支付的存款利率是再贷款利率的增函数，（54）式则表明

① Agénor and Montiel（2006）同样考虑了信贷目标的例子，信贷目标是指中央银行限制了对商业银行的信贷供给。

② 因为 $\mu<1$，假设 $\eta_D/\eta_\nu>\nu/(\nu+\mu)$ 确保了条件（5）成立。

更紧缩的货币政策会带来基础货币在初始国内价格水平上的增加。

发展中国家和标准工业化国家的货币传导机制有所不同，基础货币的减少会伴随国内利率的升高，在这种情况下，那些影响总需求的利率并非在家庭资产配置中能够替代货币的资产的利率（特别地，如存款利率，因为存款利率会通过货币政策影响银行的贷款利率和土地价格）。实际上，相反的情况才是正确的：在紧缩性货币政策下，升高的利率包含自身持有货币的回报率，然而货币替代物的利率不受影响。这就是为什么货币紧缩会带来基础货币的增加（在给定的国内价格水平上）。但是（在国内价格水平能够调整的情况下），基础货币在新的宏观均衡下到底是增加还是减少，并不能从我们的模型中得到明确结论。这取决于两个变动相互抵消后的净效应：存款利率的增加和国内价格水平的降低。通过（54）式，前者增加了基础货币的需求，而后者减少了基础货币的需求，模型的净效应取决于它们的弹性。

这种分析至少有两方面的重要含义。首先，由于货币紧缩可能与货币基础的增加和货币扩张的减少有关，在我们的研究中，货币政策的立场不能从基础货币的行为推断出来。正如前文所示，货币政策对基础货币的影响可能与对总需求的影响是相同的或相反的方向。其次，考虑货币对冲政策的效果。原则上，中央银行为回应冲击可以使用三种工具来稳定基础货币：再贷款利率 i_R、对商业银行发放的贷款 L^B 和改变政府债券的数量 B^C。

具体来讲，假设中央银行变动 i_R 以稳定基础货币，换言之，考虑第 2 节模型中的对冲。或者，假设冲击是国外利率的增加。我们看到，保持政策利率 i_R 恒定，国外利率的增加将会导致 GG 曲线向左移动，国内商品价格下降。换言之，这种冲击对总需求有着紧缩效应。从（54）式可知，在更高的国外资产回报率和更低的国内价格水平下，存款需求会降低，导致基础货币收紧。家庭从国内存款转向国外资产带来了资本外流，同时更低的国内价格水平提高了银行贷款利率并降低了企业的贷款需求，会减少商业银行向中央银行的贷款，这两种效应叠加之下会导致基础货币的收紧。为了抵消这些影响，稳定基础货币，根据（54）式中央银行将试图通过增加存款利率来提高存款需求。再贷款利率的提高可以实现这一点。但是正如早前所讨论的，这一政策同样会对总需求产生紧缩效应。因此，对冲实际上没有在实际冲击下稳定经济：为了稳定基础货币，它会让总需求变得不稳定。结果是，如果经济体的金融结构与我们讨论的一样，在熟悉的普尔型（Poole-type）分析基础上，关于货币政策工具最优决策的传统智慧是：为了回应实际冲击，利率规则高于货币规则。

□ 3.2 营运资本需求

在接下来的讨论中，产出被视为是外生的。我们现在将分析扩展到内生的供给端，通过解释贷款利率对企业生产成本（必须在销售前发生）的直接效应，引入货币政策的成本渠道。类似的例子可见 Greenwald and Stiglitz（1993），Edwards and Végh（1997），Gupta（2005），Agénor（2006a）以及 Christiano et al.（2004）。正如前几节所示，这是发展中国家的共同特征，同时有证据表明其对工业化国家来说也很重要。①

① 比如说，参见 Ravenna and Walsh（2006）给出的美国的案例，和 Gaiotti and Secchi（2006）给出的意大利的案例。

假设企业没有直接接触到世界资本市场的途径。为了满足营运资本（仅包括劳动力成本）融资的需求，企业必须向商业银行借款。① 因此，代表性企业面对的总生产成本等于工资加上银行贷款带来的利息支出。为了简化，我们假设为营运资本融资（在现实中是短期贷款，区别于资本积累）的贷款合同确定了贷款利率为中央银行借款利率 i_R 的一个加成。

正式地，代表性企业的最优化问题可以写为：

$$\max_{y} P_D Y - WN - i_R L^F \tag{55}$$

其中，y 为产出，W 是名义工资，N 是雇佣劳动力的数量，i_L 是商业银行收取的名义（合同上的）利率，L 是从商业银行获得的贷款数量。

生产函数采取柯布-道格拉斯形式：

$$Y = N^\alpha K_0^{1-\alpha} \tag{56}$$

其中，$\alpha \in (0, 1)$。企业融资约束为：

$$L^F \geqslant L_0^F + W \cdot N + P_D I \tag{57}$$

其中，I 为投资。

假设约束（57）是一个持续的紧约束，因为企业贷款的唯一原因是解决劳动力成本和资本积累。

问题（55）式受到条件（56）式、（57）式的约束，对此问题进行求解，在给定 i_R 和 I 的情况下，可以得到一阶条件 $P_D N^{\alpha-1} K_0^{1-\alpha} - (1+i_R)W = 0$。因此劳动需求可以写成：

$$N^d = [\alpha K_0^{1-\alpha}/(1+i_R)(W/P_D)]^{1/(1-\alpha)} \tag{58}$$

代入（56）式可以得到：

$$Y^s \equiv [\alpha/(1+i_R)(W/P_D)]^{\alpha/(1-\alpha)} K_0 \tag{59}$$

这个方程表明国内商品的供给与劳动力的有效成本 $(1+i_R)(W/P_D)$ 成反比。

利用（57）式和（58）式，企业的信贷需求变为：

$$L^F = WN^d + P_D I \tag{60}$$

名义工资被设定为完全由总体价格指数决定：

$$W = P = P_D z^\delta \tag{61}$$

因此，实际工资可以表示为生存成本指数的形式。然而，决定企业雇佣决策的生产工资等于：

$$W/P_D = z^\delta$$

将其代入（58）式，可以得到 $N^d = N(z;\ i_R)$，N_1^d，$N_2^d < 0$。类似地，使用（59）式可以得到：

$$Y^s = Y(z;\ i_R) \tag{62}$$

Y_1^s，$Y_2^s < 0$。因此，产出与实际汇率和官方利率负相关。值得注意的是，如果我们假定名义工资固定在 W（标准的凯恩斯情形），在固定汇率下依然能够得到类似的结果。生产工资将变为 $(\overline{W}/E)z$，意味着实际汇率和产出之间存在负相关关系。

我们同样可以假设，销售后的利润在最后一期分配。假设前一阶段的利润为 0，$\pi^a = 0$，然后利用（61）式，将（62）式代入均衡条件（24）式，消费函数成为不同于（21）

---

① 一如此前，银行贷款不存在国内替代物，因此企业无法发行股票或债券（基于它们的资本存量），以满足营运资本需求。

式的形式：

$$C=\alpha_1 z^{\delta} N(z;\ i_R)-\alpha_2(i_D+i^*+\hat{q})+\alpha_3(A^H/P_D) \tag{63}$$

即便离开之前的推导也能相对容易地看到这种变化的影响。只要官方利率保持不变，模型会与之前一样；原因在于不管产出是内生的还是外生的，Y^s-X 均与 z 负相关。

但是，当讨论官方利率的增加时，情况将变得不一样。现在的主要区别是，产量由于 i_R 对企业借贷成本的直接效应而造成下降的影响。这实际上是新结构主义经济学家（Taylor，1983；van Wijnbergen，1982）强调的 Cavallo-Patman 效应。如果总供给的下降超过总需求，可能会导致超额需求，带来更高的价格，而不是之前例子中更低的价格。如图 6－2 画出的那样，*GG* 曲线向上倾斜并将会向右而非向左移动。如果这种移动足够大，新的均衡将会导致更高的价格和更高的贷款利率，意味着对国内商品的总需求水平变低。

因此，通过引入成本渠道，模型可以解释为什么货币政策可能导致滞胀效应。正如之前说的，这是 Taylor（1983）和 van Wijnbergen（1982）发展的新结构主义模型在批评发展中国家的稳定方案的背景下的关键见解。但是，工业化国家中同样可以见到政策利率和通货膨胀之间的正相关关系，此处强调的成本渠道被作为这一“价格之谜”的解释（Chowdhury et al.，2006）。

□ 3.3　价格和利率的动态变化

Agénor and Pereira da Silva（2014）针对封闭经济的情况，在此前几节所发展的框架下，扩展了模型动态。扩展模型（同样考虑了前一节讨论的成本渠道）中存在两个动态变化的来源。第一个是在采取 Fuhrer and Moore（1995）发展的回归识别下，假设当总供给和总需求不均衡时，价格调整是逐步发生的。第二个是关于贷款利率或中央银行再贷款利率（以一个更重要的政策视角）的简单局部调整机制。中央银行遵循下一章将会讨论的泰勒规则。模型同样假定商业银行会进行成本颇高的监测，以减少它们贷款组合中的信贷风险。这导致贷款利率中出现了一个内生性的风险溢价率，它与抵押贷款投资的比率成反比。但是，与此前描述的框架不同，抵押品被设定为产出而非实物资本的一部分。尽管没有明确地引入资产负债表效应，但是抵押贷款比率的变化可能同样会产生金融加速器效应，这一效应不是通过资产价格的变化，而是通过要素价格和借贷成本的外生调整而产生的。同时，分析表明过渡性的动态与自动变化的再贷款利率之间的关系相当复杂，对经济的长期效应可能与短期效应显著不同。

考虑一系列超越本节讨论内容的问题，我们的分析还可以扩展到其他方向。首先，蒙代尔-弗莱明单一产品生产结构因为易于处理而被采用；此外，可以采用贸易品-非贸易品结构，或者第 1 章讨论的三产品结构。正如 Tornell and Westermann（2003）所讨论的，在若干个中等收入国家，贸易品部门和非贸易品部门的规模和融资机会存在明显的不对称。贸易品部门的企业往往会更大，且可以接触到国际资本市场（在国内贷款以外），因为它们不仅可以抵押出口应收账款，而且可以从关系密切的企业中得到保证。相反，非贸易品部门的企业规模往往会比平均水平更小，更依赖于银行信贷，且会面临借贷约束。

其次，在之前讨论的框架下，企业只能从国内银行借贷。但是对于许多中低收入国家而言，直接从国外借贷也应该被考虑到，比如 Gertler et al.（2007），Céspedes et al.

(2003，2004)，Elekdag et al.(2006)，Tovar (2005)。通过将国外利率外生化为一个加成方程，我们可以检验在现金错配的情况下，国外债务的国内货币价值变化的净效应。在这种情况下，名义贬值可能引发恶性循环：通过增加国外债务的国内货币价值，可能导致贷款人净值的恶化。进一步增加国外借款的风险溢价，提高了贷款的国内成本，反过来又可能加剧投资活动和资本流动的波动。

或者说，像 Agénor and Aizenman (1998) 所分析的那样，可以假设企业只能直接从国内金融中介贷款，而这些中介又在国际资本市场上加上溢价来借款。[①] 这种双层金融结构或许能更好地描述一些中等收入发展中国家的贷款机会特征，在这些国家，只有一小部分企业能够直接从国际资本市场上获得资金。进一步的讨论将在第 12 章展开。

① Disyatata (2004) 同样考虑了国内银行的国外借贷。

第 7 章 通货膨胀目标、宏观经济稳定与金融稳定

货币政策在中长期内的主要目标是稳定价格水平（将通货膨胀保持在较低且稳定的水平上），这一点已经成为政策制定者和经济学家的共识。第一个原因在于他们认识到剧烈变动的通货膨胀率往往会带来极高的社会和经济成本，包括价格扭曲、降低储蓄和投资（进而妨碍增长）、对冲交易（针对贵金属或土地）以及资本外流（流向国外资产）。

第二个原因在于，已有经验表明，为了达成诸如高产出或低失业率等其他目标，短期操作的货币政策工具可能会与稳定价格水平之间发生冲突。为了实现这些相互矛盾的目标，货币政策往往带来通货膨胀偏差，最终也无法实现系统的高产出和高就业。

为了实现价格水平稳定目标，中央银行长期依靠诸如货币总量或汇率等中间目标来执行货币政策。然而在 20 世纪 90 年代，若干个工业化国家和发展中国家开始直接关注通货膨胀本身。这种通过货币政策来控制通货膨胀的方法被称为通货膨胀目标（inflation targeting）。[①] 这实际上使通货膨胀而非产出或失业成为货币政策的基本目标，同时迫使中央银行去预测未来的价格行为，在通货膨胀压力持续增加之前，留下政策收紧的机会。

本章的目的是讨论与发展中国家实施通货膨胀目标相关的各类分析问题。[②] 其中，许多国家近几年采取了浮动汇率机制，因而必须寻找另一个名义锚（nominal anchor）来指导国内货币政策。通货膨胀目标在发展中国家是否有更广阔的应用，近年来已经逐渐成为争论的焦点。已经被广泛讨论的话题包括：糟糕的价格和实体部门发展数据、预测通货膨胀的可靠程序的缺失、保持中央银行事实上独立的难度以及缺少反通货膨胀的历史可能会妨碍建立一个透明的货币政策框架，进而妨碍任何关于通货膨胀目标的尝试。然而，其他学者［包括 Mishkin and Schmidt-Hebbel（2007）］采取了更好的视角，讨论了当金融体系发展到足以使国家使用间接货币政策工具的情形。

第 1 节展示了在封闭经济体中通货膨胀目标的基本分析框架，其建立在 Svensson（1997）的重要工作之上。封闭经济的设定为理解通货膨胀目标制的性质提供了一个良好的起点。第 2 节对模型进行扩展，考虑了开放经济的情况，强调了汇率在货币政策传导机制中的重要角色（见第 5 章）。第 3 节开始比较通货膨胀目标制、货币供给目标制与汇

① 通过下面的讨论，汇率危机和货币需求不稳定性是国家选择实施通货膨胀目标而非替代性的货币政策框架的两个主要原因。

② 本章中展示的许多资料来自 Agénor（2002）和 Agénor and Pereira da Silva（2013）。第一篇文献还讨论了通货膨胀目标的操作要求。

率目标制，并强调了与追求隐含的汇率目标相关的风险，同时也将通货膨胀目标制与替代性的名义收入目标制进行比较。第 4 节指出了实施通货膨胀目标制的基本要求，即中央银行独立性，不存在隐含的汇率目标以及货币政策实施的透明度。第 5 节讨论了利率规则在实践中的设计。最后一节关注了通货膨胀目标制的进一步分析，即不对称政策偏好的作用与行为参数的不确定性。

1 基础框架：封闭经济

参见 Svensson（1997，2003），考虑一个生产一种（综合）商品的封闭经济体，可以用下面三个方程来描述其结构，所有的参数均为正数：

$$\pi_t - \pi_{t-1} = \alpha_1 y_{t-1} + \alpha_2 g_{t-1} + \varepsilon_t \tag{1}$$

$$y_t = \beta_1 y_{t-1} - \beta_2 (i_{t-1} - \pi_{t-1}) + \beta_3 g_{t-1} + \eta_t, \quad \beta_1 < 1 \tag{2}$$

$$g_t = \gamma g_{t-1} + \nu_t, \quad \gamma < 1 \tag{3}$$

其中，$\pi_t \equiv p_t - p_{t-1}$ 是在 t 时期的通货膨胀率（p_t代表价格水平的自然对数），y_t 是产出缺口（被定义为实际产出与潜在产出比率的自然对数），g_t 度量了财政冲击（如政府支出），i_t是名义利率（受到中央银行的直接控制），ε_t、η_t 和 v_t 是独立同分布的冲击。（1）式表明通货膨胀的变化与产出和财政冲击的周期部分正相关，同时包含一个时期的滞后。[①]（2）式表明产出缺口与上一期的产出缺口和政府支出正相关，而与上一期的实际利率负相关。最后，（3）式说明政府支出是一个一阶自相关过程。

在这个模型中，政策行动（名义利率的改变）会以一期滞后的形式影响产出，以两期滞后的形式影响通货膨胀。[②] 政策工具变动和通货膨胀变动之间的滞后被称为调节期限（control horizon）。

根据中央银行的政策损失函数，可以区分出两种制度：严格的通货膨胀目标和弹性的通货膨胀目标。我们将依次考虑它们。

□ 1.1 严格的通货膨胀目标

在严格的通货膨胀目标下，中央银行每一时期的政策损失函数 L_t 仅仅涉及实际通货膨胀与其目标值 $\tilde{\pi}$ 的偏离[③]：

$$L_t = \frac{(\pi_t - \tilde{\pi})^2}{2} \tag{4}$$

在第 t 期，中央银行政策问题是选择一列现在和未来的利率 $\{i_h\}_{h=t}^{\infty}$，以最小化实际

---

① 产出-通货膨胀关系并非（1）式中显示的线性关系，而是凸形的。换句话说，总产出偏离潜在产出的正偏差（繁荣）所带来的通货膨胀要比负偏差（衰退）带来的通货紧缩更多。

② 注意，在（1）式引入一个前瞻性的元素后［正如新凯恩斯模型所讨论的，见 Fuhrer（1997）］，货币政策将会对当期通货膨胀产生一些影响，将会显著改变模型的性质。

③ Svensson（1999）和 Vestin（2006）讨论了有利于指定价格水平而非价格变化率目标的证据。生产者价格目标是消费者价格目标的一个替代物，关于开放经济的讨论可见 Sutherland（2006）和 Agénor and Pereira da Silva（2013）。

通货膨胀与其目标值方差贴现之和的期望 U_t：

$$\min U_t = \mathbb{E}_t\left\{\sum_{j=0}^{\infty}\delta^j \frac{(\pi_{t+j}-\tilde{\pi})^2}{2}\right\} \tag{5}$$

其中，$\delta \in (0,1)$ 代表贴现因子，$\mathbb{E}_t$ 是中央银行在第 t 期信息集下的条件期望算符。

解决该最优化问题的最直接方法是应用动态规划技巧。然而，这个问题可以被调整为一个更简单的形式，从而使得该政策工具最优路径的推导更加直观。首先，注意到名义利率会通过两期滞后影响通货膨胀率，π_{t+2} 可以表示为第 t 期的变量和发生在第 $t+1$ 期与第 $t+2$ 期的冲击之和。(1) 式可以表示为：

$$\pi_{t+2} = \pi_{t+1} + \alpha_1 y_{t+1} + \alpha_2 g_{t+1} + \varepsilon_{t+2}$$

在上述方程中代入（2）式和（3）式，可以得到：

$$\pi_{t+2} = (\pi_t + \alpha_1 y_t + \alpha_2 g_t + \varepsilon_{t+1}) + \alpha_1[\beta_1 y_t - \beta_2(i_t - \pi_t) + \beta_3 g_t + \eta_{t+1}] + \alpha_2(\gamma g_t + \nu_{t+1}) + \varepsilon_{t+2}$$

整理可得：

$$\pi_{t+2} = a_1\pi_t + a_2 y_t + a_3 g_t - a_4 i_t + z_{t+2} \tag{6}$$

其中，

$$z_{t+2} = \varepsilon_{t+2} + \varepsilon_{t+1} + \alpha_1\eta_{t+1} + \alpha_2\nu_{t+1}$$

$$a_1 = 1 + \alpha_1\beta_2,\quad a_2 = \alpha_1(1+\beta_1),\quad a_3 = \alpha_1\beta_3 + \alpha_2(1+\gamma)$$

因此，在第 t 期设定的利率将会影响第 $t+2$ 期及以后的通货膨胀，但是不会影响第 t 期和第 $t+1$ 期的通货膨胀；类似地，第 $t+1$ 期设定的利率将会影响第 $t+3$ 期及以后的通货膨胀，但不会影响第 $t+1$ 期和第 $t+2$ 期的通货膨胀，以此类推。因此，之前所描述的最优化问题的解答可以被视作在第 $t(t+1)$ 期设定名义利率，以便第 $t+2(t+3)$ 期的预期通货膨胀等于目标利率。正式地，中央银行的最优化问题变为针对 i_t 来最小化每个时期的 L_t：

$$\min_{i_t} L_t = \frac{\delta^2}{2}\mathbb{E}_t(\pi_{t+2} - \tilde{\pi})^2 \tag{7}$$

注意到，根据标准的统计学结论①：

$$\mathbb{E}_t(\pi_{t+2} - \tilde{\pi})^2 = (\pi_{t+2|t} - \tilde{\pi})^2 + V(\pi_{t+2}) \tag{8}$$

其中，$\pi_{t+2|t} = \mathbb{E}_t\pi_{t+2}$。这意味着中央银行的最优化问题等价于最小化预期通货膨胀与目标之差的平方［未来通货膨胀的离差平方 $(\pi_{t+2|t} - \tilde{\pi})^2$］以及未来通货膨胀波动性 $V(\pi_{t+2})$ 之和。我们将证明（8）式这种分解在接下来讨论不确定性的角色时十分有用。

问题（7）式的一阶条件为：

$$\delta^2\mathbb{E}_t\left\{(\pi_{t+2} - \tilde{\pi})\frac{\partial\pi_{t+2}}{\partial i_t}\right\} = -\delta^2 a_4(\pi_{t+2|t} - \tilde{\pi}) = 0$$

第一个等号来自（6）式。因此，该条件意味着：

$$\pi_{t+2|t} = \tilde{\pi} \tag{9}$$

（9）式表明在给定两期调节期限的情况下，中央银行的最优政策是设置相应的名义

---

① 令 x 是一个随机变量，$\bar{x}$ 是其均值；文中的标准统计结果是指 $\mathbb{E}(x-\bar{x})^2 = (Ex-\bar{x})^2 + V(x)$，也就是说，随机变量与其均值之差平方值的期望等于偏误的平方值加上随机变量的方差。

利率，使得基于第 t 期信息上的第 $t+2$ 期的预期通货膨胀率（与第 $t+1$ 期有关）等于设定的通货膨胀目标。

为了明确导出利率规则，注意到从（6）式可以看出，由于 $E_t z_{t+2}=0$，$\pi_{t+2|t}$ 可以写成：

$$\pi_{t+2|t}=a_1\pi_t+a_2y_t+a_3g_t-a_4i_t \tag{10}$$

这意味着：

$$i_t=\frac{-(\pi_{t+2|t}-\pi_t)+\alpha_1\beta_2\pi_t+a_2y_t+a_3g_t}{a_4}$$

这表明由于利率变化对通货膨胀的影响具有滞后效应，因此货币政策必须在预测的基础上执行。当期通货膨胀［在（1）式中表现为预先给定的随机冲击］超过目标的数额越大，利率将会越高。事实上，通货膨胀预测可以被当作中间政策目标，这也是为什么 Sevensson（1997）将通货膨胀目标称为通货膨胀预测目标。给定政策偏好是二次函数，在政策规则中使用条件通货膨胀预测作为中间目标将会是最优的。

通货膨胀预测可以很容易地与模型中的当期可观测变量联系起来。为此，（10）式必须等于 $\tilde{\pi}$，并按此解出 i_t：

$$i_t=\frac{-\tilde{\pi}+a_1\pi_t+a_2y_t+a_3g_t}{a_4}$$

按照上式给出的系数 a_h，该表达式可以写成中央银行反应函数的表现形式：

$$i_t=\pi_t+b_1(\pi_t-\tilde{\pi})+b_2y_t+b_3g_t \tag{11}$$

其中，

$$b_1=\frac{1}{\alpha_1\beta_2},\quad b_2=\frac{1+\beta_1}{\beta_2},\quad b_3=\frac{\alpha_1\beta_3+\alpha_2(1+\gamma)}{\alpha_1\beta_2}$$

（11）式表明中央银行的最优决策是向上调整名义利率，使其能反映出通货膨胀和当前通货膨胀与目标之差，以及产出和政府支出的增加。正如 Svensson（1997，p. 1119）强调的那样，当期通货膨胀之所以会体现在最优政策规则之中，并非因为当期通货膨胀是一个政策目标，而是因为如（10）式所示，它（与产出和政府支出一起）有助于预测未来通货膨胀。同样值得注意的是，利率规则（11）式体现了确定性等价（certainty-equivalent）：相同的利率规则在没有冲击的情况下将会是最优的。尽管中央银行不能阻止实际通货膨胀预期暂时地偏离目标值，但它可以确保这种冲击的影响不会随着时间的推移持续下去。[①]

均衡时，由于冲击发生于调节期限期间，在中央银行将其利率设定为最优值之后，第 $t+2$ 期的实际通货膨胀将偏离通货膨胀预测 $\pi_{t+2|t}$ 和通货膨胀目标 $\tilde{\pi}$，包括一个预测误差 z_{t+1}：

$$\pi_{t+2}=\pi_{t+2|t}+z_{t+2}$$

或

$$\pi_{t+2}-\tilde{\pi}=z_{t+2} \tag{12}$$

即使遵循了最优工具设定规则，中央银行也不能避免因调节期限期间所发生的冲击

① 当然，该结果建立在冲击是独立同分布的基础上。然而，在实践中冲击通常是持续的。这一点会在不确定下具有重要含义。

所导致的与通货膨胀目标值之间的偏离。这一事实在评价通货膨胀目标制时十分重要。

□ 1.2　政策权衡与弹性目标

现在开始考虑中央银行不仅关心通货膨胀，同时还关心产出缺口规模的情况。具体地，假定政策损失函数（4）式现在变为：

$$L_t = \frac{(\pi_t - \tilde{\pi})^2}{2} + \frac{\lambda y_t^2}{2}, \quad \lambda > 0 \tag{13}$$

其中，λ 度量了产出周期性运动的相对权重。① 现在，贴现后的政策损失期望之和为：

$$U_t = \mathbb{E}_t \left\{ \sum_{j=0}^{\infty} \delta^j \frac{(\pi_{t+j} - \tilde{\pi})^2 + \lambda y_{t+j}^2}{2} \right\} \tag{14}$$

为了简化，假设政府支出对通货膨胀和产出缺口没有任何影响，也就是说 $\alpha_2 = \beta_2 = 0$。参见 Svensson（1997），为了最小化（14）式，关于名义利率的一阶条件可以写为：

$$\pi_{t+2|t} = \tilde{\pi} - \frac{\lambda}{\delta \alpha_1 \kappa} y_{t+1|t} \tag{15}$$

其中，κ 被给定为：

$$\kappa = \frac{1}{2}\{1 - \mu + \sqrt{(1+\mu)^2 + 4\lambda/\alpha_1^2}\}$$

并且

$$\mu = \frac{\lambda(1-\delta)}{\delta \alpha_1^2}$$

条件（15）式要求通货膨胀预测 $\pi_{t+2|t}$ 仅在前一期期望产出缺口为零（ $y_{t+1|t} = 0$ ）的情况下才会等于通货膨胀目标 $\tilde{\pi}$。一般来说，只要 $\lambda > 0$，当产出缺口为负（正）时，$\pi_{t+2|t}$ 将超过（达不到）$\tilde{\pi}$。λ（政策损失函数中产出波动的权重）越高，预期产出缺口对通货膨胀预测的效应就越大。②

最优条件（15）式可以写成一个更为直观的形式，从（1）式可知，当 $\alpha_2 = 0$ 且 $\mathbb{E}_t \varepsilon_{t+1} = 0$ 时，

$$y_{t+1|t} = \frac{\pi_{t+2|t} - \pi_{t+1|t}}{\alpha_1}$$

代入（15）式中，并重新整理各项可得：

$$\pi_{t+2|t} - \tilde{\pi} = c(\pi_{t+1|t} - \tilde{\pi}), \quad c = \frac{\lambda}{\lambda + \delta \alpha_1^2 \kappa} < 1 \tag{16}$$

该表达式表明，两期通货膨胀预测与通货膨胀目标的偏离正比于一期通货膨胀预测与通货膨胀目标的偏离，并且当 $\lambda = 0$，$c = 0$ 时，之前的结论［见（9）式］依然成立。这一分析意味着，当产出周期性波动对中央银行而言比较重要时，其最优决策是逐渐地将通货膨胀预测调整为通货膨胀目标。这样，中央银行可以减少产出波动。正如 Svensson（1997）所示，政策损失函数中关于产出的权重越高（λ 越高），调整的过程将会越平缓（c 将会越大）。

---

① 注意，因为产出缺口的目标水平为零，这一设定不会产生任何内嵌的（built-in）通货膨胀偏差，见第 11 章的讨论。

② 政策损失函数（13）式通过增加利率 i_t 的平方，扩展为考虑了利率平滑的情况。正如 Svensson（1997）所示，一个工具的平滑目标可以为了降低利率波动成本，而使通货膨胀预期偏离通货膨胀目标。

根据（1）式和（2）式，利率规则可以明确地导出：

$$\pi_{t+1|t}=\pi_t+\alpha_1 y_t,\quad \pi_{t+2|t}=\pi_{t+1|t}+\alpha_1 y_{t+1|t}$$

$$y_{t+1|t}=\beta_1 y_t-\beta_2(i_t-\pi_t)$$

将第一个和第三个表达式代入第二个表达式，得到：

$$\pi_{t+2|t}=\pi_t+\alpha_1(1+\beta_1)y_t-\alpha_1\beta_2(i_t-\pi_t)\tag{17}$$

联立（17）式和（15）式，并重新排列各项，得到：

$$i_t=\pi_t+b_1'(\pi_t-\tilde{\pi})+b_2' y_t\tag{18}$$

其中，

$$b_1'=\frac{1-c}{\alpha_1\beta_2},\quad b_2'\frac{1-c+\beta_1}{\beta_2}$$

可以证明当 $\lambda=0$（因此 $c=0$）时，$b_1'=b_1$，$b_2'=b_2$。（18）式表明，同之前一样，最优工具规则要求名义利率正相关于当期通货膨胀、产出缺口以及当期通货膨胀对目标的超出部分。但是，（11）式和（18）式之间一个极为重要的区别在于（18）式的系数更小，因为政策损失函数中包含与产出周期性运动相关的正权重。① 更加平缓的反馈意味着当期通货膨胀与其目标值之间的调整将会比给定调节期限下最小的两期时间更长。为使通货膨胀期望在一个（持久的）未预期冲击下返回目标水平所花的时间被称为隐性目标期限（implicit targeting horizon），或者简称为目标期限（target horizon）。自然地，隐性目标期限的长度不仅与冲击的广度和其持续程度正相关，同时也与产出波动在中央银行目标函数中的重要程度相关。

因此，中央银行的产出稳定目标不仅决定着短期利率，同时对冲击后通货膨胀的调整也至关重要。同样地，政策偏好也会影响产出和通货膨胀的波动性。通货膨胀的波动将伴随 λ 而增加，同时产出缺口的波动则伴随 λ 减少。直观地，中央银行越重视产出缺口稳定，其波动性会越小，那么通货膨胀的波动性会越大。因此，弹性通货膨胀目标要求在通货膨胀波动和产出缺口波动之间进行取舍。通过变动中央银行在其损失函数中的相应权重，可以得出一个“最优政策边界”（或者最优权衡曲线），即政策制定者可以接受的通货膨胀与产出波动的有效集合（Fuhrer，1997）。② 产出-通货膨胀波动边界的斜率同样与总供给曲线的斜率有关：总供给曲线越平缓，同等程度的产出波动将会伴随着通货膨胀波动更大程度的减少；政策损失函数中关于产出波动的权重越大，在冲击后通货膨胀趋于其目标值所花费的时间越长。

2 开放经济中的通货膨胀目标

正如在第 5 章所讨论的，在一个开放经济中，汇率在货币政策传导机制中占据核心地位；它将通过一系列渠道来影响货币政策的目标变量（通货膨胀和产出缺口）。一方

① 同样注意到，在两种情况下，描述最优政策规则的参数均独立于影响通货膨胀和产出的冲击。这是因为在两者中，确定性等价均成立。

② 当然，在长期内产出波动和通货膨胀波动之间的权衡并不意味着这些变量的长期取舍。在现有设定下，这种取舍仅仅在短期存在。

面，汇率会影响进口的最终产品价格，进而影响国内消费者价格，在相对较短的滞后下，存在一个汇率的直接（影响）渠道；另一方面，汇率会影响总需求和总供给，存在两个汇率的间接（影响）渠道。通过改变实际汇率，名义汇率通常会滞后地影响总需求（因为消费者需要时间去回应相对价格变化）；这将会影响产出缺口，继而造成通货膨胀。[①] 汇率同样会影响总供给（可能有也可能没有时滞），因为生产成本可能取决于进口中间产品的成本，而名义工资可能受（实际的或期望的）汇率变化引起的消费者价格变化的影响。因此，汇率受到利息差、国外扰动、未来汇率预期的影响，同时也受到诸如国内公共部门债务或通货膨胀目标可信程度等国内因素决定的风险溢价影响。

不管是因为政策利率还是通货膨胀带来的外生扰动，利率在传导变化效应中的重要性均意味着，在研究开放经济中的通货膨胀目标时，至少要考虑两个问题。第一个问题（在第 5 章中讨论过）是关于汇率变化到通货膨胀的直接传导。如果该效应十分强烈，正如 Mishkin and Savastano（2001，p. 433）所分析的，中央银行不能对货币贬值持有一种“温和容忍”（benign neglect）态度。

参见 Ball（1999），假设名义汇率的对数 z_t 按照下列方式进入总供给和总需求方程（1）式和（2）式[②]：

$$\pi_t - \pi_{t-1} = \alpha_1 y_{t-1} + \alpha_2 g_{t-1} + \alpha_3(z_{t-1} - z_{t-2}) + \varepsilon_t$$

$$y_t = \beta_1 y_{t-1} - \beta_2(i_{t-1} - \pi_{t-1}) + \beta_3 g_{t-1} + \beta_4 z_{t-1} + \eta_t$$

其中，汇率被确定为：

$$z_t = -\phi i_t + \zeta_t$$

其中，ζ_t 是一个误差项，描述了比如对国外利率的冲击。通过一期滞后，货币贬值提高了通货膨胀和总需求；第一项代表转嫁效应，第二项代表期内的替代效应（参见第 5 章）。汇率自身被设定为与名义利率负相关，因为国内利率的增加会导致资本内流，造成货币升值。

利用（4）式，并按照此前的方式求解，最优利率规则变为不同于（11）式的形式：

$$i_t = \pi_t + b_1(\pi_t - \tilde{\pi}) + b_2 y_t + b_3 g_t + b_4 z_t$$

其中，$b_4>0$。如果汇率波动对总需求（通过 β_4）和总供给（通过 α_3，因为直接效应很高）有着巨大的影响，那么汇率在修正后的泰勒准则中的权重 b_4 可能会变得很高。然而，正如 Mishkin and Savastano（2011，p. 434）所强调的那样，这与通货膨胀目标并不一致：这只是单纯因为在这种制度下，中央银行应该关心汇率波动（假定其在传导机制中的角色），与其关心产出波动并无二致。该结论在弹性目标下同样成立。

正如 Mishkin and Savastano（2001，p. 439）所指出的那样，汇率变动对价格的直接效应有可能是独立于制度的。在汇率高度弹性的情况下，当维持了一段时期的（低）通货膨胀目标后，汇率在期望形成过程和定价行为中的信息量将变得很显著——无论经济体的开放程度如何。看上去 Ca'Zorzi et al.（2007）已经证明了这一点，他们找到了平均通货膨胀和转嫁强度之间的正向关系，并且进口开放度和转嫁强度之间仅仅存在很弱的实证关系。

---

① 汇率变化对总需求的影响同样取决于经济的债务结构。例如，在一个持有巨额国外债务的国家里，现金流动将会产生重要的财富效应和资产负债表效应，很有可能抵消其对总需求的直接效应。

② Guender（2006）提供了一个基于新凯恩斯主义开放经济范式的例子，其中菲利普斯曲线中包含了实际汇率。

无论哪种情形，过于显著和频繁地回应名义汇率变动会导致两个主要问题。第一个问题在于这可能会使产出变得不稳定。原因是名义汇率的变化将会通过贸易品的价格影响到通货膨胀。因为这是模型中货币政策影响通货膨胀最快的渠道，汇率的大幅变动将会导致利率的大幅变动，从而造成产出的过度波动。

第二个问题在于强烈且有规律的利率反馈将会产生一定的风险，使得名义汇率成为一个领先于通货膨胀目标的货币政策的替代锚（alternative anchor）。从公众角度来看，这可能会导致一个与预期相反的效果；为了缓和这一风险，中央银行会试图澄清汇率在政策利率决定中的角色，提高透明度（以及其影响总需求和总供给的能力）。在实践中，这意味着使公众确信中央银行的目标仅仅是在短期内去平滑突然的或潜在的汇率的不稳定波动，且不会在更长的期限内去阻止（通过系统的干涉）适应基本面的变化。因此，提高透明度将有助于发送信号，强调货币目标而非汇率目标仍然是经济的基本名义锚。

第二个话题是单纯针对非贸易品价格的通货膨胀目标是否比总体通货膨胀目标更为恰当。(13) 式给定的单期政策损失函数假设中央银行的目标是总体通货膨胀 π_t。为了分析该问题，考虑一个与基本面因素无关的冲击，且会导致名义利率的持续性贬值，这意味着因为信心转变带来规模巨大且持续的短期资本外流（Bharucha and Kent，1998）。直接效果是增加了贸易品部门的通货膨胀。比如，如果生产家用产品的企业使用了进口的中间产品（或者名义工资被指数化于整体价格水平），通货膨胀压力将会同样存在于非贸易品部门，其价格水平同样会提高，并与最初的贸易品价格水平提高相混合。总体通货膨胀目标可能会涉及针对利率和产出波动性增加的持续调整。相比之下，如果中央银行仅仅针对非贸易品部门的通货膨胀，利率的调整将会变得幅度更低，并且产出和非贸易品通货膨胀的变动将会更小——虽然名义汇率和总体通货膨胀具有更大的变动。

Devereus et al. (2004) 同样使用一个两部门、三产品的中等收入国家模型，其企业面临投资和融资的紧缩借贷约束（通常发生在国际资本市场），检验了通货膨胀目标的选择。他们比较了三种可替代的规则：一种固定汇率规则和两种通货膨胀规则（分别针对总体通货膨胀和非贸易品通货膨胀）。其结论表明汇率转嫁程度是影响这些可替代的规则福利排序的重要因素。特别地，一个经济体采取高转嫁效应，并且将目标定为非贸易品通货膨胀，似乎是最好的策略。相比之下，具有低转嫁效应且目标为总体通货膨胀则是最可取的政策。

然而，通常来说，非贸易品通货膨胀目标是否比总体通货膨胀目标更受偏爱，取决于经济体面临冲击的性质（nature），以及其相对规模。事实上，当经济体容易遭受冲击时，非贸易品通货膨胀目标而不是汇率目标将会更容易产生令人讨厌的结果。比如，为了回应需求或供给冲击，采取非贸易品通货膨胀目标的中央银行更倾向于尝试令其通货膨胀迅速回到目标轨道。这可能导致利率的大幅调整——进而带来汇率和总体通货膨胀更加剧烈的波动。因此，尽管总体通货膨胀目标可能会导致利率（进而产出）的过度波动以抵消汇率冲击，非贸易品通货膨胀目标可能会导致汇率的过度波动，这是因为政策工具将被调整以抵消攻击或需求冲击。实际上，在 Bharucha and Kent（1998）展示的模拟结果中，不管总体通货膨胀目标还是非贸易品通货膨胀目标，在所有类型的冲击下，均会一致地在产品和金融市场产生更低的波动。

3 其他制度比较

价格稳定作为一个中期到长期的目标，原则上不仅可以通过直接关注最终目标本身，即通货膨胀率和价格水平，同样也可以采取钉住式名义汇率或者货币目标作为一个中间目标。第三种选择是名义收入目标。本节回顾了货币政策的三种替代框架，并将它们与通货膨胀目标进行比较。

3.1 货币目标

货币目标假设一种或多种货币总量与一般价格水平之间存在稳定的关系。当这一观点成立时，货币政策可以直接通过控制货币总量的增长率（作为中间目标），达到较低的通货膨胀。以货币为目标要求对于描述货币需求的相关参数具有足够的认识；但是，在一个经历了迅速金融自由化的经济体中，这些参数（尤其是货币需求的利率弹性）可能发生剧烈变动。在此条件下，货币不再是未来通货膨胀的良好预测指标。同样地，在通货紧缩的情况下，货币需求可能会发生巨大且无法预测的转变；结果是，对于未来通货膨胀而言，货币包含的信息量会变得很低。

这两个论据均表明依靠货币总量目标将存在潜在风险。此外，假设货币目标可以表示最小化货币增长在其增长目标附近的波动，政策损失函数是二次函数是对上述表述的一种十分恰当的刻画。参见 Sevensson（1997），这一政策目标将会与最小化通货膨胀目标相冲突；也就是说，在通货膨胀目标下稳定通货膨胀与在货币目标下稳定货币增长之间通常是冲突的。事实上，货币目标通常会比通货膨胀目标带来更大的通货膨胀波动。通过带来更加剧烈的利率波动，它也会导致产出波动的进一步上升（Clarida et al.，1999）。[①]

另一论据与不确定情形下提前承诺的能力有关。Gersbach and Hahn（2006）考虑了一个模型，其中公众不能确定中央银行对未来通货膨胀信息的精确性，也不能确定中央银行在未来联结货币增长和通货膨胀之间关系的类型。他们指出，对于中央银行而言，通货膨胀目标更适合去对低通货膨胀做出承诺。尽管在通货膨胀目标下，中央银行不能完美地承诺一个确定的目标值（与货币目标下相比），但是因为许多无法预见的冲击会影响未来的通货膨胀，上述结论仍然成立。核心原因在于通货膨胀目标与未来通货膨胀之间的相关性更强，因此能让中央银行更容易地对价格稳定做出承诺。

近年来，由于货币供给和总体价格之间日渐扭曲的联系，一些工业化国家确实已经在放弃其货币目标后采取通货膨胀目标。这些情况可以参见 Estrella and Mishkin（1997）。[②]然而，值得注意的是，尽管一些研究宣称货币总量和价格水平之间的关系在发展中国家同样十分薄弱［比如，参见 Mishkin and Savastano（2001）关于拉丁美洲的研究］，关于

① 关于货币目标缺乏效率的进一步讨论参见 McCallum（1999）。

② 同样地，利率和目标货币总量之间、货币目标和通货膨胀之间缺乏稳定且能够预测的关系，已经在实践中逐渐被这些追求货币目标的国家所认识。

这一观点的系统性正式证据仍然有限（尤其是在 20 世纪 90 年代），且存在不同的解释。比如，Arrau et al.(1995) 的研究表明，一系列针对 20 世纪 80 年代发展中国家的研究证明，所谓的货币需求不稳定性可能是金融创新被忽略的结果。

De Grauwe and Polan (2005) 同时使用横截面数据和面板数据，研究了一组国家内货币增长和通货膨胀之间的关系。他们发现，货币增长率和通货膨胀率在长期内存在强烈的正相关关系，但这种关系并非成比例的。缺乏比例性并非源自货币增长和产出增长之间存在系统性的关系。在低通货膨胀国家，货币增长和产出增长在长期内独立，而在高通货膨胀国家，货币增长的增加将会使通货膨胀和货币周转率增加。结果是，在这些国家里对货币增长的参数估计并不统一。他们同样发现，货币增长和通货膨胀之间的强相关关系几乎完全是因为样本中高通货膨胀和超高通货膨胀国家的存在。对于低通货膨胀国家来说，通货膨胀和货币增长之间的关系（平均而言在 30 年不足 10%）即便存在也十分微弱。[①] 最后，货币周转率随着通货膨胀率的增加而增加。

这项研究的含义是，在低通货膨胀的环境中，货币增长并不是通货膨胀条件的有用信号，因为它被来自周转率冲击的"噪音"所主导。言外之意是，使用货币存量作为引导政策走向价格稳定的方法，对有低通货膨胀历史的国家可能无效。

□ 3.2 汇率目标

许多国家（特别是发展中国家）采取令其名义汇率钉住某个稳定的低通货膨胀国家的方式，以达到国内价格水平的稳定，其中的"规则机制"包括两个方面的影响。首先，在某种程度上，相对于国外而言，国内的通货膨胀更高会导致实际汇率的升值，对国内产品的需求将会降低，并导致周期性的下行，对国内价格水平产生向下的压力。其次，在某种程度上，工资和定价决策预期到工资和价格上涨的结果，它们将带来更高的通货膨胀。从某种意义上来说，以汇率（而非某种锚货币）为目标的国家试图"借入"外国货币政策的可信度 (credibility)。

另外，将汇率与货币供给相联系的一个重要优点在于更加直观，因而更容易向公众解释相关信息。因此，Canavan and Tommasi (1997) 指出，这对于希望表达政策可信度的"强硬"（反通货膨胀）政府而言，由于考虑政府正确表现的信号效应更加明显，汇率可以成为一个更好的锚。对于那些试图通过钉住汇率来稳定高通货膨胀的国家而言，这无疑是一个重要的考虑因素（见第 11 章）。

但是，近几年的经验表明，在一个资本高度流动性和不稳定运动的世界里，传统的钉住汇率政策已经被证明是十分脆弱的（见第 14 章）。更重要的是，无法证明单纯钉住汇率可以作为维持国内货币稳定性和可信度的替代品。事实上，最近的经验证明钉住汇率仅在其是可信的情况下才能持续下去，并且其可信度很大程度上取决于国内宏观经济政策。由此看来，相比汇率目标框架，通货膨胀目标制能够更好地运行。甚至可以证明在一定程度上许多发展中国家的国内货币已经被攻击，因为中央银行有一个内在的或外在的汇率目标，且被视为是不可信的，如果通货膨胀目标表达了对于宏观经济稳定性和自由浮动汇率的明确承诺，采取通货膨胀目标可能会带来更稳定的货币。

---

① Mendizábal (2006) 指出，跨国研究中发现的货币增长与通货膨胀之间的低相关性可能是因为合并的国家之间存在相异的交易技术。一旦考虑到国家之间交易成本的差异，相关性可能会变高。

值得强调的是，与其他控制通货膨胀的方式相比，通货膨胀目标制的一个核心特征在于政策工作的调节依赖于对未来（而非过去或现在）通货膨胀有规则的评估，而不是任意的预测。[①] 在此制度下，中央银行必须明确地确定通货膨胀目标水平并建立精确的机制以达到目标。这意味着，在通货膨胀目标制和货币及汇率目标制之间存在重要的运作区别。[②] 货币政策工具的变化通常会更快地影响货币供给和汇率，而不是通货膨胀本身；参见前文的讨论，这会产生滞后期，以及将货币工具与通货膨胀预测相联系的反应函数。这意味着通货膨胀目标制的可信度并不取决于作为未来通货膨胀先行指标的中间目标（参见货币目标和汇率目标下的情况）在公众的观测下是否达成，而是取决于承诺在未来达到通货膨胀目标的可信度。因而，这也取决于公众是否相信中央银行会坚决地遵守价格稳定目标。在通货膨胀目标下，货币当局的可信度和名誉可能在抑制通货膨胀预期方面起着至关重要的作用。同时，因为只能进行事后观测，为了帮助公众评估货币政策的态度并判断目标波动来自未预期冲击还是政策失误，透明度和责任性的要求在通货膨胀目标下变得更加重要。

□ 3.3 名义收入目标

名义收入目标（NIT）通常被视为是浮动通货膨胀目标（FIT）的替代选择。对名义收入增长的关注通常来自估计产出缺口的不确定性。为了描述这两种最优货币政策制度之间的差别，我们考虑 Frisch and Staudinger（2003）的模型，它包括一个前瞻式（forward-looking）的菲利普斯曲线和一个前瞻式的总需求方程［参见 Clarida et al.（1999）和 Svensson（2003）］。因此，该模型不同于此前所使用的回顾式（backward-looking）设定。模型包含下列公式：

$$\pi_t = \mathbb{E}_t\pi_{t+1} + \alpha_1 y_t + \varepsilon_t, \quad \alpha_1 > 0 \tag{19}$$

$$y_t = \beta_1\mathbb{E}_t y_{t+1} - \beta_2(i_t - \mathbb{E}_t\pi_{t+1}) + \eta_t, \quad \beta_1, \beta_2 > 0 \tag{20}$$

其中，$\mathbb{E}_t\pi_{t+1}(\mathbb{E}_t y_{t+1})$ 是基于第 t 期可得信息的下一期通货膨胀（产出缺口）预期。[③] 其中的扰动项 η_t 和 ε_t 服从：

$$\varepsilon_t = \rho_\varepsilon\varepsilon_{t-1} + \nu_t \tag{21}$$

$$\eta_t = \rho_\eta\eta_{t-1} + \zeta_t \tag{22}$$

扰动项均服从一阶自回归过程，其中 $0 \leqslant \rho_\varepsilon, \rho_\eta \leqslant 1$，$\nu_t$ 和 ζ_t 独立同分布，均值为 0，方差分别为 σ_ν^2 和σ_ζ^2。如果 $\rho_\varepsilon = \rho_\eta = 0$，冲击将完全是暂时性的（如前所述），但如果 $\rho_\varepsilon = \rho_\eta = 1$，则两个冲击均服从随机游走过程。模型同样假设产出缺口和通货膨胀的变化之间不存在滞后，实际利率和产出缺口变化之间也不存在滞后。

中央银行政策目标同（14）式：

---

① 在实践中，中央银行通常在预测通货膨胀时采取不改变利率的假设，也就是说期望利率是在利率在整个预测反馈期间不发生改变的条件下导出的。

② 注意到在汇率目标和货币目标之间同样存在着重要区别，从某种意义上来说，如果潜在的关系已经发生改变，虽然有可能暂时地偏离货币目标，但只会在除非可信度受损或者发生货币危机的情况下才会暂时地舍弃钉住汇率制度（或者目标区间）。

③ 在其论文附录中，Frisch and Staudinger（2003）检验了两期调节期限的情况，参见之前所展示的简化版 Svensson 模型，量化分析得到的结论与下文一致。

$$\min_{i_t} U_t = \mathbb{E}_t \left\{ \sum_{j=0}^{\infty} \delta^j \left[\frac{(\pi_{t+j} - \tilde{\pi})^2 + \lambda y_{t+j}^2}{2} \right] \right\} \tag{23}$$

其中，δ 是贴现因子，$\tilde{\pi}$ 是通货膨胀目标，λ 度量了产出缺口的对应权重。

为了简化，设 $\beta_1 = 1$，并将（20）式代入（19）式得到：

$$\pi_t = \mathbb{E}_t \pi_{t+1} + \alpha_1 [\beta_1 \mathbb{E}_t y_{t+1} - \beta_2 (i_t - \mathbb{E}_t \pi_{t+1}) + \eta_t] + \varepsilon_t \tag{24}$$

因为 i_t 仅仅影响y_t 和 π_t，最优化问题可以简化为仅仅解决在条件（24）下的一期问题：

$$\min_{i_t} \left[\frac{(\pi_t - \tilde{\pi})^2 + \lambda y_t^2}{2} \right]$$

最优条件为：

$$y_t + \frac{\alpha_1}{\lambda}(\pi_t - \tilde{\pi}) = 0 \tag{25}$$

可以看出，在严格通货膨胀目标下（$\lambda = 0$）必然有 $\pi_t = \tilde{\pi}$。使用（19）式和（20）式，可以得到：

$$\beta_2 i_t = (\alpha_1 \Phi + \beta_2) \mathbb{E}_t \pi_{t+1} + \alpha_1 \Phi \varepsilon_t - \alpha_1 \Phi \tilde{\pi} + \eta_t + \mathbb{E}_t y_{t+1} \tag{26}$$

其中，$\Phi = 1/(\lambda + \alpha_1^2)$。注意到，期望通货膨胀的系数大于1：伴随着冲击，中央银行必须提升名义利率以确保实际利率的增加。

将该最优条件代入（24）式得到：

$$\pi_t = \Phi\lambda(\mathbb{E}_t \pi_{t+1} + \varepsilon_t) + \alpha_1^2 \Phi \tilde{\pi} \tag{27}$$

可以通过应用未知系数法（Minford and Peel，2002）来解该方程，得到解的形式为：

$$\pi_t = \kappa_1 \tilde{\pi} + \kappa_2 \varepsilon_t \tag{28}$$

利用 $\pi_{t+1} = \kappa_1 \tilde{\pi} + \kappa_2 \varepsilon_{t+1}$ 以及（21）式可得：

$$\mathbb{E}_t \pi_{t+1} = \kappa_1 \tilde{\pi} + \kappa_2 \mathbb{E}_t \varepsilon_{t+1} = \kappa_1 \tilde{\pi} + \kappa_2 \rho_\varepsilon \varepsilon_t$$

将该表达式代入（28）式，并重新整理各项得到：

$$\pi_t = (\alpha_1^2 + \lambda\kappa_1)\Phi\tilde{\pi} + \lambda(1 + \kappa_2 \rho_\varepsilon)\Phi\varepsilon_t \tag{29}$$

联立（28）式和（29）式，可得：

$$\kappa_1 = (\alpha_1^2 + \lambda\kappa_1)\Phi, \quad \kappa_2 = \lambda(1 + \kappa_2 \rho_\varepsilon)\Phi$$

进一步可以整理为：

$$\kappa_1 = 1, \quad \kappa_2 = \frac{\lambda}{\lambda(1 - \rho_\varepsilon) + \alpha_1^2}$$

因此，π_t 的解为：

$$\pi_t = \tilde{\pi} + \lambda\theta\varepsilon_t \tag{30}$$

其中，

$$\theta = \frac{1}{\lambda(1 - \rho_\varepsilon) + \alpha_1^2}$$

将（30）式代入（25）式得到

$$y_t = -\left(\frac{\alpha_1}{\lambda}\right)(\pi_t - \tilde{\pi}) = \left(\frac{\alpha_1}{\lambda}\right)\lambda\theta\varepsilon_t$$

也就是说，

$$y_t = -\alpha_1 \theta \varepsilon_t \tag{31}$$

根据（21）式和（30）式，$\mathbb{E}_t \pi_{t+1}$ 可以表示为：

$$\mathbb{E}_t\pi_{t+1} = \kappa_1\tilde{\pi} + \lambda\theta\mathbb{E}_t\varepsilon_{t+1} = \tilde{\pi} + \lambda\theta\rho_\varepsilon\varepsilon_t \tag{32}$$

同时根据（21）式和（31）式，有

$$\mathbb{E}_t y_{t+1} = -\alpha_1\theta\rho_\varepsilon\varepsilon_t. \tag{33}$$

联立（26）式、（32）式和（33）式，可以得到利率规则为：

$$i_t = \tilde{\pi} + \frac{(\alpha_1 + \beta_2\lambda\rho_\varepsilon)}{\beta_2}\theta\varepsilon_t + \frac{\eta_t}{\beta_2} \tag{34}$$

因此，模型的完整解包括（30）式、（31）式和（34）式。

这些方程表明需求冲击（η_t 的上升）不会导致通货膨胀和产出之间的权衡。如（30）式和（31）式所示，ε_t 的升高会降低产出并提高价格水平。同前，权衡取舍的“斜率”取决于 λ：在严格的通货膨胀目标下（$\lambda = 0$），冲击对通货膨胀（在这种情况下仍然保持为 $\tilde{\pi}$）毫无影响，同时产出缺口的下降是最大的。在相反的情况下（$\lambda \to \infty$，或者说“严格的”产出目标），产出缺口没有改变，但是通货膨胀效应最大化。

利率规则（34）式表明，只要 $\lambda < \infty$，最优政策反应是增加实际利率——这意味着名义利率必须比通货膨胀率增长得更多。①

现在我们考虑名义收入目标。（19）式和（20）式与此前相同，但是损失函数变为：

$$\min_{i_t} U_t = \mathbb{E}_t\left\{\sum_{j=0}^{\infty}\delta^j\left[\frac{[(y_{t+j} - y_{t+j-1}) + \pi_{t+j} - \Theta]^2}{2}\right]\right\} \tag{35}$$

其中，Θ 是名义收入（假设是外生的）的名义增长率。现在，一阶条件变为：

$$y_t - y_{t-1} + \pi_t = \Theta$$

这表明必须选择名义利率以保证名义收入增长率在每期内均等于其目标值。

联立该条件与（19）式和（20）式可得：

$$\beta_2 i_t = (\Phi' + \beta_2)\mathbb{E}_t\pi_{t+1} + \Phi'\varepsilon_t - \Phi'\Theta - \Phi' y_{t-1} + \mathbb{E}_t y_{t+1} + \eta_t \tag{36}$$

其中，$\Phi' = 1/(1+\alpha_1)$。再一次，预期通货膨胀的系数大于 1。

将（36）式代入（20）式得到：

$$y_t = \Phi' y_{t-1} - \Phi'\mathbb{E}_t\pi_{t+1} - \Phi'\varepsilon_t + \Phi'\Theta \tag{37}$$

再次使用未知系数法，我们可以将 π_t 和 y_t 的解写成：

$$\pi_t = \kappa_{11} y_{t-1} + \kappa_{12}\varepsilon_t + \kappa_{13}\Theta \tag{38}$$

$$y_t = \kappa_{21} y_{t-1} + \kappa_{22}\varepsilon_t + \kappa_{23}\Theta \tag{39}$$

把（38）式中的时期延后一期，再将 y_t 代入（39）式，取期望后得到：

$$\mathbb{E}_t\pi_{t+1} = \kappa_{11}\kappa_{21} y_{t-1} + (\kappa_{12}\rho_\varepsilon + \kappa_{11}\kappa_{22})\varepsilon_t + (\kappa_{13} + \kappa_{11}\kappa_{23})\Theta$$

将这一表达式代入（19）式和（37）式，再与（38）式和（39）式进行对比，可以得到：

$$\kappa_{11} = (\kappa_{11} + \alpha_1)\kappa_{21}$$

$$\kappa_{21} = (\kappa_{12}\rho_\varepsilon + \kappa_{11}\kappa_{22}) + 1 + \alpha_1\kappa_{22}$$

$$\kappa_{13} = \kappa_{13} + \kappa_{11}\kappa_{23} + \alpha_1\kappa_{23}$$

$$\kappa_{21} = \Phi'(1 - \kappa_{11}\kappa_{21})$$

① 考虑此处讨论的简化模型，名义利率比期望通货膨胀率增长更多的前瞻式规则同样确保了经济行为是确定的。然而在更为一般的模型中，这一点并非必需的。参见 Carlstrom and Fuerst（2005）。

$$\kappa_{22} = -\Phi'(\kappa_{12}\rho_\varepsilon + \kappa_{11}\kappa_{22} + 1)$$
$$\kappa_{23} = -\Phi'(\kappa_{13} + \kappa_{11}\kappa_{23} - 1)$$

求解该系统方程可得：

$$\kappa_{11} = -A$$
$$\kappa_{12} = (A + 1 - \rho_\varepsilon)[(1-\rho_\varepsilon)^2 - \alpha_1\rho_\varepsilon]$$
$$\kappa_{13} = 1$$
$$\kappa_{21} = 1 + A$$
$$\kappa_{22} = -\kappa_{12}$$
$$\kappa_{23} = 0$$

其中，$A = \frac{\alpha_1 - \sqrt{\alpha_1^2 + 4\alpha_1}}{2} < 0$，且 $1+A>0$。将这些结果代入（38）式和（39）式，则有①：

$$\pi_t = -Ay_{t-1} + \frac{A+(1-\rho_\varepsilon)}{(1-\rho_\varepsilon)^2 - \alpha_1\rho_\varepsilon}\varepsilon_t + \Theta \tag{40}$$

$$y_t = (1+A)y_{t-1} - \frac{A+(1-\rho_\varepsilon)}{(1-\rho_\varepsilon)^2 - \alpha_1\rho_\varepsilon}\varepsilon_t + \Theta \tag{41}$$

$$i_t = \zeta_1 y_{t-1} + \frac{\zeta_2}{\beta_2(1+\alpha_1)}\varepsilon_t + \Theta + \frac{\eta_t}{\beta_2} \tag{42}$$

其中，

$$\zeta_1 = \frac{\Phi'}{\beta_2}[A + \alpha_1(1+A)^2 - A\beta_2(1+A)(1+\alpha_1)]$$

$$\zeta_2 = 1 + \frac{A+(1-\rho_\varepsilon)}{(1-\rho_\varepsilon)^2 - \alpha_1\rho_\varepsilon}[\{\beta_2(1+\alpha_1) - \alpha_1\}(A+\rho_\varepsilon) - (1+\alpha_1)\}]$$

根据（40）式和（41）式可以看出，在名义收入目标下，需求冲击的影响将完全被吸收，产出和通货膨胀率均不受影响。参见（42）式，名义利率的提升足以完全抵消需求冲击。正如此前所述，在浮动通货膨胀目标下也是如此。

相比之下，在名义收入目标下，供给冲击并不会无效化。参考（40）式和（41）式，一个正面冲击 ε_t 会带来通货膨胀（增加）和产出缺口（减少）的变化。

为了比较这两种制度，通货膨胀和产出的方差是一个很自然的评判准则。在浮动通货膨胀目标下，由（30）式和（31）式可得：

$$\sigma_\pi^2|_{FIT} = \frac{\lambda^2\sigma_\varepsilon^2}{[\lambda(1-\rho_\varepsilon)+\alpha_1^2]^2}, \quad \sigma_y^2|_{FIT} = \frac{\alpha_1^2\sigma_\varepsilon^2}{[\lambda(1-\rho_\varepsilon)+\alpha_1^2]^2}$$

而在名义收入目标下，由（40）式和（41）式可得：

$$\sigma_\pi^2|_{NIT} = \sigma_y^2|_{NIT} = \frac{[(1-\rho_\varepsilon)+A]^2\sigma_\varepsilon^2}{[(1-\rho_\varepsilon)^2 - \alpha_1\rho_\varepsilon]^2}$$

结果证明要使 $\sigma_\pi^2|_{FIT} < \sigma_\pi^2|_{NIT}$，则要求：

$$\lambda < -\frac{[(1-\rho_\varepsilon)+A]\alpha_1^2}{\alpha_1\rho_\varepsilon + A(1-\rho_\varepsilon)}$$

这意味着除非在浮动通货膨胀目标下弹性程度足够高，否则其产出缺口的方差将会

① 给定符合这些解的 y_{t-1}，与浮动通货膨胀目标相比此时会出现动态稳定性问题。Frisch and Staudinger（2003）指出，因为 $1+A\in(0, 1)$，该模型将始终稳定。

小于名义收入目标。

总之，对于两种制度而言，最优货币政策使得利率能够同时回应需求冲击和供给冲击。此外，对期望通货膨胀的正面冲击在两种情况下都会带来名义利率的增加，只有冲击足够大才会引起实际利率的增加。第二，两种策略均体现出对需求冲击相同的回应——完全抵消对利率的影响，导致通货膨胀和产出缺口没有变化。第三，如果冲击是供给方面的扰动，两种策略之间存在显著的差异。如果中央银行遵循通货膨胀目标，政策制定者将面对通货膨胀和产出稳定之间的权衡。这种权衡取决于用来描述产出稳定与通货膨胀稳定相比较的偏好参数。λ 取值较大意味着一项适应性的货币政策，也就是说，产出稳定需要以高通货膨胀为代价，而 λ 取值较小意味着低通货膨胀必须以高产出损失为代价，也就是一项非适应性的政策。

之前的分析存在更广泛的应用，在一定条件下名义收入目标可能会比通货膨胀目标表现得更好——尽管并非一致。考虑一个黏性工资和价格的封闭经济体，Kim and Henderson（2005）发现在一组可信参数范围内，名义收入增长目标优于通货膨胀目标（从财富角度来看）。Jensen（2002）的数值模拟结果同样表明当货币政策中带来收入-产出缺口权衡的冲击十分重要时，名义收入增长目标表现更好，从某种意义上来说，这比通货膨胀目标带来更加稳定的通货膨胀——通过使官方利率的惯性更强。

然而，更多比较这些替代性策略的研究变得必要，尤其是在开放经济下。Guender and Tam（2004）在这一方向上做出了贡献。应用一个在 Turnovsky（1983）提出的小型开放经济体模型的基础上扩展的分析，和一系列实证上可信的参数，他们发现严格遵守名义收入目标规则可能会导致汇率进而总体价格水平的过度波动。开放程度越高，或者实际汇率对总供给变化的敏感性越强，波动也越强。因而，通货膨胀目标看上去对于小型开放经济体更为实用，特别是对那些高度依赖进口中间产品的国家来说。

4 通货膨胀目标的基本要求

实施通货膨胀目标制需要五个基本要求。第一是中央银行高度的独立性（并非在选择通货膨胀目标本身方面的独立性，而是在选择和实施政策工具方面），第二是不存在事实上的名义汇率目标（或者，等价地，通货膨胀目标占主导地位），第三是足够强大的金融系统，第四是提升透明度和责任性，第五是预测通货膨胀的技术能力。接下来我们将更加详细地讨论前四个要求。

4.1 中央银行的独立性和可信度

通货膨胀目标要求中央银行必须被授予政治权威，包括明确的任命以追求价格稳定性目标。更为重要的是在实施货币政策过程中的独立程度，也就是说，选择必要的政策工具以达到通货膨胀目标，而不是选择目标本身。[①] 这尤其意味着有能力抵御短期刺激经济

① 一些国家实际上通过合约方法来实施通货膨胀目标制：政府在契约中与央行设立通货膨胀目标，并且给央行经营足够的独立性以使央行可以通过操作政策工具实现契约中的目标。

的政治压力。

通货膨胀目标不仅要求中央银行拥有高度的独立性，同时还要求其具有足够的可信度——或者更恰当地说，足够的反通货膨胀声誉（见第 11 章）。独立性、可信度和声誉的确是相关的，但可能在某个给定时期内存在差异。对于那些金融系统被视为高度易受到攻击（或者说汇率冲击）、中央银行被视作倾向注入流动性以预防全面危机（full-blown crisis）的国家而言，公开通货膨胀的可信度可能是存在问题的——即便中央银行被视作是独立的。缺乏对政策决定者坚持低通货膨胀承诺的信任，可能成为通货膨胀经常会在发展中国家呈现较强持续性的一个原因。[①] 但是建立可信度或提升声誉，特别是对于那些拥有高通货膨胀和宏观不稳定性历史的国家，是一个十分困难的过程。分析已经证明——Walsh（1995）做出了最大的贡献——通货膨胀目标被当作是克服可信度问题的一种方式，因为它们可以模仿最优表现激励合同（optimal performance incentive contracts）；通过提升货币政策的责任性，通货膨胀目标可能会降低相机抉择政策制度下固有的通货膨胀偏差。此外，Walsh（1999）指出，公开宣布的通货膨胀目标可能在中央银行政策偏好不确定的情况下提升其可信度。

□ 4.2　不存在财政支配

当财政政策相对货币政策扮演主要角色时，会出现财政支配（fiscal dominance）局面。在那些高度依赖铸币税作为税收来源的国家（这些国家的典型特征是存在政府从中央银行大量借贷的情况），财政导致的通货膨胀压力会通过强制中央银行维持低利率以避免不可持续的公共债务等方式决定货币政策的有效性。

不可持续的财政政策可能有碍于货币政策的有效性——到了增加利率会对通货膨胀产生不利影响的程度。的确，正如 Blanchard（2004）讨论的那样，如果初始公共债务水平很高，实际利率的增加可能会提高债务违约的概率，使国内政府债务吸引力变弱并导致实际贬值——而非传统情况下的增值。在此条件下，通货膨胀目标明显地存在不利影响：面对更高的通货膨胀，提高实际利率会导致实际贬值，从而带来进一步的通货膨胀。

□ 4.3　不存在事实上的汇率目标

正如在浮动汇率制度下的情形，将稳定的低通货膨胀作为货币政策的主要目标原则上要求不存在任何对特定汇率的承诺。然而，许多发展中国家在实践中选择合法的浮动汇率，货币当局持续关注国内货币的价值——通常采取事实上的目标路径。对于中央银行而言，存在多种原因促使其关注名义汇率变动，即使其独立程度很高（从而其承诺效力仅限于维持价格稳定性）。正如此前所提到的，汇率对通货膨胀存在直接影响，并在货币政策冲击价格的传导机制中扮演重要角色。如果转嫁效应的确很高，中央银行会尝试干涉国外汇率市场以限制货币流通。高度不稳定的名义汇率同样会促使政策决定者在一定程度上担忧，这会转变为实际利率的高度变动并扭曲国内商品的价格信号。另一个重要原因在于在（部分）美元化经济体中，汇率的大幅变动会通过改变在国内货币和外国货币资产之间的配置，导致银行和金融系统不稳定。最后，在那些公司和银行部门均持有巨额外国负债的国家里，名义汇率贬值会显著恶化其资产负

① 通货膨胀持久性可能也是交错工资和价格合同的结果，见第 11 章。

债表（见第 5 章和第 9 章）。[1]

当限制（或避免）汇率浮动成为一项公开或隐藏的政策目标时，中央银行通常很难以可信且透明的方式向公众传递其优先保证价格水平稳定的货币政策意图。（中央银行的）公开声明在私人企业那里通常会大打折扣，缺乏可信度则会带来更高的通货膨胀预期。因此，缺乏对某个特定汇率水平（公开或隐藏）的承诺——或者等价地，给通货膨胀目标相对其他政策目标模糊的优先级别——成为采取通货膨胀目标一个重要的先决条件。事实上，在发展中国家，钉住汇率目标受限于周期性的投机压力（且频繁发生的危机和贬值压力），会在宏观经济政策方面存在前后矛盾。而通过增强宏观经济与金融稳定性，对于通货膨胀目标制的可信承诺能够提供更加稳定的浮动名义汇率。

□ 4.4 健康的金融系统

实施通货膨胀目标制，关键在于保证银行系统的充分健康。银行系统的薄弱（比如，存在大比例的不良贷款）可能会限制中央银行处理利率的能力。例如，在一个通货膨胀正面冲击下，中央银行可能因为担忧更高的市场利率会增加银行借款人的违约，从而对银行的资产负债表产生压力，最终无力提高其政策利率。金融系统薄弱性要求不断为非健康的银行注入流动性，同样会妨碍中央银行实施独立货币政策的能力。在通货膨胀目标下通常需要（或部分地）将提高贷款损失准备金率和积极的补充资本项目置于优先位置。

□ 4.5 透明度和责任性

在通货膨胀目标框架下，货币政策实施过程中的开放性和透明度是提高可信度的重要途径。中央银行通过公开解释其决策，可以提高对达成通货膨胀目标的激励并因此增强公众对货币当局能力的信念。在货币政策决策过程中面对公众的监督，可以改善中央银行的决策并增加其可信度。比如，如果货币当局必须公布其政策改变并向公众解释改变的原因，货币政策在通货膨胀目标下的有效性将会得到提高。通过降低中央银行偏好的不确定性，透明度能够带来更低的通货膨胀预期和更低的供给冲击应对倾向。[2]

为了描述这些观点，我们考虑 Faust and Svensson（2001）提供的一个例子，中央银行的目标和计划（即它希望达到的通货膨胀和就业水平）无法被公众观测且必须根据政策结果来推测。透明度被定义为通货膨胀控制误差的不可观测部分。提高透明度通常是好的，从某种意义上来说这会使私人部门的期望和中央银行的声誉及可信度对其行动更加敏感。结果抑制了中央银行相机抉择式行动（也就是说，使通货膨胀意外实现其预期的就业水平），使其遵循一个距离社会最优更近的政策。

然而，透明度同样可能通过改变预期的方式对通货膨胀产生不利影响。Eijffinger and Tesfaselassie（2007）研究了中央银行拥有对未来（而非当前）国家经济私有信息的信息披露政策。他们指出，提前披露的影响取决于冲击发生时政策目标的不确定性。当政策目标不确定时，因为通货膨胀预期强烈依赖于政策行动，信息披露不会恶化当期产

---

① 然而，值得注意的是最后两个观点同样可以被视作要求适当地监管国内银行系统，而不是拒绝通货膨胀目标。

② 参见 Geraats（2014）的一个文献综述。一些研究综述表明透明度的改进的确有助于改善私人部门的通货膨胀期望。然而，对照研究表明这在发展中国家不成立。

出，导致中央银行把注意力集中在价格稳定上。相比之下，如果中央银行的目标已经成为共识，对未来冲击的披露将对当期通货膨胀和产出的稳定产生不利影响。

在实践中，通货膨胀目标框架下责任性的潜在问题在于难以仅凭通货膨胀结果来评估表现。原因在于（正如此前所指出的），政策行动与其对经济的影响之间存在滞后，因此中央银行可以将不恰当的表现归咎于“不可预见”或完全不能预测的事件，而不为其政策错误负责。为了减轻这一风险，在以通货膨胀为目标的国家里，通常要求中央银行为其政策决定负责并向公众解释实际结果和通货膨胀目标之间的差异。① 通过通货膨胀报告的常规发表，开放性和透明度同样得到提升，并促使中央银行分析当前经济发展并预测接下来一年或数年内的通货膨胀（以及其他变量，包括产出）。然而，尽管在实践中最透明的中央银行全部以通货膨胀为目标，但是通货膨胀目标制看上去既不是透明度的必要条件也不是其充分条件（Geraats，2014）。

提高中央银行的可信度，可以通过公开解读为什么通货膨胀会偏离目标值（可以以央行行长致政府的公开信的形式）、这种偏离将持续多久以及中央银行试图采用何种政策来使通货膨胀重回目标等实现。

5　通货膨胀目标制的表现

关于通货膨胀目标制表现的实证研究通常采取两种方法，且均包含事前-事后比较（before-after comparison）。第一种方法通过与非通货膨胀目标制国家进行对比，分析了不同制度下的宏观经济结果。争论的焦点主要在于，与那些采取其他货币政策制度的国家相比，采取通货膨胀目标制是否有助于平均通货膨胀的持续下降，降低通货膨胀波动性和增强宏观经济稳定性（包括更强的财政纪律）。第二种方法关注了在通货膨胀目标和非通货膨胀目标下中央银行行为的差异。核心问题在于采取通货膨胀目标实际上改变了中央银行的行为，尤其是应对通货膨胀和产出缺口，同时在一些情况中，应对汇率和资产价格。在大多数情况下，这套方法估计了简单的和扩张的利率规则。

Agénor and Pereira da Silva（2013）提供了一个全面的检验，展现了大多数发展中国家通货膨胀目标制现实表现的实证证据。基于第一种方法的实证研究表明通货膨胀目标制在这些国家大获全胜——在几个工业化国家中更是如此。除了在一些发生了剧烈外部冲击的时期，采取通货膨胀目标制的国家成功达成了目标，与其他国家相比，其产出牺牲率（通货膨胀降低一个百分点导致的产出降低的百分点）也很低。实际上，预期通货膨胀水平在许多采取通货膨胀目标制的发展中国家（相比控制组而言）中降低了，并且预期通货膨胀和平均绝对预测误差（控制了过去通货膨胀的水平和变动性）也显著地降低了。在这些采取通货膨胀目标制的国家中，通货膨胀的持久性也降低了。这一结果与通货膨胀目标能够增强前瞻式预期通货膨胀的影响，进而减弱通货膨胀惯性程度相一致。变动性的减少和通货膨胀预期持久程度同样表明通货膨胀目标改善了货币政策的可信度。然而，对于通货膨胀目标是否有助于降低产出变动性的研究没有达成共识。

① 目标独立性和工具独立性的区别意味着后者是货币当局会计原则的核心。

同样地，有限的证据表明通货膨胀目标有助于减少财政不平衡和降低转嫁效应，前者可能是因为更低的通货膨胀预期倾向于降低利率并减少了预算中债务清偿的不利影响，或是因为通货膨胀目标通常与更强的财政纪律有关。然而，针对这两个问题（尤其是第一个）的证据并不是十分确凿的。另外，尽管转嫁效应可能被削弱，但在许多发展中国家中，它仍然在货币传导机制中扮演着核心角色。

基于第二种方法（政策反应函数）的实证研究表明在许多发展中国家，以通货膨胀为目标的中央银行更容易对实际通货膨胀与目标值之间的偏离做出反应，因此改善了宏观经济稳定性。由此看来，许多研究发现在利率规则下存在资产价格和/或汇率的正面影响，这一事实并不必然反映了对于资产价格或汇率目标的尝试，而是间接回应了这些变量对总需求的影响。

总的来说，考虑到使用的方法，大多数近期研究得到了相似的结论：与那些采用非通货膨胀目标制的国家相比，采取通货膨胀目标制的发展中国家实现了更低的平均通货膨胀且降低了通货膨胀波动性，同时有可能降低汇率的转嫁。采取通货膨胀目标的中央银行在操作上更容易回应通货膨胀缺口。尽管大多数发展中国家达成这些结果，得益于身处世界通货膨胀的“大稳定”（great moderation）时期及深化结构改革，但是通货膨胀目标在宏观经济政策实施过程中带来了重要的制度变迁。

但是，不考虑通货膨胀目标在过去 10 年内的表现，以及货币政策主要中期和长期目标是追求价格稳定这一共识，Agénor and Pereira da Silva（2013）提出了通货膨胀目标在中等收入国家中面对的若干挑战。这些挑战包括：

（1）减缓一些财政支配国家的风险，在这些国家里，公共债务占 GDP 的比例居高不下，并存在与医疗健康和养老金支出相关的未来财政负债，因而会影响今天的通货膨胀预期；

（2）管理贸易项目冲击，这类冲击通常具有持续性，并通过指数化工资和通货膨胀预期的增加而影响国内价格水平；

（3）鉴于汇率在货币传导机制中的作用（见第 5 章），减缓汇率波动性；

（4）维持可信度，可信度往往会迅速失去而难以重新确立；

（5）解决金融稳定问题。

下一节将会解决挑战（5）。现在考虑（3），（正如此前指出的）采取通货膨胀目标制要求不存在任何对特定汇率值的承诺，从而保证货币自由浮动（除了平滑的干涉）。特别是一些在法律角度选择承认浮动汇率制的发展中国家，货币当局仍然重点关注国内货币的价值（通常采取事实上的目标路径或范围）。对中央银行而言，存在多种原因需要考虑名义利率的变动，即便其独立程度很高（因此，它只有承诺追求价格稳定的能力）。如前所述，汇率会对通货膨胀产生直接影响，并在货币政策影响价格的传导机制中扮演重要角色。如果转嫁效应的确很高，中央银行会试图干涉外汇市场以限制资金流动。

政策制定者同样会担心剧烈的名义汇率波动会导致实际汇率的高度变动并扭曲对于国内生产者的价格信号。另一个重要的考虑在于，在美元化的经济体中，汇率的剧烈波动会通过改变国内和国外资产的配置进而带来银行和金融部门不稳定。最后，在那些企业和银行部门持有巨额外汇债务的国家里，名义汇率贬值会对其资产负债表产生明显的负面影响。金融部门融入全球市场的程度越高，企业和银行接触到外国货币的可能性越大。虽然有恰当的金融监管和对冲工具的使用，但资金流动的突然逆转和汇率的波动会损害实体经济。

当明确规定限制汇率波动或将其作为一个隐含的政策目标时，中央银行通常很难以可信且透明的方式向公众传递其将重点关注价格稳定，而不是其他的货币政策目标。私人机构通常认为公开声明大打折扣并感到困惑，从而缺乏可信度会导致更高的通货膨胀预期。因此，缺乏对特定汇率值（含蓄或坦率）的承诺——或者没有给予通货膨胀目标相对于其他目标一个明确的优先级——对通货膨胀目标值发挥作用十分重要。但是，实际中还未出现类似的发展中国家的案例。

几乎从它们采取通货膨胀目标制的那一刻起，许多发展中国家开始产生一种所谓的浮动恐惧，这使得政策制定者采取谨慎的行动以稳定汇率（Calvo and Reinhart，2002）。这些国家对浮动汇率及货币波动产生担忧的原因包括欠发达的外汇市场、较短的稳定通货膨胀历史、较高的汇率转嫁效应（如前所述）、竞争的负面影响、巨额外汇债务的存在、资产负债表效应以及过度的货币升值会加剧金融中介的冒险行为。[①] 后者的影响可以强大到足以主导汇率的其他影响。

除了考虑到汇率恐惧，对于那些面对贸易冲击十分脆弱且金融系统不发达的发展中国家而言，仍存在货币政策对汇率反应的理论基础。在这种情况下，在面对外部冲击时稳定国内产出是十分困难的。的确，Aghion et al.（2009）和 Aizenman et al.（2011）同时证明中央银行在类似环境下最好追求一种考虑了实际汇率变动的利率规则。Céspedes et al.（2004），Morón and Winkelried（2005）以及 Cavoli and Rajan（2006）同样指出在那些金融体系十分脆弱的经济体中，如果中央银行采取通货膨胀目标制时的反应方程里包含汇率，会带来许多好处。同样地，Roger et al.（2009）和 Garcia et al.（2011）发现对于金融体系十分稳定的经济体而言，给予平滑汇率一个更小的权重会在处理风险溢价冲击时产生许多益处，对于通货膨胀或者产出的表现并无明显的负面影响。对于金融体系十分脆弱的经济而言，一些汇率平滑是更有益的，在很大程度上反映了需求冲击对汇率变动的负面影响。

针对挑战（4），如前所述，通货膨胀目标制的可信度取决于在未来达到通货膨胀目标这一承诺的可信度。因此，建立通货膨胀目标制的可信度在一些例子中变得难以捉摸——仅仅在更广的时间框架下，保持通货膨胀预期和较高的风险溢价。在那些一开始或者当失业超过某个阈值后对产出和就业稳定的偏好的国家里，宣布通货膨胀目标的可信度会显著地减弱。缺乏政策制定者对低通货膨胀承诺（或维持能力）的信任，可能是通货膨胀在发展中国家经常持续很久的原因之一（Agénor and Bayraktar，2010）；低可信度会为通货膨胀预期带来一个较强的回顾式成分。正如此前几节所述，过去 20 年发展中国家的经验提供了重要的教训，中央银行对于产出和通货膨胀偏好的不确定性会有损于可信度，价格冲击也会对可信度产生巨大的非对称影响。相比通货膨胀低于目标值，夸张的通货膨胀目标（可能出于过度关注限制短期产出损失）会在失去可信度方面耗损巨大。另外，可信度并不仅仅取决于与目标的偏离程度，同样也取决于这些偏离维持多久。

① 比如，Ghosh（2013）发现在那些汇率转嫁效应较高的国家里，汇率浮动的程度一般更弱。

6 通货膨胀目标与金融稳定

由美国次级贷款市场崩溃导致的全球金融危机明确地显示出尽管金融干预存在诸多益处，但同样会带来巨大的风险，对实体经济产生潜在的巨大影响。金融机构和市场的相互联系日益增强，以及更高度相关的金融风险加剧了跨境溢出效应，导致人们重新强调加强审慎监管和金融机构监管的需要。在许多国家内，降低金融不稳定性的风险和金融市场的顺周期性不仅要求提高微观审慎管理、会计标准和资本准备规则，还需要更加关注宏观审慎监管，即系统范围的金融监管。沿着这一思路，2010 年 9 月 12 日，巴塞尔银行监管委员会公布了一个新的资本框架，不仅扩展了资本的定义，同时还推荐了一个资本留存缓冲和逆周期资本缓冲的实现规则，后者要求风险资产的范围为 0～2.5%（巴塞尔银行监管委员会，2011）。同时，关于中央银行是否应该更明确地在货币政策实施中考虑金融稳定目标进行了激烈的辩论。

一些观察者的确宣称中央银行在设定利率时应该更系统地考虑在宏观经济稳定和金融稳定目标之间的潜在权衡。一个支持该观点的共识是价格稳定的实现（转变为较低利率）可能会增加金融不稳定风险：由于对未来经济前景的过高期望，或是采取冒险行为的激励增加，稳定的低通货膨胀率会加剧资产价格泡沫的发展。因此，价格稳定——被定义为维持一个稳定的低通货膨胀率——可能不是金融稳定的充分条件，货币政策必须内化经济稳定的潜在风险，并且采取先发制人的行动，而不是在危机爆发后做扫尾工作。由此看来，宏观审慎政策和货币政策在追求金融稳定时是互补的。[①]

在发展中国家中，信贷增长缺口被定义为实际增长率与“参考”或“均衡”增长率之差，考虑通过增加对私人部门信贷缺口的度量以扩张传统利率规则将存在诸多益处。货币政策将有助于扭转金融加速器机制所导致的信用与资产价格过快增长，后者往往是金融失衡的表现。大量证据表明信贷的过快增长会带来在繁荣时期（尤其是在大量资本流入的时期）直面价格低估的风险，并恶化贷款标准和信贷质量。[②] 相应地，贷款标准的降低会在经济下行期间提高金融系统的脆弱性。在此条件下，货币政策——可能与一些具体部门的宏观审慎工具相结合，如贷款/价值比率（loan-to-value ratio）和负债/收入比率（debt-to-income ratio）——会通过其对整个经济范围内对借贷成本的降低，有助于减缓顺周期性从而解决系统风险的时间维度。

但是，当国家直接面对突如其来的私人资本洪流，即因外部市场条件改变带来的大量流入（见第 13 章），货币政策对宏观经济和金融不稳定性的回应程度十分有限，这是因为国内利率高于发达经济体的利率，会单纯恶化私人资本的流动。与此不同，货币政策丧失其有效性，其他工具必须被用来管理资本流动并减缓其对国内经济的不稳定效应。如果金融失衡确实与过度的信贷增长有关，并且资本流入有助于信贷增长（通常发生于发展中国家），那么综合性政策反应将同时包括宏观审慎工具和至少是暂时性的资本控

① Agénor and Pereira da Silva（2013）就该问题提供了一个基于最新文献的扩展讨论。

② 见第 1 章，及 Claessens et al.（2011）和 Calderón and Fuentes（2014）的讨论。

制，或者使用国际货币基金组织（IMF，2012）的一个更加政治正确的专用术语——资本流动管理（capital flow management，CFM）工具。某些资本控制（比如，披露对国外借贷的限制，或对国内银行的外国货币存款征收储备金）等价于审慎措施，这在总资本流入作为管理金融系统的中介时尤其重要。比如，在最近的全球金融危机废墟之上，多个拉丁美洲国家实施或加强了资本流动管理；正如第13章讨论的，证据表明任何措施的有效性都会随着时间的推移被侵蚀，市场总能找到办法钻监管的空子。尽管如此，当面对突如其来的资本流动且无论是货币政策还是宏观审慎政策均不能做出迅速反应时，暂时的有效性也能满足政策制定者的需求。

7 一些其他分析性问题

不论在工业化国家还是在发展中国家，针对通货膨胀目标制的分析和操作环节将会继续产生大量的研究。例如，如何最优地测量核心通货膨胀率仍然被积极地讨论（Silver，2006）。本节关注了关于通货膨胀目标制的设计和操作的分析文献中两个具有争论的问题。第一个是关于政策偏好非对称的意义，第二个则是关于不确定性（关于被测量的变量、行为参数和政策滞后）。①

□ 7.1 非二次型政策偏好

中央银行当期政策损失函数（4）式和（13）式被设定为是对称的；比如，正的产出缺口与负的产出缺口具有同样的成本。采取这一方式的原因在于这能使模型易于处理。但是，对于中央银行而言，通货紧缩的短期成本一般更为严重，从而更高的权重被赋予负产出缺口——例如在（13）式中增加一个 y_t 的线性项。结果是，虽然不存在产出和通货膨胀在长期内的权衡，但最优通货膨胀率可能会高于 $\tilde{\pi}$。关于通货膨胀和/或产出缺口的偏好是非对称的原因之一在于一些中央银行家要对政治选举的官员负责；因此，他们可能更厌恶衰退而不是扩张。

更主要的是，Orphanides and Wieland（2000）质疑了政策制定者在通货膨胀目标制下使用二次型目标函数。他们首先注意到在实践中大多数实行通货膨胀目标制的中央银行会设定一个目标区间而非目标点；接下来他们说明了目标范围的存在意味着一个非线性的最优政策规则。将当期损失函数写成下面的形式，而不是（13）式，可以简单地将政策偏好设定为目标区间：

$$L_t=\frac{(\pi_t-\tilde{\pi})^2}{2}+\frac{\lambda y_t^2}{2}+\frac{\chi\mid y_t\mid}{2} \tag{43}$$

其中，$\chi>0$。参见 Orphanides and Wilcox（2002），该设定意味着一个非对称的政策回应：只要通货膨胀与目标值足够近，那么最优利率政策就是稳定产出。否则，政策必须保持通货膨胀在某个区间内（与 λ 正向变动），接着等待合适的供给冲击（关于 ε_t 的正冲

① Sevensson（2010）讨论了一系列其他相关问题，比如公开发表预测的透明度。

击）使其更加接近合意的通货膨胀水平 π。

Orphanides and Wieland（2000）考虑了一个比（43）式更一般的设定，即区域二次型（zone-quadratic）政策损失函数。该损失函数能使通货膨胀在偏离了一个明确的目标区间之外时损失是二次的，但只要通货膨胀在该区域内波动，损失（几乎）是零。另一方面，区域线性（zone-linear）菲利普斯曲线意味着在产出缺口的一个范围和范围以外的变化内通货膨胀是基本稳定的。因此，如果中央银行考虑了产出波动（实践中通常会这么做），那么当通货膨胀在目标区间内时产出目标将会发挥主导作用，而当通货膨胀不在目标区间内时，产出目标的重要性会有所下降。他们宣称这一政策偏好设定与中央银行通常表现出仅仅在通货膨胀超出一定范围时才对其重点关注的倾向保持一致。利用数值分析，Orphanides and Wieland（2000）同样发现在非二次型偏好下（以及一个非线性的通货膨胀-产出权衡，就像下文所讨论的），未预期冲击带来的不确定性对目标区间的宽度以及政策回应在目标区间内外的相对规模具有重要的影响。特别地，在不确定情况下最优政策规则仅在通货膨胀落在目标区间以外时不要求机械的反应。相反，最好是在通货膨胀偏差已经落在区间内时做出反应，并且当通货膨胀继续偏离合意区间时采取更激进的行动。[①]

值得注意的是，偏好的非对称程度不仅在选择通货膨胀目标区间宽度时需要加以考虑。比如，Alexius（1999）讨论了一个逃避条款合同，中央银行在正常时期遵循一个简单的通货膨胀规则，而在经济体受到重大供给侧冲击时转向相机抉择。中央银行的通货膨胀目标值区间取决于打破规则的成本。更一般地，Erceg（2002）指出合意的通货膨胀目标区间依赖于经济体的基本结构特征和冲击的公开——比如名义工资刚性、贸易项目的变动性和国内生产率扰动。

□ 7.2　不确定性和最优货币规则

从通货膨胀目标下的政策规则设计的角度来看，很容易区分出不确定性的四类来源：

（1）关于通货膨胀的一些决定因素的不确定性，这与一些经济序列不可观测且必须估计有关。一个现在可以观测的例子是在计算产出缺口时对潜在产出的度量。潜在产出往往利用趋势产出来估计，但是去趋势技术有时会产生很大的差异。[②③]

（2）关于模型参数的不确定性，可以从两种方式上解释：要么基本模型本身是不确定的，要么“真实的”模型是确定的，但政策制定者并不确切地知道，而是需要进行估计。计量技巧一般利用经验估计感知了不确定性程度，不仅提供了参数的点估计，同时也提供了其方差和协方差。

（3）关于传递滞后和政策行动时间表的不确定性。传递滞后取决于一系列经济和制度因素，比如金融市场的发达程度和供给端与需求端的竞争强度，贸易开放的程度和私人金融财富的构成。[④]

① 另外，他们指出当菲利普斯曲线是线性的时候，区间宽度随着通货膨胀冲击的方差而增加。

② 注意到，如果采取附加形式且始终不相关的话，潜在产出的测量误差并不必然是个问题。

③ 一个相关问题是经济时间序列数据经常在初步公布数据之后对其进行明显的修正——特别是那些与实际部门有关的数据。工具规则涉及变量的大量修改会动摇初级数据影响政策决定的基础。

④ 如前所述，总需求对利率变化的回应、通货膨胀对产出缺口的回应均存在滞后。通货膨胀预期对政策变化以及通货膨胀对通货膨胀预期变化的回应也都存在滞后。另外，如此前指出的，总需求对由汇率导致的相对价格变动的回应，以及供给对汇率导致的进口产品国内价格变动的回应也都存在滞后。

（4）关于经济所受冲击的类型和持续性，无论冲击是来自经济的供给端还是需求端，也不管它们是暂时的还是持久的。

通常，某些不确定性会让最优政策变得更谨慎，另一些则会发挥相反的作用。为了解释这些结论及其对通货膨胀目标的意义，考虑两个分析案例足矣：关于参数的不确定性和关于包括通货膨胀在内的宏观经济变量持续性的不确定性。

在开创性文献中，Brainard（1967）宣称当政策制定者不确定其行为的影响时，最好是采取比确定性情况下（或者更一般地，在确定性等价时，即在线性模型中具有二次损失函数和可加性冲击）更渐进的政策立场。为了解释 Brainard 式不确定性的意义，再次考虑此前 Sevensson 关于严格通货膨胀目标的模型［见（1）式至（5）式］。为了简化这一分析，假设产出立即影响通货膨胀，$\alpha_1=1$，$\beta_1=0$，且不存在任何供给冲击（在任何时期 t，有 $\varepsilon_t=0$），以及 $\alpha_2=\beta_3=0$。因此，模型中的行为方程变为：

$$\pi_t-\pi_{t-1}=\alpha_1 y_t \tag{44}$$

$$y_t=-\beta_2(i_{t-1}-\pi_{t-1})+\eta_t \tag{45}$$

其中，需求冲击 η_t 也是一系列具有零均值的不相关可加性冲击。将（45）式代入（44）式可得：

$$\pi_{t+1}=\gamma_1\pi_t-\gamma_2 i_t+\eta_{t+1}$$

其中，$\gamma_1=(1+\alpha_1\beta_2)$ 且 $\gamma_2=\alpha_1\beta_2$。假设跨期损失函数与此前相同［即（5）式］并为了简化设定目标 $\tilde{\pi}=0$，则最优利率规则可以表示为：

$$i_t=\frac{\gamma_1}{\gamma_2}\pi_t \tag{46}$$

如前所述，这一规则是确定性等价的：同样的利率规则在一个不存在总需求冲击不确定性的世界中也是最优的。但是现在假设中央银行并不确切地知道 γ_1 和 γ_2 的值；所有已知信息只包括这些参数服从均值为 $\bar{\gamma}_1$ 和 $\bar{\gamma}_2$、方差为 σ_1^2 和 σ_2^2 的独立正态分布。正如 Brainard 所指出的，在这个例子中最优工具规则变为：

$$i_t=\frac{\bar{\gamma}_1\bar{\gamma}_2}{\bar{\gamma}_2^2+\sigma_2^2}\pi_t \tag{47}$$

这一方程表明，由于政策冲击传播过程中参数不确定性的增加（即 σ_2^2 增加），最优工具对当期通货膨胀运动的回应变弱了。[①] 这一结果的基本原因如前所述［见（8）式］，单期损失函数可以分解为每个变量偏离其目标值的期望离差（或者说平方偏误）和变量的条件方差之和。由于额外的不确定性，方差独立于政策规则，因此政策决定目标仅仅是最小化通货膨胀的期望离差。相应地，在模型参数导致不确定性时，（未来）通货膨胀的方差取决于名义利率的水平；特别地，政策工具的大幅变动会对实际和目标通货膨胀之间的离差做出反应，以降低（8）式中第一项代表的偏差——但是要以通货膨胀方差［（8）式中的第二项］的增加为代价。因此，中央银行会通过选择一个更低的最优利率水平以内化该影响。[②] 当设定为线性二次形式，中央银行同时追求若干个目标时，一个类似的结论将成立。

---

① 当 σ_2^2 趋近于 0 时，（47）式变成（46）式。

② 但是，值得注意的是 Brainard 自己指出当参数（在他的例子中是政策乘数）和附加扰动之间的协方差显著为负时，这一结论并不必然成立。

在不确定性存在时，偏好是否对称没有太大影响。Dolado et al.（2002）发现，如果不存在确定性等价，当中央银行将正通货膨胀偏离视作更大的损失时，不确定性同样会导致货币当局采取更审慎的行为，这反映在向利率规则中加入通货膨胀条件方差作为一个附加参数。

然而，类似 Soderstrom（2002）或 Kimura and Kurozumi（2007）等的研究已经表明关于经济中更深层参数的不确定性将会导致更激进的政策，而非相反。比如，在 Soderstrom（2002）的研究中，关于通货膨胀持续性的不确定性是导致过激政策的原因。缺乏关于通货膨胀持续性的完全信息，谨慎的货币政策可能会导致通货膨胀无法达到目标的合意水平，甚至会背离目标。中央银行可以通过实施利率大调整来降低风险，从而减少完成通货膨胀路径的不确定性。这一更加激进的政策催生了通货膨胀迅速恢复到目标值的期望，大大缩短隐性目标期限。[①]

这些结论之间的明显区别意味着需要更多的量化研究才能完全理解在通货膨胀目标下政策规则不确定性的影响。最优政策规则不确定性很可能依赖于包含在一个结构化模型中的参数或行为关系。此外，关于特定参数的不确定性可能在货币政策实施过程中只有相对有限的重要性，其他因素则可能对政策工具设定产生过度影响。确定哪些参数发挥作用则取决于模型设定。

① 注意到如果中央银行仅仅关注稳定通货膨胀，那么隐性目标期限会变得尽可能短（相当于控制滞后）。在这个例子中，关于通货膨胀持续性的不确定性将不会发生作用。

第 8 章 汇率制度的选择 Ⅰ：可信度、灵活性和福利

近些年来，汇率政策在宏观调整中所扮演的角色又开始出现了争议。关于在固定汇率制度和浮动汇率制度之间进行选择的传统争论重新在正式安排所提供的可信度和声誉效应（reputational effect）的角度下进行讨论。汇率制度和其他宏观政策工具会引起时间不一致性（inconsistencies），其来源和影响也开始成为讨论的焦点。理论和实证研究强调即使其能改善贸易平衡，贬值也可能会对产出产生不利影响。最后，通货膨胀目标制的变动，伴随着对波动和竞争挥之不去的忧虑，在若干国家引发了关于这些政策选择的宏观含义的一系列问题。

本章和下一章讨论了一些与发展中国家汇率制度选择相联系的若干概念性问题。[①] 第 1 节介绍了汇率制度的概况。第 2 节则描述了近几十年来汇率制度在发展中国家的演变过程。第 3 节检验了可信度在汇率制度抉择中扮演的角色。第 4 节讨论了汇率区间作为可信度和弹性之间权衡的一个“解决办法”。最后，第 5 节讨论了与货币联盟相关的决议，并检验了其福利效应。

1 基本概况

近些年来，发展中国家在实际操作中的汇率制度安排大体上可以分为三种类型：钉住制度（pegged regimes）、浮动制度（flexible regimes）和区间制度（band regimes）。[②]

钉住制度存在若干种形式：发钞局制度（currency boards），即货币（基本）保持在不可逆转的固定数量，基础货币存量则由官方外汇储备支持；可调整钉住制度（adjust pegged），货币钉住另一种货币且很少改变；爬行钉住制度（crawling pegs），即货币最初是固定的，但之后货币决策者定期调整汇率，以应对通货膨胀差异和贸易平衡状态的改变。爬行比率既可以是已知（非相机抉择）的反馈规则，也可以是相机抉择的。在上述制度下，货币可以钉住一种单一货币或一篮子货币（通常是根据国际贸易权重进行定制的）。

① 第 14 章检验了货币危机的潜在因素。

② 在接下来的讨论中，我们忽略被称为多重汇率制度的第四种制度，该制度在近些年已经很少被采用了。

在一个完全的发钞局制度下，基础货币存量由外汇储备决定；发钞局仅在一个固定汇率下通过储备来发行货币。发钞局发行的货币完全（在固定汇率下）按需兑换储备货币，反之亦然。根据定义，基础货币存量与外汇储备存量的比例由国内货币和外国货币的汇率决定。[①]

在浮动制度下，汇率可以根据外汇需求和供给的变动自由浮动。如果中央银行不干涉外汇市场，则是完全浮动（free float），否则，则是有管理的浮动（managed float）。

区间制度包含一个声明的中心汇率和围绕此汇率的变动区间（可能是对称的，也可能不是）。中心汇率以一些形式实现自我管理，比如说，固定的或爬行钉住的。中央银行隐含的承诺则是在区间边界进行主动干预，避免汇率移动到区间之外。区间的实施同样需要采取一系列规则来指导外汇市场干预，以保证汇率在区间之内。

2 汇率制度的演化

发展中国家的汇率制度的形式一直在系统地演化。布雷顿森林体系崩溃后，大多数发展中国家立即钉住一种单一货币。在接下来的数十年里，钉住一篮子货币的国家比例有所上升，但实施钉住制度的国家总数却在持续下降。[②] 无论是钉住一种单一货币还是一篮子货币，固定汇率制度仍然在撒哈拉以南非洲国家中占主导地位，在非洲金融共同体（CFA）法郎区的 14 个成员国中最为明显，1948 年以来它们一直与法郎维持固定平价，1999 年之后与欧元维持固定平价。[③] 高度开放的加勒比海地区的小岛国也继续实施钉住汇率。

然而，近年来，浮动制度变得更为普遍。尽管许多发展中国家继续实行固定汇率（同时对本国居民实施大范围的资本管制），但其中越来越多的国家（大多是中等收入国家）开始转向管理浮动政策。虽然伴随有频繁的中央银行干涉，但其汇率更多地被市场力量所决定。特别是在拉丁美洲和东南亚地区，实施管理浮动或独立浮动的国家数量显著增加。Bubula and Otker-Robe（2002）记录了发展中国家 1990—2001 年间向更具弹性的制度的转变，以及中间汇率制度（比如传统的钉住汇率制度或很窄的区间制度）比例的减少。在这些国家中，浮动汇率制度的比例从 13.2%上升至 34.6%。

同样地，Levy-Yeyati and Sturzenegger（2005）基于 IMF 报告的所有国家在 1974—2000 年的汇率和国际储备数据，构造了一种事实上的汇率机制分类。具体地，他们基于三个变量的行为来对货币制度进行分类：名义汇率的变动、这些变动的波动性和国际储

① 相比之下，发钞局的外汇储备不支持国内私人银行的储蓄，因此这些储蓄是私人银行的负债。

② 在后布雷顿森林体系时代，工业化国家实际汇率的巨幅变动成为实际汇率不稳定的外部来源，从钉住一种单一货币到钉住一篮子货币的转变是抑制该效应的结果。进一步的讨论见 Aghevli et al.（1991）。

③ 非洲金融共同体法郎区包括撒哈拉以南非洲国家中的两组国家和科摩罗。前一组包括 7 个西非货币联盟国家（贝宁、布基纳法索、科特迪瓦、马里、尼日尔、塞内加尔和多哥），其中央银行（BCEAO）负责实施共同货币政策。第二组国家包括其他 6 个另一共同中央银行（BEAC）的成员国（喀麦隆、中非共和国、乍得、刚果共和国、赤道几内亚和加蓬）。这两组国家和科摩罗持有分离的货币：西非货币联盟国家的非洲金融共同体法郎，BEAC 国家的中非金融合作法郎和科摩罗的科摩罗法郎。然而，这两组国家和科摩罗的货币均被称为非洲金融共同体法郎（CFA franc）。

备的波动性。[①] 他们发现，得益于更加具有弹性的汇率制度安排，中间制度（包括传统钉住制度）国家的数目的确一直呈现下降的趋势。他们同样发现许多宣称采取浮动汇率的国家并没有允许其名义汇率自由地浮动，这一模式被 Calvo and Reinhart（2002）称为“浮动恐惧”（见第 7 章）。

因此，在实践中许多被归为“管理浮动者”或“独立浮动者”的国家仍然严重地干涉管理其汇率；真正的浮动仍然是特例而非常态。几乎不存在真正的浮动制度，是发展中国家与工业化国家的一个重要差别，这一现象反映了发展中国家的金融发展所能达到的有限程度。正如前一章所讨论的，一个原因在于汇率变动对价格的“转嫁效应”，或者外汇市场竞争的缺席都具有相当程度的好处。无论如何，因为浮动汇率制度仍然是少数，并且管理浮动制度通常看上去像固定汇率制度，所以理解汇率制度选择的决定准则仍然是宏观管理的一个核心问题。

3 政策权衡和可信度

发展中国家的政策制定者在使用汇率作为政策工具时通常会面临一个两难选择。尽管名义贬值能够改善贸易平衡和收支差额，但是通常也会导致价格水平的上升，引发通货膨胀，最终使外部竞争力恶化。相反，在经常账户巨额赤字的情况下，保持汇率固定在稳定的价格水平之上，通常不是那些面临外汇储备短缺或外部借贷约束的国家的可行选择。不过，正如前一节所讨论的，发展中国家仍然会选择将汇率作为一项政策工具，许多国家正在从钉住单一货币转向更具弹性的汇率制度，比如说钉住一篮子货币。[②]

尽管在将相机抉择调整汇率作为政策工具方面取得了显著的进展，但近期出现一系列支持采取固定汇率制度的证据。[③] 近年来，争论开始关注汇率在锚定国内汇率水平时的作用，以及在维持汇率平价的情况下，固定汇率与反通货膨胀项目之间的“可信度效应”（credibility effect）。[④] 在中央银行可信度很低的情况下，私人将会继续怀有对高通货膨胀率的预期，而这将增加任何试图稳定国内价格水平的成本。建立可信度意味着确保公众相信中央银行不会偏离其汇率或货币供给目标，来获取意外通货膨胀所带来的短期收益。这要求当局能够使公众相信自身存在抑制增加非预期货币的激励。[⑤] 有研究宣称，通过将固定汇率制度作为宏观政策的一项约束，可以增强中央银行在维持较低且稳定的货币增长速度上的可信度。

① 关于法理上和事实上的汇率制度分类，Tavlas et al.（2008）的文献综述进行了讨论。

② 除了前一节谈到的原因，许多国家选择更具弹性的汇率制度安排可能是为了“掩饰”国内货币的贬值，确保政府能够避免贬值声明的政治成本。

③ 特别地，这些争论与汇率稳定性在提升贸易往来和外商投资中的作用相关。见 Aghevli et al.（1991）关于汇率制度选择的文献综述，以及 Levy-Yeyati et al.（2010）关于这些选择的决定因素的实证研究。

④ Barro and Gordon（1983）关于货币政策的开创性工作在很大程度上发展了这一文献，并强调了有远见的经济人和中心化的政策制定者之间的相互依赖。从这一意义上，可信度问题十分重要。因为政策制定者有激励去追求策略性的优势，并通过对此前宣称的政策毁约来获得短期收益，将会导致时间不一致性问题。该问题的综述见 Cukierman（1992）。

⑤ 第 11 章将在反通货膨胀项目的意义下进一步讨论可信度问题。

本节检验了支持固定汇率制度的证据，它们通常认为一旦政策制定者缺乏可信度会导致通货膨胀问题。借鉴 Agénor（1994），我们首先展示了一个简单的模型，它允许我们提出基础的时间不一致性建议，并通过检验政策制定者在其他政策规则下是如何行动的，来判断固定汇率制度的可信程度。然后，我们关注政策制定者是如何通过建立“声誉”（reputation）或发出政策承诺信号来减弱因时间不一致性问题所导致的“贬值误差”（devaluation bias）。最终，我们研究了国家在放弃其改变汇率权力的情况下加入一个国际货币组织的成本和收益。

□ 3.1　时间不一致性和汇率政策

考虑一个同时生产贸易品和非贸易品的小型开放经济体，政策制定者决定经济体的汇率，其偏好与外部竞争力和价格稳定性有关。贸易品的外汇价格取决于世界市场；非贸易品部门的生产者将设定价格，来保护其与贸易品部门的相对位置，同时应对国内需求冲击。非贸易品部门的价格设定在政策制定者设定汇率之前。[①] 国内的通货膨胀率 π 可以表示为：

$$\pi = \delta\pi_N + (1-\delta)(\varepsilon + \pi_T^*),\quad 0 < \delta < 1 \tag{1}$$

其中，ε 代表名义汇率的贬值，π_N 代表非贸易品价格的增长率，π_T^* 是贸易品外汇价格的增长率，$1-\delta$ 代表着开放程度。政府的损失函数 L^g 取决于实际汇率贬值与一个目标值 Θ 的偏离程度，以及通货膨胀率：

$$L^g = -\alpha[(\varepsilon + \pi_T^* - \pi_N) - \Theta] + \lambda\pi^2/2,\quad \alpha, \lambda \geqslant 0 \tag{2}$$

上述目标意味着当局欢迎因实际汇率贬值导致的竞争力改善。实际汇率的变化率会线性地进入损失函数，因为假定当局在其目标中对实际汇率升值赋予的权重为负值。[②] 政府的目标是最小化（2）式给出的损失函数。

非贸易品部门的生产者改变价格以应对（预期到的）贸易品国内价格的波动和对非贸易品部门的外生需求冲击 d_N。需求冲击通常发生在一期的开始，且立即为人所知。因此，非贸易品部门的损失函数可以写为：

$$L^p = [\pi_N - (\varepsilon^a + \pi_T^*) - \phi d_N]^2/2,\quad \phi \geqslant 0 \tag{3}$$

其中，ε^a 代表着预期的汇率贬值率，价格设定者的目标是最小化 L^p。

一旦当局决定是否使汇率贬值时，它们能够知道非贸易品部门的价格设定。将（1）式代入（2）式并设定 $\pi_T^* = 0$，最优的名义汇率调整值与 π_N 有关，可以写作[③]：

$$\varepsilon = \frac{\delta}{1-\delta}\left[\frac{\alpha}{\lambda\delta(1-\delta)} - \pi_N\right] \tag{4}$$

从（3）式可以得到，在非贸易品部门的生产者看来，部门内的最优通货膨胀率为：

$$\pi_N = \phi d_N + \varepsilon^a \tag{5}$$

在相机抉择制度下（定义为私人部门和政策制定者在决定自身行动时要考虑对方的

① 没有这一假设的话，当局就没有调整汇率的激励。许多因素可能导致了价格黏性。比如，“菜单成本”的存在会使生产者不在名义汇率调整之后立即修改非贸易品价格。

② 注意到，在单期设定中，实际汇率目标可以等价地表达为水平形式；此处采取的变化模式仅仅是为了方便分析。

③ 如果（2）式中关于实际汇率目标的偏离成本是二次的，那么（4）式与 Θ 将不会是独立的。此外，政策制定者可能在关心贸易品部门的竞争力以外，还关心实际汇率升值的益处，比如，降低进口中间产品的相对价格。

行动)，联立方程(4)和(5)，可以发现非贸易品部门通货膨胀率和贬值率的均衡($\tilde{\pi}_N$，$\tilde{\varepsilon}$)取决于非贸易品部门个体的理性预期($\varepsilon^a=\varepsilon$)，并得到：

$$\tilde{\pi}_N=(\kappa+\phi d_N)/\Omega\geqslant 0 \tag{6}$$

$$\tilde{\varepsilon}=(\kappa-\upsilon\phi d_N)/\Omega\gtreqless 0 \tag{7}$$

其中，$\upsilon=\delta/(1-\delta)$，$\Omega=\upsilon/\delta\geqslant 1$，且$\kappa=\alpha\upsilon/\lambda\delta(1-\delta)>0$。

(6)式和(7)式说明，在没有需求冲击的情况下，最优相机抉择政策需要一个正的贬值率，并导致非贸易品部门出现正的通货膨胀率。当出现需求冲击的时候，即$d_N\neq 0$时，贬值率$\tilde{\varepsilon}$的符号取决于实际汇率目标和通货膨胀目标在政府损失函数中的相对重要性。当后者占主导作用，即表现为λ"很高"，α"很低"时，或者更一般地说，当$\alpha/\lambda<\delta(1-\delta)\phi d_N$时，最优政策要求名义汇率的升值。

将(6)式和(7)式代入(1)式至(3)式可以得到在相机抉择下通货膨胀率和政策制定者损失函数的解：

$$\tilde{\pi}=\kappa/\Omega \tag{8}$$

$$\tilde{L}^g=\alpha(\phi d_N+\Theta)+\lambda(\kappa/\Omega)^2/2 \tag{9}$$

(8)式表明经济体的通货膨胀率与需求冲击相互独立，且随着政策制定者损失函数中竞争力权重α/λ的增加而增加。所以通货膨胀率是正的，因为如果通货膨胀率为零，那么政策制定者始终有激励去实施贬值。这是因为从(2)式可知，通货膨胀率为零时，更高的通货膨胀率带来的得大于失。如果意识到这一点，私人会向上调整π_N[见(5)式]，这意味着总体通货膨胀率必须为正。因此，政策制定者面临了净损失，除非d_N取一个更大的负值，这也同时增强了竞争力并降低了非贸易品价格的增长率。

考虑政府能够承诺预先决定汇率的例子。一般来说，这意味着在最小化损失函数时，如果假定私人部门相信政府不会毁约的话，政府会考虑其颁布的政策对私人部门行为产生的影响。与在给定一个π_N时不同，政府将(5)式代入(2)式，并最小化$\varepsilon(=\varepsilon^a)$。为此，政府将宣布并维持一个贬值率$\varepsilon=-\delta\phi d_N$。一般来说，因为政府在设定贬值率时是知道$d_N$的，最优政策要求抵消需求冲击；只有当$d_N\equiv 0$时，固定汇率政策才是最优的。①

如果私人部门相信颁布的政策并在此基础上采取行动，(5)式意味着$\tilde{\pi}_N=(1-\delta)\phi d_N$，进而说明$\tilde{\pi}=0$，同时，

$$\bar{L}^g=\alpha(\phi d_N+\Theta) \tag{10}$$

或者，如果$d_N\equiv 0$，则

$$\bar{L}^g=\alpha\Theta \tag{11}$$

由(9)式和(10)式可知，$\bar{L}^g\leqslant\tilde{L}^g$。因此，与非合作的相机抉择机制相比，非贬值均衡赋予了损失函数一个更低的值。这反映了政策制定者无法在相机抉择的情况下提高竞争力，因为价格设定者仅仅提高了非贸易品价格。因此，一个有约束力的承诺确保了以更低通货膨胀率的形式实现了竞争力的提高。②

现在考虑一种情形：政府在每一时期的开始宣布其计划维持固定汇率(即$\varepsilon=0$)，

① 然而，假设政府只是宣布固定汇率，政府在相机抉择均衡下将面临可信度问题。当新的均衡出现时，承诺必须视作有约束力的。我们假设这可以瞬间达成，并在之后重新回到该问题。

② 但是，如果需求冲击对非贸易品价格的影响足够大，预先承诺的损失可能会远大于相机抉择，即$\bar{L}^g>\tilde{L}^g$。

一旦价格决策制定后立即决定偏离这一政策并转向相机抉择。如果价格设定者相信零贬值宣告，他们将选择 $\ddot{\pi}_N = \phi d_N$ 。将这一结果代入（4）式，政策制定者选择的最优贬值率变成：

$$\ddot{\varepsilon} = \kappa - \upsilon\phi d_N \tag{12}$$

在“欺骗”机制下，政策制定者损失函数的最小值变成：

$$\ddot{L}^g = -\alpha[\kappa - \phi d_N/(1-\delta) - \Theta] + \lambda\ddot{\pi}^2/2 \tag{13}$$

其中，$\ddot{\pi}=(1-\delta)\kappa$。

当 $d_N \equiv 0$ 且 λ 充分小的时候，可以证明 $\ddot{L}^g < \bar{L}^g < \tilde{L}^g$。[①]相机抉择让政府（事后）损失更多。因为政府成功地“愚弄”私人后的损失小于它们承诺自己不会违约的情况，即 $d_N \equiv 0$，$\ddot{\varepsilon} = \kappa > \tilde{\varepsilon} = \kappa/\Omega > \tilde{\varepsilon} = 0$，所以在可以使价格设定者相信货币平价会被维持的情况下，政府有激励偏离其固定汇率目标。但是，尽管“欺骗”机制下的贬值率比相机抉择下更高，但是两种制度下整体的通货膨胀率是相同的（$\tilde{\pi}=\ddot{\pi}$），这是因为当价格设定者被愚弄时，非贸易品部门的通货膨胀率比相机抉择制度下更低（对于 $d_N \equiv 0$，$\ddot{\pi}_N = 0$，且 $\tilde{\pi}_N = \kappa/Q > 0$）。而且在相机抉择下，实际汇率的贬值率为 0（$\tilde{\varepsilon} - \tilde{\pi}_N = 0$）。政府无法通过名义贬值来改变实际汇率，如果固定汇率声明能够成功地误导私人部门，$\ddot{\varepsilon} - \ddot{\pi}_N = \kappa$，情况就不一样了。但是，这一策略需要一定的声誉成本，接下来我们会讨论这一点。

图 8-1 展示了三种不同的解决途径。[②] 在这个 π_N-ε 空间上，轨迹 PP 代表着私人部门的反应函数［由（4）式给出］，具有正的斜率，轨迹 GG 代表相机抉择下政策制定者的反应函数［由（5）式给出］，具有负的斜率。非合作均衡位于曲线 GG 和 PP 的交点 A。预先承诺的解位于点 B，而“欺骗”解位于点 C。相机抉择的解可以总结为“贬值偏误”。私人部门知道一旦其设定了非贸易品价格，政策制定者有激励实施贬值，以降低实际汇率并改进平衡支付。因此，它们将价格设定在一个较高的水平上，以达到它们相信政府不愿意以更高的通货膨胀率换取更低实际汇率的程度。尽管预先承诺的解不是最有可能实现的，但比相机抉择下提供了更好的结果。在假设可以做出有约束力的承诺，并让价格设定者相信时，这为固定汇率的偏爱者提供了论据。[③]

□ 3.2　固定汇率下的可信度

只有政府在面临偏离准则需要接受惩罚时，预先宣布零贬值准则的承诺才会成功。惩罚可以采取的一种形式是：一旦政府偏离了预先承诺的规则，公众在未来将不再相信政府的承诺，经济也将转向相机抉择均衡。在这种意义上，零贬值规则，即固定汇率目标，是可信的，只要偏离规则的诱惑比不上回到相机抉择均衡带来“惩罚”的贴现值。遵循 Barro and Gordon（1983）和 Horn and Persson（1988），规定汇率制度的可信度 C 可以定义为惩罚（$\ddot{L}^g - \bar{L}^g$）的现值与诱惑（$\bar{L}^g - \tilde{L}^g$）之差：

$$C = (\ddot{L}^g - \bar{L}^g) - \frac{\gamma}{1-\gamma}(\bar{L}^g - \tilde{L}^g) \tag{14}$$

其中，γ 是贴现率。

---

① 对于正的需求冲击，“欺骗”的损失总是小于相机抉择的所得（$\ddot{L}^g < \tilde{L}^g$），无论 d_N 的值为多少。

② 该图假设 $\alpha/\lambda > \delta(1-\delta)\phi d_N$，这能确保 $\tilde{\varepsilon} > 0$。

③ 这支持预先决定汇率时零爬行率，而不支持预先决定汇率替代浮动汇率。

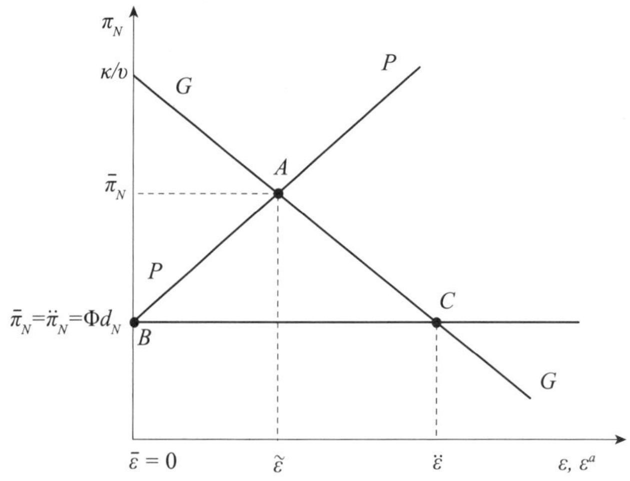

图 8-1　可信度和承诺：备选均衡

资料来源：Agénor（1994，p.7）.

将（9）式、（10）式和（13）式代入（14）式，并假定 $d_N \equiv 0$，可以证明固定汇率制可信度为正的必要条件为：

$$\tilde{\pi} \geqslant 2\alpha(1-\gamma)/\lambda(1-\delta) > \tilde{\pi} = 0 \tag{15}$$

（15）式说明，只有相机抉择制度下通货膨胀率高到足以"阻碍"任何尝试贬值的行动，固定汇率制才有可信度。利用（8）式，可以证明（15）式要求 $\gamma \geqslant 0.5$。在政策制定者偏好信息完善的情况下，固定汇率是一个最优策略，保证了高通货膨胀率的未来成本贴现值达不到实际汇率贬值带来的当期收益。可信度要求名义贬值带来的短期收益是确定的，以至于可以确保长期低通货膨胀率的收益。①

□ 3.3　声誉、信号和承诺

现在，我们考虑声誉因素和信号如何减缓政策制定者在选择汇率制度时面临的时间不一致性问题。②

基于 Rogoff（1989）的研究，让我们假定政策制定者的类型是一个连续统，其违背固定汇率承诺带来的成本是连续的。随着时间的推进，私人信念会根据所观察到的汇率政策升级：政策制定者坚持固定汇率政策越久，贬值预期就越低。但是一旦政策制定者哪怕一次偏离规定汇率目标，私人也会提高未来无限期内的贬值预期（至相机抉择的水平）。假定没有贬值发生，这一类型的连续过程导致私人持续上调成本至政府恰好有激励去违约的阈值水平之下。结果是贬值预期一直降低。尽管私人可能永远不会发现政策制定者违约的"真实"成本，但期望行为模式激励政府对固定汇率规则做出承诺。因此，"声誉"可以被视作一种导致贬值期望日益降低的机制。③ 政府如果面临相对较低的违约

① 开放度的提升（即 δ 的减少）降低了贬值的诱惑，因其增加了整体通货膨胀的汇率变动效应，并因此加重了惩罚。所以，开放度提高带来的汇率可信度净效应毫无疑问为正。

② 更多的细节见 Agénor（1994）。

③ 在 Barro（1986）的框架下，声誉在概率意义下被明确定义。但是，他的模型具有涉及政策制定者随机策略阶段的不吸引人的特征。Rogoff（1989）提供了一个对 Barro 分析的讨论。

成本，就有可能会在其任期的早期实施贬值。但是如果政策制定者的时限足够长（或者贴现率足够低），贬值诱惑会变得很低，因为高贬值期望会带来相应成本。

前述分析意味着，即使是那些关心收支差额目标的政策制定者也可能在任期初期采取行动，展示他们不是将维持通货膨胀作为他们的首要目标的印象以降低群众的预期。尽管如此，这类政策制定者可能在其任期将尽的时候实施贬值，希望增加竞争力并提高产出。只要政策制定者建立起作为“钉住者”的声誉，或者对汇率承诺违约的成本不是很大，名义贬值就可能会“起作用”。这一结果所依赖的核心元素在于公众缺乏与政策制定者相关的信息：即使当局承诺维持固定汇率制度，私人也不能确切地了解到这一点。完全的可信在这种情况下是不可能达到的。然而，这条理性规则也说明声誉因素有助于减缓时间不一致性问题。更加关注收支差额目标的政府在其任期前期仍然有激励去避免相机抉择结果，因为这么做能确保私人部门的定价行为更为有利。

现在考虑仅存在两种类型政策制定者的情况，他们的区别在于赋予“内部”目标（通货膨胀）和“外部”目标（实际汇率）的权重不同。第一种类型的政策制定者被记为D类型政策制定者（“贬值者”），同时关注低通货膨胀和更低的汇率。第二种类型的政策制定者被记为P类型政策制定者（“钉住者”），其损失函数中关于实际汇率的权重更低。价格设定者并不知道政府的类型，但他们对政府是否是类型P有一个先验的概率。随着时间推进，私人能观察汇率政策并修订其对政策制定者类型的评估。

正如Vicikers（1986）的分析所示，在对政策制定者偏好信息不完善的情况下，更加关注通货膨胀的政策制定者可以通过实施暂时性的衰退向私人发送与其偏好有关的信号。更加关注产出和就业的政策制定者不能容忍相应的损失，因此信号能够成功地传递政策制定者对低通货膨胀率的偏好。在上述框架下，Vickers的分析说明，即使是更加关心通货膨胀的政府（即P类型政策制定者）也会有激励去以小于最优化情况的幅度进行贬值，向公众发送其偏好信号。P类型政策制定者声明其身份的一个方法是选择D类型政策制定者不会复制的汇率政策。当然，这种政策对P类型政策制定者而言并非毫无成本的，但能够在特定环境下充当一个可信的信号。

为简化分析，将政策期限限定为两期。为了成功地声明类型，P类型政策制定者在第一期偏离最优的完美信息反应的精确条件可以很容易地建立（Agénor，1994）。通过实施比其他最优化情况要低的贬值，一个反通货膨胀的政府可以立即且毫不含糊地将其承诺价格稳定的信号发送给私人，能够保证获得第二期较低通货膨胀预期带来的收益。

这一结果提供了针对过去30年间在许多发展中国家观测到的政府类型，支持稳定化项目中汇率冻结的有趣证据。固定汇率（或者更一般地，降低汇率贬值幅度）被证明能成功地发送政策制定者关于反通货膨胀承诺的信号，且会因此增加稳定化项目的可信度。事实上，这一证据进一步说明政府重新评估其货币，以传递其政策偏好的确切信息，最终会是有益的。比如，智利在1977年两次对其货币重新进行评估，作为展示其政府尝试解决恶性通货膨胀的手段。

然而，在固定汇率制度下可能存在这种情况，信号考虑对于减缓政策制定者面临的时间不一致性问题既不重要也不合适。比如，两种政策制定者可能在时间偏好上的贴现率很高，在这种情况下，完美信息和不确定偏好下两种类型政府的最优化措施可能相差不大。直觉上，这是因为D类型政策制定者没有激励去伪装成P类型政策制定者。如果价格设定者了解到未来价值是大打折扣的，P类型政策制定者不需要发送一个非常“强”

的信号，来将自己与D类型政策制定者进行区分。

另一种通常与发展中国家相关的情况是，当实施反通货膨胀项目时，国家会面临巨大的经常账户赤字和金融约束。如果私人认为赤字是不可持续的，“高”贬值率会变得不可避免且会破坏任何发送信号的尝试。最终，P类型政策制定者使用其他方式发送信号，让公众能够清楚地了解自己的偏好：比如说解除资本管制、大幅缩减预算赤字或者任命“保守”的中央银行家。替代性信号发送策略的收益和成本将在第11章中进一步在反通货膨胀项目的框架下进行讨论。

4 可信度和灵活性：汇率区间的作用

当正式决定汇率时，汇率会扮演两个通常会相互矛盾的宏观角色。正如前一节强调的，名义汇率的改变会影响经济体的价格水平和实际汇率。在给定名义汇率变动导致其中一个变量向决策者合意的方向变动，而另一个朝相反方向变动时，潜在的政策冲突会上升。此前讨论过的相似例子包括名义贬值促使实际汇率贬值，同时会产生国内价格水平上升的非合意效应。

政策权衡的应用相当普遍，因为不论什么时候，经济体中其他名义变量固定时，实际部门和名义部门并不会一分为二。即使当国内价格水平是完全弹性的时候，结果可以在名义汇率不变的情况下进行相对价格调整——通过改变非贸易品的名义价格——名义汇率的名义和实际角色可能不再是独立的。原因是在这种情况下，国内价格水平可能至少在短期内通过财富效应（通过操纵私人财富的组成部分，如基础货币或未进行指数化的政府债务）间接地影响均衡时的贸易品相对价格。冲突甚至会出现在当国内非贸易品价格具有黏性的时候。在锚定名义汇率的情况下实现实际汇率的调整要求国内价格水平的非合意变化（以达到实际升值），或者暂时经济活动的放缓（以达到实际贬值）。

4.1 区间的基本理论

极端固定汇率或极端浮动汇率制度的选择在于牺牲一个政策目标时换取另一政策目标。在固定汇率制度下，名义汇率被用来为经济提供一个名义锚，相对价格调整依赖于国内工资-价格机制。在浮动汇率制度下，名义汇率被用来调整相对价格，同时货币供给为经济提供了一个名义锚。在这些制度安排的完全形式下（即发钞局或货币供给下的浮动汇率），汇率不会被积极地管理，进而减弱了作为政策工具的功能。因此，潜在的政策冲突在这样的情况下是由制度选择解决的。但是，那些积极管理名义汇率的国家不得不面对这一政策困境，并寻求制度机制，保证一定程度的汇率弹性以至于能在维持汇率作为名义锚的情况下进行相对价格调整。

发展中国家经常采取的汇率区间制度可以作为其中一种机制。这种安排包括宣布一个自我管理的中间价，同时宣布一个围绕中间价浮动的范围。当局默认会在这一区间的边界进行积极地干预，以免汇率移动到区间之外。区间的实施同样要求在区间内采取一系列规则来指导外汇干预。

通过结合固定汇率和浮动汇率的部分特征，汇率区间尝试去融合两种体系的优点。

相对于固定汇率（即不含区间的中间价），汇率区间允许汇率暂时地促成相对价格调整，同时保证一定程度的货币自主权，后者取决于区间的宽度。如果当局希望保证汇率十分接近中间价，或者允许汇率卡在区间两端，那么区间看上去就像是固定汇率制度，同时兼有相对价格调整的能力和货币自主权。相对于完全浮动汇率制度（即不存在中间价时不受约束的“区间”），汇率区间原则上可以为国内价格水平提供一个名义锚，同时限制名义汇率的浮动范围。国家能否达到这些目标同样取决于对区间的管理。比如说，如果中间价的设定依据为实际汇率的行为，那么经济体的名义锚需要像是在浮动汇率下一样依赖货币供应。另一方面，区间能否稳定汇率取决于其可信度。

克鲁格曼目标区间模型为可信汇率区间施加在汇率浮动上的稳定效应提供了经典的分析。Krugman（1991）指出，如果存在完全可信的汇率区间，同时只有在超出边界的时候才会实施干预，会出现一种蜜月效应（honeymoon effect）：对给定的“基本面”价值，名义汇率可能比即便是没有干预的浮动汇率制度下还要更加接近中间价，这意味着宣布区间会实现自我稳定。[①] 原因是在临近区间边界的时候，即使对基本面怀有零预期变动，阻止移动到区间外干涉的可能性会导致经济主体希望汇率重新回到中间价；根本原因是如果基本面导致的汇率变动存在该效应（即导致汇率靠近中间价），则必然会完全实现，否则（即导致汇率移动到区间外）则不会实现。这种预期本身会限制汇率的浮动。克鲁格曼同样指出，当汇率接近区间边界时（被称为平滑黏合），汇率对基本面的敏感性消失了。[②] 因此，在克鲁格曼的模型中，在汇率和基本面之间的关系是先行的情况下，宣布区间反而会导致S形曲线（见本章附录中的图8-2），当基本面变动导致汇率高于中间价时，汇率会处于浮动汇率制度的相应值之下，当基本面变动导致汇率低于中间价时，汇率会处于浮动汇率制度的相应值之上。结果是可信区间的实施会对汇率移动产生稳定化效应。

□ 4.2　区间和货币政策可信度

在区间可信度本身之外，另一个议题是实施（可信的）区间如何影响本章前面检验到的Barro-Gordon问题：如果钉住一个低通货膨胀货币可以保证反通货膨胀计划立场变得可信，由此避免较差的相机抉择结果，那么在汇率区间代替固定汇率制度时是否会失去这种有益的结果？

直到近期，关于目标区间的文献才开始关注该问题，以克鲁格曼目标区间模型为基础的研究一般对管理区间的货币政策范围加以约束（通过在区间边界改变基本面以保证区间或者采取“逆向”的边界内干预）。考虑到实施汇率区间在货币政策方面的反通货膨胀可信度，当维持汇率区间要求有所约束时，有必要将后者直接按照标准Barro-Gordon目标来建模（即允许货币当局策略性地行动），而不是维持一个绝对的固定汇率制度。

Coles and Philippopoulos（1997）在汇率区间的情况下一般化Barro-Gordon的分析。他们声称在这种情况下，最优货币政策策略取决于汇率在区间内所处的位置。他们考虑

① 本章附录提供了一个关于克鲁格曼目标区间模型简单的正式描述。

② 这一性质出现是因为当汇率接近区间边界时，基本面的预期变动变得不连续了（因为预期干预——基本面本身——抵消了其他可能导致汇率移动到区间外的基本面效应），然而汇率的预期变动不会是简短的（否则会有套利机会）。这意味着汇率在区间边界必然是对基本面不敏感的（Svensson，1992）。

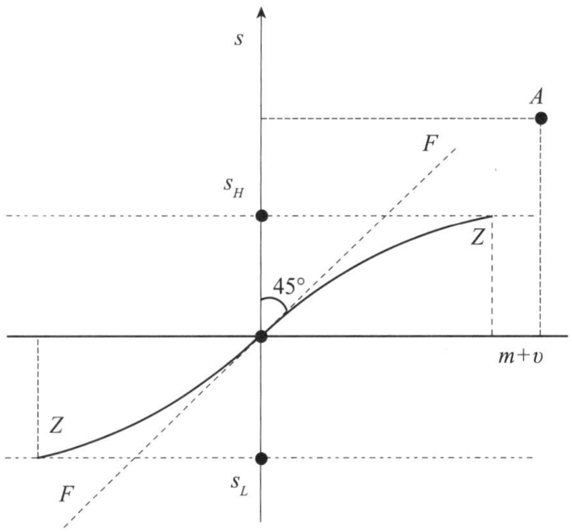

图 8-2　克鲁格曼基础目标区间模型

资料来源：Svensson (1992, p.123).

了两种情况：在一种确定性情况下合作国家的通货膨胀率是非随机的，在另外一种情况下“中央”国家的通货膨胀率是随机冲击。在确定性情况下，典型的 Barro-Gordon 结果出现于汇率最初位于目标区间之内的情况，即货币当局不断升高汇率直到达到区间上界。在固定汇率的情况下，国内通货膨胀与国外通货膨胀相同。结果是从解决时间不一致性的角度来看，窄目标区间会劣于固定汇率制度。但是，这一结论并不能复制到合作国家经历随机冲击的情况。原因是如果中心国家经历了负的通货膨胀冲击，它们会通过立即将汇率变动至区间顶端来约束国内的通货膨胀，而如果中心国家经历了正的通货膨胀冲击，国内经济不需要这样做（它在固定汇率制度下则会），因为汇率可以升值到一个足够宽的区间的中心（且当现实国外通货膨胀远超自给自足的 Barro-Gordon 国内“通货膨胀偏误”时的确会这样）。Coles and Philippopoulos (1997) 指出，当面对不稳定的合作国家通货膨胀时，区间比固定汇率下更能稳定国内通货膨胀，因此比固定汇率和浮动汇率在福利方面都更具有优势。

正如 Cukierman et al. (2004) 所指出的，可信度程度对区间宽度也十分重要。使用随机模型，他们根据支付差额的经常账户和资本账户的潜在冲击分布和政策制定者的承诺声誉得出了最优汇率区间。

□ 4.3　区间的经验

理论上，可信的区间有能力稳定浮动汇率制度下能观察到的汇率波动，也可以稳定固定汇率制度下能观察到的国内通货膨胀。汇率区间在发展中国家中的表现如何？区间通常会在汇率稳定计划实施之后实施。[①] 因此，它们可以代表这些项目的“弹性”阶段。尽管许多区间拥有相同的背景，但各个国家对区间管理的选择却不尽相同。这些选择涉及五个维度：

① 关于一些汇率区间的综述可见 Helpman et al. (1994) 和 Williamson (1996)。

第一，中间价的定义需要以某些货币或者一篮子货币表示，因此第一个选择必须关注所参考的货币篮子组成。

第二，如果国内通货膨胀率远超贸易伙伴的通货膨胀率，且预期未来这种状况会持续，不变的固定中间价不是一个选项，必须在频繁地重新设置中间价和采取爬行的中间价之间进行选择。

第三，必须决定当那些决定均衡汇率的“基础性”因素面临持久性冲击时，中间价的调整模式。除了识别相关基本面因素集和这些变量的预期变动期限外，同样要求确定实际汇率调整的幅度并设计中间价的调整路径。

第四，必须决定允许汇率在中间价附近波动的范围（即区间的宽度）。最后，必须建立在区间内管理外汇干预的规则。

Helpman et al.(1994) 总结了发展中国家采取汇率区间的经验。第一，采取汇率区间是对限制名义汇率弹性的承诺，而不是针对名义锚的特定选择。因此，区间与当局在开放性和价格稳定目标之间各种可能的权重分配兼容。不同的权重会反映在不同的中间价管理中。这意味着区间可能——并已经——与不同的实际汇率经验相联系。在那些稳定通货膨胀目标十分重要的国家中，汇率区间往往意味着实际汇率持续升值。在另一些早期更加看重外部竞争性的国家里，实际汇率会贬值。这些区别说明中间价的爬行状态对于在许多采取区间制度的国家中，汇率区间的幸存是一条重要的线索。

第二，从固定汇率转向汇率区间，或者从固定平价转向爬行中间价的货币区间，并不意味着通货膨胀的加速。因此，额外的汇率弹性与价格稳定性没有明显的相关性。这一发现与弹性制度能够增强可信度的观点是一致的。

虽然如此，采取汇率区间并不代表对可信度问题有了一个魔术般的解决方法。汇率区间的几次经历都以时期为特征，在这些时期，重新调整的预期与诸如实体经济的表现、外汇储备存量和实际汇率路径等基本面因素相关。这意味着当资本流动性很高时，通过对中间价进行积极管理以使其与均衡实际汇率保持一致，对于保持汇率区间是不可或缺的。汇率区间的成功应用确实需要按照基本面的预期变化而调整中间价。同时，失败的尝试说明经济状况可能并不总能让当局快速反应并在合适的幅度内调整平价。

5 货币联盟

不同于独自决定汇率政策，一个国家也可以听任某个超国家机构调整其汇率，并加入货币联盟。在过去的几十年里，大多数工业化国家出现了加入货币联盟的趋势（比如1999 年欧元的诞生），这个问题对发展中国家而言同样值得思考，并且已经在世界的各个角落（至少初步）进行考量。2006 年 8 月在非洲莱索托的一场会议上，南部非洲发展共同体（SADC）的部分国家宣布它们计划在 2016 年形成一个货币联盟，并在 2018 年采用单一货币。[①] 西非国家经济共同体（ECOWAS，包括 CFA 法郎区成员国，如贝宁、塞

① 南部非洲发展共同体包括 14 个国家，即安哥拉、博茨瓦纳、刚果民主共和国、莱索托、马拉维、毛里求斯、莫桑比克、纳米比亚、塞舌尔、南非、斯威士兰、坦桑尼亚、赞比亚、津巴布韦。

内加尔，也包括加纳、尼日利亚）成员宣布它们计划成立西非货币联盟（包括冈比亚、加纳、几内亚、利比里亚、尼日利亚和塞拉利昂），并以此为基础进一步成立一个包括西非CFA法郎区（包括贝宁、布基纳法索、科特迪瓦、马里、尼日尔、塞内加尔和多哥）部分国家的更广泛的货币联盟，最后实现所有西非国家经济共同体成员共享同一货币。[①] 我们接下来将讨论货币联盟的可信度和福利效应。

□ 5.1 货币联盟的可信度效应

另外一种使得固定汇率制具有可信度（并向公众传递政策制定者保持低通货膨胀承诺的信息）的办法是货币当局交出调整汇率的权力。比如，它可以通过组成一个货币联盟来达到这一点。在这个货币联盟中，一组国家采用统一的货币，并且把其汇率固定瞄准于一种主要的货币。对于发展中国家而言，CFA法郎区以及东加勒比货币联盟提供了这种制度安排的范例。在一个反通货膨胀计划中，政府建立可信度的一个办法是任命一个保守的、非常厌恶通货膨胀的中央银行行长（Rogoff，1985）。已经有人指出，货币联盟的成员国资格起到了相同的作用：它实际上使得成员国能够任命一个"强大的"中央银行行长，通过把一个国家的货币政策与主导性的中央银行反通货膨胀偏好相联系，最终达到建立可信度的目标。因此，在加入一个固定汇率安排时通过"捆住自己的手"，政策制定者就可以更加有效地控制通货膨胀预期（Giavazzi and Pagano，1988）。在这样的情况下，货币当局采用一种制度安排使得背叛承诺的政治成本或其他成本非常高也许是有用的。这个逻辑里所强调的一个非常重要的一般性观点是，为了保持可信度，这种货币安排必须基于的制度结构会使得改变汇率的成本非常高。

但是，在放弃使用汇率作为政策工具方面，也存在着相当大的成本，尤其当存在很大的外部冲击时，情况就更是如此。政府承诺遵守一个货币联盟"游戏规则"的可信度，以及加入联盟以克服时间不一致性问题的程度必须取决于这些成本的性质。在这里，我们通过把前面所发展出的模型进行一些扩展来简单地研究一下这些问题，从而抓住国际货币安排所施加的制度和宏观经济约束。

回顾第3节提到的模型，假设一个政府必须决定是否与其主要的贸易伙伴在货币联盟的框架下保持其汇率固定。[②] 而且假定伙伴国的通货膨胀为正（也就是说 $\pi_T^* > 0$）。政策制定者和私人在国外价格变化发生以后马上就会知道，而且在此之后他们将进行自己的决策。为了简化问题，令 $d_N \equiv 0$。相机抉择下的解为：

$$\tilde{\pi}_N = \kappa/\Omega \geqslant 0 \tag{16}$$

$$\tilde{\varepsilon} = \kappa/\Omega - \pi_T^* \gtrless 0 \tag{17}$$

这就使得总的通货膨胀率等于：

$$\tilde{\pi} = \tilde{\pi}_N = \kappa/\Omega \tag{18}$$

而且实际汇率也为常数（$\tilde{\varepsilon} + \pi_T^* - \tilde{\pi}_N = 0$）。政策制定者所得到的损失为：

$$\widetilde{L}^g = \lambda(\kappa/\Omega)^2/2 \tag{19}$$

如果当局决定保持其名义汇率，而且价格制定者也认为政府能够承诺其政策（$\tilde{\varepsilon} =$

---

① 然而，这些货币联盟是否最优仍然是个矛盾的问题。比如，Boughton（1993）讨论了CFA法郎区，Karras（2007）以更广的视野讨论了撒哈拉以南非洲地区共享货币的最优性。

② 假定外国不会面对时间不一致性问题。

0，$\pi_T^*=\bar{\pi}_N=\bar{\pi}$，因此，$\bar{\varepsilon}+\pi_T^*-\bar{\pi}_N=0$），那么，政府的损失函数为：

$$\bar{L}^g=\lambda(\pi_T^*)^2/2 \tag{20}$$

对（19）式和（20）式进行的比较表明：在保持固定汇率的（可信）承诺下所得到的损失高于相机抉择制度下的损失 $\pi_T^*>\kappa/\Omega$——在后面一种情况下，政府可能决定违背其固定汇率的承诺。当外国的价格冲击较小时，其直接通货膨胀效应比较有限，在相机抉择下为了抵消其效果的名义汇率升值速度也会比较小。如果政府实施固定汇率的程度能够被可信地执行，两种制度下实际汇率的升值幅度将会相同。但是，在具有承诺的制度下总的通货膨胀为 π_T^*（这是因为非贸易品的价格也会向上调整），而在相机抉择制度下为 κ/Ω。

这里的分析意味着，对于那些同时关注通货膨胀和国际竞争力的政策制定者来说，“捆住自己的手”作为解决时间不一致性问题的办法是好是坏，取决于到底把手捆到什么地方。当货币联盟的成员有比较稳定而且较低的通货膨胀率时，事先承诺保持固定汇率也许能够表达国内政府保持其金融约束的决定。如果该经济体受到很大的名义冲击时，由可信度所带来的好处可能会被失去政策自主性所带来的成本抵消。

在实践中，瞄准汇率安排往往还包括一个“逃避条款”，或一个相机抉择机制，其中允许在特殊的情况下成员国能够偏离其所宣布的汇率水平。① 为了能在现在的情况下研究这个问题，我们假设 π_T^* 是一个随机变量，它在区间（0，c）上有统一的分布，并且是在私人做出价格决策之后才实现的。假设当外国价格冲击较小时，本国将保持固定汇率，但如果外国政策冲击较大时，允许政府改变其固定汇率。这种相机抉择机制被使用的可能性为 $q=\Pr(\pi_T^*\geqslant\mu)$，其中 $0<q<1$，而且 μ 代表一个给定的门槛。在关于 π_T^* 分布的假设下，这个概率由下面的方程给出：

$$q=\Pr(\pi_T^*\geqslant\mu)=\int_{\mu}^{c}(1/c)\mathrm{d}\pi_T^*=(c-\mu)/c \tag{21}$$

在外国价格冲击的实现之前，价格设定者将会形成预期。如果他们知道当局所遵循的政策准则，那么预期的汇率贬值率为：

$$\varepsilon^a=qE(\varepsilon\mid\pi_T^*\geqslant\mu)+(1-q)\cdot 0$$

或②

$$\varepsilon^a=\frac{q}{1+\upsilon q}(\kappa-\Omega\,\tilde{\pi}_T^*) \tag{22}$$

其中，$\tilde{\pi}_T^*=E(\pi_T^*\mid\pi_T^*\geqslant\mu)=(c+\mu)/2$。现在，为了论证的方便，让我们假设 $\tilde{\pi}_T^*\leqslant\kappa/\Omega$，因此，$\varepsilon^a\geqslant 0$。（22）式表明，当 $q=0$ 时，预期的贬值率也为 0。与此相反，当 $q=1$ 时，预期的贬值率为 $\varepsilon^a=\kappa/\Omega-\tilde{\pi}_T^*$，这个结果可以被理解为：当存在随机的外国通货膨胀率的条件下，完全相机抉择制度下所可能出现的预期贬值率。③ 一般而言，只要使用相机抉择制度的概率为正，预期贬值率则会低于完全相机抉择下的数值，因为 $q<1$。当使用了

① 一个对应的例子是布雷顿森林体系。Flood and Isard（1989）已经讨论了货币政策规则结合相机抉择与状态依存机制的性质。

② 当 $d_N=\Theta=0$ 时，最小化（2）式和（3）式，分别确定 π_N 和 ε，并将 π_N 代入第一个等式中得到 $\varepsilon=\kappa-\upsilon\varepsilon^a-\Omega\pi_T^*$。对这个等式取条件期望并求解 ε^a 可以得到（22）式。

③ 严格地说，国外通货膨胀的无条件期望（而不是 π_T^*）才是完全相机抉择制度下预期贬值率的决定因素。然而，如果 c 足够大，两者之间的差别会很小。

逃避条款时，相机抉择汇率政策为①：

$$\tilde{\varepsilon}=\frac{\kappa+\Omega\upsilon q\bar{\pi}_T^*}{1+\upsilon q}-\Omega\pi_T^* \tag{23}$$

它低于完全相机抉择制度下相应的数值，后者是由（23）式中设 $q=1$ 而得到的，因为这时的贬值预期要低一些。（23）式的一个含义是 q 越高——或者说 μ 越低——相机抉择制度在缓解贬值偏向方面越有效果（$\partial\tilde{\varepsilon}/\partial q<0$）。但是，一个更高的 q 值将会在外国价格冲击较小时带来实际的成本。为了说明这个结果，注意在一个完全相机抉择制度下，通过使用（22）式和（23）式，并设定 $q=1$，以及 $\tilde{\pi}_N=\varepsilon^a+\pi_T^*$，实际汇率的实际事后变化可以表达为下式：

$$\tilde{\varepsilon}+\pi_T^*-\tilde{\pi}_N=-\Omega(\pi_T^*-\bar{\pi}_T^*) \tag{24}$$

它实际上反映了外国通货膨胀率的未预期变化。与此相反，在一个存在“逃避条款”的制度下，实际汇率的真实贬值率是由外国价格冲击的规模所决定的。如果 π_T^* 的实现值足够大并得以引发相机抉择，那么（22）式和（23）式就意味着：

$$\tilde{\varepsilon}+\pi_T^*-\tilde{\pi}_N=\frac{\kappa(1-q)+q\Omega^2\bar{\pi}_T^*}{(1+\upsilon q)}-\Omega\pi_T^* \tag{25}$$

与（24）式相比较，这就意味着实际贬值率低于纯相机抉择制度下的贬值率。但是，如果 π_T^* 表现得比较小，货币当局将会保持固定的名义汇率。在这种情况下，实际汇率的变化为 $\pi_T^*-\tilde{\pi}_N$，即等于 $-\varepsilon^a$。（22）式表明：在“正常的”环境下，使用相机抉择制度的较高概率可能对于国际竞争力有负面的影响，这是因为此时非贸易品的价格水平可能会高于 $\varepsilon^a=0$ 时的价格。因此，这就意味着如果逃避机制被考虑成汇率管理体制的一部分，q 应该“不太高”；也就是说，相机决定汇率调整的门槛应当不太低。

□ 5.2 最优货币区的福利效应

由于 Mundell（1991）的开创性贡献，关于最优货币区（OCA）的文献提出了若干条哪些国家应该加入货币联盟的准则。这些准则一般包括相似的通货膨胀率、要素流动率、经济体的开放程度和规模、商品多样化程度、价格和工资弹性程度、商品市场一体化范围、跨国经济冲击的相关性、财政一体化程度和政治一体化的意愿。另一条建议是当资本市场受限于促进消费保险时，单一货币区域可以带来风险分担的益处（Ching and Deverux，2003）。②

Bayoumi（1994）首先建立了一个正式的 OCA 模型，并得到许多关键的洞见（在此前几篇文献中被非正式地提及），涉及开放程度的角色、多样化、劳动力流动性以及经济冲击的相关性。接下来，我们提供了一个该模型的细致描述，并以此讨论货币联盟的福利效应。

5.2.1 模型

Bayoumi（1994）所展示的 OCA 模型的一般均衡拥有四个主要特征。第一，存在向下的名义工资刚性；尽管工资在过度需求时期提升，但在过度供给时期，工资不能下降

① 通过将此前求得的 $\varepsilon=\kappa-\upsilon\varepsilon^a-\Omega\pi_T^*$ 代入（22）式，得到（23）式。

② De Grauwe（2012）提供了理论回顾。Agénor and Aizenman（2011）将资本市场不完善视作最优化的一个分离准则。

到一个确定的阈值之下。第二，模型中不存在金融资产和政府。第三，假定每个国家完全专业化生产一种特定的（或者区域有别的）商品，这意味着在国家内部不存在不同的工业冲击。

假设存在 n 个国家，每个国家都有相同的结构，但各自生产一种不同的商品。国家能获得用于生产特定产品的劳动数量是固定的；因此，不存在跨国的劳动力流动。国家 i 的生产函数为：

$$Y_i = L_i^{\alpha}\exp(\varepsilon_i),\quad 0<\alpha<1 \tag{26}$$

其中，Y_i 是产出，L_i 是劳动，ε_i 服从均值为零的正态分布。取对数后方程变为：

$$y_i = \alpha l_i + \varepsilon_i \tag{27}$$

假定每个国家可得的最大劳动数量为 1，因此 $L_i \leqslant 1$。有别于其他国家，国家 1 的生产率分布 ε_1 始终为 0，因此产出 Y_1 的完全就业水平为 1（或 $y_1=0$）。国家 1 的产出价格 P_1 被当作计价单位，即 $P_1=1$。

劳动力市场是竞争性的；W_i 是本币工资，E_i 是国家 i 与国家 1 的双边汇率，因此工资 W_iE_i 等于劳动的边际产出。对数化后得：

$$w_i + e_i = \ln\alpha + \varepsilon_i - (1-\alpha)l_i + p_i \tag{28}$$

假定名义工资刚性是非对称的。当不存在生产率冲击（$\varepsilon_i = 0$），且汇率 E_i 被标准化为 1 时，国内价格工资可以确保实现完全就业，我们称工资处于“名义”水平，$\omega=\alpha P_i$。此时，以国内产品价格度量的工资取决于劳动力市场的过度需求状态。如果在这一点上存在对劳动的过度需求，名义工资会提升到与完全就业（$L_i=1$）一致的状态。相反，当 $W_i=\omega$ 时，如果劳动需求低于完全就业状态，工资被假定为会一直停留在这一较高水平，同时会出现部分失业。劳动力市场的设定对于汇率制度选择有着重要的含义。如果国家能够针对潜在扰动自由地调节名义汇率，工资可以一直保持在正常水平，同时可以调整汇率以保证完全就业。相比之下，如果因为加入货币联盟而不能调整名义汇率，劳动力市场的运转意味着需要承受失业带来的产出损失。

每个国家选择自己的汇率 E_i；如果国家 i 选择的汇率和国家 j 选择的汇率不相等，那么 E_i/E_j 就不等于 1。然而，汇率弹性会有（部分）交易成本，比如，商品从国家 j 出口到国家 i 的过程中会缩水（$1-T$）。为了简化，假设对于所有贸易而言，交易成本 T 都是相同的。相比之下，如果国家 i 和国家 j 选择结成货币联盟，那么 E_i/E_j 将会是一个常数，并保持不变。如果两国间不存在运输成本，那么交易成本 T 为 0。

如果没有生产单位的跨境所有权的话，每个国家的收入均等于其名义产出 P_iY_i。每个国家都消费所有产品；假定效用函数的形式是：

$$U_i = \sum_{j=1}^{N}\beta_{ij}\ln(C_{ij}) - \phi \tag{29}$$

其中，C_{ij} 是国家 i 消费的商品 j 的数量；$\beta_{ij}>0$；ϕ 是常数项，（为了简化计算）被规定等于 $\sum_{j=1}^{N}\beta_{ij}\ln(\beta_{ij})$。对于 β_{ij} 同样存在两个约束，首先是 $\sum_{j=1}^{N}\beta_{ij}=1$，这意味着 β_{ij} 是国家 i 消费在商品 j 上的收入份额，其次是 $\sum_{i=1}^{N}\beta_{ij}=1$，这保证对于每种商品的总需求都是对称的，从而所有国家都有相同的收入水平。给定效用函数的设定，国家 i 对于商品 j 为：

$$Y_{ij} = \beta_{ij}\frac{P_iY_i}{P_j} \tag{30}$$

给定$\sum_{i=1}^{N}\beta_{ij}=1$，商品 j 的总需求因此被确定为：

$$\sum_{i=1}^{N}Y_{ij}=Y_j=\frac{1}{P_j}\sum_{i=1}^{N}\beta_{ij}(P_iY_i)=\frac{1}{P_j}$$

这也意味着对于每个国家而言，名义收入 P_iY_i 等于 1。

如果两个国家不在同一货币联盟内，由于交易成本的存在，国家 i 消费的商品数量将略少于接近生产 j 时的商品需求数量。根据（30）式，国家 i 对商品 j 的消费量为：

$$C_{ij}=\beta_{ij}\frac{(1-T_i)P_iY_i}{P_j}=\beta_{ij}\frac{(1-T_i)}{P_j} \tag{31}$$

其中，对于不在货币联盟外的国家而言 $T_i=T$，对于货币联盟内的国家而言 $T_i=0$。[①]

5.2.2 均衡

首先考虑不存在货币联盟的情况，也就是说所有国家都允许本国货币对其他国家自由浮动。作为完全浮动汇率制度的结果，本地商品的名义工资 W_i 被设定在名义水平 ω。完全就业意味着 $y_i=\varepsilon_i=e_i$。由（31）式可知，下式成立：

$$c_{ij}=\ln\beta_{ij}+\ln(1-T_i)+\varepsilon_j$$

因此，

$$U_i=\sum_{j=1}^{N}\beta_{ij}\varepsilon_j-\sum_{j\neq i}^{N}\beta_{ij}\tau \tag{32}$$

其中，$\tau=\ln(1-T)$。

由于每个国家的汇率都能反映国家特定的生产率分布，所以存在完全就业并且产出最大化的点。然而，独立货币的存在使得一个国家生产的产品在转运到另一个国家时会产生成本。这一成本与商品 j 在区域 i 消费束中所占的比例 β_{ij} 呈正相关关系。

现在考虑有两个国家开始形成货币联盟的情况，分别记这两个国家为国家 1 和国家 2，其他国家则仍然互相保持浮动。货币联盟的汇率 e_{12} 等于单个国家在自由浮动制度下汇率的几何平均，即：

$$e_{12}=\frac{e_1+e_2}{2}$$

名义工资 ω 意味着当存在更大的冲击和其他国家较少的劳动需求的情况下，该国会有过度的劳动需求。记存在过度需求的国家为国家 1，而存在短缺的国家为国家 2。于是这两个国家的产出和工资为：

$$y_1=\varepsilon_1,\quad w_1=\ln\omega+\frac{\varepsilon_1-\varepsilon_2}{2}$$

$$y_2=\varepsilon_2-\alpha\frac{\varepsilon_1-\varepsilon_2}{2(1-\alpha)},\quad w_2=\ln\omega$$

因此，在存在过度的劳动需求的国家 1，工资会上升而劳动力仍然是完全就业的。相反，在国家 2，工资保留在名义水平 ω 之上，产出则降低到完全就业水平之下。对于其他国家的均衡不会发生改变。

5.2.3 福利效应

货币联盟的福利效应现在可以通过计算新的均衡和（32）式之间的效用差别而得到。

---

① 注意到国家 i 对商品 j 的消费是 $P_j/(1-T_i)$。由于存在交易成本，不同国家的商品 j 的消费价格可以不同；仅仅在生产点是等价的。

对于国家 1 和国家 2，以及处在联盟之外的区域 h 而言，我们有：

$$\Delta U_1 = \beta_{12}\tau - \alpha\beta_{12}\frac{\varepsilon_1 - \varepsilon_2}{2(1-\alpha)}, \quad \Delta U_2 = \beta_{21}\tau - \alpha\beta_{22}\frac{\varepsilon_1 - \varepsilon_2}{2(1-\alpha)}$$

$$\Delta U_h = -\alpha\beta_{h2}\frac{\varepsilon_1 - \varepsilon_2}{2(1-\alpha)}$$

在前两个等式中（这体现了对货币联盟成员的影响），第一项度量了在消除与其他国家交易成本的情况下的福利改进；这取决于这些成本的规模（以 τ 度量）和他国产品在本国消费中的重要性（β_{12}或 β_{21}）。第二项是国家 2 因为参加货币联盟导致的低实际工资弹性而带来的低产出下的福利损失。这取决于商品 2 在每个国家消费中的重要性（用 β_{12} 和 β_{22}度量），以及两个生产率冲击的差值 $\varepsilon_1 - \varepsilon_2$。

在货币联盟内，每个国家有一半的概率面临劳动力过度需求，一半的概率面临劳动力短缺。对于货币联盟成员（比如国家 1）的福利变动期望为：

$$\begin{aligned} E(\Delta U_1) = & \beta_{12}\tau - \gamma\beta_{11}E(\varepsilon_1 - \varepsilon_2 \mid \varepsilon_1 < \varepsilon_2)\Pr(\varepsilon_1 < \varepsilon_2) \\ & - \gamma\beta_{12}E(\varepsilon_2 - \varepsilon_1 \mid \varepsilon_1 > \varepsilon_2)\Pr(\varepsilon_1 > \varepsilon_2) \end{aligned}$$

这等于：

$$E(\Delta U_1) = \beta_{12}\tau - \gamma 2\Phi(0)\frac{\beta_{11}}{2}\sqrt{\sigma_1^2 + \sigma_2^2 - 2\sigma_{12}} - \gamma 2\Phi(0)\frac{\beta_{12}}{2}\sqrt{\sigma_1^2 + \sigma_2^2 - 2\sigma_{12}}$$

或者等价于：

$$E(\Delta U_1) = \beta_{12}\tau - \gamma\Phi(0)(\beta_{11} + \beta_{12})\sqrt{\sigma_1^2 + \sigma_2^2 - 2\sigma_{12}} \tag{33}$$

其中，$\gamma = \alpha/2(1-\alpha)$，$\Phi(0)$ 是标准正态分布的密度函数，σ_i^2是国家 i 生产率分布的方差，σ_{12}是冲击 ε_1 和 ε_2 的协方差。[①]

正如 Bayoumi（1994）所示，（33）式可以很容易地扩展到两个国家以上的情况，它指出了加入货币联盟的所得所失。第一项表明了由于与联盟其他国家贸易而带来交易成本下降的福利改进，这取决于国内家庭对他国产品的渴望程度 β_{12}。加入货币联盟的期望成本取决于货币联盟生产的所有产品消费的重要性 $\beta_{11} + \beta_{12}$，以及潜在分布的方差之差。而方差又取决于潜在分布的规模和分布之间的相关习惯，即非对称分布的规模。

类似地，可以将联盟以外国家 h 的福利变动期望写成：

$$E(\Delta U_h) = -\gamma\Phi(0)(\beta_{h1} + \beta_{h2})\sqrt{\sigma_1^2 + \sigma_2^2 - 2\sigma_{12}} \tag{34}$$

这意味着货币联盟会减少所有联盟之外的国家的福利，在那些与货币联盟联系最紧密的国家里会发生大幅的消费下降。这一结果的直觉如下：低交易成本的福利仅限于联盟内部国家。然而，由低实际工资弹性导致的低产出是货币联盟的损失，所有国家都会受其影响。因此，尽管福利改进只发生在那些联盟内部国家，但福利损失会影响所有国家，同时取决于与潜在生产率分布的规模和相关性相关的联盟可持续性。然而，这个结果并不一般；低交易成本可能不仅会使联盟成员受益（正如此前框架所述的情况），同样会使联盟外的国家受益。

现在假设劳动力在联盟内部可以跨国流动，特别地，假定所有在一国内就业的劳动力会停留在该国。如果劳动力没有被雇用，他就不能流动到联盟内的其他国家。然而，

① 给定 $\varepsilon > X$，标准正态变量 $\varepsilon \sim N(0, \sigma^2)$ 的期望值是 $\sigma f(X)/F(X)$，其中 $f(\cdot)$ 和 $F(\cdot)$ 分别是标准正态分布 N（0，1）的密度函数和累计密度函数。

这种流动存在成本。结果是接受劳动力的国家出现了有效劳动力的上升，这仅仅是那些衰退国家中未被雇用的劳动力的一部分，该比例用 δ 表示（最初的模型可以视为 $\delta=0$）。因此，如果在没有劳动力流动的初始均衡中，区域 i 的就业为 1，区域 2 的就业是 $1-\theta$，那么在新的均衡中，有效劳动力分别达到 $1+\delta\theta$ 和 $1-\theta$。

如果 θ 很小，那么 $\ln(1+\theta)$ 可以近似看成是 θ。对于两个国家组成的联盟，导致的均衡是：

$$y_1=\varepsilon_1+\frac{\alpha\delta(\varepsilon_1-\varepsilon_2)}{2(1-\alpha)},\quad w_1=\ln\omega+\frac{(1-\delta)(\varepsilon_1-\varepsilon_2)}{2}$$

$$y_2=\varepsilon_2-\alpha\frac{\varepsilon_1-\varepsilon_2}{2(1-\alpha)},\quad w_2=\ln\omega$$

国家 2 的劳动力没有完全就业，其均衡与旧均衡相同，原因是就业水平没有发生改变。然而，国家 1 面临着劳动力过度需求，其产出（和就业）现在变高了，因为劳动力如今从那些衰退的国家流向该国。① 劳动力流动减少了联盟总产出的下降，因此对所有国家而言均降低了联盟成本。

更正式地，对于联盟成员（比如国家 1）和非联盟成员 h 的效用期望变动现在是：

$$E(\Delta U_1)=\beta_{12}\tau-\gamma(1-\delta)\Phi(0)(\beta_{11}+\beta_{12})\sqrt{\sigma_1^2+\sigma_2^2-2\sigma_{12}} \tag{35}$$

$$E(\Delta U_h)=-\gamma(1-\delta)\Phi(0)(\beta_{h1}+\beta_{h2})\sqrt{\sigma_1^2+\sigma_2^2-2\sigma_{12}} \tag{36}$$

比较（33）式和（35）式，（34）式和（36）式，可以看出联盟的收益仍然没有发生改变。但是，因低产出导致的效用损失降低了 $1-\delta$ 的比例。因此，不论对于联盟内部国家还是外部国家而言，劳动力流动均能降低货币联盟带来的成本。实际上，在完全流动性（$\delta=1$）的极端案例下，形成货币联盟不存在任何产出成本。

前面的讨论和许多 OCA 的早期文献已经给出了最优性准则。然而，近期研究开始强调部分准则可能内生于货币联盟的广泛存在，即一体化效应。比如，参与货币联盟被宣称可以提升通货膨胀的一致性，高度收敛也不必然被视为准入的先决条件。财政纪律同样是参加联盟的结果，而劳动力流动性和工资-价格弹性可能内生于货币波动的消除。类似地，参加货币联盟会加强国际贸易联系，因此会增加第一时间加入联盟的国家的收益。实际上，到了联盟内广泛贸易导致贸易开放程度提升的时候，商业周期可能会变得更加同步，因而要避免利息的顺周期运动需求。② 核心问题是一体化的增加是会导致更加多元化还是会导致更加专业化，后者会让国家变得更加不同。理论上，如果会导致国家在产品生产上更加专业化，从而带来比较优势，密切的贸易联系可以导致国家商业周期更加具有异质性。于是，国家可能会对特定工业冲击更加敏感。然而，如果常见冲击（国内或外部的）往往占主导地位，或如果产业内贸易占贸易的主要部分，那么经历了更加广泛的贸易一体化的国家之间，商业周期确实会变得更加相似。

最终，近些年发生的欧债危机，首先由希腊主权债务危机引发，进而扩散到爱尔兰、西班牙和塞浦路斯，为世界其他地区货币联盟的建立和稳定提供了经验教训。最重要的是，如果一个货币联盟不能有效度量所有成员国的财政纪律，缺乏限制实际汇率被过度

---

① 估计式 $\ln(1+\theta)\approx\theta$ 会稍微低估总产出的上升，因为这无法解释劳动从低生产率国家流向高生产率国家。

② 见 Alesina and Barro（2002），Glick and Rose（2002），Tenreyro and Barro（2007）。然而，Calderón et al.（2002）发现贸易一体化对商业周期同步性的影响在发展中国家远低于在工业化国家的情况。

高估、经常账户赤字和外债堆积的机制，缺乏联盟层级的机构去监管金融体系并维持金融稳定，那么该联盟很难维持下去（Beetsma and Giuliodori，2010；Obstfeld，2013）。正如 De Grauwe and Ji（2014）所讨论的，通过发行货币来弥补公共债务的能力的缺失，带来了自我实现式的流动性危机，有可能会导致主权债务危机。关于这些问题的讨论已经超出了本书的范围。然而，欧债危机的一个组成部分，即银行危机和主权债务危机的联系，会在第 16 章以其在发展中国家的周期性发生为视角进行讨论。

附录　克鲁格曼目标区间模型

一个基础版本的克鲁格曼目标区间模型（Krugman，1991）可以按照以下方式来表达：考虑一个经济体，其产出固定，但价格灵活。在连续时间的情况下也满足购买力平价条件，货币市场的均衡条件可以写为：

$$s = m + \upsilon + \alpha \mathbb{E}(ds \mid \Omega)/dt \tag{A1}$$

其中，s 是名义汇率的对数，m 是名义货币存量的对数，$\mathbb{E}$ 是预期值，Ω 是形成预期的信息集合，υ 是一个变量（比如说速度变量），它能够分析除了预期汇率变化［$\mathbb{E}(ds|\Omega)/dt$］以外货币需求的决定因素。名义货币存量被假设为一个政策变量。

假设转移变量 υ 服从布朗运动（即随机游走的连续时间版本）。让我们考虑在其他汇率体制下的汇率行为。

在浮动汇率制度下，m 是常数；根据（A1）式，汇率也服从布朗运动过程，而汇率的预期变化 $\mathbb{E}(ds|\Omega)/dt$ 为 0。从图上看，这就意味着汇率是在图 7－9 上 45 度线 FF 上方，它使得 s 成为 $m+\upsilon$ 的线性函数。

在固定汇率制度下，为了保持 s 不变，政策制定者必须改变货币存量 m 以抵消 υ 的变化。在这种情况下，汇率的预期变化仍然是 0，但 s 与 $m+\upsilon$ 的函数集中在一个点上，比如图 7－9 中的点 A。

在（基础）目标区间模型下，中央银行的政策是为了在浮动区间的上限和下限之间保持汇率。政府主要通过改变货币存量水平 m 来做到这一点。但干预只是边际上的；只有当汇率抵达了区间的下限或上限时，它才会发生。在第一种情况下，货币供给将会减少，而在第二种情况下货币供给会增加。[①] 只要汇率是处于这个区间之内，就不存在政策干预，而货币供给为常数。

假设目标区间是对称的，而且完全可信——经济主体相信区间的下限和上限将会一直固定，而且汇率会永远保持在区间之内，也假设在变化的过程中没有移动。[②] 那么，汇率也将是没有转移的布朗运动，其预期的未来变化为 0。更正式一点看，在这种情况下模型的解是非线性的汇率和经济基本因素之间的 S 形曲线关系，由下面一个方程给出：

---

① 在基础目标区间模型中，因为干预措施通过货币供给变动影响汇率，所以干预是非对冲式的。

② 正如 Svensson（1992，p. 122）指出的，假设 υ 服从无漂移的布朗运动，意味着（1）υ 随时间的实际分布是连续的，不会出现离散的跳跃；（2）υ 在任意固定时间间隔中的变动服从一个零均值且方差正比于时间间隔长度的正态随机分布的。

$$s=m+\upsilon+A\{\exp[\alpha(m+\upsilon)]-\exp[-\alpha(m+\upsilon)]\} \tag{A2}$$

其中，$\alpha=\sqrt{2/\theta\sigma^2}$，$\sigma^2$ 是基本因素变化的方差，A 是一个常数项。在图 7-9 中，这条曲线被称为 ZZ，它在目标区间的上限和下限之间平滑地穿过。ZZ 曲线的 S 形特征说明了克鲁格曼模型的主要特点，即所谓的蜜月效应和平滑粘合条件。

"蜜月效应"是指在一个完全可信的目标区间模型下，将 s 与经济基本因素 $m+\upsilon$（如图 8-2 所示）放在一个坐标轴中，s 将会在一个曲线上，其斜率将低于 45 度线 FF 的斜率，而 FF 代表了完全自由浮动汇率制（此时 $s=m+\upsilon$）。其原因在于，如果 s 是处于区间的上限（即大于中心汇率），那么汇率达到区间上限并且导致中央银行汇率市场干预的概率就会增加。结果是，汇率升值的概率高于进一步贬值的概率。因此，市场主体将会使汇率低于其干预概率为零时的水平，这就意味着 s 的水平必然低于 45 度线 FF。同样的逻辑告诉我们，当 s 靠近浮动区间的下限时，它必须超过 FF；也就是说会比浮动汇率制下的汇率贬值更多。因此，在任何情况下，ZZ 的斜率都小于 1。结果是，蜜月效应意味着一个可信的目标区间具有稳定的性质，也就是说，对于任何给定的经济基本因素的波动，汇率比这些因素更加稳定；汇率的波动范围也就比自由浮动汇率制下小一些。平滑粘合条件实际上是基础目标区间模型解的边界条件。这些条件——它们决定了（A2）式中 A 的值——意味着在 s-$(m+\upsilon)$ 空间中，可能存在的汇率路径必然在区间的上限和下限之间平滑穿过。这个结果也是相当容易理解的：如果汇率以一个角度达到区间的边界，市场主体将获得一个一面倒的赌博，因为他们知道中央银行会进行干预使得汇率回到区间之内。由于市场主体在这种一面倒的赌博方面可以预期并采取行动，当接近区间的边界时，就会有消除基本面影响的力量在起作用，比如说，由于较弱的基本面将会在预期官方支持的情况下达到区间的边界，货币就会贬值，因此，当逐渐接近浮动区间的边界时，汇率将会对基本面的变化越来越缺乏敏感性。当达到极限时，ZZ 的斜率能够衡量汇率对基本面因素的敏感性，将趋近于 0。

这里所给出的基本目标区间模型已经在几个方面进行了扩展，来说明不完全的可信度、黏性价格、边际内干预（也就是旨在使汇率回归到目标区间内一个特定值的干预）等。参见 Svensson（1992）的一个详细的描述。比如说，把边际内的、"逆向"干预纳入分析过程中，可以显著降低平滑粘合条件的作用。这是因为，当 s 接近区间的边界时，人们已经知道中央银行在进行干预。因此，人们所认为的达到区间边界的概率就比边际干预的情况下要低一些。因此，无风险套利机会的概率也会小一些，而将汇率与基本面因素相联系的 ZZ 曲线的斜率将更加接近直线的斜率，只有当汇率非常接近区间的边界时才会出现平滑粘合的情况。

另外一个关于目标区间模型的扩展是 Werner（1995）所提出的。他考虑了这样一种情况：重新调整的概率是汇率距中间价的距离占浮动区间宽度百分比的增函数。他的分析表明，短期利率差与区间内汇率的关系可能是非线性的，首先为正，然后变为负。与前面的模型相反，这个模型预测区间内汇率与长期利率差之间没有相关性。

最后，在此前展示的目标区间模型中，推动基本面的随机过程变化与 S 形曲线的陡峭程度相关，从而改变目标区间内的稳定性或"蜜月效应"。Driffill and Sola（2006）提出了一个更一般的框架，将基本面导致的汇率波动视作一个双态过程，从而使汇率可以随机地从一个状态（由其漂移率和创新方差来定义）到另一个状态。

他们的分析表明，与标准的单一机制模型不同，推动基本面的过程中的预期变化可能会对汇率的可持续性产生很大影响。根据经济的初始状态，这些变化可能导致汇率波动区间的稳定效应的显著提升，也可能在政策制定者为维持区间而被迫实施分散的干预的情况下带来攻击型（attack-type）危机。该模型还提供了一个基于基本面的解释，说明汇率的较大变化与基本面的同期变化无关。

第 9 章 汇率制度的选择Ⅱ：冲击、紧缩效应和道德风险的影响

前面曾指出，虽然很多发展中国家对单一货币或已公布的一篮子货币保持固定平价，但其中越来越多的国家（特别是中等收入国家）正在朝更灵活的汇率制度改进。在本章中，我们继续考察可能影响各国汇率制度选择的各种标准。本章特别研究了冲击的作用、实际产出的紧缩效应可能对汇率变化的影响以及与固定汇率制度有关的道德风险的影响。① 紧缩效应产生的可能性与所有类型的汇率制度有关，我们讨论了其中一些（需求和供给）可能产生影响的渠道。

1 冲击的作用

一个被广泛用于评价汇率制度的标准是汇率作为"自动稳定器"的有效性，即当宏观政策保持不变时，汇率制度成功地使国内经济免受随机冲击影响的程度。原则上，可以用一系列国内宏观经济变量由于冲击产生的波动性来衡量汇率制度的隔绝性（insulation properties）。遵循 Poole（1970）的古典封闭经济分析，其中通常让人关注的是实际产出的行为。为了给出对于这个问题的标准分析，我们首先来看 Genberg（1989）提出的一个简单模型。

1.1 模型的具体含义

Genberg 遵循传统的文献，使用一个简单的 *IS-LM* 模型来分析汇率制度的隔绝性。他假定一个小型经济体，完全生产单一的商品，其商品与世界其他地方生产的商品为不完全替代品，并且该经济体与国际金融市场完美融合。经济体受到各种国内冲击，这些冲击产生于国内商品和金融市场以及家庭工人的工资行为模式中，并且还受到国外商品价格的外部冲击以及世界利率的影响。这些冲击被认为是可能彼此相关或可能并不相关的白噪声过程。

国内商品的总需求受到国内实际利率的负面影响以及实际汇率的正面影响。因此可

① 我们不考虑最佳的通货膨胀税如何影响汇率制度的选择（如 Fischer 在 1983 年所提出的），因为我们不认为这种论证在经验上是重要的。

以表示为：

$$y=-\alpha r+\beta(s+p^{*}-p)+u^{yd} \qquad (1)$$

其中，y 是国内实际产出的对数，r 是国内实际利率，s 是名义汇率（以本币计价的外币价格）的对数。p^{*} 是外国商品的外币价格的对数，p 是国内商品的本币价格的对数，u^{yd} 是国内总需求冲击的白噪声。α 和 β 都是正的参数。国内商品的供给是工资的递减函数，由下式给出：

$$y=-\theta(w-p)+u^{ys} \qquad (2)$$

其中，w 是国内名义工资的对数，u^{ys} 是国内总供给冲击的白噪声（例如，暂时的生产率冲击），θ 是正参数。实际名义工资与合同规定的工资 w^{c} 随机偏离：

$$w=w^{c}+u^{w} \qquad (3)$$

其中，合同工资按照名义汇率指数化①：

$$w^{c}=\varepsilon s+u^{wc} \qquad (4)$$

正参数 ε 是指名义汇率事后指数化的程度，如果 $\varepsilon=0$，则没有指数化；如果 $\varepsilon=1$，则为完全指数化。

由于模型假设资本具有极好的流动性，国内名义利率 i 由无抛补利率平价给出：

$$i=i^{*}+(\bar{s}-s)+u^{r} \qquad (5)$$

上式中 i^{*} 为外国名义利率，$\bar{s}$ 是预期未来名义汇率的对数，u^{r} 可以解释为白噪声对平均零风险溢价的冲击。预期的未来名义汇率对应于没有冲击时名义汇率的均衡价值，而且由于模型中的所有冲击都是白噪声，未来的名义汇率在一个周期后恢复到一个不变的均衡值，因此 $\bar{s}$ 是外生的。国内货币市场均衡需要国内名义利率满足以下条件：

$$i=-\lambda m+\lambda p+\gamma y+u^{md} \qquad (6)$$

其中，λ 和 γ 是正参数，u^{md} 是货币需求冲击。最后，国内实际利率由下式给出：

$$r=i-(\bar{p}-p) \qquad (7)$$

其中，$\bar{p}$ 是预期的未来价格水平，其外生的原因和 $\bar{s}$ 一样。

完全资本流动的假设意味着国内外债券是相同的，所以中央银行对外汇市场和国内债券市场的干预没有区别。因此，汇率制度的特点是国际债券市场的干预程度以及国内货币供应量的变化受汇率目标的影响。原则上这是一个连续变量，外汇制度在分析中被视作在一个范围内变动，所处的位置取决于货币政策受到稳定名义汇率目标限制的程度。货币供应的决定形式为：

$$m=-\delta s+u^{ms} \qquad (8)$$

其中，u^{ms} 是货币供给白噪声冲击。衡量货币供应对汇率变化的影响参数 δ 决定汇率制度。$\delta=0$ 对应带有货币目标的汇率完全浮动。在这种情况下，国内经济享有完全的货币自主权，并利用它来为货币供应设立外部目标。如果 $\delta\rightarrow\infty$，汇率是固定的，国内经济没有货币自主权，并且 u^{ms} 从模型中消失。在具有有限正值 δ 的情况下（即 $0<\delta<\infty$），中央银行采取“逆向”干预政策，干预可以缓和但不能消除汇率波动。在这种情况下，中央银行允许汇率有限程度的浮动。同时，中央银行实现有限程度的货币自主性。然而，δ 也可以是负的。在这种情况下，它可以被称为“超级浮动”，中央银行不仅不能使用货币

① 更详细的处理将涉及关于工资指数形式的替代假设。例如，参见 Turnovsky（1983），其分析表明，如果名义工资完全指数化为国内和国外价格的加权平均数，汇率变动作为稳定产出的工具，就变得完全无效。

政策来稳定汇率，而且如果它使用货币政策来追求国内目标，实际上会导致汇率波动的放大。

分析的目标是确定 δ 的最优值，其中最优值被定义为最小化的实际产出方差。

□ 1.2　模型的解

在求解模型过程中，Genberg 采用将价格名义化 $i^*=u^i$ 和 $p^*=u^{p*}$，选择单位变量使得在没有冲击的情况下，$y=p=s=w=w^c=i=m=0$。模型中的变量表示与其预期均衡值的偏差。为了更方便地求解模型，将其简化为在 s-y 空间中绘制的 IS 曲线和 LM 曲线。为此，首先将（3）式和（4）式代入（2）式，然后求解 p 以表示总供给方程为：

$$p=(1/\theta)y+\varepsilon s+[(u^w+u^{wc})-(1/\theta)u^{ys}] \tag{9}$$

或者

$$p=(1/\theta)y+\varepsilon s+u^l$$

其中，$u^l=u^{wc}+u^w-1/\theta u^{ys}$ 是一个复合总供给冲击。接下来，使用无抛补利率平价关系将实际利率写成：

$$r=p-s+(u^{i*}+u^r)=p-s+u^i \tag{10}$$

其中，$u^i=u^{i*}+u^r$ 是一个复合外部金融冲击。将这个等式代入商品市场均衡条件：

$$y=-\alpha(p-s+u^i)+\beta(s+p^*-p)+u^{yd}$$

或者

$$y=-(\alpha+\beta)p+(\alpha+\beta)s+(u^{yd}+\beta u^{p*}-\alpha u^i)$$

即

$$y=-(\alpha+\beta)p+(\alpha+\beta)s+(u^y-\alpha u^i) \tag{11}$$

其中，$u^y=u^{yd}+\beta u^{p*}$。该方程中的误差项包括总需求冲击、外部价格冲击和复合外部金融冲击，前两者合成为商品市场需求侧冲击 $u^y=u^{yd}+\beta u^{p*}$。使用（9）式中的总供给关系，我们有：

$$y=-(\alpha+\beta)[(1/\theta)y+\varepsilon s+u^l]+(\alpha+\beta)s+(u^{yd}+\beta u^{p*}-\alpha u^i)$$

或者

$$[1+(\alpha+\beta)/\theta]y=(\alpha+\beta)(1-\varepsilon)s-(\alpha+\beta)u^l+(u^{yd}+\beta u^{p*}-\alpha u^i)$$

即

$$y=(\alpha+\beta)(1-\varepsilon)s-(\alpha+\beta)u^l+u^y-\alpha u^i \tag{12}$$

这得出了经济中的 IS 曲线，其受到商品市场需求侧冲击、商品市场供给侧冲击和外部金融冲击的影响。为了得到 LM 曲线，将无抛补利率平价、货币供给方程和总供给方程代入货币市场均衡条件。其结果是：

$$-s+(u^{i*}+u^r)=-\lambda(-\delta s+u^{ms})+\lambda[(1/\theta)y+\varepsilon s+u^l]+\gamma y+u^{md} \tag{13}$$

求解该问题中的 s，我们将得到：

$$\begin{aligned}(1+\lambda\varepsilon+\lambda\delta)s&=-(\gamma+\lambda/\theta)y+(u^{i*}+u^r)+\lambda u^{ms}-u^{md}-\lambda u^l\\&=-(\gamma+\lambda/\theta)y+u^i+u^m-\lambda u^l\end{aligned} \tag{14}$$

其中，$u^m=\lambda u^{ms}-u^{md}$ 是复合货币市场冲击。

最后，将 LM 方程代入 IS 方程并简化，可以推导出 y 的简化方程，其表示国内实际产出与其均衡值的偏差，是包含总需求冲击 u^y、总供给冲击 u^l、货币市场冲击 u^m 和外部金融冲击 u^i 的函数：

$$\Psi y = -(x+\lambda)u^l + \frac{1}{\alpha+\beta}xu^y + \left(1-\frac{\alpha}{\alpha+\beta}x\right)u^i + u^m \tag{15}$$

其中，

$$\Psi = \gamma + \frac{\lambda}{\theta} + \frac{1+\frac{\alpha+\beta}{\theta}}{\alpha+\beta}x, \quad x = \frac{1+\lambda\varepsilon+\lambda\delta}{1-\varepsilon} \tag{16}$$

注意，干预参数δ通过变量x进入这些方程，x是δ的递增函数。假设四种类型的冲击是相互不相关的，y的隐含方差由下式给出：

$$\mathrm{var}(y) = \frac{1}{\Psi^2}\left\{(x+\lambda)^2\sigma_l + \frac{1}{(\alpha+\beta)^2}x^2\sigma_y + \left(1-\frac{\alpha}{\alpha+\beta}x\right)^2\sigma_i + \sigma_m\right\} \tag{17}$$

选择最优方案的问题现在缩小到使y相对于x的方差最小化，然后根据下式从x的最优值推断δ的最优值：

$$\delta^* = \frac{1-\varepsilon}{\lambda}x^* - \left(\frac{1}{\lambda}+\varepsilon\right) \tag{18}$$

可以从这个框架得出四个主要结果。

首先，假设货币市场冲击是国内经济中随机冲击的主要来源。在极限中，假设$\sigma_l = \sigma_y = \sigma_i = 0$，所有冲击都是货币冲击。在这种情况下，最小化$y$的方差需要最大化$\Psi^2$。因为$\Psi$是$x$的正线性函数，当$x$达到无穷大时，$\Psi^2$变为无穷大。但是因为$x$是$\delta$的正线性函数，这意味着令$\delta$变得无限大，即固定汇率。因此，当货币市场冲击占主导地位时，固定汇率使国内产出的方差最小。实际上，因为$1/\Psi^2$在固定汇率下变为零，所以在这种情况下固定汇率能使产出完全稳定。

其次，假设商品市场冲击是主导的，因此$\sigma_l = \sigma_i = \sigma_m = 0$。在这种情况下，很容易从（18）式看出，最小化$y$的方差需要最小化$(x/\Psi)^2$，这意味着令$x=0$。从（8）式中可以看出，最佳干预程度等于：

$$\delta^* = -\left(\varepsilon + \frac{1}{\lambda}\right) \tag{19}$$

因此，允许一定程度的汇率灵活性不仅在这种情况下是最优的，而且中央银行应加强名义汇率变动，在汇率贬值时扩大国内货币供应。在这种情况下，只要工资没有指数化（$\varepsilon=0$）且货币需求的利率半弹性非常低（λ高）时，汇率完全浮动（没有加强交换的货币干预）使得*LM*曲线是垂直的。

再次，冲击的主要来源是国际金融状况（世界利率或风险溢价）的波动，$\sigma_l = \sigma_y = \sigma_m = 0$的情况说明了最优制度决定相对于经济中其他行为参数而言的敏感性。在这种情况下，通过使$[\{1-\alpha x/(\alpha+\beta)\}/\Psi]^2$最小化来选择最优方案，因此其意味着$x = 1+\beta/\alpha$。$\delta$的隐式解是：

$$\delta^* = \frac{1-\varepsilon}{\lambda}(1+\beta/\alpha) - \left(\varepsilon+\frac{1}{\lambda}\right) \tag{20}$$

注意到，当波动的主要来源是总需求冲击时，意味着此时的汇率比前一种情况更稳定。汇率稳定的最优程度随总需求β的实际汇率弹性而增加，并随总需求α的利率弹性而下降。注意，如果β足够大或者α足够小，使得$\alpha/(\alpha+\beta)$接近于零，则（18）式中σ_i的系数接近于1。与国内货币冲击的情况类似，在这种情况下固定汇率是最优的。另一方面，如果 β 足够小并且 α 足够大使得 $\alpha/(\alpha+\beta)$ 接近 1，则 x 的最优值也接近 1，在这种情况下，最佳干预程度由下式给出：

$$\delta^{*}=-\varepsilon\left(1+\frac{1}{\lambda}\right) \tag{21}$$

这再次超越了不受限制的汇率浮动（clean float），显示出通过货币政策放大汇率波动的结果。然而，在工资没有指数化时，ε 是零。在这种情况下，$\delta^{*}=0$，最优方案是放开汇率。

最后，考虑国内供给冲击占主导的情况，即 $\sigma_y=\sigma_i=\sigma_m=0$。这种情况下的最优策略需要选择 δ 以使 $[(x+\lambda)/\Psi]^2$ 最小，这意味着设置 $x=-\lambda$。最佳干预程度变为：

$$\delta^{*}=-\left(1+\frac{1}{\lambda}\right) \tag{22}$$

同样，中央银行最好加强由供给冲击驱动的汇率波动。因为 λ 是正的，所以只有当货币需求的利率半弹性为零时避免这样做才是最优的，因此 LM 曲线在 s-y 空间中是垂直的。

总体而言，我们的分析表明，从向国内产出提供自动稳定器的角度来看，固定汇率很少是最优的。只有当国内货币市场冲击占主导地位时，固定汇率才是最佳策略。因为国内实际产出的稳定是决策者的一个重要目标，而且由于这些结果是由开放经济模型的简单框架推导而来，因此这一分析为支持浮动汇率提供了有力的论据。①

有一些证据证明，浮动汇率制度能够比固定汇率制度更好地“缓冲”实际冲击。例如 Broda（2004）使用了在 1973—1998 年期间 75 个发展中国家的样本，以评估实际产出、实际汇率和通货膨胀对贸易条件冲击的反应是否在汇率制度之间有系统性的不同。他发现，产出和实际汇率的行为显著不同。在固定汇率制度下，负面贸易条件冲击之后会出现巨大的增长损失，而实际汇率在两年后才开始贬值。相比之下，在浮动汇率制度下，产出损失较小，实际贬值幅度大而且迅速。Edwards and Levy-Yeyati（2005）还发现，贸易条件冲击在实行更为固定的汇率制度的国家得到扩大；因此，浮动汇率制度似乎能够更好地适应实际的外部冲击。② 在对 42 个发展中国家的面板数据的研究中，Hoffman（2007）发现，浮动汇率制度能够更好地减轻国内产出和由冲击对世界产出和利率引起的实际汇率的波动。因此，所有三个研究都支持这样的观点，即如前述分析所预测的，浮动汇率下的产出波动率往往较小。

然而，经济活动的稳定不是通过选择汇率制度可以实现的唯一目标，浮动汇率的相对优点在其他宏观经济目标方面并不明显。事实上，有文献曾细致地分析了经济所受干扰的类型与汇率制度的最佳选择之间的联系以及汇率灵活性（或外汇市场干预）的最佳程度之间的联系，并考虑了各种政策目标之间冲突的可能性［例如不仅将实际产出的方差最小化，而且将价格水平或实际支出的方差最小化（Collard and Dellas，2005)］。正如 Van Gompel（1994）在其著作的概述中指出的：从文献中得出的稳健性结果很少。

---

① Mundell（1961）最初使用类似的推理来分析最佳货币区域（见第 8 章）。

② 他们还发现了对贸易条件冲击的不对称反应的证据：相对于正的冲击，负的冲击对产出效应影响更大。

2 紧缩效应

缺乏稳健性结果的一个原因是汇率变化的影响取决于经济结构。在本节中，与上一节的模型相对，我们通过检验汇率贬值可能对经济活动产生紧缩效应的各种渠道来说明这一点。①

考虑一个在固定汇率制度下的小型开放经济体。我们采用“依赖型经济”框架，其中贸易品和非贸易品部门的生产使用同质的跨部门流动的劳动力、部门特定的资本以及进口投入要素。生产成本可能受到营运资本融资需求的影响。工资的决定对于这里讨论的问题至关重要，我们将允许各种机制来确定名义工资。家庭持有货币、资本和外国证券，并相互借贷。

这个分析框架是一般性的，与本书其他各个章节考虑的假设一致。本节前两部分考虑名义贬值分别对国内产出的总需求和总供给的影响，最后一部分考察关于发展中国家货币贬值紧缩效应的实证证据。

2.1 对总需求的影响

在一个生产贸易品和非贸易品的小型开放经济体中，贸易品部门面临的需求曲线由一价定律给出：

$$P_T = EP_T^*$$

其中，P_T 是贸易品的本币价格，E 是名义汇率（每单位外币的国内货币单位），P_T^* 是贸易品的外币价格，我们单位化为 1。对非贸易品的实际需求总量（d_N）包括国内消费 c_N、投资 I_N 和政府对这些商品的需求 g_N 的总和：

$$d_N = c_N + I_N + g_N$$

我们现在考察贬值对该方程各个部分的影响。我们将消费和投资需求分开处理，关于政府需求，我们将会在 2.1.1 节关于政府预算约束的内容中进行介绍。最后，我们考虑国内利率对消费和投资需求的影响。

2.1.1 消费

首先，考虑贬值对非贸易品消费需求的影响。我们将采用一个一般的家庭行为模型，其中对非贸易品的需求取决于实际汇率 $z=P_T/P_N$，其中，P_N 是国内非贸易品的货币价格；y 是家庭收到的实际要素收入，扣除它们支付的实际税收 tax；a 是真实家庭财富；$i-\pi^a$ 是实际利率，其中 i 是国内名义利率，π^a 是预期通货膨胀率。对总需求可能的分配效应由一个转移参数（shift parameter）表示为 Θ。因此，对非贸易品的消费需求的一般形式为：②

$$c_N=c_N\,(z,\ y-tax,\ i-\pi^a,\ a;\ \Theta) \tag{23}$$

① 本节的分析主要基于 Lizondo and Montiel（1989）的研究。

② 虽然（23）式是总体消费行为的特殊模型，但它在某种程度上模拟了优化模型所包含的消费行为，即跨期效用是可加性分离的，时间偏好率是恒定的，相对风险厌恶家庭的瞬时效用是固定的。

现在我们来考察贬值对决定非贸易品的消费需求各个因素的影响。

相对价格效应。名义贬值导致相对价格的变化，影响对本国产品的需求。在本节“依赖型经济”框架中，我们有必要区分相对价格效应对贸易品和非贸易品的影响。对国内生产的贸易品的总需求（国内和国外）是完全弹性的，因此不受相对价格变化的影响。虽然这些商品的国内需求受相对价格的影响，从而影响国际收支项目，但是这一部门的总需求与产出和就业相关。但影响非贸易品国内需求的相对价格变化将影响贸易品的总需求，因为这两种需求在定义上是相同的。因此，货币贬值将对国内生产商品的需求产生相对的价格影响，因为它对非贸易品的需求产生影响。国内货币的实际贬值（即贸易品相对于非贸易品的价格增加），在实际收入保持不变时将增加对非贸易品的需求，反之亦然。这意味着（23）式中的关于 c_{Nz} 的偏导数为正。[①]

实际收入效应。贬值也会影响实际收入，进而影响对国内产品的需求。这些实际收入变化可以分解为相对价格水平下初始产出的变化和新的相对价格水平下的产出变化。因为我们正在讨论对国内产出需求的影响，所以我们将主要关注初始产出水平的实际收入的变化。这提供了影响效应，我们忽略产出内生变化（即凯恩斯乘数效应）出现的影响，因为本节分析的目的是研究决定这种变化方向的定性因素。

为了分析收入效应，我们需要一些定义。价格水平将用 P 表示：

$$P = E^{\delta}P_N^{1-\delta}, \quad 0 < \delta < 1 \tag{24}$$

其中，δ 是贸易品在消费中的份额。[②] 实际收入等于：

$$y = y_N z^{-\delta} + y_T z^{1-\delta} \tag{25}$$

其中，y_N 是非贸易品的产量，y_T 是贸易品的产量。

实际贬值对给定产出水平的实际收入的影响是不明确的。对（25）式中的 z 求微分，令 y_N 和 y_T 保持恒定，得到：

$$\mathrm{d}y/\mathrm{d}z = z^{-1}(\alpha - \delta)(y_N z^{-\delta} + y_T z^{1-\delta}) \tag{26}$$

其中，α 是贸易品在总产出中的份额：

$$\alpha = zy_T/(y_N + zy_T) \tag{27}$$

（26）式表明，对实际收入的影响取决于贸易品在消费中还是在收入中的份额比较大。显然，各种结果均是可能的。例如，没有投资产品的支出，消费和支出相同，并且假设没有公共部门支出，因此 $c_N = y_N$。在这种情况下，对实际收入的净影响取决于贸易品的消费是高于还是低于 y_T，即是否存在贸易赤字或贸易顺差。如果存在赤字，则 $\delta > \alpha$，实际收入随着实际贬值而下降。原因是相对价格提高的商品（贸易品）在消费中的占比高于在收入中的占比；引入投资和公共支出自然会使这些简单的结果更加复杂化。

对于具有贸易品和非贸易品的模型，实际贬值除了在给定产出水平时对实际收入有不明确的影响外，也可能带来非贸易品需求的增加，因为贸易品的产出水平可能更高。一般来说，只要生产贸易品投入要素价格不会上升到和贬值一样的程度，贸易品的生产都将会增加。如后文所示，后一个条件是否成立将取决于工资指数化的程度、通货膨胀预期和其他因素。

---

① 这种替代效应存在于大多数模型中，但在一些紧缩性贬值分析时则不存在，例如 Krugman and Taylor (1978) 的研究，他们假设消费者只对非贸易品有需求。

② 因此，我们假设消费者的效用函数是柯布-道格拉斯形式，参见第 10 章。

进口投入品的影响。进口投入品的存在可能是货币贬值后对国内产品需求产生负面影响的一个额外因素。原因是在某些条件下，进口投入要素使得前面所讨论的贬值后的实际收入效应在更大可能上是负向的。

如果要在前面的分析中引入进口投入要素，投入品的价值必须从国内产出中扣除以获得国民收入。因此，实际贬值不仅通过前面提到的渠道影响实际收入，而且可以通过改变进口投入品的实际价值来影响。

实际贬值对进口投入品的实际价值有两种相反的影响。一方面，实际贬值增加了进口投入品在消费篮子中的相对价格，从而增加了初始进口投入品的实际价值。另一方面，如果劳动力价格没有按贬值的程度完全增加，进口投入品的相对价格就会增加，国内生产者有动力用劳动替代进口投入品，从而减少进口投入品的数量。显然，这两种相反力量的净效应，还取决于生产要素可替代的程度以及贬值转移到工资的程度。

假设贸易品是用固定数量的特定资本和劳动生产的，而非贸易品是根据具有常数替代弹性（CES）σ 的生产函数，利用进口投入品和劳动生产的，Lizondo and Montiel（1989）认为实际贬值对（26）式中确定的实际收入的影响在进口投入品存在的情况下将被修正，影响需要增加一个附加项：

$$z^{-\delta}J_N[\sigma-(1-\delta)] \tag{28}$$

其中，J_N 是在非贸易品部门使用的进口中间产品的数量。因此，当（$1-\delta$）$>\sigma$ 时，进口投入品的存在将导致实际收入的减少。很明显，净效应是不明确的，并且各种结果都是可能的。例如，如果在生产中没有替代品（Krugman and Taylor，1978），即当 $\sigma=0$ 时，净效应必然是负的。

总之，由于进口投入品的存在，对实际收入的净影响是不确定的。进口投入品和主要要素之间的替代弹性越低，非贸易品在价格指数中的份额越高，净影响就越有可能是负的。

收入再分配效应。经常被提到的另一个在货币贬值后使国内生产商品需求下降的可能原因是将那些消费倾向较高部门的收入再分配给消费倾向较低的部门。Alexander（1952）认识到收入的再分配影响支出的可能性，并将其作为贬值对国内吸收（absorption）的直接影响之一。他讨论了两个方向上的收入再分配，这两个方向都与价格水平的提高有关：第一，从工资到利润，因为工资调整滞后于价格；第二，从私人部门到公共部门，这一再分配效应源于现有税制结构。如果利润获得者的边际消费倾向低于私人部门的边际消费倾向，那么对于给定的实际收入水平，国内吸收将下降。但是，需要注意的一点是由于 Alexander 对贸易盈余的影响感兴趣，因此他研究了总支出的行为，本节的重点是对国内产出的需求。

在上面提到的两种类型的再分配中，我们将在这里研究收入从工资向利润的转移，而从私人部门向公共部门的转移将在后面讨论。Díaz-Alejandro（1963，1965），Krugman and Taylor（1978）研究了由于价格上涨带来的从工资向利润的再分配，并假设名义工资保持不变，贬值的唯一影响是将一定水平的实际收入从工资再分配给利润。二者的研究都表明，如果利润获得者对国内产品的边际消费倾向低于工资收入者，就可能导致对国内产出的需求减少。

然而，这不是唯一与贬值有关的工人和资本所有者之间的收入再分配效应。例如，在贸易品、非贸易品、灵活工资和部门特定资本的模型中，实际贬值将减少非贸易品部门的实际利润，增加贸易品部门的实际利润，并对实际工资产生不确定的影响。实际工资将在非贸易品方面增加，在贸易品方面下降。因此，部门考虑可能变得重要，并且不能清楚地预先确定这种类型的再分配对国内商品需求的影响。Cooper（1971）提到了从单纯国内工业到出口和进口竞争行业再分配的可能性，他提出虽然在某些情况下这可能会减少需求，但在其他情况下，支出反而可能会增加。此外，从长远来看，当所有生产要素都是流动的时，收入的再分配可能取决于技术因素。例如，在赫克歇尔-俄林（Heckscher-Ohlin）模型中，当有跨部门流动的劳动力和资本时，两种产品中任何一种的实际工资和利润取决于要素密集度。实际贬值将增加对贸易品行业密集使用要素的实际支付，并将减少对其他因素的实际支付。所有这些考虑都说明，随着经济在贬值后适应新情况，再分配的模式可能会随时间而改变。似乎是更应该将收入的再分配视作一个包含上述各种情况的动态过程。首先，名义工资在贬值后的一段时间内保持不变，然后工资调整到新的价格水平，工人在岗位之间移动，而资本仍属于特定部门，最后，资本也会移动到高回报部门。

除了上面提到的理论问题，还有一个问题是，再分配从工资到利润对国内产出需求影响的重要性。Alexander（1952）强调，重要的是边际支出倾向，所以即使利润获得者的边际消费倾向低于工资收入者，更高的利润也可能刺激投资，因此收入的再分配可能导致国内吸收的增加。然而，Díaz-Alejandro（1963）认为投资支出甚至比消费支出更偏向于贸易品，而且由于投资支出由利润获得者承担，对国内产品的需求可能会下降。即使接受了关于工人和资本所有者对国内产出的相对边际倾向的讨论，下一个问题是收入的重新分配对总支出模式带来变化的重要性有多大？在这个问题上，证据没有为劳动力的重新分配假设提供可靠的支持。Edwards（1989b）利用 31 个贬值事例的数据表明，在 15 个案例中，收入分配没有显著变化，而在 8 个案例中，劳动力在国内生产总值中的份额大幅下降，在另外 7 个案例中，它大幅增加。

通过实际税收收入变化的影响。如果贬值影响私人部门的实际税收负担，从而将私人部门的收入再分配给公共部门，实际税收收入的变化就是一个单独的渠道，通过这种渠道可能对经济活动产生紧缩效应。这种效应通过国内产出的需求或其供给产生影响，在前一种情况下则是通过私人消费支出或私人投资产生影响。到目前为止，贬值对消费者面临的实际税收负担的影响在文献中占据显著地位，这里我们将重点关注此类影响。

如第 1 章所述，发展中国家的许多政府的收入主要源于进口和出口税收收入。因此，正如 Krugman and Taylor（1978）所指出的，名义贬值导致实际汇率贬值将增加私人部门的实际税负，因为对于特定的进出口水平，名义贬值将增加贸易税的实际价值。[①] 这种效应依赖于从价税的存在，而不是对外贸易的特定税收。在名义贬值导致国内价格水平上升的情况下，特定税收的存在将扭转 Krugman and Taylor（1978）强调的效应，因为非指数化特定税收的实际价值将由于名义贬值带来一般价格的增加而下降。

当然，后者是第 3 章中讨论的 Olivera-Tanzi 效应的一个具体实例，令人惊讶的是，它在关于紧缩性贬值的文献中仅发挥了有限的作用。当税收滞后或特定税收的名义价值调整出现滞后，引起税收收入的实际价值在价格上涨期间下降时，就会产生这种影响。

---

① 只要进口需求的价格弹性不太大，在考虑了进出口数量效应之后，这一结果将继续维持。它可以容易地在一个模型中证明，其中贸易品被分为可出口和可进口，如 Khan and Montiel（1987）的分析。

如果名义贬值与至少是暂时的通货膨胀率相关联，那么 Olivera-Tanzi 效应应该在价格上升后的汇率贬值期间起作用。由于这种效应的结果，真正的税收负担会下降，贬值将通过这个渠道对总需求产生扩张性的短期效应。

贬值可能影响总需求的第三种渠道是其对家庭实际税收负担的影响，即由于汇率调整对政府财政的影响而引起的可自由支配税收（discretionary taxes）的变化。为了说明这一点，让我们假设除了贸易税之外，所有税收都是以总量税的形式征收。为了合并上述两个渠道，让我们将政府的实际税收记为 T_r，即

$$T_r = T_r(\overset{+}{z}, \overset{-}{\pi}, \overset{+}{\tau})$$

其中，τ 是可自由支配税收的效应，π 是通货膨胀率。函数 $T_r(\cdot)$ 中的前两项表示贸易税和 Olivera-Tanzi 效应。政府的预算约束采取如下形式：

$$T_r(z, \pi, \tau) \equiv g_N z^{-\delta} + g_T z^{1-\delta} + i^* z^{1-\delta} F^g - z^{1-\delta}(\dot{L}^g/E + \dot{F}^g) \tag{29}$$

其中，g^T 和 g_N 分别表示政府对贸易品和非贸易品的支出，i^* 是外国名义利率，F_g 表示净公共外债，L_g 表示政府对中央银行的净负债。①

从（29）式中可以得到的第一点是在 Krugman-Taylor 的情况中，伴随实际贬值而来的贸易税实际价值增加并非“故事”的结束。（29）式清楚地表明，因为（29）式恒成立，所以政府必须在预算内的其他地方抵消 $T_r(\cdot)$ 的增加。实际贸易税增加对总需求的影响将取决于这种抵消的性质。例如，如果补偿采取可自由支配税收 τ 减少的形式，保持实际税收收入 $T_r(\cdot)$ 不变，紧缩效应对总需求的影响将完全消失。其他可能的抵消将对总需求的影响有所不同，下面我们将探讨这些方面。

名义贬值导致的实际贬值，可能影响关于 $T_r(\cdot)$ 等式右侧的每一项。其中，一些作者注意到外币计价外债的存在可能对影响名义贬值紧缩效应的重要性（Gylfason and Risager，1984；van Wijnbergen，1986；Edwards，1989b）。在所有这些情况下，外债都被视为是私人部门所欠的。② 然而，在许多国家，发展中国家的大多数外债由公共部门承担。事实上，货币替代和资本外逃可能使许多发展中国家的私人部门成为外币的净债权人。只有在完全的李嘉图等价的情况下，债务之间的部门分配可以忽略，所有债务都被视为私人债务，这将在后文讨论。目前，我们研究了在没有李嘉图等价的情况下公共外债的影响。③

如果公共部门是净外部债务人，实际贬值将增加国外利息支付的实际价值。（29）式表明，政府可以通过增加税收、减少支出或增加从中央银行或从国外借款来为这种增加的还本付息提供资金。对总需求的影响将取决于融资方式。如果政府选择增加税收，对总需求的影响将是紧缩的，因为个人可支配收入将下降。这隐含的是 van Wijnbergen（1986），Edwards（1989b）和 Gylfason and Risager（1984）将所有债务视为私人债务和从私人可支配收入扣除利息支付时所获得的效果。对私人消费的影响将类似于任何由于其他原因造成可自由支配税收增加的情况。作为第二种选择，增加的实际利息可以通过减少政府在商品和服务方面的支出来提供资金。如果采取减少非贸易品支出的形式，对总需求的紧缩效应将超过与税收融资相关的影响，除非税收外支出倾向接近 1。相比之

① 如第 4 章所述，我们假设政府不直接从公众借款。

② 如果这样的债务实际上是私人部门所欠，F_g 不会出现在（29）式中。

③ 第 4 章中提到这是与大多数发展中国家的经验相关的案例。

下，如果消费减少落在贸易品上，紧缩效应将是零，因为小国假设确保政府需求将被外部需求所取代。最后，增加的实际利息可以通过从中央银行或从国外借款来获得资金。这种情况下，如果汇率固定在新的水平，紧缩效应将再次未能出现，因为对政府的信贷增加对应前一种情况下外汇储备的流出，而后一种情况对应着政府外债的增加，在这两种情况下对总需求都没有影响。

除了对实际利率支付的影响外，贬值将影响政府在商品和服务方面支出的实际价值。因为贸易品支出的实际价值上升，而非贸易品支出的实际价值下降，总效应取决于政府在贸易品和非贸易品之间支出的组成。如果净效应是实际支出的增加，那么与以前相同的融资方案将呈现。如果政府支出在贸易品上有较大占比，那么就会发生这种情况。在替代方案中，税收减少可能会随即发生，并对应着总需求产生相应的扩张效应。

最后，贬值对可自由支配税收的影响也将取决于现行的货币政策制度，这个渠道体现在（29）式右侧的最后一项。如果中央银行以名义价格把信贷流向政府，那么出现名义贬值的价格上升将降低 $\dot{L}^g/P$，并要求政府通过税收的增加调整预算。但是，如果调整流量 $\dot{L}^g$ 以适应价格上涨，则预算不会再因此发生进一步的变化。我们考虑的最后一个选择是将中央银行的外汇储备存量的实际收益借贷给政府。在这种情况下 $\dot{L}^g/P$ 可能会增加，融资选择将包括扩张性的减税。

财富效应。因为财富增加可以增加家庭消费，贬值还可以通过其对实际财富的影响来影响对国内产出品的需求。如果国内支出水平取决于实际财富，而私人部门资产持有量没有依据国内价格水平指数化，那么贬值改变了现有财富的实际价值，从而影响了对国内产品的需求。

名义财富通常与货币的名义存量一致，从而将财富效应转化为实际现金余额效应。Alexander（1952）在分析贬值对国内吸收的影响时强调了这一渠道。他指出，贬值会提高价格水平，从而减少货币的实际存量。这种减少反过来会产生两种类型的效应，都和直接减少国内吸收有关：直接效应，当个人减少其支出以便将其真实货币储备补充到期望的水平时；以及当个人试图将其投资组合从其他资产转换为货币的间接效应，因此在缺乏完全的资本流动性的情况下提高了国内利率。我们在目前的讨论中只关注直接影响；另一种效应将在本节结尾处讨论。

实际现金余额效应已被广泛认可并纳入关于紧缩性贬值的文献中。例如，Gylfason and Schmid（1983），Hanson（1983），Islam（1984），Gylfason and Radetzki（1991），Buffie（1986a）和 Edwards（1989b）通过将实际现金余额直接作为支出函数中的参数或间接通过使用贮藏函数（hoarding function）来考虑这一效应。贬值在所有这些情况下，通过在给定的初始名义货币存量的情况下增加价格水平，减少了实际现金余额，从而对需求产生紧缩效应。

如果私人部门持有名义价值随贬值而增加的其他类型的资产，则必须修正这一确定的结果。例如，假设私人部门持有 F^p 的外币资产。那么实际财富就等于：

$$a=\frac{M}{P}+\frac{EF^p}{P}=z^{1-\delta}\left(\frac{M}{E}+F^p\right) \tag{30}$$

实际财富在名义贬值后的百分比变化将等于：

$$\hat{a}=(1-\delta)\hat{z}-\lambda\varepsilon \tag{31}$$

其中，λ 是国内货币与私人部门财富的比率，ε 是贬值率。因为 $\hat{z}$ 的上边界为 ε（除非非贸易品的价格随着贬值而下降，我们此处不考虑这一点），（31）式具有以下含义：如果国内货币是私人部门投资组合中唯一的资产，$\lambda=1$，贬值必然对实际财富和需求产生负面影响。如果私人部门是外币的净债务人，则更是如此，因此 $\lambda>1$。另外，如果私人部门是外币的净债权人，结果是不确定的。不确定性的根源是，虽然国内货币存量的实际价值由于价格水平的增加而下降，但只要国内价格水平不与贬值同等程度上涨，国外资产的实际价值就会增加。因此，对国内商品需求的影响可能是正的，也可能是负的。贸易品在价格指数 δ 中的份额越高，实际贬值程度 $\hat{z}$ 越低，并且国内货币在私人部门财富中的份额 λ 越高，则更可能是负的。

2.1.2 投资

贬值对非贸易品的个人需求的影响还取决于来自贸易品和非贸易品部门对这类商品的投资需求。为简单起见，假设每个部门的资本存量由固定比例的贸易品和非贸易品组成。贸易品部门的单位资本由 γ_N^T 个单位的非贸易品和 γ_T^T 个单位的贸易品组成，而在非贸易品部门中，资本由 γ_N^N 个非贸易品和 γ_T^N 个贸易品组成。贸易品部门 P_{KT} 和非贸易品部门 P_{KN} 中的单位资本价格由下式给出：

$$P_{KT}=\gamma_N^T P_N+\gamma_T^T E \tag{32}$$

$$P_{KN}=\gamma_N^N P_N+\gamma_T^N E \tag{33}$$

假设每个部门的产出是通过使用资本、劳动力和进口投入品产生的。因此，两个部门的资本边际产出为①：

$$m_K^T=F_K^T\ (\overline{w/}E;\ \bar{K}_T) \tag{34}$$

$$m_K^N=F_K^N\ (\overline{w/}P_N,\ \bar{z};\ \bar{K}_N) \tag{35}$$

其中，w 表示名义汇率。

在短期内，资本存量是固定的。通过利润最大化的一阶条件，产品工资的增加将减少对劳动力的需求。随之而来的产品资本密集度的增加将导致资本的边际产品下降。类似的效果是由于进口投入品的实际成本 z 的增加。请注意，此变量不进入（34）式，因为以贸易品价格衡量的进口投入品不受贬值的影响。

因为对投资商品的需求本质上是前瞻性的，所以对每个行业现在的投资需求将取决于 w、E、P_N 和名义利率 i 的预期未来路径。在理性预期下，这些路径只能由模型的完整解而得到。因为我们在这里没有提出这样的解决方案，我们将假设所有相对价格都将保持在其贬值之后的水平，来考察所涉及的问题。在这种假设下，部门净投资函数可以表示为：

$$\begin{aligned}\hat{K}^T&=q_T\left\{\frac{Em_K^T/P_{KT}}{i+\eta-\pi_{KT}}-1\right\},\quad q_T(0)=0,\ q'_T>0\\&=q_T\left\{\frac{EF_K^T(w/E;\ K_T)P_{KT}}{i+\eta-\pi_{KT}}-1\right\}\\\hat{K}^N&=q_N\left\{\frac{P_Nm_K^T/P_{KN}}{i+\eta-\pi_{KN}}-1\right\},\quad q_N(0)=0,\ q'_N>0\end{aligned} \tag{36}$$

---

① 关于 w/E、w/P_N 和 z 在（34）式和（25）式中偏导数的符号均假定生产要素是互补的，因为一个因素的使用增加提高了其他因素的边际生产率。

$$= q_N \left\{ \frac{P_N F_K^N (w/P_N, z; K_N) P_{KN}}{i + \eta - \pi_{KN}} - 1 \right\} \quad (37)$$

其中，π_{Kh} 表示 h 部门资本价格的增长率。

每个部门的净投资需求取决于资本边际产品与实际利率的比率。总投资需求是净投资和替换投资（replacement investment）的总和，其中假设在两个部门内消耗都以均匀速率 $\mu > 0$ 发生。（36）式和（37）式与替换投资相结合，得出非贸易品的总投资需求为：

$$\begin{aligned} I_N &= I_N^T + I_N^N \\ &= \gamma_N^T q_T \left\{ \frac{E F_K^T (w/E; K_T) P_{KT}}{i + \eta - \pi_{KT}} - 1 \right\} K_T + \mu(\gamma_N^T K_T + \gamma_N^N K_N) \\ &+ \gamma_N^N q_N \left\{ \frac{P_N F_K^N (w/P_N, z; K_N) P_{KN}}{i + \eta - \pi_{KN}} - 1 \right\} K_N \end{aligned} \quad (38)$$

我们进一步考察实际贬值对非贸易品投资需求的影响。

Branson（1986）和 Buffie（1986b）均强调，由于发展中国家新投资的大部分由进口资本品组成，实际贬值将提高资本在家庭用品方面的价格，减少新投资，对总需求也会产生紧缩效应。从（38）式可以看出，这种分析仅在投资需求来源于非贸易品部门的情况下有效。在贸易品部门的情况下恰恰相反，实际贬值降低了以产出衡量的资本的实际供给价格。因此，在这一部门，这种效应可以刺激投资，因此原则上资本供给价格变化对非贸易品投资需求的净效应是不确定的。

贬值影响非贸易品投资需求的第二个渠道是影响实际利润。对这一渠道的分析必须建立比前一个渠道更加具体的模型，因为它将取决于例如产品市场出清的程度，也就是说，企业是否按其要素需求曲线经营。上面的说明假定企业按其要素需求曲线经营，在这种情况下，资本回报率为资本边际产品，它取决于资本的初始库存、产品工资，在非贸易品部门的情况中，还包括实际汇率，因为它决定了进口投入的价格。van Wijnbergen（1986），Branson（1986）和 Risager（1988）强调了产品工资变化对利润和投资支出的影响。van Wijnbergen（1986）和 Branson（1986）都将固定名义工资的情况与有一定程度的工资指数化相对比。相比之下，Risager（1988）研究了在某些固定的初始合同上保持名义工资常数，然后恢复初始实际工资的投资效应。

这些研究的基本结论是贬值会根据工资指数化的性质和程度提高或降低产品工资的影响。在名义工资刚性的情况下，产品工资将受到影响，投资将在短期内增加，即使原始产品工资预计在未来恢复（Risager，1988）。然而，由于指数化对进口产生重要影响，产品工资可能上升，从而抑制投资。具有一些名义工资灵活性的“依赖型经济”模型的共同结果是名义贬值导致贸易品部门的产品工资减少，非贸易品部门的产品工资增加（Montiel，1987）。在这种情况下，投资将被前者刺激，被后者压制，对非贸易品的总投资需求具有不确定的影响。

注意，在实际贬值的情况下，贸易品部门的产品工资会降低，非贸易品部门产品工资会提高，上述三种影响（即对资本实际成本、产品工资的影响以及进口投入品的成本）均倾向于增加贸易品部门的投资，同时减少非贸易品部门的投资。如果这些效应足够大，当资本是部门特定（sector-specific）时，非贸易品的总投资需求会增加。在这种情况下，贸易品部门投资需求的增加只能通过新的生产来满足。它不能被非贸易品部门的负的总投资抵消。因此，每当贬值对投资激励有不同影响时，足以增加高于非贸易品部门总投资的初始水平的对贸易品部门的投资，总投资必须增加，而不管投资激励在非贸易品部门如何不利。

最后，请注意，在企业持有外币债务的情况下，贬值会增加国内企业的杠杆，这反过来可能对借款成本产生上行压力（与第 5 章和第 6 章讨论的模型一致）并限制投资。投资的下降可能引发国内总需求和产出的下降。因此，有利于浮动汇率的传统观点（它们使产出更好地与实际冲击隔离，因为汇率可以通过支出转换来调整和稳定国内货物需求）在外币债务高的情况下会被弱化。这与 Towbin and Weber（2013）的研究结果是一致的，他们发现，如果外国债务高，浮动汇率不会使产出更好地与外部冲击隔离。

2.1.3 名义利率

预期实际利率的增加可以减少非贸易品的私人消费以及贸易品和非贸易品部门对非贸易品的投资支出。虽然实际利率的预期通货膨胀部分在这里被视为是外生的，但在本小节中，我们将研究贬值对名义利率的影响。为了分析这些影响，区分预期（未来）贬值的当前效应与此前未预料的贬值的同期效应是必要的。这里将分析两个冲击，贬值对名义利率的影响当然将从根本上取决于经济结构的特点，文献中得出的许多不同结果可以追溯到关于这些特征的不同假设。我们首先描述一个一般的框架（与第 1 章和第 3 章描述的一致），从中可以得出各种特殊情况。

假设国内居民可以以货币、国内生息资产和对国外生息债权（以外汇计价）的形式持有金融资产。进一步假设国内生息资产采取由家庭向私人部门（其他家庭和公司）等其他实体提供贷款形式。贬值对这些贷款的名义利率的影响，无论是此前未预料的当期贬值还是预期的未来贬值，在很大程度上都取决于资本流动的程度（即国内贷款被视为国外资产多大程度的完全替代），以及投资组合调整成本的大小。假设投资组合的调整是无成本的，并区分两种情况：国内贷款和国外资产是完全的或是不完全的替代品。①

如果贷款和国外资产是不完全的替代品，借贷市场的平衡可以由一般的公式给出②：

$$h\left[\overset{-}{i},\ \overset{+}{i^*+\varepsilon^a},\ \overset{+}{y},\ \overset{-}{\frac{M+EF^p}{P}};\ \overset{+}{x}\right]=0 \tag{39}$$

其中，$h(\cdot)$ 是贷款的实际超额需求函数；i 是贷款的名义利率；$i^*+\varepsilon^a$ 为国外资产的名义回报率，包括国外名义利率 i^* 加上本国货币预期贬值率 ε^a；y 为实际收入；$(M+EF^p)/P$ 是家庭实际财富；x 是包括在紧缩性贬值文献中的实际贷款超额需求函数中附加变量的向量（见下文）。i 的增加对超额贷款需求产生负的自身价格效应，而 $i^*+\varepsilon^a$ 的增加提高了对贷款的过度需求，因为借款人转向国内融资来源，而贷款人则试图将更多资金存入国外资产。国内实际收入的增加导致贷款人增加对货币的需求，他们通过减少贷款供给来融资，从而增加借贷市场的过度需求。最后，在其他条件相同的情况下，私人财富的增加既减少了借款人对外部融资的需求，又为贷款人提供了剩余资金，他们可以在满足自己的货币需求后将资金投入贷款和国外资产。这种效应减少了借贷市场的过度需求。

① 如第 5 章所述，不完全替代的假设与许多发展中国家的经验证据相符。

② 该分析可以等价地在货币市场的背景下进行。

现在考虑在给定初始实际收入 y 和非贸易品价格 P_N 条件下贬值对名义利率 i 的影响，其中，$\varepsilon^a=0$。在此前未预料到贬值的情况下，可以从（39）式看出，贬值对国内利率的影响取决于家庭金融财富的构成。实际的贷款超额需求是否上升或下降取决于家庭实际财富是增加还是减少。贬值将降低实际货币存量，但将提高国外资产和负债的实际价值。如果大部分家庭财富用于持有现金余额，或者如果家庭是外币的净债务人，并且如果贸易品在私人消费中占有很大的比例（使得价格水平 P 增长迅速），前者效应将占主导，私人实际财富将下降，实际的贷款需求将增加，国内利率将上升。然而，如果国外资产占据家庭的大部分资产，或者如果贸易品在国内消费中的份额很小（或两者），这一结果将会扭转。例如，在 van Wijnbergen（1986）的模型中，家庭没有持有国外资产；因此，名义贬值提高了国内利率。相比之下，Buffie（1984a）得出了相反的结论，正是因为他假设家庭财富中有大量的国外资产。

当偏导数 h_i 接近负无穷时，国内贷款和国外资产成为私人投资组合中的完全替代品。在这种情况下，(39）式被替换为：

$$i=i^*+\varepsilon^a \tag{40}$$

无抛补利率平价在连续条件下成立。在这些条件中，未预料到的当期贬值将不会对国内名义利率产生影响。这是在 Turnovsky（1981）和 Burton（1983）的模型中出现的假设。

预期到的未来贬值的影响是直接的。在不完全替代的情况下，这由在（39）式中 ε^a 的增加来表示，其中汇率水平保持不变，国内名义利率因此上升。如果自身价格效应 h_i 超过交叉价格效应 $h_{i^*+\varepsilon^a}$，则增加将低于预期的贬值。然而，在完全替代的情况下，国内利率将按预期贬值的额度全部上升，如（40）式所示。

关于紧缩性贬值的文献强调了发展中国家“营运资本”作为贷款需求来源的重要性，这遵循了新结构主义学派的一个重要原则（见第 5 章），同时引入了之前没有提及的未预期当期贬值的影响。这些影响可以通过定义（39）式中的变量 x 来表示：

$$x=x(\overset{+}{w},\overset{+}{E},\overset{-}{P_N}) \tag{41}$$

变量 x 现在成为实际营运资本需求的指数，其取决于工资账单和进口投入品的购买（见 1.1.1 节的最后一部分）。x 的增加提高了对贷款的需求，这解释了为何（39）式中 h_x 的符号为正。当商品的名义工资或国内货币价格（或两者）增加时，实际营运资本需求增加；假定非贸易品的价格上升时，这些需求便下降。x^E 为正，符合关于紧缩性贬值文献中的标准假设。但是，请注意，这限制了进口投入在可变成本中的份额以及劳动力和进口投入品之间的替代弹性。

此前未预料到的当期贬值用 E 的增加来表示，并且也可能增加名义工资，实际的贷款需求将上升，给国内利率带来上行压力。因此，考虑营运资本可能会导致对名义利率的影响为正，即使是在国外资产在私人部门资产负债表中占据突出地位的情况下。因此，营运资本考虑增加了贬值带来紧缩效应的可能性。但是，如果国内贷款和国外资产是完全替代品，这些考虑就变得不重要了［在这种情况下（40）式适用］，而且并不影响对预期到的未来贬值进行分析。

□ 2.2　对总供给的影响

除了影响需求，如前文所述，贬值也影响国内所生产商品的供给。这些本国货币衡量的商品生产成本很可能随着生产要素价格因贬值而增加。这可能被认为是这些商品供给曲线的向上偏移，这将与向下倾斜的需求曲线一起导致更低的产出水平和更低的实际贬值。贬值可能导致供给曲线通过三个单独的渠道向上移动：名义工资的增加、进口投入品的使用以及营运资本成本的增加。

2.2.1　对名义工资的影响

在本小节中，我们将研究贬值对一般模型背景下的名义工资的影响，文献中出现的具体结果可以作为特殊情况推导出来。我们再次假设一个“依赖型经济”，使资本在特定部门且在短期内固定，并允许这两个部门采用进口投入品。对于所有变量取对数，劳动力的总需求是：

$$\begin{aligned} n^d &= n_0 - d_1(w-e) - d_2(w-p_N) - d_3(e-p_N) \\ &= n_0 - (d_1+d_2)(w-e) - (d_2+d_3)z \end{aligned} \tag{42}$$

其中，n_0，d_1，d_2和d_3是正参数。以贸易品衡量的产品工资增加减少了贸易品部门对劳动力的需求，既减少了该部门的产量，又鼓励用进口投入替代劳动力。d_1的大小取决于贸易品部门中劳动力的份额、该部门生产中的劳动强度，以及劳动力和进口投入品在生产贸易品中的替代弹性。类似地，除非涉及非贸易品部门，我们可以确定d_2的符号和大小。最后，d_3描述了非贸易品部门进口投入品价格上涨对劳动需求的影响。对劳动需求下降是因为产出水平的下降，但随着劳动力被进口投入品替代而增加。当替代弹性足够小时，前一种效应支配后者，（42）式中的负号将成立。d_3的大小取决于替代弹性、生产非贸易品的劳动强度，以及该部门使用的劳动力的份额。

回到总供给，我们假设现有的名义工资是由下式给出：

$$\begin{aligned} w &= \tilde{w} + s_1(n-n_0) + s_2 p^a + s_3(p-p^a) \\ &= \tilde{w} + s_1(n-n_0) + s_3 e - s_3(1-\delta)e + (s_2-s_3)[e^a-(1-\delta)z^a] \end{aligned} \tag{43}$$

其中，$\tilde{w}$，s_1，s_2 和 s_3是正参数，所有变量都取对数，并且在前期已经形成对现值的期望。在（43）式中，当前名义工资 w 包括一个外生成分 $\tilde{w}$（为简单起见，此后为零）加上一个内生部分，内生部分取决于就业水平 n 相对于其“自然”或者充分就业水平 n_0 的相对水平。合同签订时所形成的合同期的价格预期，以及对意外价格冲击（$p-p^a$）的指数化程度（s^3）。

当施加其他限制时，可以从（43）式推导出各种特殊情况：

- 外生性名义工资遵循 $s_1=s_2=s_3=0$。
- Fischer 型合同的预定名义工资（Fischer，1985；Blanchard and Fischer，1989）提出的 $s_2=1$ 和 $s_1=s_3=0$。
- 通过设置 $s_1=0$ 和 $s_2=s_3$，可以以最简单的形式将工资指数转换为当前价格水平。作为特殊情况，$s_1=0$ 且 $s_2=s_3=1$ 时有固定的实际工资。
- 不含预期的简单的菲利普斯曲线，得出 $s_2=s_3=0$。如果就业是一个时期之前，名义工资将是预先确定的。在（43）式中，如果当前的就业价值很重要，那么名义工资是内生的。
- 通过施加限制可以产生新古典劳动力市场模型 $s_2=s_3=1$。
- 最后，菲利普斯曲线的弗里德曼-菲尔普斯版本（Blanchard and Fischer，1989）为 $s_2=1$ 且 $s_3=0$。

在本小节中，我们将只施加 $s_2=1$ 和 $s_3<1$ 的限制，使完全预期的通货膨胀对工人的

实际工资需求没有影响，并且对当前价格的指数化程度只产生部分的影响。将（42）式代入（43）式中并简化，这个更一般的模型所暗示的均衡名义工资是：

$$w = e^a - \frac{1-\delta+\Omega_{23}}{1+\Omega_{12}} z^a + \frac{s_3+\Omega_{12}}{1+\Omega_{12}}(\bar{e}-e^a) - \frac{s_3(1-\delta)+\Omega_{23}}{1+\Omega_{12}}(z-z^a) \tag{44}$$

且 $\Omega_{12}=s_1(d_1+d_2)$ 和 $\Omega_{23}=s_1(d_2+d_3)$。

这个公式说明了几个重要的结果。第一个结果是，在评估汇率贬值对名义工资的影响时，名义贬值转化为实际贬值的程度至关重要。贬值后的均衡名义工资与（44）式所示的均衡实际汇率同时确定。第二个结果是，在没有完全指数化（即只要 $s_3<1$）的情况下，评估贬值对名义工资的影响时，区分目前的贬值能否在之前预期到是很重要的。如果对预期贬值的实际汇率影响小于非预期贬值的影响，预期贬值对名义工资的影响将超过未预期的平价变化。①

第三个重要的结果是，在任何情况下，名义工资必须增加。这突出了在评估贬值带来紧缩的可能性时，对劳动力市场进行综合处理的重要性。为了说明这一点，我们采用假设非贸易品的价格在影响上是不变的。这将把（44）式简化为：

$$w = e^a - \frac{\delta+s_1(d_1-d_3)}{1+\Omega_{12}} e^a + \frac{s_3\delta+s_1(d_1-d_3)}{1+\Omega_{12}}(\bar{e}-e^a) \tag{45}$$

注意，如果 $d_3>d_1$，预期和未预期的贬值的影响可能都是负的。为了考察这种可能性是如何发生的，从（42）式可以看出，如果 $d_3>d_1$，在工资和非贸易品的价格给定的情况下，名义汇率 E 的增加将降低对劳动力的需求。原因是贸易品部门的需求增加被非贸易品部门的需求减少所抵消。后者又受到来自进口投入品价格上涨的影响，产出水平降低，从而也降低了该部门对劳动力的需求。如果非贸易品部门的劳动力份额很大，或者该部门在使用进口投入品方面相对密集，并且该部门的进口投入品的劳动力替代弹性很小，这种影响就将是主要的。注意，无论 d_3 是否超过 d_1，在非贸易品部门中进口投入品的存在往往会抑制名义工资的增加，而这种增长往往伴随贬值。这种效应是通过进口投入品的渠道产生的，抵消了贬值对非贸易品供给的紧缩效应（见下一小节）。

最后，从（44）式注意到，如果 $d_1>d_3$，则只要名义贬值（无论是预期的还是未预期的）导致更低比例的实际贬值（$0<dz/de<1$），名义工资的增长就不会超过贸易品价格的增长，并且不小于非贸易品价格的增加。也就是说，产品工资将在贸易品部门下降，而在非贸易品部门上升。②

2.2.2 进口投入品

在贬值的情况下，进口投入品价格增加与汇率相同的额度，提高了国内生产商品的生产成本。成本增加的幅度取决于技术因素以及其他生产要素的价格对贬值的反应程度。为了说明这些关系，我们将使用一个具体的例子（Schmid，1982）。

假设一个经济生产和消费贸易和非贸易品。根据替代弹性为 σ 的 CES 生产函数，非贸易品根据进口投入和“附加值”生产。反过来，“附加值”是根据柯布-道格拉斯生产

① 为了得到这个结果，在（44）式中将 z^a 作为 e^a 的函数，将（$z-z^a$）作为（$\bar{e}-e^a$）的函数，并假定条件 $\mathrm{d}z^a/\mathrm{d}e^a \leqslant \mathrm{d}(z-z^a)/\mathrm{d}(\bar{e}-e^a)$ 不变。

② 可以将（44）式对 e^a 或（$\bar{e}-e^a$）求导，使 $\mathrm{d}z^a/\mathrm{d}e^a<1$ 或 $\mathrm{d}(z-z^a)/\mathrm{d}(\bar{e}-e^a)<1$ 以便得到 w 的变化。贸易品的价格改变是单位化为 1 的，而非贸易品的价格可以从实际汇率的定义中获得，这意味着使用对数可以得到 $p_N=\bar{e}-z$。

函数用固定数量的特定资本和劳动力产生的。其中劳动力的份额用 γ 表示。假设名义工资是外生给定的，并且由于贬值而增加一定数额。相反，资本的回报是内生的并且会变化，以便市场上该种要素的出清。

在分析贬值对非贸易品供给的影响时，我们考虑给定产量水平的成本或供给价格的增长。这时商品供给曲线会向上移动。供给价格增加的百分比为：

$$\pi_N = \theta_J \varepsilon + \theta_w \hat{w} + \theta_k \hat{r} \tag{46}$$

其中，ε 是名义贬值的百分比，$\hat{w}$ 是外生增长的名义工资，$\hat{r}$ 是内生增长的资本回报率。因为劳动和资本是根据柯布-道格拉斯生产函数组合的，资本存量是不变的：

$$\hat{r} = \hat{w} + \hat{n}$$

在给定产量下，成本最小化意味着：

$$\hat{n} = \sigma\theta_J\{\theta_w + \theta_J[\sigma(1-\gamma)+\gamma]\}^{-1}(\varepsilon - \hat{w})$$

因此，

$$\hat{r} = \hat{w} + \sigma\theta_J\{\theta_w + \theta_J[\sigma(1-\gamma)+\gamma]\}^{-1}(\varepsilon - \hat{w}) \tag{47}$$

（47）式有助于研究贬值和工资调整对资本回报率的影响。如果工资增加和贬值具有一样的程度（$\hat{r}$—ε），资本回报率也将增加相同的额度。原因很简单，在初始资本回报率下，有激励用附加值来替代进口品投入，以及在附加值内用资本替代劳动力。然而，资本量是不变的，因此其回报率增加，直到恢复名义工资与资本回报率的初始比例，从而恢复初始期望资本/劳动力比率。最后，$\hat{r}=\hat{w}=\varepsilon$，并且在给定的产出水平上，使用相同的投入组合来生产。如果 $\hat{r}$ 的值与 $\hat{w}$ 不同，那么就不是一个均衡值。例如，假设 $\hat{r}<\hat{w}$，那么期望的资本和劳动力组合将更高，其与固定资本存量一起意味着更低的就业，这又意味着更低的附加值。对于给定的产出水平，这意味着更高水平的进口投入品。但是，这些要素的使用变化与要素的价格变化不一致。由于资本回报率增加小于名义工资，增加值的增长幅度小于进口投入品的价格，因此我们应该预期进口产品的使用度会下降（而不是增加）。

如果工资没有增加到全额贬值的幅度，（47）式表明资本回报率增加超过名义工资。原因是如果资本的回报率只增加与名义工资相同的数额，生产者将希望使用相同的资本/劳动力比率。因为资本存量是固定的，这意味着就业水平不变。但是，由于增加值的价格相对于进口投入品的价格将下降，因此对资本和劳动力的需求将会过剩。这些超额需求通过增加使用劳动力和进一步提高资本回报率得到满足。

使用（47）式替换（46）式中的 $\hat{r}$，并且因为资本和劳动力根据柯布-道格拉斯函数进行生产，同时 $\gamma\theta_k=(1-\gamma)\theta_w$，我们可以得到：

$$\pi_N = \varepsilon - \gamma(1-\theta_J)[\gamma(1-\theta_J)+\sigma(1-\gamma)+\gamma]^{-1}(\varepsilon - \hat{w}) \tag{48}$$

因此，如果工资增加的幅度与贬值相同，供给曲线会向上移动与汇率变化相同的百分比。如果工资增长的幅度低于贬值的幅度，供给曲线向上移动的幅度将小于汇率变化的幅度，但是比工资增加更多，因为在这种情况下，资本回报率增加超过工资。在这种情况下，从（48）式还可以看出，进口投入品在总成本中的份额越大，供给价格的增加越大，对于给定份额的进口投入品，附加值中资本份额越大。进口投入品和附加值之间的替代弹性越小，供给价格的增加也越大。

（48）式假定增加值是根据柯布-道格拉斯生产函数由资本和劳动力产生的。因此，它假设劳动力和资本之间的替代弹性等于 1。如果假设 CES 函数用于生产附加值，当

$\hat{w}<\varepsilon$时，劳动力和资本之间的替代弹性越低，供给价格的增加越大。原因是弹性越低，必须提高必要的资本回报率，以促使生产者增加必要的劳动力就业来补偿更少的进口投入品的使用。

在贸易品生产中使用进口投入品不会产生新的解释，因为这种投入品的价格与产出的价格一起变动。即使我们假设生产结构与上面对非贸易品假设的结构相同，产出水平将取决于产品工资，或名义工资与汇率的比率。因此，如果工资增加的幅度低于贬值，贸易品的产量将增加（如果忽视营运资本），反之亦然。

2.2.3　营运资本成本的影响

新结构主义学派的几位作者，特别是 Taylor（1983）和 van Wijnbergen（1983）强调，名义贬值可以通过增加营运资本的成本，即通过为劳动力成本和购买进口投入品融资，对国内产出的供给产生紧缩效应（见第 6 章）。为了研究这种效应如何运作，首先考虑非贸易品部门。为营运资本融资的需要来自支出和收入之间的不同步，这与有时用于证明家庭对货币需求的动机相同（Blanchard and Fischer，1989）。假设在非贸易品部门中，为了支付实际工资总额 $\omega_N n_N$——其中 $\omega_N=w/P_N$是该部门的工资——以及实际的进口投入品 zO_N，该公司持有数额为 h^n（i，$w_N n_N$）的实际工资和 h^o（i，zO_N）的进口投入品的实际贷款。[①] 这个代表性公司的利润由下式表示：

$$\Pi_N = P_N y_N(n_N, O_N) - wn_N - EO_N - iP_N h^n(\cdot) + iP_N h^o(\cdot) \tag{49}$$

利润最大化的一阶条件为：

$$\mathrm{d}y_N/\mathrm{d}n_N = \omega_N[1 + ih^n_{\omega_N n_N}(\cdot)] \tag{50}$$

$$\mathrm{d}y_N/\mathrm{d}O_N = z[1 + ih^o_{\omega_N n_N}(\cdot)] \tag{51}$$

这些方程可以求解劳动力和进口投入品需求函数：

$$n_N^d = n_N^d(\overset{-}{\omega_N}, \overset{?}{z}, \overset{-}{i}) \tag{52}$$

$$O_N^d = O_N^d(\overset{?}{\omega_N}, \overset{-}{z}, \overset{-}{i}) \tag{53}$$

将这些方程代入非贸易品的短期生产函数中，得到非贸易品的短期供给函数：

$$y_N^s = y_N^s(\overset{-}{\omega_N}, \overset{-}{z}, \overset{-}{i}) \tag{54}$$

对贸易品部门重复上述方式可以得到贸易品供给函数：

$$y_T^s = y_T^s(\overset{-}{\omega_T}, \overset{-}{i}) \tag{55}$$

其中，$\omega_T \equiv w/E$。

营运资本融资成本的存在有两个重要的供给后果，而且这些后果会影响紧缩性贬值的可能性。第一个是在第 6 章讨论的 Cavallo-Patman 效应：贷款利率的增加提高了营运资本的融资成本，并使得产出供给曲线向上移动。该效应在（54）式和（55）式中由 i 的偏导数的负号所体现。效应的大小取决于函数 h^n 和 h^o的性质。[②] 这种效应有几个重要的含义。首先，只有当资本不完全流动时，Cavallo-Patman 效应才会与此前未预期到的当期贬值一起出现。如果国内外有息资产是完全的替代品，国内名义利率不

① 对贷款需求的负利率影响包括与家庭交易货币需求的类比，但在以下分析中不是必要的。贷款需求和持有贷款的成本（49）式应取决于以非贸易品计量的预期实际利率。因为我们将预期通货膨胀视为外生的，所以实际利率的预期通货膨胀因素在这里被剔除，这仅是为了表示方便。

② 对于给定的 i，$w_N n_N$ 和 zO_N，它们的弹性相对于利率越小，由 i 的增加引起的产出供给曲线的向上移动越大。此外，相对于实际劳动力和进口投入品的成本较大的偏导数将放大这些供给曲线的向上变化。

会受到这种贬值的影响，也就没有 Cavallo-Patman 效应。其次，如果国内利率上升，那么 Cavallo-Patman 效应是贬值可能在贸易品部门产生紧缩效应的唯一渠道。最后，除了利率变化对总需求的影响外，Cavallo-Patman 效应也是预期的未来贬值将影响当前产出的第二个渠道。在国内和外国有息资产是不完全替代品的情况下，预期的未来贬值将通过降低预期实际利率（以贸易品计量）来刺激贸易品部门的当前生产。非贸易品的当前产量是上升还是下降取决于预期贬值是否降低或提高非贸易品的预期实际利率。

营运资本融资的第二个重要后果是营运资本成本对（54）式和（55）式给出的部门短期供给曲线弹性的影响。[①] 这种效应由供给方程中的交叉偏导数反映。由于与需要融入额外营运资本相关的边际成本增加，营运资本成本的存在有可能降低两个行业的短期供给弹性。在实际汇率贬值的情况下，供给弹性的下降对于贸易品部门贬值的经济扩张而言将是不利的，但是对于非贸易品部门而言，下降可能是有利的，也有可能是不利的，这取决于对这种货物的需求是否扩大以应对贬值。

2.2.4 通过资产负债表产生的影响

正如在第 5 章中所讨论的，汇率的变动（无论是来自政策干预还是外生的国内外冲击）有可能对经济体中的公司估值产生影响，影响的大小取决于公司的债务结构，也就是债务美元化的程度。假设某国公司的债务是以外国货币计价（也许是道德风险的结果，这一问题会在后文进行讨论），而其资产主要以本国货币计价，同时假设银行根据借款人的净资产来决定风险溢价从而确定长短期的借款利率。在这种情形下，如果一个公司因缺少足够的货币对冲机制，本币的贬值会增加公司换算成本币后的债务价值，从而降低公司的净价值。这会提高公司的借款成本，引起投资和产出的收缩。除了这一理论框架之外，Cook（2004）提出的另一个模型同样可以得出这一结论，在他的模型里，公司通过发行外国货币债券来为资本积累融资。

但是在金融机构的债务美元化分析框架下可以得出相反的结论。Choi and Cook（2004）建立了一个银行向国外借来外币而向国内发放贷款的模型。以不同货币借贷款使银行的资产负债表暴露在汇率波动风险之中，而银行从国际金融机构借款的成本由其净值决定，因此，不可预期的名义汇率下降将对银行的资产负债表产生负面影响，增加整个国家的违约风险溢价并提高公司的借款成本。这一过程有可能抵消因为汇率下降给产出带来的正向的扩张作用。公司和金融机构的债券美元化在“第三代货币危机”的模型中有重要的角色，这一点在第 14 章中会被再次讨论。

3 评价

汇率制度的选择及其对经济的影响仍然是发展宏观经济学中最具争议的话题之一。上一章和本章所回顾的这些标准意味着在实际决定汇率制度时，需要对多个相互矛盾的目标进行权衡。不同的汇率制度都有其优缺点，而且理论上可能采取的“折中方法”，在

① 第 5 章和第 6 章讨论了营运资本供给方之间的联系。

现实中也只能是暂时性的。

支持固定汇率的传统观点认为，固定汇率提供了一个名义锚定价格，常常有助于帮助降低通货膨胀（如第10章与第11章所讨论的），而且可能有助于促进和维持财政纪律。在与低通货膨胀货币挂钩的制度下，尽管政策制定者保留着使货币贬值的能力，控制名义汇率可能会导致信用水平的提高和通货膨胀率的降低（Herrendorf，1997，1999）。这是因为汇率是一个极易观察到的价格，相比其他变量它可以被轻易监控并且在短时间内就恢复信用。钉住低通货膨胀货币还可以传递政府对于价格稳定和提高信用程度的承诺，这是通过较低水平的通货膨胀预期和货币贬值预期实现的。事实上，有证据显示，那些倾向于选择钉住汇率的国家往往具有较低的通货膨胀。与其他研究的结果相吻合，Coudert and Dubert（2005）利用了10个亚洲国家在1990—2001年的样本，发现了选择固定汇率制度的国家，相比选择浮动汇率制度的国家，往往在控制通货膨胀上有更好的表现。[①] 加入货币联盟虽然使一个国家完全失去货币主权，但能够通过保障货币政策独立于政治影响之外（Grubel，2005）。最后，名义刚性的程度有可能与汇率制度的选择也有关。例如，钉住汇率可以提高一个国家内部价格的灵活调动，这是因为使用汇率作为调节手段被排除在外。厂商所面对的名义需求在固定汇率制度下变得更加不稳定，同时导致厂商以更高的频率调整价格（Devereux，2006）。

然而，这些好处难以被完全证实。在发展中国家，钉住低通货膨胀国家的汇率制度带来的信用提升可能是非常有限的，确立信用并且建立对价格稳定牢靠的程度通常要求显著的制度上的改革，比如给予中央银行独立性、防止对财政赤字的自动融资（见第11章）以及采取通货膨胀目标（见第7章）。并且之前提到的"价格灵活性"的重要程度也非常难以量化度量，固定汇率对财政政策的规范作用同样是缺少说服力的（Tornell and Velasco，1998）。事实上，如果一个货币主体能够完全保证一个汇率标准，但是其财政政策却缺乏可信度（表现为没有在财政政策上采取最优规则），这时固定汇率会为财政当局提供去国外借款的激励，从而减少因为工资刚性而导致的失业（Cook and Devereux，2006b）。这种"过度借款"的现象在McKinnon and Pill（1999）及Burnside et al.（2001）的文章中也被强调过。

虽然名义汇率稳定很重要，但为了避免过度的真实贬值和抵消冲击的影响，一定程度上的灵活性也是重要的。事实上，Broda（2004）和Hoffman（2007）指出钉住汇率会阻止应对国内外冲击的真实汇率变动调整，这在某种程度上解释了为什么一些研究发现在发展中国家，更僵化的汇率制度总是伴随更大的产出波动（Levy Yeyati and Sturzenegger，2003）。此外，Bleaney and Fielding（2002）利用一个包含8个发展中国家1980—1989年的数据样本，发现了在控制了其他影响因素之后，进行汇率管控的国家虽然有更低的通货膨胀水平，但通货膨胀和产出的波动更大。总的来说，一致的证据表明，灵活性更差的汇率制度伴随着更低的经济增速。Edwards and Levy-Yeyati（2005）利用一个包含183个国家在1974—2000年的数据样本发现，在控制了其他影响因素之后，相比固定汇率国家，浮动汇率国家拥有更高的经济增长率。Levy-Yeyati and Sturzenegger（2003）和Coudert and Dubert（2005）的研究得到了相似的结果。同时，如果财政政策缺乏短期灵活性，固定汇率以及控制汇率的外部力量有可能带来巨大的成

---

① 然而，这里存在内生性问题，有低通货膨胀率的国家本身就更倾向于选择钉住汇率制度。

本。Shambaugh（2004）利用一个多于 100 个工业化国家和发展中国家在 1973—2000 年的样本，发现了有钉住汇率制度的国家的利率以及整个开放资本市场总是倾向于尾随它们的钉住对象国，因此，Obstfeld（2001）所分析的开放经济三角悖论证明，这些国家无法采取独立的货币政策。①

与此相比，灵活的汇率政策为国家的货币主体在选择通货膨胀目标时提供了更大的自主权，也为固定汇率引起的道德风险问题提供了一个部分的解决办法。② 相比钉住汇率制度，浮动汇率制度为应对外生冲击提供更大自由，从而产出和通货膨胀也更稳定，当然，付出的代价是较高的平均通货膨胀水平。通过提前为汇率浮动提供一定的空间并且避免隐藏的固定汇率保证，政策制定者可以让国内借款人（在某种程度上）内部消化因无法恰当对冲其外币债务的成本。以智利为例，Cowan et al.（2005）发现了事实上其在 1999 年后期向浮动汇率制度的转换伴随着货币披露的减少。在一定程度上，通过消除隐含的固定汇率保证，向浮动汇率制度的转变可以迫使企业内化汇率风险，从而降低公司面对汇率波动时的资产负债表脆弱程度。

尽管有这么多优点，浮动汇率制度也不是万能的灵丹妙药。它并不一定能阻止真实汇率贬值（尤其是在资本流动快速上升的时期，我们将在第 13 章中讨论），而且往往具有过度波动的特点（很大程度上是由高度的美元化引起的，如在第 13 章中的介绍），这有可能会给贸易流动带来负面影响（Klein and Shambaugh，2006）。在 Parsley and Popper（2006）的研究中，与智利形成鲜明的对比，亚太地区的公司显著地暴露在一种或多种的货币波动中（美元、欧元、日元、英镑），并且外汇的风险披露并没有随时间而消减，这意味着对冲的选择仍然非常有限。国内公司持有的巨大的未能被对冲的外币债务，加上浮动汇率给产出带来的显著的双重影响，使得深层次的汇率浮动不受欢迎——这也是解释为什么发展中国家都采取大规模的汇率管控（如在前文所论述）。③ 事实上，如果公司的债务是外国货币的形式而公司的价值依赖于国内货币（或者更广泛地，如果公司能从国内生产的产品的相对价格的上升中增加盈利），突然和剧烈的汇率变动会导致金融不稳定，这意味着固定汇率制度可以通过稳定银行的资产负债表来提高福利。事实上，正如 Gertler et al.（2007）的结果中所指出，如果厂商持有大量的外国货币债务，引发巨大的金融加速器效应（即国内资产的价值是决定抵押贷款成本的主要因素），固定汇率制度在可供选择的手段范围中可以起决定性作用。④

上述分析得到的启示是因为对汇率制度选择的考虑很可能随时间而变化，因此政策制定者应当对国家使用什么汇率制度采取灵活的观点。但是很不幸，在实际操作中，这一原则被证明非常难以执行。普遍的情形是大部分国家很难以及时的方式调整或改变它们的汇率制度，而只有在被市场逼迫而走投无路的时候，才会突然采取手段，这

① 更广泛地说，开放经济的三角悖论指的是一个国家无法同时获得汇率稳定、开放的资本市场和货币主权。比如说，选择固定汇率制度意味着放弃一定程度的货币主权和资本市场开放程度。Popper et al.（2013）提供了非常详细的探讨和实证证据。

② 相关详细讨论参考 McKinnon and Schnabl（2005）。

③ 但是值得一提的是，在一个使用 25 个国家为样本的研究中，Rajan and Chen（2002）发现了只有货币危机中发生的货币贬值才会对产出产生显著的相反的影响，在正常时期（即非危机时期）的货币贬值并没有此效应。

④ 但是，正如 Chang and Velasco（2006）所指出的，债务美元化可能是内生的。在决定借入国外或国内资金比例的时候，借款人很可能已经考虑进这些证券的风险—收益特征。如果这样，汇率政策的选择决定于国内资产配置的选择，反之亦然。这导致的均衡结果有可能是固定汇率制度或是浮动汇率制度。

往往伴随着非常高的代价（详见第 14 章）。Asici et al.（2008）使用一个包括 55 个国家的数据样本（涵盖了发展中国家和发达国家），发现了货币当局往往过慢放弃钉住汇率制度。Aizenman and Glick（2008）发现，在过去 20 年中，放弃钉住汇率制度通常伴随着经济体的危机，而制度改变的代价（以产出下降衡量）延长了危机开始前钉住汇率制度的持续时间。

第三部分

通货膨胀稳定和货币政策分析模型

第 10 章 通货膨胀和短期动态

从 20 世纪 60 年代早期出现货币主义与结构主义之争以来，通货膨胀动态机制的性质一直是发展中国家卷帙浩繁的理论和实证文献的主题。近些年，核心争论主要包括：财政、货币和汇率政策的相互作用以及彼此不一致的步调；结构化因素（比如资本流动程度和工资及价格黏性的存在）；可信度问题；对未来政策的预期态度。

本章主要探讨通货膨胀过程中各种可能的模式，并研究有关货币和汇率政策的短期宏观经济动态。第 1 节首先对两种通货膨胀的模式进行了对比：一是“传统的”或“货币主义者”模型，关注财政赤字、货币创造与通货膨胀之间的相互作用；二是“新结构主义者”模型，强调由实际工资决定的食品限制、收入分布与社会冲突之间的关联。接下来我们指出，尽管传统上认为这些模型对通货膨胀过程做出的解释是不同的，但事实上它们可以以某种方式综合起来，质疑由简单的结构主义模型开出的政策处方。本章第 2 节讨论货币和汇率政策准则产生的短期和长期影响。这一部分首先呈现了具有不完全资本流动的最优化的单一产品模型，再扩展成两部门、三产品的框架。除了不完全资本流动之外，扩展模型具有许多结构性特征；在前几章里我们已经阐述过，它们对发展中国家具有重要的宏观经济作用（例如名义工资刚性和价格制定行为），从而为分析发展中国家的稳定政策提供了有用的概念性框架。

1 有关通货膨胀过程的模型

有关通货膨胀过程的“正统”观点是发展中国家通货膨胀的主要原因在于，当面临有限的借款选择时（既包括国内的，也包括国际的），为削减大量的财政赤字，政府不得不求助于货币创造。与此相对的是，Casdoso（1981）和 Taylor（1983，1991）一派的新结构主义者则认为，通货膨胀的根源是工人与资本家就实际工资和利润之间的收入分配所产生的矛盾。

我们从正统观点着手，突出强调了通货膨胀预期的作用和财政刚性有可能带来的不稳定作用。接下去我们讨论消除通货膨胀的新结构主义方法。然后，我们在新结构主义模型中引入政府预算约束，展示两个模型如何融为一体。对统一模型中食物补贴对通货膨胀行为产生影响所进行的分析表明，在简单的结构主义模型中省略融资约束可能会导致误导性的预测。[1]

□ 1.1 通货膨胀、货币和财政赤字

考虑一个封闭的经济体，有外生性产出。假设货币需求函数是第 3 章用来分析通货膨胀融资的 Cagan 半对数形式：

$$m = \exp(-\alpha\pi^a), \quad \alpha > 0 \tag{1}$$

其中，$m \equiv M/PM$ 代表基础货币存量，P 代表价格水平。预期通货膨胀率为 π^a。政府不能向公众发行债券，只能完全以铸币税的形式来为基础预算赤字融资：

$$d = \dot{M}/P = \mu m \tag{2}$$

其中，$\mu \equiv \dot{M}/M$。将（1）式和（2）式合并得到：

$$d = \mu\exp(-\alpha\pi^a) \tag{3}$$

（3）式表明基础财政赤字是如何影响货币存量的稳态增长率，从而影响稳态通货膨胀。然而，只要实际货币余额的需求与预期通货膨胀率负相关，那么（3）式就会有出现多个解的可能性。如下所示，且与我们在第 3 章的讨论一致，“铸币税拉弗曲线”表示存在两个稳态的通货膨胀率，会产生任何给定数量的铸币税。

（3）式如图 10－1 所示，该图引自 Bruno and Fischer（1990）的研究。曲线 D 描绘了原始赤字不变时 μ 与 π^a 之和。（3）式表明，当预期通货膨胀为零时，$d=\mu$，赤字等于原点与 D 曲线在 μ 轴上的截距之间的距离，政府预算约束在时间上的任意点上是确定不变的，因此经济总是位于曲线 D 上。

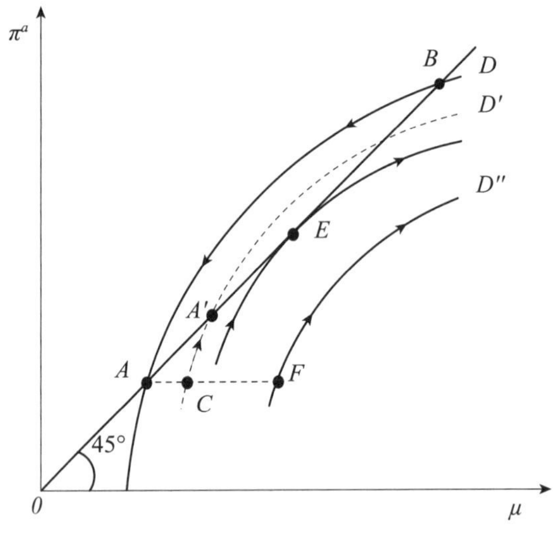

图 10－1 铸币税与双重通货膨胀均衡

资料来源：Bruno and Fischer（1990，p. 355）.

因为 $\dot{m} \equiv \dot{M}/P - \pi m$，所以，考虑时间因素，对（1）式进行微分，有：

$$\mu - \pi = -\alpha\dot{\pi}^a \tag{4}$$

因而在稳态下 $\dot{\pi}^a = 0$

[1] 为使描述更为简洁，在本章中我们所研究的是一个封闭的经济。可以将其结论扩展至开放经济，但这样做意义不大，因为这不会对此处所推衍的主要结论产生实质性的影响。

$$\pi = \pi^a = \mu \tag{5}$$

（5）式由图 10－1 中的 45 度线表示。如图中所示，曲线 D 和 45 度线相交两次。因此存在两个潜在的稳态位置，即存在这样两个通货膨胀率：低通货膨胀均衡（点 A）和高通货膨胀均衡（点 B）；在这两个通货膨胀率上，可以通过通货膨胀税收益来弥补基础财政赤字。在点 A，实际货币余额需求弹性小于 1，而在点 B，实际货币余额需求弹性大于 1。

暂且假设货币创造所产生的收入能够制约原始赤字的规模。如第 3 章所表明的，最大化稳态铸币税收入的通货膨胀率等于 $\pi^s = 1/\alpha$，相应的收入水平为：

$$d^s = \exp(-1)/\alpha$$

现在假设政府所希望融资的原始赤字固定在任意水平 $\tilde{d}$。赤字指标决定了是否存在一个或两个平衡。由于政府在长期平衡中的收入不能超过 d^s，如果 $d > d^s$ 就不存在稳态；若 $\tilde{d} = d^s$ 或者 $\tilde{d} < 0$，则存在唯一的稳态；若 $0 < \tilde{d} < d^s$，则存在两个稳态，并且经济会“陷”在高通货膨胀平衡状态（点 B）。为更好地辨析在何种条件下会获得这些长期结果，下面我们来考虑有关通货膨胀预期形成的两个可供选择的假设。

1.1.1　适应性预期

首先，考虑如下示例，通货膨胀为一阶自适应过程：

$$\dot{\pi}^a = \beta(\pi - \pi^a), \quad \beta > 0 \tag{6}$$

联立方程（4）、（3）和（6），并设置合适的初期条件，则在已知原始财政赤字条件下可以决定实际的和预期的通货膨胀的时间轨迹。从（4）式和（6）式得到，预期通货膨胀的变化取决于：

$$\dot{\pi}^a = \beta(\mu - \pi^a)/(1 - \alpha\beta)$$

而实际通货膨胀率为：

$$\pi = (\mu - \alpha\beta\pi^a)/(1 - \alpha\beta)$$

这表示在稳态中（包括 $\dot{\pi}^a = 0$）$\pi = \pi^a = \mu$。

在适应性预期框架中，如果调整速度 β 足够低（$\beta < 1/\alpha$），所有 45 度线下方的点都满足 $\dot{\pi}^a > 0$，而所有的 45 度线上方的点都满足 $\dot{\pi}^a < 0$，那么点 A 是一稳定平衡点，而点 B 是不稳定的。位于点 B 左侧的点将向点 A 收敛，位于点 B 右侧的点则会偏离，导致超级通货膨胀的轨迹。① 政府印刷纸币的速度会不断增加以防止预期的通货膨胀率与价格实际增长率一致。尽管实际货币余额（通货膨胀的税基）以不断加快的速度降低，但政府发行货币的速度快到足以为其赤字融资。②

假设经济初期处于稳定的低通货膨胀平衡点（点 A），我们来考虑财政赤字增长产生的影响。首先假设这个增长是“微小”的，因而曲线 D 向右移到 D'，但仍可以与 45 度线相交两次。因而，财政赤字的增加导致了货币增长率直接上涨，以及实际通货膨胀率从点 A 上升到点 C，并且此后实际和预期通货膨胀率逐渐从点 C 增加到点 A'。赤字增加会导致从点 A 向点 C 的水平移动，因为适应性预期假设意味着预期通货膨胀率在受到冲击影响时不能出现跳跃。

---

① 如 Evans and Yarrow（1981）所示，如果适应性机制满足二阶学习过程 $\ddot{\pi}^a = \beta_1(\dot{\pi} - \dot{\pi}^a) + \beta_1(\pi - \pi^a)$，其中，$\beta_1, \beta_2 > 0$，则结论仍相同。

② 当预期的调整速度非常快时，低通货膨胀均衡变得不稳定，而高通货膨胀均衡变得稳定。Bruno and Fischer（1990）指出，如果预期调整的速度随通货膨胀率而上升，则两种均衡都会稳定。

一旦预期开始调整，对实际货币余额的需求［如（1）式中所示，它只取决于π^a］会出现下降。为补偿在通货膨胀中税基的减少，政府必须加速发行货币直到新的平衡。如果曲线 D 移动以至于与 45 度线只有一个交点（点 E），也会得到类似的结果。相比之下，如果财政赤字增长数额很大，曲线 D 根本不会与 45 度线相交（曲线 D''）。因而就没有稳态，并且通货膨胀将继续不断增加。经济从点 A 跳到点 F 并沿着恶性通货膨胀轨迹，沿曲线 D''向向上方移动。

如果债券能被用来为财政赤字融资，在政府执行固定利率时，双重均衡仍会存在，但当政府为经济设立名义锚时，比如固定名义货币存量的增长率，就会获得唯一的稳态通货膨胀率。[①] 因而，双重平衡的存在是在已知通货膨胀预期形成过程的条件下政府选择货币政策和财政政策规则的结果。这个结果对在反通货膨胀计划中选择名义锚有一定的含义，这一内容将在下一章中加以讨论。

1.1.2 完全预期

现在考虑通货膨胀预期为完全理性的情况：该假设要求在（6）式中令 $\beta\rightarrow\infty$，并且允许预期的和实际的价格立刻变化。在这种情形下，我们可以看出，点 B 是一个稳定均衡点，而点 A 是不稳定的。但更为重要的是，由于开始预期的通货膨胀率会马上变化，所有位于曲线 D 上的点都是潜在的短期均衡点。在这种情形下，财政赤字的增加导致经济迅速到达新的均衡，但并不会保证经济将位于曲线 D'上的任何特定位置（比如说在点 A'上）。在这种情况下，通货膨胀不会表现出任何不稳定的迹象，从而在完全理性预期情况下其未必很高。

上述讨论似乎表明，大量预算赤字导致恶性通货膨胀的条件是：只有当私人具有了适应性预期，即当他们在预测未来通货膨胀时犯了系统性错误时，恶性通货膨胀才会出现。因为很难在通货膨胀很高或倾向于沿不稳定轨迹运动的情形中保证适应性预期的假设，看上去这会使得恶性通货膨胀不可能在正统模型中发生。然而，Bruno and Fischer（1990），Kiguel（1989）等已经证明，假如货币市场的均衡调整速度缓慢，即使在完全理性预期的条件下，大额预算赤字也会导致恶性通货膨胀。

按照 Kiguel，的说法，假设货币市场根据

$$\dot{m}/m = k(\ln m^d - \ln m),\quad \kappa > 0 \tag{7}$$

逐渐调整，其中，m^d表示所需的实际余额，由（1）式给出，而κ表示调整速度。（7）式可以等价地写成：

$$\pi = \mu - \kappa(\ln m^d - \ln m) \tag{8}$$

这表示，通货膨胀率与名义货币存量的增长率一对一地调整，但只对希望的和现实发生的实际货币余额之差部分进行调整。因而，通货膨胀率具有黏性（但非预先确定的），而实际余额是在任何时间点上都已经确定的。

从（1）式中，我们求出货币需求的对数，运用（8）式中的恒等方程 $\dot{m}\equiv\dot{M}/P-\pi m$ 得到：

$$\dot{m} = \frac{\kappa}{\alpha k - 1}(\alpha d + m\ln m) \tag{9}$$

① 参见 Bruno and Fischer（1990）。Lee and Ratti（1993）指出，双重均衡仍旧会出现关于其他的经济变量，比如实际货币均衡、实际债券持有和实际利率水平。

在图 10 - 2 中，我们给出了（9）式的解。此时赤字值等于 d_0，并且 $\kappa < 1/\alpha$。其中有两个均衡点，一个是不稳定点（点 A），另一个是稳定点（点 B）。当调整速度非常快时（$\kappa \to \infty$），（9）式变为：

$$\dot{m} \simeq d + \alpha^{-1} m \ln m$$

其中，若 $\dot{m} \simeq 0$，则给出与图 10 - 1 中的曲线 D 类似的曲线。

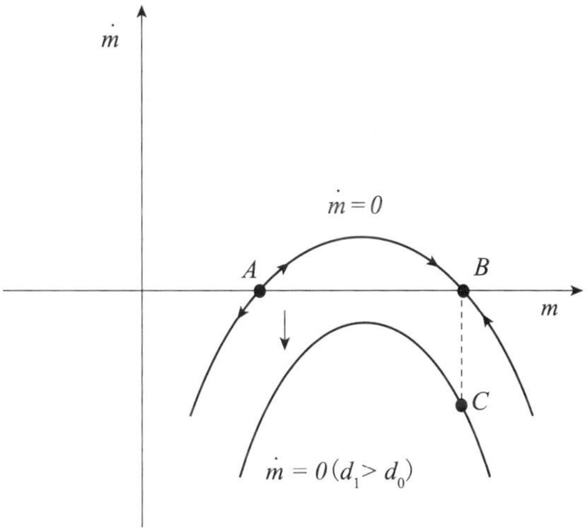

图 10 - 2　货币市场逐渐调整情况下的财政赤字和通货膨胀

资料来源：Kiguel（1989，p. 152）.

现在考虑当决策者将原始赤字增加到 $d_1 > d_0$，会发生什么情况。曲线（$\dot{m} = 0$）向下移动，直至它不再与水平轴相交。换句话说，可能不会存在一个不变的通货膨胀率以保证从通货膨胀税中获得足够的收入，为等于 d_1 的赤字融资。在这种条件下，这个体系的轨迹将是不稳定的，其特征为实际货币余额下降和通货膨胀率上涨。因而，赤字过大会导致恶性通货膨胀。这在上文的适应性预期分析中已经论述过。在完全理性预期下，通货膨胀过程中潜在的不稳定关键取决于货币市场中调整滞后的假设。为填补更高额赤字而增加的货币增长造成了货币市场上暂时的超额供给，从而导致通货膨胀的提高。较高的通货膨胀率对货币市场的平衡产生了两种相互冲突的影响。一方面，它降低了实际货币余额的供给，从而有利于重新平衡市场。另一方面，它导致对实际货币余额的需求下跌，而倾向于扩大了初期不平衡。当系统不具有稳定的长期平衡时，后一种效应支配前一种效应，产生的结果是通货膨胀加速以及名义货币存量增长率持续上升。[①] Kiguel（1989）指出，如果如第 3 章所讨论的，税收收入减少作为 Olivera-Tanzi 效应的一个结果导致原始财政赤字和通货膨胀率之间存在正向关系，那么经济呈现不稳定的通货膨胀轨迹的可能性就会更大。Dornbusch（1993）也强调了 Olivera-Tanzi 效应在恶性通货膨胀中的重要性。

总之，由于形成预期所通过的机制不同以及货币市场调整的速度不同，对财政赤字进行货币融资会导致多种类型的稳态均衡。因而，政府可以发现自己正处于不必要的高通货膨胀中。然而这种分析所传达的关键信息是，恶性通货膨胀是一个不稳定过程，这

① 由于 $\dot{m} = d - \pi m$，铸币税沿不稳定路线运行是常态。在静态均衡中 $\dot{m} = 0$，铸币税等于通货膨胀税。

个过程的出现是货币创造为大量的、不稳定的财政赤字进行融资的结果。因此，正在经历超高通货膨胀的国家，其稳定计划的一个根本特征必然是进行重大的财政调整。

在开放的发展中小国中，短期内能够直接影响通货膨胀率的另一个因素是汇率。名义贬值直接影响进口品和出口品的国内货币价格。正如在第 9 章所提到的，如果进口投入（比如石油和半成品）的成本直接影响定价决策（见下文），其也会产生间接影响。此外，汇率贬值通过显性的和隐性的指数化体系提高名义工资也会影响通货膨胀。① 在这种情形下，实际汇率贬值也可能会带来通货膨胀的压力。Darrat and Arize（1990），Dornbusch et al.（1990），Jorgensen and Paldam（1986），Montiel（1989）所提供的证据印证了这一观点，即在长期出现通货膨胀的某些拉丁美洲国家中，汇率在短期的通货膨胀行为中产生了重要影响。然而，我们应强调指出的是，这种证据与从长期来看财政赤字扮演着重要角色的推断并不相悖，这也是正统“财政观点”所坚持的一种看法。

Rodríguez（1978）的模型为解释这种结果提供了理论框架。若财政赤字由中央银行信贷创造来融资，这也是发展中国家通常会出现的情形，那么货币扩张将导致价格上升和外汇储备逐步减少。如果中央银行在国际资本市场上只能得到有限贷款，这将最终引发货币贬值（参见第 14 章）。在缺乏致力于降低赤字的调整措施的情形下，就会出现贬值-通货膨胀的螺旋式上升。因而，通货膨胀的“近似”原因看上去是汇率调整，而引起通货膨胀和汇率贬值的“终极”因素则源于财政刚性。

□ 1.2　食物供给、分配和工资-价格周期

通货膨胀、食物供给、对收入分配竞争性要求之间的联系是新结构主义者所主张的治理通货膨胀方法的核心。本节提出了一个对 Cardoso（1981）模型的修正版本，它提供了一种对新结构主义者观点的尤为清晰的形式。

考虑一个生产两种商品的封闭经济：农产品，产量记为 y_A；制造业产品，产量记为 y_I。农业部门的食物供给在短期内由 $\tilde{y}_A$ 给出，而产出为制造业部门所决定的需求量。两个市场的平衡条件为：

$$\tilde{y}_A = c_A^d(\overset{+}{y}, \overset{-}{\theta}), \quad \theta = P_A/P_I$$

$$\tilde{y}_I = c_I^d(\overset{+}{y}, \overset{+}{\theta}) + g$$

其中，$c_A^d(\cdot)$ 表示食物需求，大体上与实际要素收入 y 成正比，与农产品的相对价格 θ 成反比。$c_I^d(\cdot)$ 代表制造业产品的私人支出，与收入和相对价格成正比。g' 测量政府在制造业产品上的支出。实际要素收入，按制造业产品计算，被定义为：

$$y = \theta\tilde{y}_A + y_I$$

假设不失一般性，θ 的变化对需求的直接影响为零，并令 $\alpha(0 < \alpha < 1)$ 表示消费边际倾向。用 $\delta(0 < \delta < 1)$ 代表消费在农产品上的消费比例，农产品市场的均衡条件可以表示为：

$$\theta\tilde{y}_A = \delta\alpha y = \delta\alpha(\theta\tilde{y}_A + y_I) \tag{10}$$

而制造业产品的市场出清条件为：

$$y_I = (1-\delta)\alpha(\theta\tilde{y}_A + y_I) + g \tag{11}$$

① 因而，汇率的初期贬值会源于外部冲击，比如贸易条件的恶化或者外债偿还突然增加。Dornbusch（1993）认为，比如 20 世纪 80 年代初阿根廷的贸易条件恶化加重了外债冲击并迫使其实际利率贬值。

为研究动态调整过程和通货膨胀行为，暂且假设制造业产品价格保持稳定，并且制造业部门产量逐渐对制造业产品的过度需求做出反应：

$$\dot{y}_I = \upsilon_I[\alpha(1-\delta)(\theta\bar{y}_A + y_I) + g - y_I], \quad \upsilon_I > 0 \tag{12}$$

同样地，农产品价格对食物的过度需求逐渐产生反应：

$$\dot{P}_A/P_A = \upsilon_A[\delta\alpha(\theta\bar{y}_A + y_I) - \theta\bar{y}_A], \quad \upsilon_A > 0 \tag{13}$$

由于制造业产品的价格保持稳定，农产品价格的变化率因而等于相对价格的变化率 $\dot{\theta}/\theta$。(12) 式和 (13) 式构成的体系决定着制造业部门生产时间上的动态行为和农产品的价格。

$$\begin{bmatrix}\dot{P}_A \\ \dot{y}_I\end{bmatrix} = \begin{bmatrix}-\upsilon_A(1-\alpha\delta) & \upsilon_A\alpha\delta \\ \upsilon_I\alpha(1-\delta) & -\upsilon_I(1-\alpha(1-\delta))\end{bmatrix}\begin{bmatrix}P^A \\ y_I\end{bmatrix} \tag{14}$$

其中，为简化起见，令 $g=0$，制造业价格设为 1。为达到稳定，系数矩阵的迹应为负，它的绝对值为正。

图 10-3 展示了经济的均衡。曲线 $[\dot{P}_A = 0]$ 决定维持农产品市场均衡的制造业产出和相对价格，两者对应曲线的斜率为正，$\left.\frac{\mathrm{d}P_A}{\mathrm{d}y_I}\right|_{\dot{P}_A=0} = \frac{\alpha\delta}{1-\alpha\delta}$。位于这条曲线左侧的点代表农产品过量供给和下跌的食品价格，而位于它右侧的点表示农产品过度需求和上升的食品价格。曲线 $[\dot{y}_I = 0]$ 表示制造业产品市场的均衡条件。这条曲线也有一个正的斜率，$\left.\frac{\mathrm{d}P_A}{\mathrm{d}y_I}\right|_{\dot{y}_I=0} = \frac{1-\alpha(1-\delta)}{\alpha(1-)\delta}$。位于 $[\dot{y}_I = 0]$ 左侧的点表示对制造业产品过度需求和增加的产出，而位于 $[\dot{y}_I = 0]$ 右侧的点表示制造业产品过量供给和下跌的产出。为了保证稳定，$[\dot{y}_I = 0]$ 的斜率一定要比 $[\dot{P}_A = 0]$ 曲线的斜率陡峭。[①] 在点 E 可获得经济的稳态均衡。

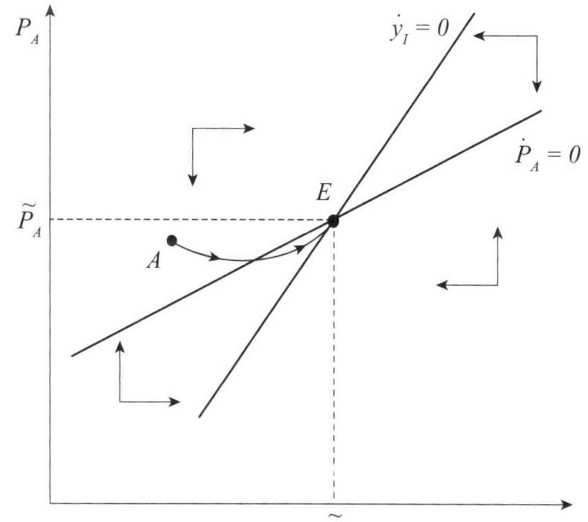

图 10-3　新结构主义模型中的均衡

例如，假设经济的初始位置是图 10-3 中的点 A，代表农产品供给过量和制造业产品需求过量。制造业部门产出的增加降低了对制造业产品的过量需求，而增加了收入和农产品需求，从而降低了这一部门的过剩供给。稳定条件确保制造业产出增加带来的收

① (14) 式所描述的系统稳定需要右侧系数矩阵的行列式非负（以保证根拥有相同的符号）以及负的迹（以保证两个根为负）。迹的条件总会满足，文中陈述的斜率条件是为了使行列式为正。

入效应不会进一步加剧市场上对制造业产品最初的过度需求。因此，在这个基本框架中，食品价格起初下降，然后上升，而制造业产品则一直持续上升，直到达到长期均衡。这里没有出现不稳定的倾向——因为我们假设制造业价格保持不变，而不考虑工人的行为。

现在假设制造业部门企业将价格定为在劳动力成本上有固定加成 γ。为简便起见，把制造业产出的单位劳动需求定为 1，制造业产品价格由（15）式给出：

$$P_I = (1+\gamma)w, \quad \gamma > 0 \tag{15}$$

同时假设工人有稳定的实际工资目标 ω^*，这表示名义工资取决于：

$$w = \tilde{\omega}P \tag{16}$$

其中，P 表示消费价格指数，被定义为：

$$P = P_A^{\delta} P_I^{1-\delta}, \quad 0 < \delta < 1 \tag{17}$$

由（15）、（16）和（17）式可以得出“所需”的相对价格，与工人的实际工资目标相一致：

$$\theta^* = [(1+\gamma)\omega^*]^{-1/\delta} \tag{18}$$

名义工资变化率被假定为由所需价格比率 θ^* 和实际比率 θ 之间的差额决定，从而利用（15）式，制造业产品价格变化率 π_I 等于：

$$\pi_I = \dot{w}/w = \kappa(\theta - \theta^*), \quad \kappa > 0 \tag{19}$$

其中，κ 表示工资调整的速度，θ^* 就是令工资膨胀为零和制造业价格保持常量的相对价格水平。将（13）式和（19）式代入到 θ 的定义中，得到：

$$\dot{\theta}/\theta = \upsilon_A[\alpha\delta(\theta\tilde{y}_A + y_I) - \theta\tilde{y}_A] - \kappa(\theta - \theta^*) \tag{20}$$

图 10-4 给出了（12）、（13）和（20）式所构成方程组的解。曲线 AA 等同于前面所定义的曲线 $[\dot{P}_A = 0]$，给出了相对价格和制造业产品的总量并能确保农产品市场的持续均衡。曲线 $[\dot{y}_I = 0]$ 和 $[\dot{\theta} = 0]$ 都向上倾斜，前者的斜率较陡以保证稳定性。所建构的曲线 AA 的斜率也比曲线 $[\dot{\theta} = 0]$ 的斜率要陡。两条曲线在点 B 相交，此时实际相对价格比率等于所需相对价格 θ，并且农产品市场处于均衡状态。曲线 $[\dot{y}_I = 0]$ 和 $[\dot{\theta} = 0]$ 相交于点 E，点 E 决定着相对价格 $[\theta > \theta^*]$ 的值。最后，曲线 $[\dot{y}_I = 0]$ 和曲线 AA 相交于点 G。

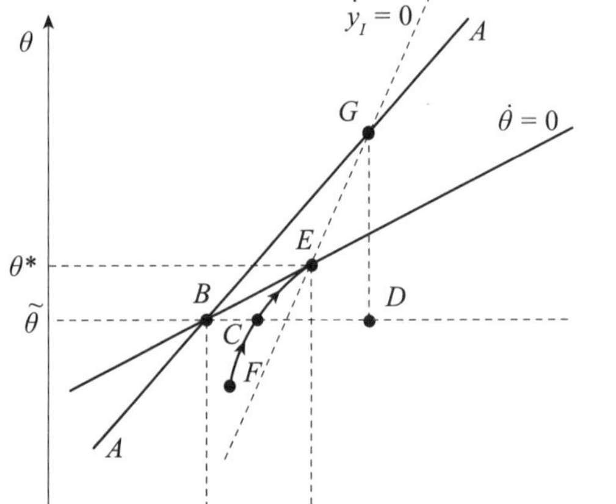

图 10-4　新结构主义模型中的“工资-价格”周期

资料来源：Cardoso（1981，p. 275）.

点 B、点 E 或点 G 中任何一点都不代表经济中的长期均衡。假设经济起初位于点 G，此刻农产品和制造业产品市场都处在均衡状态，但实际工资比所需的水平要低；或者，相对应地，实际相对价格高于所需水平。因而，名义工资增加，并抬高了制造业产品的价格，降低了农产品的相对价格。负面的收入效应则减少了制造业部门的产量。在点 B，实际工资达到了所需水准，食品市场处于均衡状态，但经济的特征是制造业产品需求过量。制造业产品产量开始上升，但当经济远离点 B（比如说，向点 C 移动）时，收入增长就对农产品的相对价格产生了上升的压力。

如果经济最初位于点 F，相当于食品市场上过量需求的情形，对农产品价格向上的压力就会伴随有名义工资的上升，而这又会导致制造业产品价格上升和该部门的较高产量。但是，只要对食品的过量需求相对于实际工资和期望的实际工资之间的差距仍然很大，那么名义工资和制造业产品价格将继续增长，但增长速度要比农产品价格增长速度慢，从而相对价格 θ 将随时间的推移而上涨。对相对价格向上的压力导致了对制造业产品的过量需求和制造业产品产量的上涨。因此，经济向点 E 移动，在点 E，曲线 $[\dot{y}_I=0]$ 和 $[\dot{\theta}=0]$ 相交，并且制造业产品产量和相对价格都保持稳定。

但在该点，与制造业部门的产出扩张相关的收入增长带来对农产品的额外需求，会继续对它们的价格保持向上的压力。并且，由于实际工资低于所需水平，名义工资和制造业价格都将继续上升。因而，在这一模型中不存在稳定的长期均衡，因为它被过度决定了（over-determined）。对应于产品市场均衡的相对价格与满足工人们对收入要求的相对价格存在不一致，结果会出现一个自我保持的通货膨胀过程。如果工资随价格变化而进行调整的速度随着时间的延续而增加，这个过程会进一步恶化。①

在上述条件下，通过政府的各种政策可以达到稳定、长期的均衡。比如，如果政府支出 g 降低的程度足够高，使得曲线 $[\dot{y}_I=0]$ 向左移动，直到它与曲线 AA 和曲线 $[\dot{\theta}=0]$ 相交于点 B，那么将会停止通货膨胀的螺旋式上升，其代价是要出现较低的制造业产出。使得加价系数 γ 降低的收入政策也能够将指标相对价格 θ^* 向 θ 提高，并消除通货膨胀循环。价格管制也会防止制造业部门的资本家们抬高价格，并维持国民收入中利润所占相对份额，不会必然导致产出降低（参见第 11 章附录）。但是，这一分析的大致含义仍然是：当工人期望的实际工资相对于与长期均衡一致的工资水平较高时，不进行收入分配的转变就不可能使得通货膨胀回落并保持稳定。

□ 1.3　结构主义-货币主义模型

通货膨胀的新结构主义模型，包括上文所讨论的 Casdoso 模型的修正版，其关键和通常所隐含的假设是货币政策完全适应价格水平的变化。现在我们给出一个一体化的分析框架来清晰解释上面所讨论的新结构主义模型的货币供给动态。这一扩展提供了与以前所描述的正统方法之间的联系，并使我们能定性研究新结构主义经济学家们通常所主张的政策处方。通过在模型中引入食品补贴，我们对政府预算约束进行了考虑，显示了价格、货币和财政赤字之间的联系。②

---

① 在将分析扩展到开放经济领域的过程中，Cardoso（1981）认为实际汇率贬值对贸易状况只会产生暂时的影响，但是也会产生一个类似于此处所描述的工资-价格周期。

② 此分析遵循 Parkin（1991）和 Srinivasan et al.（1989）的观点。有关传统的新结构主义者的框架中对食物补贴和通货膨胀的分析，参见 Taylor（1979，pp. 73 - 83）。

当存在补贴，且补贴率为 $0<s<1$ 时，消费价格指数被定义为：

$$P=[(1-s)P_A]^d P_I^{1-\delta} \tag{21}$$

假设政府对生产要素收入征收统一税率为 $0<\iota<1$，其支出包括对制造业产品的需求（数量为 g）和食品补贴。政府预算约束可以写为：

$$\dot{M}=P_I g+sP_A\tilde{y}_A-\iota(P_A\tilde{y}_A+P_I y_I)$$

实际上，它相当于：

$$\dot{m}=g+(s-\iota)\theta\tilde{y}_A-\iota y_I-\pi_I m \tag{22}$$

其中，m 表示按制造业价格表示的实际货币余额。假设农产品需求为实际货币余额的正函数，从而均衡条件为：

$$(1-s)\theta\tilde{y}_A=\alpha\delta(1-\iota)(\theta\tilde{y}_A+y_I)+\lambda\delta m \tag{23}$$

其中，α 现在是可支配收入的消费倾向，并且 $0<\lambda<1$。这一表达式的左侧表示食品供给的补贴后价值，以制造业产品单位表示。① 右侧最后一项表示实际余额效应。

对生产者来说，市场上产出调节的动态为：

$$\dot{y}_I=v_I[\alpha(1-\delta)(1-\iota)(\theta\tilde{y}_A+y_I)+\lambda(1-\delta)m+g-y_I] \tag{24}$$

假设工人们像以前一样追求实际工资目标，所需的相对价格现在可以由（25）式给出：

$$\theta^*=(1-\iota)^{-1}[(1+\gamma)\omega^*]^{-1/\delta} \tag{25}$$

经过适当的代入之后，相对价格的表现（行为）由（26）式决定

$$\dot{\theta}/\theta=v_A\left[\frac{\alpha\delta}{1-s}(\theta\tilde{y}_A+y_I)+\frac{\lambda}{1-s}m-\theta\tilde{y}_A\right]-\kappa(\theta-\theta^*) \tag{26}$$

运用（18）式，（21）式被认为在初始位置附近（$t=0$）近似为：

$$\dot{m}\simeq g+[(s-\iota)\tilde{y}_A-\kappa m_0]\theta-\iota y_I+\kappa(\theta_0-\theta^*)m \tag{27}$$

（23）、（25）和（26）式在 y_I，θ 和 m 上构成了一个动态体系。不对整个体系进行分析，我们假设市场上制造业产品的产出调节是即时的，即 $v_I\to\infty$。解（23）式，求解 $\dot{y}_I=0$ 时的 y_I，并代入（25）式和（26）式，从而产生 θ 和 m 的两个微分方程组。

均衡如图 10－5 所示。曲线 $[\dot{\theta}=0]$ 斜率为正，因为货币持有增加提高了对农业和制造业品的需求，从而要求食品相对价格升高以维持均衡。假设 $(s-\iota)\tilde{y}_A>\kappa m_0$，曲线 $[\dot{\theta}=0]$ 的斜率为负。在这种情形下，稳定得到保证。② 在这种情况下，可以看出提高补贴率对通货膨胀的长期影响是模糊的（Parking，1991；Srinivasan et al.，1989）：一方面，补贴增长加大了政府开支，降低了实际价格比率与所需达到比率之间的差距，从而使工资膨胀减缓，这倾向于提高实际货币余额。另一方面，制造业部门更高的产量提高了所得税收入，降低了财政赤字，对货币增长产生向下的压力。当然，这也显示，如果补贴率在初期达到足够高的水平，那么进一步提高补贴将导致更高的货币增长和通货膨胀。并且，如果工资充分灵活，增加食品补贴总会具有通货膨胀效应。

因此，上述分析的主旨是，一旦将补贴、财政赤字和货币政策之间的联系恰当地考虑在内，那么，忽视资本积累和政府预算约束的各种新结构主义模型所做的预测有就局限性。特别是，不管关于工资形成的具体假设怎样，补贴增长都可能是通货膨胀性的。

---

① 在下面的分析中，我们假设 $s<1-\alpha\delta(1-t)$，为确保这一点，对一给定的制造业产出水平，食物相对价格的一次上升将降低对农业产品的过量需求。

② 如果 $(s-l)\tilde{y}_A<\kappa m$。稳态要求曲线 $[\dot{m}=0]$ 的斜率比曲线 $[\dot{\theta}=0]$ 的斜率陡一些。

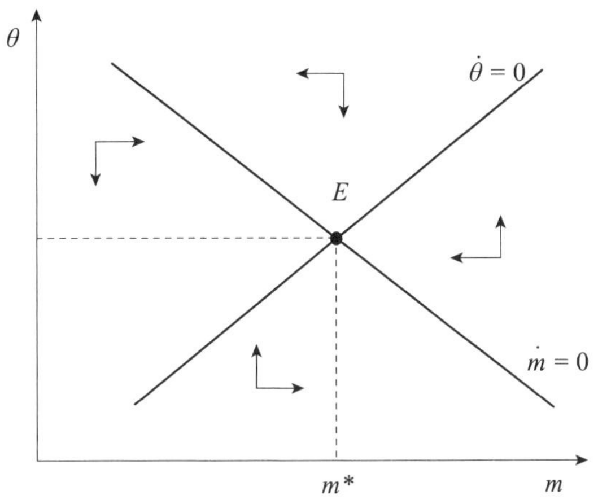

图 10-5 新结构主义模型中的均衡（含货币和食物补贴）

资料来源：Srinivasan et al.(1989).

更一般而言，以上论述表明，将正统的和新结构主义者的通货膨胀模型结合起来会对通货膨胀过程提供新的洞见。强调社会冲突和收入分配对理解某些国家长期通货膨胀是重要的；而在几乎所有的情形下，解释赤字融资的货币效果是理解政策冲击的传导机制对通货膨胀率影响的根本性因素。

2 货币规则与汇率规则的动态分析

有关在以货币为基础的和以汇率为基础的稳定计划之间进行抉择的争论的关键在于，不同的政策选择对通货膨胀、产出和经常账户带来的动态轨迹。在这一节，我们给出了两个最优化的模型。这两个模型能够对发展中国家的稳定政策动态进行缜密的分析。这些模型的效用源自它们能够体现前面几章中所强调的发展中经济体的显著结构特征以及它们所隐含的微观经济基础，尤其是不完全资产替代性的作用和名义工资惯性。我们从一个单一产品框架开始，然后将分析扩展到两部门、三产品的背景中，从中我们确定通货膨胀和实际汇率的表现。

2.1 单一产品分析框架

第 13 章所讨论的证据表明零资本流动和完全资本流动看上去都不是广大发展中国家的特征，更近似的是一种处于中间状态的情况，其中私人资产中国内的和外国的部分是不完全替代的。在接下来的讨论中，我们提出了一个分析框架来表达这一发展中国家的金融行为的重要特征。①

我们来考虑在一个小国的开放型经济中，包含四类经济主体：生产者、家庭、政

① 此处所展开的模型改编自 Agénor (1997)，是第 4 章所给出的零资本流动模型的扩展，用来分析财政赤字、政策预期和实际利率之间的关系。Agénor (2006a) 在类似的情形中引入了商业银行。

府和中央银行。所有的公司和家庭是相同的。为简便起见，把它们的数目统一规定为1。假设国内产出构成为仅由劳动力生产的贸易品，供给数量固定为 n^s；工资完全灵活，从而在分析的时间内国内产量固定；一直保持购买力平价。在固定汇率体系下，国内货币被中央银行以固定速度贬值；中央银行的国外资产存量进行调整以平衡外汇的供给和需求；在浮动汇率体系下，中央银行的外汇储备为常量；信贷增长率是预先决定的。

家庭在其国内资产组合中持有两类资产：国内货币和国内政府债券。正如在第4章所阐述的零资本流动模型一样，国内货币不计息。家庭在世界资本市场上借款，要承担不断上涨的风险溢价，这在下文将论及。外国人不持有国内资产。国内利率调整以维持货币市场的均衡，而（作为小型国家这一假设的结果）外国债券的实际收益率由世界资本市场决定。政府消费产品和服务，征收总量税（lump-sum taxes），并支付国内债务利息。它或者通过发行国内债券，或者通过向中央银行借款来为预算赤字融资。①

2.1.1 家庭

家庭的贴现终生效用为：

$$\int_0^{\infty}\left\{\frac{c^{1-\eta}}{1-\eta}+\chi\ln m\right\}e^{-\rho t}\,dt,\quad \rho,\chi>0 \tag{28}$$

其中，ρ 仍然表示不变时间偏好率，c 表示消费量。即时效用函数与第4章的形式一样。

代表性家庭的名义财富 A 为：

$$A=M+B-EL^*$$

其中，M 表示名义货币存量，B 为政府债券存量，而 EL^* 表示外国债券存量的本国货币价值，其中，E 表示名义汇率，而 L^* 为家庭的外国借款的外汇价值。令 $m\equiv M/E$ 表示实际货币余额，$b\equiv B/E$ 表示政府债券实际存量，实际财富可被定义为：

$$a=m+b-L^* \tag{29}$$

预算约束为：

$$\dot{a}=y+ib-c-\tau-(i^*+\theta)L^*-(m+b)\varepsilon$$

其中，y 表示国内产出［$y(n^s)$ 为常量］，τ 为总量税的实际价值，i 为国内名义利率，并且 $\varepsilon\equiv\dot{E}/E$ 为汇率的预期贬值率。$-(m+b)\varepsilon$ 项说明由于汇率变化引起的货币存量和国内债券损失。

$i^*+\theta$ 项代表世界资本市场上借款的成本，由外生的、无风险利率 i^* 和风险溢价 θ 组成，θ 被定义为：

$$\theta=\theta(L^*,\cdot),\quad \theta_{L^*}>0 \tag{30}$$

其中，假设溢价与 L^* 正相关。② 因此，国内家庭只有接受较高的利率才能够在世界资本市场上筹措更多的资金。这一假设包括了个人违约的风险：国内经济主体的借款选择受

---

① 认为政府可以部分通过发行债券来弥补其财政赤字的假设可能并不适用于所有的发展中国家，而是与拉丁美洲和亚洲的几个中高收入国家有关。无论如何，我们不关注债券融资。

② 假设溢价在 L^* 上是凸性的（从而 $\theta_{L^*L^*}$），且对 L^* 足够高的借款约束最终能够达到看上去是可信的。在接下来的讨论中，假设经济在资金供给曲线向上倾斜的部分运行，而不是在任何绝对借款最高限额上，并假设 $CA=S_T-(I^P+I^g)$ 在那一范围内是连续可微的。

到其偿债能力的约束。[1] 当然，溢价也取决于除借款水平之外的家庭其他特征（如家庭的组成），或者市场对所涉及国家的态度等因素——实际上是一种具体到每个国家的个别风险因素，反映了外国借贷者对借款国家信誉的个别看法。为简便起见，在这一阶段，我们将抽象掉这些因素。

运用（29）式，预算约束可以被重新写为：

$$\dot{a} = y + ra - c - \tau - (i^* + \theta - r)L^* - im \tag{31}$$

其中，$r = i - \varepsilon$ 表示国内实际利率。

家庭视 y，ε，τ，i^*，i 为给定，选择 $\{c, m, b, l\}_{t=0}^{\infty}$ 来最大化（27）式，同时受到（30）式和（31）式的约束。最优化条件为：

$$m^d = \chi c\eta / i \tag{32}$$

$$i = (i^* + \theta + \varepsilon) + L^* \theta_{L^*} \tag{33}$$

$$\dot{c}/c = \sigma(r - \rho) \tag{34}$$

以及横截条件 $\lim_{t\to\infty}(e^{-\rho t}a) = 0$。

（32）式是货币需求函数，通过货币余额和消费之间的边际替代比率等于持有货币的机会成本——国内政府债券的名义利率来得到。（34）式是传统的欧拉方程，表示消费上升或下降取决于国内实际利率是否超过或低于时间偏好率。

（33）式是隐含决定贷款需求的套利条件。为便于理解它的来历，我们首先来考虑家庭在世界资本市场上不面临风险溢价的情况（$\theta = 0$）。在这种情形下，很明显最优化要求 $i = i^* + \varepsilon$。比如，假定当 $i > i^* + \varepsilon$ 时，私人将会在世界资本市场上无限量地借贷并通过购买政府债券获取利润。相反地，当 $i < i^* + \varepsilon$ 时，将获得角点解（corner solution），家庭根本不从外国借款。那么均衡（外债为正）要求边际回报 i 和资金边际成本（按国内货币计算）$i^* + \varepsilon$ 相等。

现在假设，如前文所假设的，溢价随私人债务水平上升。同以前一样，最优化要求家庭借款达到边际收益与边际成本相等的水平。然而，此处尽管边际收益再次与国内债券收益率相等，借款的边际成本为 $i^* + \theta + \varepsilon$。加上偿付当前贷款存量的成本增加量 $L^* \theta_{L^*}$，偿付成本由风险溢价的边际增长所引起，它自身源自借款的边际增长。

因为 θ 是 L^* 的函数，借款的最优水平可以通过对 θ 进行线性逼近从（33）式得到，从而，

$$L^* = (i - i^* - \varepsilon)/\gamma \tag{35}$$

其中，$\gamma - 2\theta_{L^*} > 0$。（34）式表明，外国借款量与下面这个差额是正相关的，这个差额是指国内利率与无风险世界利率和贬值率两者之和的差额。并且，外国贷款需求与差额 $i - i^* - \varepsilon$ 成比例，其大小取决于风险溢价对私人债务水平的敏感度。

2.1.2 政府和中央银行

假设经济中没有商业银行，中央银行只向政府借款。因而名义货币存量等于：

$$M = D + ER^* \tag{36}$$

其中，D 表示中央银行拨给政府的国内贷款数量，并且 R^* 表示净国外资产存量，按外国货币度量。实际贷款存量变化 $d \equiv D/E$ 为：

---

[1] 参见 Agénor（1997a）更为详细的讨论。（特定家庭的）溢价与当事人的债务水平——而不是经济中的全部债务——正相关，这一假设自然得出当事人内化了他们借款决策对 θ 的影响这一假设，接下来我们将对此进行讨论。

$$\dot{d} = (\mu - \varepsilon)/d \tag{37}$$

其中，μ 表示名义贷款存量的增长率。

中央银行从它所持有的国外资产和向政府的贷款中获得利息。为简化起见，我们假设政府偿还中央银行贷款的利率等于国内债券的市场利率。因此，中央银行的实际利润等于：

$$\Pi^{cb} = (i^* + \varepsilon)R^* + id \tag{38}$$

其中，εR^* 表示储备金的实物资本收益。

政府收入来源包括对家庭征收的总量税和中央银行的转移支付。政府消费产品和服务，并偿付国内债务的利息。它通过从中央银行借款或发行债券来为它的预算赤字融资。[①] 名义上，政府的动态预算约束可以被表示为：

$$\dot{B} + \dot{D} = E(g - \tau - \Pi^{cb}) + i(B + D)$$

其中，g 表示非利息性政府开支，被假定为外生的。实际上，运用（37）式，我们得到：

$$\dot{d} + \dot{b} - \varepsilon m = g + rb - i^* R^* - \tau \tag{39}$$

（39）式表示政府开支加上国内债务净利息付款，减去总量税和准备金利息收入，且必须由发行债券、增加实际国内贷款或获取铸币收益来融资。解（39）式可以得到政府的跨时预算约束，它使政府所购买产品和服务的现值等于初期净资产持有加上受可偿付性约束要求的总量税的现值：

$$\lim_{t \to \infty} b e^{-rt} = 0$$

正如在第 5 章中已讨论过的，偿付约束排除了政府无限期进行庞氏骗局的可能性。

2.1.3　货币市场均衡

为解这一模型，需要将货币市场的均衡条件确定为：

$$m^s = m^d$$

已知在（32）式的条件下，上面这个方程能够解出市场出清的国内利率：

$$i = i(\overset{+}{c}, \overset{-}{m}) \tag{40}$$

此方程表明，均衡名义利率与私人消费量正相关，而与实际现金余额的存量负相关。在第 5 章的讨论中，我们已经对这一点给予了关注。

2.1.4　动态形式

在家庭的预算约束（29）式中代入（31）、（36）和（39）式，得到统一的预算约束：

$$\dot{L}^* - \dot{R}^* = i^*(L^* - R^*) + \theta L^* + c + g - y \tag{41}$$

这决定了外债总量随时间的变化趋势。具体地说，（41）式表示经常账户赤字对应外国债务净值的变动值，是贸易赤字 $c + g - y$ 和未偿外债 $i^*(L^* - R^*) + \theta L^*$ 的利息支付净额之和。对（41）式求积分，我们可以得到（在假设无风险世界利率随时间保持稳定的条件下）经济的跨时预算约束为：

$$L_0^* - R_0^* = \int_0^\infty e^{-i^*}(y - c - g - \theta L^*)\,dt + \lim_{t \to \infty} e^{-i^* t}(L^* - R^*)$$

相对于世界其他国家来说，此经济体不能无限期地处于负债状态，所以上面表达式

① 我们不考虑政府会从国外借款的可能性。这种假设对那些最小的发展中国家尤其恰当，这些国家进入国际资本市场的机会很有限。

中的第二项必须为零。因而，此经济体的跨时预算约束可以被写作：

$$L_0^*-R_0^*=\int_0^{\infty}\mathrm{e}^{-i^*t}(y-c-g-\theta L^*)\mathrm{d}t$$

其中，i^*为不随时间变化的常量。

这表示外国债务的当前水平必须等于未来国内盈余部分的贴现值（$c+g$），才能调节由资本市场不完善所引发的损失。

（34）、（35）、（37）、（39）、（40）和（41）式表现了沿任何完全理性预期均衡轨迹运动的经济动态。这一体系可以被写作：

$$L^*=[i(c,m)-i^*-\varepsilon]/\gamma \tag{42}$$

$$\dot{c}/c=\sigma[i(c,m)-\varepsilon-\rho] \tag{43}$$

$$\dot{L}^*-\dot{R}^*=i^*(L^*-R^*)+\theta(L^*)L^*+c+g-y \tag{44}$$

$$\dot{d}+\dot{b}+\varepsilon m=g+rb-i^*R^*-\tau \tag{45}$$

$$\dot{d}=(\mu-\varepsilon)d \tag{46}$$

$$m=d+R^* \tag{47}$$

（42）式至（47）式代表一个有 6 个内生变量的微分方程组，6 个变量分别为 c，b，L^*，R^*，d 和 m。值得注意的是，资本账户和总体国际收支平衡是由私人外债水平和官方储备水平随时间的变化所决定的。这些定义并不反映预先决定汇率体制中的不连续交易，比如那些会反映外国货币贷款即刻转化为国内现金余额的交易。具体地说，尽管经济的全部外债存量 L^*-R^* 是预定的，官方储备和私人外国借款遇到国内利率突然变动时会马上变化。在预先决定的汇率体系下，世界资本市场上的私人负债即时转变与中央银行所持的官方外汇储备水平抵消性变动相关联。

接下来，我们假定政府放弃发行债券来为自己的赤字融资（$\dot{b}=0$），相反，则通过从中央银行借款或改变总量税来平衡预算。在这种假定条件下，此模型能够在不同的模式中运行，取决于所选的“求解规则”：贬值率可以被视为预定的，或者名义贷款存量增长率可以被视为预定的。不考虑所选择的具体模式，通过令上述体系中 $C=L^*=R^*=\dot{d}=0$，我们可得到稳态解。如同从（43）式和（46）式可以很容易证明的那样，在长期均衡中，实际国内利率必须与时间偏好率相等：

$$\tilde{r}=\tilde{i}-\varepsilon=\rho \tag{48}$$

并且国内信贷增长率必须等于贬值率：

$$\mu=\varepsilon \tag{49}$$

实际货币余额因而等于：

$$\tilde{m}=m(c,\rho+\varepsilon) \tag{50}$$

然而，其他求解规则会导致不同的转型动态轨迹。接下来我们逐一进行讨论。

2.1.5 货币贬值规则

在贬值率为常量的情况下（$\varepsilon=\varepsilon^h$），如果不能够调节税收以为财政赤字融资（$\tau=\tau_0$），信贷数量增长率必然是内生的。为简单起见，令政府债券存量等于零，（44）式意味着实际信贷存量随时间的发展变化为：

$$\dot{d}=g-i^*R^*-\tau_0-\varepsilon^h m \tag{51}$$

（51）式所给出的 $\dot{d}$ 的轨迹可以代入（46）式以决定 μ：

$$\mu=\varepsilon^h+\dot{d}/d$$

由（47）式，$\dot{m}=d+R^*$，代入（51）式得到：

$$\dot{m}=\dot{R}^*+g-i^*R^*-\tau_0-\varepsilon^h m$$

或者，运用（44）式得到：

$$\dot{m}=\dot{L}^*+y-c-\tau_0-(i^*+\theta)L^*-\varepsilon^h m \tag{52}$$

因为规定政府债券数量为零，（29）式表示为：

$$m=a+L^* \tag{53}$$

代入（42）式，可以得到：

$$L^*=[i(c,a+L^*)-i^*-\varepsilon^h]/\gamma$$

对函数 $i(\cdot)$ 进行线性逼近，有：

$$L^*=(i_c c+i_m a-i^*-\varepsilon^h)/(\gamma-i_m)$$

或同样，

$$L^*=\Phi(\overset{+}{c},\overset{-}{a};\overset{-}{\varepsilon^h}) \tag{54}$$

其中，令 $\beta\equiv 1/(\gamma-i_m)>0$：

$$\Phi_c=\beta i_c,\quad \Phi_a=\beta i_m,\quad \Phi_\varepsilon=-\beta$$

将（54）式代入（53）式意味着，

$$m=a+L^*=h(\overset{+}{c},\overset{-}{a};\overset{-}{\varepsilon^h}) \tag{55}$$

其中，

$$h_c=\Phi_c,\quad h_a=1+\Phi_a<1,\quad h_\varepsilon=\Phi_\varepsilon$$

将（55）式代入（43）式得到：

$$\dot{c}=\sigma c\{i[c,h(c,a,\varepsilon^h)]-\varepsilon^h-\rho\}=G(\overset{+}{c},\overset{-}{a};\overset{-}{\varepsilon^h}) \tag{56}$$

其中，

$$G_c=\sigma\tilde{c}\beta\gamma i_c,\quad G_a=\sigma\tilde{c}i_m h_a,\quad G_\varepsilon=-\sigma\tilde{c}\beta\gamma$$

最后，在（52）式中代入（54）式和（55）式，并重新整理得到：

$$\dot{a}=\dot{m}-\dot{L}^*=y-c-\tau_0-[i^*+\theta(\Phi(c,a;\varepsilon^h))]\Phi(c,a;\varepsilon^h)-\varepsilon^h(c,a;\varepsilon^h)$$

或相应地，

$$\dot{a}=\Psi(\overset{-}{c},\overset{+}{a};\overset{+}{\varepsilon^h}) \tag{57}$$

其中，"～"表示初期的稳态值：

$$\Psi_c=-1-(\tilde{\theta}+\tilde{L}^*\theta_{L^*})\Phi_c,\quad \Psi_a=-(\tilde{\theta}+\tilde{L}^*\theta_{L^*})\Phi_a-\varepsilon^h h_a$$

$$\Psi_\varepsilon=-(\tilde{\theta}+\tilde{L}^*\theta_{L^*})\Phi_{\varepsilon^h}-\tilde{m}$$

其中，我们假设 ε^h 和 $\tilde{m}$ 为足够小。

对（55）式和（56）式在初期稳态附近进行线性逼近，得到：

$$\begin{bmatrix}\dot{c}\\ \dot{a}\end{bmatrix}=\begin{bmatrix}G_c & G_a\\ \Psi_c & \Psi_a\end{bmatrix}\begin{bmatrix}c-\tilde{c}\\ a-\tilde{a}\end{bmatrix} \tag{58}$$

消费为前瞻性变量，而金融财富在任何时刻都是预先决定的，其初期值为 a_0。系统（58）式的行列式由 $G_c\Psi_a-G_a\Psi_c$ 给出，为使系统在鞍点为稳定的，它必须为负值。

图 10－6 给出了此模型的图示解。轨迹 CC（沿 $\dot{c}=0$）向上倾斜，轨迹 AA 亦如此，沿 $\dot{a}=0$ 向上倾斜。鞍点轨迹 SS 也有一个正斜率，是导致稳态均衡（点 E）的唯一轨迹。

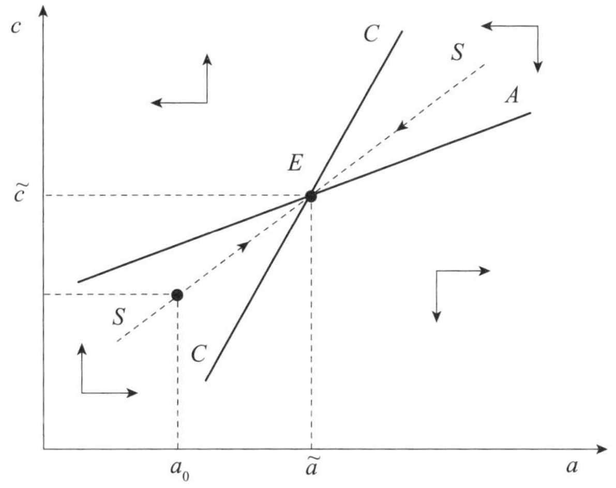

图 10－6　单一产品模型中的均衡

假设经济在起初处于长期均衡位置。考虑贬值率出现长期的、未预料到的降低，在汇率没有不连续变化的情况下从 ε^h 降到 $\varepsilon^s < \varepsilon^h$ 会产生的影响。运用稳态解，就容易得到贬值率的降低会提高 $\tilde{a}$，并降低 $\tilde{b}$。从（42）式和（48）式推出，私人国外借款的稳态水平为：

$$\widetilde{L}^* = (\rho - i^*)/\gamma \tag{59}$$

此方程不受贬值率影响。但是由于 $\tilde{a}$ 上升，那么 $\tilde{m}$ 肯定上升。其原因是从（48）式，我们得到名义利率在稳态中肯定等于时间偏好率加上贬值率；它因而与贬值率以同样的比例下跌；因此降低了持有货币的机会成本，并提高了现金余额需求。

贬值率的降低使得在国内利率的初始水平上，外国借款立即上升。因为私人金融财富不能马上变化，这种资产组合转变必定会由于实际货币余额的增加而抵消。通过中央银行购买外币资产（对应于与国外借款相关的资本流入）以及国内货币存量的不连续增长，这种瞬时调整便产生了。消费下降使得经济轨迹朝向新的稳态收敛。由于实际货币存量上升而消费下降，国内名义利率下跌但跌幅小于贬值率，意味着国内实际利率上涨。外国借款增加使私人在世界资本市场上所面对的风险溢价提高。结果国际收支平衡中偿债账户情况恶化。然而，由于私人消费降低导致贸易状况改善，我们能够从（57）式中推出对私人金融财富变化的净影响，它必然为正（$\dot{a}_0 > 0$）。名义信贷数量的增长率会立即下跌。

因为冲击是持久的，向稳态的调整轨迹是单调的。这种转型动态如图 10－7 所示。经济起初位于点 E；贬值率降低将使 CC 曲线和 AA 曲线两者都向右移动。因为私人财富是预先确定的，消费从点 E 向下跌落至点 B，位于新的鞍形轨迹 $S'S'$ 的位置，此后开始上升。名义利率必须随时间的延续而上涨以使实际利率回到它的初始稳态值。这种上升导致私人外国借款（资本流出）下降并回到它的最初值。在转型期内，经常账户保持盈余（部分原因是国外借款下降降低了风险溢价并改善了偿债情况），这种盈余足够补偿资本账户赤字。因而，随着时间的变化，中央银行所持的国外资产和实际货币存量是增加的。作为实际货币余额增长和国外借款降低两者作用的结果，私人金融财富随时间的延续而增加。假定无风险利率不太大，名义信贷增长率随时间逐渐向较低的贬值率趋近，

新稳态在点 E' 出现。

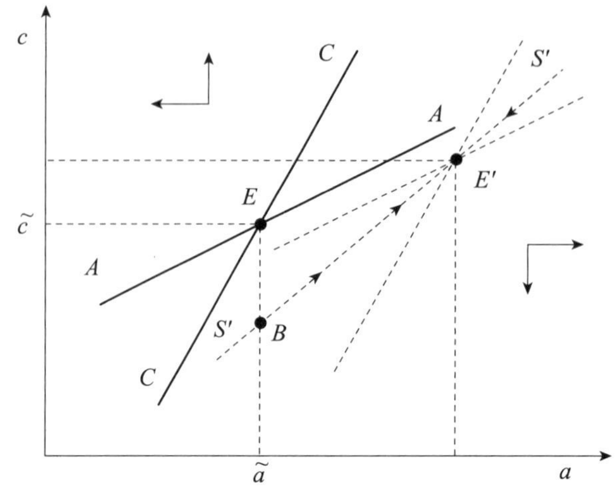

图 10－7　单一产品模型中的贬值率降低

2.1.6　信贷增长规则

在名义信贷规则不变（$\mu=\mu_h$）的情况下，中央银行的外汇储备保持常数（$\dot{R}^*=0$），并且贬值/通货膨胀率是内生决定的。为简单起见，令官方储备的水平等于零（因而 $m=d$），根据（42）式有：

$$\varepsilon = i(c,\ d) - i_* - \gamma L^* = \varepsilon(\overset{+}{c},\ \overset{-}{d},\ \overset{-}{L^*})$$

这能通过代入（46）式得到①：

$$\dot{d} = [\mu^h - \varepsilon(c,\ d,\ L^*)]d \tag{60}$$

（60）式决定实际信贷存量的变化。因为 $\dot{R}^*=0$，因此（44）式可以写成：

$$\dot{L}^* = [i^* + \theta(L^*)]L^* + c + g - y \tag{61}$$

它决定着私人的外部借款随着时间而发生的变化。因而，与前一个案例形成对比的是，私人国外借款在任何时间点都是预先确定的。为确保公共部门的偿付能力，我们假设总量税持续不断地被调整以维持财政平衡，因此，据（45）式和（46）式，并且 $\dot{b}=b=0$，得到 $\tau = g - \mu^h d$。

现在动态体系就由（43）、（60）和（61）式构成。从（42）式推出 $i-\varepsilon=\gamma L^* + i^*$；将这一结果代入（43）式，得

$$\dot{c}/c = \sigma(i-\varepsilon-\rho) = \sigma(\gamma L^* + i^* - \rho) = \Gamma(\overset{+}{L^*})$$

动态体系因而为：

$$\begin{bmatrix} \dot{c} \\ \dot{d} \\ \dot{L}^* \end{bmatrix} = \begin{bmatrix} 0 & 0 & \Gamma' \\ -\varepsilon_c\tilde{d} & -\varepsilon_d\tilde{d} & -\varepsilon_{L^*}\tilde{d} \\ 1 & 0 & \Theta \end{bmatrix} \begin{bmatrix} c-\tilde{c} \\ d-\tilde{d} \\ L^*-\tilde{L}^* \end{bmatrix} \tag{62}$$

其中，$\Theta = i^* + \tilde{\theta} + \tilde{L}^*\theta_{L^*}$。

消费和信贷的实际存量都是跳跃性变量，因此，为确保鞍形稳定性，（62）式必须具

① 假定名义信贷数量以预先确定的比率增长，只要已知实际信贷数量的轨迹，那么就得出名义汇率水平的解。

有两个正根和一个负根。因而，这一结果的充分必要条件是（62）式中系数矩阵的行列式为负（以保证一个或三个负根），而矩阵的迹为正（以保证至少一个正根）。这两个条件将总是成立的，因为迹等于 $\Theta-\varepsilon_d\tilde{d}>0$ 并且行列式等于 $\varepsilon_d\tilde{d}Q'>0$。

现在考虑名义贷款存量的增长率下降的情况，即从 μ^h 到 $\mu^s<\mu^h$。长期看来，如前文所示，私人国外借款只由时间偏好率和无风险世界利率之间的差值所决定，因此不会变化［（59）式］。因为产出为常量，使用（61）式，这个结果意味着消费也不会变化。并且根据（60）式，贬值率必须与名义信贷增长率以同样的比例下降，以保证实际信贷存量在稳态中为常量。

但是由于消费不变，那么持有货币的机会成本下降，毋庸置疑，这与实际货币余额增长相关；或同样地，若官方储备为常量，则实际信贷存量增长。并且由于名义信贷存量不变，名义汇率必须经历跳跃性升值（价格不连续下降），因而不存在转型动态。也就是说，经济立即暴涨到新的稳态，对消费、经常账户、私人国外借款或者国内实际利率没有影响，贬值率即刻下跌到信贷增长率较低的水平。名义利率也与信贷增长率以同样的比例下降，并伴随着实际货币余额的稳态增长，后者源于名义汇率升值。①

那么，上述讨论的要点是汇率和货币准则在资本不完全流动的情况下会导致主要变量出现迥异的调整路径。基于用货币手段处理国际收支平衡的模型——比如 Calvo and Rodriguez（1997）所提出的模型——拥有典型的“动态等价”特性，即在伴随货币规则和汇率规则中出现的稳态解和调整路径方面具有一致性。在已知公共部门的偿付能力的条件下，尽管任何一个规则都能够被用来达到长期通货膨胀目标，但在转型期经济的表现是完全不同的。② 在信贷增长规则下，没有这种过渡性的调整，经济会立即跳跃到新的稳态。相反，在汇率规则下有两种调整：随时间的延续而发生的部分和即刻发生的部分，以保持资产组合平衡。依决策者短期内所面临的约束不同，过渡动态的性质会决定采纳一个规则而放弃另外一个规则。对在抑制通货膨胀计划中选择名义锚这一结果的含义将在下一章进行分析。

2.1.7 其他可供选择的财政政策规则动态

由货币和汇率政策冲击所引起的调整路径的决定因素之一是决策者为了弥补财政赤字所采纳的融资规则。比如，考虑以下这种情形，即政府（如前所述）不发行债券，中央银行规定名义信贷增长率以补偿政府由于通货膨胀（$\mu=\varepsilon$）而造成的实际未偿还贷款价值损失。这时政府就会内生地调整总量税来弥补财政赤字。在这种情形下，货币政策与汇率政策无法分开。这一融资规则就满足了上文中给出的公共部门的横截条件，因此是可持续的。因为信贷规则意味着 $\dot{d}=0$，由（45）式可知，当 $b=\dot{b}=0$ 时，能够解出总量税的内生水平，

$$\tau+\varepsilon m=g-i^*R^* \tag{63}$$

其中，εm 再次代表通货膨胀税收入。这一规则的结果是 $\dot{m}=\dot{R}^*$，即实际货币存量变化只反映中央银行净国外资产的变化。

---

① Turnovsky（1985）定性地得出了类似的结论。

② Auernheimer（1987），Kiguel（1987）和 Velasco（1993）也提出了调整路线取决于当时通行的政策规则的模型。特别是在 Kiguel 提出的模型中，有一个内生实际部门和不完全的资本流动，表现了在不同政策规则条件下实际汇率轨迹是如何变换的。Velasco（他假设零资本流动）的观点是，在向稳态过渡期间，实际利率的上升决定着原始（无息）财政赤字的可持续规模，从长远看来，这导致了非等价情况的出现。

Agénor（1997）给出了在融资规则条件（63）式下对上述模型的分析，尤其是给出了伴随长期的、未预期的贬值率，信贷增长率降低所产生的短期和长期动态从性质上与我们稍早的讨论中所描述的那些为预算赤字进行信贷融资情况下贬值率降低是类似的。

然而，另一种融资规则假定，根据初期的政策调整，中央银行在短时期内通过债券或货币融资来弥补它的赤字，并许诺在未来的某个时期转向较低水平的政府开支或税收。在第 4 章中的一个封闭经济情况下，我们对“货币主义算法”的讨论中对这种规则进行了分析。

□ 2.2　弹性价格下的三产品模型

下面进一步展开我们的分析，来考虑一下经济领域中生产两种产品的情形：一种是非贸易品，仅用作最终国内消费，另一个是出口品，全部用来出口。[①] 并且，每个部门的资本存量是固定的，而劳动力是均质的和完全流动的；家庭与政府消费本国产品和国内不能生产的不完全替代的进口品；国内产品部门的价格与名义工资是完全可变的。

2.2.1　家庭

家庭的消费决定遵循一个两阶段的过程：在其预算约束一定的情况下，首先决定全部消费的最优水平；然后在国内产品和进口品消费之间进行最优数量分配。[②]

在假定劳动供给是无弹性供给的条件下，代表性家庭的贴现终生效用仍由（28）式所给出，其中，c 现在代表总消费支出指数，实际货币余额 m 由消费篮子的价格 P 度量。

代表性家庭的实际金融财富也在（29）式中被确定：

$$a=m+b-l^* \tag{64}$$

其中，a 和 b 按消费篮子的价格测量，并且实际外国负债 l^* 现在被定义为 $l^*\equiv EL^*/p$。动态预算约束现在为：

$$\dot{a}=y+ib-c-\tau-(i^*+\theta)l^*-\varepsilon l^*-\pi a \tag{65}$$

其中，净生产要素收入 y 在下面导出，$\pi\equiv\dot{P}/P$ 是整体通货膨胀率。$-\pi a$ 表示由通货膨胀所引起的总财富资本损失，而 εl^* 表示由汇率贬值所引起的外部债务本币价值增长。

使用（64）式，则（65）式可被表达为：

$$\dot{a}=ra+y-c-\tau-(i^*+\theta+\varepsilon-i)/l^*-im \tag{66}$$

其中，$r=i-\pi$ 表示国内实际利率。

在消费决策过程的第一阶段，家庭视 π，ε，y，i，i^* 和 τ 为已知的，再一次内化其借款决策对 θ 产生的影响，通过选择序列 $\{c, m, b, L^*\}_{t=0}^{\infty}$ 来最大化（28）式，同时受到（30）式和（66）式的约束。[③] 最优化条件与以前所导出的那些条件相似：

$$m^d=xc^{\eta}/i=m(\overset{+}{c},\overset{-}{i}) \tag{67}$$

$$i=(i^*+\theta+\varepsilon)+L^*\theta_{L^*} \tag{68}$$

---

① 所有有关单一产品模型的假设——尤其是关于私人资产组合结构的——在目前的框架中成立，此框架遵循 Agénor（1997a）的研究。为简洁起见，我们不考虑进口品竞争性部门的存在。然而，这一扩展将对分析贸易条件冲击有益，这在第 1 章讨论过。Hinkle and Montiel（1999）研究了含有竞争性进口品部门的三产品模型。

② 此处所考虑的这种两阶段预算过程，其精确条件由 Deaton and Muellbauer（1980）很好地进行了定义。

③ 采用家庭选择外国贷款外币价值的这一假设是为了简便起见。但是，值得注意的是，保留风险溢价取决于私人外国借款的外币价值这一假设是自然而然的，因为它反映了外国借贷者的行为。

$$\dot{c}/c = \sigma(r-\rho) \tag{69}$$

以及横截条件 $\lim_{t\to\infty}(e^{-\rho t}a)=0$。再次对 θ 进行线性逼近，（67）式产生类似于（34）式的外国贷款需求函数：

$$L^* = (i - i^* - \varepsilon)/\gamma \tag{70}$$

（67）式和（70）式的特性本质上与前一节所描述的情况是一样的。但在目前背景下，一个新的重要因素是跨时欧拉方程（69）式意味着总体开支增长取决于实际利率，实际利率是以消费篮子的价格来衡量的。因此，正如 Dornbusch（1983）所明确强调指出的，即使是在不存在资本市场不完善的情形下（$\gamma\to 0$），非贸易品的出现也防止了国内和国外实际利率的相等。换言之，不同国家非贸易品相对价格的差异意味着即使当名义收益率相等时，实际收益率也会不同。

在消费决定过程的第二个阶段，代表性家庭最大化一个位似子效用函数 $V(c_N, c_I)$，并受到静态预算约束的限制：

$$P_N c_N + E c_I = Pc$$

其中，P_N 表示国内产品的价格，c_I（c_N）表示进口（非贸易）品的开支。因为进口品的外币价格被规定为 1，本币价格就是名义汇率。

令 z 为按本国产品计算的进口品的相对价格，即 $z\equiv E/P_N$。由于代表性家庭的国内偏好是相似的，那么，本国产品和进口品之间的（所需）比率只取决于它们的相对价格，而不取决于总体开支。因而：

$$V_{c_N}/V_{c_I} = z^{-1}$$

假设子效用函数为柯布-道格拉斯函数，于是：

$$V(c_N, c_I) = c_N^{\delta} c_I^{1-\delta}/[\delta^{\delta}(1-\delta)^{1-\delta}]$$

其中，$0<\delta<1$ 表示由本国货币承担的总开支份额。所需开支的构成因而为：

$$c_N/c_I = \delta z/(1-\delta)$$

此方程能够在跨时预算约束中代入 $c = z^{\delta}(c_I + c_N/z)$ 而得到：

$$c_N = \delta z^{1-\delta} c, \quad c_I = (1-\delta) z^{-\delta} c \tag{71}$$

从间接子效用函数得出，消费价格指数 P 的恰当定义是（Samuelson and Swamy, 1974）①：

$$P = P_N^{\delta} E^{1-\delta} = E z^{-\delta} \tag{72}$$

因此，通货膨胀率为：

$$\pi = \varepsilon - \delta \dot{z}/z \tag{73}$$

2.2.2 产出与劳动力市场

生产贸易品和非贸易品的技术特征为劳动力边际报酬递减：

$$y_h = y(n_h), \quad y_h' > 0, \quad y_h'' < 0, \quad h = N, X \tag{74}$$

其中，y_h 表示商品 h 的产出，n_h 表示部门 h 所雇用的劳动数量。根据利润最大化的一阶条件，部门劳动需求函数可以被导出：

$$n_X^d = n_X^d(w_X), \quad n_N^d = n_N^d(z w_X), \quad n_X^{d\prime}, n_N^{d\prime} < 0 \tag{75}$$

其中，w_X 为出口品部门的生产工资。名义工资完全灵活，因此，w_X 能够从劳动力市场的

① 从严格意义上来讲，生活费用指数也应当包括持有实际货币余额的机会成本，即国内名义利率。为简明起见，这一部分可忽略不计。

平衡条件中解出：

$$n_X^d(w_X)+n_N^d(zw_X)=n^s$$

其中，n^s表示劳动供给，可再次被视作常量。此方程意味着均衡产品工资与实际汇率负相关：

$$w_X=w_X(z),\quad w_X'<0,\quad |w_X'|<1 \tag{76}$$

在（74）式和（75）式中代入这一结果，并考虑 $\mathrm{d}(zw_X)/\mathrm{d}z=1+w_X'>0$，可以得到部门供给方程：

$$y_h^s=y_h^s(z),\quad y^{s\prime}_X>0,\quad y^{s\prime}_N<0 \tag{77}$$

2.2.3　中央银行和政府

如前所述，经济中没有商业银行，中央银行不向国内私人提供贷款。实际货币供给就等于：

$$m^s=z^\delta R^* \tag{78}$$

中央银行的实际利润，$(i^*+\varepsilon)z^\delta R^*$，全部被转移给政府。由于具有总量税融资，并令常量的政府债券实际存量为零，那么政府预算约束可被写为：

$$\tau=z^\delta(g_I+g_N/z)-z^\delta(i^*+\varepsilon)R^* \tag{79}$$

其中，g_I和g_N分别表示进口品和非贸易品的政府支出。

2.2.4　市场出清条件

求解模型要求具体化国内商品市场和货币市场的均衡条件，后者可通过市场出清利率解出。前者的条件为：

$$y_N^s=\delta z^{1-\delta}c+g_N \tag{80}$$

并且由（67）式和（78）式可以得出，市场出清利率如前所述由（39）式给出。

2.2.5　动态形式

实际生产要素收入 y（以生活费用单位测量）可由（81）式得到：

$$y=z^\delta(y_X^s+y_N^s/z) \tag{81}$$

据（64）式和（78）式，有：

$$a=z^\delta(R^*-l^*)$$

尽管 R^*-l^* 是预先决定的，实际汇率以离散方式变化；净金融财富 a（或者，等同地，经济中国外资产存量的本币价值）可以马上变化。

使用上述 a 的定义和（73）式，有：

$$\dot{a}=z^\delta(\dot{R}^*-\dot{L}^*)+(\varepsilon-\pi)a$$

将上述结果和（71）、（79）、（80）和（81）式代入（65）式得到：

$$\dot{L}^*-\dot{R}^*=i^*(l^*-R^*)+\theta(l^*,\cdot)L^*+(1-\delta)z^{-\delta}c+g_I-y_X^s \tag{82}$$

这表示经济中的统一预算约束。如以前一样，对（82）式积分，同时受到横截条件 $\lim_{t\to\infty}(L^*-R^*)\mathrm{e}^{-i^*t}$ 的约束，可以得到经济的跨时预算约束。

从（71）式和（80）式中，我们可得到短期的均衡实际汇率为：

$$z=z(\bar{c};\ \bar{g_N}) \tag{83}$$

其中，

$$z_c=\delta/[y_N^{s\prime}-\delta(1-\delta)\tilde{c}],\quad z_{g_N}=1/[y_N^{s\prime}-1-\delta(1-\delta)\tilde{c}]$$

（40）、（69）、（70）、（73）、（78）、（82）和（83）式描述了随时间变化的经济变动趋

势。这些方程可以被归纳如下：

$$L^* = [i(c, m) - i^* - \varepsilon]/\gamma \tag{84}$$

$$\dot{c}/c = \sigma[i(c, m) - \varepsilon + \delta\dot{z}/z - \rho] \tag{85}$$

$$z = z(c; g_N) \tag{86}$$

$$\dot{D} = i^* D + \theta(L^*)L^* + (1-\delta)z^{-\delta}c + g_T - y_X^s(z) \tag{87}$$

$$m = z^\delta R^* \tag{88}$$

另外，(79) 式还决定着总量税，而 $D = L^* - R^*$ 再次表示净外债。

将动态形式压缩为一个只包括 c 和 D 的体系，考虑通过 (88) 式，有

$$m = z^\delta(L^* - D) \tag{89}$$

或者，使用 (84) 式，有

$$m = z^\delta\{[i(c, m) - (i^* + \varepsilon) - \gamma D]/\gamma\} \tag{90}$$

在 (90) 式中代入 (86) 式，有

$$m = z(c; g_N)^\delta \beta\{i_c c - (i^* + \varepsilon) - \gamma D\}, \quad \beta \equiv 1/(\gamma - i_m) \tag{91}$$

因此，

$$m = \varphi(\overset{?}{c}, \overset{-}{D}; \overset{-}{i^* + \varepsilon}, \overset{-}{g_N}) \tag{92}$$

其中，

$$\varphi_c = \beta(i_c + \delta\gamma z_c \widetilde{R}^*), \quad \varphi_D = -\beta\gamma, \quad \varphi_{i^*+\varepsilon} = -\beta, \quad \varphi_{g_N} = \beta\delta\gamma z_{g_N}\widetilde{R}^*$$

在 (85) 式中代入 (92) 式，有：

$$\dot{c}/c = \sigma\{i[c, \varphi(c, D; i^* + \varepsilon, g_N)] - \varepsilon + \delta\dot{z}/z - \rho\} \tag{93}$$

假设 g_N 的变化只以离散的方式出现，因而 (85) 式意味着 $\dot{z} = z_c\dot{c}$，且 $z_c < 0$。在 (93) 式中代入这一结果，则产生一个动态方程，可被表达为：

$$\dot{c} = G(\overset{+}{c}, \overset{+}{D}; \overset{+}{i^*}, \overset{-}{\varepsilon}, \overset{+}{g_N}) \tag{94}$$

其中，当 $\Delta = \sigma\tilde{c}/(1 - \sigma\tilde{c}\delta z_c) > 0$ 时[①]：

$$G_c = (i_c + i_m\varphi_c)\Delta, \quad G_D = i_m\varphi_D\Delta$$

$$G_{i^*} = i_m\varphi_{i^*+\varepsilon}\Delta, \quad G_\varepsilon = (i_m\varphi_{i^*+\varepsilon} - 1)\Delta, \quad G_{g_N} = i_m\varphi_{g_N}\Delta$$

在 (83) 式中代入 (91) 式，有

$$L^* = \lambda(\overset{+}{c}, \overset{+}{D}; \overset{-}{i^* + \varepsilon}, \overset{+}{g_N}) \tag{95}$$

其中，

$$\lambda_D = i_m\varphi_D/\gamma = -i_m\beta, \quad \lambda_{i^*+\varepsilon} = -\beta,$$

$$\lambda_c = (i_c + i_m\varphi_c)/\gamma = \beta(i_c + i_m\delta z_c\widetilde{R}^*), \quad \lambda_{g_N} = i_m\varphi_{g_N}/\gamma$$

最终，应用 (95) 式，(87) 式可被写为：

$$\dot{D} = \Psi(\overset{+}{c}, \overset{+}{D}; \overset{?}{i^*}, \overset{-}{\varepsilon}, \overset{+}{g_N}) - g_I \tag{96}$$

其中，

$$\Psi_c = -z_c[y_X^{s'} + \delta(1-\delta)\tilde{c}] + (1-\delta) + (\tilde{\theta} + \widetilde{L}^*\theta_{L^*})\lambda_c$$

$$\Psi_D = i^* + (\tilde{\theta} + \widetilde{L}^*\theta_{L^*})\lambda_D, \quad \Psi_\varepsilon = (\tilde{\theta} + \widetilde{L}^*\theta_{L^*})\lambda_{i^*+\varepsilon}$$

---

① 应注意到，$i_c + i_m\varphi_c = \gamma\beta(i_c + i_m\delta z_c\widetilde{R}^*) > 0$；因而，不管 m_c 为正还是为负，G_c 均为正值。同样也需注意，$i_m\varphi_{i^*+\varepsilon} - 1 = -\beta\gamma < 0$。

$$\Psi_{g_N} = -z_{g_N}[y_X^{s'} + \delta(1-\delta)\tilde{c}] + (\tilde{\theta} + \widetilde{L}^* \theta_{L^*})\lambda_{g_N}$$

$$\Psi_{i^*} = \widetilde{D} + (\tilde{\theta} + \widetilde{L}^* \theta_{L^*})\lambda_{i^*+\varepsilon}$$

总体说来，偏导数 Ψ_{i^*} 是不确定的。一方面，无风险利率增加提高了与外债初期存量成比例的债务偿付；另一方面，外债偿付中与溢价相关的成分也随着私人的外国贷款需求而下降。对经常账户的净影响（和外债的累积率）不能被断定为是先验的。在接下来的讨论中，为了使讨论围绕着一个高负债经济的案例进行，假设净影响是正面的（$\Psi_{i^*} > 0$），即无风险世界利率的上升（给定债务和消费水平）增加了经常账户赤字。

（94）式和（96）式又一次形成了在 c 和 D 上的动态体系，这一体系可以在稳态附近线性化，并被写成：

$$\begin{bmatrix} \dot{c} \\ \dot{D} \end{bmatrix} = \begin{bmatrix} G_c & G_D \\ \Psi_c & \Psi_D \end{bmatrix} \begin{bmatrix} c - \tilde{c} \\ D - \widetilde{D} \end{bmatrix} \tag{97}$$

鞍形稳定性轨迹要求 $G_c\Psi_D - G_D\Psi_c < 0$。在（94）式和（96）式中令 $\dot{c} = \dot{D} = 0$，可获得稳态解。从（73）式得到，稳态通货膨胀率和非贸易品物价的通货膨胀率等于贬值率：

$$\tilde{\pi} = \tilde{\pi}_N = \varepsilon \tag{98}$$

如前所述，在稳态下，经常账户必须处于均衡：

$$y_X^s(\tilde{z}) - (1-\delta)\tilde{z}^{-\delta}\tilde{c} - g_I = i^*\widetilde{D} + \theta(\widetilde{L}^*, \cdot)\widetilde{L}^* \tag{99}$$

实际（以消费为基础的）利率又等于时间偏好率［（48）式］，且家庭的国外借款的稳态水平由（59）式给出。

图 10－8 展示了这种稳态均衡关系。第二象限的 NN 曲线描绘了与非贸易品市场中的均衡相一致的私人消费 c 和实际汇率 z 的组合［（83）式］，而第三象限中的曲线 LL 表示出口品部门产品工资 w_X 与实际汇率的组合，这两者与劳动力市场均衡是一致的［（76）式］。对第一象限中 CC 曲线和 DD 曲线的解释类似于前一个小节中所做的描述。具体而言，位于 CC 曲线右侧的点代表的情形为国内实际利率高于时间偏好率，消费增加，并且实际汇率升值以减少非贸易品的过量供给。反过来，位于 CC 曲线左侧的点表示的情形为消费下降，国内商品供给过量，实际汇率不断贬值。鞍形稳定性又一次要求 CC 曲线比 DD 曲线更陡一些。

2.2.6 政策冲击

为说明此模型的功能，首先考虑 g_N 出现以税收融资的长期增长的情况。这一冲击对国内名义利率没有长期影响，国内名义利率等于时间偏好率加上贬值率［参见（48）式］。它对私人部门的国外借款也没有影响。外国借款只取决于［如（59）式所表示的］世界无风险利率和时间偏好率之差。在实际利率的初始水平上，私人消费必须下降以维持非贸易品市场的均衡。如（50）式所示，因为国内利率不发生变化，实际货币余额也必须下降。私人消费的降低在比例上低于政府开支的增加，因此，为了维持本国商品市场的均衡，要求国内商品总开支上升和实际汇率升值。

尽管实际升值倾向于降低贸易品的产出，但贸易盈余（它再一次相当于债务偿还账户的原始赤字）必须上涨以维持外部平衡，因为经济中的债务 D 存量增加，并且债务偿还账户恶化。债务上升源自中央银行所持的净国外资产 R^* 的下降（因为私人部门所持国

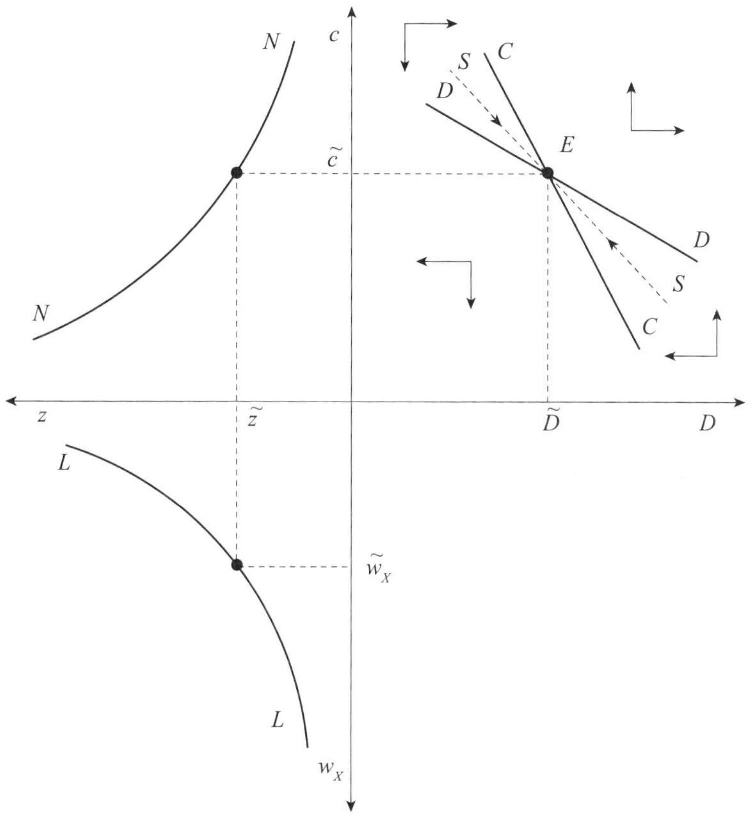

图 10-8　三产品模型中的均衡

资料来源：Agénor（1997a，p. 31）.

外资产 L^* 没有变化），相应地，对实际货币余额的需求下跌。

私人消费马上下降——其程度取决于跨时替代的程度——因为政府开支增加提高了家庭终生纳税，并且减少了其终生财富。但实际汇率现在可能升值或贬值，这取决于对非贸易品的总开支是上升还是下降。如果消费量 σ 的跨时替代程度足够低，私人消费事实上将几乎没有变化，总开支将增加，于是实际汇率马上升值。

图 10-9 给出了朝向 g_N 永久增长的调整路径，在这一情形中，跨时替代的程度实际上足够低以保证实际汇率马上升值。第一象限中的曲线 CC 和 DD 都向左移动。[①] 在第二象限中，曲线 NN 向中心移动。私人消费向下跳跃，从点 E 到位于新鞍形路径 $S'S'$ 上的点 A，实际汇率从点 H 跳跃至位于新曲线 NN 上的点 Q。在利率和官方储备的初始水平，实际货币存量马上下降；货币需求下降由消费下降所引起并对应供给下降提供资金补充，这源自伴随实际汇率升值出现的对官方储备本币价值产生的价值影响。如果价值影响不太大，尽管货币供给引发向上的压力，私人消费下降仍会导致国内名义利率降低。私人国外负债因此下降，经济中出现资本外流。由于外债存量不会马上变化，因此官方储备必须随之下降。经常账户出现赤字（$\dot{D}_0 > 0$），并且作为债务存量的稳态增长和向

① 正如 Agénor（1997）所注意到的，图中所描绘的轨迹 CC 的运动是在经验上合理的假设下绘出的，这一假设是价值效应（说明了政府开支，通过它对实际汇率的影响对私人消费变化所产生的间接效应）不太大。

新均衡调整路径的单调性这两者的结果，在整个过程中仍处于赤字状态。[①] 私人消费随时间继续下降，并且实际汇率贬值，因此国内名义利率事实上下跌了。在转型时期，它必须上升以达到新的长期均衡，从而恢复实际利率和时间偏好率之间的等式。因此，随着时间的变化，私人国外负债增长，经济经历了净资本流入，净资本流入将一直持续到在世界资本市场上的私人借款回到它的最初值时为止。

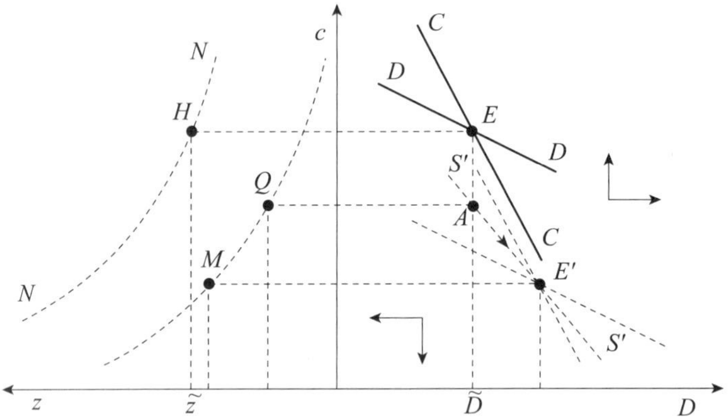

图 10-9　政府的国内产品开支增加

资料来源：Agénor（1997a，p. 40）.

现在，让我们来考虑贬值率 ε 出现未预期下降的情况。[②] 首先假设冲击是长期的。正如在本章附录中所形式化表示的，在这种情况下，ε 的降低对实际利率或私人国外借款没有长期影响。但是，尽管实际利率保持与新稳态时间偏好率相等，但名义利率与贬值率以同样的比率下降。持有货币的机会成本下降使得对国内现金余额的需求增加。净国外资产的官方存量因此必须增长；并且，由于私人国外借款没有变化，经济中的外债在新的稳态中必须低一些，这意味着债务账户的初期赤字也应该较低。为了维持外部平衡，初期贸易盈余必须下降——或同样地，私人消费必须上升。私人开支的增长导致了实际汇率升值，并且使得对国内现金余额需求进一步增长。

事实上，消费下降的原因在于，由于 ε 降低产生的直接影响是增加实际利率，因此产生了对家庭的刺激，使其将消费转移到未来。ε 的降低也导致了私人对国外贷款的需求离散性地增长，因而需要用官方储备来抵消这种增长（并且也就有了实际货币存量的增长）以使经济的债务存量保持常量。由于消费下降，并且实际货币存量上升，因此，对名义利率净冲击的影响毋庸置疑是负面的。[③]

消费下降需要实际汇率贬值以维持本国商品的供需平衡。私人开支下降，加上由实际汇率贬值所引起的贸易品产出扩张，结果是贸易盈余增长。同时，随着利息支付中与溢价有关的成分增加所产生的负所得效果（源自私人国外借款增长）使债务账户初期的

① 债务偿还账户毫无疑问是改善了，因为外部债务偿付中与溢价相关的成分下跌了——这是私人外国借款降低和风险溢价下降两者的作用结果。为对流通账户出现赤字产生影响，就需要贸易状况恶化程度足够高以超过债务偿还状况的改善程度。并且因为私人消费下降，贸易品产出降低（源自实际汇率的升值）必须超过消费的下降。

② 当然，由于初始稳态在目前的情形下的特征为全面就业（工资完全可变），所以通货膨胀的成本（因而抑制通货膨胀的好处）是多大就不清楚了。然而，给定这个分析的说明，假设存在伴随初始通货膨胀-贬值率出现的隐含扭曲就足够了。

③ 如果资金流动的程度（由 γ 表示）足够高，那么名义利率将以大约等同于贬值率的数量下跌。

赤字增长，而经常账户却得到了改善，并且外部债务下降（$\dot{D}_0 < 0$）。由于冲击是长期的，在整个调整过程中，经常账户仍保持盈余。在这种情况下，消费开始增长，并且实际汇率升值。实际利率朝着其初期的稳态水平运动，由时间偏好率给出。

图 10－10 展示了对这一冲击的动态分析。曲线 CC 和 DD 都向左移动，消费向下移动，事实上从点 E 到点 A，此后开始上升。经济中的外债存量在向新稳态转移的过程中持续下降，在点 E' 达到稳态。

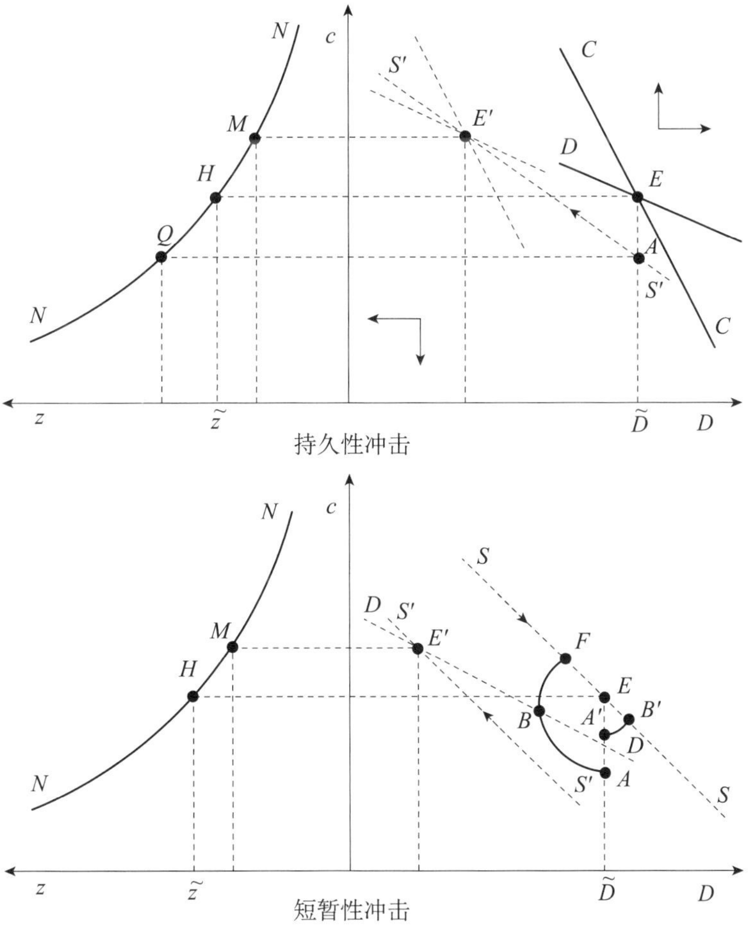

图 10－10　贬值率的降低

资料来源：Agénor（1997a，p. 43).

图 10－10 的下图显示了当 ε 的降低是暂时的将会出现的情况。同样，由于冲击是短暂的，代表性家庭最理想的平滑化反应是以低于其在冲击长期情况下的降幅来降低消费。根据期间（0，T）的长度不同，可能会产生两种调整路径。若冲击持续时间短，则私人消费将从点 E 向下移动到点 A'，并将会在此后开始增加，直到到达原来位于 T 的鞍形上的点 B'。贸易余额将仅会轻微改善，因为持续的短期冲击对私人几乎没有产生什么刺激，难以激发其去改变消费路径。经常账户因此将会出现赤字（债务偿还账户恶化的结果），外债将增长一直到冲击消除。此后，消费将继续增加，同时经常账户出现盈余，一直到经济回到原来的平衡点 E。

相反，如果冲击持续的时间足够长，私人消费将从点 E 跳至点 A，并将开始增长，直到原来鞍形轨迹上的点 F 在点 T 处达到。此后，消费沿原来轨迹 SS 开始下降，最终到达原来的均衡点 E。经常账户在调整过程（在点 A 与点 B 之间）的第一阶段保持盈余，而此后它陷入赤字状态（在点 B 和点 F 之间）。点 B 在时段 T 之前就达到。此后，消费在点 F 和点 E 之间下跌，经常账户仍旧处于赤字状态，并且外债增长。[①]

强调在完善和不完善的世界资本市场下模型的长期预测之间的差异是重要的。在前一案例中（等同于 $\gamma \to 0$），无抛补利息平价条件 $i = i^* + \varepsilon$ 仍然成立，并且私人国外借款被认为是预先确定的。由持有货币的机会成本降低所引发的实际现金余额需求增加可以通过货币持有和国外债务两者的即时增长来实现：家庭在世界资本市场上增加借款，因而产生资本流入，资本流入通过用外汇向中央银行（它的外汇储备因而增长）兑换本币而完成，因而经济的债务净存量保持常量。这不会产生实际效果，并且在调整过程中未展示出任何动态，经济立刻到达新的稳态。尽管经济中的净外债（官方外汇储备份额上升）构成发生变化，但债务存量本身不发生变化，并且实际变量也不发生变化。

相比之下，在资本市场不完善（即，当 $\gamma > 0$ 时）的情况下，世界无风险利率和时间偏好率之间的差值使得私人国外借款的长期价值受到约束，因而它不能在应对贬值率变化时相应地发生变化。于是，如前文所述，由持有货币的机会成本降低所引起的实际现金余额增长不能够通过一步到位的资本流入和私人外国负债增长而直接发生。如前所述，官方储备要扩大，并且货币供给能与对货币增长的需求相匹配，就要求一系列的经常账户盈余。由于更高的官方储备意味着经济中的净外债降低（私人外国借款保持常数），外债偿还账户中较低的赤字必须伴随着较低的贸易盈余，即较高的私人消费。因此，在不完全世界资本市场中，朝着贬值率下降方向进行的调整过程展示了转型动态以及长期的实际影响。

□ 2.3　扩展

可以进一步扩展上文所阐述的两部门模型，来解释被认为与发展中国家相关的其他特征。我们在这里考虑一下在非贸易品部门中存在进口中间产品和价格黏性问题。

2.3.1　进口中间产品

比如，假设非贸易品的产出是根据固定系数的技术、使用劳动力 n_N 和进口中间产品 O_N 来生产的。因而，生产函数为[②]：

$$y_N = \min(n_N, \alpha O_N)$$

其中，参数 $1/\alpha$ 表示中间原料的数量，中间原料必须与单位劳动力相结合来产生单位国内产品。根据这一公式，在非贸易品部门中规模报酬不变。生产要素的需求函数为：

$$n_N^d = y_n, \quad O_N^d = \alpha^{-1} y_N$$

假设进口品的世界价格等于 1，在均衡时，国内产品价格将由零利润条件给出：

$$P_N = w + \alpha^{-1} E$$

此公式意味着 $w/E = z - \alpha^{-1}$。如果进口中间产品被视为最终贸易品，那么对经常账户方程的修正十分简单。

① 模型所预测的开支初期下降和随后增长与 1985 年 7 月以色列的稳定计划实施后所观察到的私人消费的“U 形”行为一致，这一计划部分地基于汇率冻结；参见 Helpman and Leiderman（1988，p. 27）。

② Obstfeld（1986a）采用了类似的公式。

2.3.2 黏性价格

在此前给出的三产品模型中，我们假定非贸易品的价格是完全灵活的。尽管这种假定作为一种基准案例用起来很方便，但它并不一定有经验证据支持；事实上，许多经济学家都主张价格在短期内具有很大的惯性。我们现在简要讨论一下如何对前面给出的三产品模型进行修正以引入黏性价格的概念。

当然，由于出口品价格是在世界资本市场中给出的，我们只需要考虑国内产品部门价格形成这一问题。据此，现在假设非贸易品价格 P_N 是预先决定的，并只对这些产品的市场上的非均衡进行调整。具体说来，考虑价格调整方程：

$$\pi_N \equiv \dot{P}_N/P_N = \beta[\delta z^{1-\delta}c + g_N - y_N^s] + \varepsilon, \quad \beta > 0 \tag{100}$$

其中，β 表示调整速度。在极端案例 $\beta = 0$ 中，模型以“凯恩斯”模式固定价格运行，而早前所考虑过的价格完全灵活情况下有 $\beta \rightarrow \infty$。总之，黏性价格假设自身带有某种潜在的配给机制和多种配给平衡的可能性。① 但我们在此处对这一问题不做深入研究。

根据定义 $\dot{z}/z = \varepsilon - \pi_N$，使用（99）式产生：

$$\dot{z}/z = \varepsilon - \beta(\delta z^{1-\delta}c + g_N - y_N^s) - \varepsilon = \Phi(\overset{-}{c}, \overset{-}{z}; \overset{0}{\varepsilon}, \overset{-}{g_N}) \tag{101}$$

其中，$\Phi_c = -\beta\delta$。因而，与价格完全灵活的情况相反，这不是实际汇率变化率与消费变化率之间的关系，而是 z 的变化幅度与 c 的水平之间的关系。

除了（100）式之外，如早前所导出的，动态系统的其他方程是：

$$L^* = [i(c, m) - i^* - \varepsilon]/\gamma \tag{102}$$

$$\dot{c}/c = \sigma[i(c, m) - \varepsilon + \delta\dot{z}/z - \rho] \tag{103}$$

$$\dot{D} = i^*D + \theta(L^*)L^* + (1-\delta)z^{-\delta}c + g_I - y_X^s(z) \tag{104}$$

$$m = z^{\delta}R^* \tag{105}$$

$$L^* = \Lambda(c, D; i^* + \varepsilon) \tag{106}$$

其中，如前文所示，Λ_c，$\Lambda_D > 0$，并且 $\Lambda_{i^*+\varepsilon} < 0$。

如前所述，消去 L^*，运用（102）式和（105）式，有

$$m = z^{\delta}\{[i(c, m) - (i^* + \varepsilon) - \gamma D]/\gamma\}$$

此方程可被写为：

$$m = \varphi(\overset{+}{c}, \overset{+}{z}, \overset{-}{D}; i^* \overset{-}{+} \varepsilon)$$

其中，如前所述，$\varphi_D = -\beta\gamma$ 和 $\varphi_{i^*+\varepsilon} = -\beta$，并且现在有

$$\varphi_c = \beta i_c, \quad \varphi_z = \delta\tilde{R}^*, \quad \varphi_{g_N} = 0$$

在（103）式中代入这一结果，有

$$\dot{c}/c = \sigma\{i[c, \varphi(c, z, D, i^* + \varepsilon)] - \varepsilon + \delta\dot{z}/z - \rho\}$$

因此，运用（101）式，有

$$\dot{c} = G(\overset{?}{c}, \overset{-}{z}, \overset{+}{D}; \overset{+}{i^*}, \overset{-}{\varepsilon}, \overset{-}{g_N}) \tag{107}$$

现在，当 $\Delta = \sigma\tilde{c} > 0$ 时有②

$$G_c = (i_c + i_m\varphi_c + \delta\Phi_c)\Delta, \quad G_z = (i_m\varphi_z + \delta\Phi_z)\Delta, \quad G_D = i_m\varphi_D\Delta$$

---

① 比如，一般而言，只有当边际成本（现存实际工资）不超过普遍产品价格时，公司将增加产出。另外一种对价格黏性进行模型化的研究源自 Calvo（1983），这一点将在第 11 章和第 12 章讨论。

② 需再次注意的是，$i_m\varphi_{i^*+\varepsilon} - 1 = -\gamma\beta < 0$，且当 $\tilde{R}^*$ 很小时，$G_{g_N} \rightarrow 0$。

$$G_{i^*}=i_m\varphi_{i^*+\varepsilon}\Delta,\quad G_\varepsilon=(i_m\varphi_{i^*+\varepsilon}-1)\Delta,\quad G_{gN}=\delta\Phi_{g_N}\Delta$$

虽然 $i_c+i_m\varphi_c>0$，但 G_c 的符号总体上是难以确定的。G_z 的符号也是难以确定的。如果 β 的调整速度足够高（如同下文将假设的），那么 G_c，$G_z<0$。

根据（104）式和（106）式，有

$$\dot{D}=\Psi(\overset{+}{c},\overset{-}{z},\overset{+}{D};\overset{?}{i^*},\overset{-}{\varepsilon})-g_I \tag{108}$$

其中，Ψ_D，Ψ_{i^*} 和 Ψ_ε 是提前给定的：

$$\Psi_D=i^*+(\tilde{\theta}+\tilde{L}^*\theta_{L^*})\Lambda_D,\quad \Psi_\varepsilon=(\tilde{\theta}+\tilde{L}^*\theta_{L^*})\Lambda_{i^*+\varepsilon}$$

$$\Psi_{i^*}=\tilde{D}+(\tilde{\theta}+\tilde{L}^*\theta_{L^*})\Lambda_{i^*+\varepsilon}$$

并且，现在

$$\Psi_c=(1-\delta)+(\tilde{\theta}+\tilde{L}^*\theta_{L^*})\Lambda_c,\quad \Psi_z=-y_X^s-\delta(1-\delta)\tilde{c}$$

其中，$\Psi_{i^*}>0$ 如前所述被假定为正值。[①]

（100）、（106）和（107）式代表着 c、z 和 D 的动态体系。如前所述，在稳态附近使模型线性化得到：

$$\begin{bmatrix}\dot{c}\\ \dot{z}\\ \dot{D}\end{bmatrix}=\begin{bmatrix}G_c & G_z & G_D\\ \Phi_c & \Phi_z & 0\\ \Psi_c & \Psi_z & \Psi_D\end{bmatrix}\begin{bmatrix}c-\tilde{c}\\ z-\tilde{z}\\ D-\tilde{D}\end{bmatrix} \tag{109}$$

为检验线性化体系的局部稳定性特征，我们注意到系数矩阵序列的行列式 **A** 可以被写为：

$$|\mathbf{A}|=-\Phi_c(\Psi_D G_z-\Psi_z G_D)+\Phi_z(\Psi_D G_c-\Psi_c G_D)$$

据此方程能够确立，假设 Ψ_D 初期接近于 0，即 $|\mathbf{A}|>0$。因为 $|\mathbf{A}|$ 等于系统的特征根的积，那么其中或者有两个根为负实数，或者没有负根。假设 β 的调整速度足够快，能确保通过以下公式

$$\text{tr}\mathbf{A}=G_c+\Phi_z+\Psi_D$$

得出系统的系数矩阵的迹 tr**A** 是负的。因为 tr**A** 等于系统的特征根之和，那么至少一个根必为负实数。准确地说，有两个根为负实数。因此，由于 z 和 D 是预先决定的状态变量，那么系统是鞍形稳定的。

在有两个预先决定的变量和一个跳跃性变量的情形下，尽管 Dixit（1980）所提出的求解技巧用来评估对消费的冲击影响是有用处的（Agénor，1998a），但是我们不能直接运用标准的相位图方法求解。我们也可以用数值解法来对这个模型进行求解，以检验我们以前所研究的各类冲击的短期和长期影响。例如，Cook and Devereux（2006a）在进口中间产品和浮动汇率制条件下，研究了开放经济体国内风险溢价外生提高的影响。

模型可以依据研究问题进行大量的扩展。这些扩张包括引入黏性工资（Rhee，2008）、政府支出的正向供给效应（Kimbrough，1985；以及本书第 17 章）、私人投资和资本积累（与本书第 3 章内容相关）或者银行系统（本书第 6 章）。[②] 分析还可以扩展到习惯形成、耐用品因素等方面，例如 Ikeda and Gombi（1999），Karayalcin（2003），

① 注意，此时 $\Psi_{g_N}=0$。

② Dixon and Kara（2006）提供了一般框架考虑了工资黏性的多样来源，以理解其与通货膨胀惯性之间的关系。Ascari（2003）关注了工资黏性和产出惯性之间的关系，他也同样讨论了工资和价格黏性之间的区别。

Mohsin（2006），Mansoorian and Neaime（2003）的研究。前面三个研究关注财政政策对经常账户的影响，第三个研究讨论了贬值率变化的动态影响。但是这些扩展研究中的模型过渡复杂使得解析解的求解难度极大，因此数值解有时非常必要。

附录　三产品模型中的冲击与稳态影响

本附录确定了在有可变价格的三产品模型中 ε 的降低所带来的冲击和稳态效应。

首先，考虑一个长期的冲击。动态系统（109）式的鞍形轨迹 SS 的等式为：

$$c-\tilde{c}=\kappa(D-\widetilde{D}) \tag{A1}$$

其中，$\kappa\equiv(v-\Psi_D)/\Psi_c=G_D/(v-G_c)<0$，$v$ 表示（96）式的负根。κ 是鞍形轨迹 SS 的斜率。

根据（93）式和（95）式，可以确定：

$$\mathrm{d}\tilde{c}/\mathrm{d}\varepsilon=(\Psi_\varepsilon G_D-\Psi_D G_\varepsilon)/\Omega \tag{A2}$$

$$\mathrm{d}\widetilde{D}/\mathrm{d}\varepsilon=(\Psi_c G_\varepsilon-\Psi_\varepsilon G_c)/\Omega \tag{A3}$$

其中，$\Omega=G_c\Psi_D-G_D\Psi_c<0$，以确保鞍形轨迹的稳定性，并且（如正文所讨论的）$G_\varepsilon$，$\Psi_\varepsilon<0$。为证明 $\mathrm{d}\tilde{c}/\mathrm{d}\varepsilon>0$，要求证明 $\Psi_\varepsilon G_D-\Psi_D G_\varepsilon<0$，或者要求

$$\Psi_\varepsilon/\Psi_D<G_\varepsilon/G_D=(i_m\varphi_{i^*+\varepsilon}-1)/i_m\varphi_D=1/i_m$$

或等同地，

$$(\tilde{\theta}+\widetilde{L}^*\theta_{L^*})\lambda_{i^*+\varepsilon}<i_m^{-1}[i^*+(\tilde{\theta}+\widetilde{L}^*\theta_{L^*})\lambda_D]$$

当 $\lambda_D=-i_m\beta$ 且 $\lambda_{i^*+\varepsilon}=-\beta$[其中 $\beta\equiv1/(\gamma-i_m)$]时，有

$$-\beta(\tilde{\theta}+\widetilde{L}^*\theta_{L^*})<i_m^{-1}[i^*-i_m\beta(\tilde{\theta}+\widetilde{L}^*\theta_{L^*})]$$

或当 $i^*>0$ 时也总是成立的。从国内商品市场的均衡条件，得到：

$$\mathrm{d}\tilde{z}/\mathrm{d}\varepsilon=z_c\mathrm{d}\tilde{c}/\mathrm{d}\varepsilon<0 \tag{A4}$$

从稳态条件（47）式，得到 $\mathrm{d}\tilde{i}/\mathrm{d}\varepsilon=1$。根据（49）式，有

$$\mathrm{d}\widetilde{m}/\mathrm{d}\varepsilon=m_c\mathrm{d}\tilde{c}/\mathrm{d}\varepsilon+m_i<0$$

根据（A4）式，当 $\tilde{z}=1$ 时，得到：

$$\mathrm{d}\widetilde{R}^*/\mathrm{d}\varepsilon=\mathrm{d}\widetilde{m}/\mathrm{d}\varepsilon+\delta\widetilde{m}(\mathrm{d}\tilde{z}/\mathrm{d}\varepsilon)<0$$

这一结果意味着，由于 $\mathrm{d}\widetilde{L}^*/\mathrm{d}\varepsilon=0$，那么：

$$\mathrm{d}\widetilde{D}/\mathrm{d}\varepsilon=-\mathrm{d}\widetilde{R}^*/\mathrm{d}\varepsilon>0$$

为确定 ε 的降低所产生的影响，根据（A1）式且由于 $\mathrm{d}D_0/\mathrm{d}\varepsilon<0$ 得到：

$$\mathrm{d}c_0/\mathrm{d}\varepsilon=\mathrm{d}\tilde{c}/\mathrm{d}\varepsilon-\kappa(\mathrm{d}\widetilde{D}/\mathrm{d}\varepsilon)$$

此方程意味着，使用（A2）、（A3）式和 κ 的定义得到：

$$\mathrm{d}c_0/\mathrm{d}\varepsilon=[\Psi_\varepsilon(G_D+\kappa G_c)-vG_\varepsilon]/\Omega$$

或者等价地，因为 $G_D+\kappa G_c=\kappa v$，那么：

$$\mathrm{d}c_0/\mathrm{d}\varepsilon=-v(G_\varepsilon-\kappa\Psi_\varepsilon)/\Omega>0 \tag{A5}$$

因此，非贸易品市场的均衡条件为：

$$\mathrm{d}z_0/\mathrm{d}\varepsilon=z_c\mathrm{d}c_0/\mathrm{d}\varepsilon<0 \tag{A6}$$

并且从（76）式得出，（可出口的）非贸易品产出实际上（上升）下跌。

因为 $i_c + i_m\varphi_c$ 和 $i_m\varphi_{i^*+\varepsilon}$ 都为正，货币市场的均衡条件为：

$$\mathrm{d}i_0/\mathrm{d}\varepsilon = (i_c + i_m\varphi_c)(\mathrm{d}c_0/\mathrm{d}\varepsilon) + i_m\varphi_{i^*+\varepsilon} > 0 \tag{A7}$$

可确定当 $\gamma \to 0$ 时，$\mathrm{d}i_0/\mathrm{d}\varepsilon \to 1$，并且当 $\gamma > 0$ 时，$\mathrm{d}i_0/\mathrm{d}\varepsilon < 1$。

最后，根据（83）式，且已知 $\mathrm{d}i_0/\mathrm{d}\varepsilon < 1$，有

$$\mathrm{d}L_0^*/\mathrm{d}\varepsilon = \gamma^{-1}\{(\mathrm{d}i_0/\mathrm{d}\varepsilon) - 1\} < 0$$

因为 $\mathrm{d}D_0/\mathrm{d}\varepsilon = 0$，$\mathrm{d}R_0^*/\mathrm{d}\varepsilon = \mathrm{d}L_0^*/\mathrm{d}\varepsilon < 0$，运用（A7）式，当 $\tilde{z} = 1$ 时，有

$$\mathrm{d}m_0/\mathrm{d}\varepsilon = \mathrm{d}(z_0^{\delta}R_0^*)/\mathrm{d}\varepsilon = \delta\widetilde{R}^*(\mathrm{d}z_0/\mathrm{d}\varepsilon) + \mathrm{d}R_0^*/\mathrm{d}\varepsilon < 0$$

现在考虑 ε 的短暂降低。系统（97）的通解被写为：

若 $0 \leqslant t \leqslant T$：

$$D = \widetilde{D}_{t\leqslant T} + C_1\mathrm{e}^{v_1 t} + C_2\mathrm{e}^{v_2 t} \tag{A8}$$

$$c = \tilde{c}_{t\leqslant T} + \kappa_1 C_1\mathrm{e}^{v_1 t} + \kappa_2 C_2\mathrm{e}^{v_2 t} \tag{A9}$$

若 $t \geqslant T$：

$$D = \widetilde{D}_0 + C_1'\mathrm{e}^{v_1 t} + C_2'\mathrm{e}^{v_2 t} \tag{A10}$$

$$c_t = \tilde{c}_0 + \kappa_1 C_1'\mathrm{e}^{v_1 t} + \kappa_2 C_2'\mathrm{e}^{v_2 t} \tag{A11}$$

其中，$v_1(=v)$ 表示系统的负根，v_2 表示系统的正根，并且 $\kappa_h = G_D/(v_h - G_c)$，$h = 1, 2$。四个任意常数 C_1，C_2，C_1' 和 C_2' 在以下 3 个假定条件下确定：即假定（1）$C_2'=0$（以令横截条件成立）；（2）D 从它的初期给定值 $\dot{D}_0 = D_0$ 不断演化，从而 $D_0 = \widetilde{D}_{t\leqslant T} + c_1 + c_2$；且（3）当 $t>0$ 时，c 和 D 的时间轨迹是连续的。特别是，当 $t=T$ 时，（A8）式和（A10）式的解以及（A9）式和（A11）式的解是一致的，从而产生另外两个方程。这两个方程与上述 D_0 的条件，唯一性地决定 C_1，C_2 和 C_1' 的解。这些解为：

当 $0 \leqslant t \leqslant T$ 时：

$$D = \widetilde{D}_{t\leqslant T} - x\Delta(D_0 - D_{t\leqslant T})\mathrm{e}^{v_1 t} + xv_1(v_2 - G_c)(D_0 - \widetilde{D}_{t\leqslant T})\mathrm{e}^{v_2(t-T)}$$

$$c = \tilde{c}_{t\leqslant T} - x\Delta\kappa_1(D_0 - D_{t\leqslant T})\mathrm{e}^{v_1 t} + xv_1 G_F(D_0 - \widetilde{D}_{t\leqslant T})\mathrm{e}^{v_2(t-T)}$$

当 $t \geqslant T$ 时：

$$D = D_0 - \chi(D_0 - \widetilde{D}_{t\leqslant T})\mathrm{e}^{v_1 t}\{\Delta - v_2(v_1 - G_c)\mathrm{e}^{-v_1 T}\}$$

$$c = \tilde{c}_0\kappa_1(D - D_0)$$

其中，

$$\chi = 1/G_c(v_2 - v_1), \quad \Delta = -\chi + v_1(v_2 - G_c)\mathrm{e}^{-v_2 T}$$

第 11 章 反通货膨胀计划中的分析性问题

反通货膨胀计划在发展中国家特别是拉丁美洲国家的反复失败促使大量文献开始解释这些计划失败的原因。在这些文献中，早期文献主要关注不一致政策所产生的影响和惯性机制（比如隐性或显性工资指数化，以及适应性通货膨胀预期）所起的作用；而更近期的一些文献则趋向于突出可信度的作用，以及可信度与稳定政策可持续性、可信度与稳定政策的政治可行性之间的相互作用。

本章有选择地分析了一系列具有代表性的问题。这些问题在最近的一些文献中已经有过探讨。其中，第 1 节所围绕的两个问题在最近关于以汇率为基础的稳定计划讨论中引起了广泛的注意。一个是产出的经济繁荣-萧条模式，另一个是在这些政策实施初期实际利率的表现。我们讨论了文献中对这些现象所做出的各种解释，特别研究了未来政府政策预期的作用，并对各种观点做出了评价。第 2 节研究了可信度在稳定计划的制定和设计过程中所起的作用。我们回顾了有助于提高这种政策可信度的几种不同的机制，包括为达到“信号传递”目的而采取休克疗法、使用多重名义锚（nominal anchors）、增强央行独立性以及借助国外援助等。

1 以汇率为基础的反通货膨胀计划中的议题

稳定计划的经验证据表明，尽管运用汇率作为重要的名义锚能以相对较小的产出成本终结过高的通货膨胀，但对长期通货膨胀的国家而言，成功运用汇率的例子是非常有限的。在 20 世纪 70 年代晚期南锥体*（Southern Cone）的塔布利塔（tablita）实验是一个特例，出现了通货膨胀率缓慢下降和实际汇率升值的情况。

此外，与这些计划相伴的通常是初期经济活动扩张和接下来的严重萎缩。在 1990 年摩洛哥所实行的以汇率为基础的稳定计划中也可以清楚地看出，初期扩张之后紧跟着严重的经济停滞。1990 年摩洛哥的产出以超过 10%的年增长率增长（1989 年仅为 1.5%），但在 1991 年迅速降至 2.4%，1992 年降至－4.1%，1993 年为 0.2%。经济的繁荣-萧条

* 南锥体通常指南美洲位于南回归线以南的地区，包括阿根廷、智利、乌拉圭三国以及巴拉圭和巴西的部分地区。——译者注

循环似乎在成功的和最终不成功的稳定尝试中都可以见到，并且引起了发展宏观经济学家很大的兴趣。

在以汇率为基础的稳定计划中，实际利率的变化趋势也一直是最近关于发展中国家宏观经济调整的讨论中所争论的话题。20 世纪 70 年代末南锥体的塔布利塔实验中，实际利率在计划实施的初期是下降的，而 20 世纪 80 年代在阿根廷、巴西、以色列和墨西哥实行的非正统计划中，它们却是急剧上涨的（Végh，1992；Rebelo and Végh，1997）。此外，实际利率在早期实验中表现出了随时间变化而逐渐增长的趋势，但在更近些的计划中似乎没有呈现出清晰可辨的模式。

本节要研究的是一些不同的分析模型，这些模型是为了解释在基于汇率的稳定计划中产出和实际利率的变化趋势。部分模型的关键特点在于强调了伴随不完全可信赖的政策主张而产生的动态，或者更一般而言，是强调对现在和未来政府政策不同预期所产生的影响。我们先分析针对经济繁荣-萧条之谜所提出的各种解释，然后集中分析那些对实际利率的变动趋势所进行的解释。

□ 1.1 经济的繁荣-萧条循环

Rodríguez（1982）最早尝试对经济繁荣-萧条循环进行解释，这些循环都表现出基于汇率的反通货膨胀计划特征（尤其是塔布利塔实验）。Calvo and Végh（1993a，1993b）给出了另一种解释，强调了在政策冲击传导至经济实体部门的过程中，缺乏可信度（被模拟化为临时性政策）与跨时替代效应之间的相互作用。① 我们首先介绍 Rodríguez 模型，然后对 Calvo-Végh 的“暂时性”模型进行详细说明，之后对两种模型的关键特征进行评价。

1.1.1 预期、实际利率与产出

Rodríguez（1982）所建立的模型解释了在一个小型开放经济体中实施以汇率为基础的稳定计划过程中的产出变化趋势。在这一经济体中，假设预先宣布了汇率、货币供给是内生的，预期遵循回顾性（backward-looking）的过程，并且资本在国际上具有完全流动性。

此模型的基本结构如下，即国内通货膨胀率 π 为：

$$\pi = \delta\pi_N + (1-\delta)\varepsilon, \quad 0 < \delta < 1 \tag{1}$$

为方便起见，令世界贸易品价格增长率为零。非贸易品价格通货膨胀率 π_N 取决于在该部门中价格的预期变动趋势 π_N^a 和非贸易品的过剩需求 d_N：

$$\pi_N = \pi_N^a + \upsilon' d_N, \quad \upsilon' > 0 \tag{2}$$

由（1）式和（2）式可得：

$$\pi = \pi^a + \upsilon d_N, \quad \upsilon = \delta\upsilon' \tag{3}$$

其中，$\pi^a = \delta\pi_N^a + (1-\delta)\varepsilon$。根据类似于第 10 章第 1 节［（6）式］中所确定的适应性过程，价格预期可被改写为：

$$\dot{\pi}^a = \beta(\pi - \pi^a), \quad \beta > 0 \tag{4}$$

总供给被假定为常量 $\bar{y}$，总支出 c 的变化与预期的实际利率 $r = i - \pi^a$ 负相关，其中，i 表示名义利率，并且 $c' < 0$。对贸易品的过剩需求 d_T 等于贸易余额赤字，被假定为与这

① 跨期替代在消费中所起到的作用——简单地说，即当事人是现在对消费相对价格变动敏感，而不是以后——这也曾被 Obstfeld（1985）所强调指出过，此人的贡献在后面将论及。

些产品的相对价格（被定义为 $z = E/P$ ）负相关。[①] 因而，非贸易品的过剩需求为：

$$d_N = c(r) - \tilde{y} - d_T(z) = d_N(\overset{+}{z}, \overset{-}{r}) \tag{5}$$

将（5）式代入（3）式得到：

$$\pi - \pi^a = \upsilon d_N(z, r) \tag{6}$$

（6）式表明，通货膨胀的未预期变动仅仅是由国内产品的过剩需求所决定的。

在任何时点，实际汇率 z 是已知的。随着时间的变化，它的变化遵循：

$$\dot{z}/z = \varepsilon - \pi \tag{7}$$

最后，国内名义利率由不变的世界利率 i^* 加上贬值率 ε 给出：

$$i = i^* + \varepsilon \tag{8}$$

为了用紧凑的形式来表达这个模型，将实际利率对时间求导，并使用（4）式和（6）式，因此有[②]：

$$\dot{r} = -\dot{\pi}^a = -\beta\upsilon d_N(z, r) \tag{9}$$

将（8）式和实际利率的定义代入（6）式中的预期通货膨胀率，得到：

$$\pi = i^* + \varepsilon - r + \upsilon d_N(z, r) \tag{10}$$

最后，将（10）式代入（7）式，有：

$$\dot{z}/z = r - i^* - \upsilon d_N(z, r) \tag{11}$$

（9）式和（11）式构成了实际利率和实际汇率的微分方程系统。对给定的这些变量水平，由（10）式决定通货膨胀率。

这一模型的稳态均衡如图 11－1 所示。轨迹 $[\dot{r} = 0]$ 可以通过（9）式得到，并且该轨迹决定着实际利率和实际汇率的组合。在这种情况下，非贸易品市场中没有过剩需求 $(d_N = 0)$。该曲线斜率为正，因为实际汇率的贬值导致对本国产品的过剩需求，过剩需求则要求实际利率增长以恢复均衡。r 与 z 在曲线之上（下）的值与非贸易品的过剩需求（供给）相联系，意味着实际利率的下降（上升）。轨迹 $[\dot{z} = 0]$ 由（11）式导出，斜率也为正，决定着实际利率和实际汇率的组合，其中后一个变量维持常数。z 的值在曲线之上（下）意味着国内通货膨胀超过（低于）贬值率，使得实际汇率升值（贬值）。

（9）式和（11）式意味着稳态下国内实际利率必须等于世界利率 $(\tilde{r} = i^*)$，而（10）式意味着长期通货膨胀率等于贬值率 $(\tilde{\pi} = \varepsilon)$。给定 z 或 r 不能发生跳跃，（9）式和（11）式构成的系统是（局部）稳定的，定义

$$\mathbf{M} = \begin{bmatrix} -\beta\upsilon(\partial d_N/\partial r) & -\beta\upsilon(\partial d_N/\partial z) \\ 1 - \upsilon(\partial d_N/\partial r) & -\upsilon(\partial d_N/\partial z) \end{bmatrix}$$

的系数矩阵有正的行列式，同时迹为负：

$$\det\mathbf{M} = \beta\upsilon(\partial d_N/\partial z) > 0$$

$$\mathrm{tr}\mathbf{M} = -\upsilon[(\partial d_N/\partial z) + \beta(\partial d_N/\partial r)] < 0$$

M 的行列式条件是经常满足的，但 **M** 的迹的条件并不必然成立。它取决于实际汇率升值的积极影响能否抵消实际利率增长对非贸易品的私人需求所产生的消极影响。假设 tr**M** 的条件成立，保证了经济长期均衡的局部稳定，这可在图 11－1 的点 E 获得。

现在考虑贬值率从 ε^h 降到 $\varepsilon^s < \varepsilon^h$ 的情况，图 11－1 给出了该实验的结果。由于贬值

---

① 注意 Rodríguez 模型中的相对价格不是实际汇率，因为价格指数 P 是贸易品和非贸易品的加权平均数。但是，这对结果没有实质性影响，并且，在这里我们将 z 视为实际汇率。

② 在推导（9）式的过程中，贬值率被假定为随时间不变的常量，因此，根据（8）式可以得出，本国名义利率也是常量。

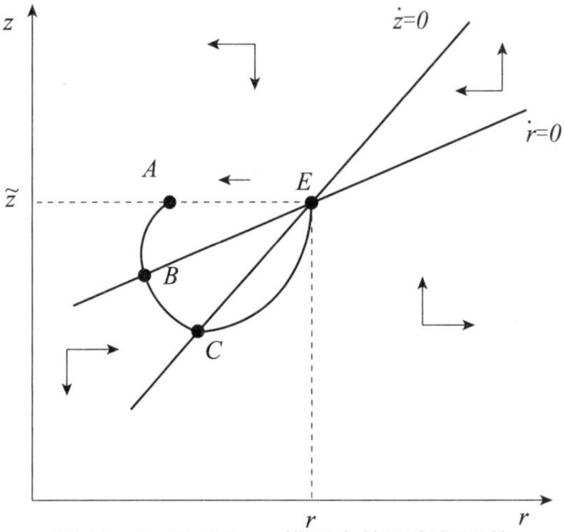

图 11－1　Rodríguez 模型中的均衡与调整

率的变化不影响曲线 $[\dot{r}=0]$ 和 $[\dot{z}=0]$ 的位置，因此它对实际汇率和实际利率的长期均衡没有影响。然而，ε 降低使实际国内利率马上降低，因为在预期的通货膨胀率已知的情况下，它导致名义利率相应地降低。由于实际汇率是预先确定的，系统也因而马上移动，从点 E 跳跃到一个短期均衡位置比如点 A 上来。实际利率初期下降导致对本国产品的过剩需求。贬值率下降会降低价格，但是过剩需求的出现则会提高价格，如（10）式和（8）式所示。它对通货膨胀的净影响仍然为正。实际通货膨胀率最终上升并高于预期通货膨胀率，预期通货膨胀率也开始逐渐上升。随着时间推移，预期通货膨胀率的增长进一步降低了实际利率，从而导致了第一阶段实际汇率逐渐升值。但在第二阶段，实际利率下降所产生的非贸易品需求过剩开始使实际汇率的升值率降低，假设上文给出的稳定条件成立，这将最终导致过剩需求减少。非贸易品市场均衡在点 B 得到恢复，即实际与预期通货膨胀率相等的点。但是，实际汇率仍将继续升值一段时间，因为在点 B，国内通货膨胀率（实际以及预期）超过了贬值率，这会导致非贸易品供给过剩。从（6）式中的 $d_N<0$ 可知 $\pi^a>\pi$，因此由（4）式有 $\dot{\pi}^a<0$ 以及预期通货膨胀率开始下降，这会导致实际利率的逐渐提高（从点 B 向点 C 运动）。在点 C，实际汇率变化率为零（通货膨胀率等于贬值率），但过剩供给出现。实际和预期通货膨胀率继续下跌，导致汇率贬值（这会刺激对本国产品的需求并因而减少过剩供给）和实际利率进一步上升。因此，长期来看，经济会回到它在点 E 的初期均衡位置。相比之下，通货膨胀率的新稳态值等于 $\varepsilon^s<\varepsilon^h$。

因而，沿贬值率持久性下降进行的调整过程表现为一段需求过剩的时期，即短期经济高涨。在 Rodríguez 模型中，需求扩张的出现是回顾性预期假设自然而然的结果。贬值率在初期的降低导致了名义利率的下降和实际利率的跌落——因为预期通货膨胀率是一个预先确定的变量，因此导致了对非贸易品需求的上升。这种在本国产品部门中的需求扩张对国内价格产生向上的压力，进而保证实际汇率升值。后者降低需求并最终超过初期的扩张性影响，导致需求紧缩。[1] 因而，为使系统回到初期的均衡位置，初期经济高

---

[1] Dornbusch（1982）在一个黏性价格和理性预期模型中得到了类似的结果，这意味着适应性预期的假设不一定是解释 Rodríguez 模型中经济繁荣-萧条模式的关键要素（参见接下来的讨论）。注意，如果价格是弹性的，实际汇率可以马上升值，从而贬值率降低的初期产出净效应可能是模糊的。这实质上是 Fischer（1986）在一个理性预期和阶段性合同的模型中得到的结果。

涨之后必然随之出现需求紧缩，在调整过程的第二阶段，实际汇率逐渐升值引起需求紧缩，此升值源于国内通货膨胀率超过贬值率。

1.1.2 “暂时性”假设

作为一系列重要贡献之一，Calvo and Végh（1993a，1993b）对在以汇率为基础的稳定计划中所观察到的经济繁荣-萧条循环给出了另一种解释，这种解释的基础是严密的最优化分析和前瞻性预期。Calvo-Végh 的分析框架本身很有意思，尽管相比第 10 章的三产品模型，它在若干方面稍微欠缺一些一般性，但是仍然值得仔细考虑。[①]

像 Rodríguez 模型一样，该模型所考虑的也是一个小型的开放经济体，生产贸易品与非贸易品。代表性家庭最大化贴现后的终生效用，两类产品的即时效用都是可分的：

$$\int_0^\infty \ln(c_T, c_N)\mathrm{e}^{-\rho t}\mathrm{d}t, \quad \rho > 0 \tag{12}$$

其中，$c_N(c_T)$ 表示非贸易（贸易）品消费。家庭面临着现金先行（cash-in-advance）约束，即

$$z^{-1}c_N + c_T \geqslant \alpha^{-1}m, \quad \alpha > 0 \tag{13}$$

其中，实际汇率再次被定义为 $z = E/P_N$。[②] m 表示以贸易品度量的实际货币余额。

家庭持有国际可贸易债券存量为 b^p，它所产生的不变实际利率 i^* 由世界资本市场所决定。因此，以贸易品度量的实际金融财富为 $a = m + b^p$。消费者面对的跨时资源约束使终生资源等于终生支出，即

$$a_0 + \int_0^\infty (z^{-1}y_N + y_T + \tau)\mathrm{e}^{-\rho t}\mathrm{d}t = \int_0^\infty (z^{-1}c_N + c_T + im)\mathrm{e}^{-\rho t}\mathrm{d}t \tag{14}$$

其中，y_N 表示非贸易品的产出（在下文定义），y_T 为外生的贸易品产出水平，r 表示来自政府的实际转移支付，i 为国内名义利率，假设无抛补利率平价条件成立，我们有：

$$i = i^* + \varepsilon \tag{15}$$

其中，ε 与此前一样表示贬值率。

对于家庭而言，a，y_T，y_N，τ，i，z 是已知的，通过选择 $\{c_N, c_T, m\}_{t=0}^\infty$，在保证现金先行约束（13）式成立和终生资源约束（14）式的情况下最大化（12）式。假设主观的贴现率等于世界利率 $\rho = i^*$，该最优化问题的一阶条件为：

$$1/c_T = \lambda(1 + \alpha i) \tag{16}$$

$$c_N = zc_T \tag{17}$$

其中，λ 可被解释为财富的边际效用。（16）式保证贸易品的边际效用等于财富的边际效用与其实际有效价格的乘积，后者被定义为其直接市场价格（等于 1）和为进行交易必须持有的 α 货币单位的机会成本 αi 之和。（17）式使非贸易品和贸易品的消费比率等于贸易品的相对价格。

非贸易品的产出由需求决定的。非贸易品部门的通货膨胀率 π_N 被假定为与过剩需求负相关，过剩需求被定义为实际产出（它自身由市场的需求方决定）与它的长期水平之

① 在很多方面，Calvo-Végh 框架表达了对 Calvo（1986）提出的现金先行模型的扩展。在接下来的讨论中，我们抛开他们的框架中货币替代所起的作用，如第 5 章所示，尽管在许多发展中国家里这一特征很重要。参见 Calvo and Végh（1993a）。Calvo（2007）扩展了 Calvo-Végh 的分析考虑了一系列等价于贬值规则（devaluation rule）的利率规则。

② 像以前一样，为简单起见，贸易品的外国货币价格定为 1。

间的差额 $\tilde{y}_N$：

$$\dot{\pi}_N = -\Theta(c_N - \tilde{y}_N) = \Theta(\tilde{y}_N - zc_T), \quad \Theta > 0 \tag{18}$$

其中，第二个等式源于（17）式。（18）式所规定的价格机制遵守 Calvo（1983）建立的价格和工资交错模型。[①] 它以下列假设为前提，即考虑到经济中需求和平均价格的预期轨迹，非贸易品部门中的企业以非同步方式决定其产品价格。在任何时点上，只有一小部分企业会单独改变其产品价格。因此在任何给定的时期里，价格水平均是预先确定的变量，但通货膨胀能够跳跃，因为它反映着企业所单独制定的价格的变化。例如，当过剩需求在非贸易品部门中扩大时，有些企业会单独提高它们的价格，则通货膨胀率上升。然而，由于不得不调整价格以适应过剩需求的那部分企业的数量迅速减少，国内产品价格的通货膨胀率随时间而下降。因此，本国产品通货膨胀率的变化与对非贸易品的过剩需求是负相关的。

更形式化地表示，假设在非贸易品部门中存在着大量（从技术角度来说是一个连续统）企业，将其指数化在［0，1］区间内，因此该部门企业总数标准化为 1。每个企业以零可变成本生产一种不可储存的产品，其数量由需求所决定。从现在开始到 n 期接收到价格信号的概率为 $\delta\exp(-\delta n)$，其中，$\delta > 0$。在完全理性预期的条件下，企业对产品在时间 t 所定的价格为：

$$V = \delta\int_t^{\infty}[p_N(s) + \kappa E_N(s)]e^{-\delta(s-t)}ds, \quad \kappa > 0 \tag{19}$$

其中，V 为在第 t 期的价格指数（的对数），$p_N(s)$ 是非贸易品在第 s 期的价格指数（的对数），而 $E_N(s)$ 表示在第 s 期对非贸易品的过剩需求，被定义为 $E_N = c_N - \tilde{y}_N$。如果各企业的价格变化信号都是独立的，那么 $\delta e^{-\delta(t-s)}$ 给出了第 s 期所定的价格在第 t 期没有改变的比例。非贸易品的价格指数（的对数）被定义为当前所报价格的加权平均数。因此，

$$p_N = \delta\int_t^{\infty}V_s e^{-\delta(s-t)}ds \tag{20}$$

在上面的公式中，p_N 由过去的报价给出，在时期 t 是预先决定的变量。与此相反，当发生未曾预期的变化时，V 会马上跳跃。但是，沿着 p_N 和 E_N 被唯一决定的轨迹，V 是时间的连续函数。将（20）式对时间微分有：

$$\pi_N = \delta(V - p_N) \tag{21}$$

其中，$\pi_N \equiv \dot{p}_N$。[②] 值得注意的是，（21）式在任何时点上都是成立的。特别地，它在 E_N 不连续的那些时点上也是成立的。因此，即使在 E_N 上出现不连续预期的情况下，π_N 上的预期不连续性也不会发生。这是在分析政策的短暂变化时要考虑的一个重要因素。

在 E_N 连续的各时点上，可以对（19）式进行微分，从而有：

$$\dot{V} = \delta(V - p_N - \kappa E_N) \tag{22}$$

从（21）式和（22）式推出，在 E_N 连续的各时点上，令 $\Theta = \delta^2\kappa > 0$，有

$$\dot{\pi} = -\Theta E_N = -\Theta(c_N - \tilde{y}_N)$$

这也是（18）式所表示的形式。

非贸易品部门交错价格制定的结果是实际汇率在短期内预先决定的。将 $z = E/P_N$ 对

---

① 卡尔沃的表述已被扩展用来解释 Ambler and Cardia（1992）的部分工资指数化。

② 注意，由于大数定律，π_N是非随机的。

时间进行微分，我们有：

$$\dot{z}/z = \varepsilon - \pi_N \tag{23}$$

为完成这一模型，需要界定政府的行为。假设政府不购买商品并将央行的净国外资产利息收入和来自货币创造的收入偿还给居民，那么政府转移的现值为：

$$\int_0^\infty \tau e^{-\rho t}\,dt = b_0^g + \int_0^\infty (\dot{m} + \varepsilon m)e^{-\rho t}\,dt \tag{24}$$

其中，b_0^g 表示政府债券的初期存量。综合（14）、（15）和（24）式；将经济中的债券总存量定义为 $b = b^p + b^g$；并且规定横截条件 $\lim_{t\to\infty} e^{-\rho t} b = 0$，则产生总资源约束：

$$b_0 + y_T/\rho = \int_0^\infty c_T e^{-\rho t}\,dt \tag{25}$$

其中，b_0 表示经济的初期债券存量。（25）式令可贸易资源的现值等于贸易品的购买现值。进一步假定转移支付被用于对居民进行实际货币余额贬值的补偿，则得到经济的经常账户余额[①]：

$$\dot{b} = y_T + i^* b - c_T \tag{26}$$

最终，像第 11 章所建立的两部门框架和更早之前描述的 Rodríguez 模型一样，总通货膨胀率可以表示成贬值率和本国产品通货膨胀率的加权平均数：

$$\pi = \delta\pi_N + (1-\delta)\varepsilon, \quad 0 < \delta < 1 \tag{27}$$

其中，权重 δ 取决于消费总支出中本国产品所占的份额。

此模型的动态由（18）、（23）和（26）式所决定。因为贸易品产出是外生的，根据（16）式得出，贸易品消费只取决于作为未预期冲击结果而随时间变化[②]的财富边际效用，以及国内利率，因此系统为递归的。[③] 在 c_T 和 ε 已知的情况下，（18）式和（23）式构成相互决定的体系，可以写为：

$$\begin{bmatrix} \dot{z} \\ \dot{\pi}_N \end{bmatrix} = \begin{bmatrix} 0 & -\tilde{z} \\ -\Theta\tilde{c}_T & 0 \end{bmatrix} \begin{bmatrix} z \\ \pi_N \end{bmatrix} + \begin{bmatrix} \tilde{z}\varepsilon \\ \Theta\tilde{y}_N - \tilde{z}c_T \end{bmatrix} \tag{28}$$

（28）式的第一行表示，为了使得实际汇率随时间变化保持不变，本国商品价格的通货膨胀率必须等于贬值率。第二行表示要使本国商品价格的通货膨胀率随时间不变，非贸易品的消费量必须等于长期产出量。既然 $\tilde{c}_T = \tilde{y}_N/\tilde{z}$，则系数矩阵的行列式为 $-\Theta\tilde{y}_N < 0$。因此，系统是鞍点稳定的。

ε 的降低：完全可信。如前所述，假设在第 t 期政府宣布立即开始贬值并且将长期保持该政策，汇率从初期的 ε^h 降至 $\varepsilon^s < \varepsilon^h$。Calvo-Végh 认为，冲击的持久性暗示了这种声明是完全可信的，理由是私人相信贬值率事实上将会在无限的未来保持在较低的水平上。

根据利率平价的条件［（15）式］，贬值率的降低导致名义利率相应下跌。由于汇率调整是完全可信的，私人会永远将预期名义利率维持在较低的水平上。尽管国内利率的降低实际上相当于有效消费价格的降低，但由于私人认为汇率调整会持续，他们没有动

① 家庭的流预算约束为 $\dot{m} = \dot{b}^p = z^{-1}(y_N - c_N) + y_T + i^* b^p - \tau - c_T - \varepsilon m$，而政府的流预算约束为 $\dot{m} - \dot{b}^g = \tau - i^* b^g - \varepsilon m$。令上述方程中的 $\tau = \varepsilon m$，则有 $\dot{m} = \dot{b}_g - i^* b^g$。将这些结果代入消费者的流约束，并令 $c_N = y_N$，则可以导出（26）式。

② 根据跨时预算约束和最优条件，可以推导出财富的均衡影子价格只会是预先确定的或外生变量的函数。

③ 已知实际汇率为内生的，那么贸易品产出为外生的这种假设似乎是牵强附会的。然而，短期内低水平的贸易弹性使得这一点也说得过去。内生 Y_T 将会打破模型的递归性。

机去进行跨时消费替代。由于可贸易资源不发生变化，贸易品消费不会随时间变化。从（24）式可以知道，因为 c_T 不受贬值率永久变化的影响，那么与 ε 的下降相匹配的 π_N 的下降很快将系统推向新的稳态。经济的整体通货膨胀率，即本国产品的通货膨胀率与贸易品通货膨胀率的加权平均数［（27）式］也立即降到新水平 ε^s。因此，一次持久的、未预期到的贬值率降低，或者按 Calvo-Végh 的话来说，一个完全可信的以汇率为基础的稳定计划，在没有付出什么实际代价的情况下能够迅速降低通货膨胀率，因而也是超中性的（super neutral）。[①] 而且，即使系统不从一个初期的稳态位置开始，这一结果也是成立的。[②]

Calvo-Végh 模型的一个重要特点是通货膨胀率迅速向下跌落，并且即使存在由独立的前瞻性企业所制定的交错价格，也会由于贬值率下降被认为具有永久性而不存在对经济的实际效应。价格刚性本身并不意味着通货膨胀率的黏性。[③]

ε 的降低：不完全可信。现在我们来考虑这样的案例：政府在第 t 期宣布开始降低贬值率，但公众相信汇率调整将会在未来某个时期 T 被扭转。即，

$$\begin{cases}\varepsilon=\varepsilon^s, & \text{对于 } t_0\leqslant t<T\\ \varepsilon=\varepsilon^h>\varepsilon^s, & \text{对于 } t\geqslant T\end{cases}$$

Calvo-Végh 认为政策是暂时的这一信念来自可信度的缺乏，我们下面将再次讨论这一观点。[④] 图 11－2 展示了随着暂时性汇率政策实施所产生的消费、经常账户、实际汇率、通货膨胀率和实际利率的动态变化。根据（15）式，贬值率暂时下降意味着名义利率在（0，T）之间保持较低的水平。因此，贸易品的有效价格在（0，T）内也较低，并且贸易品的消费量向上跳跃［参见（16）式］，达到高于初始持久收入的水平（由 $y_T+i^*b_0$ 给出）。然而，对于所有的均衡轨迹，必须满足经济的跨时资源约束［（25）式］，所以贸易品的消费量随后（当 $t\geqslant T$）就必须降到低于初始永久性收入对应的水平，并永远维持在较低的水平上。贸易品消费量向上跳跃会导致经常账户赤字的出现。在（0，T）内，赤字继续上升（尽管贸易品消费量保持常量），这是国外的债券利息收入随时间下降的结果。在时间 T，当这一政策被放弃时，经常账户迅速变动到均衡状态，国外债券存量长期保持在比初期更低的水平上。

贬值率降低对本国产品价格轨迹的影响是不确定的。一方面，低速的汇率贬值降低了本国产品价格的通货膨胀率，另一方面，总需求增加会使通货膨胀率上升。总体的净效应是本国产品价格通货膨胀率的降低，但幅度小于贬值率。[⑤] 假设 T 足够大，即预期

---

① 然而，在出现货币替代的情况下，贬值率持久下降马上会产生实际影响。Calvo and Végh（1993a）指出，它导致一种不持有外国货币的替代和积极的财富效应，刺激消费支出和产出。本国产品价格的通货膨胀率也因此而上升。但是，这一模型不能预测在那种情况下随后出现的萧条。

② Obstfeld（1981）的分析表明，如果时间偏好率被假定为内生的，那么情况不会是这样（不管即时效用函数在消费和实际货币余额中是否可分）。伴随着贬值率持久降低而产生的实际货币余额增加，在这种情况下即时效用水平将会提高，并令私人更加不耐烦。消费增加将导致经常账户赤字。

③ 在一个强调价格和工资交错制定的完全不同的框架中，Ball（1994）也证明，在完全可信度情况下，快速抑制通货膨胀（货币增长率大幅减低）会导致经济高涨而不是萧条。鲍尔的模型与这里的情况一样，不管价格惯性如何，通货膨胀率可以自由跳跃。

④ 为模型稳定起见，在跨期最优化模型中，时间偏好率必须被设定为等于世界利率（$\rho=i^*$）。模型在研究暂时性冲击时会受限于一些细微的分析性问题（Schubert and Turnovsky，2002）。

⑤ 在没有总需求效应的情况下，本国产品的价格将以与贬值率同样的比例下跌，这也是在持久性冲击条件下所出现的情况。总体通货膨胀率也会随贬值率一对一地相应下降。

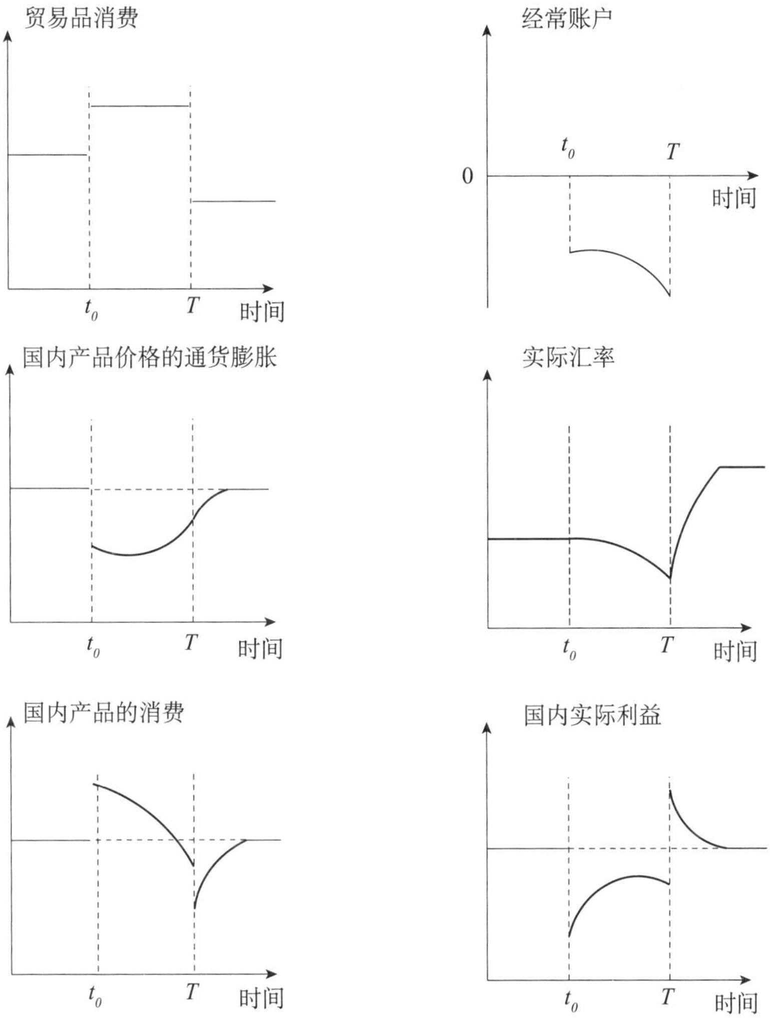

图 11－2　Calvo-Végh"暂时性"模型的动态（包含政策不可信）

资料来源：Calvo and Végh（1993b，p. 17）.

到较高贬值率将得以恢复，那么初期通货膨胀下降之后，本国产品价格通货膨胀率持续上升。决策者必须决定是放弃计划（因而证实了公众的预期）还是维持较低水平的贬值率。若当局真的放弃了计划，那么本国产品的通货膨胀率将会继续朝着初期水平方向增长，如图 11－2 所示。但是，如果当局决定继续维持较低水平的贬值率，那么，本国产品价格的通货膨胀率将在第 T 期下跌，并且自下而上趋向 ε^s。

从方向上看，总通货膨胀率在（0，T）内遵循与本国产品通货膨胀率相同的调整路径。Calvo-Végh 模型因而也就预言了贬值率暂时的降低（这被解释为对可信度缺乏的反映）将导致通货膨胀惯性的出现。并且汇率政策越是暂时性的，或者它的可信程度越低，通货膨胀率初期的下降就越大。

因为本国产品价格通货膨胀率系统性地高于贬值率，所以在（0，T）期间实际汇率升值。在第 T 期，不管汇率政策反弹与否，实际汇率都开始贬值。如果在那时没有放弃较低的贬值政策，且私人部门相信贬值政策会被坚持到未来无限期，那么本国产品价格的通货膨胀率将降到贬值率水平以下，从而导致产生实际贬值。

本国实际利率，被定义为名义利率与本国产品通货膨胀率之差，将马上下降。这是因为非贸易品通货膨胀率的降幅低于贬值率和名义利率的相应降幅。它首先上升，然后在过渡时期内下降，当达到第 T 期时上扬，这是名义利率跳跃的结果。由于本国通货膨胀率随时间逐渐上升，因此实际利率在此后便朝向其由世界利率所给出的不变稳态值单调下降。

既然按贸易品度量的本国产品相对价格不能马上变化，那么贸易品的消费增长会导致本国产品消费量同比增长［（17）式］。实际汇率逐渐升值，导致本国产品的私人支出随时间推移而降低。如果水平轴延伸到未来足够远，那么在到达第 T 期之前，萧条正好会出现。如果时期比较短，整个过渡期内的产出将维持在高于其完全就业水平之上。在第 T 期，贸易品和非贸易品的消费量都下跌。在第 T 期之后，实际汇率开始向其长期价值方向贬值，从而刺激本国产品的消费。因此，在初期的消费繁荣不久之后，随之而来的是可能在第 T 期到达之前出现了紧缩。时间间隔 T 越小，或者说反通货膨胀计划的可信度越低，跨时替代效应就越明显，同时贸易品和本国产品消费在初期的上涨也越大。

1.1.3 评估

Rodríguez 对经济繁荣-萧条周期的解释在很大程度上依赖于对行为函数和预期形成的主观设定。尽管在某些条件下这似乎是有道理的，但在经济经历全面的宏观经济调整的背景下，回顾性预期过程的假设却往往站不住脚——尽管巴西、以色列、墨西哥和土耳其在 20 世纪 90 年代基于汇率的稳定政策经验表明非贸易品的通货膨胀行为包含着强烈的回顾性特征。①

然而，如 Calvo and Végh（1994）所指出的，一旦价格是黏性的，预期是前瞻性的，那么 Rodríguez 的结果就是适用的。当然，如果行为函数不仅仅是假定的，而是一个源自严格定义的微观经济最优化的过程，那么 Rodríguez 模型的各种预测就可能出现大幅改变。通过采用更加优化的框架，Calvo and Végh（1994）认为，就像在工资合同中所体现的那样，即使在回顾性价格预期出现的情况下，贬值率的长期下降也会产生紧缩效果，而不是产生 Rodríguez 所预测的扩张效果。从本质上来看，这一现象是实际汇率升值对产出不确定影响的结果。一方面，实际升值有负面的影响，因为它提高了本国产品的相对价格。另一方面，它刺激了产出，因为它降低了本国基于消费的实际利率。② 至于后一种效果是否占主导地位则取决于跨时替代弹性（用来度量不同时期经济主体愿意跨时转移消费的程度）是否大于贸易品和本国产品间的替代弹性。因此回顾性预期的存在并不足以解释观察到的产出初期扩张。但是与此同时，Celasun（2006）展示了在 Calvo-Végh 模型的数值模拟中回顾性定价行为在基于汇率稳定化政策的第一阶段可以带来实际升值，而且显著高于"纯粹"Calvo 定价等式产生的升值。③

Calvo-Végh 框架提供了一个在概念上非常吸引人的表述，用以分析在以汇率为基础的反通货膨胀计划中影响产出行为的主要机制。Calvo-Végh 强调的是前瞻性行为和对未

---

① 参见 Celasun（2006）。Burstein et al.（2005）发现五个中等收入国家（阿根廷、巴西、墨西哥、韩国和泰国）名义贬值与实际贬值相关，因为非贸易品价格调整较为缓慢。这也解释了尽管名义汇率波动剧烈但总体通货膨胀相对较低的现象。

② 在 Rodríguez 模型中，实际利率决定总需求的水平，但在 Calvo and Végh（1994）的设定中，它只决定其增长率。

③ Calvo et al.（2003）概括了 Calvo 的产生通货膨胀惯性的交错定价模型。

来政策转向预期所起的作用，这与考虑回顾性预期假定的 Rodríguez 模型形成了鲜明的对照。而且，Calvo-Végh 框架能够被扩展用来解释政策转向时期的不确定性。比如，根据 Drazen and Helpman（1988，1990）的做法，这样就可以对缺乏可信度的计划中，加总变量的多变行为进行解释。Calvo-Végh 模型所预言的通货膨胀率 U 形时间变化图看上去与几个以汇率为基础的稳定计划的失败告终相关。此外，在此类模型中对经常账户赤字持续增长的预测意味着稳定计划不可持续：Talvi（1997）已经强调指出，初期消费高涨和国内经济活跃会导致税收收入大幅增长和实际财政盈余，直到固定汇率崩溃。在第 14 章中我们将会讨论，该模型在此方面与传统模型对国际收支危机的预测形成了对照。①

Calvo-Végh 的暂时性假设对繁荣-萧条之谜的解释力，取决于跨时替代在解释私人消费中可观测的大幅变化时的程度。然而，Calvo-Végh 所强调的跨期渠道方面的证据不能为该理论提供强有力的支持。Ostry and Reinhart（1992），Reinhart and Végh（1995）对替代弹性进行估计，特别是 Ogaki et al.（1996）对低收入和中等收入国家（包含阿根廷、巴西、智利、以色列和墨西哥）的估计，均表明替代弹性相对较低，但统计上显著异于零。②

即使跨时替代弹性低，可观察的利率变动也可能大到足以使消费出现大幅度的变化。虽然 20 世纪 80 年代中期所实施的许多稳定计划（无论最终成功与否）都伴随着名义利率的大幅下跌，但相对于其他各时期来说，其证据不那么具有说服力——特别是南锥体的经验更是如此。Reinhardt and Végh（1995）运用模拟方法研究了这一假说。结果表明，虽然跨期替代弹性低，但所预测的消费变化与 20 世纪 80 年代实行的四个非正统计划中的实际变动相当匹配（特别是在巴西、墨西哥和以色列），不过对塔布利塔实验模拟的准确性很差。因此，似乎不能提供证据确凿地支持这样一种观点，即不能证明可信度缺乏（建模中通过会发生未来逆转的政策调整来实现）和跨期因素能够解释以汇率为基础的稳定计划中的产出行为。③

然而，跨期替代弹性大小这一问题可能没有上面讨论中所说的那么重要。Calvo-Végh 的结论也在很大程度上取决于货币和消费为帕累托-埃奇沃思（Pareto-Edgeworth）式互补品这一假设。在他们的框架中，代表性家庭（面临不变的实际利率）试图维持边际消费效用随时间保持不变。为了达到这一目标，在预期贬值率，即持有货币的机会成本，在未来增加时，家庭必须改变消费路径。其变化方向取决于消费品和实际货币余额是替代品还是互补品。如果贸易品消费和实际货币余额是帕累托-埃奇沃思互补的，那么当名义利率暂时较低时，私人消费将会增多，从而导致经常账户恶化。这是 Calvo-Végh 通过现金先行方式引入货币时所考虑的情况。与此相反，如果贸易品消费量和实际货币余额是帕累托-埃奇沃思替代的，那么名义利率短暂下降之后，经济主体将会减

① Talvi 所做分析的一个实际含义在于为评价一个稳定计划的可持续性而对一个国家财政形势的周期性调整措施关注的重要性。

② 在当前试图对跨时替代弹性做出估算的研究中，存在的一个局限是缺乏对耐用品和非耐用品的区分。这可能会导致对暂时性假说做出有偏的计量经济学估计。

③ Calvo and Végh（1993a）表明，除跨时渠道外，如果家庭面对流动性约束，比如它们需要支付利息的费用，那么，较低的名义利率——由贬值率的降低所引起——也能够导致较高的消费。这种约束对消费的影响，不仅通过降低消费品的有效价格实现，也通过降低基于消费的实际利率来实现。然而，并没有明确的证据来证明这一效应。

少消费支出。在这种情况下，贬值率短暂下降将会导致短期经常账户盈余，而不是赤字。①

Calvo-Végh 框架中存在另外一个难题。在有关文献中，人们普遍地认为，除了消费者偏好和定价规则之外，不完全可信政策的动态效应取决于暂时性的程度，也就是政策持续的时间长度。然而，既然给定了相信政策不可持续的时间，那么可信度应该是一个外生变量。另外，正如下一节将要讨论的，可信度的一个关键特征恰恰在于它是一种内生的相互作用，即它是政策决策、经济结果与私人对决策者反通货膨胀努力所持信心之间的内生相互作用。考虑以汇率为基础的稳定计划在暂时性程度方面的不确定性也很重要；Mendoza and Uribe（1996）对不存在价格和工资刚性的两部门小型开放经济体进行了数值模拟，结果表明计划持续时间的不确定性（这也是大部分实际情况的一个特征）足以导致繁荣-萧条周期、经常账户恶化和实际汇率升值。与此同时，Venegas-Martínez（2001）证明暂时性假设（即如果预期基于汇率的稳定政策是暂时的，那么消费会增加）会在小型开放经济体的随机模型中成立，其中经济主体会预期到由于混合扩散跳跃过程（一种常见的分析汇率行为的设定形式）带来的贬值。

关于前面提到的繁荣-萧条周期的模型，我们可以归纳出更具概括性的两点。第一，与将汇率政策模拟为贬值率一连串跳跃的情况不同，另一可供选择的方法将会考虑贬值率的逐渐降低，这一方法可能与南锥体的塔布利塔实验更为一致。Obstfeld（1985）采用一种能够持续市场出清和具备完全理性的最优化框架对与这类政策相关的动态现象进行研究。像 Calvo-Végh 一样，他也强调指出了跨期替代效应在逐步的和长期的（因而完全可靠的）贬值率降低中对消费的重要作用。这一政策的实施增加了实际货币余额，并且如果货币和消费是替代品，消费将先增长，然后随时间下降。起初，实际汇率升值并出现经常账户赤字。随后，实际贬值开始出现，赤字逐步下降。然而，与以前一样，Obstfeld 的预测关键取决于对家庭效用函数中的货币和消费的处理方法。具体来说就是，在 Obstfeld 的分析中，消费者的效用函数属于不变的相对风险厌恶那一类，可被定义为：

$$u(c,m)=\begin{cases}(c^{\alpha}m^{1-\alpha})^{1-\eta}/(1-\eta), & \text{如果 } \eta<1 \text{ 或 } \eta<1\\ \alpha\ln c+(1-\alpha)\ln m, & \text{如果 } \eta=1\end{cases}$$

其中，$0<\alpha<1$，并且跨期替代弹性 σ 等于 $1/\eta$。这个公式意味着消费与货币两者之间的跨时替代弹性等于 1。当 $\eta<1$ 时，消费与货币是帕累托-埃奇沃思互补品（即 $u_{cm}>0$）；而当 $\eta>1$ 时，则是相互替代的（$u_{cm}<0$）。② 若货币和实际商品是互补品而不是替代品，那么，正如在 Calvo-Végh 模型中的情况一样，经济对贬值率逐步下降所做出的短期和长期反应完全是相反的。

Roldós（1995）对贬值率的缓慢降低做出了分析。他也通过采用现金先行这一约束条件来模拟货币，该假设的功能等价于假设在家庭效用方程中货币和消费之间存在互补性。与 Obstfeld 假设的情况一样，模型中贬值率完全可信的缓慢下降需要实际汇率升值

---

① 从另外一个角度来看，Calvo-Végh 暂时性框架的局限就其本质而言是与 Calvo（1986）和 Obstfeld（1985）在其他背景下所强调的问题类似的。

② 如果效用函数 $u(u,m)$ 是不可分的，为了确保消费和实际货币余额是正常品，需要 $U_{mm}U_c-U_{cm}Um<0$ 和 $U_{cc}U_m-U_{cm}U_c<0$。

和持续的经常账户赤字。然而，Roldós 模型的重要特征在于，它强调了汇率政策中供给面的效果。只有当劳动供给中的跨期替代弹性大于消费的跨期替代弹性时，才会实现最初的繁荣。由于实际工资下降，这种情况会同时在贸易品部门和非贸易品部门两个生产部门出现。通货膨胀下降提高了财富的边际价值，增加了闲置劳动力的机会成本，并在计划的初期阶段引起了劳动供给的增长。通货膨胀率随时间而出现的进一步降低导致劳动供给的额外增加；与 Calvo-Végh 框架下的情况相反，这里最后并未出现萧条。① 对劳动供给跨期替代而不是消费跨期替代的强调，为类似在墨西哥发生的稳定试验（以及一些其他以汇率为基础的试验）提供了一个有用的解释。然而，由于仍然缺乏对该渠道的严格检验，这些实证的重要性尚不清楚。

第二，尽管在耐用品出现的情况下，稳定计划的预期崩溃有可能具有更显著的实际效果，但无论是 Rodríguez 模型还是 Calvo-Végh 模型都未将耐用品纳入繁荣-萧条周期的分析之中。从直觉上看，通货膨胀率和购买机会成本的预期增加会引发耐用品支出、企业存货积累和固定资产投资（机器和设备通常会从国外进口，这在第 1 章论述过）的大量增长。Buffie and Atolia（2012）研究了基于汇率稳定政策的动态，在一个包含耐用品和非耐用品消费的模型中，数值模拟假设汇率在未来 3 年内从 100%爬行降低到 0，弱可信度会引发两位数的支出激增和迅速的实际汇率升值。尽管耐用品消费占据总消费的 20%，占据了总支出增长的 70%～90%。耐用品同样导致周期步入衰退，在政策崩溃后，大幅超过稳态水平。简而言之，耐用品支出波动引发了繁荣-衰退周期。

在耐用品存在的情况下，基于汇率稳定的政策可能会受到“滞后性”的影响（Matsuyama，1991）。② 在这种情形下，贬值率暂时下降会产生长期的效果，因为当放弃现行政策并重新启用“旧”政策时，这种变化改变了未来某些时刻的初始条件。③ 理解耐用品由于预期相对价格变动而带来的动态，对于评估稳定政策的跨期替代影响非常重要。

在以汇率为基础的稳定计划中，实体部门动态变化的来源需要进一步加以研究，在一定程度上也与这些计划的财富效应有关。Helpman and Razin（1987）对这些问题进行了早期研究，他们的分析以 Blanchard-Yaari 的分析框架为基础，正如在第 4 章所讨论的，该框架以一些有限生命的个体为前提假设，因此李嘉图等价不成立。他们指出，未预期的汇率冻结为当前存活的经济主体带来资本收益（由于通货膨胀税的降低）。未预期的汇率升值增加了名义资产——比如持有货币余额——的实际价值。由于经济主体生命有限，财富效应不会完全被未来的纳税义务所抵消。因此，汇率冻结使得私人消费增加、经常账户恶化。在这一框架中，未来的税收增长应归因于由汇率冻结而导致的储备损失，这种损失进而又转变成债务和债务利息的增加；因此，通过税收增长可以预期未来预算赤字会减少。有限生命会导致消费跨期组合倾斜，从而带来消费效应。随着时间推移，从资本收益中获益的人口比例下降，而需承担纳税义务的人口比例增长，从而导致消费

① 这并不令人吃惊，因为 Roldós 只考虑了贬值率的调整完全可信或者具有永久性特征的情况。

② 有人认为，如果稳态依赖于初期条件的话，一个动态体系被认为表现出滞后。

③ 在假设有恒久生命的当事人和不变贴现率的最优化模型中，稳态取决于初始条件。关于这一事实，在现有文献中没有进行详尽的讨论。特别地，它对评估短暂冲击的意义所受到的关注相对很少（Turnovsky and Sen，1991）。需要注意，在贴现率和世界利率之间取等号的条件被抛弃的模型中，比如像 Obstfeld（1981）所提出的描写和第 10 章所展现的最优化模型中，滞后通常不会出现。

的下降，最终结果为消费水平暂时较高、经常账户继续恶化、储备损失和政府债务增长。① 然而，该理论在解释与基于汇率的稳定计划相关的商业周期方面，仍然需要进一步的重要实证。

最后，Burstein et al.(2003) 提出与贸易品分配相关的成本（物流、销售）在理解实际汇率在基于汇率的稳定政策中的动态十分重要。对于贸易品来说，这些成本相对购买力平价不再成立。因为分配成本是劳动密集的，在稳定政策之后可能会出现大幅变动，它们意味着贸易品价格的变动，与非贸易品价格变动解释实际汇率变动具有同等重要的地位。

□ 1.2 实际利率的行为

我们在引言中曾提到，在 20 世纪 70 年代和 20 世纪 80 年代所实施的以汇率为基础的稳定计划中，实际利率的变化趋势各不相同。但是，在有关发展中国家宏观经济调整的文献中，这种不同几乎没有获得什么关注。我们在这里选择两个模型加以研究，试图对这个明显的谜团做出解释。第一个模型关注的是可信度缺乏和额外名义锚的出现，第二个模型则是关于未来财政政策冲击的预期。

1.2.1 可信度、名义锚和利率

试图解释与以汇率为基础的通货膨胀计划相关的经济周期模型，均对实际利率的初期变动做出了明确的预测。比如，在 Rodríguez 模型中，由于价格预期在任何时刻都是预先确定的，所以贬值率完全可信的长期降低会导致实际利率立刻下跌。类似地，在上文提到的 Calvo-Végh“暂时性”框架中，一个不完全可信的汇率稳定计划肯定会导致国内实际利率立刻下降。为了使理论架构与 20 世纪 70 年代和 20 世纪 80 年代所观察到的互不相同的模式相一致，Calvo and Végh (1993b) 认为：作为一种实施资本管制或者信贷目标的结果，一旦货币被视作一个额外锚，那么在不完全可信的以汇率为基础的稳定计划实施的初期，实际利率会上升而不是下跌。比如，如果资本管制到位，那么货币存量将会是预定的。贬值率降低会提高本国货币的需求，进而要求相应地上调利率。假设贬值率下降，那么实际利率一般将会上升。

这个逻辑有助于理解 20 世纪 80 年代中期以色列稳定政策实施初期所出现的实际利率大幅增长。当局在计划实施初期所采纳的限制性信贷政策被广泛地认为是实际利率增长背后的主要因素。② 然而，没有证据表明以色列的信贷政策与拉丁美洲国家 20 世纪 70 年代和 80 年代所实施的计划有什么重大区别。在那些计划实施初期，资本管制措施也没有明显得到强化。

在最近的文献中，有一个没有被充分意识到的议题。这一议题不仅涉及以汇率为基础的稳定计划的财政含义，还涉及以下事实，即汇率调整只不过是包括贸易、金融和财政改革在内的总体稳定计划中一个较为典型的部分。这些改革的目的是降低通货膨胀和

---

① 相关工作可以在 Helpman and Leiderman (1988)，以及 Drazen and Helpman (1988，1990) 中发现。这些论文将稳定视为两阶段计划。第一阶段是汇率管理和其他几项调整，第二阶段或者是进行财政调节或者是放弃汇率政策。这些模型假设个体的生命是无限的，但是，由于不同形式的预算调节预期引起扭曲，李嘉图等价（Ricardian equivalence）是不成立的。根据第二阶段预期会使用的财政工具类型的不同，第一阶段的实际效应将有所不同。

② 参见 Patinkin (1993)。限制性贷款政策是来自贴现率上升、银行法定准备金水平上升和对短期资本流动限制更严格。

改善经常账户。由于铸币税收益损失、在偿还名义利率较高时发行的定息债务的实际成本增加，未预期贬值率降低，从而恶化公共部门财政状况（Velasco，1993）。最终，政府必须出面校正如国内贷款增长率、大量的向私人一次性总付转移、所得税税率或支出减少等政策手段发生变化时所产生的赤字。在一个前瞻性的世界中，民众对决策者可能采用手段性质的预期将会直接影响实际利率的变动。①

1.2.2 预期、财政调整和利率

我们现在运用第 10 章所展示的单一产品不完全资本流动模型来研究一个两阶段稳定政策对实际利率行为的影响。考虑这样一种设定，即政府会内生调整总量税（lump-sum taxes）以平衡预算。

假定经济从 $t=0$ 的稳态开始，此时其特征为“高”贬值率和“高”政府支出水平 g^h。在 $t=0$ 时，政府决定将贬值率从 ε^h 降低到 $\varepsilon^s<\varepsilon^h$。在降低贬值率的同时，政府宣布将会在第 T 期或在第 T 期之后，把公共支出从 g^h 降低到 g^s，而新的支出水平 g^s 是众人皆知的。然而，公众并不完全相信政府的政策声明，并认为降低支出能够有效实施的可能性只有 $0<\alpha<1$。这里的系数 α 可以被看作是对稳定计划中财政部分可信度的度量。α 的值接近 1 表示经济主体几乎确信改革最终将会进行；而 α 的值接近 0 则表示公众不相信政府降低支出的打算。

在第 T 期之后，预期支出水平等于 $\alpha g^s+(1-\alpha)g^h$（只要 α 为正，支出就低于 g^h），这是当 $t\geqslant T$ 时影响经济动态变化的支出水平。如同 Agénor（1998b）所言，动态系统的解产生的是一个“准”稳态，因为与之相关的政策冲击在第 T 期或第 T 期之后可能会出现，也可能不会出现。一旦到了第 T 期，就会出现两种情况，要么是政策如期得以实施，要么是经济主体开始相信它永远不会被实施。也就是说，最终不确定性会消失，α 的值被确定为 1 或为 0。因此，在第 T 期之后的某个时刻，很正常地会出现所有变量都跳跃的情况。在第 T 期之后，经济将会开始向它的“最后”稳态收敛。由于关注焦点是实际利率的短期变化趋势，所以我们在这里将只讨论准稳态。调整时期 $0<t<T$ 内的模型解是在第 T 期发生的转型完全可以预期。

就计划迅速降低贬值率和声明降低未来用于私人消费的支出而言，其瞬时影响一般是模糊的。为了更好地理解实际利率的短期动态，我们来考虑两个截然相反的例子：α 接近于 0 和 α 为正值。α 接近于 0 的情况相当于仅当 $t=0$ 时贬值率持久并出乎预期地降低的情况，这在第 10 章描述过。因此（如前所示，假定跨期替代弹性足够低），宣布那种几乎没有什么可信度的未来财政调整意味着实际利率可能会马上下降。相反，如果 α 接近于 1，并且贬值率的初期降幅不是太大，则实际利率会立即上升。α 越大，实际利率的增幅就越大。

因而，上述分析的要点是只要 α 为正数，在这里所讨论的以汇率为基础的两阶段稳定计划的初始阶段中，实际利率的变动是不确定的。实际利率的上升或下降取决于公众对财政改革的信任程度（以及跨时替代的程度、初期汇率调整的幅度和公共支出下降的可能性）。因此，在实践中，实际利率波动不仅反映了经济主体对政府未来所实施政策种类的预期，还反映了人们对决策者坚持其声明能力预期的变化。因为计量经济学家无法

① 关于未来政策的预期和当前政策结果之间的联系，我们在第 4 章对财政赤字、通货膨胀和经常账户之间的短期联系所进行的讨论中予以强调。

观察对未来政策变化的预期，因此我们难以对这里所强调的财政政策随时间变化的重要性进行实证研究。当然，在 20 世纪 70 年代和 80 年代实施的以汇率为基础的稳定计划中，前面讨论中所描述的调整机制会在实际利率变动趋势的不同模式中起到重要作用，这一点已经在本章的开始指出过。正如众多经济学家所强调的，在短期机制中，缺乏可信度一直是这些试验的普遍特点。然而，尽管大多数观察家们都强调了汇率调整的不完全可信问题，但我们这里的分析却是围绕这些计划中可信度问题的财政层面而展开的。在上述条件下，初期汇率调整完全可信是说它被视为一种持久性的政策；可信度缺乏损害的是关于减少未来支出的声明。因此，我们的分析表明，即使以汇率为基础的稳定计划的汇率政策部分是完全可信的，但如果对计划中的财政政策的信任程度随时间发生了变化，那么调整过程中也会出现实际利率的大幅波动。①

□ 1.3 反通货膨胀与实际工资

在发展中国家实施的稳定计划中，曾经运用过各种形式的工资政策。1985 年 6 月阿根廷的奥斯特尔（Austral）先是计划使工资上涨 22%，然后又将工资冻结。当物价持续上涨时，尽管是以较慢的速度上涨，当局在年底仍将名义工资提高了 38.5%，然后又采纳了季度性工资调整。1985 年 7 月，以色列的稳定计划对当月的通货膨胀给予 50%的补偿，然后在政府、企业联合会和工人联盟、总工会之间达成三方协议，冻结工资三个月；接下来的调整对之前超过 4%的通货膨胀提供部分补偿。1985 年 8 月，玻利维亚计划开始时，政府发放奖励，然后冻结工资；后来，又降低了对辞退工人的限制条件，取消工资指数化，并制定了很低的最低工资水平。1986 年 2 月，巴西的克鲁扎多（Cruzado）计划对所有工人设立了一种额度为工资水平 8%的初始奖金，同时，最低工资提高了 16%；名义工资未被冻结，每年（而不是半年）工资谈判恢复，并且当通货膨胀率达到 20%时工资将自动调整。这个调整在 1986 年 12 月第一次被实现，当时克鲁扎多计划崩溃了——这部分地是由于公共部门工资过度增长。与以色列一样，墨西哥的稳定计划于 1987 年末至 1988 年初实行，该计划也是依赖于劳工、雇主和政府之间的一个集体协议。因而，在某些案例中，在初期工资增加之后是公共部门单方面工资冻结（最后接下来是进一步的调整，例如在玻利维亚）；但在另一些案例中，工资固定和调整是以工人和政府之间的一个不太明确的社会契约为基础的（阿根廷和巴西的案例），或者以工人、企业主和政府之间的一个明确的协议为基础的，以色列和墨西哥就是这种情形。

在发展中国家的反通货膨胀计划中，实际工资的变动趋势很少受到关注，这是一件令人奇怪的事情。以汇率为基础的稳定计划所进行的研究试图以与消费行为相关的跨时效应解释产出行为，而很少强调供给面在经济稳定中的作用。然而，如 Agénor (1998a) 指出的，稳定政策的长远效应取决于工资合同的性质。从长远来看，名义贬值率下降在回顾性名义工资合同下会导致贸易品产出缩减，而在前瞻性合同情况下则导致产出扩张。

在以汇率为基础的稳定计划中，实际工资的短期动态也取决于工资合同的性质。如果名义工资合同是回顾性的，通货膨胀下降将首先导致实际工资增加，此后随时间

---

① 实际利率的变化也会源于一种不确定性，即反通货膨胀努力预期崩溃日期的不确定性。这种结果可从 Drazen and Helpman (1988, 1990) 的模型中推出。

而逐步降低，这是因为合同开始反映较低的通货膨胀路径。然而，初期的实际工资上升会增加伴随稳定计划的成本。① 事实上，从 20 世纪 80 年代早期几个拉丁美洲国家经验中（特别是智利的经验中）得到的一个重要教训是：如果稳定计划将固定名义汇率与回顾性工资指数化结合在一起，就会引起通货膨胀惯性，并导致汇率的实际升值加速和经常项目赤字不可持续地扩大，并且发展到顶峰通常就是国际收支危机和汇率崩溃。

如果工资合同是前瞻性的，那么预期到的完全可信的通货膨胀降低会导致两种情况出现，要么导致实际工资立即下降（如果名义工资立即得到调整以反映未来较低价格水平），要么导致实际工资的临时增长（如果合同不能立即被重新谈判）。与此相比，如果价格和工资制定者们不相信价格在未来会降低（比如，因为对未来政策变化所做的声明缺乏信心，或因为经济主体认为初期的反通货膨胀措施在未来将会被逆转），那么名义工资将不会被调整。并且，实际工资也几乎不会有反应。事实上，如果预计到未来经济条件会恶化，那么尽管有初期的校正措施，但实际工资仍会立即上涨。

将回顾性和前瞻性工资合同考虑在内的一个简单理论模型有助于解释这些观点。② 假设经济生产一种不可储存的商品，这一产品是外国商品的不完全替代品；国内产出 y 与实际产品工资是负相关的；$\omega = w/P$，其中，w 表示名义工资，P 表示本国商品价格。有

$$y = y(\omega), \quad y' < 0 \tag{29}$$

消费量 C 与收入正相关，与国内商品的相对价格的预期长期价值 z^* 负相关：

$$c = c(\overset{+}{y}, \overset{-}{z^*}), \quad 0 < c_y < 1 \tag{30}$$

z^* 必须与国内商品市场出清的长期相对价格相一致：

$$c[y(\tilde{\omega}), z^*] = y(\tilde{\omega})$$

通过（29）式，当 $\Phi' > 0$ 时，我们由上式得到：

$$z^* = c_{z^*}^{-1}(1 - c_y) y' \tilde{\omega} = \Phi(\tilde{\omega}) \tag{31}$$

因此，由于对本国商品过度需求增加（因为它降低产出供给要比它降低消费更多），实际工资的长期价值增长，导致了长期预期的相对价格增长。

假设通货膨胀率 π 的变化取决于对商品的过剩需求和实际汇率的贬值率：

$$\dot{\pi} = \kappa(c - y) + \theta(\varepsilon - \pi) \tag{32}$$

其中，$\kappa, \theta > 0$。通过沿用上文讨论过的 Calvo-Végh 模型，我们能够合理化第一种效果；第二种效果与汇率变化对进口投入的本国价格所产生的影响有关。

名义工资 w 是在两个可供选择的合同机制之下确定的。在第一个方案中，工资合同是回顾性的，并且只取决于过去的价格水平：

$$w = \rho \int_{-\infty}^{t} e^{-\rho(t-k)} P_k \mathrm{d}k$$

其中，ρ 是贴现率。对此方程按时间进行微分：

$$\dot{w} = \rho(w - P) \tag{33}$$

在第二个方案中，名义工资合同被假定为是前瞻性的，并被假定为取决于未来的价

① 只有当重新调整的频率保持不变时，通货膨胀率与实际工资之间的逆向关系才会出现。如果由较低水平的通货膨胀而导致调整频率下降，那么价格和实际工资之间是正相关关系。

② Agénor（1998a）的分析表明，从本质上来看，与此处所获得的结果类似的短期结果在一个（更为复杂的）跨时背景下也成立。

格水平：

$$w=\rho\int_{t}^{\infty}\mathrm{e}^{\rho(t-k)}P_{k}\mathrm{d}k$$

这意味着：

$$\dot{w}=\rho(w-P) \tag{34}$$

在已知实际工资定义的条件下，回顾性工资合同中随时间的变化率可以被写成：

$$\dot{\omega}/\omega=-\rho\left(1-\frac{1}{\omega}\right)-\pi$$

在前瞻性工资合同中为：

$$\dot{\omega}/\omega=\rho\left(1-\frac{1}{\omega}\right)-\pi$$

稳态解的特征为 $\dot{\omega}=\dot{\pi}=0$ 和商品的市场均衡。因此，在两种合同中，通货膨胀和名义工资增长率都必须等于长期均衡的贬值率。在稳态附近进行线性逼近，对于回顾性合同而言，有：

$$\begin{bmatrix}\dot{\omega}\\ \dot{\pi}\end{bmatrix}=\begin{bmatrix}-\rho/\tilde{\omega} & -\tilde{\omega}\\ \kappa(1-c_{y})y' & -\theta\end{bmatrix}+\begin{bmatrix}\omega-\tilde{\omega}\\ \pi-\varepsilon\end{bmatrix}+\begin{bmatrix}0\\ \kappa c_{z^{*}}z^{*}+\theta\varepsilon\end{bmatrix} \tag{35}$$

其中，$\tilde{\omega}=(1+\varepsilon/\rho)^{-1}$ 表示实际工资的稳态水平。在前瞻性合同中为：

$$\begin{bmatrix}\dot{\omega}\\ \dot{\pi}\end{bmatrix}=\begin{bmatrix}\rho/\tilde{\omega} & -\tilde{\omega}\\ \kappa(1-c_{y})y' & -\theta\end{bmatrix}+\begin{bmatrix}\omega-\tilde{\omega}\\ \pi-\varepsilon\end{bmatrix}+\begin{bmatrix}0\\ \kappa c_{z^{*}}z^{*}+\theta\varepsilon\end{bmatrix} \tag{36}$$

其中，$\tilde{\omega}=(1-\varepsilon/\rho)^{-1}$。

回顾性合同的动态体系（35）式的稳定需要系数矩阵 **A** 的行列式为正，且它的迹（主对角线元素之和）为负：

$$\det\mathbf{A}=\theta\rho/\tilde{\omega}-\tilde{\omega}k(1-c_{y})y'>0,\quad trA=-(\theta+\rho/\tilde{\omega})<0$$

这些条件在此处总是满足的。在有前瞻性合同的系统（36）式中，因为实际工资现在是一个跳跃变量，则鞍点路径稳定性要求系数矩阵的行列式为负：

$$\det\mathbf{A}=-\theta\rho/\tilde{\omega}-\tilde{\omega}k(1-c_{y})y'<0$$

这一条件如图所示。

图 11－3 表示的是这一模型在回顾性合同条件下的长期均衡。在第一象限中，曲线 $\dot{\pi}=0$ 表示通货膨胀率和实际工资的组合，其中，通货膨胀率不随时间发生变化；而曲线 $\dot{\omega}=0$ 表示 π 和 ω 的组合，其中，实际工资不发生变化。在第二象限中，曲线 y^{s} 表示产出与实际工资之间的反向关系［（29）式］。在第三象限表示出了消费函数［（30）式］（给定长期预期相对价格 z^{*}）。在点 E 达到通货膨胀和实际工资的长期均衡值，其中，产出在点 A 确定，消费（等于产出）在点 B 确定。

类似地，图 11－4 表示在前瞻性合同条件下的长期均衡。曲线 $\dot{\omega}=0$ 在第一象限中向上倾斜。鞍点路径稳定需要曲线 $\dot{\pi}=0$ 比曲线 $\dot{\omega}=0$ 更陡。鞍点路径用 SS 表示，斜率为正。

现在，我们来考虑反通货膨胀计划的效果，其表现形式为贬值率未预期的长期降低，从 ε^{h} 降到 $\varepsilon^{s}<\varepsilon^{h}$。在图 11－5 中表现的是回顾性合同条件下的动态。曲线 $\dot{\pi}=0$ 向左移动，通货膨胀和实际工资都不会马上变化。当实际工资在整个调整过程中向上平移时（这使经济从点 E 到点 E'），通货膨胀或持续下降，或在第一阶段下降而在第二阶段增长。

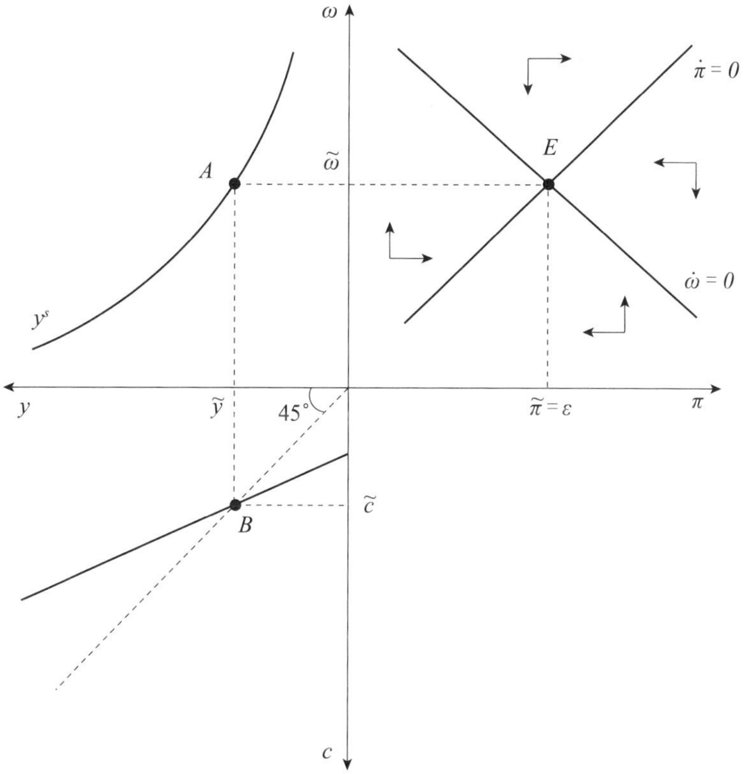

图 11-3　回顾性合同的稳态均衡

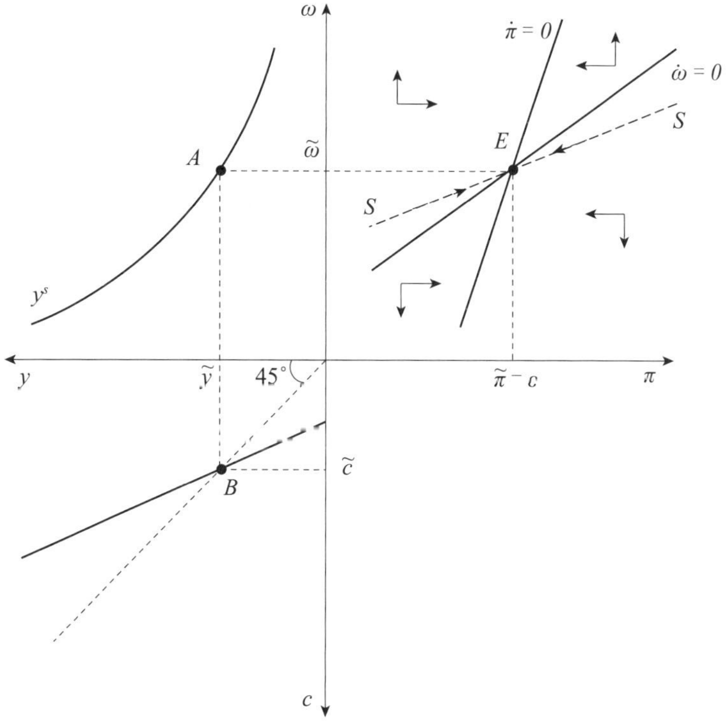

图 11-4　前瞻性合同的稳态均衡

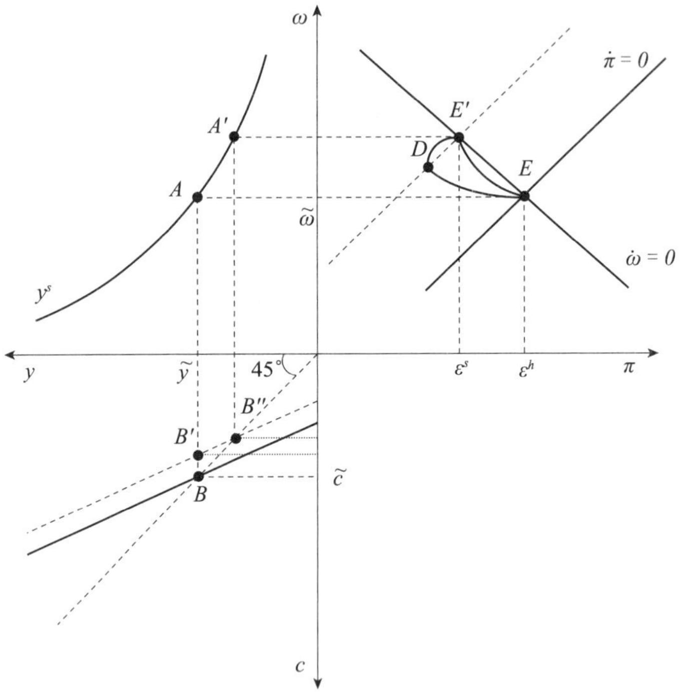

图 11－5　回顾性合同中贬值率的降低

在第二象限中，产出从点 A 持续下降到点 A'，其变化模拟实际工资的运动轨迹。预期的长期相对价格 z^* 立即下降以反映实际工资的长期增长，从而使消费函数向下移动；这一移动使国内商品市场均衡能够长期得到维持（点 B''）。产出并未发生变化，仍然维持在其初期稳态值水平，而消费相应下降（从点 B 到点 B'），这趋于创造出对本国商品的过剩供给，从而由于贬值率降低而使通货膨胀率下降的压力增加。

与此相反，在前瞻性合同背景下，经济主体对未来下降的通货膨胀率进行贴现。在这种情况下，如图 11－6 所示，实际工资立即下降到某个点上，比如新鞍点路径 SS' 上的点 A，并且继续向其较低的稳态水平下降，稳态水平在点 E' 达到。在这一情况下，通货膨胀率总是连续下降。在第二象限中，产出的相应变动又一次模拟实际工资的轨迹，从点 A 增长到点 A'，并继续增加直到点 A''。预期的长期相对价格 z^* 也出现增长，反映了实际工资的长期减少，从而使消费函数向上移动（消费从点 B 上涨到点 B'），并使商品市场均衡得以长期保持（点 B''）。此时，因为消费和产出都相应上升，无法先验性地确定过剩需求的净效果。如果消费对预期长期相对价格的敏感度足够低，那么净效果将为负，当即强化了贬值率下降的反通货膨胀效应。

因此，当存在回顾性合同时，在贬值率下降的调整过程中实际工资逐步增长，而在前瞻性合同情况下，实际工资在初期向下跌落，并在随后持续下降。对于上文分析过的以汇率为基础的稳定计划中的实际工资变化而言，这些证据提供了复杂的结果。拉丁美洲国家 20 世纪 70 年代末的塔布利塔实验中，实际工资或保持稳定（乌拉圭）或上升；而在非正统计划中实际工资是下降的（20 世纪 80 年代的以色列与墨西哥）。[①] 至于这些

① 在许多以货币为基础的计划中，也出现了明显的初期下降，比如在 1985 年 8 月玻利维亚实施的计划中，情况就是如此。

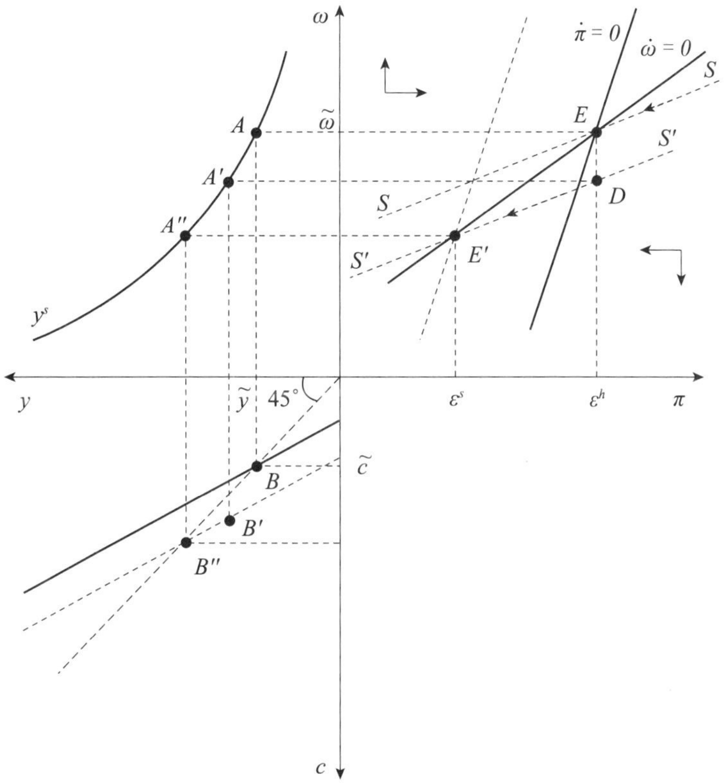

图 11－6　前瞻性合同中贬值率的降低

变动在多大程度上可以被视为反映了回顾性或前瞻性行为和（或）可信度缺乏，在缺乏合适的计量经济手段的情况下，我们无法对此做出评价。发展中国家的工资形成在何种程度上是回顾性或前瞻性的？这一问题对稳定政策而言很重要。但不幸的是，一直很少有人试图对此进行评估。

2　反通货膨胀计划中可信度的作用

发展中国家反通货膨胀计划的屡屡失败通常被归因于私人对政府持之以恒地进行改革和维持一系列连贯性政策的能力缺乏信心。[①] 并且，稳定计划总是失败说明：除了向下的刚性作为通货膨胀过程的特征之外，每个新的反通货膨胀计划都必须面对的可信度问题将随时间推移而变得愈加严峻。

对决策者而言，用来表明他们没有实施通货膨胀政策意图的一个最直接的方式当然是宣布一个限制性的通货膨胀目标。但由于通货膨胀率并不在当局的直接控制之下，对

① 不同作者都强调政策可信度缺乏是通货膨胀持续的源头，包括 Blejer and Liviatan（1987），Dornbusch（1991），Sargent（1983），van Wijnbergen（1988）以及 Végh（1992）。前面讨论过，可信度缺乏也是伴随稳定计划而出现的短期和长期动态的关键决定因素。

私人来说，无法与容易监督的具体政策承诺相联系的通货膨胀目标是不可信的。因此，在一个反通货膨胀计划开始之际，建立宏观经济政策的可信度显得至关重要。通过改变价格预期的形成，一项可信的反通货膨胀计划可能会明显地降低限制性货币政策和财政政策的短期和中期产出与就业成本。比如，一种可信的汇率冻结会降低未来通货膨胀预期、减少名义利率，从而抑制限制性货币政策所带来的紧缩性影响。稳定尝试的不断失败已经使公众对决策者降低通货膨胀率的意愿与能力产生了根深蒂固的怀疑。在这些国家中，对负责任的决策者来说，提高信用是尤为重要的。

近期的宏观经济学文献研究了各种各样的机制，其目的是建立政策的可信度或提高决策者的信用。这些文献的一个关键特征是私人与决策者相互影响，在他们对当前和未来政策动态预期的基础上决定他们的行为（Cukierman，1992）。本节的目的是探讨这些文献对发展中国家制订反通货膨胀计划的含义。第一部分对可信度问题的几种来源进行分析。第二部分研究那些力图缓和稳定计划中这些问题的各种不同的机制，包括为信号传递的目标而采用休克疗法、运用价格管制措施作为额外的名义锚、加强央行的独立性或者加入共同货币联盟以及求助于有条件的国外资助。结尾部分总结了分析的主要政策含义，并在最后给出了一些评述。

□ 2.1 可信度的来源

在近期关于宏观经济政策可信度研究的文献中，一个普遍性的关键问题是：当公众对决策者实行新公布的稳定计划的能力缺乏信心时，反通货膨胀计划变得更加难以奏效。然而，在现有的文献中，对“信心缺乏”和“不完全可信度”的定义五花八门，这些不同的定义主要是由于所讨论问题的不同。就反通货膨胀计划而言，可信度问题的第一个重要方面与计划本身有关，具体来说，就是与计划形成所涉及的政策措施有关，也和这些政策措施的一致性以及可持续性有关。其他相关的方面涉及决策者与私人的相互影响，是作为各种假设的结果而出现的。这些假设主要是关于一致性计划实施者的行为与“特征”（例如，政策偏好结构和决策者自身的信誉）、信息结构和政策环境。

2.1.1 内部不一致性

第一，当公众感觉到稳定计划与同时进行的其他政策不一致时，可信度问题就出现了。一项不包括限制公共部门预算赤字措施的反通货膨胀计划通常缺乏可信度，因为私人将会理解其中不一致的性质。比如，巴西 1986 年实施的克鲁扎多计划很快就丧失了可信度，因为私人很快便意识到当局在初期所采纳的扩张性财政政策具有的通货膨胀含义［参见第 10 章和 Agénor and Taylor（1993）］。除此之外，即使稳定计划的各个组成成分是内在一致的，经济改革计划总体方案中的不一致性或政策措施实施顺序方面的不恰当也会损害稳定计划的可信度。

2.1.2 时间不一致性

第二，可信度缺乏还会源自决策者所面临的时间不一致问题：最理想的事后策略可能会与最优事前策略有所不同。比如，一旦名义工资由私人部门所制定，为了获得产出收益，当局会觉得抑制通货膨胀的程度比其曾许诺过的少一些更有利（Barro and Gordon，1983）。之所以得到这一结果，是因为决策者既关注通货膨胀，也关注失业，并且还要面临包含预期的菲利普斯曲线。决策者希望所有人都预期低通货膨胀，目的是利用通货膨胀与失业之间的有利权衡。但是，低通货膨胀的政策声明是不可信的。一旦预期形成，为了降低失业，决策者便会受此驱动而违背所承诺的政策。私人一旦认识到上述原因会驱使政府违约，就不会相信决策者所做的政策声明。

在第 8 章曾讨论过，在一个固定汇率的小型开放经济体中，也出现了类似的时间不一致问题。通过固定汇率，同时固定贸易品的本国价格，决策者的目标在于降低体现在非贸易品部门价格制定中的通货膨胀预期。然而，价格与工资制定者了解到决策者偏离所宣布固定汇率的动机以及决策者为了刺激产出而使货币贬值的动机，他们将不会完全相信决策者开始时所做的声明。

如同在 Barro-Gordon 模型所指出的，决策者通货膨胀的动机不必以就业为考虑基础。这种动机的出现也可以是决策者想要降低名义公债实际价值的结果，或者可能是出于铸币收益方面的考虑。Barro（1983）建立了一个简单的模型强调通货膨胀对弥补政府赤字所起的作用。[①] 假设政府的目标函数为：

$$L = \theta\mu m^d(\pi^a) - \exp(\kappa_1\pi + \kappa_2\pi^a) \tag{37}$$

其中，所有的系数都为正。μ 表示名义货币存量的增长率，π 表示实际通货膨胀率，π^a 表示预期通货膨胀率，$m^d(\cdot)$ 表示货币需求，$\mu m^d(\cdot)$ 表示来自货币创造的收益，即铸币收益（参见第 3 章）。损失函数（37）式的第一项表示政府从通货膨胀中所获得的利益，被认为与铸币收益成比例。第二项表达了通货膨胀所产生的两种不同成本。π 项反映了菜单成本（即与名义价格变化相关的成本）或与收款滞后相关的成本，这些来自第 5 章所讨论的 Olivera-Tanzi 效应；π^a 项反映了完全预期通货膨胀通常的扭曲成本。

对实际货币余额的需求属于 Cagan 类型，由下式给出：

$$m^d(\pi^a) = \exp(-\alpha\pi^a) \tag{38}$$

一旦预期形成，$m^d(\pi^a)$ 为已知，并且货币市场均衡条件意味着 $\pi = \mu$。那么，政府的问题是求解 μ 来最大化（37）式，同时受到（38）式的约束。

我们现在来考虑两种制度：相机抉择制度和按规则行事制度。在相机抉择制度中，政府无法让私人相信政府在未来会遵循某特定的路线。既然政府不能做出有约束力的承诺，也就是说它在 π^a 已知的情况下最小化（37）式，并且受（38）式的约束。从而可以得出这一行为所隐含的解为：

$$\theta\exp(-\alpha\pi^a) - \kappa_1\exp(\kappa_1\pi + \kappa_2\pi^a) = 0$$

在均衡状态中，$\mu = \pi = \pi^a$，因此，解为：

$$\mu^D = \pi^D = (\alpha + \kappa_1 + \kappa_2)^{-1}\ln(\theta/\kappa_1) > 0 \tag{39}$$

若 θ/κ_1 足够大，则通货膨胀率和货币增长率都高于在第 3 章中所得出的最大化铸币收益率 $1/\alpha$。

在按规则行事制度中，政府能够对自己未来的行为做出有约束性的，因而也是可信的承诺。因此，政府在选择其最优政策时将内化当前决策对私人形成未来价格价预期所产生的影响。在损失函数（37）中施加均衡条件 $\pi = \pi^a$，则政府的决策问题变为：

$$\max_{\mu} L = \theta\mu m^d(\mu) - \exp[(\kappa_1 + \kappa_2)\mu] \tag{40}$$

并同时受（38）式的约束。由于 $\alpha\mu$ 足够小，运用近似的 $\ln(1 - \alpha\mu) \cong -\alpha\mu$，有：

---

① 接下来的分析所使用的公式改编自 Cukierman（1992）。Bruno（1991），Kiguel and Liviatan（1994）提出过类似的模型。Heymann and Sanguinetti（1994）明确考虑了政府支出和 Olivera-Tanzi 效应在决定最优相机抉择通货膨胀率中的作用。

$$\mu^R = \pi^R = (2\alpha + \kappa_1 + \kappa_2)^{-1}\ln[\theta/(\kappa_1 + \kappa_2)] \quad (41)$$

它可能低于最大化收益的比率 $1/\alpha$。从（39）式和（41）式中，我们很明显可以得到 $\mu^D > \mu^R$，或者说在政府相机抉择体制下的通货膨胀率和货币增加率高于在按规则行事制度下的水平。[①] 其原因在于：在按规则行事制度下，政府内化其行为对私人预期形成所产生的影响，通过制定可信赖的承诺，决策者能够降低通货膨胀预期，并因此实现一个较低的通货膨胀率。

因此，强调时间上不一致这一难题的普遍含义是：当决策者具有事后违背其承诺的动机时，理性人将会对决策者关于未来政策的声明或对决策者就当前有关政策的持续性进行的保证打折扣。因此通货膨胀将难以降低，并且反而会随着时间显示出持续性。

2.1.3 信息不对称

可信度问题的第三个根源在于关于决策者自身的信息不完全或不对称：私人不能评判当局治理的通货膨胀的态度有多么认真（Barro，1986）。在稳定计划开始之际，私人不完全相信当局的反通货膨胀承诺，他们需要时间证实新的政策立场并评价决策者的"真正"意图。这种信息不完全的状况在一些发展中国家可能尤为普遍。在这些国家中，决策者倾向于迅速改变政策，这使得公众对政策目标和当局的偏好产生困惑。除非决策者们有意将信息公开，不完全的监控能力阻碍了私人理解当局的偏好。换言之，不完全监控能力限制了决策者建立信誉的能力。如果私人只有通过回顾性的归纳总结过程才能逐渐得知这些信息，情况就更加严重（Cukierman，1992）。决策者会发现，如果缺乏"严肃"或"有力"的信誉，则难以降低通货膨胀预期。

2.1.4 政策不确定性与随机性冲击

在反通货膨胀中，可信度问题的第四个根源是围绕政策环境和政策措施可预测性问题所产生的不确定性。在一个随机世界中，即使计划内在统一且在时间上具有一致性——这意味着决策者们没有动机在事后有意偏离事先公布的政策措施——外生冲击也可能大得足以使计划"偏离轨道"（Dornbusch，1991；Orphanides，1992）。在这种情形下，由于大幅冲击将很可能迫使决策者偏离他们的既定目标，即使是讲信誉的决策者也可能没有能力来降低价格预期并维持稳定计划的可信度。这种冲击的性质可能是外部的（例如，一个国家的贸易条件或世界利率的显著变化），但也可能源于政策环境本身，尤其是当官方对政策工具控制不完全时，情况更是如此。例如，如果政府不能够适当控制支出水平，如果税收收入因为确定的或随机的因素（如季节性因素或突发的天气变化）而具有相当的可变性，那么政府所宣称的财政目标就是不完全可信的。私人将会领会这种政策措施失控的含义并对政策目标能否达到做出评判。[②] 操纵政策工具的过程的精确度越低，私人越有可能预期到稳定计划在未来崩溃的可能性，通货膨胀率也越会具有向下的刚性。因此，政策可预测性的缺乏会引起对改革过程可持续性的怀疑，进而影响到其他具有一致性和可行性计划的可信程度。

2.1.5 政策不确定性

最后，当公众意识到由于政治基础可能崩溃而使决策者无力实施他们的计划时，可

---

① 还可以证明 $L(\pi^D) - L(\pi^R) > 0$，意味着按规则行事制度要帕累托优于相机抉择制度。

② 在某种意义上，可信度缺乏源于决策者无力事先承诺特别的行动来面对不同的状况。从理论上讲，尽管完全相机抉择体制会消除可信度的这一来源，但在实际中是很难形成这种体制的。

信度问题也会出现，比如，当政府建立在具有不同意识形态观念的几个政党联盟基础之上时，或当政府的合法性受到质疑时，情况就是如此。尽管私人相信政府的经济目标和政策意图，但他们也会评估将带来潜在阵痛的宏观经济改革在政治上的可行性。各种政治力量越不团结，或既得利益者的力量越大，可信度问题越严重。而且，缺乏政治共识通常会使经济主体预期政策具有反复性。这种对未来政策的不确定进而对稳定计划的长期效果有重要的含义。那些被认为具有可持续性的战略可能会引起经济上和政治上的反应，这些反应将会强化改革进程；而那些被认为有可能被扭转的战略则会产生相反的效果。

实际上，对一个既定计划或决策者所面临的可信度问题的具体来源进行分析并寻求证据是很困难的，即使是事后也是如此。大多数研究者在一个一般性前提下进行探讨。这个前提是一个具有可信度的反通货膨胀计划是驱动一个关键变量（例如价格、货币需求、名义工资或利率）的过程，而一个缺乏可信度的计划通常不会有可识别的影响。[①] 尽管最近在方法论上有一些实质性的进展[②]，但由于缺乏有力的计量技术，对具有可信度问题不同来源的现实重要性进行分析时，仍然产生了一些严重的问题。这使得设计恰当的政策反应或采取恰当的校正措施变得很困难。然而，正是这些实际困难使得加强反通货膨胀计划的设计变得愈加重要。

□ 2.2　提高反通货膨胀计划的可信度

关于提高反通货膨胀计划可信度这一问题，已经出现了各种各样的建议。其中，有一种方案主张通过设计合适的相机抉择条款来增加改革计划自身的可信度（或一致性）。第二种更加广义的方案则关注提高实施计划者的信誉方法。在本小节里，我们主要针对第二种观点展开研究，讨论其中一些建议的概念基础，并对其实际政策含义做出评估。首先，我们分析关于采用休克疗法来实施稳定计划的问题。作为一种向公众传递决策者类型信号和建立信誉的方式，我们对该方法的恰当性进行了分析。其次，我们对价格控制作为额外名义锚的作用进行了讨论。再次，我们分析了制度改革，例如增强央行自主程度或加入货币联盟的问题。最后，我们研究国际机构和有条件国外援助在减缓可信度偏低问题中所起到的作用。[③]

2.2.1　信号传递与可持续性

通常的看法是，决策者必须彻底与过去决裂以显示他们致力于价格稳定的决心（Rodrik，1989）。这意味着当局不仅必须在一开始就放弃对通货膨胀的容忍以保持寻求稳定的努力（并最终成功控制通货膨胀），而且他们不得不采取最强有力的措施。当一系列不成功的尝试使公众对决策者反通货膨胀的能力和承诺持高度怀疑态度时，或当私人部门缺乏衡量决策者的行动尺度时，这样一个行动过程就更为必要。在此情形下，能否接受

---

① 这一断言并不必然成立。Calvo and Végh（1993b）与 Végh（1992）指出，在以汇率为基础的稳定计划中，可信度缺乏一开始会转变为大的实际效应，而不是通货膨胀大幅下降。

② 参见 Taylor（1993），Baxter（1985）和 Rojas（1990）。

③ 所有的讨论都关注决策者必须应对高通货膨胀，而不是应对超级通货膨胀的那些国家。Kiguel and Liviatan（1992b）认为，可信度在后一种情况下更容易建立。在长期通货膨胀的国家中，惯性机制，比如交错合同和隐性或显性指数化都很发达，公众倾向于将反通货膨胀计划视为可延期的，从而减低了可信度。相比之下，正是超级通货膨胀的性质通常使得经济主体相信这种过程不可再持续。

经济紧缩的现实并勇敢地"迎难而上"被私人部门视为对当局维持低通货膨胀决心的考验（Vickers，1986）。当通货膨胀是由于过多的政府支出所导致的时，政府部门的有力调整也能提供重要的信号，因为这能表明当局努力将预算赤字掌握在控制之中。比如，墨西哥所采取强有力财政调整使其财政状况从 1988 年相当于 GDP 4.5%的经常账户赤字变为 1990 年 2.6%的盈余和 1992 年 3.3%的盈余。其做法被广泛视为是对始于 1987 年末的稳定计划赋予可信度的一个关键因素。①

然而，运用限制性过强的货币和财政政策向公众传达有关决策者意图的信号也可能会使可信度降低，而不是维护或提高。第一，过度的严厉政策措施会产生一种预期，即这些决策被认为是不可持续的而且将最终被抛弃。正如下文将要具体讨论的，过度调整（比如，公共支出减少过多）会增加失业，从而削弱对痛苦改革的政治支持。第二，如果不确定性体现在现任决策者是否有能力实施所宣布的政策这个方面（而不是体现在当局对产出扩张的相对关注方面），那么，最优行为是部分地包容和适应通货膨胀预期，而不是采用过度限制性的货币政策立场（Cukierman and Liviatan，1991）。事实上，一旦意识到现任政府可能会偏离所宣布的政策立场，通货膨胀预期就必然偏高，因为决策者（无论是被视为"软弱"还是"强大"）都不喜欢经济萧条。所以，现任者的最佳选择是部分地适应这些预期。② 类似地，即使不存在对决策者本身的不信任，含有回顾性工资指数条款的劳动合同的存在也会导致对通货膨胀部分的包容（De Gregorio 1995）。更一般而言，支持进行休克疗法的观点在很大程度上是基于这样的假设：决策者的行为主要取决于他们的政策偏好，也就是其对产出和价格稳定所赋予的相对权重。然而，在实践中，政策决策也会受到经济状况的影响，而经济状况又取决于整个政策立场。只要休克疗法所导致的产出减少对现任决策者的再次当选有负面影响，决策者便会通过提高"政策会最终放松"这一预期来削弱可信度（Blanchard，1985）。即使"强硬"的决策者也不能忽视付出高失业所带来的代价，尤其当政策有持续影响时，情况更是如此（Drazen and Masson，1994）。

在改革给大部分人带来高昂短期成本的情况下，决策者会倾向于放弃或至少偏离最初的计划目标，尤其是当现任决策者不能轻易向未来政府承诺具体调整路线时，情况更是如此。即使价格稳定符合国家的长期利益，但短期因素（比如现任者特别关注的再次当选的前景）会使得决策者改变或放弃他们起初的改革计划。另外，当财政赤字是通货膨胀的根本原因时，所实施的稳定计划中用来表明计划可信的信号传递方式要比通常所认为的更有限。在这种情形下，为了使控制财政赤字的努力保持可信，结构性财政改革（比如扩展税收体系、公有企业私有化或改变公共部门工资与薪水的分配以加强政府对支出的控制）往往是必需的。但这些改革不能在一夜之间实施，而只能逐步实施并逐渐提高可信度。

在决策者建立信誉的过程中，关键的问题是信誉持续时间的长短，而不是稳定计划初期所实施的政策措施的限制程度。（在一个民主体制所规定的范围之内）政治上和经济

① 实施价格控制，任命"保守"的央行行长（我们将进一步讨论各种选择）也被宣扬为信号传递机制。目前我们只考虑用作信号传递目的的正统政策工具。

② 此外，不同"类型"决策者的特征（即政策偏好）迥异，信号传递将不是最优策略（Anderson，1989）。即使这些特征没有太大区别，在 Vicker（1986）的框架中，信号传递仍旧不是最优选择。当决策者大幅贴现未来收益，并发现承受更剧烈的抑制通货膨胀政策所带来的成本不值得时，这一点尤为适用。

上被视为不可持续的宏观经济调整措施不可能是可信的，并且还会导致自我实现的失败(Buffie，1998)。在整个改革努力中，一个确保可持续性的重要因素是按照合理的顺序实施各个稳定措施，从而最小化那些经常伴随这种计划而出现的扭曲现象。比如，在某些情形中，为了保证整体改革策略的一致性并赋予一体化稳定措施足够的可信度，微观经济调整和制度变革应当先于宏观经济政策改革。在结构性调整和宏观经济方面，合理有序的政策行动在让私人确定稳定计划最终将取得成功的过程中至关重要。在某种程度上，确保宏观经济改革的不可逆性同时也确保了它们的可持续性。采用一种具有合理次序的调整措施从而使未来决策者发现扭转改革付出的代价相当高昂也可以提高反通货膨胀计划的可信度。

2.2.2 价格控制

尽管价格控制措施的微观经济成本众所周知，但这种措施曾在发展中国家的反通货膨胀计划中被反复使用（事实上，自20世纪60年代早期以来就被反复使用）。[①] 一个决策者或顾问常用来支持最高限价的典型论点是，通货膨胀持续的根源在于存在滞后的工资指数化和回顾性预期。由于惯性因素的存在，那种试图完全通过限制性货币政策和财政政策来治理通货膨胀的做法将会导致强烈的萧条，从而使得这种政策在短期奏效之后不可能持续下去。更近期的理论进展证明了价格控制的短暂应用在以下几方面的合理性：作为向低通货膨胀均衡的一个“过渡”机制（Bruno and Fischer，1990)，作为一种协调手段（Dornbusch and Simonsen，1998)，作为保证政治利益和政治支持的一种方式（Jonung，1990)，以及与我们此处讨论最为相符的、作为提高可信度的一种方法。[②]

除货币供给或汇率之外，Blejer and Liviatan（1987）和 Persson and van Wijnbergen (1993）曾经强调可以采用价格控制来作为提高可信度的名义锚。在 Blejer and Liviatan (1987）的分析中，可信度缺乏源自公众所获信息与决策者所获信息之间的严重不对称。在一个稳定计划初期，私人不完全相信官方会致力于反通货膨胀，他们需要时间来检验新的政策立场。价格冻结给决策者提供了一段时期，在这一时期内，他们能够通过采纳和坚持限制性货币和财政政策来说服公众去相信其政策目标的严肃性。[③] Persson and van Wijnbergen（1993）提供了一个基于博弈论的分析，后者建立在 Vickers（1986）所描述的信号模型之上。在他们的模型中，决策者必须传递他们乐意接受萧条这一信号，即他们将不会求助于通货膨胀措施或屈服于压力而放弃他们的政策立场，才能够获得可信度。(除了限制性货币政策外）暂时使用价格和工资控制这一做法使决策者降低了传递其将致力于反通货膨胀这一信号的成本。

在1985年的稳定计划实施期间，以色列所有的名义变量（包括汇率）被冻结，这是一个最经常被引用的成功应用价格控制的案例。除了显著的财政紧缩（包括补贴减少）和预先贬值之外，政府不仅宣布信贷冻结，还宣布了维持汇率固定的意图，得到的谅解是工会将暂时中止生活费用调节（COLA）条款，并在几个月内冻结工资。而就后者达

① 然而，根据市场结构的不同，价格控制会在短期内导致产出扩张，Helpman（1988）强调过这一点。对这一结果的讨论参见本章的附录。

② 比如，Kiguel and Liviatan（1992）认为，在高度通货膨胀国家的经济中，交错价格制定不是通货膨胀持续的主要原因。在这种经济中，合同期限非常短，并高度同步化。在他们看来，惯性主要源自可信度和协调问题。

③ 通过迅速降低通货膨胀率，价格和工资控制将引起财政赤字真正意义上的改善（是 Olivera-Tanzi 效应反作用的结果），从而给调整计划的财政部分增加了可信度。

成协议的条件，是引入价格最高限额。政府、雇员和工会三方之间的协议形成了通货膨胀急剧下降的基础。在通货膨胀迅速降低和提高政府可信度方面得到的短期获益源自成功的价格控制超过了价格最高限额所产生的扭曲。①

除了伴随价格控制实施与废除许多相关的实际问题外（比如实施机制和弹性化阶段的长度），围绕价格控制是否改善可信度这一问题的争论仍然远远没有结束。比如，在 Blejer and Liviatan（1987）的分析框架中，价格与工资控制的运用会产生相反的效果，因为冻结不能使公众了解是否进行了足够的财政约束，即通货膨胀究竟是确实已经停止，还是仅仅是暂时受到遏制。事实上，价格控制会延长预期向新均衡进行调整所需时间。此外，如果决策者不愿意或不能够控制经济中的所有价格，并且在“自由”、未加控制的部门中前瞻性定价者理解偏离已公布价格控制政策能够降低伴随价格冻结所产生宏观经济成本的情况下，价格控制的可信度增强效应就会消失（Agénor，1995a）。似非而是的是，在这样一个框架中，实施价格控制会导致通货膨胀惯性的出现。

为阐明这一结论，我们来考虑这样一个生产大量同质产品的经济，其中一部分（比如公共部门所生产的产品）注定要受决策者直接价格控制的影响。如 Helpman（1988）和 van Wijnbergen（1988）所指出的，这一经济包括非竞争性市场和“自由”部门中能够定价的企业。在这一经济中，当面临通过实施直接价格控制来降低通货膨胀的动机时，决策者比私人部门具有信息优势——比如他们有更好的监控能力，并在对经济的冲击变为现实之后由他们来制定控制价格。通货膨胀率降低被认为能够增加政治支持，但来自过度需求的额外损失——源自分配不当和投入到非价格配给方面的资源——则削弱了这一支持，因为此时实际收入总量会降低。选择最高限价的目的在于通过控制价格使政治支持最大化，从而抵抗来自损失的反作用力。当价格被定得低于均衡价格时，卖方会受利益驱动而不遵守控制，因此决策者必须以不过于高昂的成本来强制实行最高价格限额并使之有效。在不受控制的部门或自由部门中，除了受控制价格的预期增加之外，企业会抑制价格增长来避免受到未来更严格的控制。

令 p^c 表示在时期 t 决策者所定价格系列指标的对数，并令 $\tilde{p}^c \geq p^c$ 为均衡价格，即缺乏价格控制情形下的市场出清价格。由于价格最高限额自身产生的损失 D（即当过度需求和非价格配给导致分配不当或资源浪费时出现的马歇尔消费者和生产者剩余损失）能够被近似地表示为：

$$D = \eta(p^c - \tilde{p}^c)^2, \quad \eta > 0 \tag{42}$$

此方程假设该损失越大，实际价格和均衡价格之间的（方）差越大。② 市场出清价格的变化率假设由

$$\tilde{\pi}_c = c + \upsilon \tag{43}$$

决定，其中，$\tilde{\pi}_c \equiv \tilde{p}^c - p^c_{-1}$，$c$ 为常量项，υ 为随机的需求冲击，被假定为具有零平均值和常数项方差，而且序列不相关。假定由此得到的 υ 的概率分布是常识。

“自由”部门的定价者制定价格 p^f 以保护他们的相对地位，他们不知道 υ 的实现价

---

① Bruno（1991）认为，所有名义变量的冻结，而不是汇率冻结，是短暂的，并且相对价格仅在初期冲击后的几个月就发生重大变化，主要是实际工资上涨和实际贬值。但是，当局成功地维持了较低的通货膨胀率，意味着政府严肃意图的信号传递和预先的承诺构成了稳定努力早期阶段中对同步冻结最重要的支持。

② 但是，这种计算仅对额外损失给出了一个较低的限制，原因是它假设以管制价格生产的产品数量被最看重它们的消费者获得，并且它没有考虑投入到非价格配给中的成本。

值，因此：

$$\pi_f \equiv p^f - p^f_{-1} = E_{-1}\pi_c \tag{44}$$

其中，$E_{-1}x$ 表示时间 $t-1$ 在可获信息基础上对 x 的条件预期。[①]

令 $\pi \equiv p - p_{-1}$，那么国内价格水平的变化率可以被定义为：

$$\pi = \delta\pi_c + (1-\delta)\pi_f, \quad 0 \leqslant \delta \leqslant 1 \tag{45}$$

其中，σ 表示价格控制的强度，即官方实施价格控制的商品所占比例。

弹性价格部门的私人在不了解需求冲击的实现价值情况下制定价格，而决策者则是在观察冲击之后制定价格。假定决策者运用控制的价格来抵消 υ 对额外损失产生的某些影响——比如，当 υ 变为正时，突然提高这些价格。

决策者的偏好导致了通货膨胀和由需求过剩与价格控制所产生的额外损失之间的一个权衡。具体地说，决策者的目标是使预期损失函数最小化：

$$L = E/(D + \theta\pi^2), \quad \theta > 0$$

或者，运用（42）式和（43）式

$$L = E[\eta(\pi_c - \tilde{\pi}_c - \upsilon)^2 + \theta\pi^2] \tag{46}$$

在相机抉择体制下，决策者选择可控制价格的增长率，从而使源于通货膨胀率降低而产生的政治支持和源于额外损失而产生的政治反对两者之间的差距被最大化。在不考虑所宣布的政策且给定私人部门预期的情况下，每个阶段选择 π_c 以最小化（46）式，同时受到（45）式的约束。在相机抉择体制中，控制价格的变化率为：

$$\pi_c = \frac{\eta}{\eta + \delta^2\theta}\left\{\tilde{\pi}_c + \upsilon - \frac{\delta\theta(1-\delta)}{\eta}\pi_f\right\} \tag{47}$$

（47）式表示，在相机抉择体制中，决策者的反应函数要求将控制价格定得低于均衡水平并因此导致了额外损失，其原因当然在于可控价格增加的通货膨胀成本。对需求冲击的包容程度与通货膨胀的相对厌恶系数 θ/η 负相关。而且，自由部门中（预先决定的）价格水平越高，可控价格的变化率越低。

现在考虑以下情况（在接下来的讨论中，它被称为“承诺”体制），其中，决策者采取一种定价规则，形式为[②]：

$$\pi_c = \phi_0\tilde{\pi}_c + \phi_1\upsilon \tag{48}$$

当局选择 ϕ_0 和 ϕ_1 的值来最小化无条件预期（46）式，同时受到（48）式的约束。由（44）式和（48）式，我们得到 $\pi_f = E_{-1}\pi_c = \phi_0\tilde{\pi}_c$。最优值可被写为[③]：

$$\phi_0 = \eta/(\eta + \theta), \quad \phi_1 = \eta/(\eta + \delta^2\theta) \tag{49}$$

其中，$\phi_0 > 0$，并且 $\phi_1 < 1$，对比（47）式和（49）式，我们可以看到，在规则（48）式的条件下，决策者将与在相机抉择体制下以同样的程度适应需求冲击，但均衡价格中的系统变化被以较小的程度包容。这是因为在承诺条件下决策者能够通过价格预期推测自由部门定价者内生的反应。

在承诺下，通货膨胀率的（事后）平均值为：

---

① 对决策者和私人来说，直到时间 $t-1$ 的信息集是普遍的，并被假设为包含所有有关决策者动机和约束的相关信息。

② 在线性-平方体系中，就像此处所考虑的情况一样，最优规则也为线性的，如（47）式中的情况。

③ 请注意政策规则的选择被假设为在需求冲击实现之前就已经做出了，尽管所控制的实际水平是在 υ 出现之后给出的。

$$E\pi = \phi_0 \tilde{\pi}_c + \phi_1 \delta \upsilon$$

并且（无条件的）预期损失为：

$$L^C = [\eta(\phi_1 - 1)^2 + \theta(\delta\phi_1)^2]\sigma_\upsilon^2 + [\eta(\phi_0 - 1)^2 + \theta\phi_0^2]\tilde{\pi}_c^2 \quad (50)$$

其中，σ_υ^2 表示 υ 的方差。

在相机抉择体制下，可控价格由（47）式确定。在理性预期条件下，最优解是：

$$\pi_f = \kappa\tilde{\pi}_c, \quad 0 < k < 1 \quad (51)$$

$$\pi_c = \kappa\tilde{\pi}_c + \lambda\upsilon, \quad 0 < \lambda < 1 \quad (52)$$

其中，$\lambda = \eta/(\eta + \delta^2\theta) = \phi_1$，并且 $\kappa = \eta/(\eta + \delta\theta)$。①在相机抉择体制和承诺体制下，当通货膨胀的权重在决策者的损失方程中非常高时，完全的价格冻结（$\pi_c = 0$）是最优的，即 $\theta \rightarrow \infty$。

在相机抉择体制下，通货膨胀率的（事后）平均值为：

$$E\pi = \kappa\tilde{\pi}_c + \lambda\delta\upsilon$$

而（无条件的）预期损失为：

$$L^D = [\eta(\lambda - 1)^2 + \theta(\delta\lambda)^2]\sigma_\upsilon^2 + [\eta(\kappa - 1)^2 + \theta\kappa^2]\tilde{\pi}_c^2 \quad (53)$$

对照（53）式和（50）式，我们可以看出，既然 $\kappa > \phi_0$，那么 $L^D > L^C$。这一结果的性质可被解释如下：除非存在强制性约束迫使决策者调整价格以维持供需均衡，否则就存在将可控价格降至其均衡水平之下的诱惑来降低通货膨胀预期并减少总通货膨胀。然而，一旦需求冲击实现，预期形成，价格在经济的其他部门里就被确定，决策者就会有动机提高可控价格来降低伴随限价所产生的额外损失或政治成本。而私人了解这种动机，并将预期无论其所宣称的体制是什么，当局都将沿袭相机抉择体制。结果是均衡中不可控部门的定价要比它们在承诺体制下完全可信情形中的定价水平更高，为 $\kappa\tilde{\pi}_c$，而不是 $\phi_0\tilde{\pi}_c$［（51）式］。因而，在不完全可信情形下，通货膨胀水平较高，并且需要蒙受额外的政策损失。②

上述结论有助于解释为什么在部分价格冻结的情况下通货膨胀率总保持为正。传统上对这一现象的解释沿袭了 Paus（1991）的观点，Paus 研究了 1985—1986 年间实施紧急计划的秘鲁的经历。在她看来，通过阻止对政府决定价格的调整以减少通货膨胀会导致非金融性公共部门赤字增长。赤字增长对货币供给有扩张性的影响，从而使货币供给保持通货膨胀的压力。相反，此处所给出的理由不依赖于包容性货币政策立场的存在。“自由”部门定价者了解这一动机，即他们了解决策者在私人部门进行价格决策之后不得不提高可控价格，后者是为了使采用最高限价所蒙受的额外损失减少。因此，他们也要身不由己地（相比于他们相信决策者们致力于事先宣布的价格规则的情况）更快提高价

① 注意，（51）式中 π_f 的与（52）式中的 π_c 的不同仅在于最后一项，因为需求冲击不能被可变价格部门的定价者预期。它们充分考虑了价格控制政策的系统构成，这意味着决策者的降低额外损失的目标只产生了通货膨胀，而没有带来实际收益。

② 这一结果假设，承诺体制所遵循的规则是最优化过程的结果。如果官方采纳了一种特别规则，比如 $\pi_0 = 0$，一般来说，私人部门将没有理由怀疑当局将偏离规则，因为产生食言的动机的最优化过程已被避开了。这里所达到的结果并不明朗，不会在承诺体系和有临时处理权的体系两者间产生任何明确的优劣划分。然而，由于决策者已经任意地选择了一个体制，私人将最终意识到没有什么能够阻止政府在未来以同样任意的方法选择不同的政策体制。

格。结果，“通货膨胀惯性”的程度就源于最高限价缺乏可信度，并且通常与受控制价格的比例负相关。①②

如果决策者能在价格可控部门内对定价规则制定出约束性承诺，则通货膨胀在部分冻结情况下会较低。然而，单方面的承诺通常缺乏可信度。根据我们在第 8 章关于汇率政策的讨论，能够带来信誉的机制（和“惩罚”策略）会提供一种承诺技术以减轻上文所讨论的时间不一致性问题，因此可能为约束性协定提供一种替代。

事实上，价格控制通常被用作货币和财政调整的替代而不是补充。价格控制对在短期内迅速降低通货膨胀通常是有效的，但在许多情况下，初期的胜利往往被证明难以持续，这是因为宏观经济政策改革缺乏持续性。私人很快发觉运用法规使价格下降的努力不是很有效，而这通常会导致通货膨胀率重新迅速上涨。第 10 章中所研究的证据表明，20 世纪 80 年代阿根廷、巴西和秘鲁包括工资和价格控制的一揽子稳定试验的失败主要是因为决策者无力维持那些使通货膨胀短期降低得以维系所需的财政和货币约束。在 Alan Garcia 统治下的秘鲁，采用了工资和价格控制，但它们被作为更正统措施的替代而不是补充。政府允许实际工资大幅上升，在控制公共支出方面也几乎没有什么成功。当价格压力最终迫使政府放松控制时，新一轮螺旋式的通货膨胀开始了，巴西的情况也类似。巴西在 20 世纪 80 年代末实施了三个反通货膨胀计划：1986 年的克鲁扎多计划，1987 年的布雷泽（Bresser）计划和 1989 年的维拉诺（Verano）计划。这些计划在很大程度上依赖于价格控制。然而由于物价冻结没有伴随充分的宏观经济政策改革，通货膨胀在经历短暂的下降之后又开始增加。在布雷泽计划和维拉诺计划崩溃之后，通货膨胀猛烈回弹，导致许多观察家得出以下结论：反复使用价格控制将削弱它们的效力，因为经济主体能够预期在弹性阶段之后出现价格上涨。

2.2.3 中央银行的独立性

面对可信度问题，决策者显示他们有能力并毫不含糊地承诺进行改革的一种可能方法是任命一个“保守”的央行行长：该央行行长不喜欢通货膨胀是众所周知的，而且相对而言，他每天对货币政策的控制不受来自现任政府主要大臣的政治压力或干预（Rogoff，1989）。一个拥有清晰的、众所周知的任务（即保证维持价格稳定）的独立央行可能提供一种制度性机制以减少违背规则的激励。

在第 8 章中，我们讨论过一个与此类似的思路，就是高通货膨胀国家可以加入拥有固定汇率机制的货币同盟，并拱手将实施独立货币政策的权力让出。通过将它的货币和汇率政策自主权转移给其他具有良好信誉的央行，高通货膨胀国家能够“借来”可信度，并传送自己的关于价格稳定的承诺信号。相对于一个纯国内策略而言，这能够降低按照产出和就业损失度量的反通货膨胀成本。在发展中国家，央行对财政赤字的弥补通常是

---

① 因此，$\partial(L^D-L^C)/\partial\delta<0$。注意，根据（49）、（51）、（52）式，在完全冻结 $\delta=1$ 和 $\phi_0=\kappa$ 的情况下，“承诺”体系和相机抉择体制会产生同样的结果。这种情况可以从这样一个事实中很正常地得到：在全面价格限额存在的情况下，相机抉择体制中的通货膨胀倾向便消失了。

② 此外，Agénor（1995a）表明，价格控制措施的强度是可以选择的，从而可以最小化相机抉择体制下货币政策所产生的损失。但是，只有当实施它们的成本不是太高，或者当决策者的损失函数中价格扭曲的权重足够小时，才可以导致最高限价的有效实施。

通货膨胀的根源，这一观点极为重要。[①]

任命一个独立的央行行长会消除依赖货币扩张来保证短期产出获益的激励，减轻依赖通货膨胀税的诱惑，并“迫使”政府实施财政改革。[②] 除此之外，当决策过程相对集中并免受各种利益集团的压力时，伴随稳定计划所产生的政治困难便不会那么严重。这一观点有助于强调制度改革在提高宏观经济调整计划可信度过程中的重要性。

最近的一些研究表明，央行的独立自主对解释通货膨胀率跨国变化问题具有明显的贡献。在央行享有最高程度的自主性的国家中，通货膨胀水平最低，并且通货膨胀变动的程度也最低。[③] 因此，在过去 20 年里，许多国家实行了提高央行自主权的制度改革。

然而，决策者到底应当在多大程度上通过任命一个信誉好、具有反通货膨胀倾向的央行行长（或决策者）来“捆住自己的手”并让公众相信其致力于实施国内反通货膨胀计划的决心？这仍是一个有争议的问题。央行的独立性仅仅是制度手段之一，这些制度手段的实施能保证价格的稳定性并提高宏观经济政策的可信度。尽管由独立的（国内或国外的）央行实施的基于规则的政策框架来代替相机抉择的行为有助于减少主观臆断并加强公众对决策过程的信心，但如果在体制的日常运作中充满了秘密，那么政策体系的这种变化所产生的信号效应会很弱。更进一步地，如果财政制度质量（政府通过正规税收渠道取得收入的能力）较弱，那么任命一个 Rogoff 风格的保守央行行长对整体宏观经济政策框架的可信度几乎毫无作用（Huang and Wei，2006）。

更重要的是，在一个遭受随机冲击的经济体中坚持由国内或国外央行所实施的严厉规则可能会导致次优的结果（与相机性规则比较而言）。可信度与灵活性权衡比较由 Drazen and Masson（1994）和 Neut and Velasco（2004）所强调。任命更加保守的央行行长，实际上会降低可信度并且提升预期通货膨胀。为了避免负面影响的出现，必须要有为相机性行为预留的退出条款，尽管在确定这种条款启用的条件时应当极为谨慎。[④]

同样值得注意的是，正如 Stella（2005）所指出的，中央银行的信誉部分取决于银行的财务实力。然而，在许多发展中国家，央行往往缺乏足够的资本；在这种情况下，资本重组往往是增强可信度的关键一步。

最后，正如 Swinburne and Castello-Branco（1991）所强调指出的，央行的独立性自身不能保证货币政策的可信度，可信度取决于宏观经济政策的整体立场。例如，如果财政部采纳的财政政策与货币机构的反通货膨胀目标不相符，那么即使央行具有独立性，可信度也无法达到。

2.2.4 外部实施机制和国外援助

请求国外援助在传统上被认为是由于需要资金，或者，从较小的程度上看，是因为在某些双边协定中存在交叉条件性条款。最近，人们越来越多地意识到解决可信度问题

---

① Cukierman（1992）给出的证据表明，相对于工业化国家而言，发展中国家的央行信贷行为中存在着很大程度的通货膨胀适应性调节。

② 如 McCallum（1997）的研究所指出，在没有任何前提下，假设央行相机抉择行事导致通货膨胀偏误是不正确的。

③ 比如，参见 Cukierman（1992），Hayo and Hefeker（2002）以及最新的 Dincer and Eichengreen（2014）的研究结果。在实证研究中，衡量央行独立性要涉及各种因素，包括管理者和董事会的任命机制、央行管理者的营业额、实行货币政策的批准机制（央行摆脱政府和国会参与的程度）、央行的基本目的、在为预算赤字融资方面对央行的法定要求（包括是否对赤字融资征收利息）以及政府从央行借款总额最高限额的存在。

④ 参见 Lohmann（1992）和第 8、14 章的讨论。

是实施稳定计划的国家寻求国外机构的参与并使本国受外部实施机制的约束的一个重要因素。决策者通过具体政策目标来接受国外援助时能够提高自身的声誉。一个具有“强硬”声誉的外部机构能够为实施计划提供承诺机制，增加私人部门对当局意图的信心，并可以通过制裁的威胁增加偏离预先所规定的通货膨胀目标的成本，从而帮助降低通货膨胀（Cukierman and Liviatan，1992）。从某种程度上说，这一观点仅仅扩展了上文所讨论的保守（央行）行长的方法，因此它与对宏观经济改革中进行休克疗法背后潜伏的信号传递观点有关。但区别在于条件性借贷产生一种威胁，比如对重组债务的国家不再进行支持，而这种威胁会加强决策者实施协定的决心。① 一个外部机构能够在超出一个独立政府的可能时期之外持续施加有效的威力，并且与任命央行行长的情况相比，在协定废止的情况下施加更糟的制裁。

Dornbush and Fischer（1986）曾强调指出，在第二次世界大战前的稳定时期，国外贷款或者获得这些贷款的前景，所起的作用更像是一个信号，而不是其内在的必要性。典型的例子如1922年国际联盟对奥地利的贷款和1927年对波兰的贷款。就20世纪20年代欧洲国家在实施稳定计划过程中为什么要依靠外部实施机制这个问题，最近得到的一些正式证据证实了可信度因素的存在（Santaella，1993）。至于最近的稳定计划，有观点认为，有助于1985年以色列计划的可信度迅速建立的因素之一是美国提供的外援增长，它提高了公众对计划总体上的信心，特别是对政府有能力钉住汇率并成功地经受住可能出现的对以色列货币的投机攻击的信心（Cukierman，1988；Patinkin，1993）。

然而，在判断国外援助的可信度增强效果中，还出现了各种各样的潜在困难。第一，政治上的考虑通常被（正确或错误地）认为在决定某些具体国家是否应当接受外部金融支持方面起着至关重要的作用。因而国外援助所提供的实施机制可能不足以帮助国内私人部门评价决策者的“类型”，即决策者是否真正关注他们的反通货膨胀目标。第二，通过放松经济范围的预算约束，这种援助会导致政府扩张自己在分配中所扮演的角色，从而使扭曲加剧并内生地削弱计划的作用（Rodrik，1989）。第三，如果给国外援助附加的条件性过于苛刻，外部支持的不确定性就会增加，进而会导致稳定计划的延迟并使计划崩溃的可能性增加（Orphanides，1996）。尤其当国外资本在决定本国经济活动的水平中起重要作用时这种局面更容易发生。只要附在国外援助上的条件看上去过于严格，通货膨胀预期就维持高水平，抑制总需求并且带来失业增加。进一步，失业增加也会削弱政治支持，并影响反通货膨胀努力的可行性。

2.2.5 实施顺序和政治支持

反通货膨胀计划的设计和接下来的实施过程要求决策者对收入分配问题做出决策。在缺乏对计划广泛的政治支持时，这些决策难以做出，并且稳定计划也因此将难以实施。为了使计划得以实施，宏观经济改革中分配效应的规模与结构必须是在政治上可以接受的。稳定计划的可信度严重依赖于所涉及国家的政治凝聚力的大小、政府的合法性和民众对政府的支持。

在以前所谈及的休克疗法和各种稳定的渐进方法中，政治因素在信号传递以提升可信度方面起到了关键作用。政策的权衡可以概括如下。一方面，剧烈的措施会有助于在改革过程中迅速建立可信度，尤其当它们是在新一届政府与公众的“蜜月期”内实施的

① 国外援助通常要求必须在贷款支付之前采取一系列举措，目的是要衡量决策者致力于宏观经济改革的程度。

情况下就更是如此，因为这一时期公众可能更乐于接受痛苦措施所产生的成本。此外，剧烈调整初期的收益会超过较高水平持续通货膨胀所产生的成本以及其他源于政策冲击的政治成本和经济成本。另一方面，从社会和经济的观点看来，成本过高的决策有导致政治共识崩溃的风险，从而在较晚时期导致政策逆转。

一个渐进主义的战略也可能会缺乏可信度，而其原因恰恰与休克疗法会导致可信度缺乏的原因相同：未来的政府可能会被诱惑而转向相机抉择体制。然而，就产出和就业的成本而言，采用可信的渐进方式的成本低于采用休克疗法的成本，渐进方式使得决策者得以维持那些保障改革持续进行所必需的社会和政治共识。[①] 从可信度角度来看，在寻求稳定的过程中休克疗法是否比渐进战略更为可取则随国家和时间的不同而不同。

尽管广泛的政治支持对宏观经济改革的成功至关重要[②]，但在反通货膨胀计划的初期阶段通常难以建立政治共识。[③] 如较早前所讨论的，在新当选的政治领导人受到广泛欢迎的时期，相比于较长期的调整计划而言，经济休克疗法被接受的可能性更大。然而，从总体上看，如果为了达到财政目标而削减诸如教育、健康和社会保障等方面的基本支出，或者如果失业在短期内上升到很高水平，那么政治支持将容易迅速消解。对任何一个国家来说，宏观经济调整的最佳速度都取决于各种各样的经济和政治因素（比如经济结构、决策者偏好、政治共识的程度）。尽管在实践中确定改革的“最优”步伐极为困难，但已有观点认为所设计的稳定计划必须考虑两个基本点。第一，如前所述，按一定的顺序实施宏观经济和结构改革从而使产出的短期下降最小化至关重要。[④] 第二，为那些最受影响的人设计补偿计划也非常重要。必须设计恰当的社会安全网，其中包括对目标人群进行基本食品补贴，或者是向弱势群体进行现金转移以保护那些最无力消化宏观经济调整成本的人（低收入家庭、救助金领取者和失业工人）。后一点似乎是最近关于稳定计划的政治经济学研究文献中所得出的主要教训之一（Haggard and Kaufman，1989）。[⑤]

不过，尽管公平考虑给向人口中的特定群体进行补偿提供了强有力的依据，但一些试图避免给那些被认为是弱势群体者造成严重经济成本的计划也未必更为可信（即使社会安全网络就成本方面来看有效率，情况也是如此），因为这些目标群体不一定是在国家政治中最有影响力的群体。设定具体目标群体进行保护会明显增加享有较大政治势力的其他群体的短期成本，与完全忽视弱势群体的需要相比，它可能同样、甚至会更大程度地削弱计划的可信度和持续性。Alesina and Drazen（1991）指出，由于各类群体试图相

① 理论上，如果产出在稳定计划实施后迅速恢复，那么在渐进方式下的较长阶段内保持财政紧缩所产生的成本与休克疗法所需的短期成本一样高。然而，在实践中，未来利益通常被私人大打折扣，从某种意义上而言，这迫使决策者关注短期成本。

② 比如，Patinkin（1993）着重指出 1984 年 9 月成立的“民族联合政府”在 1985 年以色列的稳定计划成功实施的过程中起到关键作用。

③ 然而，Drazen and Grilli（1993）认为，在非常高的通货膨胀时期——或者，更普遍地，如 Williamson and Haggard（1994）所强调的，在严重经济危机时期——产生了解决社会冲突的动因，从而推动了经济改革的引入。相对而言，致力于降低通货膨胀成本的政策（比如广泛存在的指数化体系）会提高通货膨胀率，并导致采纳改革的行动出现延迟。

④ 显而易见，如果决策者没有做好准备来迎接产出和就业中的任何短期缩减，比如由于选举的原因等，那么决策者将不可能获得可信度。

⑤ 正如 Haggard（1991，p. 248）所指出的，“给失败者支付补偿……被证明比破坏计划的政治敌对成本要低”。当然，对社会保障网络计划的规划本身是重要的。这些机制所需的成本不应当妨碍宏观经济的稳定。

互向对方转移实施稳定计划的成本，将导致稳定计划的实施被严重推迟，最终甚至完全崩溃。

□ 2.3 政策教训

大多数经济学家赞同决策者通过在计划中尽早获得可信度，以加速反通货膨胀进程并降低成本的做法。仅有关于货币政策和财政政策的声明是不可信的，因为私人清楚地了解决策者具有做虚假声明的动机，而且公众也不太可能关注那些没有具体措施支持的声明。只有通过低通货膨胀政策建立了反通货膨胀成绩的记录，决策者才能获得反通货膨胀的信誉；可信的反通货膨胀计划实施有助于为价格预期提供一个锚，从而倾向于将导致高利率的高风险贴水降低，并制约限制性货币和财政政策的紧缩效应。尽管最近关于可信度问题的宏观经济文献中的某些分析结果易受某些特定假设（关于经济结构、决策者和私人的偏好界定、信息不对称的存在等假设）的影响，尽管关于当前可信度模型的实证文献存在严重的局限性，但根据前面的讨论，我们仍然可以从中得出一些关于反通货膨胀计划的形成和制定的初步结论和广义政策教训。

就给反通货膨胀计划赋予可信度或提高决策者信誉的最优方式而言，经济学家并未就近期提出的各种方法的效果达成共识。比如，经常有人提出这种观点：为了达到反通货膨胀目标而有效地降低通货膨胀预期（并使得向低膨胀的过渡更容易），一种新实施的政策必须不仅看上去可信，而且必须带有明显的信号传递，向公众通知政府的举措。在这个方面，财政部门的过度调节有时会被视为提供了清晰的信号，表明决策者致力于继续推行稳定计划。然而，可靠地降低预算赤字通常需要实施结构性调整措施以拓宽税收体系，也需要国有企业私有化、打破垄断。实施这些措施需要时间并支付高昂的政治成本。此外，过于苛刻的措施通常被认为是不可持续的。[①] 所以，问题的关键在于初期政策措施的持续性而不是其覆盖范围。政策不连续是建立可信度过程中最严重的障碍。结构调整与宏观经济改革之间的恰当顺序也是很重要的，因为微观经济和体制的转变通常要先行于宏观经济改革，才能确保改革成功和提高可信度。特别地，尽管不排除在一个分权的体制中决策者之间进行紧密合作的可能性，但央行的独立性更有助于建立公众对价格稳定目标的信心。

与此类似，我们在前面曾经论证过，由于在长期通货膨胀的国家中正统计划降低通货膨胀的速度往往比较缓慢从而削弱了对稳定计划的支持，所以计划开始之际进行价格控制会有益处。通过迅速降低通货膨胀，价格控制会为决策者在引入其他针对强化稳定计划的财政和货币政策之前提供一个“喘息空间”。但是，如果价格冻结是不完全的，并且价格制定者为具有前瞻性的经济主体，这个论点就没有太大的重要性。此外，一个有代表性的情况是，一些国家曾经将价格控制作为财政调整的替代品，这在多数情况下导致了稳定计划的失败和通货膨胀的再次高涨。制度改革的目的是消除惯性机制（比如工资指数化法规和财政指数化条款），这对消除长期通货膨胀国家持续的通货膨胀是至关重要的。

为支持稳定计划，决策者通常要求助于国外援助，并通过外部机构和政府之间具有

① 从某种意义上来看，试图通过信号传递来建立可信度是一把“双刃剑”：不够“大胆”的措施将不起作用，但那些被视为过于苛刻的措施又会导致未来出现政策逆转的预期。

约束性的双边协议来实现。约束性的国外援助有两个功能。第一个功能是在实施宏观经济改革的前提下提供贷款，第二个功能是为计划的严肃性提供信号，从而赋予决策者以可信度。然而，如果在提供国外援助的决策中政治因素被认为起到非常重要的作用，那么第二个功能可能无法实现。如果贷款的条件非常高以至于私人相信当局不可能达到其政策目标的话，那么第一个功能实际上也会削弱可信度。所以，就可信度的影响而言，制约性不会提供一个明确的机制以确保稳定计划的成功。

最后，尽管许多经济学家相信稳定计划应该伴随着社会安全网的建立，其目的是保护最弱势群体免受宏观经济改革的影响，但包含有这种特征的计划并不必然比其他的计划更可信，因为那些目标群体可能对诸如执政者重新竞选成功的可能性缺乏政治影响力。

在稳定计划实施之初，公众必须被清楚地告知正在引入一个新的经济体制。这一理解将有助于确保私人部门的行为对改革进程的强化并增加计划的可信度。政策措施也必须据此来建构以尽早显示正在发生的重大变化。尽管那些表明与以往通货膨胀政策决裂的信号传递需要大幅度紧缩货币和财政政策，但更应当受到重视的是使通货膨胀趋势逆转的结构性举措，这些结构性举措要明确展示改革的方向，而不是过分重视那些过于严格的宏观经济政策。这些结构性政策应当着眼于消除财政不平衡的主要原因，因为财政赤字的持续会降低后续改革成功的可能性。最后，稳定计划通常只会产生长期利益这一事实（这通常被短视的经济主体所忽略）意味着现行的经济条件应该对改革战略发挥一些作用。一个在不同条件下表现良好的计划看上去比一个为某个特定情况设计的具体计划更为可取。因此，在制定反通货膨胀计划时，需要对偶然性进行更系统的考虑。其中最重要的因素可能是将政治因素纳入到稳定计划的设计中。理解可信度、宏观经济政策决策和政治环境三者间内在的相互作用是当前计划设计者们所面临的关键挑战。

3 反通货膨胀和名义锚

一些实证证据表明，在某些情况下，固定汇率是中止恶性通货膨胀的一个关键因素。在不那么极端的情形下，钉住诸如名义货币之类的目标比钉住汇率更可取吗？在第 10 章里讨论的不同稳定规则的动态效应以及前面对可信度问题来源的分析为反通货膨胀计划中名义锚的选择提供了关键的要素。我们的研究将特别围绕汇率和货币供给规则两者之间的选择，它们代表着正统稳定政策中可供选择的两个主要类型。

总体而言，稳定政策对几种锚进行选择时要考虑四个主要因素：反通货膨胀过程中可能产生的对经济冲击的性质、不同政策工具的可控程度、使用这种工具所引发的经济动态调整路线以及各种选择所固有的可信度。[①] 这些因素不是相互独立的，这一点在上一节的讨论中已经说明。

Fischer（1986）曾经研究过在汇率和货币供给两者之间选择名义锚时潜在的随机干扰所起的作用，他建立了开放经济背景下交错劳动合同的模型。研究表明，总体上看固

① 在讨论关于发展中国家中的名义锚选择问题时，另外一个需要考虑的因素是货币替代的存在。关于这一问题，在 Calvo and Végh（1996）的研究中有详尽的讨论，他们认为，高度货币替代的存在会导致汇率规则被采纳。

定货币存量或者名义汇率之间的选择取决于冲击性质和持续程度，这些冲击有可能会影响到经济及工资指数化的程度。比如，当冲击主要出现在实际部门时，如果名义汇率固定，那么价格在反通货膨胀进程中将趋于更加稳定。然而，在任何一个战略中，工资刚性都提高了反通货膨胀的产出成本。Fischer 的研究是建立在事前工资指数化的基础之上的，但实际情况并不是如此：工资指数化一般是事后的，当前的工资根据过去的价格变化进行调整。①

Fischer（1988）在货币存量下降的基础上研究了反通货膨胀计划实行过程中事后工资指数化所起的作用。事前的或事后的指数化都加快了经济对反通货膨胀计划的反应速度。在稳定计划实施早期，事后指数化降低了未预期货币存量增长率下降所导致的萧条的持久性，但趋于产生长期的萧条效应。尽管 Fischer 没有研究事后的指数化对以汇率为基础的反通货膨胀计划的含义，但一个可能的结果是它也增加了这种计划中的长期产出成本。然而，在任何一种情形下，根据定义，随机冲击在实际中是难以预测的，因而对名义锚的选择仅仅基于对预期冲击性质的考虑将不会是最优的策略。根据这一标准，除非某些类别冲击的可变性和发生的可能性被认为非常小，否则较优的方式将可能是同时采用两种锚。

决策者控制其政策工具的能力是在货币规则和汇率规则之间进行选择的重要因素。一般而言，央行不能直接控制货币供给，而固定汇率却能够在避免大量成本的前提下被相对较快地控制住。如前面所论述的，如果公众意识到工具操作缺乏精确性，那么这就往往会影响反通货膨胀计划的可信度。鉴于此，将汇率固定而不是将货币存量固定的做法看上去更为可取。然而，决策者也必须使私人相信他们将能够捍卫其所宣布的汇率。如果经济主体对当局这样做的能力持怀疑态度，那么将会出现投机性攻击，并最终迫使当局放弃固定汇率（参见第 14 章）。如果官方市场上的配给导致一个有更高贬值率的平行市场出现，那么对外汇交易施加控制将不会是恰当的补救措施，因为如果这样做，通过使官方汇率固定而传递给定价者的“信号”就会被扭曲。事实上，这一问题是发展中国家稳定计划中反复出现的一个问题。

也许更为重要的是这样一个事实，即对名义锚的选择将影响经济调整的路线，因此也就影响了稳定计划的最终结果。如同在前面一章所展示的存在不完全资本流动单一产品模型中所阐述的，伴随货币和汇率的规则而产生的各种短期的动态表现通常会有重大区别。类似地，在以前所提到的 Calvo-Végh“暂时性”框架中，以汇率为基础的稳定计划会导致初期扩张和接下来的萧条，而以货币为基础的计划毫无例外将导致初期产出的紧缩。② Bruno and Fischer（1990）给出的另一个例子说明了在选择名义锚的过程中对可供选择的政策会引发什么样的动态路线进行考虑的重要性。他们对在第 10 章所建立的通货膨胀“正统”模型进行了扩展，并假定除了货币之外，债券也能被用作为财政赤字融

① 因而，当通货膨胀率降低时，实际工资倾向于上升，比如，在反通货膨胀计划初期情况就是如此。参见 Simonsen（1983）。

② 但是如 Rhee（2008）在相关模型中的证明，可信的基于货币反通货膨胀计划可能会带来本国产出在最初收缩后的持续扩张。相反，Ascari and Ropele（2013）利用带有名义和实际摩擦的新凯恩斯主义模型（将在第 12 章讨论），发现反通货膨胀计划在货币供给规则和利率规则下完全可信情况中都包含产出的长期下降。在不完全可信的情况下（通过假设通货膨胀预期是理性预期和初始稳态通货膨胀的加权平均），央行最终会遏制通货膨胀，产出下降将更加显著，过渡动态时期的长度将被拉长。

资。他们的分析表明，如果政府试图固定住实际汇率，那么就会存在双重均衡；但如果政府为经济确定一个名义锚，比如通过固定名义货币存量增长率或名义汇率的贬值率，就能获得唯一的均衡。在这种情形下，完全理性预期情况下所取得的均衡是鞍点稳定的，而在固定名义汇率贬值情形下的通货膨胀过程是全面稳定的（伴有缓慢的适应性预期）。通过运用名义汇率对通货膨胀率进行适应性调整这一规则，我们可以得到类似的结果。因此，通过确保政策遵循恰当的名义目标，政府能够避免在高于经济基本面对应的通货膨胀水平上实施稳定计划的成本。[①] 而 Lächler（1988）提供的另一个例子说明了名义锚的选择如何影响调整期内经济的动态路线。

在可供选择的名义锚之间进行选择的过程中，对可信度因素的考虑可能是所有因素中最关键的，因为它与调整路线和政策工具的可控程度是相互作用的。比如，我们对实际利率动态的讨论表明，在以汇率为基础的稳定计划的经济短期动态中，财政政策声明的可信度起到了关键作用。在前文讨论过的 Calvo-Végh 框架中，在货币和汇率的目标之间进行选择时，拥有可信度与否具有重要的作用。在他们的假定中，当汇率被用作名义锚时所出现的一个重大问题，是当本国产品价格的通货膨胀率具有刚性时，实际增值将接踵而来（这种情形如同较早期所提出的具有回顾性工资合同和成本加成定价法的两部门模型），在一定程度上，这是经常伴随这些计划的初期产出扩张的结果。它会立即削弱以固定汇率为目标的政策的可信度，因为主体将预计到未来的名义贬值，后者的目标则是调整相对价格。相比之下，在以货币为基础的稳定计划中，如果短期产出和就业成本较高，将立即出现萧条，而这会内在地削弱计划的可信度。当可信度匮乏具有普遍性时，货币与汇率之间的选择不会非常重要；尽管有锚，但通货膨胀仍将保持高水平。然而，如果在计划中存在某种程度的可信度，那么汇率规则在降低通货膨胀中会更为成功；在这种情况下，初期的扩张和使实际汇率向上变动的压力受到抑制。然而，这样的政策体制会产生大量的跨时替代效应，这助长了大量经常账户赤字的产生。如果决策者不能为激增的进口融资，并且接下来在外汇的官方市场发生配给，那么平行市场汇率的波动将严重扭曲原来由固定汇率向定价者所传达的信号。

附录　价格控制对产出的影响

在这里，我们运用图式法来研究实施最高限价后市场结构差异和价格控制强度如何影响产出水平。按照 Helpman（1988）的做法，我们对价格控制在竞争性和垄断性市场条件下对产出的影响进行对比分析。我们围绕只有产出价格受控制，而投入价格保持不变的情况进行研究。

图 11－7 描绘的是在竞争性和垄断性市场结构下单一产业的情况。其中，图（1）描述的是竞争性产业的情况，有大量的生产者与消费者同时存在。MC 是边际成本曲线或供给曲线，D 是产业的需求曲线，均衡价格 P_E 和均衡数量 Q_E 由两条曲线的交点（点 C）

① 然而 Lee and Ratti（1993）的观点是，这种情况会在一个过高的利率水平上出现，并具有潜在的负面产出效应。

确定。现在假设政府定价为 P_C，低于均衡价格 P_E。在所控制的价格水平上，存在对产品的过剩需求，等于 AB。市场上交易的数量实际上由供给函数（在点 A）给出。因此在这个体系中，产出是由供给所决定的。

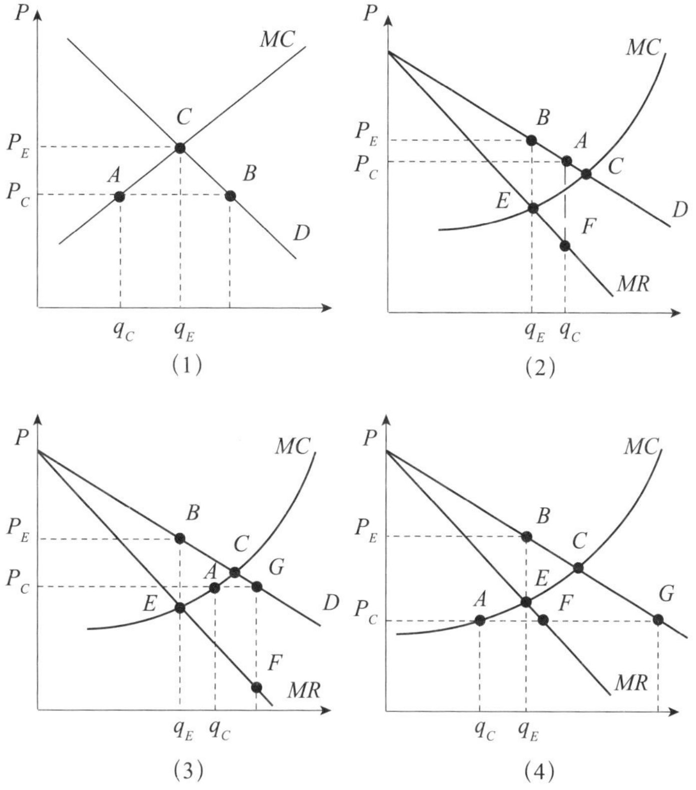

图 11－7　竞争性和垄断性市场条件下的价格控制

图 11－7 中的图（2）、（3）、（4）描绘了一个垄断性产业，其中只有一家企业面对众多的消费者。在所有这三个象限中，边际收益曲线 MR 位于需求曲线 D 之下，均衡对应于边际收益和边际成本曲线的交点 E（与竞争条件下的点 C 形成对比）。均衡价格 P_E 对应需求曲线上的点 B。这三个图展示了人们所熟悉的结果，即与市场竞争条件相比，垄断性市场结构导致价格较高而产出水平较低。然而，在政府实行的价格控制的强度上，这些图是互不相同的。这些差别的含义对正确理解价格控制的产出效果是至关重要的。

首先，我们考虑这样的情况，即可控价格 P_C 低于均衡价格 P_E，但高于竞争性市场中通行的均衡价格水平［图（2）］。在这种情况下，边际收益曲线在 P_C 上变为水平，直到需求曲线上的点 A，然后降到点 F，以与更高产出水平的 MR 一致。利润最大化动机使得企业按控制价格提供需求的所有数量。这一结果对位于点 C 之上和点 B 之下的所有最高限价都成立。因此，价格控制导致了产出的扩张。

在第二种情况下，控制价格定在比竞争性和垄断性市场结构中通行的均衡价格都低的水平［图（3）］。在控制价格 P_C，边际收益曲线为水平的，一直到需求曲线上的点 G，然后降至点 F，与更高产出水平的 MR 一致。产出在点 A 确定，在点 A 边际收益曲线与边际产出曲线相交。点 G 代表按控制价格需求的数量，产出现在是由供给决定的，并且存在过剩需求（等同于 AG），在竞争性情况下也是如此。价格控制的实施还导致产出从

q_E 扩张到 q_C。

在第三种情况下，控制价格定在比第二种情况下更低的水平，即低于边际收益曲线和边际成本曲线的交点［图（4）］。在控制价格 P_C，点 A 表示边际收益曲线（源于 P_C 的水平线）与边际成本曲线的交点，而点 G 相当于需求数量。产出仍然是由供给决定的，并且存在过剩需求，数量相当于 AG。然而，价格控制的实施现在导致产出从 q_E 下降到 q_C。

因此，根据价格控制的强度，在垄断性市场结构下存在三种可能的结果。在第一种情况下，只要最高限价高于竞争性均衡价格，就不存在过剩需求，产出由需求决定，并且控制导致产出扩张。在第二、三种情况下，控制价格定在较低水平，存在过剩需求，产出由供给决定，并产生短缺。然而，产出在第二种情况下上升，在第三种情况下却下跌。因此，总体而言，价格控制的产出效应取决于市场结构以及这些控制的严格程度和生产成本的结构。

上述结果是在部分均衡条件下获得的，其中最高限价仅仅针对产出价格实行，而投入价格保持不变；市场间的相互作用也被忽略了。对任一给定的产业，不论市场结构如何，其所有投入成本和产出价格上的等比例降低将会使得产出在该产业中保持不变。① 当引入一般均衡的考虑时，价格的统一降低会通过它对总需求和总供给的影响而影响产出。价格控制对最终产出的总供给的影响一般取决于上文所讨论的市场结构和投入成本相对于最终产出价格降低的程度。至于总需求，总体价格水平的下跌会增加实际货币持有并通过实际余额效应刺激总需求。只要通货膨胀预期受到了（价格）控制的抑制，利率会下跌，对实际货币余额的需求会上涨。在名义货币存量一定的情况下，货币需求增长将导致对价格更进一步的压力。然而，只要价格控制措施降低预期实际收入，那么它们就会对总需求产生负面作用。因此，整体价格水平的增长对产出总量的净影响是积极还是消极取决于初始条件。总体说来，价格控制措施对产出总量的影响取决于竞争性部门相对于垄断部门的规模、生产成本构成和不同产业间价格控制措施的程度和强度。

价格控制的产出效应也取决于是否存在平行产品市场。官方市场上的过剩需求会外溢到非正规市场，从而导致非正规市场价格上升和产出增加。正如在本章所论述的，如果国内价格水平取决于官方价格和平行市场价格，那么，控制措施的目的（通货膨胀率降低）会由于这种市场的存在而不能达到。

① 当然，只要产出价格比投入价格降低更多，上述分析仍旧正确。

第12章 带有金融摩擦的动态随机一般均衡模型

由于不同市场间的相互作用和模型完整动态设定的复杂性，在一般均衡框架下研究经济体对外生政策冲击的反应变得非常棘手。定性分析通常在高度简化的模型中是可行的，为了得到超越定性分析的结果并且探讨冲击的定量影响，描述经济的数值模型是不可或缺的。因此，校准一般均衡模型便成了一种极具价值的研究方法和宏观经济学家的政策研究工具。建立这样的模型并保证不受"卢卡斯批判"是非常具有挑战性的。但是，只要这样的模型被建立出来，便为人们提供了一个强有力的研究与政策分析工具，因为它可以让经济学家在其他条件限定不变的情况下进行宏观经济学"实验"，使研究者避免经验研究中的识别难题。

早期宏观建模主要集中于大型联立方程（large-scale simultaneous equations，LASSIE）模型。卢卡斯批判指出 LASSIE 模型并不是真正的可用于政策计量分析的结构化模型，为了避免这种批判，经济学家开始研究以最优化为基础并包含理性预期的一般均衡模型，第一个版本便是真实周期（real business cycle，RBC）模型（Wickens，2011）。当今宏观经济学中最流行的量化分析模型是动态随机一般均衡（dynamic stochastic general equilibrium，DSGE）模型。它们以真实周期模型为核心，但是加入了重要的修正，将一系列真实摩擦以及金融摩擦加入模型框架。新凯恩斯主义要素同样被纳入分析框架，即在不完全竞争框架下加入名义价格、工资黏性等。模型中，古典模型一般是指货币在长期为中性的模型，凯恩斯模型则认为货币政策短期对实体经济具有真实影响。因此，DSGE 模型也被认为是新凯恩斯主义模型。

本章介绍了一类特殊的 DSGE 模型，该类模型关注金融摩擦，特别是信贷市场不完善，这些不完善构成了全球金融危机后的宏观经济研究重点。第 1 节中我们回顾 DSGE 模型的主要特征；第 2 节中我们将提供一个不含有金融部门的标准模型；第 3 节讨论将金融部门引入模型的不同方法，并且将分析扩展到引入金融系统和金融摩擦，同时考虑了实物资本积累。第 4 节中我们将讨论对数线性化、校准以及 DSGE 模型的估计问题。在第 5 节中，我们将着力在分析框架中引入开放性和宏观审慎监管因素。本章我们的重点是介绍 DSGE 模型的理论结构，而非模型的估计问题或者模型对于经济波动以及经济时间序列联动的拟合性。[①]

① 对于模型的估计同样是重要的研究领域，例如还原经济波动中的结构性冲击以及宏观经济变量的历史变动，但这已经超出本书的范围。

1 DSGE 模型的主要特征

在基础 DSGE 模型中，经济主体的行为方程均由前瞻性经济主体跨期最优化问题的求解推导而来。[①] 代表性家庭在家庭预算约束下最大化效用，代表性企业则最大化利润。[②] 政府收入来源于税收，并在商品和服务上进行支出，同时政府受到跨期预算约束的限制，中央银行的货币政策遵照一定的利率规则。货币通常通过效用函数（参见第 5 章)、现金先行约束（参见第 11 章）或者购买时间、交易成本限制等方式被引入模型。[③] DSGE 模型本质上包含随机因素，每一期随机的外生事件都会影响各个部门的均衡状态，导致经济演进路径出现不确定性。

当前抉择对未来不确定性结果的依赖使得模型具有动态性，并且使得经济主体的预期在决定当前宏观经济结果中扮演着重要角色。经济主体通常被假定为理性预期者，但最近的研究主张引入非理性因素（参见本章第 5 节）。微观基础和模型一致性预期使得 DSGE 模型可以在统一的框架下被用来研究长期均衡和短期动态。模型的随机因素以及一般均衡特征（一般均衡特征使模型可以捕捉政策行为和经济主体行为之间的相互作用）可以使人们研究不同冲击的影响、名义与实际总量间的相互影响、宏观经济传导途径以及宏观经济与金融稳定政策规则的应用。

除此之外，DSGE 模型考虑了名义价格、工资黏性以及垄断竞争产品和劳动力市场因素。不同产品市场的不完全竞争导致利润扭曲和不完全有效率的产出水平，价格和工资的交错调整导致相对价格扭曲和货币的短期非中性，货币非中性使得货币政策通过名义-实际变量之间的交互影响而发挥作用。DSGE 模型还会含有一系列其他的黏性，包括实际变量的黏性——例如消费习惯形成以及工作习惯、资本和劳动成本调整、生产中的固定成本、劳动力储备、产能利用率——和我们所关注的金融摩擦。

2 基础模型

简单的 DSGE 模型是建立在三个彼此联系的模块之上的：需求部分（决定了当前经济活动是事前实际利率和对未来经济活动预期的函数)、供给部分（决定了通货膨胀水平是当前经济活动以及对未来通货膨胀预期的函数）以及一个货币政策方程（包含通过需

① 关于利用 DSGE 模型分析货币政策的方法与建模（不含金融摩擦）参见 Christiano，Trabandt，and Walentin (2010)。

② 在更复杂的模型中，一类家庭可以被假定受流动性约束限制并且是短视的，这意味着这类家庭的消费仅与当前收入相关。

③ 货币的名义回报率为零。在完全市场的假设下或者无风险债券名义收益率为正时，经济主体手中持有现金是无效率的。

求和供给部分得到产出和通货膨胀)。[①] 描述这些模块的方程源于微观基础,即对于主要经济主体——家庭、企业以及政府——明确的行为假设。这些经济主体在市场中互相影响并形成最终的"一般均衡"。当经济过热或通货膨胀水平提高时,中央银行则会提高名义利率,而在经济活动较弱或者通缩压力较大时,央行则会降低利率。通过调整利率水平,货币政策可以影响实际经济活动以及通货膨胀水平。接下来,我们将介绍一个简单的模型,这个模型不包括资本积累以及金融市场(我们将会在后续小节介绍)。

假设一个封闭的经济体包含四类经济主体:代表性家庭;代表性最终产品厂商(FG生产者);连续的中间产品厂商(IG生产者),以 $j\in(0,1)$ 表示;一个中央银行。家庭消费最终产品并为中间产品厂商提供劳动供给。每一个中间产品厂商都是特定中间产品 j 的垄断厂商,可以设定商品价格。生产中间产品仅需要劳动投入。最终产品厂商通过利用中间产品厂商的产出进行生产,并将最终产品在一个完全竞争的市场销售给家庭。工资是完全弹性的并且自由调整以保证劳动力市场出清。[②] 中央银行设定名义利率。

本节剩下的部分将描述每一类经济主体所面临的问题以及与之相关的最优化条件,并且介绍干扰这些条件的冲击。这些条件与市场出清条件共同描绘了经济体达到均衡时的特征。

□ 2.1 家庭

代表性家庭一生效用的现值可以被表示为:

$$U_t=\mathbb{E}_t\sum_{s=0}^{\infty}\Lambda^s\left\{\frac{C_{t+s}^{1-\eta}}{1-\eta}-\int_0^1\frac{\eta_L}{1+\psi}(N_{t+s}^j)^{1+\psi}\mathrm{d}j\right\} \tag{1}$$

其中,$\Lambda\in(0,1)$ 是常数贴现因子,C_t 表示实际消费,N_t^j 表示对中间产品厂商 j 的劳动供给(以小时衡量),$\eta>0$ 表示跨期替代弹性的倒数,ψ 表示劳动供给的弗里希弹性的倒数,$\eta_L>0$ 表示偏好参数,衡量劳动负效用的相对权重。[③] $\mathbb{E}_t$ 是以第 t 期信息为条件的预期算子。[④]

代表性家庭在第 t 期收到上一期持有政府债券的利息收入 $i_{t-1}^B B_{t-1}$,其中,i_t^B 是这类债券的名义利率。在第 t 期,家庭提供 N_t^j 单位劳动给中间产品厂商 $j\in(0,1)$,会收到 $W_t\int_0^1 N_t^j\mathrm{d}j$ 的总名义劳动支付,其中名义工资率为 W_t(外生给定)。家庭还会从中间产品厂商处收到名义股利,加总可得 $J_{It}=\int_0^1 J_t^{I,j}\mathrm{d}j$。家庭利用资金购买新的债券 B_t,并且通过价格 P_t 购买最终产品以消费 C_t。[⑤]

① 在经济形势向好的时期,经济活动水平较高,企业必须增加工资来使员工工作更长时间。更高的工资水平带来边际成本的上升,对价格水平带来上升压力,进而导致通货膨胀。当人们预期到未来更高的通货膨胀水平时,当前的价格水平越高,当前通货膨胀水平越快速地上升。

② 在加总角度对工资完全弹性的假设,对于包含一个大型非正规部门的发展中国家是非常合理的。

③ 劳动供给的弗里希弹性(Frisch elasticity of labor supply)是指在给定财富边际效用为常数时,工作时长相对于工资率的弹性。该弹性衡量工资率变换对劳动供给的替代效应。

④ 在一些模型中,习惯形成也被引入消费中,以 $\ln(C_{t+s}-\eta_C C_{t+s-1})$,或者 $C_{t+s}/C_{t+s-1}^{\eta_C}$ 的形式引入,其中 $\eta_C\in(0,1)$。由于习惯,如果当前消费过低时,消费者会不满足,同时消费低于过去消费水平时,消费者同样会不满足。

⑤ 在基础模型中,价格由被称为"货币"的记账单位衡量,但经济体中并不存在货币。货币(信贷)会在后文中被引入。

家庭的预算约束为：

$$P_tC_t + B_t = (1+i_{t-1}^B)B_{t-1} + W_t\int_0^1 N_t^j \mathrm{d}j + J_t^I - P_tT_t \tag{2}$$

其中，T_t 是政府的总量税。

在给定上一期债券 B_{t-1} 的前提下，家庭在预算约束（2）式下，通过选择消费 C_{t+s}，劳动 N_{t+s}^j，$j\in(0,1)$，以及债券 B_{t+s}，$s=0$，1，…，∞的序列来最大化（1）式。[①] 价格、工资以及债券利率和总量税同样被假设为外生给定。

利用拉格朗日乘数法得到上述问题的解：

$$\begin{aligned}\mathcal{L}_t = \mathbb{E}_t\sum_{s=0}^{\infty}\Lambda^s\Big\{&\frac{C_{t+s}^{1-\eta}}{1-\eta} - \int_0^1\frac{\eta_L}{1+\psi}(N_{t+s}^j)^{1+\psi}\mathrm{d}j \\ &-\lambda_{t+s}\Big[C_{t+s}+\frac{B_{t+s}}{P_{t+s}}-(1+i_{t+s-1}^B)\Big(\frac{B_{t+s-1}}{P_{t+s}}\Big)-\frac{W_{t+s}}{P_{t+s}}\int_0^1 N_{t+s}^j\mathrm{d}j-\frac{J_{t+s}^I}{P_{t+s}}+T_{t+s}\Big]\Big\}\end{aligned}$$

其中，λ_t 是预算约束的拉格朗日乘子。

结合预算约束，关于 C_t，N_t^j 和 B_t 的一阶条件分别为：

$$\frac{\partial\mathcal{L}_t}{\partial C_t}:\frac{1}{C_t^{\eta}}=\lambda_t \tag{3}$$

$$\frac{\partial\mathcal{L}_t}{\partial N_t^j}:\frac{\eta_L(N_t^j)\psi}{\lambda_t}=\frac{W^t}{P_t} \tag{4}$$

$$\frac{\partial\mathcal{L}_t}{\partial B_t}:\lambda_t=\Lambda\mathbb{E}_t\lambda_{t+1}(1+i_t^B)\Big(\frac{P^t}{P^{t+1}}\Big) \tag{5}$$

其中，$t=0$，1，…，∞并且 $\forall j\in(0,1)$。

这些条件为家庭的选择变量（要工作多久、消费多少以及以债券形式储蓄多少——从 $t=0$ 期到可预见的将来）产生了一个完全状态依存计划。在任何时间点，家庭都对未来情况存在不确定性。但是，假设家庭能够意识到影响决策的冲击，特别是知道这些冲击出现的概率。因此，家庭可以形成对未来各种结果的预期，这些预期影响了当前的抉择。我们在后文中还会谈及，预期被假定为是理性的。最优计划实质上是基于预期如何应对这些冲击的规则，而不是一次性对未来每个时期进行决策。

结合（3）式与（5）式可以得到标准的欧拉方程（参见第 2 章）：

$$\frac{1}{C_t^{\eta}}=\Lambda\mathbb{E}_t\Big[\Big(\frac{1}{C_{t+1}^{\eta}}\Big)\Big(\frac{1+i_t^B}{1+\pi_{t+1}}\Big)\Big] \tag{6}$$

其中，$1+\pi_{t+1}=P_{t+1}/P_t$。这个条件建立了利率与预期当前消费（衡量了模型的需求端）的负向关系。当（总）实际利率上升时，或者预期未来的消费下降时，又或者当家庭变得更加耐心时，当期的合意消费会下降，条件（4）式代表家庭的劳动供给决定，结合（3）式与（4）式可得：

$$N_t^j=\Big[\frac{C_t^{-\eta}}{\eta_L}\Big(\frac{W_t}{P_t}\Big)\Big]^{1/\psi} \tag{7}$$

---

① 家庭还面临一系列对于消费和劳动供给的非负约束。但是模型中的函数形式可以保证家庭对于这些变量的选择总是正的。

代表劳动供给与消费是负相关的，而与实际工资是正相关的。当工资水平更高时，家庭会增加工作时间（当工资差异足够小以至于不足以影响它们的收入时①）。工资大幅变动实际上会引发收入效应，并且导致当前更富有的工人减少劳动供给。背后的原因是高收入工人可以消费更多，这会导致边际消费效用下降，以及在任何工资水平上劳动供给的下降。

□ 2.2 产出与价格形成

DSGE 模型的主要特点是引入了价格摩擦。这些摩擦的引入是为了使模型与现实中的通货膨胀惯性一致。为了使这些摩擦存在，企业必须有能力设定价格，这又要求企业具有垄断能力。为了既使垄断企业存在又保证经济体中有大量的企业存在，DSGE 模型通常将模型建立在 Dixit-Stiglitz（1977）的生产框架之上。

如前文所述，框架内共有两类企业：垄断的中间产品厂商，$j \in (0,1)$；最终产品厂商，其对中间产品厂商的产出进行简单加总生产最终的消费品。

最终产品 Y_t 可以分为私人消费、政府消费和投资。它由不能完全替代的中间产品 Y_{jt}，$j \in (0,1)$ 构成生产：

$$Y_t = \left\{\int_0^1 [Y_{jt}]^{(\theta-1)/\theta} \mathrm{d}j\right\}^{\theta/(\theta-1)} \tag{8}$$

其中，$\theta > 0$ 为对中间产品的需求弹性。

最终产品厂商以完全竞争的价格销售自己的产品。给定中间产品价格 P_{jt}、最终产品价格 P_t，最终产品厂商选择中间产品数量 Y_{jt} 以最大化自己的利润。最终产品厂商的最优化问题为：

$$Y_{jt} = \arg\max P_t \left\{\int_0^1 [Y_{jt}]^{(\theta-1)/\theta} \mathrm{d}j\right\}^{\theta/(\theta-1)} - \int_0^1 P_{jt} Y_{jt} \mathrm{d}j$$

由一阶条件可以得到对产品 j 的需求为：

$$Y_{jt} = \left(\frac{P_{jt}}{P_t}\right)^{-\theta} Y_t, \quad \forall_j \in (0,1) \tag{9}$$

结合零利润条件可以得到最终产品价格为：

$$P_t = \left\{\int_0^1 (P_{jt})^{1-\theta} \mathrm{d}j\right\}^{1/(1-\theta)} \tag{10}$$

每一个中间产品厂商仅投入劳动力生产特定的且易损耗的产品。因为中间产品在生产最终产品时的非完全替代性，每一个中间产品厂商均在垄断竞争市场中销售自己的产品。因此，企业 j 在给定 P_t 和 Y_t 的条件下，满足最终产品厂商需求的约束，对自己的产品设定价格为 P_{jt}。

生产技术包含劳动要素的不变回报：

$$Y_{jt} = A_t N_{jt} \tag{11}$$

其中，N_{jt} 是总劳动时间，$\alpha \in (0,1)$，A_t 为技术冲击，衡量生产中的非预期性变动。对技术冲击的一般假设为它服从一阶自回归过程：

$$A_t = A_{t-1}^{\rho A} \exp(\xi_t^A) \tag{12}$$

其中，$\rho_A \in (0,1)$ 且 $\xi_t^A \sim \mathbf{N}(0, \sigma_{\xi^A})$。

---

① 劳动供给曲线是向上倾斜的，因为相比于工作时间短的情况当人们的工作时间很长时，他们更加不喜欢付出额外的工作时间。

中间产品厂商需要解决两阶段问题。首先，给定实际工资率 $\omega_t = W_t / P_t$，厂商需要在完全竞争的要素市场选择劳动投入以最小化实际成本。单位实际边际成本为：

$$mc_t = \frac{\omega_t}{A_t} \tag{13}$$

边际成本与不同的中间产品厂商 j 无关。

在第二步中，每个中间产品厂商选择一系列价格 P_{jt} 以最大化实际利润的现值。在 DSGE 模型中常用两个方法来实现价格形成机制：Rotemberg（1982）方法；Calvo（1983）和 Yun（1996）方法。前者强调"菜单成本"并且与对称均衡一致，而后者（在第 11 章连续时间假设下有所涉及）假设企业不常变更产品价格，并且在不同企业间产生相对价格扩散。

在 Rotemberg 方法中，中间产品厂商在调整名义价格时拥有凸性成本函数：

$$PAC_t^j = \frac{\phi_F}{2}\left(\frac{P_{jt}}{\bar{\pi}^G P_{jt-1}} - 1\right)^2 Y_t \tag{14}$$

其中，PAC_t^j 是企业 j 在第 t 期的价格调整成本，$\phi_F \geq 0$ 是调整成本参数，该参数决定价格黏性的程度。$\bar{\pi}^G = 1 + \bar{\pi}$ 是总稳态通货膨胀率。Rotemberg（1982）提及调整成本需要考虑价格改变对顾客-企业关系的不良影响。这些负面效应与价格改变幅度以及经济活动整体规模 Y_t 呈正相关。[①]

价格调整的成本使得每个中间产品厂商面临的问题具有动态性，而不是一期一期孤立地最大化当期利润，每个厂商 j 都力图最大化自身总市场价值。

因此，第二步的最优化问题可以被表述为：

$$\{P_{jt+s}\}_{s=0}^{\infty} = \arg\max \mathbb{E}_t \sum_{s=0}^{\infty} \Lambda^s \lambda_{t+s}\left(\frac{J_{jt+s}^I}{P_{t+s}}\right) \tag{15}$$

其中，在第 t 期的名义利润 J_{jt}^I 为：

$$J_{jt}^I = (P_{jt} - P_t mc_t) Y_{jt} - PAC_t^j$$

其中，mc_t 由（13）式定义。在（15）式中，$\Lambda^s \lambda_{t+s}$ 是代表性家庭在第 $t+s$ 期的预算约束乘子。因为中间产品厂商被家庭所拥有（中间产品厂商向家庭转移利润），企业在第 $t+s$ 期的贴现因子是 $\Lambda^s \lambda_{t+s}$，其中 λ_{t+s} 是额外增加一单位货币下利润的边际效用价值（以消费衡量）。

企业在生产函数（11）式下最大化利润，并且受最终产品厂商需求的约束，即中间产品厂商必须在每个时点都满足最终产品厂商对它们的产出需求［如（9）式所示］。将 Y_{jt} 代入（9）式可得：

$$\{P_{jt+s}\}_{s=0}^{\infty} = \arg\max \mathbb{E}_t \sum_{s=0}^{\infty} \Lambda^s \lambda_{t+s}\left[\left(\frac{P_{jt+s}}{P_{t+s}}\right)^{1-\theta} - mc_{t+s}\left(\frac{P_{jt+s}}{P_{t+s}}\right)^{-\theta} - \frac{\phi_F}{2}\left(\frac{P_{jt+s}}{\bar{\pi}^G P_{jt+s-1}} - 1\right)^2\right] Y_{t+s}$$

给定 $\{mc_{t+s}, P_{t+s}, Y_{t+s}, \lambda_{t+s}\}_{s=0}^{\infty}$，该优化问题的一阶条件为：

$$(1-\theta)\lambda_t\left(\frac{P_{jt}}{P_t}\right)^{-\theta}\frac{Y_t}{P_t} + \theta\lambda_t\left(\frac{P_{jt}}{P_t}\right)^{-\theta-1}\frac{mc_t Y_t}{P_t} - \lambda_t \phi_F\left\{\left(\frac{P^{jt}}{\bar{\pi}^G P_{jt-1}} - 1\right)\right.$$

---

① 参见 Gagnon（2009）对于菜单成本和价格调整频率的研究。这一设定可以在通货膨胀之外，将调整成本二次函数引入价格中来进行一般化，例如可以参见 Ireland（2001）的研究。

$$\times\frac{Y_t}{\tilde{\pi}^G P_{jt-1}}\bigg\} + \Lambda\phi_F \mathbb{E}_t\bigg\{\lambda_{t+1}\Big(\frac{P_{jt+1}}{\tilde{\pi}^G P_{jt}}-1\Big)\Big(\frac{P_{jt+1}}{\tilde{\pi}^G P_{jt}^2}-1\Big)Y^{t+1}\bigg\}=0 \tag{16}$$

上式描述了名义价格调整的过程。从本质上来讲，这一条件要求在最优化满足时，价格的微小变动对利润的当期贴现值没有影响。

当价格具有完全弹性时（$\phi_F=0$），这一条件可以变为一个简单的加成规则：

$$\frac{P_{jt}}{P_t}=\frac{\theta}{\theta-1}mc_t$$

实际价格是实际边际成本的固定加成（即大家熟知的“勒纳等式”）。因此，在一个对称的均衡里，这一等式表示实际边际成本是加成的倒数：

$$mc_t=(\theta-1)/\theta \tag{17}$$

在 Calvo-Yun 方法中，每一期均有 $1-\xi$ 部分的企业可以自由设定产品的名义价格，其余企业保持价格不变，即 $P_{jt}=P_{jt-1}$。企业在第 t 期设定最优价格 P_{jt}^O 来最大化未来利润的现值，并且企业会考虑到从现在起到 $s=1$，2，…的时期，企业存在概率 ξ^s 被限制维持今天确定的价格而不能改变。对于这些企业的目标方程仍然是（15）式，结合名义利润为：

$$J_{jt}^I=(P_{jt}-P_t mc_t)Y_{jt}$$

利用（9）式代替其中的 Y_{jt}，最优化问题变为：

$$\{P_{jt+s}^O\}_{s=0}^{\infty}=\arg\max\mathbb{E}_t\sum_{s=0}^{\infty}\Lambda^s\lambda_{t+s}\xi^s\Big(\frac{P_{jt+s}}{P_{t+s}}-mc_{t+s}\Big)\Big(\frac{P_{jt+s}}{P_{t+s}}\Big)^{-\theta}Y_{t+s}$$

同时满足生产函数（11）式。在这个表达式中，关于 $\Lambda^s\lambda_{t+s}$ 的解释与之前相同。ξ^s 的存在意味着中间产品厂商仅关注未来不能重新选择价格以最优化目标函数的情况。

上述最优化问题的一阶条件为：

$$\mathbb{E}_t\sum_{s=0}^{\infty}(\xi\Lambda)^s\lambda_{t+s}Y_{t+s}P_{t+s}^{\theta-1}\Big[P_{jt}^*-\Big(\frac{\theta-1}{\theta}\Big)\Big(\frac{w_{t+s}}{A_{t+s}}\Big)\Big]=0$$

或者也可以表示为：

$$P_{jt}^O=\frac{\theta}{\theta-1}\frac{\mathbb{E}_t\sum_{s=0}^{\infty}(\xi\Lambda)^s\lambda_{t+s}P_{t+s}^{\theta}Y_{t+s}mc_{t+s}}{\mathbb{E}_t\sum_{s=0}^{\infty}(\xi\Lambda)^s\lambda_{t+s}P_{t+s}^{\theta-1}Y_{t+s}} \tag{18}$$

其中，$(1-\theta)/\theta$ 是边际成本之上的预期加成，即在完全弹性的价格条件下，企业会提出的加成水平。因此，最优化企业在它们的边际成本之上设定加成价格。但是，这种关系的维持是建立在预期的现值之上，而不是每一期价格，因为第 t 期选择的价格仍会以 ξ^s 的概率在第 $t+s$ 期生效。面临更加刚性的需求，垄断厂商会索取更高的加成，进而导致更高的价格，因为它们的顾客对后者的变动更加不敏感。我们假定这一敏感程度（需求弹性）以及要求的加成都为常数。当 $\xi=0$ 时，(18) 式意味着 P_{jt}^O 是边际成本的固定加成：

$$P_{jt}^O=\frac{\theta}{\theta-1}mc_t P_t$$

给定 ξ 部分的企业维持价格不变，$P_{jt}=P_{jt-1}$。总的价格水平可以被定义为新设定价格与过去价格的加权平均：

$$P_t=\big[(1-\xi)(P_t^O)^{1-\theta}+\xi P_{T-1}^{1-\theta}\big]^{1/(1-\theta)} \tag{19}$$

□ 2.3 政府

政府购买数量为 G_t 的最终产品，其数量为实际产出的固定比例：

$$G_t = \phi_G Y_t \tag{20}$$

不存在政府债券供给，因此政府的预算约束就是简单的支出与税收相等：

$$G_t = T_t \tag{21}$$

□ 2.4 市场出清条件

产品市场的均衡条件取决于价格形成机制。在 Rotemberg 定价方法中，结合总产出 Y_t，这一条件为：

$$y_t = Y_t = C_t + G_t + 0.5\phi_F(\pi_t - 1)^2 Y_t$$

或者利用（20）式也可以表示为：

$$Y_t = \left[\frac{1}{1-\phi_G - 0.5\phi_F(\pi_t-1)^2}\right]C_t = \Psi_t C_t \tag{22}$$

在 Calvo 定价方法中，这一条件为：

$$Y^t = \frac{C_t}{1-\phi_G} \tag{23}$$

劳动力市场的均衡条件为：

$$\int_0^1 N_t^i \mathrm{d}i = N_t^s = \frac{Y^t}{A_t} \tag{24}$$

其中，N_t^s 为劳动供给，劳动需求可以通过利用条件 $Y_{jt} = Y_t$ 并反推生产函数（11）式来得到。将（7）式代入（24）式，可以得到实际工资 ω_t 以及边际成本［从（13）式得到］都为总产出的一定比例。

进一步地，在 Calvo-Yun 方法中，利用（20）式和总需求（23）式，这一表达式变为：

$$N_t^S = \frac{C_t}{(1-\phi_G)A_t}$$

假设 $\phi_G = 0$，在 Rotemberg 方法中，给定 $\Psi_t > 1$，名义黏性的成本导致总消费和总产出之间存在无效差异（$C_t < Y_t$）。部分产出被价格调整成本所消耗。在 Calvo 模型中，$C_t = Y_t$。名义黏性的成本（名义价格扩散）使得总产出和总就业之间形成了差异［如（8）式］，进而使得总生产存在低效。两种差异都是通货膨胀的非线性函数。当稳态通货膨胀率为 0 时，两种差异被最小化为 1。但是当通货膨胀高于 0 时，差异则会增加。

在 Calvo-Yun 方法中，价格波动是源于企业在不同时期设定不同价格。在每一个给定的时期 t，均存在一个关于不同价格的分布。由于通货膨胀与价格设定摩擦之间的相互影响，价格离散导致总生产的效率损失。这其中的原因是，由于价格离散，价格机制不能对资源进行有效分配，低价企业会过度进行生产，高价企业则生产较少。[①] 在 Rotemberg 方法中，企业可以在每一期改变价格，但要支付调整成本。因此所有企业都面临着同样的问题，因此会选择同样的价格和产出。换句话说，均衡是对称的（$P_{jt} = P_t$ 和

① Yun（1996）推导得到了一个可以描述价格离散导致产出损失的简单方程。

$Y_{jt}=Y_t$)。给定这一对称性，总生产函数并不会由于价格扩散存在无效率。但是，调整成本进入了总资源约束，因此导致了产出与消费之间的无效差异。同时，在 Calvo-Yun 方法中，一些企业不会在后续时期改变价格，可能会导致经济受到冲击后价格水平难以置信地持续不变，这会引发令人误解的福利影响（后续章节会涉及）。

□ 2.5　利率规则

在大多数 DSGE 模型中，货币政策都模型化为泰勒规则的形式，泰勒规则强调将政策利率 i_t^R 与通货膨胀和产出的目标偏离建立联系。中央银行通过常备便利（standing facility）向商业银行提供无抵押贷款，并任由商业银行自主使用。如第 5 章的讨论所示，常备便利在高收入以及中等收入国家中十分常见，这些国家通过创造常备便利（缩紧）利率走廊，以确立短期货币市场利率与目标利率偏离的边界，同时利用公开市场操作来平滑流动性并且减弱利率的波动。在受限于为了维持中央银行经常账户平衡的抵押要求和制度规则的情况下，央行通过提供无限现金的渠道，使得中央银行的现金持有数量具有内生性。这里我们简化了抵押要求（例如像政府债券一样的低风险或者低收益资产）、公开市场操作，并且考虑了目标利率带的宽度为零的情况。

除此之外，中央银行会对利率波动赋予权重。因此，利率规则服从以下形式：

$$1+i_t^R=(1+i_{t-1}^R)^{\rho}\left[(\tilde{r}+\pi^T)\left(\frac{Y^t}{\tilde{Y}}\right)^{\phi_Y}\left(\frac{\pi_t}{\pi^T}\right)^{\phi_\pi}\right]^{1-\rho}\exp(\epsilon_t^M) \tag{25}$$

其中，$\tilde{r}$ 和 $\tilde{Y}$ 是实际利率和产出的初始稳态值，π^T 是通货膨胀目标。[①] 这一反应函数衡量了央行根据经济所受到的冲击，为权衡经济活动和通货膨胀而设定的利率水平的各种可能性。

货币政策冲击 ϵ_t^M 服从一阶自回归过程：

$$\epsilon_t^M=\epsilon_{t-1}^{\rho_\epsilon}\exp(\xi_t^\epsilon)$$

其中，$\rho_\epsilon\in(0,1)$ 并且 $\xi_t^\epsilon\sim\mathbf{N}(0,\sigma_\xi)$ 为序列不相关的随机冲击且均值为零。它可以描述任意观测名义利率与规则利率间的偏离。

这一规则意味着当通货膨胀和产出超过基本水平时，名义利率也会超过它自身的基本水平 $r_t^e+\pi_t^T$，并以参数 ϕ_π 和 ϕ_Y 决定的数量和参数 ρ 决定的速度提升。更高的政策利率会抑制总需求并且缓和边际成本压力与通货膨胀压力。在这一方面，可以将 π^T 和 $\tilde{Y}$ 视作货币政策的目标（央行认为与自身命令相一致的产出与通货膨胀水平），且不会引发抑制性或刺激性政策。

□ 2.6　对数线性化形式

当 $\phi_G=0$ 时，利用产品市场出清条件、债券利率与政策利率相等 $i_t^B=i_t^R$，对于 (6) 式的对数线性化近似可以得到：

$$\hat{Y}_t=\mathbb{E}_t\hat{Y}_{t+1}-(\hat{i}_t^R-\mathbb{E}_t\hat{\pi}_{t+1})+\varepsilon_t \tag{26}$$

其中，$\hat{x}=(x_t-\tilde{x})/\tilde{x}$ 并且 $\tilde{x}$ 表示稳态值。因此，$\hat{\pi}_{t+1}$ 和 $\hat{Y}$ 分别为通货膨胀与产出相对于

① 除了产出的稳态值，DSGE 模型还经常使用无摩擦或有效产出（价格完全弹性时的产出）来计算产出缺口。规则中同样会包括产出增长而不是产出缺口，因为前者更适合实际政策操作。

稳态对数偏离，ε_t 为随机冲击。由于包含当期和未来预期变量，这一加总的需求方程是动态且前瞻性的。特别是，它在当前产出和未来实际利率整体预期路径之间建立了联系，即求解方程可得 $\hat{Y}_t = -\mathbb{E}_t \sum_{s=0}^{\infty} (\hat{i}_{t+s}^R - \hat{\pi}_{t+s+1} - \varepsilon_{t+s})$。通过这一渠道，未来货币政策的预期可以直接影响当前经济形势。

在 Rotemberg 定价方法中，由（16）式可以得到新凯恩斯主义菲利普斯曲线，它描述了当前通货膨胀与预期通货膨胀以及实际边际成本之间的关系：

$$\hat{\pi}_t = \left(\frac{\theta - 1}{\phi_F}\right)\widehat{mc}_t + \Lambda \mathbb{E}_t \hat{\pi}_{t+1} + u_t \tag{27}$$

其中，μ_t 是加成冲击。通货膨胀对于边际成本变动的敏感性 $(\theta-1)/\phi_F$ 依赖于价格调整成本 ϕ_F 以及参数 θ。

在 Calvo-Yun 定价方法中，由（18）式同样可以得到新凯恩斯主义菲利普斯曲线：

$$\hat{\pi}_t = \chi \widehat{mc}_t + \Lambda \mathbb{E}_t \hat{\pi}_{t+1} + u_t \tag{28}$$

其中，

$$\chi = \frac{(1-\xi)(1-\xi\Lambda)}{\xi(1+\omega\theta)}$$

μ_t 仍然是加成冲击，同时 ω 为由于工作所产生的边际效用损失的弹性。通货膨胀对边际成本变动的弹性 χ 取决于价格调整的频率 ξ，以及其他结构化的参数。

对比（27）式和（28）式可以看出两个模型在边际成本方面的参数是一致的。因此，通过设定条件 $\phi_F = (\theta-1)\xi/(1-\xi)(1-\Lambda\xi)$［在稳态通货膨胀为零的情况下两个模型的一阶动态相同，参见 Lombardoand Vestin（2008）］，我们可以将 Rotemberg 调整成本 ϕ_F 与 Calvo-Yun 参数 ξ 建立联系。

因此，尽管两个模型的理论结构不同，但两个模型的一阶近似是相同的，如 Roberts（1995）指出，这也意味着两个模型拥有同样的新凯恩斯主义菲利普斯曲线的简化形式。同时，尽管两个模型的定价机制中都包括名义黏性，但模型中经济体在通货紧缩后都会立即向新的稳态调整。但是，非线性通货紧缩在两个模型中是不同的。Rotemberg 模型的非线性是更加稳健的（Ascari and Rossi，2011）。

从（13）式中可以看出边际成本的变动为：

$$\widehat{mc}_t = \hat{\omega}_t - \hat{A}_t \tag{29}$$

其中，$\hat{\omega}_t$ 与总产出偏离 $\hat{Y}_t$ 成比例。

由公式（27）或（28）结合边际成本（29），我们可以得到通货膨胀与实际经济活动之间的关系。因为劳动力市场均衡条件与实际工资变动和产出变动相关，边际成本也取决于生产性冲击和总体经济活动的水平。更高的经济活动水平可以导致更高的工资和边际成本。因此，企业提高价格，推升总体通货膨胀。

（27）式或（28）式中菲利普斯曲线的另一个重要特征是二者均为前瞻性的，如（26）式的欧拉方程一样。因此，我们可以向前迭代（28）式，得到 $\pi_t = \mathbb{E}_t \sum_{s=0}^{\infty} \Lambda^s (\xi \widehat{mc}_{t+s} + u_{t+s})$。该式表明了当前通货膨胀水平如何取决于未来边际成本的预期路径。但是这一路径又依赖于对未来利率的预期，因此也就取决于货币政策。

对于政策规则（25）式的对数线性近似可以得到：

$$\hat{i}_t^R = \rho \hat{i}_{t-1}^R + (1-\rho)[\phi_Y \hat{Y}_t + \phi_\pi \widehat{\pi_t^T}] + \epsilon_t^M \tag{30}$$

通常（核心）新凯恩斯主义模型包括总需求方程（26）式、总供给（或者通货膨胀）方程（27）式或（28）式，并且将（29）式和（30）式 $\widehat{mc}_t$ 代入其中。关于这类模型在政策评估中的运用参见 Clarida et al.（1999），Woodford（2003），Galí（2008）以及 Christiano，Trabandt，and Walentin（2010）的研究。但是，这类模型中的货币仅是一个“多余因素”，因为货币政策可以在无货币的情况下执行。中央银行固定名义利率并且为经济主体提供流动性，因此货币市场、其他金融市场以及这些市场中包含的价格都被忽略了。我们接下来将扩展这一核心模型并充分考虑这些市场因素、金融摩擦和资本积累因素。这些修正为 DSGE 模型带来了非常重要的新特征。特别是，实体经济与金融的分离消失了，货币市场动态重新开始在经济运行中扮演重要角色。

3 DSGE 模型中的金融摩擦

如本书中开篇所述，近年来全球金融危机使人们意识到金融因素是经济波动的重要来源，同时也是扩大宏观经济冲击的重要渠道。为了理解这些因素，DSGE 模型向多个方向进行了扩展。本节我们首先对文献中涉及金融摩擦的最主要方法进行简单的讨论，然后对基础的分析框架进行拓展。

3.1 金融摩擦因素的考量

在第 5 章中我们提及中等收入的发展中国家通常面临着一系列金融市场的不完全性。这些因素包括银行在金融结构中占据主导地位、严重的信息不对称以及司法系统薄弱、风险分散手段有限、金融安全网缺失以及国内与国外冲击的高敞口特征。在第 5 章中涉及了两个关于信贷市场不完全性的模型，分别是 Townsend（1979）和 Williamson（1986）提出的有成本的状态查证（CSV）模型以及 Kiyotaki and Moore（1997）提出的抵押约束模型。近年来许多关于金融摩擦的 DSGE 模型文献发展都建立在 Bernanke et al.（2000）提出的金融加速器机制之上，即 BGG 模型，这一理论发展也是基于 CSV 模型。

金融加速器模型的核心是借款人与贷款人之间的代理问题，这一问题可以被合理的合约机制解决，合约又会引入杠杆、风险与差价因素。核心机制则依赖于非对称信息与生产技术之间的交互影响。资本通过企业净财富与外部融资获得。利用 CSV 方法，金融加速器模型假设资本品生产者可以轻松地观测到自身项目的利润，但是贷款人必须付出成本来获得项目利润的相关信息。这样代理问题就通过权衡监测成本和违约概率的最优合约来解决了，这样的合约意味着外部融资溢价与企业杠杆率紧密相关。因此，这为生产冲击提供了一个全新的放大机制。

金融加速器模型框架强调外部融资溢价，即第 5 章中我们定义的外部融资成本和内部资金机会成本之间的差异。在抵押约束和金融加速器模型框架中，资产价格的改变是决定借贷行为的关键因素，因为它们可以影响可得资金的价格（通过金融溢价）或者数量（通过抵押品）。DSGE 模型在近些年的发展中涉及了上述两个渠道。有人提出 Kiyotaki-Moore 模型的代理成本和 BGG 模型的金融加速器不应只限于家庭和企业的决策问题中。

Brzoza-Brzezina et al.(2013)通过校准，对比了 Kiyotaki-Moore 模型抵押品约束和 BGG 模型外部融资溢价。他们发现外部融资溢价描述的商业周期的性质与现实的经验证据更加吻合。但是 BGG 模型框架仍有许多局限性。它假设投资者直接向借款人放贷，并不存在金融中介的参与。现实中，商业银行则保有着大量金融资源，并且有大量的文献致力于研究在一般均衡框架中银行部门如何影响经济波动。[①] 第一类文献着重研究了完全竞争的银行部门，贷款与存款的产生是有成本的，利率水平由零利润条件确定。这其中杰出的研究范例是 Goodfriend and McCallum（2007）和 Christiano，Motto，and Rostagno（2010）的研究。后者认为银行通过利用抵押品和监督来提供贷款，通过提供贷款资源边际成本确定外部融资溢价。抵押品在生产函数中的出现促使银行加速器的产生，这与金融加速器非常相似：货币扩张提高抵押品价格，进而降低外部融资溢价。同时，它产生的银行加速器使得银行支出的增加导致银行存款需求和抵押品价值溢价的增加，校准可以决定哪种效应占主导地位。

还有大量文献研究了银行部门不完全竞争对于经济波动产生的影响。一些研究中设定银行具有一定的市场力量来改变成本。当设定利率水平后，它们面临着更高的当期利润与更低的未来市场份额之间的权衡取舍。这就产生了逆周期溢价，扩大了生产冲击的影响。Andrés and Arce（2012）考虑了一个具有垄断竞争银行部门的货币经济体。更激烈的银行竞争可以通过两个渠道影响经济周期波动：更高的杠杆率（增加短期房价、消费和产出的波动）和更低的借贷利润（弱化传导机制）。在货币政策宽松刺激中，杠杆效应会强于借贷利润效应，在信用紧缩时则相反。Gerali et al.(2010）分析了名义贷款迟缓调整的影响。在他们的模型中，一个连续的银行部门以 Dixit-Stiglitz（前文有所涉及）方式竞争，并且受到名义贷款利率调整成本的约束。

Christiano，Motto，and Rostagno（2010）提出除了 BGG 模型的金融加速器效应外，还有一个辅助渠道可以放大净资产的变动，即费雪通缩效应（Fisher deflation effect)。该效应假设在债务合约以名义项目约定，当（负向）冲击出现在价格水平上时，可以改变借款者在合约到期时承担的实际债务负担。实际上，他们的分析框架在债务合约中加入了重要的名义价格黏性：尽管企业家获得的贷款是有条件的，但是银行债务对家庭而言却是名义项目。因此，银行在第 t 期认为向企业家放贷的机会成本并不依赖于第 $t+1$ 期的冲击。[②] 借贷成本的波动反映了两个一般均衡机制。首先是“完全”的 BGG 模型的金融加速器效应，这一效应使得合约贷款利率取决于借款者可用于担保的净资产。第二个机制是由于企业家获得的是名义合约和有条件贷款，价格水平变动会改变事后实际债务。Christiano，Motto，and Rostagno（2010）证明纯粹的加速器机制和费雪通缩机制在冲击对价格水平和产出具有相同方向影响时会彼此强化，但是在冲击对二者影响相反时则会彼此抵消。

Agénor and Alper（2012）从不同的视角，对包含信贷市场不完善性的新凯恩斯主义

---

① 尽管个体企业是存在风险的，我们假定银行向足够多样的企业家群体提供信贷，以至于个体企业贷款风险的不确定性被完全规避。将风险因素引入 DSGE 模型的扩展已经存在，但是（在写作本书时）模型中后加入的复杂因素是否合理仍不清楚。

② 参见 Meh et al.(2009）对名义黏性来源的讨论。

模型做出了贡献。尽管他们在推导违约概率时采用了简化形式，但是他们提出的模型允许货币政策产生金融加速器效应，基于第 6 章的静态分析框架，该模型将成本与货币政策的资产负债表传导渠道相结合，分析抵押品与银行定价行为之间的联系。因为借款人偿还能力存在不确定性，借贷需要抵押物并且借款人净财富会通过贷款利率中的风险溢价影响信贷条款。在通行的借款利率中，金融中介提供的资金供给是完全弹性的，因此与 Kiyotaki-Moore 模型相比，净财富并不会对借款产生（连续）约束。① 在标准的 DSGE 模型中，中央银行依据泰勒规则来锁定短期利率以实施货币政策。为了保证实际利率与目标利率相近（或者在目标利率周围的小幅区间内波动），市场上隔夜拆借资金的流动性是内生调整的。除此之外，Agénor and Alper（2012）还考虑了中央银行提供的流动性在目标利率水平上是具有完全弹性的。因此，银行在借款方面不存在约束，银行结合自身存款和法定准备金的情况最终决定流动性需求。中央银行的再贷款利率代表了资金的边际成本，垄断型银行基于这一点设定存款利率。与此相对，贷款利率通过在无风险政府债券上增加一定溢价来设定，这一利率反映了贷款的机会成本。因为银行借贷行为会影响基础货币以及货币供给，而债券利率又会使货币市场出清，因此再贷款利率的变动会对银行利率结构产生直接与间接的影响。债券利率变动和银行利率变动又会影响总需求和总供给。在模型中货币可以影响实际变量的动态，即使当消费和货币资产在家庭效用中是可分时，情况也是如此。② 因此，比较来看，已有文献仅仅强调单一利率或只考虑狭窄的利率范围，而忽略了在通行的官方利率基础上央行流动性的完全弹性供给，而 Agénor-Alper 模型的设定为利率决定和货币政策传导途径提供了一个更加完整的分析框架。下一节中我们将会详细讨论这一模型。

□ 3.2　基础框架的扩展

扩展的模型与基本的分析框架相比多了两类新的经济主体：资本品（CG）厂商和商业银行。资本品厂商利用资本作为抵押物向银行进行借款以购买最终产品用于投资并且生产资本，然后将资本租借给中间产品厂商。银行同样可以向中间产品厂商提供信贷，中间产品厂商利用资金为短期营运资本融资。贷款供给在现行利率下是具有完全弹性的。

每种银行贷款的期限以及银行存款的期限都一样。每一期贷款在经济活动（生产或投资）开始前发放，在期末偿还。在每一期期末，银行都会被清算并且新的银行会在下一期期初出现，因此所有利润都将被分配。中央银行与前文模型中的一致，为商业银行提供具有弹性的流动性，并设定再贷款利率，与标准泰勒规则一样，根据通货膨胀偏离目标值和产出缺口的情况来设定。

代表性家庭的终生效用现值为：

$$U_t = \mathbb{E}_t \sum_{s=0}^{\infty} \Lambda^s \left\{ \frac{C_{t+s}^{1-\eta}}{1-\eta} - \int_0^1 \frac{\eta_L}{1+\psi} (N_{t+s}^j)^{1+\psi} \mathrm{d}j + \eta_x \ln x_{t+s} \right\} \tag{31}$$

其中，x_t 是实际货币资产的复合指数，$\eta_x > 0$ 为偏好参数。如第 5 章提及，由现金先行模型或者流动性成本模型［如 Kimbrough（1992）的研究］可以得到与效用函数中的货币

① 尽管模型并没有考虑内生的信贷配给，但适用于外生配给，例如对于在非正规部门经营的小型企业（大多数发展中国家的企业事例）是完全在金融系统中存在信贷配给的。更详细的讨论请参考 Demirguc-Kunt（2006）的研究。

② 因为货币流动速度在变化，因此货币对模型的动态产生影响。

(money-in-utility) 模型一致的定性结果。唯一的差异是我们必须将“货币”视为复合型的货币性资产，即包含现金余额和实际银行存款。

复合型货币性资产由实际现金余额 m_t 和实际银行存款 d_t 构成，并且服从柯布-道格拉斯函数形式：

$$x_t = (m_t)^{\nu} d_t^{1-\nu} \tag{32}$$

其中，$\nu \in (0,1)$。

在第 t 期，家庭的名义财富为 $M_t+D_t+B_t$，其中 $M_t = P_t m_t$ 是名义货币持有，$D_t = P_t d_t$ 为名义银行存款，B_t 是持有的一期名义政府债券。家庭在第 t 期持有的现金为 M_{t-1}，银行本金和利息在第 $t-1$ 期确定，$(1+i_{t-1}^D)D_{t-1}$，其中 i_t^D 是存款利率，政府债券到期时的本金和利息为 $(1+i_{t-1}^B)B_{t-1}$。

如前文，家庭向中间产品厂商提供劳动，同时获得劳动要素支付，$\omega_t N_t$，其中 ω_t 是经济体中的实际工资水平。同时家庭会收到中间产品厂商的全部利润 $J_t^I = \int_0^1 J_{jt}^I \mathrm{d}j$ 以及资本品厂商一次性支付形式的利润 J_t^K。[①]除此之外，家庭还收到银行利润 J_t^B。因此家庭的预算约束为：

$$P_t C_t + B_t + D_t + M_t = (1+i_{t-1}^B)B_{t-1} + P_t \omega_t \int_0^1 N_t^j \mathrm{d}j + (1+i_{t-1}^D)D_{t-1} + M_{t-1} + J_t^B + J_t^I + J_t^K - P_t T_t \tag{33}$$

代表性家庭通过选择 C_{t+s}，N_{t+s}^j，$j \in (0, 1)$，m_{t+s}，d_{t+s}，以及 B_{t+s}，P_{t+s}，T_{t+s}（上述变量在第 $t-1$ 期视为给定），以最大化自身效用（31）式，并受到（32）式和（33）式的约束，其中 $s=0$，1，…，∞。对于上述问题的求解可以得到与（3）～（5）式相同的等式和欧拉方程（6），以及

$$m_t = \frac{\eta_x \nu C_t^{\eta}(1+i_t^B)}{i_t^B} \tag{34}$$

$$d_t = \frac{\eta_x (1-\nu) C_t^{\eta}(1+i_t^B)}{i_t^B - i_t^D} \tag{35}$$

其中，$t=0$，1，…，∞。(34) 式对现金的实际需求与消费建立了正向联系，与持有货币的机会成本（以政府债券利率衡量）建立负向联系。相同地，(35) 式对存款实际需求与消费、存款利率建立正向关联，与债券利率建立负向关联。

最终产品的生产依然由（8）～（10）式给出，但是中间产品厂商需要重新表达成新的形式。

3.2.1 中间产品厂商

中间产品厂商现在不仅利用劳动还利用资本，以数量 K_{jt} 进行生产：

$$Y_{jt} = A_t N_{jt}^{1-\alpha} K_{jt}^{\alpha} \tag{36}$$

其中，$\alpha \in (0,1)$。在期初，每个中间产品厂商以相同的价格 r_t^K 从最终产品厂商处租借资本。[②]

期初，每一个企业 j 必须向银行借贷数量为 $L_{jt}^{F,W}$ 的资金支付工资，即工资支付发生在生产和销售之前：

① 最终产品厂商不产生利润。

② 资本存量被预先确定，但是利润最大化保证资本在不同中间产品厂商之间分配的有效性。

$$L_{jt}^{F,W} = P_t\omega_t N_{jt} \tag{37}$$

对于一切 $t \geqslant 0$。第 6 章中，贷款是为营运资本进行融资（短期的资本），并不带有风险，因此利率仅反映从中央银行进行借贷的边际成本 i_t^R。这些贷款在每一期期末进行偿还。

和之前一样，中间产品厂商需要解决两步问题。第一步，在给定投入要素价格时，中间产品厂商在完全竞争要素市场中雇用劳动和租借资本最小化实际成本：

$$N_{jt}, K_{jt} = \arg\min[(1+i_t^R)\omega_t N_{jt} + r_t^K K_{jt}]$$

约束为 $Y_{jt} = 1$。在标准方法中，一阶条件使资本和劳动的边际产出等于相对应的价值，r_t^K 和 $(1+i_t^L)\omega_t$，因此资本/劳动比率等于：

$$\frac{K_{jt}}{N_{jt}} = \left(\frac{\alpha}{1-\alpha}\right)\left[\frac{(1+i_t^R)\omega_t}{r_t^K}\right]$$

实际边际成本为：

$$mc_t = \frac{[(1+i^R)\omega_t]^{1-\alpha}(r_t^K)^\alpha}{A_t\alpha^\alpha(1-\alpha)^{1-\alpha}} \tag{38}$$

边际成本并不依赖于 j。因为企业支付工资会带来融资成本，劳动边际成本需要包含这部分借款成本 $i^R\omega_t$。

在第二步中，每一个中间产品厂商会选择价格 P_{jt} 最大化实际利润现值。由最优化问题可以得到 Rotemberg 方法中的（16）式或 Calvo-Yun 方法中的（18）式所描述的调整过程。

3.2.2 资本品厂商

资本品厂商拥有经济体中的全部资本，并且利用线性技术来生产资本品。在期初，它们从最终产品厂商处购买数量为 I_t 的最终产品。然后利用这些产品和已有的资本存量生产新的资本品 K_{t+1}。因此，资本积累服从下式：

$$K_{t+1} = I_t + (1-\delta_K)K_t - \frac{\Theta_K}{2}\left(\frac{K_{t+1}}{K_t} - 1\right)^2 K_t \tag{39}$$

其中，$K_t = \int_0^1 K_{jt}\mathrm{d}j$，$\delta_K \in (0,1)$ 为折旧率，$\Theta_K > 0$ 为衡量调整成本大小的参数。新的资本以利率 r_t^K 借给中间产品厂商。

投资必须提前支付，资本品厂商必须从银行借款购买最终产品：

$$L_t^{F,I} = P_t I_t \tag{40}$$

贷款在期末偿还。因此为投资而购买最终产品的总成本（包含利息）为 $(1+i_t^L)P_t I_t$，其中 i_t^L 为借款利率。

偿还具有不确定性，并以概率 $q_t^F \in (0, 1)$ 发生。如果贷款被全额偿还，为投资购买的最终产品的总成本为 $(1+i_t^L)P_t I_t$，其中 i_t^L 为贷款利率。如果违约，那么资本品厂商将失去抵押物，抵押物为 $\kappa P_t K_t$，$\kappa \in (0, 1)$ 为资本中充当为抵押物的比例。如第 6 章所述，κ 可以被视为债务合同履行效率的衡量方式（Djankov et al.，2008）或司法系统中反债权人偏见的逆向测度（Cavalcanti，2010）。因此，资本品厂商以概率 q_t^F 偿还 $(1+i_t^L)P_t I_t$，以概率 $1-q_t^F$ 损失抵押物。预期偿还金额为 $q_t^F(1+i_t^L)P_t I_t + (1-q_t^F)\kappa P_t K_t$。

资本品厂商（在给定租金、贷款利率与最终产品价格的条件下）选择资本存量水平，最大化向家庭支付的股利现金流现值：

$$\{K_{t+s}\}_{s=0}^{\infty} = \arg\max \sum_{s=0}^{\infty} \mathbb{E}_t \left[\Lambda^s \lambda_{t+s} \left(\frac{J_{t+s+1}^K}{P_{t+s}} \right) \right] \tag{41}$$

其中，$\mathbb{E}_t[\Lambda^s \lambda_{t+s}(J_{t+s+1}^K / P_{t+s})]$ 表示在第 $t+s$ 期末预期实际利润的现值，被定义为：

$$\mathbb{E}_t \left[\Lambda^s \lambda^{t+s} \left(\frac{J_{t+s+1}^K}{P_{t+s}} \right) \right] = \mathbb{E}_t \{ \Lambda^s \lambda_{t+s} \{ r_{t+s}^K K_{t+s} - [q_{t+s}^F (1 + i_{t+s}^L) I_{t+s} + (1 - q_{t+s}^F) \kappa K_{t+s}] \} \}$$

因为资本品厂商由家庭持有，因此对于第 $t+s$ 期利润的贴现因子仍为 $\Lambda^s \lambda_{t+s}$。为了简便起见，资本存量以最终产品价格估价。

由最优化问题的一阶条件可得：

$$\mathbb{E}_t r_{t+1}^K = q_t^F (1 + i_t^L) \mathbb{E}_t \left\{ \left[1 + \Theta_K \left(\frac{K_{t+1}}{K_t} - 1 \right) \right] \left(\frac{1 + i_t^B}{1 + \pi_{t+1}} \right) \right\} + \mathbb{E}_t \left\{ (1 - q_{t+1}^F) \kappa - q_{t+1}^F (1 + i_{t+1}^L) \left\{ 1 - \delta + \frac{\Theta_K}{2} \left[\left(\frac{K_{t+2}}{K_{t+1}} \right)^2 - 1 \right] \right\} \right\} \tag{42}$$

预期资本租金率为当前和预期贷款利率、当前与下一期偿还概率以及用于抵押资本品份额的函数。前两个因素的出现是因为二者对下一期的调整成本产生影响。

如果不存在预先借贷（即不从利润中减去 $i_t^L P_t I_t$），没有调整成本（$\Theta_K = 0$），以及债务完全偿还（$q^F = 1$），那么上式给出标准的套利条件：

$$1 + \mathbb{E}_t r_{t+1}^K = \mathbb{E}_t \frac{1 + i_t^B}{1 + \pi_{t+1}} + \delta_K$$

该条件表示资本品厂商会保持资本品生产直到（预期）总租金率等于（预期）政府债券总实际利率加上折旧率。

3.2.3　商业银行

在第 t 期期初，银行从家庭那里得到存款 D_t。这部分资金用于向资本品厂商和中间产品厂商放贷，前者用于购买商品以投资，后者用于提前支付劳动报酬。利用（37）式和（40）式，总的贷款 L_t^F 等于：

$$L_t^F = \int_0^1 L_t^{F,W} \mathrm{d}j + L_t^{F,I} = P_t (\omega_t N_t + I_t) \tag{43}$$

其中，$N_t = \int_0^1 N_t^j \mathrm{d}j$ 为中间产品厂商总的劳动需求。

当收到家庭的存款时，给定贷款，商业银行将向中央银行融资来弥补资金短缺。在期末商业银行以 i_t^R 为利率向中央银行偿还贷款。除此之外，中央银行的准备金要求为 RR_t。[①]因此商业银行资产负债表为：

$$L_t^F + RR_t = D_t + L_t^B \tag{44}$$

准备金由存款量决定：

$$RR_t = \mu D_t \tag{45}$$

其中，$\mu \in (0, 1)$ 为准备金率。

在给定 L_t^F 和 D_t 由个人行为决定时，利用（45）式，银行资产负债表可以被用来确定向央行借款的数量：

$$L_t^B = L_t^F - (1 - \mu) D_t \tag{46}$$

① 为简化分析，商业银行不持有政府债券。

商业银行是风险中性的并且选择贷款和存款利率以最大化实际利润现值①：

$$\{i_{t+s}^D,\ i_{t+s}^L\}_{s=0}^{\infty}=\arg\max \mathbb{E}_t\sum_{s=0}^{\infty}\Lambda^s\lambda_{t+s}\left(\frac{J_{t+s+1}^B}{P_{t+s}}\right)$$

其中，$\mathbb{E}_t(J_{t+s+1}^B/P_{t+s})$ 表示第 $t+s$ 期期末的预期实际利润。因为银行债务在每一期期末偿还，该最优化问题可以被分解为一期一期的最优化问题，约束条件为中间产品厂商和资本品厂商贷款需求函数（37）式、（40）式以及银行资产负债表约束（46）式。

预期利润可以表示为：

$$\mathbb{E}_t\left(\frac{J_{t+1}^B}{P_t}\right)=(1+i_t^R)\left(\frac{L_t^{F,W}}{P_t}\right)+q_t^F(1+i_t^L)\left(\frac{L_t^{F,I}}{P_t}\right)+(1-q_t^F)\kappa K_t$$

$$+\mu d_t-(1+i_t^D)d_t-(1+i_t^R)\left(\frac{L_t^B}{P_t}\right)$$

右侧第二项表达式 $q_t^F(1+i_t^L)P_t^{-1}L_t^{F,I}$，代表无违约情况下资本品厂商贷款的预期偿还额。第三项为在违约情况下银行预期得到的收益。

第四项为中央银行持有的存款准备金，并且在期末退还给商业银行。$(1+i_t^D)d_t$ 代表对存款的偿还（本金加利息），$(1+i_t^R)P_t^{-1}L_t^B$ 代表对央行的偿还总额。

如（35）式和（39）式所示，银行内化资本品厂商贷款需求（家庭无限的存款供给）与贷款（存款）利率负向关系，资本品厂商的偿还概率、抵押品价值、价格和再贷款利率视为给定。最优化问题的一阶条件为：

$$i_t^D=\left(1+\frac{1}{\eta_D}\right)^{-1}(1-\mu)i_t^R \tag{47}$$

$$1+i_t^L=\frac{1+i_t^R}{(1+\eta_F^{-1})q_t^F} \tag{48}$$

其中，η_D 是存款供给对存款利率的弹性，η_F 为资本品厂商贷款需求的利率弹性。

（47）式表示均衡存款利率是在贴现率基础上的加成，并根据持有准备金的隐性成本进行调整。（48）式表示总贷款利率取决于偿还概率（负向关系）和央行借款边际成本 $1+i_t^R$（正向关系）。

偿还概率 q_t^F 取决于抵押物与资本品厂商贷款比率（正向关系），以及经济周期因素（以产出缺口衡量）：

$$q_t^F=\left(\frac{\kappa P_t K_t}{L_t^{F,I}}\right)^{\varphi_1}(y_t^G)^{\varphi_2} \tag{49}$$

其中，对于 $\forall\, i$ 来说 $\varphi_i>0$，$y_t^G=Y_t/\bar{Y}_t$ 为产出缺口，$\bar{Y}$ 为无摩擦时的总产出（$\theta=0$ 时）。这种用半简化形式来模型化贷款利差的方法在其他文献中也有出现。在 Agénor and Pereira da Silva（2014）的研究中，偿还概率由银行最优化过程而内生。他们假定银行可以通过（事前）选择和（事后）监督借款者来影响偿还概率，付出的努力越多，贷款就越难违约。假设监督成本不仅取决于抵押品/投资贷款比率，还取决于经济周期，这些假设可以使我们得到与（49）式相近的形式。

在每一期期末，商业银行会向央行偿还利息。因为银行关闭，因此没有留存收益；

① 为简化分析，我们仅求解对资本品厂商的贷款利率。即使对中间产品厂商的贷款不存在风险，并以资金边际成本（再贷款利率）发放，它也应该被假定为银行最优化问题的决定因素，因为对营运资本贷款的弹性会影响再贷款利率的溢价。我们均直接假设这部分贷款成本为 i_t^R。

所有的利润都将支付给家庭。

3.2.4 中央银行

中央银行持有对商业银行的贷款 L_t^B，央行负债包括向家庭和企业供给的货币 M_t^s 以及存款准备金 RR_t，后两者即为基础货币。中央银行资产负债表为：

$$L_t^B = M_t^s + RR_t \tag{50}$$

利用（45）式和（50）式可以得到：

$$M_t^s = L_t^B - \mu D_t \tag{51}$$

央行从商业银行贷款中获得的任何收入都将在每一期期末转移给政府。

如（25）式货币政策以固定再贷款利率进行操作，并且通过常备便利提供无限贷款供应。

3.2.5 政府

政府的预算约束为：

$$P_t T_t + i_{t-1}^R L_{t-1}^B = (1 + i_{t-1}^B) B_{t-1} + P_t G_t \tag{52}$$

其中，$i_{t-1}^R L_{t-1}^B$ 代表央行从向商业银行贷款获得的利息收入。政府购买以（20）式表示。

在对称均衡中，企业生产的中间产品是相同的。因此对于所有 $j \in (0, 1)$ 有 $K_{jt} = K_t$，$N_{jt} = N_t$，$Y_{jt} = Y_t$，$P_{jt} = P_t$。信贷、存款、商品以及现金市场必须都满足均衡条件。① 因为商业银行的贷款供给和家庭的存款供给在现行利率上是完全弹性的，因此贷款和存款市场总是出清的。商品市场的均衡需要生产等于总需求。根据 Rotemberg 定价方法，利用（20）式，供求均衡条件为：

$$Y_t = C_t + G_t + I_t + \frac{\phi_F}{2}\left(\frac{1+\pi_t}{1+\tilde{\pi}} - 1\right)^2 Y_t \tag{53}$$

现金市场的均衡条件为：

$$M_t^s = M_t + M_t^F \tag{54}$$

其中，M_t^s 在（51）式中被定义，$M^F = \int_0^1 M_{jt}^F \mathrm{d}j$ 表示中间产品厂商和资本品厂商持有的现金。假设这些厂商获得的银行贷款均以现金形式存在，我们有 $L_t^F = M_t^F$。② 因此利用（51）式，（54）式可以写为：

$$L_t^B - \mu D_t = M_t + L_t^F$$

利用（46）式来消除上式中的 L_t^B 可以得到：

$$M_t + D_t = 0$$

劳动力市场的均衡条件为 $N_t^S = \int_0^1 N_t^i \mathrm{d}i$，并且债券净供给为零。

通货膨胀目标 π^T 等于零，稳态通货膨胀水平 $\tilde{\pi}$ 也为零。除之前讨论的结果外，偿还概率的稳态值为：

$$\tilde{q}^F = \left(\frac{\kappa \tilde{P}\tilde{K}}{\tilde{L}^{F,I}}\right)^{\varphi_1}$$

稳态利率水平为：

① 根据瓦尔拉斯法则，政府债券市场的均衡条件可以忽略。

② 参见 Agénor and Alper (2012) 更进一步的讨论。

$$\tilde{i}^B = \tilde{i}^R = \frac{1}{\Lambda} - 1 = \tilde{r}$$

$$\tilde{i}^D = \left(1 + \frac{1}{\eta_D}\right)^{-1}(1-\mu)\tilde{i}^R$$

和

$$1 + \tilde{i}^L = \frac{\Lambda^{-1}}{(1+\eta_F^{-1})\tilde{q}^F}$$

从这些公式中可以看出，$\tilde{i}^B > \tilde{i}^D$。给定（42）式，从（39）式中可以看出资本的租金率的稳态水平由下式决定：

$$\tilde{r}^K = \tilde{q}(1+\tilde{i}^L)(\Lambda^{-1} - 1 + \delta_K) + (1-\tilde{q})\kappa$$

该式表明借款成本对租金率产生直接影响。①

4 校准与估计

近年来发展的二阶甚至更高阶的模型求解方法使我们能够更加准确地对货币政策进行福利分析。

在早期文献中，DSGE 模型均被校准而不是被估计。在很大程度上，校准仍是为理解特定传导渠道的小型模型的工具，特别是面对数据相对缺乏的发展中国家。但是当前针对 DSGE 模型，更多时候我们都会利用贝叶斯方法结合历史数据对模型进行估计。这些方法是近年来 DSGE 模型的主要发展方向。它们被用来确定模型参数的先验分布。这些分布将模型似然函数以及参数后验信息相结合（Schorfheide，2011）。为了展示估计模型对数据的优良拟合，研究者将估计模型的二阶矩与实际数据进行对比。有用的案例包括 Christiano，Motto，and Rostagno（2010）对工业化国家的研究，以及 Lee and Rhee（2013）对韩国的研究。

5 扩展

从发展中国家视角来看，引入金融摩擦是非常重要的。当然还需要考虑其他重要的扩展内容，比如异质性个体、其他预期类型、开放经济、宏观审慎监管等。②

□ 5.1 异质性个体和预期

如第 2 章所述，流动性约束在发展中国家较为普遍。家庭通常不能通过借贷来平滑消费。因此，消费变动与当前收入变动之间的联系更加紧密。大量 DSGE 模型包括了这

① 如果不预先借款，并且没有调整成本，租金率为 $\tilde{r}^K = \beta^{-1} - (1-\delta_K)$。

② 其他的值得思考的方面还包括政策制定者面对经济结构和经济运行状态的不确定性、冲击的特性与来源、可得数据的准确性以及劳动力市场扭曲与失业情况（Christiano et al.，2011）。

一特征，模型区分最优化家庭和流动性约束消费者，消费者并不进入资产市场并且根据经验法则在每期消费全部税后工资收入。对于代表性个体框架的改变可以帮助我们更好地解释消费由于冲击而产生的波动（Agénor et al.，2013）。但是，大多数模型将约束性家庭视为外生，未来的研究方向需要将这一因素内生化。

在 DSGE 模型中，对未来的预期是政策影响经济的主要传导渠道，因此也是决定当前结果的核心因素。这些预期是理性的，因为它们的产生机制与当前经济结果的产生机制一致，因此未来产出与通货膨胀取决于未来货币政策。同时，相比于利率调整，预期管理也成为稳定通货膨胀的更有效的工具，这与当前市场更加关注央行对未来行动的表态是一致的。

但是，近些年 DSGE 模型强调不应单纯考虑前瞻性预期的假设，而应采取更加现实的假设（Woodford，2013）。很多模型都引入了适应性学习或者部分回顾性预期，在第 10 章中我们有所涉及。中等收入国家的经验表明通货膨胀预期中确实包含着较强的回顾性因素（Agénor and Bayraktar，2010）。异质性预期可以帮助我们更好地解释通货膨胀的持续性。

□ 5.2 开放经济因素

由于发展中国家受到的外部冲击的范围和程度都较高（参见本书第 1 章），DSGE 模型中开放经济因素的扩展对于发展中国家的政策分析非常重要。近年来，大量文献都遵循 Kiyotaki-Moore 模型和 BGG 模型的框架进行研究，例如 Lee and Rhee（2013）提供了一个关于 BGG 模型的简要扩展，另外的应用包括 Choi and Cook（2004），Cook（2004），Cook and Devereux（2006a），Elekdag et al.（2006），Gertler et al.（2007），Leblebicioglu（2009），Christiano et al.（2011），Aysun and Honig（2011），Chang and Fernández（2013）以及 Agénor et al.（2014）。

Agénor et al.（2014）着重强调了银行在传导外部金融冲击时的角色，提出资本流动风险可能会导致信贷催生型的泡沫最终引发金融不稳定。他们以包含信贷不完全性的封闭经济为起点，模型的核心特点是将房价与信贷增长相联系，这一联系通过房屋财富价值对抵押物和利率差价的影响来实现。他们从多个角度对这一模型进行了扩展。

第一，国家生产连续的中间产品，该产品不能由进口品完全替代。与 McCallum and Nelson（2000）的方法一致，他们不将进口品视为消费者产品，而是一种被用来生产本国最终产品的中间产品。这种方法对于中等收入国家较为适用，因为在这些国家的贸易中原材料占很大的进口比重。[①] 最终产品被家庭和政府所消费，资本品厂商利用最终产品进行投资，其余最终产品用于出口。中间产品市场是垄断竞争型的，每一种中间产品都由一家企业生产或进口。

第二，他们考虑了开放经济因素，资本跨国间不完全流动，这一假设与本书第 13 章的经验证据相符。本国私人借款者面临着向上的世界资本市场的资金供给曲线，并且在做组合决定时将资本市场的不完全性纳入考虑范围。因此，与 Kollman（2001），Caputo

① 例如，在巴西，中间产品（包括原油）占据总进口的平均份额在 2006—2009 年间达到 64%。在土耳其，同时期这一比率达到 68%。McCallum and Nelson（2000）提出该方法的优点在于它可以避免对出口品和进口品在生产中是完全替代的这一假设。但是，模型中的产品价格指数与消费者价格指数间将存在差异。

et al.（2006），Adolfson et al.（2008，2014），Demirel（2010）等人的新凯恩斯主义模型不同，外部风险溢价在该模型中取决于个人借款者的需求，而不是经济体总体债务水平。作为这些市场缺陷的结果，本国债券利率由货币市场均衡条件决定，而不是由国外利率（在资本完全自由流动的非套补利率平价理论所提出的结论）来决定。

第三，他们考虑了有管理的浮动汇率和名义汇率变动对本国价格水平不完全传导因素。二者都被现实经验证据所支撑（参见本书第5章和第8章）。

第四，银行向国际资本市场借款，其借款决定会影响它们的借款条件。同时，国内经济主体（特别是资本品生产商）仅向国内银行借款。这些假设与很多已有文献不同，已有文献大多假设企业直接向国际资本市场借款并且受制于由企业净值决定的约束。国际无风险利率的突然下跌会导致银行以外币形式大量借款。这将减少它们向本国央行的借款。外汇流入会导致基础货币增加，这又将降低债券利率以维持货币市场均衡。债券利率的下跌将提升房地产价格，增加抵押物的价值，并降低企业获得的贷款利率，进而刺激投资。资本内流可以通过抵押物价值变动、银行资产负债表以及贷款定价抉择等方面由金融加速器效应促进经济繁荣。[①]

第五，中央银行并不参与对冲活动，它根据进口总额以及私人部门的净外币负债对外汇储备进行积累和调整。[②] 模型还考虑了宏观审慎监管因素，我们在后文中会谈及。

□ 5.3 宏观审慎监管

近期全球金融市场的危机导致大量关于强化金融系统和经济上行期审慎借贷行为提议的出现。很多提议都旨在削弱2004年提出的《巴塞尔协议Ⅱ》中资本要求所导致的顺周期性，该要求将资本要求建立在资产质量而非仅仅是1998年提出的《巴塞尔协议Ⅰ》中涉及的资产类型之上。实际上，因为风险估计的回顾性，《巴塞尔协议Ⅱ》导致银行在经济上行时持有过少的资本，在经济下行时又持有过量资本。因此，这种要求并没有在经济繁荣时期限制借贷，而在衰退时期又过分约束借贷。通过以逆周期的方式提高资本要求，管理者可以降低信贷增速以及缓解危机前资产价格压力。新的《巴塞尔协议Ⅲ》在2010年11月被采用，内容涉及逆周期资本缓冲，缓冲资本提取量为风险加权资产的0～2.5%（巴塞尔委员会关于银行监管文件，2011）。协议还提出了多项宏观审慎工具，包括动态准备金、杠杆率和净资金比率。

宏观审慎工具的使用产生了大量问题，这些问题或是独立的或是与货币政策相关。为了改善金融稳定性，应该怎样设计银行逆周期资本要求规则？除了将周期因素加入审慎监管，政策制定者是否应该运用货币政策直接限制信贷增加？监管政策和货币政策应该在多大程度被结合使用以保证宏观经济和金融稳定？减弱信贷顺周期变动除了降低宏观经济和金融波动外，我们还能得到什么益处？[③] 关于这些问题的定性研究是非常重要

① 现实中非银行企业也会从当前全球流动性环境中获利，这对金融去中介化、金融监管和资产负债表平衡以及金融不稳定性风险都提出了更加复杂的问题。这些问题不仅仅被Agénor等人所研究，也为政策制定者提出了重要的挑战。

② Aizenman and Glick（2009）提出，尽管中等收入国家的对冲程度在上升，但对冲仍然是不完全的，特别是在拉丁美洲国家。在不完全的金融市场中，对冲干预经常会导致用以对冲证券的收益率升高，这又会进一步导致资本内流。因此，除了成本高昂的因素外，这种政策仍是不可持续的。

③ 参考Athanasoglou et al.（2014）关于银行业顺周期性的文献综述。

的。关于逆周期银行资本规则的设计，一些人提出有很多关于规则施行的潜在问题，包括应该计算哪些相关金融指标，更重要的是这些规则的逆周期性可能与金融部门缺陷程度相关。特别是，在银行贷款在经济体中履行短期融资重要作用的国家，这些规则可能会限制整体信贷增长带来福利损失。当然，在减弱金融波动以及避免金融危机方面又带来福利的增进。因此，银行逆周期资本规则的净收益是不确定的，量化分析则变得非常重要。

为了应对上述问题，将宏观审慎工具（特别是逆周期资本要求）和金融摩擦引入DSGE模型的做法在近些年发展迅速。Galati and Moessner（2013）提供了一个局部视角，Agénor et al.(2013，2014）则从发展中国家出发提供了实用的分析。Agénor et al.(2013）关注了封闭经济体并且考察了货币政策和逆周期资本监管准则的影响，并且他们评估了政策对宏观经济稳定和金融稳定的作用（以名义收入波动性和潜在金融压力为指标）。他们在《巴塞尔协议Ⅱ》的机制下，结合银行资产内生风险权重进行研究。考虑到货币政策的作用，核心问题是中央银行除了维持产出和价格稳定外是否应该兼顾金融稳定，即除了应对价格和产出的波动外是否应该对信贷或资产价格波动做出反应。

他们的分析将Agénor et al.(2012）的DSGE模型进一步扩展。模型重要的特征是考虑了信贷市场缺陷以及银行资本监管。房地产部门也被引入并且房地产抵押品特性也纳入了分析。他们通过抵押物价值和贷款利差在住房价格和信贷增长之间建立了直接联系：更高的住房价格会使生产者更多地借款和投资，由于抵押物价格上升，他们可以改善自身信贷条件。这样一个机制与发展中国家和发达国家企业以住房抵押获得大量银行贷款的经验事实相符。为了描述金融不稳定性，他们开始关注实际住房价格，这与文献中强调金融危机经常紧跟房地产部门和私人信贷部门不可持续发展相一致（参见第14章和第15章）。

他们还考察了另外两个经济稳定政策，引入信贷增长的泰勒类型利率准则以及与资本要求和信贷增长相关的逆周期监管（与《巴塞尔协议Ⅱ》一致）。他们的量化实验表明，尽管货币政策可以对通货膨胀偏离目标值产生作用，但是结合信贷扩展的利率准则和逆周期资本监管是改善总体经济稳定性的最优方式。利率平滑程度越高，政策制定者关于宏观经济稳定就越担忧，监管规则对于信贷增长缺口的敏感性更高。

该分析后来被Agénor et al.(2014）扩展，在开放经济设定下研究银行监管政策如何削弱资本突然外流的不利影响。吸收大量资本内流，同时保持货币政策稳定以及宏观经济和金融稳定是一种极大的挑战。正如第13章中提及的，私人资本的突然流入在很多发展中国家构成了宏观经济的不稳定因素，热钱涌入将导致信贷快速增长以及货币扩张（由于对冲政策的难度大和成本高），实际汇率升值以及经常账户赤字扩大。特别是拉丁美洲国家2009—2011年的资本流入导致了信贷激增和权益市场的繁荣，唤起大家对资产价格泡沫和金融脆弱性的担忧。[①]

与此同时，货币政策可以应对的宏观经济风险和金融不稳定是有限的。因为更高的国内利率以及发达经济体零利率现状会加大私人资本的流动。因此，其他措施应该与货币政策共同应对问题，比如对固定收益债券和权益资本内流直接征税、外汇市场干预以

① 在浮动汇率制度下，增长的外部赤字会使货币贬值，进而导致相对价格重新调整以及贸易流动的自身修正。但是，资本流动的大幅波动会使中央银行在多目标下难以运作，从而导致汇率的波动。

及宏观审慎工具。Agénor et al.(2014) 关注了逆周期资本缓冲以及逆周期资本在多大程度允许政策制定者们可以兼顾宏观经济稳定与金融稳定目标间的潜在权衡取舍(以资产价格波动、国内信贷和银行国外借款衡量)。

他们的量化分析利用中等收入国家模型进行校准，研究发现由于国际无风险利率下降而导致的国外资本的突然流入会对资产价格产生压力，并且带来经济繁荣，经济过热程度取决于银行定价行为和监管机制。他们还发现逆周期资本监管(在央行不能提高利率的假设下，因为提高利率意味着加快资本流入)对于改善宏观经济和金融稳定非常有效。但是，减弱波动的边际收益是递减的，因为对于资本持有而言管制型波动会传导至贷款和其他宏观以及金融变量，包括外国银行借款和汇率等。最后，激进的逆周期资本监管规则对减弱资本流动波动性毫无作用。这些结果意味着逆周期资本缓冲可能需要其他宏观审慎工具辅助，比如贷款/价值比率、债务/收入比率等。理解这些工具间怎样互相影响，以及监管制度的特性与金融摩擦之间的交互作用，是未来 DSGE 模型研究发展方向之一。

第四部分

金融开放、资本流动与金融危机

第 13 章 金融一体化和资本流动

20 世纪 80 年代末和 90 年代，全球各地金融市场的一体化程度显著提高。这一进程主要得益于日益增长的全球投资机会，为了寻求更高的投资回报率并在国际范围内分散风险，金融一体化的程度大大加深。与此同时，许多国家解除资本外流管制，放松对国内金融市场的监管，放宽对外商直接投资（FDI）的限制，并通过采取市场导向型的改革来改善其经济环境和前景，从而实现鼓励资本流入的目标。事实上，东亚、拉丁美洲和东欧的许多发展中国家和转型经济体都取消了对国际金融交易的限制，与此同时，它们也放松了对国内金融市场运作的规定，试图摆脱金融抑制的制度束缚。

全球资本市场一体化程度的提高伴随着私人资本向发展中国家的流动。发展中国家的外商直接投资在 20 世纪 80 年代开始显著增长，并在 90 年代后加速膨胀，随之而来的是投资组合的收益率也出现一定波动。在技术进步以及全球资本市场联系日益紧密的背景之下，短期的跨境资本流动相对于投资收益率的变化也更加敏感。

金融市场的开放通常被认为能够提供潜在的超额收益。正如之前提到的，全球资本市场能够提供给投资者多元化投资的机会，能够实现更高的投资收益率。从受援国的角度来看，这一选择同样存在着潜在的超额收益。有人认为进入全球资本市场使得各国能够在经济体面临冲击时进行借款，从而达到平滑消费的目的。这种国际风险分担的行为带来的经济增长和福利改善是显著的和永久性的（Obstfeld，1994）。然而，与此同时人们也意识到，在高度开放的资本账户的背景下，资本流动的波动和资本流入突然逆转的风险可能会带来更大的成本。关于资本流入突然逆转的现象是否会造成巨大损失，在金融危机发生后，日益受到人们的关注。尽管经济体的基本面失衡（例如汇率过高，短期外国借款过多，严重的财政失衡和经常账户失衡）在金融危机中有着至关重要的影响，但是国际金融市场的不稳定性和跨境交易的风险同样也引发人们的警醒。从这个角度而言，各国政府在制定政策时，必须要考虑如何利用跨国资本流动赚取收益，并且尽量减少和金融开放相关的风险。

本章首先对近来关于国际金融一体化的收益和成本分析的研究成果和实证文献进行回顾。[①] 紧接着，第 2 节就发展中国家资本流入的情况进行讨论说明。第 3 节我们着眼于探讨这些资本流入带来的政策影响以及受援国可采用的应对政策。我们会在本章附录讨

① 第 1 节主要来自 Agénor（2012a），第 3 节主要来自 Montiel（1996）。我们在这里不讨论从发展中国家到工业化国家的资本流动过程；具体可以参见 von Hagen and Zhuang（2014）的分析。

论衡量金融一体化程度（也可以理解为资本流动程度）的替代计量方法。

1 金融一体化的收益和成本分析

本节首先对近来关于国际金融一体化的收益和成本分析的研究成果和实证文献进行选择性回顾，目的是提供小型开放经济体在一体化背景下所适用的应对政策。下面我们分为两大部分，第一部分回顾金融一体化收益和成本分析的相关论文[①]，第二部分提供关于金融一体化收益和成本的实证检验，我们的重点将主要放在可能缺乏稳健性的检验过程和相关领域。

1.1 潜在收益

支持金融市场开放（或者说是开放的资本账户）的主要论据来自以下四个方面：共享国际风险对平滑消费的积极影响；资本流入对国内投资和经济增长的积极影响；加强宏观经济控制；提高与外国银行渗透率相关的国内金融体系的效率和稳定性。

1.1.1 消费平滑

进入全球资本市场允许一个国家进行风险分担和消费平滑，通过允许该国在“坏”时间（如经济衰退期间或国家贸易条件急剧恶化）借入资金，或在“好”时间（如经济增长期间或国家贸易条件改善）借出资金。通过使得国内的家庭能够随着时间推移而平滑其消费路径，资本流动可以借此增加福利。如果经济的冲击是临时性的，那么全球资本市场的这种逆周期作用显得特别重要。Bekaert et al.（2006）发现金融市场一体化（以股市自由化和资本账户开放的形式呈现）事实上与低消费增长波动有关。在股市开盘后，资本账户开放程度越高的国家其消费增长波动的下降幅度越大。他们还发现，金融一体化和消费增长波动与 GDP 增长波动率的比例下降有关，这表明金融一体化的确发挥了风险分担的作用。同样，在使用新方法的情况下，Suzuki（2014）发现无论是经济合作与发展组织（OECD）国家还是其他国家，似乎在消费风险的平滑和共享方面均受益于金融一体化。

1.1.2 国内投资及经济增长

在进入全球市场的情况下，能够利用金融开放所形成的国际资源的能力也有可能影响到国内的投资和经济增长。在许多发展中国家，储蓄能力受到低收入水平的制约。只要投资的边际回报至少等于（借用）资本的成本，那么净外国资源流入就可以补充国内储蓄，增加每个工人的有形资本水平，并帮助受援国提高经济增长率，改善生活水平。对于某些类型的资本流入而言，尤其是外商直接投资形式，潜在的利益会变得特别大。

除了对投资和经济增长的直接影响外，外商直接投资可能具有显著的间接长期影响。正如 Grossman and Helpman（1991）所提到的那样，外商直接投资可以促进管理和技术

① 金融一体化的收益和成本可以从个人投资者的角度来看（例如分散国际投资风险，如前所述），或从发起国的角度来看。本章仅关注第二个方面，忽略私人资本流动中经常观察到的“家庭偏差”等问题，参见 Coeurdacier and Rey（2013）。

知识的转移或传播，特别是以新的资本投入品种的形式。同时外商直接投资能够通过“干中学”这一学习形式、对正规教育的投资以及在职培训，来提高劳动力的劳动技能。此外，Markuse and Venables (1999) 提到，虽然外商直接投资导致的产品和要素市场的竞争程度增加可能会减少本地公司的利润，但是溢出效应的存在可以降低投入成本，提高利润和刺激国内投资。

外商直接投资相较于其他的资本流动形式有着更大的风险共享优势。正如 Albuquerque (2003) 所指出的，这种优势来自以下经验：虽然金融合同的执行不完善和缴纳风险导致了内生性的融资约束，以及对所有类型的资本流动都有可能出现违约溢价，但是外商直接投资相较于其他资本流动形式而言，资本的约束性更强（因为它涉及使用跨国公司的无形资产，例如人力资本、组织资本以及技术等)。这也就意味着外商直接投资的违约溢价较低，对国家融资约束变化的敏感性更低。因此，我们认为重要的是国家层面（特别是那些财政受限的国家）应该通过外商直接投资更多地进行借款，但背后的原因不是它有更高的生产率或者更不稳定。

为了突出外商直接投资和训练有素的人力资本在经济增长过程中的互补性（通过生产率效应)，Borensztein et al. (1998) 的发现值得我们关注。他们认为在一类经济体中，技术进步来源于可供生产者使用的资本的增加，包括国内公司和国外公司。我们假设这类经济体仅以以下技术生产单一的最终消费品：

$$Y = S^{\alpha}K^{1-\alpha} \tag{1}$$

其中，$\alpha \in (0, 1)$，S 是经济体中的熟练劳动力禀赋（假设给定），K 是实物资本的存量，它本身是由不同种类资本品组成的连续统，每个都由 $x(j)$ 表示：

$$K = \int_0^N [x(j)^{1-\alpha} \mathrm{d}j]^{1/(1-\alpha)} \tag{2}$$

其中，N 表示资本品的总数。实物资本的积累是通过增加国内生产的资本品数量来实现的。

现在我们假设有两种类型的生产资本品的公司：生产 n^*（$n^* < N$）个品种的外国公司和生产其他的 $N-n^*$ 个品种的国内公司。专业的公司生产每种资本品 j，并将资本品以 $m(j)$ 的租金比率租给最终产品的生产者。每种资本品的最优需求量是通过使得租金比率和最终产品的边际生产率相等得到的：

$$m(j) = (1-\alpha)S^{\alpha}x(j)^{-\alpha} \tag{3}$$

如果生产者可获得的资本品数量增加，那么他们需要对更加先进的国家的现有技术进行适应和调整。这种外来先进技术对本土化需求的适应过程需要固定的安装成本，我们用 F 表示，F 与国内经营的外国公司与公司总数的比率（n^*/N）负相关。[①] 因此，$F = F(n^*/N)$，$F' < 0$，该假设认为外国公司更容易采用生产新资本品所需要的更先进的技术，通过将先进的知识进行引入的方式来施行。

除了固定成本，一旦资本品产生，所有者必须在每个时间段内花费一定的维护成本。维护成本等价于我们假设资本品完全贬值的情况下，$x(j)$ 的生产过程涉及每单位的恒定

① Borensztein et al. (1998) 也讨论了对于 F 的第二种可能的影响，即在技术进步中“追赶”效应的可能性，模仿已经存在的产品可能更便宜，而不是创新生产新产品。通过假设购置成本正向取决于国内生产的资本品数量（相比于国外生产），这一概念在他们的模型中得以实现。

边际成本。

假设企业面临的利率 r 是恒定的，生产第 j 种资本品的利润由下式给出：

$$\Pi(j) = -F + \int_0^{\infty} [m(j)x(j) - x(j)]\exp(-rs)\mathrm{d}s \tag{4}$$

（4）式的最大化解取决于（3）式，在这种情况下，能够得到资本品的均衡产出情况：

$$x(j) = S(1-\alpha)^{2/\alpha}$$

这说明，假定生产者具有对称性，不同种类资本品的生产水平是相同的。[①] 如果市场可以自由进入，那么取得零利润的条件表示如下：

$$r = \phi S/F \tag{5}$$

其中，$\phi \equiv \alpha(1-\alpha)^{(2-\alpha)/\alpha} > 0$。

为了得到以上模型，我们需要制定特定的储蓄政策，以决定资本积累过程。假设家庭部门面临的投资回报率也等于 r，并且在给定消费贴现的情况下，最大化自己的标准跨期效用函数。我们可以看到（例如，参见第 4 章第 3 节），消费增长率的最优解 g_c 为：

$$g_C = \sigma(r-\rho) \tag{6}$$

其中，ρ 表示时间偏好率，σ 表示替代效应的跨期弹性。在稳态下，消费增长率必须等于产出增长率 g。因此，我们将（5）式代入（6）式，可以得到经济的增长率为：

$$g = \sigma[\phi S/F(n^*/N) - \rho] \tag{7}$$

（7）式表明，外商直接投资［按外国公司在本地生产的资本品在这些总数中所占的比例（即 n^*/N）衡量］对经济的长期增长率有着积极的影响。这是因为外商直接投资能够降低引进资本的成本，从而提高引进资本的速度。此外，外商直接投资对经济增长率的影响与生产过程中所使用熟练劳动力的现有存量之间具有正相关性，这是我们之前提到的互补效应。

1.1.3 加强宏观经济控制

有人认为，通过增加对良好政策的正向反馈和不良政策的负向反馈，资本的自由流动能够使得国家遵循更加严格的宏观经济政策，从而减少政策失误的频率。正如最近关于经济内生增长的文献所提到的一样，在更加严格的政策控制下，更好的宏观经济稳定性得以实现，这可能导致更高的经济增长率。在此，一个相关的观点是外部金融自由化可以作为一个国家愿意或者准备采取“健全的”宏观经济政策的“信号”，例如通过减少预算赤字和放弃使用通货膨胀税（Bartolini and Drazen，1997）。从这个角度来看，开放的资本账户可以改善宏观经济情况和促进金融稳定，确保更有效地分配资源并实现更高的经济增长率。

1.1.4 银行系统的效率改善和金融稳定性

目前存在一种越来越普遍的支持金融市场开放的观点：金融市场的开放能够有效拓展国内金融市场的深度和广度，并通过降低与垄断市场或垄断相关的成本和“超额”利润，达到提高金融中介过程的效率的目标。相应地，金融市场的效率提高能够导致银行的利率降低，投资成本降低，经济增长率提高（Baldwin and Forslid，2000）。更一般地，Levine（1996）认为外国银行对本国金融市场的渗透可能导致：

① 将最优生产水平代入（3）式得到均衡租金率为 $m(j)=1/(1-\alpha)$，作为维护成本。

● 改善国内市场金融服务的质量，通过提高银行竞争程度的方式，使得更为先进的银行技术得以应用（例如更加先进的风险管理系统）。先进的银行技术能够通过降低获取和处理借款人信息的成本从而提高效率。

● 促进国内银行监管和法律框架的发展，这种情况出现在国内的外资银行与其母公司实现合并监督。

● 增加一国的国际资本，外资银行以直接或者间接的方式通过母公司实现。

● 利于国内金融体系的稳定（并减少资本流动的波动），如果在金融不稳定的时期，储户可能会将存款转移至国外更加稳健的存款机构中，而不是以资本外逃形式实现资产的转移。

此外，在内资银行较少受到政府“优先借款人”规定的限制下，外资银行也有可能有助于提高国内银行贷款组合的整体质量，优先借款人这一概念主要和国内金融机构和地方机构联系在一起。

□ 1.2 潜在成本

过去 20 年的经验使得经济学家和政策制定者认识到，除了我们上述讨论的潜在收益外，金融市场自由化也有可能产生巨大的成本。这些成本包括以下方面：（1）高度集中的资本流动，导致小公司在长期内以及急需资金时无法获得相应的资金；（2）资本的分配不合理，阻碍金融市场开放带来的经济增长效应并加剧本国之前可能存在的经济扭曲的情况；（3）宏观经济稳定性的丧失；（4）短期资本的顺周期性流动；（5）资本流动的高波动性，这会导致羊群效应和传染效应的产生；（6）外资银行渗透的相关风险。

1.2.1 资本流动的高度集中和融资渠道的缺乏

大量历史数据表明跨境资本流动的“陡增”时期往往高度集中于少数受援国。例如，20 世纪 90 年代初期，跨境资本流入急剧增加的现象仅仅在少数拉丁美洲国家和亚洲的中高收入国家出现（Fernández-Arias and Montiel，1996）。在 90 年代，私人资本流入低收入国家的实际份额下降，其基数已经是一个较低的水平，而收入排在前十名的受益者收到的实际份额却大幅增加。上述外国资本流入撒哈拉以南非洲国家，而流入该区域的资本去向也仅限于少数拥有丰富自然资源的国家（Basu and Srinivasan，2002）。从 2003 年开始显现的资本流入这一现象，在 2006—2007 年期间大幅加快，并呈现相同的特点，即中国和印度在总流量中占据相当的份额。因此，一些发展中国家（特别是一些小国）仍然会受到全球资本市场的限制，无论其金融市场的开放程度有多高。①

1.2.2 国内资本流动分配不合理

尽管和开放资本账户相关的资本流入有可能会促进国内投资，但是如果这种资本流入带来的资金用于服务投机性活动或者低质量的国内投资，那么对长期经济增长的影响是有限的，这可能是不可忽略的一点，一个比较好的例子出现在房地产投资领域。如果对低生产率的非贸易品部门进行投资，可能会降低经济体的出口能力，并导致日益严重的外部失衡。

---

① Imrohoroglu and Kumar（2004）开发了一个模型，其中使用金融中介的成本有助于解释为什么资本倾向于从富裕的国家流向中等收入国家，而不是资本更为稀缺的穷国（表面上其投资回报率可能更高）。

国内金融体系的前期扭曲可能在一定程度上影响了资本流动的不当分配。在银行系统比较薄弱（体现为银行的净资产价值低或为负值，资本与风险调整资产比率较低）的国家，在金融系统监管不力的情况下，银行系统对大量资金所发挥的直接或间接的中介作用可能会（明确低或隐含地）加剧和存款保险相关的道德风险问题。也就是说，贷款人有可能从事风险更高、更加集中甚至是完全投机的贷款业务。

Razin et al.(2000）主要研究外商直接投资的影响，提供了一个案例说明不对称信息问题如何影响资本流入收益。他们认为通过外商直接投资以及带来的控制权转移，外国投资者可以获得关于他们所投资公司内部生产率的相关信息。这使得外国投资者相较于信息不足的国内投资者（持有的股票可能不足以获得公司控制权）具有信息优势，在这种信息优势下，外国投资者可能会选择保留高生产率的企业，而将低生产率的企业卖给仅仅是部分知情的国内储蓄者。这种类型的逆向选择问题可能会导致外商直接投资的过度投资，此外，信息不对称可能和经济行为相互作用，影响资本流动对经济冲击的反应。例如，Gopinath（2004）表明，在外国投资者没有办法得到投资项目回报率的足够信息的经济体中，他们会花费昂贵的搜寻成本以评估不同的项目。这种搜寻摩擦在资本流动中将会产生不对称的反应，在正面冲击下，会形成稳定的现金流入和稳定的项目建设进程；在负面冲击下，会形成急剧的现金流出和恶劣的项目破坏进程。

1.2.3　宏观经济稳定性的丧失

金融开放引起的大量资本流入可能会产生不良的宏观经济影响，包括急速的货币扩张（由于实施对冲政策的难度和成本）、通货膨胀压力（资本流入国内消费领域的影响）、实际交易利率提高和经常账户赤字扩大。

正如 Aghion et al.(2004b）正式提出的资本账户自由化（及其导致的资本流入）在金融发展水平处于中等的经济体中可能特别不稳定，而在金融体系非常发达或不发达的国家则恰恰相反。其背后的原因是，在高水平的金融体系下，对公司投资的借款约束变得不那么具有约束力，而在低水平的金融体系下，公司在一开始不能借用很多资金。

1.2.4　短期资本的顺周期流动

正如之前提到的，小型发展中经济体通常被排除在全球资本市场外。此外，在那些很有潜力进入资本市场的国家（如石油生产国）中，资源的可获得性是不对称的。这些国家往往是能在经济较好的时期进行借贷，而在经济不好的时期，它们往往面临借贷限制。因此，进入全球资本市场可能是顺周期的。显然，在这种情况下，人们通常宣称的进入全球资本市场的好处之一，即在面临暂时性的不利冲击时可以通过借贷来平滑消费，是不存在的。事实上，周期性可能具有不利影响，并增加宏观经济的不稳定性：有利的冲击可能吸引大量的资本流入，并在长期不可持续的水平上鼓励消费和支出，这迫使国家在面临不利冲击时容易进行过度调整。

短期资本的顺周期流动主要有两个原因。第一，发展中国家面临的经济冲击往往更大且更频繁，这反映了发展中国家的生产基础相对薄弱，对初级商品的出口依赖更强。如果一系列国家面临普遍的不利冲击，可能会导致一些国家的信誉恶化，这是由于风险接纳程度发生了突然变化。这可能会导致那些只是略有信用的借款人被“挤出”全球资本市场。第二，信息不对称可能会导致羊群效应（稍后进一步讨论），这是因为部分知情的投资者可能会急于大量收回其资本以应对不利的冲击，但其对该国的经济后果尚未完全了解。

1.2.5 羊群效应、传染效应和资本流动的高波动性

高度的金融开放性可能导致资本流动的高度波动，其中的一个具体表现体现在与本国货币投机压力相关的资本短期流动中的逆转现象。资本短期流动大幅度逆转的存在增加了借款人可能面临的“流动性挤兑”和“突然中断”风险，我们稍后会进一步讨论。相对于借款国的国际货币储备水平而言，短期债务水平越高，流动性挤兑的风险就会越大。金融体系大量的短期负债也可能造成银行的运营风险和系统性金融危机的风险。

一般而言，资本流动的波动程度与国内经济基本面的实际变动和预期变动有关，以及与诸如世界利率变动等外部因素有关。[①] 资本流动的波动可能具有相当大的实际效应。例如，假设外国投资者在发展中国家寻求高回报的投资项目。Gopinath（2004）提到，假设这些投资者在投资决策中受到限制，即需要通过耗时的评估过程来确定每个潜在投资项目的特殊类型，并面临内生决策需要调整的风险，也就是说投资有可能不会成功。因此，每个投资者都有激励去寻找具有高回报的特殊项目，并且投资决策将把期权价值纳入待定因素（见第2章）。同时意味着，“项目创造”（外国投资者支持该项目）和“项目破坏”（外国投资者撤出该项目）在任何时间点都是可以被观测到的。但是，作为经济基本面恶化的结果（例如由于不利于生产率的冲击），以前经济的良好状态在现在未必能提供充分的回报；再加上“项目破坏”数量的突然上升，又有可能导致产出出现不对称的急剧减少。因此，在投资者进入和退出的决策中存在的搜寻问题可能会放大资本流动的突然逆转对产出的影响。

更一般地，投资者情绪（特别是高度杠杆化的投机交易机构，例如对冲基金）面对新信息而不断变化的事实，使得市场有可能过度反应从而导致金融危机的发生，并带来巨大的经济和社会成本。特别是短期投资组合流动，其往往对投资者间的羊群效应和传染效应非常敏感。[②] 虽然羊群效应被一些人视为非理性的证据，但是最近的文献却表达了不同的观点。羊群效应可能是对市场的几种影响的理性反应（Devenow and Welch，1996）：

- 回报外部性。这与采取特定行动的投资者的收益可能与采取相同行动的其他代理的数量正相关这一事实有关。
- 委托-代理。这是因为投资组合经理为了在市场不完全知情的情况下维持或改善自身的声誉，可能更愿意“隐藏在羊群中”以获得声誉效应，即不积极做出投资建议，以避免评价和批评。
- 信息瀑布效应（information cascades）。这是因为可能存在这样的情况，刚刚开始在一个国家投资的（小）投资者可能会发现最好的选择是忽略他们自己的信息，而去遵循更大和更成熟的投资者的行为。

无论如何，无论是理性的还是非理性的，投资者的羊群效应常常转化为进入和退出

---

① Smith and Valderrama（2009）认为，可观察到的资本流动波动可能是某种均衡结果，反映了借款约束下企业的（最优）融资决策，但目前没有什么证据可以证明这一说法。

② 参见 Chariand Kehoe（2004）的羊群效应模型。

某些类型资产的大规模决策，并加剧资产价格变化和资本流动的波动。

资本流动的波动也可能是由传染效应引起的。[①] 金融体系的传染可能在一个国家遭受大量资本外流的情况下发生，这是由于国际投资者认为一国货币的脆弱性增加，或者更普遍的观点是，由于其他地区的发展，对该国的经济前景丧失了信心（Masson，2000）。该效应也可能通过另外两个渠道发生，从而对资本流动的波动产生间接影响：贸易条件冲击或相对竞争力效应。前一种影响的一个例子是亚洲金融危机之后，危机发生国家的进口需求急剧减少，世界商品价格急剧下降。由于一个国家短期经济前景不确定性程度的提高，贸易条件冲击可能转化为金融体系的传染效应，1997 年末和 1998 年初的智利似乎适用于此。贸易条件的变化也可能基于抵押品的信贷约束产生传染性（Paasche，2001）。作为后一种影响的一个例子，1997 年 7 月开始的泰铢大幅贬值对保持固定汇率的邻国的货币施加了巨大压力，部分原因是这意味着这些国家的竞争力下降（见第 14 章）。

Chang and Majnoni（2002）建立了一个模型，模型认为经济体的基本面和自我实现的预期都可能导致传染效应。在他们的模型里，任何特定国家发生金融危机的概率取决于外国投资者对其经济基本面的信心，以及“动物精神”或“太阳黑子”（sunspot），这些因素在各国之间都是独立不相关的。在这种情况下，如果一个国家的金融危机导致投资者理性地调低他们对其他国家基本面的预期，就会发生传染效应。然而，如果投资者无法确定原始的金融危机是否是由于基本面疲软或“动物精神”造成的，纯粹的预期危机仍然可能是传染性的。这些结论提供了一些可供借鉴的经验和教训。首先，它意味着一个国家如果基本面（特别是其财政状况）薄弱，就更容易受到传染。其次，金融危机的传染程度取决于发生危机的国家发布的信息多少。如果信息对于投资者而言是足够的，那么他们可以辨别危机是由基本面还是由信念造成的；基本面驱动的危机将比预期驱动的危机更具传染性，并且比信息不完全时更具传染性。这给我们的政策启示是，更好的信息公开不会消除传染。相反，更大的信息透明度将使某些危机更具传染性，而另一些则更不具有传染性。

1.2.6 外资银行进入的风险

虽然外资银行的渗透可以产生一些好处（如前所述），但也有一些潜在的缺点。第一，外资银行可能对小型企业（倾向于非贸易品部门）提供贷款，其比例将大于国内银行，国内银行的贷款客户主要集中于规模较大和盈利能力较强的企业（通常涉及可交易产品的生产）。如果外资银行确实遵循将贷款业务集中到最有信誉的公司（以及较小程度上的家庭）借款人的战略，那么它们的存在可能不太会促进金融部门效率的整体提高。更重要的是，通过提高对小型企业的信贷配给程度，它们可能对经济的产出、就业和收入分配产生不利影响。

第二，外资银行的进入往往会降低运营成本，这可能给当地银行为了保持竞争力进行的合并带来压力。银行业集中度提高的过程（这也可能是因为外资银行收购本地银行而产生）可能产生“大而不倒”（too big to fail）或“政治保护”（too political to fail）的银行，因为货币当局可能担心某个大银行的破产会严重破坏金融市场并影响社会经济秩序。虽然这些潜在的问题可以通过加强审慎监督或彻底禁止被认为会大大增加系统风险的合并来缓解，但仍有可能导致不必要的官方安全网的范围和成本的扩大。“大而不倒”

① 关于传染效应的文献和相关定义的概述，参见 Pericoli and Sbracia（2003）。

的问题反过来会加剧道德风险问题：如果国内银行（特别是那些国家背景的银行）知道存在一个安全网，在分配信贷时可能不会审慎地筛选潜在的借款人。银行业的集中度提高也可能产生垄断，这将降低银行系统的整体效率和信贷的可用性。特别是，高度的银行系统集中度可能会对产出和增长产生不利影响，因为它产生较高的利率差价（相对于竞争性的信贷和存款市场，贷款利率更高，存款利率更低），贷款额度低于竞争性更高的银行系统。

第三，外资银行的进入可能不会使国内银行体系的稳定性增强，因为它们的存在本身并不会降低系统性银行危机发生的可能性。如果经济经历严重和持续的衰退，系统性银行危机仍有可能会发生，并导致违约率的大幅上升以及不良贷款的增加，因此它们在危机期间可能有“断尾求生”（cut and run）的倾向。在某种程度上，后一种影响可以通过加强国内市场的审慎监督和改善跨国监管层面的信息共享来避免。然而在实践中，各国几乎没有办法防止外资银行在危机中切断对国内借款人的信贷。

□ 1.3 经验评估

上述讨论表明，从纯理论分析的角度来看，我们不能先验地确定金融市场开放的好处是否可能超过其潜在成本。因此，我们必须通过实证证据来评估是否可以得出正确的结论。首先，我们必须指出，尽管一些小型工业化国家的历史证据似乎表明有巨大的潜在利益，但是整体而言这项任务远非显而易见。原因是，为了可以量化各国从国际金融一体化中获得的收益，需要一个比较严格和完整的模型，模型能够对封闭金融这一反事实现象进行充分的模拟。迄今为止，这样雄心勃勃的尝试还没有实现过。

Agénor（2012a）对正式证据（计量方法）和非正式证据（国家经验）进行了选择性回顾分析，重点考察资本流动的波动性和顺周期性的决定因素、金融市场开放程度和资本流动对国内投资和增长的影响、大量资本流入的宏观经济影响（主要是20世纪90年代初的经验）、外资银行进入对国内金融体系的表现及其稳定性的影响。总体而言，我们可以从该回顾分析得出几个结论。

第一，证据表明，在许多发展中国家，20世纪80年代和90年代期间的国际金融一体化伴随着相对于产出波动的消费波动程度的增加，这刚好与风险分担的论点相反。Levchenko（2005）提供了这个结果的可能解释，他建立了一个金融市场不发达国家的模型，因此排除了国内有效风险分担的可能性。分析表明，当风险属于非系统性的，也就是说，完全可以在经济体内部被担保时，开放的国际市场会减少在国内获得的风险分担的比例，并增加消费的波动程度。当风险属于系统性风险时，不发达的金融市场将阻止跨国经济主体合并和承担风险，从而难以在国际市场上进行保险。换句话说，所有经济主体都没有平等进入国际市场的机会。因此，虽然消费的波动程度在这种情况下随着开放而减少，但是它比没有资本市场摩擦情况下的模型要小很多。

第二，相关研究表明，短期资本流动往往比长期资本流动（如FDI）更不稳定，因此更有可能导致金融危机。例如，Albuquerque（2003）提供的证据表明，外商直接投资带来的资本流动往往比其他类型的资本流动波动程度更小（或更持久）。同时还有证据表明，流向发展中国家的短期资本往往是顺周期性的，而中期和长期资本流动似乎是弱反周期或非周期性的。如果顺周期行为是由发展中国家本身的需求变化造成的，那么它本身可能不是引起关注的原因。然而，实际上，顺周期行为往往是由外部供给方面的因素产生，例如国家贸易条件的突然变化，这提高了贷款人的风险感知程度，因此倾向于放大经济冲击的影响。

第三，关于国际金融一体化对于国内投资和经济增长的影响的研究，主要基于资本账户自由化程度的直接衡量或者资本流动程度。资本账户自由化程度是从资本流动限制情况中得出的定性信息，而资本流动程度能够给金融开放提供混合的支持，因此其可以作为一种金融开放程度的衡量指标。例如，Arteta et al.（2001）发现了一些证据，表明资本账户的开放程度和经济的增长指数之间存在正向的联系，但这种情况仅仅出现在各国已经在商业领域充分开放并面临着有限宏观经济失衡时。这是一个重要的结论，因为它突出了改革的顺序问题。证据还表明，金融一体化（由外商直接投资的流量规模代表）与经济增长之间的关系可能是双向的：资本的流入可能对经济增长产生积极影响，但经济增长可能也会刺激外商直接投资的流入。这突出了资本流动和经济增长政策之间“良性循环”的可能性。这也意味着，就像 Edison et al.（2004）所强调的，外商直接投资对经济增长的影响不能构成资本流动内生性的增长（即外商直接投资自身可能受到经济增长率的影响）。在这种情况下，我们的估计系数会产生明显的偏差。Edison et al.（2002）考虑了内生性以及其他许多潜在的计量经济学问题。基于高级面板数据计量技巧，这些学者并没有发现外商直接投资或其他衡量国际金融开放程度的指标对于国际增长的显著影响。相比之下，Edison et al.（2004）利用各种先验数据来确认资本账户交易和股票市场自由化的限制是否存在。他们发现资本账户的开放和股市的自由化对中等收入国家的经济增长具有积极和显著的影响，但贫穷或富裕的国家并不是这样。同样，基于 1980—2000 年间 108 个国家的面板数据，Chinn and Ito（2006）发现，只有在法律发展水平达到最低水平线时，更高水平的资本账户开放程度才能刺激股票市场的发展。① 这两个实证结果与更加贫穷的国家不具备受益于资本账户自由化所必需的法律制度、政治制度和社会制度的观点是一致的。

第四，如何解释外商直接投资的微观经济证据是十分重要的。这一证据表明，私人资本流动可以提高生产率，特别是在拥有训练有素的劳动力和完善的基础设施的国家。更一般地，微观经济证据在判断资本流动对国内投资质量的影响中是重要的。事实上，亚洲金融危机的一个教训是，资本形成与 GDP 的高比率可能掩盖了这些投资的生产率的急剧下降。

第五，我们应该指出的是，现有的计量经济学研究很少就资本流动的波动程度（而不是其水平）对投资和增长的不利影响进行检验。正如关于不确定性和不可逆性的文献（见第 2 章）所强调的，未来时期外来资金可用性的不确定性可能会阻碍投资，特别是在前期准备时间较长的项目中。同时，我们必须认识到，资本流动的波动本身是内生的，因为它不仅可能来自外部冲击，也有可能是国内因素导致的。在这种情况下，必须对造成资本流动波动的因素进行模拟。

第六，20 世纪 90 年代早期到中期的经验表明，如 Calvo et al.（1996）和 Fernández-Arias and Montiel（1996）所讨论的，一些大量资本流入的接收者可能受到多个前面提到的潜在问题的影响，即流动性快速增加、通货膨胀压力、实际汇率升值和日益严重的外部失衡。由于各种因素，拉丁美洲的主要受援国（与亚洲的受援国相比）的情况

① 他们还发现银行系统的发展是股票市场发展的先决条件。

尤其如此。经济竞争力的恶化削弱了其中一些国家固定汇率的可信度，并使得投资者对其可持续发展能力产生了怀疑。大量资本流入造成的国内流动性增加是信贷繁荣的一大推动力，在其之后，一些国家会在此期间经历银行资产负债表的恶化。

最后，外资银行的进入（20 世纪 90 年代急剧增加，目前在一些主要的拉丁美洲国家，半数以上的银行资产仍由外国机构控制）将会继续引起重大的问题。从国际金融一体化的角度看，这种情况将有可能引发的问题可以分为两个方面，如前所述，外资银行的进入对国内银行的盈利能力和效率将会产生怎样的影响，以及它是否提高了金融系统对于大型国内外冲击的应对能力。关于这些问题的证据，或者更准确地说，关于外资银行进入本国带来的效益的证据目前仍然不明确。在一些国家，外资银行在国内银行体系中渗透率的增加（以外资银行在银行总数量占比或银行体系总资产占比来衡量）似乎与国内银行的盈利能力和间接成本这两者的减少有关。相比之下，外资银行进入对净利息收益率（即贷款利率和存款利率之间的事后利差）的影响可以被视为衡量金融中介效率的指标，并不是很重要。同时还有证据表明，外资银行对中小型企业的贷款减少，可能导致信贷配给（特别是对非贸易品部门的小企业）和更集中的信贷分配。最后，最近的一些事件似乎表明，外国银行可能在危机期间“断尾求生”，从而导致国内金融体系的不稳定和信贷供应的波动加剧。

因此，上述讨论表明，很难就国际金融一体化的收益和成本得到统一的结论。虽然原则上金融体系的开放性允许各国利用全球资本市场来应对多元化，对冲特殊的不利冲击（尤其是暂时性的），但在实践中，这种所谓的好处通常是许多发展中国家的幻想，它们往往只能在经济繁荣的时期（如果有）进入这个市场。此外，如果全球资本市场在经济繁荣时期呈现过度繁荣，在经济萧条时期出现过度的悲观主义或羊群效应（导致资本被突然提取），那么资本流入的好处将完全被大量的资本突然外流所抵消，此时本已疲软的国内金融体系将承受巨大压力。在这种情况下，金融一体化可能增加而不是减少金融危机的风险。实证证据表明，国际资本市场在一国短期和长期经济前景的预测方面可能出现急剧转变的情绪。政府施行的政策在某些方面来说是有益的，但也有可能是过度的。

然而，尽管有可能发生影响巨大的金融危机，而且现有的实证证据不足以进行全面的归纳，但是全球金融一体化和它可能导致的外商直接投资流量的增加，在更高的国内投资和经济增长率方面具有很大的潜在效益。这些“动态收益”可能会在某些经济体中放大，在这些经济体中，人力资本的存量很高，高到足以利用技术和劳动力技能之间的互补效应。因此，国家和国际政策制定者的关键问题不是在开放和自给自足之间做出选择，而是设计有助于减少金融开放的短期风险和实现最大化长期利益的政策。从国内决策者的角度来看，他们已经重新强调了宏观经济纪律、信息披露和加强银行部门监督的重要性。为了避免实际汇率失调，限制财政不平衡，防止国内债务过度积累，维持与低通货膨胀一致的货币政策，并确保未进行对冲的短期外币债务与官方储备的比率保持足够低，所有采取的预防措施可能减少市场情绪突然变化的风险，但也可能演变为大量资本外流，并引发金融危机。加强监管设计和实行审慎监管、提升银行和非金融系统的风险管理能力以及设计（可能是偶然的）反周期宏观审慎政策都是十分必要的。经济体的基本运行情况越好，宏观经济政策的业绩越稳定，国家受到潜在波动的可能性就越低，因此发生金融危机的概率也就越低。

2 资本流入的决定因素

流入发展中国家的资本迅速增加主要可以通过两方面的因素加以解释："推动"因素和"拉动"因素。"拉动"因素是指发展中国家通过改变规则并提高财产的风险收益来吸引国外资本，而"推动"因素是指减少贷款给工业化国家的吸引力。本节将详细介绍影响资本流入的这两个决定因素。

2.1 "拉动"因素

国内因素或拉动因素（宏观经济稳定及结构调整）在吸引资本流入中发挥着重要的作用。资本账户自由化（许多发展中国家结构调整的重要组成部分）极大地刺激了投资和资本回流。财政调整（通过减少公共支出和税收改革，大幅削减预算赤字）会降低通货膨胀预期，成为承诺实现并保持宏观经济稳定的重要标志，对吸引资本流入有促进作用。①

"拉动"因素带来的资本流入的福利影响取决于是否消除了之前存在的扭曲，是否在非扭曲的环境中发生了外生变化，是否产生了新的扭曲。例如，如果通过经济改革，国内经济的社会风险收益权衡得到提高，更高的国内收益所带来的资本流入会提高社会福利，因为它们反映可以通过借贷融资获得新的国内高收益投资机会，并且通过消费融资实现消费平滑，从而增加国家福利。同样，由于扭曲造成了社会和私人的收益率不同，这一扭曲的消除会使本国对外部的债权得到改善。例如，如果在一个严重负债的国家，债务积压造成社会和私人收益率的不同，解决这一问题会让私人收益率更准确地反映社会收益率，从而再次促进资本流入。

即使是国内投资组合偏好的外生变化也会带来增进社会福利的资本流入。例如（在货币需求增加的条件下），国内货币需求冲击会造成国内有息资产的价格下降，从而吸引资本流入。在此情况下，资本流入会与国内投资组合偏好相适应，因而也会增加社会福利。

另外，正如Dooley（1996）所说，在一个自由却缺乏监管的金融部门采用固定汇率和存款保证金会为外国投资者创造机会，获得安全的高额私人收益率，但未能反映他们转移到借贷国的资源所带来的社会收益。在这种情况下，"拉动"因素会导致福利的减少。

2.2 "推动"因素

最常见的促进资本流入发展中国家的"推动"因素是工业化国家的资产风险收益特性恶化。例如，在应对周期性的因素，暂时降低了债权国资产收益率时会发生这一情况。

① 然而应当指出，某些情况下，财政失衡本身很严重，加上相对紧缩的货币政策立场（以及随之而来的国内实际利率上行压力），导致大量（短期）资本流入，一个显著的例子是20世纪90年代初的土耳其（Agénor et al.，1997）。

Akinci（2013）发现全球金融风险——通过美国企业债权利差的波动、美国高收益公司利差的波动以及美国股票市场波动率指数来测量——和传播冲击的国家会对许多中等收入国家（阿根廷、巴西、墨西哥、秘鲁、南非和土耳其）的宏观经济波动产生重要影响。经济活动相互依赖以及国家传播是导致全球金融冲击在工业化国家和发展中国家之间传播的关键机制。

另一个“推动”因素有不同的政策含义，它与资本输出国的金融结构变化相关。机构贷款者发挥着越来越重要的作用，例如共同基金和养老基金作为金融中介，以及证券化的重要性增强等，会促进对新兴市场的贷款以实现投资组合多样化。如果这样的话，若是新兴市场继续在贷款者的投资组合中保持相对较小的份额，可持续性将与那些与周期性相关的因素大不相同。如果从 20 世纪 90 年代初以来发展中国家的资本流入水平受到这种类型的结构性“推动”因素的驱动，流动很可能在较长时间内维持在高水平。

第 10 章所阐述的三产品模型可以用来评价世界利率下降（或者说“推动”因素，正如文中所述）对资本流动、资本积累和实际汇率（Agénor，1998c）的影响。特别地，这一模型可以用来检验世界安全利率 i^* 的持久性和暂时性减少。

根据之前的假设，i^* 降低的长期影响是消费减少，实际汇率下降，外国债务增加。世界资本市场贷款成本下降所带来的短期影响是个人外国债务的增加。初看起来，对外部债务服务（即服务账户）的冲击的净效应看起来是不确定的，有两方面原因。第一，正如第 10 章中所述，i^* 的降低有两方面影响：一方面，在经济的外债存量的初始水平，它降低了利息支付；另一方面，由于私人外国借款的增加提高了溢价相关分量 $\theta\bar{L}^*$，它往往增加对外国债权人的利息支付。如前所述，假定前一种效应主导后者，则服务账户趋于改善。第二，由于经济的债务总额也在增加，在初始无风险利率下的偿债服务也趋于增加。后一种效应主导前者，因此净效应导致服务账户的恶化。

为了保持长期外部平衡，初始贸易顺差（与服务账户的原始赤字相匹配）必须增加。反过来，在实际汇率的初始水平（消费下降，因此贸易品的产量下降），消费必须下降。这导致实际汇率贬值，刺激贸易品的增加，进一步改善贸易平衡。由于名义利率固定在 $\rho+\varepsilon$（如前所示），实际货币余额也与官方储备一样下降。随着私人代理商的外国借款增加，中央银行持有的净国外资产下降，经济的外债明显上升。

在影响方面，世界利率的永久性下降提高了私人支出，并导致实际汇率升值。原因是与这种冲击相关的财富和跨期效应在相同的方向上运行：i^* 的降低不仅鼓励人们今天节省更少和消费更多（时际效应），而且降低债务负担并产生正向的财富效应。[①] 降低无风险世界利率的效果总体上是不明确的，因为虽然它降低了对经济体总外债（这是由影响给出的）的利息支付，但它也增加了私人外债，从而直接或间接地提高了外债偿还服务与溢价有关的组成部分。同样，从第 10 章的讨论中可知，假设净效应是服务账户的改善。

虽然贸易差额和服务账户向相反的方向发展（前者恶化，后者改善），但净效应是经常项目赤字，从而增加外债。在经济中，私人资本的流入与官方储备的增加相匹配，这使得经济的债务储备在冲击下保持不变。因为消费和实际货币存量都增加，对国内利率

① 如 Agénor（1998c）所讨论的，如果经济体起初是对世界其他地方的净债权人，那么无风险利率的降低对消费的影响是不明确的，因为财富和跨期效应作用的方向是相反的。

的净影响一般是不确定的。如果跨期替代的程度足够低（使消费增长相对较小），国内利率将会上升。

图 13－1 的上图（见第 10 章中对这一模型的图形描述）说明了消费、债务和实际汇率的动态变化。曲线 CC 和 DD 都向右移动，但前者的移动比后者大。消费从点 E 向上跳到点 A，实际汇率从点 H 升高到点 L。由于冲击的永久性和调整进程的单调性，经常账户在整个过渡期内仍然为赤字（经济的外债增加）；消费下降到新的、更低的稳态水平，实际汇率贬值——这两个因素都有助于逐步扭转贸易逆差最初的恶化趋势。

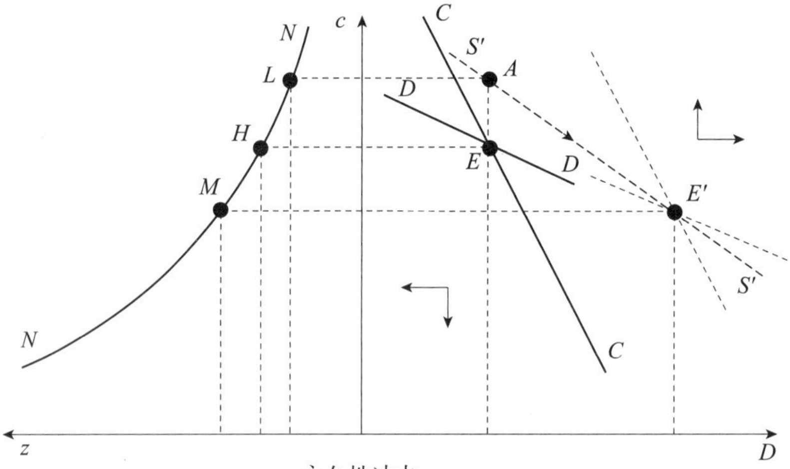

永久性冲击

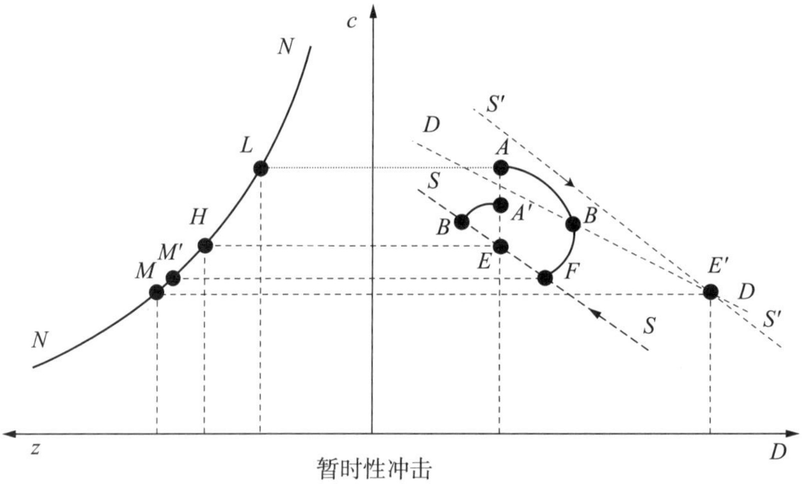

暂时性冲击

图 13－1　无风险世界利率的下降

资料来源：Agénor（1997，p. 30）.

图 13－1 的下图显示了世界利率的暂时下降。因为冲击的预期持续时间对于调节路径是重要的，所以首先考虑其中 i^* 下降的时间段 T 足够长的情况。经济遵循标记为 $EABF$ 的路径运动，消费量在受到冲击时向上跳跃，并且随后连续下降，直到在 T 时期到达点 F。因为已知冲击是暂时的，所以家庭的最佳反应是增加消费，但是应少于永久性冲击条件下的增长。实际汇率在最开始升值后逐渐贬值（从 L 到 M'）。经常账户在过渡进程的第一阶段出现赤字；然而，货币的实际贬值和消费的减少导致逐步恢复外部平

衡（在点 B，$D=0$）。之后，经济产生经常账户顺差，债务总量随时间持续下降，直到达到初始均衡（点 E）。

假设现在世界利率下降的时间长度 T 相对较短。在这种情况下，经济沿着标记为 $EA'B'$ 的路径运动，其特征在于（如前所述）消费的初始增加和真实的升值。然后消费开始下降，在 T 时刻到达原来的鞍形路径的点 B'。在无风险利率下降的时期，经济经历了经常账户顺差，即外债减少。T 时刻之后，经济仍然在原来的鞍形路径上（点 B' 和点 E 之间），债务总量随着时间的推移而上升。

直观地，调整路径取决于世界利率下降的时间长短的原因如下。如果冲击的持续时间足够长，人们有激励来跨期替代，并相对大量地增加消费；在这种情况下对贸易平衡的负面影响大于对服务账户的积极影响，因此使经常账户转向赤字和外债增加。相反，如果世界利率的下降预期是短期的，人们将不会调整他们的消费路径。因此，服务账户的改善将超过贸易平衡的恶化，经常账户将变为盈余，外债在冲击发生的时期内下降。

最后，在“推动”因素中，人们还可以考虑这样的事实，即资本大量流入可能反映了由于消除或阻碍跨境资本流动的障碍而增加的金融一体化。这种障碍可能是政策选择或是科技条件影响的结果，例如信息成本。如前所述，从 20 世纪 90 年代资本流入发生时，资本账户自由化作为工业化国家和发展中国家明确政策决定的结果被广泛采用。虽然看起来消除这种扭曲毫无疑问增强了福利，但是如果以前存在的限制反映了对经济中其他扭曲的次好的反应，例如上面提到的金融市场扭曲，情况可能不是这样。

□ 2.3 经验评估

在实践中，确定各种因素在资本流入期间可能发挥的相对作用是困难的。一个关键问题是流入是源于债权国还是债务国。

Fernández-Arias (1996) 提供了一个考虑这一问题的有用的分析框架。假设资本流动可能以各种资产类别的交易形式出现，由 s 表示，其中 $s=1$，…，n。s 类资产的国内收益被分解为“项目”期望收益 D_s 和“国家信用度”调整因子 C_s，介于 0 和 1 之间。项目回报与所有类型项目的净流量向量 $\mathbf{F}$（基于边际生产率的下降）负相关，而信用评价因子是所有期末债务总量的负函数，表示为 $\mathbf{F}$。自愿资本流动（向量 $\mathbf{F}$ 的一部分）由套利条件确定：

$$D_s(d,\ \mathbf{F})C_s(c,\ \mathbf{S}_{-1}+\mathbf{F}) = R_s(R) \tag{8}$$

其中，R_s 是债权国的 s 类资金的机会成本，取决于债权国的财务状况（由长期无风险外部利率 R 代表），而 c 和 d 分别与国家信用度和国内经济形势相关。假定函数 D_s、C_s 和 R_s 在这些参数变化中增加。注意到在本框架中，资本流动将由 c，d 和 R 决定，即由项目和国家层面的国内因素以及外部金融因素决定。上面做出的假设意味着矢量 $\mathbf{F}$ 的分量在 d 和 c 中增加，但在 R 和 $\mathbf{S}_{-1}$ 中减小。

国家信用因素 c 被视为反映可用于外部支付的资源的期望现值。如果资源从 W 开始，以 $\mathbf{g}$ 的速度增加，则 c 由下式给出：

$$c = W/(R-\mathbf{g}) \tag{9}$$

当信用度足够低时，上述 (8) 式的解决方案可能需要极低的资本流入或资本外流（$\mathbf{F}$ 的各种组成部分的负值），这意味着国家不愿意进行资源转移。在这种情况下，这种类型的自愿资本流动将停止，条件将不平等，不再决定相应的（非自愿）资本流动。这一观察对于解释如何从外部刺激流入非常重要，但在发展中国家情况不一致。世界上的一些国家具有信誉而其他国家信用较低，R 的减少将仅增加满足信用要求的国家的资本流动。

关于 20 世纪 90 年代初的资本流入情况，一系列研究都有力地证明了 R 对于决定 $\mathbf{F}$ 的重要作用，如 Calvo et al.（1996），Fernández-Arias（1996），Dooley，Fernández-Arias，Kletzer（1994）和 Fiess（2003）。然而最近的研究表明，国家特定因素 d 和“混合”因子 c 也发挥了重要作用。对于整个 20 世纪 90 年代，发现了类似的结果。例如，在 1989—2002 年期间对 4 个亚洲国家和 5 个拉丁美洲国家的私人投资组合研究中，Baek（2006）发现，在亚洲，这些流量主要是由投资者的风险偏好（以超额收益为基础进行衡量）和其他外部因素“推动”；有利的国内经济条件的作用可以忽略不计。相反，在拉丁美洲，投资组合流量一部分被强劲的经济增长“拉动”，一部分被外国金融因素“推动”，但不是市场对风险的态度。

然而，其他的研究，例如 Schadler et al.（1993），认为虽然国外因素很重要，但它的影响不是主导性的，主要有两个原因。第一，他们指出，流入的时间、持续性和强度在流入国之间有很大差异，这表明投资者已经对国家特定因素随时间的变化做出了反应。第二，他们指出，资本流入在发展中国家的各个区域内并没有得到普遍增长，因此外部债权人在资金分配方面很明显存在跨国歧视。

上述分析框架有助于解决这些问题。根据（8）式，国家 i 的 $\mathbf{F}$ 的简化形式可以表示为：

$$\mathbf{F}_i = F(c_i, d_i, R; \mathbf{S}_{-1}) \tag{10}$$

其中，

$$\mathbf{F}_i = F_c dc_i + F_d dd_i, F_R dR + F_S d\mathbf{S}_{i-1} \tag{11}$$

F 的偏导数取决于 c，d 和 $\mathbf{S}_{-1}$ 以及 R 的国家特定值。这意味着资本流入变化的跨国差异与“推动”因素 R 所起的主要作用完全兼容。另外，资本流入变化的时间和持续性的差异，确实显示了“拉动”因素变化的作用。通过直接估计（10）式，Hernández and Rudolf（1994）提供了证据支持国内因素在吸引资本流入方面的作用。同样，世界银行（1997）表明，20 世纪 90 年代初驱动流入的因素随时间而变化，特别是 1994—1995 年期间国内因素可能发挥了比 1990—1993 年更为突出的作用。

最近对“推动”和“拉动”因素作为资本流动决定因素的重要性的研究包括 Forbes and Warnock（2012），Fratzscher（2012），Okada（2013），Ahmed and Zlate（2014）以及 Ghosh et al.（2014）。Fratzscher（2012）利用 50 个国家的高频组合资本流动数据集发现，共同冲击——关键危机事件以及全球流动性和风险的变化——在最近的全球金融危机期间和随后的复苏中，对资本流动产生了巨大影响。然而，这些影响在各国之间存在高度差异，其中很大一部分可以通过国内机构的质量差异、国家风险和国内宏观经济基本面的强度来解释。比较和量化这些影响表明，共同因素（“推动”因素）总体上是危机期间资本流动的主要驱动力，而在 2009 年和 2010 年，特别是中等收入国家，国家特定的决定因素（“拉动”因素）占全球资本流动动态的主导因素。Ahmed and Zlate（2014）不仅记录了利率差异的作用，还记录了全球风险因素。

总之，大部分证据表明，“推动”因素（特别是美国利率的变化）和“拉动”因素都影响到发展中国家的资本流动，而每组因素的相对重要性随时间而变化。“推动”因素在大量的流入期间特别重要。当然，“推动”因素的重要性并不排除“拉动”现象的相关作用。例如，工业化国家的利率下降，除了提高相对收益率，有利于发展中国家外，还可能提高一些债务国的信用度，刺激进一步流入。更一般地，虽然“推动”因素可能有助于解释资本流入的时间和幅度，但是“拉动”因素是解释在特定时间内流入的地理分布的必要条件。随着时间的推移，各国和各国之间的资本流入水平的差异表明具体国家（或时间）特征对外国资本吸收的重要性。

与此同时，必须认识到，在单个国家层面，确定造成资本流入激增的因素对于政策制定而言非常重要。一些具有诱导性的观点认为，通过国内“拉动”因素吸引到接受国的流动不会带来政策问题，因为它们代表信用的恢复；而由来源国所“推动”的流入是一种外部冲击，这可以很容易地逆转，因此需要政策做出反应。但是这一观点是错误的。因为这两类因素都可能包含各种国内外现象，与“推动”和“拉动”因素相关的政策含义取决于工作中的具体“拉动”或“推动”现象，而不是冲击的起源是在国内还是国外。

3　资本流入管理：政策选择

在大规模资本流入时国家可以做什么来管理资本运动？对于在流入开始时保持官方确定的名义汇率的国家来说，这是一项特别具有挑战性的任务。宏观经济挑战源于大量资本流入可能导致过热，即总需求过度扩张，导致国内通货膨胀率上升和实际汇率升值。资本流入可以产生这种影响的机制为：以预定汇率，大量资本流入可能产生总体国际收支盈余。为了避免名义汇率升值，中央银行必须干预外汇市场，以现行汇率购买过剩的外币供应。因此，这将导致货币基础的扩大。基础扩大将导致更广泛的货币总量的增长，从而推动总需求的扩大。这反过来会对国内价格水平造成上涨的压力。在名义汇率固定的情况下，国内价格上涨意味着实际汇率升值。

这种因果链可以通过政策干预在各个点被打破。因此，当局采取措施抵制过热的有效途径之一是确定在上述传输链中干预发生的地方。因此，政策干预可以分类如下：

- 通过限制总资本流入或促进总资本外流来限制资本净流入的政策。这些政策包括对资本流入实施行政控制以及消除对资本外流的各种限制。它们还可能包括扩大汇率波段，以增加不确定性。

- 通过鼓励经常账户抵消资本账户盈余来限制净外汇流入（储备积累）的政策。贸易自由化和名义汇率升值将产生这种效果。在极端情况（浮动汇率）下，后者可以避免任何外汇累积。

- 接受与国际收支盈余相关的储备积累，但试图改善其对货币基础的影响的政策。这些措施相当于冲销干预，以及企图限制中央银行贴现窗口的追索权。

- 接受基础货币增加，但试图限制其对广义货币总量的影响的政策。这种政策的例子有准备金要求和数量信贷限制的增加。

- 接受货币扩张，但试图抵消可能导致通货膨胀和/或实际汇率升值对总需求的扩张影响的政策。这主要是指紧缩性财政政策。

□ 3.1　限制资本流入

虽然实行资本管制——或者，在国际货币基金组织（2012）的范式转变后，使用更加准确的术语来说，是资本流动管理（CFM）措施——是有争议的，但可以根据福利理由来实行它们。改善福利的控制措施的关键要求是出现预先存在的扭曲，这种扭曲造成了过度的外国借款。例如，当外国借款本身的行为创造外部性时会发生这种情况。如果国际借款合同的违约成本由借款人以外的国内经济主体分担，则外国借款的个人行为在国内经济中具有负外部性影响。因为国内经济主体没有内部化这样的影响，他们会倾向于过度借贷（Aizenman，1989）。以对外国借款征税的形式进行资本管制，将有效地使经济主体将其外部借款决定强加给他人的成本内部化。因此，它们是最优的干预政策。

许多次优的案例也可以通过资本管制来实现（Dooley，1996）。当外部借款放大了之前存在的国内扭曲所带来的难以消除的消极福利后果时，这些现象就会出现。例如，国内金融系统的扭曲可能导致从国外借用的资源在国内经济中以非社会性的方式分配。如果不能消除导致问题的这一扭曲，则次好的选择可能是限制外国借款。

除了最优化问题，资本管制的使用面临着可行性问题。许多经济学家对直接干预资本流动的可行性提出质疑，因为他们认为控制措施可能容易被规避（Ariyoshi et al.，2000）。测试这一提议的复杂性在于，控制的效果可能取决于大量因素，包括是否对流入或流出施加控制，是否先前实施控制，覆盖是全面的还是部分的，以及许多其他考虑。结果是，控制的有效性可能在不同国家和不同时期有所不同，从而难以得出一般性结论。[①]

Dooley（1996）通过现有证据对控制有效性进行调查之后，认为在保持一定程度的国内货币自主性（即影响利率差异）时控制是有效的。但他发现很少有证据表明，控制措施已经帮助政府以上述方式实现政策目标或改善经济福利。Agénor and Pereira da Silva（2013）最近对证据的考察表明，资本管制似乎对资本流动的总体水平没有什么影响（或者说，最多只有很小的影响），尽管它们可能在改变这些流动的组成方面取得了一些成功。实证研究包括国别研究，如 Edwards and Rigobon（2009），以及跨国研究，如 Montiel and Reinhart（1999），Binici et al.（2010）和 Ostry et al.（2012）。

Edwards and Rigobon（2009）集中研究智利，一个对资本管制经验进行了广泛研究的国家。他们聚焦于 20 世纪 90 年代该国的经验——在这一期间，对资本流入的控制与旨在管理名义汇率的汇率区间并存。他们发现，虽然这些控制措施有助于提高名义汇率的无条件波动性，但也使其对外部冲击不那么敏感。一些经济学家认为，智利对资本流动管控有三个重要的影响：（1）它们降低了外部冲击的致命程度；（2）它们导致较低的汇率波动；（3）它们有助于控制资本流入期间货币升值的程度。

对 1995—2005 年期间 74 个国家的一项研究中，Binici et al.（2010）提出了一个包含四种类型的资本流动的模型：股权型资本（包括外商直接投资）的流入和流出，以及债务资本的流入和流出。资本管制的估计效果与所实行的控制类型有很大不同：它们对资

① 避税的动机取决于外国和国内回报率之间的差异，因此取决于国外和国内的金融政策。避税的可行性反过来取决于贸易结构（影响拖欠发票和超额发票的范围）、国内金融系统（影响改变金融中介渠道而避税的可能性）的结构以及治安机制的功效。这些因素解释了为什么控制的效果可能在不同国家和不同时期不同。

本流出（债务、股权和外商直接投资）具有约束力；对各类资本流入没有明显的影响；并在中低收入国家效果较差。此外，由于没有明显的替代效应，对债务和股权流出的控制改变了资本流动的数量和组成以及每个资产类别的净资本流动。资本管制效应中资产类别之间的巨大差异表明，普遍使用总资本管制指标可能会产生误导。虽然各种资产类别的总体质量模式对于不同收入水平的国家类似，但低收入和中等收入国家在执行资本账户限制方面似乎不太成功，特别是在债务工具方面。这可能与执行控制的制度能力较弱有关。

同样，Ostry et al.（2012）使用了一个包含 1995—2008 年 50 个国家的大型跨国数据集，发现资本管制与投资组合债务占总外部负债的比例较低（可能更不稳定）有关。然而，在许多发展中国家实施这些技术的能力仍然有限。特别是，在追求贸易一体化但没有充分增加用于监测和执行资本管制的资源的国家，由于资本外逃机会增加，这些控制措施的效力迅速减弱。

总而言之，关于资本管制效力的关键问题仍然没有达成共识。虽然它们似乎不会对资本流入水平造成太大的影响，但它们似乎有效地将外国债务延长至长期。这种组合效应是重要的，因为它意味着资本管制可以使一个国家不容易受到资本流入突然逆转的影响（见第 14 章）。

□ 3.2　鼓励资本流出

与资本流出相关的问题是在放宽对资本流出限制的情况下，如何实现资本流出的收益以及其最优解，尽管这些问题是以不同的方式呈现的。首先，与前一种情况类似，对资本流出的限制可能是无效的。即使对资本流出的限制有效，它们也没有削减资本净流入的预期效果，因为取消资本限制的行为可能吸引额外的资本流入。

相关研究提出了两组论据来证明这种情况是如何发生的。Labán and Larraín（1997）提出对于资本流出的有效控制会使得资本流入不可逆转。如果影响国内经济主体贷款回报的未来政策是不确定的，那么为了避免这种不确定性而将资金留在国外的选择是明智的，因此外国的债权人在这种情况下不会借钱。如果移除资本流出的控制，那么不可逆转性将会消失，因此通过减少观望这一行为的内在价值可以提高国内借贷行为的相对回报率。另外，Bartolini and Drazen（1997）认为，出于财政原因（例如金融抑制税）的资本流出控制往往是可持续的，外国投资者将其理解为未来征税可能性小的信号，从而诱导资本流入。

□ 3.3　贸易自由化

从宏观经济的角度来看，贸易自由化直接降低了进口品的价格，并可能通过替代效应间接降低非贸易品的价格。如前所述，在引起贸易逆差的情况下，贸易自由化吸收了资本流入所产生的外汇，同时也缓和了货币的压力。在贸易自由化方面产生的最有争议的问题是，它是否是限制外汇交易净流入的最为有效的手段。因为贸易平衡是储蓄和投资之间的差异，贸易自由化对贸易平衡的影响取决于储蓄和投资如何受到影响。理论和证据都表明，贸易自由化对贸易平衡的影响是不明确的，这取决于国内经济的结构性特征以及自由化性质。前者包括非贸易品在商品市场中的重要性、生产因素的集中度、财政政策的性质以及劳动力市场的刚性程度。后者包括关税（无论它们是中间产品还是最终产品）及其预计的未来发展路径。

例如，Ostry（1991）表明，如果中间产品的暂时关税减少，中间产品和资本品的交易量将会比非贸易品更高，那么金融体系开放的效果将是增加储蓄和减少投资，从而明确改善贸易平衡。此时由于贸易品部门扩大，从非贸易品部门吸收资源，关税的降低将导致短期内真正的升值。这种短期内的实际升值将导致代理商预期更长时间的实际贬值，因为未来的贸易政策不受影响。因此，实际利率上升，未来的消费倾向增加，国内储蓄增加。反过来，未来消费的增加导致未来的真正升值，相对于未受干扰的均衡状态，未来的资本将从贸易品部门转向非贸易品部门。因为贸易品部门的资本相对密集，这就意味着当今时点的总投资减少。随着储蓄水平提升，投资水平降低，贸易平衡明显改善。

虽然这个例子看起来不是很让人信服，但它只是说明了一般性的原则，即在理论上，贸易自由化的确有可能改善贸易平衡。正如第18章所讨论的，自由化国家的经验表明，这种结果是可能实现的，而不仅仅停留在理论上。

□ 3.4 汇率的灵活性

相反地，通过名义汇率的灵活性，让经常账户抵消资本流入的替代办法产生了关注最优解的问题，而不是收益的问题。通过避免干预外汇市场，我们可以完全避免资本流入所产生的潜在的通货膨胀影响。允许名义汇率（暂时）升值以响应有利的外部利率冲击（通过限制外汇干预规模），将有可能抑制并扭转外国冲击对国内总需求的扩张效应，其方法是使得实际汇率也升值。在充分灵活的汇率条件下，外部利率下降所产生的资本流入将演变为通货紧缩冲击。如果国内宏观经济条件使决策者设法避免总需求进一步扩张，这种结果将是可取的。因此，在资本流入实现的程度上，外汇干预政策力度的最优解取决于宏观经济稳定的要求。

然而这种权衡取舍将涉及国内资源的分配问题。如果当局允许名义汇率因资本流入而升值，那么贸易品生产部门的盈利能力显然会受到负面影响。除了政治和经济层面的考量之外，政策制定者可能基于以下两个理由关注这一结果：第一，如果认定资本流入是暂时的，那么官方汇率的升值可能会加剧之前已经存在的国内扭曲的影响，使得贸易品生产部门的国内资源分配产生偏离（并导致外汇的“影子”价值超过其官方价值）。[①] 第二，随着临时资本的流入，实际汇率升值也将是暂时的，任何由贸易品和非贸易品部门的相对盈利能力变化引起的资源配置都将被扭转。在私人看来这种费用代表着固定成本，因此不会进行相关的资源再分配，除非他们都认为这样做的激励是持久的。因为私人会发现他们的最佳利益是避免暂时性资源重新分配所带来的成本，允许名义汇率过度波动而在相对价格信号中引入的噪音可能会降低资源分配的效率。

之前的讨论将汇率视为短期稳定政策的工具。然而，汇率在小型开放经济体中也发挥着“名义锚”的作用（见第8章）。实际上，汇率的这种作用在经济稳定方案中是突出的，并且政策制定者经常设计相关体制以提高锚的可信度。在汇率发挥这种作用的情况下，需要解决的问题是制度安排是否足够灵活以允许汇率浮动，如果是，对当局反通货膨胀承诺的看法是否会受到名义汇率升值的危害（尽管资本流入是暂时的，稍后可以逆转）。在这一背景下，我们关注的是即使汇率升值，当局也传达了汇率并非稳定不变的信号。

---

① 如果资本的流入是永久性的，相关的实际升值可以通过实际汇率的升值来匹配，因此不一定会增加“影子”汇率与其官方价值之间的差额。

□ 3.5 冲销干预

货币当局可以设法通过外汇冲销干预以固定汇率，从而避免总需求的增加。这项政策的应用提出了一些可行性层面的问题。第一，通过使得国内利率高于其他情况，冲销政策将会扩大累积的资本流入量。资本流动性程度越高，与冲销干预相关的累积储备就越大。第二，冲销干预成本类似于财政成本，这是因为中央银行以高收益国内资产和低收益储备进行资产的互换。资本流动程度越高，国内投资回报率与国外投资回报率之间的差距越大，这些成本的幅度也就越大。因此，这一政策能否在财政上得以实现也称为其可行性问题之一。[①] 第三，即使冲销干预成功限制了国内的货币扩张，它也不能使经济免于资本流入的影响，主要适用于以下两种情况：

● 如果国内的生息资产是完全替代品，在冲击使得资本的流入影响国内货币需求的情况下，（浮动汇率制度的）绝缘性就会失效。在这种情况下，货币需求变动，但是由于供给水平固定，国内利率将会发生变化。

● 如果国内的生息资产是不完全替代品，那么资本的流入很可能与国内生息资产需求构成的变化以及这些资产的总需求增加有关。在这种情况下，除非在冲销干预操作中释放的国内资产符合债权人的要求，否则国内资产回报的结构将会发生改变。

在这两种情况下，均有可能产生投资组合的重新分配，在财富效应存在的前提下，这可能影响到总需求和价格水平。

近年来，许多发展中国家的外汇干预似乎有所增加。Aizenman and Glick（2009）认为，中央银行近年来试图更积极地消除资本流动的一个关键原因是，它们对减轻汇率的波动很有帮助——可能有助于实现其通货膨胀目标。

本章附录中讨论的实证证据表明，大多数发展中国家的资本流动情况不佳，因此继续推行不完全干预的政策仍然是这些国家可行的选择。大体上而言，关于冲销干预有效性的研究直接支持了这个结论。然而，最近在许多发展中国家出现的资本账户自由化可能改变了这种情况，提升了自由化国家金融一体化的有效程度。因此，在金融自由化之后冲销干预是否可行，这仍是一个开放的问题，需要进行实证的验证。

□ 3.6 影响货币乘数的政策

如果出于财政或其他原因，冲销干预实施不完全，外汇流入产生的影响将是货币基础的扩张。货币的扩张仍然可以通过增加准备金要求或者加强银行体系对信贷扩张的限制，从而实现货币乘数的相应减少来进行避免。关于这一问题的可行性考虑将会以这几种形式出现，首先，如果银行已经持有超额准备金，那么准备金需求的增加可能没有什么影响。其次，如果债权人对银行负债组合的不同组成部分选择性地改变准备金要求，那么银行的债权人可以转而使用不受准备金要求变化影响的资产，从而避免这一政策的影响。最后，即使准备金要求的变化广泛应用于银行的负债，国内信贷扩张仍然可通过非银行机构（金融脱媒）来实现。能够在多大程度上进行脱媒，取决于国内金融体系的复杂性，并能够避免国内总需求增加。

关于最优解的情况，控制货币乘数的措施能够避免“准财政成本”，但是这一成本可以通

① Kletzer and Spiegel（2004）制定了一个研究框架，其中在跨期政府预算约束中明确说明了冲销干预的成本。他们的分析表明，随着资本流入，冲销干预成本的增加往往导致更大程度的灵活性来适应名义汇率的变化。

过银行体系的隐性税收得以实现。这种税收的经济影响将取决于银行股东、存款人和其贷款客户最终如何分担税务负担。然而，这一政策最有可能的影响是紧缩国内的金融体系，这种结果与大多数改革经济体的金融自由化趋势背道而驰，并可能对经济增长产生不利影响。

□ 3.7 财政紧缩

如果国内的货币扩张不可避免，或者扩张性的财政刺激政策在银行体系外传播，要想实现总需求的稳定，我们将需要实行财政紧缩。在这种情况下，也有可能出现可行性和最优化问题。关于可行性，财政政策可能只是太不灵活，无法作为应对资本流动波动的工具。大多数国家的财政预算过程时间较长，无法迅速做出反应，而滞后反应确实加剧了资本流动波动造成的稳定问题。另外，虽然财政政策可以改变，但只有在削减非贸易品支出的情况下对国内需求（因而对实际汇率）的预期影响才会出现，即政策将是有效的。

从最优解的角度来看，在财政政策调整的情况下，与汇率变化相同的问题将会出现，即财政政策是否应设计成锚定于通货膨胀和税收的长期预期，或者说政策是否应具有反周期目标？原则上，这些目标不是相互排斥的，因为对于中期财政目标的短期偏离可以理解为实现稳态的一种目标。然而，问题在于如果缺乏政府的信誉，在面对冲击时坚持中期立场可能是最为稳妥的方式。总而言之，这一问题的关键在于财政政策的可信度的实现是否与财政政策反馈机制的采用相一致。[①] 最后，如果我们采用稳定的发展目标，则应当避免临时资本流入对边际税率变化的影响，因为这种汇率的波动会扭曲跨期选择。

□ 3.8 宏观审慎监管

在过去20年中，许多中等收入国家持续开放其资本账户，在全球资本市场一体化更加迅猛的背景下，私人资本流入这些国家的数量大幅增加。如前所述，虽然外商直接投资往往是由长期经济前景（“推动”因素）驱动的，但短期跨境资本流动对投资相对回报率变化的反应是十分敏感的，包括发达经济体的利率变动和全球投资者风险感知的变化（“拉动”因素）。

从金融系统稳定性的角度来看，对于短期资本流入我们主要关注总规模，而不是净规模，因为这些资本流动（直接或间接通过银行系统）所产生的风险可能导致信用泡沫。Forbes and Warnock（2012）发现，近年来，许多国家总资本流量的规模和波动程度增加，而净资本流量则比较稳定。Broner et al.（2013）还发现，总资本流动相对于净资本流动而言，数量巨大且波动不稳定。此外，他们发现，总资本流动是顺周期的：在扩张期间，外资在国内投资更多，国内主体在国外投资更多；在危机期间，总资本投资量减少，外国资本流入和国内主体资本流出都有所减少。

在资本的总流量中，与银行相关的流量尤其重要，因为它们对信用扩张和扩散国际范围内的冲击具有潜在的直接影响：例如，国内银行资产负债表的恶化可能推动它们对外出售资产或回收外部贷款以遵守内部规则或审慎监管，比如最小资本要求或最大杠杆率。在最近的资本流动浪潮中，与银行相关的流量特别大。[②] 正如 Bruno and Shin

---

① 注意，如果这种规则的应用情况是对称的，那么意味着资本外流应该引起扩张性的财政政策。

② Krugman（2008）将这种国际金融的传染效应定义为“国际金融乘数”，资产价格的变化通过其对银行和其他高杠杆金融机构的资产负债表的影响在国际上进行传递，具体参见 Herrmann and Mihaljek（2013）关于银行贷款流动在传输跨境金融冲击中作用的一些实证数据。

(2012）所指出的，这些资本流动反映了全球银行和地方银行之间批发融资（wholesale funding）的供求关系。当地方银行和全球银行在批发银行融资市场中进行交易时，地方银行的负债将作为全球银行的资产，全球银行的贷款是批发融资的供应方，而当地银行的借款是其需求方。

与短期资本流动相关的波动是一个值得重点关注的问题，因为许多发展中国家的金融系统极易受到外部干扰的影响，随着国际金融一体化程度的提高，它们对全球金融周期的容忍度将会变得更加脆弱。短期资本流动的突然逆转倾向于加剧金融波动——特别是在金融系统相对脆弱、监管力度和监管结构薄相对薄弱、缺乏灵活性的政策制度的国家。Galindo et al.(2010）利用1996—2008年期间拉丁美洲17个国家的数据进行研究，发现尽管金融一体化有助于国内信贷市场的深化，但其还是加重了国际金融冲击对国内总信贷和利率波动的影响。最近出现的资本纷纷涌入发展中国家的现象，部分原因是先进的储备货币发行国实行扩张性货币政策所产生的危机后效应，导致全球流动性过剩。这同样也引发了信贷股票市场的繁荣和实际的升值，引起了许多国家对资产价格泡沫和金融脆弱性的关注（Agénor and Pereira da Silva，2013）。

为了减轻流动性的迅速增加所带来的总需求压力，应对实际汇率升值、日益严重的外部不平衡以及与大量资本流入相关的金融波动，一些国家实施或加强了各种宏观审慎政策（Tovar et al.，2012；Claessens et al.，2013）。其中的一些政策，例如对影响大部分非居民的银行实施外汇敞口限制，被认为是资本流动的管理工具（IMF，2012）。[①] Ostry et al.(2012）还研究了宏观审慎政策能够在多大程度上增强金融系统稳定性，以应对大量资本流入。他们构建了外汇相关的审慎措施指标和国内审慎措施，并发现与外汇相关的审慎措施（例如资本管制，如前所述）与国内银行信贷总额中的外汇贷款比例较低，以及对外债负债总额的比率较低。相对而言，其他审慎政策似乎有助于抑制信贷繁荣的强度。此外，全球金融危机的经验表明，在繁荣期间实行的宏观审慎和资本管制政策增强了经济体在经济复苏中的弹性。从这个角度来看，宏观审慎工具和资本管制已经在很大程度上被证明是互补的政策。

附录　金融一体化程度的衡量

许多发展中国家的资本管制政策持续盛行，但它们的有效性常常受到质疑。

在一种极端情况下，如果这种资本管制有效并且经济完全封闭，来自外部的金融中介被排除在外。因此，国内利率可能受到国内货币政策、财政政策和其他冲击的影响。[②] 在另一种极端情况下，如果资本管制完全无效，并且资本流动性是完善的（意味着国内非货币金融资产是外国对手方的完美替代品，并且组合可以即时调整，尽管可能

① 另外，如Claessens et al.(2013）所说，宏观审慎政策的使用也可能影响资本管制政策的实行。例如，通过减少对贷款的需求，贷款/价值（LTV）比率的上限可以减少银行对批发资金的需求，其中一些可能是外国借款的形式。因此，LTV上限可以间接减少实施资本管制的需要。

② 当资本管制的强度很高时，外汇的平行市场往往会出现（Agénor，1992）。本书的之前版本中讨论了这些市场（与非正规信贷市场一起）的宏观经济影响。

存在一定的资本管制限制)，国内金融资产的利率必须等于无抛补平价外国利率，即外生的外国利率加上本国货币的预期贬值。经济体中可使用的资金的边际成本将由无抛补平价利率给出，并且不会受到国内政策和其他冲击的影响，除非它们影响本国货币的预期折旧率。

当然，在实践中不同国家和不同时期的金融开放程度不同，参考 Montiel（1994）和 Willett（2002)，本附录选取了一些衡量资本流动程度的实证，这些实证证据包括了总资本流动规模、利息平价条件检验、冲销干预有效性检验以及储蓄与投资的相关性。

总资本流量规模

在资本流量能够表示金融开放程度的情况下，发展中国家大量的资本流入和流出的证据可以用来讨论这一问题。具体来说，我们可以衡量在资本流动时发展中国家和外部金融市场之间的债权总量。研究发现，私人资本外逃在很多国家的外债中占据相当大的比例，它通常与投资者对投资组合的考量有关。① 因此，总资本流量实证数据表明，一些国家至少在事实上已经表现出较好的金融系统开放性。

利率平价条件检验

利息平价条件检验是衡量工业化国家金融一体化程度的最常用方法（Dooley and Isard，1980)。简而言之，如果 i 表示给定资产的国内利率，i^* 是相应国外资产的利率，ε 是国内货币的预期贬值率，则差额收益 d（持有国内资产和国外资产的差额收益）在无套期保值的市场中表示为 $d=i-i^*-\varepsilon$。在资本完全流动的情况下，国内外资产的预期收益应该相等，因此 d 等于零，这种情况被称为无抛补利率平价条件。然而，d 无法直接观察，它取决于不可观察的期望 ε，如果预期是合理的，则无抛补利率平价意味着 $E(d/\Omega)=0$，其中 Ω 是用于预测 ε 的信息集。因此，d 不应与包含在 Ω 中的任何信息相关。无抛补利率平价条件和理性预期的联合检验需要检验 d 是否与 Ω 中的变量相关。然而，对于无抛补利率平价条件的标准检验可能会出现“比索问题”，即未来利率平价条件变化会导致国内货币远期汇率的下降（Krasker，1980)。这意味着拒绝原假设的情况下不一定会使资本具有完全流动性这一假设无效。②

正如 Willett et al.（2002）证明，利用抛补利率平价进行检验来评估资本流动程度的适用性有限。虽然偏离均衡条件是资本具有有限流动性的证据，但是反过来却是不成立的。因此，抛补利率平价条件是资本完全流动的必要不充分条件。Willett et al.（2002）对这一结果的推测是发展中国家的资本流动程度不是很高。

这些检验已经纳入发展中国家的相关数据，具体参见 Khor and Rojas-Suárez（1991）

---

① 有各种方法可用于衡量资本外逃（Cuddington，1986)。最常见的是“剩余”法，通过净资本流入和净资本流出（经常账户赤字加上中央银行储备增加）衡量资本外逃。另外一种替代方法将资本外逃确定为未确认的资本外流，即不受国内当局隐藏的流量。这种方法包括：(1) 对外国人的私人债权总额的估计存量，以及 (2) 扣除从年度报告收入估算的报告的索赔额，以便获得“未确认的”存量的存量。总索赔定义为累积资本流出，加上错误和遗漏，以及世界银行报告的两项外债措施与累积记录的国际收支负债之间的差异。然而 Chang et al.（1997）的研究表明，在实践中，这些方法差异不大。

② 由 Edwards and Khan（1985）开发并且由 Haque and Montiel（1991）和 Reisen and Yeches（1993）扩展的替代衡量方法被 Willett et al.（2002）批评。

和 Faruqee（1992）。总的来说，检验的结果表明，虽然发展中国家近年持续提升金融市场的开放程度，但国内利率已远远偏离其抛补利率平价的均衡条件。

货币自主性检验

在资本完全流动的情况下，将央行国内资产存量变动与储备流量变动联系起来的“抵消系数”通常取值为－1，这是因为央行国内资产的任何增加都会抵消资本流出，使得货币存量保持不变，这也就意味着货币自主权的丧失。关于发展中国家资本流动问题的一项调查检验了货币自主权丧失的情况。总而言之，基于这种方法的早期实证研究发现，如 Cumby and Obstfeld（1983），Kamas（1986），Rennhack and Mondino（1988）提到的：在某些情况下，资本完全流动的假设对一些国家而言不成立，缓慢的投资组合调整和不完美的资产替代性使得它们在短期内保持一定的货币自主权，其抵消系数显著小于标准单位。

我们需要保持独立的货币政策的原因是，与国内金融总量调整相关的政策变化可能将影响到资本账户以外的宏观经济变量。因此，如果在能够确定固定汇率的条件下，货币政策的实行能够对宏观经济层面产生影响，那么就可以间接证实货币自主权并未完全丧失。相应地，一些研究的确发现，国内利率只受国内因素的显著影响，很少有证据表明外国利率发挥明显作用。

储蓄和投资的相关性

Feldstein and Horioka（1980）认为，工业化国家间的资本流动程度可以通过研究储蓄和投资之间的相关程度进行检验，并认为在资本完全流动的情况下，国内储蓄和投资应该不相关。若干研究者［包括 Dooley et al.（1987）］已经尝试过相关研究，他们选取了一些发展中国家的横截面样本，并考虑到了将发展中国家纳入模型将产生的影响。令人惊讶的是，这些研究者发现，将发展中国家纳入模型降低了样本中储蓄和投资的相关程度。这一结果是意想不到的，因为发展中国家的金融开放程度往往被认为更低。Wong（1990）使用了相同的方法检验 45 个发展中国家的横截面样本，得出了相似的结果。Khalkhali and Dara（2007）选取了 1970—2003 年间 23 个工业化国家的数据，使用一种新的系数误差校正方法，发现了储蓄和投资之间的密切关系，无论是在短期还是在长期。同时，在长期情况下，开放经济体储蓄和投资的相关性更高。相比之下，他们并没有发现贸易更开放的国家在资本流动方面也更加开放，也就是说，资本流动程度似乎与贸易开放程度没有正相关关系。最后，在对 1960—2002 年间墨西哥的研究中，Payne（2005）发现储蓄和投资的相关性是协整的（长远来看表明资本流动性低），但也有证据表明墨西哥在 20 世纪 80 年代初经历债务危机后经济结构不稳定，可能对结果产生影响。

总之，现有证据表明发展中国家几乎可以被认为全部是金融开放的，与此同时，虽然这些国家被视为金融开放的国家，但是资本并不是完全流动的。

第 14 章 汇率危机与资本流入的突然中断

近些年，人们一直在关注汇率制度与其他宏观经济政策工具之间可能出现不一致的来源与影响。20 世纪 90 年代初期以来出现的货币危机（特别是墨西哥危机，如下文所述）再次引发了学者们对投机性攻击和汇率危机模式的研究兴趣。目前看来，两个主要研究模式在文献中占有主导地位。"传统的"研究模式倾向于强调财政、货币和汇率政策之间的不一致和投机性攻击在"强制"放弃钉住货币中的作用。

与此相反，近期的一些研究强调，即使在一致的宏观经济政策和健全的市场基本面下，汇率制度也具有脆弱性。这些研究明确地考虑了决策者的偏好以及他们面对政策目标时所做的权衡。在这种情况下，对决策者而言，汇率危机（贬值或者向浮动汇率制度转换）被认为是一种事前最优决策。这些模型也分析了自我实现机制、多重均衡和信誉因素的作用。例如，通货膨胀预期的随意增加（在面临持续失业的情况下，由被预感要放松的货币和财政政策激励所引发）会将国内利率提高到一种程度，使得维持钉住的成本（放弃通过提高价格并降低实际工资来刺激产出的可能性）变得过高，从而官方认为贬值或者完全放弃固定汇率制度是最优的选择。于是，市场预期呈现出一种自我实现的特征。另外一个逻辑强调引发投机性攻击的资产负债表因素和金融部门的脆弱性，这也产生了所谓的第三代货币危机模型。

本章共由五部分组成。第 1 节讨论宏观经济政策的不一致如何引起不断发生的投机性攻击，并最终导致固定汇率的瓦解。第 2 节研究货币危机的第二代模型。从一个简单模型的探讨开始，此模型阐释了决策者偏好（在通货膨胀与失业之间存在权衡的情况下）与自我实现预期之间的相互作用，然后考虑可信度和信誉（如第 11 章所述）与贬值决策之间的联系。第 3 节简要讨论近期试图融合第一代与第二代的货币危机模型的一些努力。第 4 节考察货币危机的第三代模型。[①] 最后一节对资本流入突然逆转的特性进行讨论，即资本流入突然中断（sudden stops）。

① 关于墨西哥、泰国、巴西以及阿根廷的货币危机，具体参见 Montiel（2013b）。尽管本章仅关注危机，但是应该注意到很多国家都有序地退出了钉住汇率制度，参见 Agénor（2004a）和 Asici et al.（2008）关于这方面的研究。

1 货币危机：传统研究方法

开放经济条件下宏观经济学的一个基本命题是固定汇率制度的可行性要求在货币、财政和汇率政策之间维持长期一致性。一旦央行不能捍卫平价，“过多”的国内贷款增长便导致外汇储备逐步流失，最终放弃固定汇率。在过去的10年中，大量正式文献集中研究了小型开放经济体中不相容的宏观经济政策对国际收支所造成的短期和长期影响，在这些经济体中，经济主体能够预见决策者的未来决策。Krugman（1979）在他的开创性论文中指出，在固定汇率制度下，超过货币需求增长的国内贷款膨胀将引起对货币突发的投机性攻击，迫使政府放弃固定汇率而采用浮动汇率制度。而且这种攻击总是发生于央行在没有投机的情况下储备枯竭之前，并且发生在明确的时期。

在本节里，我们来回顾一些关于国际收支危机的文献，进而理解发展中国家汇率制度的崩溃。① 我们首先设定一个单一产品、完全就业的小型开放经济体模型，这一模型界定了分析国际收支危机的基本理论框架。接着，我们对这一框架的一些重要扩展形式进行总结，包括崩溃后汇率制度的性质、预期到的汇率危机对产出与经常账户的影响以及外部借款与资本控制的作用。

□ 1.1 基础模型

考虑一个小型的开放经济体，其中居民们消费单一的贸易品。商品的国内供给是外生的，其外币价格固定（比如，设为1）。由于购买力平价，国内的价格水平等于名义汇率。经济主体持有三类资产：国内货币（不在国外持有）、国内债券和外国债券，后两者是完全替代品。没有私人银行，因此，货币存量等于央行发放的国内贷款与央行所持有的外汇储备的本币价值之和。外汇储备不生息，国内贷款以不变的增长率增长。最终，经济主体具有完美预期。

这一模型由下列这些方程所定义：

$$m - p = y - \alpha i\,, \quad \alpha > 0 \tag{1}$$

$$m = \gamma d + (1-\gamma)R\,, \quad 0 < \gamma < 1 \tag{2}$$

$$\dot{d} = \mu > 0 \tag{3}$$

$$p = e \tag{4}$$

$$i = i^* + \dot{e} \tag{5}$$

除利率以外，所有其他变量都取对数，其中 m 表示名义货币存量，d 表示国内信贷，R 表示央行所持外汇储备的本币价值，e 表示即期外汇汇率，p 是物价水平，y 代表外生产出，i^* 表示国外利率（假设是常量），i 代表国内利率。

（1）式中，实际货币需求与收入正相关，与国内利率成反比。定义货币存量与储备存量和国内信贷之间存在固定的加权关系，国内信贷以速率 μ 增长［（3）式］，（2）式是

---

① 本节在很大程度上参考 Agénor and Flood（1994）的研究。参见 Goldstein and Razin（2013）对于货币危机其他理论模型的综述。

对这一恒等式的对数线性近似。(4) 式和 (5) 式分别定义购买力平价和无抛补利率平价。

令 $\delta=y-i^*$，由 (1)、(4) 和 (5) 式得到：

$$m-e=\delta-\alpha\dot{e},\quad \delta>0 \tag{6}$$

在固定汇率制度下，$e=\bar{e}$，并且 $\dot{e}=0$，因此，

$$m-\bar{e}=\delta \tag{7}$$

这表示央行通过向公众购买或销售外汇储备来适应国内货币的任何变化。[①] 通过 (2) 式和 (7) 式，我们得到：

$$R=(\delta+\bar{e}-\gamma d)/(1-\gamma) \tag{8}$$

通过 (3) 式，有

$$\dot{R}=-\mu/\Theta,\quad \Theta\equiv(1-\gamma)\gamma \tag{9}$$

(9) 式表明，如果国内贷款扩张过度［即如果它超出货币需求的增长率，如 (7) 式所示，增长率取决于 δ，且此处假定为零］，储备就会以与贷款扩张速度成比例的速度减少。因此任何有限的外汇储备将在有限期内耗尽。

假设在时间 t，储备达到下限 R_l 之后，央行宣布它将停止保护当前的固定汇率。此时央行将退出外汇市场，允许汇率此后可以自由浮动。看到国内贷款正增长，理性经济主体将会预期到储备将最终下降到较低范围，而不会进行投机，也将预见到体制的最终崩溃。为避免崩溃时由于汇率突然贬值而造成损失，投机者将在达到较低储备范围之前迫使危机爆发。这样，问题就演变成了决定抛弃固定汇率制度的准确时机，也就是向浮动汇率制度的过渡时机问题。

使用由 Flood and Garber (1984) 所形式化的逆向归纳过程，我们可以计算出过渡时期的长度。在均衡状态和完全理性预期的情况下，经济主体绝不可能预计到汇率水平会出现简短的跳跃，因为跳跃会向他们提供有利可图的套利机会。因此，外汇市场上的套利要求在攻击之后通行的汇率与攻击发生时所通行的固定汇率相等。正式地说，当反映市场基本要素的"影子浮动汇率"与通行的固定汇率相等时，崩溃的时机便会出现。一旦储备降到最低水平，汇率被允许自由浮动时，影子浮动汇率就是对应于当前信贷存量的汇率。只要固定汇率比影子浮动汇率贬值更多，固定汇率制度就可以继续；超过那一点，固定汇率就不可持续。原因是，一方面，如果影子浮动汇率降到通行的固定汇率之下，那么在把政府的储备存量降到更低和加速采纳浮动汇率制度的过程中，投机者不会获利，因为他们一旦购买外国货币，就会立即遭受资本损失。另一方面，如果影子浮动汇率高于固定汇率，那么投机者将会瞬间获得资本盈利。无论是预期的无限大的资本获利还是资本损失都与完全理性预期均衡相一致。为了消除这种机会，投机者将会互相竞争。这种行为导致了均衡攻击，其中包含着套利条件，即攻击前的固定汇率应当等于攻击后的浮动汇率。

因此，第一步是求出影子浮动汇率的解，可以写为：

$$e=\kappa_0+\kappa_1 m \tag{10}$$

---

① 由于资本是完全流动的，当私人参与者为应对当前的或预期的冲击而重新调整他们的资产组合时，外汇储备能够不连续跳跃。

其中，κ_0 和 κ_1 是未定系数，并且，从（2）式中可以得到，当储备达到较低水平时，$m=\gamma d+(1-\gamma)R_l$ 。①

运用（10）式中的变化率，并注意从（2）式中得到在浮动汇率体制中 $\dot{m}=\gamma\dot{d}$，有

$$\dot{e}=\kappa_1\gamma\mu \tag{11}$$

因而，在崩溃后的体制中，汇率持续地并且按照与国内贷款增长率成比例的程度贬值。将（11）式代入（6）式中，为简化分析令 $\delta=0$，得到：

$$e=m+\alpha\kappa_1\gamma\mu \tag{12}$$

对比（12）式和（10）式得到：

$$\kappa_0=\alpha\gamma\mu\ ,\quad \kappa_1=1$$

从（3）式，得出 $d=d_0+\mu t$。运用上面给出的 m 的定义，并代入（12）式，得出：

$$e=\gamma(d_0+\alpha\mu)+(1-\gamma)R_l+\gamma\mu t \tag{13}$$

固定汇率制度会在当前平价 $\bar{e}$ 等于影子浮动汇率 e 时崩溃。由（13）式，令 $\bar{e}=e$，则得到崩溃的准确时间 t_c，因此，

$$t_c=[\bar{e}-\gamma d_0-(1-\gamma)R_l]/\gamma\mu-\alpha$$

或者，既然由（2）式和（7）式有 $\bar{e}=\gamma d_0+(1-\gamma)R_0$，可以得到：

$$t_c=\Theta(R_0-R_l)/\mu-\alpha \tag{14}$$

其中，R_0 表示初始储备存量。

（14）式表明，储备的初始存量越高，临界值越低，或信贷扩张率越低，那么到崩溃发生之前的时间越长。不存在对货币的“投机性”需求，即 $\alpha=0$，当储备降至最低水平时崩溃立即发生。当时，货币需求的利率（半）弹性决定着货币余额和储备向下移动的规模。当固定汇率制度崩溃而名义利率跳跃以反映国内货币预期贬值时，这种移动就发生了。α 越大，危机出现越早。②

因而，这一分析表明，在没有投机情况下，储备到达最低水平之前就会发生投机性攻击。运用（8）式，令 $\delta=0$，得出攻击之前的储备存量（即，在 t_c^- 时）③：

$$R_{t_c^-}\equiv\lim_{t\to t_c^-}R_{t_c}=(\bar{e}-\gamma d_{t_c^-})(1-\gamma)$$

其中，$d_{t_c^-}=d_0+\mu t_c^-$，因而，

$$R_{t_c^-}=[\bar{e}-\gamma(d_0+\mu t_c^-)]/(1-\gamma) \tag{15}$$

运用（14）式得到：

$$\bar{e}-\gamma d_0=\gamma\mu(t_c^-+\alpha)+(1-\gamma)R_l \tag{16}$$

---

① 在假定没有泡沫的情况下，通过可以运用（6）式的扩展和当储备达最低水平时 m 的定义，从而导出汇率的解：

$$e=(\gamma/\alpha)\int_t^\infty[d_h+(1-\gamma)R_l-\delta]\exp[(t-h)/\alpha]\mathrm{d}h$$

或者通过（3）式，有

$$e=(\gamma/\alpha)\int_t^\infty[d+(k-t)\mu+(1-\gamma)R_l-\delta]\exp[(t-h)/\alpha]\mathrm{d}h$$

这将影子浮动汇率表示为未来基本因素的“当前贴现值”。对这一表达式进行分步积分，可以得出（13）式。

② 货币存量中国内信贷的初始比例越高（γ 越高），崩溃来得越快。然而，γ 在我们的简化式中以对数线性化的方式出现，在这一模型中，它的作用主要是将外生的信贷增长率转化为货币供给增长率。

③ 在时间 t_c，R 是不连续的。从下而上接近时为正，在 t_c 时它向下跳跃至临界水平 R_l。

最终，由（15）式和（16）式得到：

$$R_{t_c^-} = R_l + \alpha\mu/\Theta \tag{17}$$

图 14－1 说明了国际收支危机的过程，这里假设储备最低水平为零。① 图 14－1 的上图描述了制度变动前后外汇储备、国内贷款以及货币存量的变动，下图表现了汇率的变动。

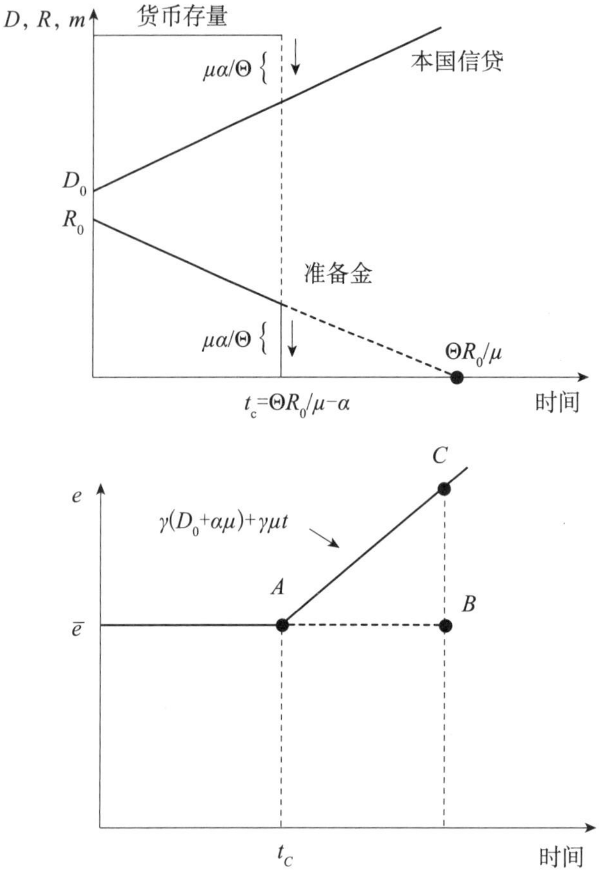

图 14－1　国际收支危机的过程

资料来源：Agénor and Flood（1994，p. 230）.

在崩溃时刻 t_c 之前，货币存量为常量，但其组成会发生变化，因为国内贷款以比率 μ 增加，储备以比率 μ/Θ 下降。在制度变动前的瞬间，投机性攻击发生，储备与货币存量两者都以 $\alpha\mu/\Theta$ 的幅度下降。因为 $R_l = 0$，货币存量等于崩溃后制度下的国内贷款。

如图 14－1 中的下图所示，汇率保持在常量 $\bar{e}$ 直到崩溃发生。这一轨迹沿 AB 继续，然后出现"自然崩溃"的情况（$\alpha = 0$），相应地采取跳跃性的汇率轨迹 BC。存在投机时，转型在较早的时间 A 发生，因而阻止了汇率的间断性变动。投机者预见到储备将降至临界值，于是通过攻击货币来避免由于汇率间断变化引起的损失，攻击的点为影子浮动汇率等于目前固定汇率之处，在该点会平稳地向浮动汇率过渡。②

① 再次注意，R 表示外汇储备存量的对数，因此令 $R_l = 0$ 只是一种核算惯例。

② 很容易对这一分析加以扩展，能够用来考虑事前崩溃体制是爬行汇率调整的情况。比如，参见 Connolly and Taylor（1984）。

□ 1.2　基础分析框架的扩展

关于国际收支危机的文献从不同侧面对上述基本理论进行了更细致的阐释与发展。在本节中，我们对这类文献中的某些领域进行研究。我们首先探讨了崩溃之后汇率制度的不同假设，集中分析（完全预期的）崩溃后暂时浮动时期以及随后的重新钉住。我们接下来讨论汇率崩溃的实际影响，以及致力于推迟（或防止）国际收支危机发生而采取的政策措施，如外国借款和实施资本控制所起的作用。①

1.2.1　对冲

Krugman-Flood-Garber 模型的一个关键假设是在货币攻击发生之际，货币供给与货币需求相应下跌。然而，如果储备损失完全被对冲，那么这一突然跳跃将不会发生。Flood，Garber and Kramer（1996）曾对这一情况进行了研究。他们的分析表明，在完全对冲下固定汇率制度是不可行的；只要经济主体认定央行计划对最终的投机性攻击进行对冲，那么他们将会立即进行攻击。为了清楚地说明这一点，我们来考虑货币市场均衡条件（6）式，其中，$\delta=0$。如果由于对冲干预，货币存量为常量（比如，为 $m=m_s$），而且汇率为固定的，那么这一条件变成：

$$m_S-\bar{e}=0$$

而在攻击之后的浮动制度中，当 $\dot{e}=\mu$ 时：

$$m_S-\bar{e}=-\alpha\mu$$

从第一个表达式中减去第二个表达式，得到：

$$e-\bar{e}=\alpha\mu>0$$

因此，攻击发生之际，如果货币供给不发生变化，影子汇率（与货币市场均衡相一致）将总是超过通行的固定汇率，从而立即引起攻击。通过在上述模型中加上风险溢价，Flood et al.（1996）认为，对冲扩展模型能够与固定汇率相容。主要是风险溢价将调整以保证货币需求为常量，正如对冲维持货币供给为常量一样。他们所做分析的一个特点是由于货币供给不变而且汇率不能跳跃（尽管它的变化率 $\bar{e}$ 能够跳跃），因而国内利率也不能跳跃，这与标准分析框架形成了对照。

1.2.2　不同的崩溃后体制

关于国际收支危机的早期理论文献所关注的问题一直集中在从固定汇率向崩溃后的浮动汇率过渡这一方面。但是，实际经验表明，这种过渡有各种不同的情况。固定汇率制度瓦解之后，央行可以贬值货币、实施双重汇率安排或者采用爬行汇率制度。通常，危机爆发的时间取决于经济主体预期央行放弃初始的固定汇率之后将采取的特定汇率安排。为了清楚地说明这一点，我们将研究这样一种情况：在允许货币浮动一段时间之后，央行又回到外汇市场，在一个新的更为贬值的水平上实行固定汇率（Obstfeld，1984）。

假定浮动的过渡时期长度 T 和过渡期结束时要钉住的汇率水平 $\bar{e}_H>\bar{e}$ 均是已知的。②同前面一样，投机性攻击发生的时间 t_c 可以通过逆向归纳法计算出来。然而，这个方法

---

① 近几年备受关注的领域是银行危机与汇率危机之间的联系以及银行业和主权债务危机。相关的问题在本书第15章和第16章均有涉及。

② 注意，要使得新的固定汇率可行，必须使之大于（即贬值更多）或等于这样一个汇率水平，即危机后的一个永久性的浮动汇率制度下的通行汇率。

现在有两个约束条件，而不是一个。首先，与前文一样，起初固定汇率 $\bar{e}$ 必须与相关的影子浮动汇率一致，即 $\bar{e} = e_{t_c}$。其次，在时期 $t_c + T$，新的事前公布固定汇率 $\bar{e}_H$ 也必须与过渡期间的浮动汇率一致，即 $\bar{e}_H = e_{t_c+T}$。[①] 最后的一个条件是汇率微分方程的一个终值条件。

在前面的讨论中，当假定央行的政策是放弃固定汇率并在其后采用永久浮动汇率时，影子浮动汇率由（12）式给出。此时，在过渡性浮动体制中，影子汇率由下面的方程给出：

$$e = \kappa_0 + \kappa_1 m + C\exp(t/\alpha), \quad t_c \leqslant t \leqslant t_c + T \tag{18}$$

其中，C 为未定常数。[②] 因而得到此方程的完全解必须确定 t_c 和 C 的值。这些值可以通过规定（18）式中 $\bar{e} = e_{t_c}$ 和 $\bar{e}_H = e_{t_c} + T$ 获得。[③] t_c 和 C 的解为：

$$t_c = (\bar{e} - \alpha\gamma\mu - \gamma d_0 - \Omega)/\gamma\mu \tag{19}$$

$$C = \Omega\exp(-t_c/\alpha) \tag{20}$$

其中，$\Omega = [(\bar{e}_H - \bar{e}) - \gamma\mu T]/[\exp(T/\alpha) - 1]$。

（19）式意味着，崩溃时间与预计中的贬值规模（$\bar{e}_H - \bar{e}$）以及过渡期浮动时期的长度有关。[④] 危机发生越早，预期贬值越严重：（19）式表示预期贬值后的汇率越高，投机性攻击发生得越快（$\partial t_c/\partial \bar{e}_H < 0$）。[⑤] 崩溃时间与浮动汇率区间长度之间的关系大体上取决于模型的各个参数；对小 T 的情况来说是负数，对大 T 则为正。然而，如果过渡浮动时间足够短，那么只要参与者意识到当前汇率不可能被无限期实施时，就会发生对国内货币的投击。

1.2.3 一个预期崩溃的实际影响

现有证据表明，国际收支危机通常伴随着危机前后经常账户的大规模变化。其典型表现为，当预期会有危机出现时，除了调整他们所持有金融资产结构之外，经济主体还会调整其消费方式，这时倾向于出现大量外部赤字。比如，正如下面所要分析的阿根廷、智利和墨西哥的经历所表明的，实际汇率和经常账户往往有很剧烈的变动。这些变动可以解释为什么在投机性攻击之前经常会出现官方外汇储备加速损失。金融危机经常以巨额产出成本为特征，通过利用 157 个国家 1970—2006 年的数据，Edwards（2011）发现货币危机对于 GDP 增长具有明显的负面影响。利用 1957—1997 年期间的面板数据，Hutchison and Noy（2005）发现货币危机会使产出在 2～4 年内下降 5%～8%。Hong and Tornell（2005）利用 100 多个发展中国家的数据发现在货币危机后，至少需要 3 年时间将产出恢复到危机前的水平。但是，产出会长期保持在低于最初趋势的水平，这意味着危机造成的影响是高度持续的。[⑥]

---

① 如前文提及，这是因为不存在套汇利润，同时排除了预期汇率的离散变化。

② （18）式中的最后一项表示“投机泡沫”成分，这在（13）式中通过利用横截条件 $C=0$ 被排除。现在施加终点条件 $\bar{e}_H = \bar{e}_{t_c+T}$ 则要求 $C \neq 0$。

③ 形式上，因为 $\kappa_0 = \alpha\gamma\mu$，并且 $\kappa_1 = 1$，这些约束条件由下式给出：

$$\bar{e} = \alpha\gamma\mu + \gamma(d_0 + \mu t_c) + C\exp(t_c/\alpha)$$

$$\bar{e}_H = \alpha\gamma\mu + \gamma[d_0 + \mu(t_c + T)] + C\exp[(t_c + T)/\alpha]$$

④ 注意（19）式和（20）式给出了崩溃时间的解，它等于当 $R_l = 0$ 且 $T \to \infty$ 时的（17）式，因为在那种情况下，$\Omega \to 0$ 且 $(1-\gamma)R_0 = \bar{e} - \gamma d_0$。

⑤ 如果 $\bar{e}_H$ 足够高，则有可能 $t_c < 0$。在这种情况下，当投机者得知固定汇率不能无限期地受到保护时，投机性攻击发生。

⑥ 同样有证据表明低产出增长可能会增加货币危机发生的可能。参见 Licchetta（2011）的研究，该研究涵盖了 40 个国家 1980—2004 年的数据样本。

Willman（1988）进一步发展了一种便利的分析框架来研究汇率危机的实际影响，他假设国内产量由需求决定，与实际汇率正相关，而与实际利率负相关。[①] 贸易余额与实际汇率正相关，但与总需求负相关。价格被定为工资和进口投入成本的加成。在该模型的一个变种中，名义工资由前瞻性合同决定。[②] 在完全理性预期的情况下，未来崩溃的预期将立刻影响到工资，从而也影响物价、实际汇率、产量和贸易余额。在崩溃发生之际，通货膨胀飞涨，实际汇率贬值率暴跌，实际利率下跌。因此，产出增加而贸易余额恶化。但由于工资合同是前瞻性的，预计未来物价增加被贴现并影响到当前工资。结果，物价在崩溃发生之前就开始调整。如前所示，实际利率逐渐下跌，在崩溃发生之际经历暴跌。（事后）实际利率的下滑对崩溃发生之前的国内活动有扩张性影响。然而，产出也取决于实际汇率。国内价格的稳定上升导致了国内货币升值，这对国内活动有负面效应，并且会超过由较低实际利率所导致的积极产出效应。如果相对价格效应很大，那么预期中的崩溃对产出的净效应也很可能为负。除非伴随着需求总量的下降（以及进口需求下滑压力），否则竞争力的持续损失意味着在固定汇率制度崩溃之前的阶段贸易余额会恶化。在危机爆发之际，贸易赤字进一步增加并且伴随着实际汇率逐渐贬值，之后返回到稳态水平。Willman 的模型所预言的到崩溃发生前实际汇率逐步升值和其后的贬值很好地解释了危机发生各时期内出现的实际汇率变动现象，这种现象在 20 世纪 80 年代早期像阿根廷这样的国家中可以被观察到，下文中将对此进行讨论。

Kimbrough（1992）最近澄清了跨时替代效应在理解汇率危机的实际影响中所起的作用，他采用了一个货币能降低交易成本的最优化分析框架。Kimbrough 表明，预期投机性攻击对经常账户行为的影响关键取决于货币的利率需求弹性与消费跨时替代弹性两者之差。如果后者超过前者，那么预期的投机性攻击会在经济主体意识到固定汇率将最终崩溃时拉高消费，并导致经常账户持续恶化，一直到危机真正发生。相反，如果对货币需求的利率弹性高出消费的跨时替代弹性，那么结果会是首先出现消费和实际货币余额降低，经常账户马上改善，并一直持续到投机性攻击和固定汇率崩溃之时。Kimbrough 所做分析的一个含义是预期投机性攻击，可能并不在所有国家和所有时期中都伴随有类似的实际效应。当然，在接下来对几个拉丁美洲国家的情况进行的讨论中，可以发现实践中投机性攻击和即将来临的国际收支危机通常会与经常账户的大量赤字相关。

1.2.4 借贷、资本控制和危机的推迟

面临国际收支困境的国家通常会求助于外部贷款来补充可用来捍卫官方平价的储备数量，或者对资本外流实行限制措施来防范外汇储备的损失。在上文所介绍的基础模型中，假定存在一个众所周知的临界值，政府不允许外汇储备低于这一水平。然而，这样一种有约束力的最低门槛可能并不存在。至少在理论上，一个面对完美资本市场的央行可以通过短期借款随意增加外汇储备。外汇储备（净）额为负也可行。

事实上，国际资本市场的完全可达性意味着：在任何一个给定的时点，央行储备能够在不违反政府的跨时可偿付约束的条件下变为负。如果可以无限借贷，政府就能够推迟或避免体制崩溃。然而，国内信贷增长率不能永久地维持在高于世界利率水平之上，

① 关注预期崩溃的实际汇率效应的其他研究有 Claessens（1991），Connolly and Taylor（1984），Connolly（1986），Calvo（1987b）以及 Veiga（1999）。

② 一个类似于 Willman 所提出的工资合同设定被用在第 11 章阐述的两部门最优框架中。

因为这样会违反政府预算约束（Obstfeld，1986b）。从这个意义上来看，过度扩张性的信贷政策仍将最终导致固定汇率制度的崩溃。[①] 而且，即使在完美资本市场条件下，借贷时机对投机性攻击的性质也有影响。假设偿付外债的利息成本高于储备支付利率，如果借贷行为恰好发生于不进行借贷固定汇率就要崩溃之前，那么危机就有可能被推迟。而如果借贷行为是在不进行借贷且汇率体系崩溃之前足够长的时间里发生，那么危机将会更早发生。当然，崩溃发生提前与公共部门赤字中外国债务的偿付成本有关，这提高了国内信贷的增长率（Buiter，1987）。

在实践中，大多数发展中国家都面临着国际资本市场上的借贷约束。在经济主体受到跨时预算约束的经济中，外部融资约束的存在对通货膨胀的变动趋势有重要影响。比如，考虑这样一个国家，该国没有机会向外部借贷，并且央行将其净利润转移至政府。如果发生了投机性攻击，央行将损失其储备存量，崩溃后其从那些储备利息收益中得到的利润将降为零。结果是政府的净收入将下跌，预算赤字情况将恶化。如果赤字由增加的国内信贷来融资——这是在国内与外部借贷约束条件下发展中国家的一种典型情况——崩溃后通货膨胀率将超过崩溃前固定汇率制度中现行的通货膨胀率，从而增加通货膨胀税以补偿利息收入的下降（van Wijnbergen，1991）。

如前文所述，资本控制的方法通常被用来限制外汇储备损失并推迟体制的崩溃。这种控制措施分两种情况，或是在央行经历严重损失之后长久地或暂时地实施，或是当国内货币在外汇市场上遭遇巨大压力之下实施。[②] Agénor and Flood（1994）指出，在持续资本管制的情况下，资本管制程度越高，固定汇率制度崩溃所需的时间就越长。这是因为资本管制抑制了预期未来国内名义利率跳跃和与此相关的货币需求变化的规模。

Bacchetta（1990）对暂时资本管制对国际收支危机的爆发时机所产生的影响进行了研究。他在研究中指出，对资本流动的暂时性限制可能产生实际效应。在一个完全理性预期的世界中，如果经济主体意识到财政政策与固定汇率之间存在着根本的不一致，他们将会预期政府将引入资本管制措施。然而，现在的关键问题是区分政策变动时间可以完全预测的情况与不能完全预测的情况。如果资本管制出其不意，那么一旦这种管制措施开始实施，资本流出将会更快地被高进口所替代，最终导致经常账户的恶化，直到发生一个“自然”的崩溃。外汇储备通过经常账户加速枯竭，从而促成危机，并粉碎了采用管制措施的初衷。如果事前宣布资本管制，或如果经济主体能“猜”准引入管制措施的确切时间，那么投机性攻击可能正好发生在管制实施之前，因为经济主体试图重新调整他们的资产组合并逃避管制。这样，攻击仍然会粉碎资本管制的目标，并在实际上可能加速制度崩溃（Dellas and Stockman，1993）。这些结果与 Glick and Hutchison（2005）的实证研究相一致，基于 60 个发展中国家 1975—1997 年期间的面板数据，他们得到的结论是资本流动限制并不能将国家与投机性攻击与货币危机相隔离。同样，Esaka（2010）考察了 84 个国家 1980—2001 年期间汇率制度与货币危机间的联系。他发现硬钉住与资本账户自由化会显著降低货币危机发生的概率，中间汇率制与资本管制，以及自

① Ize and Ortíz（1987）也仔细研究了在一个有利息债务的经济中投机性攻击与公共部门的偿付能力之间的关系。

② 在发展中国家里，资本管制通常是持续的；比如，Edwards（1989a）有关拉丁美洲国家的研究。暂时性管制在发达国家经常出现，特别是欧洲。

由浮动制与资本管制均不及前者的作用。

1.2.5 利率防卫

前文所述的货币危机标准模型均假设外储减少时，中央银行保持被动。实际上，央行会通过提高短期利率来主动捍卫钉住制度（Montiel，2003）。Lahiri and Végh（2003）以及 Flood and Jeanne（2005）修正了基于资本完全流动的投机攻击传统模型（在固定汇率制度下将国内利率与国外利率紧密联系在一起），以满足利率提高推迟货币危机的适用性。为了达到上述结果，两个研究均引入了资产间的替代摩擦。

在 Lahiri and Végh（2003）的模型中，利率政策在矛盾的环境中操作。更高的利率水平通过提高国内对带息流动性资产的需求，可以推迟货币危机。但是，与此同时更高的利率水平会提高政府债务并且会传递更高的预期通货膨胀（如果后续赤字不能通过提高税收来弥补），这会使得货币危机提前到来。因此根据当下条件，提高利率可以推迟危机的发生，但当利率提升超过特定水平时，就会最终促使危机发生。在 Flood and Jeanne（2005）的研究中，在投机性攻击发生前提高本国利率会使得本国资产更加具有吸引力，但是会因为提高政府财政债务而弱化本国货币价值。① 因此，只有在政府初始债务水平不高的情况下利率防卫才会成功。

与上述研究所做出的贡献相比，Drazen and Hubrich（2006）指出高利率能避开投机性攻击是由于高利率释放的信号，而不是源于对投机收益影响的途径。后文中我们会详细讨论，通过提升利率，政策制定者会向市场释放坚定维持固定汇率制度的信号，但是也表现出基本面的薄弱。因此，提高利率会导致人们预期的未来利率更高，但它也可能提高投机者认为的钉住汇率制度崩溃的概率。因此利率提高的净效应是不确定的。②

实际上，Montiel（2003）和后续的研究都提及，很难确立利率和投机攻击之间的关系。Goderis and Ioannidou（2008）发现对于低水平的短期公司债务（一个可以用来衡量资产负债表易损性的指标，在第三代货币模型中被强调），提升利率会降低成功攻击的概率。Grier and Lin（2010）利用 45 个国家 1964 年 3 月—2005 年 12 月的数据分析发现，在货币危机前提高利率在不同国家具有显著的不同影响。在事实上实行硬钉住汇率制的国家，提高利率可以有效降低投机性攻击的概率，但是在软钉住（soft-pegging）制度下则提高了概率。Eijffinger and Karatasa（2012）针对 24 个国家 1989—2009 年期间的研究发现，在货币危机后提高利率会使发达国家货币贬值，但对于发展中国家却不存在稳健的结论。如果危机伴随着金融部门的问题，紧缩性货币政策会给本币带来破坏性的影响。

1.2.6 其他方向

国际收支危机理论也在许多其他方向进行了扩展，尤其是关于不确定性（比如，关于储备临界点的不确定性，或者信贷政策规则的不确定性）和制度转换方面（Agénor and Flood，1994）。引入国内信贷增长不确定性提供了一种方法，这一方法能够解释往

---

① 为了产生国内与国外资产的不完全替代性，Flood and Jeanne（2005）假设持有国外债券会降低效用。该假设违背直觉并且非常主观。更具吸引力的方法是在第 10 章和第 13 章介绍的模型中引入个体风险，同样可以产生与（5）式相似的模型形式。

② 如 Hnatkovska et al.（2013）的讨论提及，总体而言汇率和短期利率之间的关系并不是单调的。名义利率的小幅提升会使货币升值，然而大幅提升利率则会使本币汇率贬值。可能的原因是更高的利率会提升货币需求，因此使得本币升值，但是同样会提升财政赤字并抑制产出，后者会使货币贬值。

往先于汇率危机出现的国内名义利率大幅增加。[1] 但是，除了与危机之前的利率上涨相一致外，崩溃模型中不确定性的引入还有另外几方面的含义。第一，向浮动汇率制度的过渡变为随机的，意味着崩溃时间是一个随机变量，不像以往那样能够被清晰地确定。第二，一般在下一个阶段经常会存在投机性攻击的发生概率非零的可能性，这种可能性又会对国内货币产生远期贴水，即所谓的“比索问题”（Krasker，1980）。实际上，已经有证据表明，在外汇市场上远期贴水——或者，作为发展中国家汇率预期另外一个指数的平行市场贴水——在体制转换很久之前就倾向于增加。第三，央行信贷政策不确定性的程度在央行储备耗尽速度中扮演着重要角色（Claessens，1991）。在一个随机的背景下，由于体制崩溃的可能性增大，储备消耗超过了国内信贷的增加，因而在接近体制变化时储备消耗加速。如上所示，在实际危机中，这一模式经常会出现。

总体上看，国际收支危机的早期模型仅限于分析外生的信贷增长率，而外生增长率通常隐含地反映了“财政约束”。这一假定所包含的制度崩溃的明显不可避免性有一个概念方面的问题，即决策者们为什么不通过调整他们的财政和信贷政策来力图避免危机？例如，在上述基本模型中，没有要求央行在外汇储备触及关键下限时实行浮动汇率，并放弃通行的固定汇率。但央行能够通过改变其信贷政策规则（在储备枯竭之前）来使之与固定汇率目标一致。事实上，近期的某些国际收支危机模型已经在货币政策中考虑了这种类型的内生变化。特别是 Drazen and Helpman（1988）和 Edwards and Montiel（1989）强调指出，当局选择调整汇率而不是改变根本的宏观经济政策的假设只能提供一个临时解决方法。如果新汇率制度最终与相应的财政政策过程不一致，就需要引入新的政策体制。

最后，在近期的文献中备受关注的一个领域是多重均衡的可能性。与 Krugman-Flood-Garber 基本模型中信贷政策为外生这种假设相反，有一些学者探讨了内生信贷政策规则的含义。特别需要指出的是 Obstfeld（1986c）对一种情况进行的研究，在这种情况下，只要维持固定汇率制度（$\mu=0$），国内信贷增长就能够与固定汇率被无限期保持相一致，但如果固定汇率制度崩溃，缺少财政纪律会造成国内信贷增长率提高（$\mu>0$）。在这一背景下，就会出现多重均衡。如果资产持有者相信固定汇率制度不会崩溃，那么后者将无限期存在下去。相反，如果私人参与者认为崩溃在即，他们将挤兑官方储备并导致体系崩溃，从而引发国内信贷增长出现变化，并使攻击有效。

我们来考虑这样一个情况，即在前面所建构的基本框架中 $\mu=0$。从（14）式得到，$t_c\rightarrow\infty$，体制将一直保持。假设当固定汇率制度崩溃时，私人参与者预计信贷增长为 $\mu_c>0$，并且 $\Theta(R_0-R_l)/\mu_c<\alpha$，从而 $t_c<0$。那么，攻击会立即发生；因而，私人参与者对固定汇率的信念成为决定危机爆发时机的关键因素。不同均衡之间的转换可以自我实现：经济将从低贬值预期和持续性汇率钉住均衡转向高贬值预期并无法保持汇率钉住的均衡。

在最近的几年里，具有多重均衡的货币危机模型在各个方向上进行了扩展。下一节将讨论这些模型的主要特征。

---

① 已经有很多汇率危机随机模型的应用。尤其可参见 Cumby and van Wijinberfen（1989）研究的阿根廷的情况，以及 Blanco and Garber（1986），Connolly and Fernandez（1987），Goldberg（1994）研究的墨西哥的情况。

2 政策的权衡取舍和自我实现的危机

除了关注多重均衡之外，近期关于货币危机文献的一个重要特征是对决策者偏好与政策准则的明确建模。在这里，决策者可以从钉住制度中获得利益——比如，通过“进口”外国央行的反通货膨胀偏好——但决策者也面临其他的政策目标，例如失业与国内利率水平。因而，根据所面临的具体情况，决策者可能认为最优选择是放弃官方平价。

根据这个方法，汇率“危机”的发生与外汇储备是否充足无关。相反，放弃钉住是实施相机抉择的结果。每个时期内，决策者都会考虑下一时期继续维持钉住的相关成本与收益，并且在每一个政策目标所给定的权重基础上决定是否放弃钉住政策。一般而言，这一决定被认为取决于一套国内或外部冲击的实现值。给定放弃货币钉住的成本，在一个冲击值范围内维持钉住是最优的选择。然而，对规模足够大的冲击实现值来说，与相机抉择相伴的灵活性损失可能高于由放弃钉住所引发的损失；在这种情况下，决策者最优的选择是实行体制转换。

□ 2.1 产出-通货膨胀权衡的例子

Obstfeld（1996）提出的一个易于处理的理论框架有助于我们理解“理性的”决策者和自我实现因素作用下模型的主要特征。他的模型强调了产出（或失业）-通货膨胀权衡问题。①

假设政府损失函数由（21）式给出：

$$L=(y-\tilde{y})^2+\theta\Delta e^2+c,\quad \theta>0 \tag{21}$$

其中，y 为（对数）产出，$\tilde{y}$ 是决策者的产出目标，e 为（对数）汇率，c 为与官方平价变动相关的固定成本。产出由菲利普斯预期扩展型曲线决定：

$$y=\bar{y}+\alpha(\varepsilon-\varepsilon^a)-u \tag{22}$$

其中，$\bar{y}$ 为产出的“自然”水平，$\varepsilon\equiv\Delta e$，$\varepsilon^a$ 为国内定价者对 ε 的预期，而且，u 为零均值冲击（zero-mean shock）。如同在 Barro-Gordon 模型中一样，我们假设 $\tilde{y}>\bar{y}$。

价格设定者在观察到冲击 u 之前形成自己的预期。与此相反，决策者在观察到冲击之后选择 e。贬值成本为 c^d，重新定价成本为 c^r。

从忽略（21）式中的 c 开始分析，由于 ε^a 被提前决定，决策者选择：

$$\varepsilon=\frac{\alpha(\tilde{y}-\bar{y}+u)+\alpha^2\varepsilon^a}{\alpha^2+\theta} \tag{23}$$

这意味着产出水平等于：

$$\varepsilon=\bar{y}+\frac{\alpha^2(\tilde{y}-\bar{y})-\theta\upsilon-\alpha\theta\varepsilon^a}{\alpha^2+\theta}$$

以及政策损失（上标 D 表示相机抉择）为：

$$L^D=\frac{\theta}{\alpha^2+\theta}(\tilde{y}-\bar{y}+u+\alpha\varepsilon^a)^2$$

① 参见 Agénor and Masson（1999）在可信度和声誉因素模型中对其他损失函数的讨论。

如果政府提前放弃汇率，则政策损失为：

$$L^F = (\bar{y} - \alpha\varepsilon^a - u - \bar{y})^2$$

现在我们来考虑固定成本 c。当固定成本存在时，只有当 u 足够大从而 $L^D + c^D < L^F$ 时，或者足够低从而 $L^D + c^r < L^F$ 时，(23) 式才可操作。因而，$u > u^d (< u')$，贬值（重估价值）就发生了，其中，

$$u^d = \frac{1}{\alpha}\sqrt{c^d(\alpha^2 + \theta)} - (\tilde{y} - \bar{y}) - \alpha\varepsilon^a$$

$$u^r = -\frac{1}{\alpha}\sqrt{c^r(\alpha^2 + \theta)} - (\tilde{y} - \bar{y}) - \alpha\varepsilon^a$$

假设 u 在区间（$-v$, v）中服从平均分布。给定价格设定者预期 ε^a，下一时期理性预期的 ε 由

$$E\varepsilon = E(\varepsilon \mid u < u^r)\Pr(u < u^r) + E(\varepsilon \mid u > u^d)\Pr(u > u^d)$$

给出，或者，运用（23）式得出：

$$E\varepsilon = \frac{\alpha}{\alpha^2 + \theta}\left[(1 - \frac{u^d - u^r}{2v})(\tilde{y} - \bar{y} + \alpha\varepsilon^a) - \frac{u^{d2} - u^{r2}}{4v}\right] \qquad (24)$$

在全部均衡中，$E\varepsilon = \varepsilon^a$。图 14－2 给出了（24）式的图形。正如 Obstfeld（1996）所指出的，令 $\Delta = \alpha^2 + \beta$，得出曲线的斜率为：

$$\frac{dE\varepsilon}{d\varepsilon^a} = \begin{cases} \alpha^2\Delta^{-1} & \text{对于} u^r > -v \\ \alpha^2\Delta^{-1}\left[\frac{\alpha}{2} + \frac{\alpha}{2v}(\tilde{y} - \bar{y} + \alpha\varepsilon^2\right] & \text{对于} u^r = -v \\ \alpha^2\Delta^{-1} & \text{对于} u^d = -v \end{cases}$$

因此，在这一模型中有三种可能的均衡（或者，更准确地讲，三种均衡的预期贬值率），对应于贬值条件下三种不同的贬值可能性和调整的规模。这些均衡由图中的 A、B 和 C 点表示。一旦 ε^a 足够高，使得 u^d 停留在 $-v$，那么政府的反应函数由（23）式给出，预期贬值与浮动汇率体系下的情况相同——通过在（23）式中令 $\varepsilon = \varepsilon^a$ 获得：

$$\varepsilon = \varepsilon^a = \frac{\alpha(\tilde{y} - \bar{y} + u)}{\theta}$$

为确保图 14－2 中的均衡 C 存在，即确保多重均衡存在的必要条件，需要一个限制条件：

$$\theta^{-1}\Delta(\tilde{y} - \bar{y}) - v \geqslant \alpha^{-1}\sqrt{c^d\Delta}$$

这一条件可以被理解为：如果私人对浮动汇率形成了平均贬值的预期，那么，只要贬值的固定成本不是很高，它就将会成为现实。因此，只要市场预期正的贬值率，政策制定者就不能实现偏好的均衡（包含零贬值的均衡）。小的随机事件可能会将汇率移向产出较低的均衡（而不是停留在仅对“坏”冲击受损的均衡），因此即使很小的冲击也将导致政策制定者降低本币汇率。

□ 2.2　公共债务和自我实现的危机

Cole and Kehoe（1996）和 Velasco（1996，1997）的研究中建立了一个自我实现的模型，在这个模型中，公共债务数量起到了关键作用。[①] 具体地说，Cole-Kehoe 模型强

① 参见 Corsetti and Maćkowiak（2006）关于外部名义冲击引发财政失衡和破坏货币稳定性，以及财政和利率政策交互影响决定投机供给规模和时间的相关讨论。

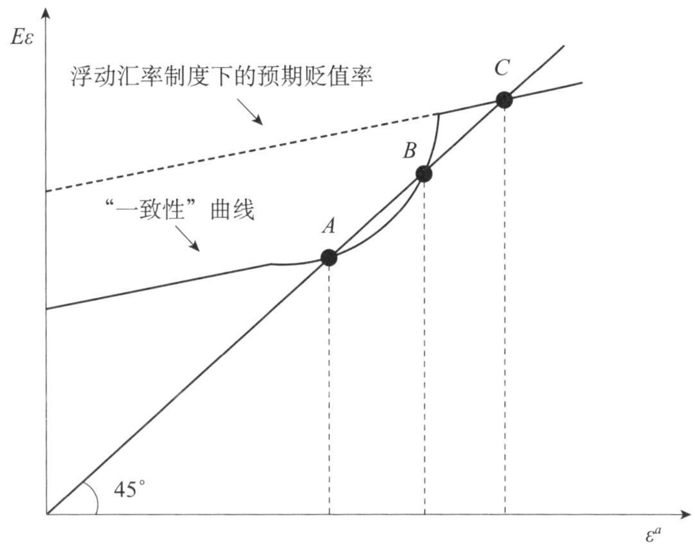

图 14－2　自我实现汇率危机模型中的多元均衡

资料来源：Obstfeld（1996，p 1043）.

调了国家公共外债的短期性在使投资人的信心暂时丧失并产生严重持久的经济危机的过程中所起的作用。他们的分析意味着：如果政府使其债务的期限结构足够多样化以保证在任何特定时段内只有一小部分债务到期，那么金融危机（如 1994 年 12 月在墨西哥发生的危机，在下面会讨论）就能够被避免。

在 Cole-Kehoe 模型中，政府继承了一定数量的外债，它必须付清本息，或再筹资，或拒付。① 他们关注这样的情况，即公共债务的初始存量很大，以至于或在一个时期内偿付不实际，或只能以社会福利中损失很大的代价才能付清。然而，尽管拒付欠款成本很高（它能永久地降低经济的生产率），在某些情况中它要比付清本息或再筹资偿还债务更合适。而且如果拒付债款最终成为"最佳"战略的话，政府也不能可信地承诺自己将不会在未来某个时期拒付债务。

Cole and Kehoe（1996）指出，只要初始债务量足够大，这一模型出现多个均衡就是可能的，这取决于外国放贷者预期的性质。如果外国放贷者预期政府能够偿还债务，那么政府债券将以适当的价格售出，并且政府的最优选择是重新筹措资金还债，而不是赖账。另外，如果不管出于什么原因，放贷者认定政府将无力偿还债务，那么他们将不情愿向政府放贷。在这种情况下，政府不可能再通过筹措资金来偿还债务，最优选择将会是拒付债务，而不是利用国内货币收入消除外债并接受大量（可能不可行的）消费损失。因此，外国放贷者预期政府将无力偿还债务是自我实现的；当放贷者抱有这种预期时，政府事实上就不愿意或无力偿还债务。这种情况可能随机出现，即存在这样一种均衡，其中放贷者预计政府能够偿付债务，此时政府会进行再筹资来偿还，危机不会发生；但有时放贷者也会预计政府无力偿还，这时政府不能再筹资还债，并且会选择拒付债务，

① 为更好地进行讨论，有必要对拒付和违约加以区分。前者是指决定在未来任何时期都不偿还债务的任何部分，后者意义更宽泛，不仅包括拒付，还包括只偿付本金或利息的一部分，或者单方面地延长债务期限这类行为。当 Cole and Kehoe（1996）使用违约这个术语时，实际上他们指拒付。

从而引发危机。这种“糟糕”的状况与一个虚假的指标变量的逆向实现相联系——这一指标变量是一个“太阳黑子”（sunspot），也就是说一种看上去微小的随机事件，比如某位重要经济部门领导的辞职。然而，只会有一次危机出现，因为政府拒付债务之后（也就丧失了信誉），它就没有任何理由再去借款了。

在 Cole-Kehoe 模型中，只有当需要再筹资的债务数量在特定日期相当大时，财政危机才能在那个特定的日期发生。因此，通过改变债务期限结构，政府可以防止危机发生。如果政府通过发行不同偿还日期的债券来再筹资以偿还初始债务，那么在未来任何特定时期只有一部分需要通过再筹资来偿还。在这种情况下，即使放贷者被诱导相信（无论什么原因）政府将无力再筹资以偿还债务，但政府能够用本期收入支付到期债务的本息，这样就不会导致成本太大以至于刺激政府拒付债务的情况发生。在这些条件下，放贷者不会持有政府将无力偿还贷款的看法，进而导致出现自我实现均衡，并且危机也不会出现。

□ 2.3 可信度与声誉的作用

Drazen and Masson（1994）强调了具有最优化的决策者的货币危机模型中可信度和声誉因素的作用（通过它们对汇率预期的效应）。这些模型所强调的可信度这一概念由两部分构成：对决策者“类型”的估计（可被称为声誉）；（已知决策者类型下）逆向冲击出现时，对决策者将坚持已公布政策的概率的评估。在这里所考虑的情况中，政策承诺是指在面临储备冲击时维持汇率钉住制度。

Drazen and Masson（1994）的研究提出避免货币危机实际上会导致钉住汇率制度可信度的降低。比如高利率可能会表现出政府对钉住制度的承诺，但是同时高利率会损害经济基本面从而使经济在负面冲击面前更加脆弱。因此，更加固定的政策并不一定是最优的政策，在充满不确定性的经济环境中，如果冲击具有持续性，那么在可信度和灵活性之间就存在权衡取舍。[①]

Irwin（2004）的研究中涉及对这些概念的直接应用，即货币局（currency board）是否有必要为固定利率承诺提供坚实的基础。Irwin 的模型中当钉住制度（政治）成本过高时，就会放弃货币局制度。由于经济主体没有掌握关于成本的完全信息，因此存在可信度问题。如果政策制定者面临着高昂的贬值成本，他们将会选择继续保持货币局制度，但要承受更高的失业率。这会减少钉住汇率制度的可信度。同时，因为公众通过观察实际汇率走势可以了解贬值成本，维持货币局制度可以改善它们的可信度。如果第一种影响为主，那么经济基本面会随着时间而变差。特别是如果失业是持续的，可信度问题会变得更加复杂，贬值以及放弃货币局制度的压力会越来越大。最终，即使政策制定者面临高昂的贬值成本，也不得不进行贬值。这一结论与 Drazen and Masson（1994）研究中关于传统钉住制度可持续性的结论一致。

关于 Drazen-Masson 模型更多的扩展体现在 Benigno and Missale（2004）的研究中，他们利用三期并且包含随机因素的设定（主要为强调产出与通货膨胀间的权衡），考虑了政府债务。在他们的模型里，贬值还是维持钉住制度的决策取决于产出冲击的程度。因为不确定性，贬值可能会导致非预期通货膨胀，进而通过价格-产出效应和减少与名义债

① Neut and Velasco（2004）在不同的框架中提出了相关的论断。

务相关的税收扭曲来增加产出。汇率制度得到或失去可信度并不能在事前被确定。一方面，抵制危机可以增强政府的可信度，因此可以维持钉住制度预期。这种“信号”效应在政府贬值成本存在大量不确定性时显得非常重要。另一方面，保证平价成立并且避免利用通货膨胀融资增加了债务负担，因此增加了未来贬值的可能性。这种“债务负担”效应在债务巨大并且贬值成本不确定性较小时更为重要。哪一种效应更为主要取决于政府声誉与经济基本面的相对重要性。

当政府偏好变得众所周知时，只有经济基本面会产生影响，贬值经常会增加未来保护平价成立成功的概率。这种情况下，第一期贬值的概率会伴随公共债务规模以及短期债务在其中的占比增加而上升，这是一个自我实现式危机。与此相对，当政府偏好不为公众所知时，决定贬值无疑表明出弱政府正在准备进一步贬值，从而带来通货膨胀预期和更高的利率水平。因此，这也就产生了保护固定平价的激励，无论强政府为了释放信号还是弱政府为了表现出强势。因此，声誉动机增加了维持平价的概率。

□ 2.4　其他政策取舍的来源

大量其他关于政策权衡取舍的讨论在近期关于自我实现式危机的文献中非常普遍，特别是有一些关于直接或间接依赖高利率（不利）影响的研究。比如，在利率高于预期时，银行可能会产生压力，为了避免成本高昂的救助发生，政策制定者可能会实施快速的贬值。或者说在国内黏性价格环境中，名义利率的高企意味着短期实际利率的增加，进而导致自我实现式贬值压力（Ozkan and Sutherland，1998）。

（隐形）政府担保的存在可能会导致自我实现式（self-fulfilling）金融危机。Burnside（2004）提出政府承担或有负债可以增加潜在事件发生的概率。例如，在面对（可信）政府担保时，银行行为的改变会使得银行体系更加脆弱（银行承担更多的汇率风险）。因此政府会引致更多的与银行倒闭相关的财政成本，同时这也会反过来增加银行倒闭的概率。Burnside（2004）和 Burnside et al.（2004）的研究中提及这会提高自我实现式投机攻击的可能性，如果经济主体相信汇率制度会崩溃，他们便会投机当地货币，最终导致中央银行转向浮动汇率。中央银行的汇率制度转向又会导致货币贬值最终导致没有采取对冲措施的银行倒闭。这些银行倒闭需要政府兑现担保，当政府印制钞票时就确认了投机性攻击。

在所有这些模型中，“基本面”被视为政策制定者偏好与经济结构的反映，它可以影响均衡的多样性。但是政策制定者并不能保证偏好均衡的实现，市场预期更应关注次优均衡。“太阳黑子”可以使汇率偏离最优点，使得极小的冲击也可以导致当局进行贬值并采取浮动汇率制度。

最后，值得注意的一点是，（不完全）信息在自我实现式货币危机模型中仍存在大量讨论。Morris and Shin（1998）的研究中考虑了投机者均匀先验概率分布，并根据观察私人信号来更新信息。因此，缺乏共同信息（common knowledge）成为模型中的主导因素。他们证明了一旦引入了真实基本面在极小程度上的不确定性，就可以完全去掉自我实现式货币危机模型描述的均衡不确定性。换句话说，他们分析的多样性是基于假设基本面为市场主体的共同信息。如果假设不成立，带有异质性噪声的交易者通过观察相关基本面则会产生特有的均衡。

Heineman and Illing（2002）扩展了 Morris and Shin（1998）的研究，他们考虑了

更多样的概率分布。他们还证明了透明度（政府政策提供关于基本面更准确的信息）的增加可以降低投机攻击的概率。Sbracia and Zaghini（2001）扩展了他们的模型，考察了经济主体关于基本面信念分布的作用，他们发现即使在经济基本面一切良好的情况下，经济主体信念分布的微小改变就可能导致货币危机发生。Hellwig et al.（2006）扩展了他们的分析，考虑了本国资产市场和利率。通过对比基本面信息为共同信息的模型解与异质性交易并带有噪声信号的模型解，他们发现［与 Morris and Shin（1998）相比］多重均衡在不完全信息和异质信息下仍然合理。但是，均衡多样性来源于交易策略的非单调性（不依赖与私人信号是否包含噪音），而不是协调问题［Morris and Shin（1998）研究中有所提及］。

3 一个“跨代”分析框架

Flook and Marion（1999）最近提出了一个分析货币危机的“跨代”分析框架。他们认为“旧”方法和“新”方法的关键不同在于前者假设坚持固定汇率是不随状态而变的（state invariant），而在后者中它是依赖于状态的（state dependent），这一特征很好地符合决策者对不同目标做出反应的证据。

Flood and Marion（1999）所建议的将两代模型联系在一起的一种方法，是使传统方法中的储备临界水平成为一个变量的函数，该变量反映了商业周期的状况（比如失业水平和通货膨胀率）。将 R_l 内生（而不是像标准模型那样假设是外生给定的）的含义是：决策者可以随时间影响影子汇率的行为（从而影响投机性攻击所依赖的汇率跳跃幅度），这是通过政府为致力保护平价而选择的储备水平——或者，等价地，放弃保护的水平——来实现的。[①] 尽管在这一框架中，由投机者能获得的潜在利润仍然是投机性攻击的驱动因素，但经济状况也会影响货币危机的爆发时间——与新一代模型中一样。

Flood and Marion（1999）所提出的“跨代”分析框架的另一个具有吸引力的特征是，它在很大程度上限制了第二代模型中投机性攻击爆发时机中较为明显的主观性（与自我实现因素相关）。确实存在出现多重均衡的区间，但这只在某些根本要素过分偏离时才会发生。从决策者的观点来看，与单纯强调“太阳黑子”的作用相比，这看上去是一种更合乎情理的预测。当然，对此仍然需要进行研究以全面调和两代模型。

4 第三代模型

货币危机第三代模型中金融结构脆弱性和金融机构扮演了重要角色。从建模角度，有三种主要的方法。第一种方法由 Krugman（1998）提出，包含道德风险驱动的投资，这会导致过度投资和过度借贷，最终导致银行系统的崩溃。第二种方法由 Changand

① 严格地说，外汇储备的临界水平的选择是对把 R_l 与体现经济状况变量进行联系参数的选择。

Velasco（2000a，2000b，2001）和 Goldstein（2005）提出，他们的方法解释了由于国际银行体系流动性枯竭所导致的银行挤兑时资本流入的突然逆转（参见第 15 章）。储蓄者与外国投资者自信的自我实现式缺失最终导致金融中介将他们的投资提前变现。

第三种方法强调货币贬值的资产负债表效应。货币危机的第三代模型与之前模型的共同点是都将货币危机视为由信贷市场不完美放大的逆向冲击（实体或金融性的），即金融加速器机制所放大的结果。更具体来讲，当信贷约束企业的外币负债占比过高时，信贷抵押物不足的自我实现式恐惧将更加具有破坏性。这种预期转变将会引发资本外流，带来真实贬值。Krugman（1999），Caballero and Krishnamurthy（2001）以及 Aghion et al.（2001，2004a）的研究开创了这种方法。

5 资本流入的突然中断

对于发展中国家，金融一体化不仅与大量资本流入有关，还有可能伴随着资本短期的反向流动。例如，在亚洲金融危机初期，尽管外商直接投资非常稳定，但是从 BIS 报告中可以看出流向发展中国家的短期资本从 1997 年的 435 亿美元下降到 1998 年的 85 亿美元。资本流入波动（在浮动汇率制下）会带来汇率的不稳定性、（在钉住汇率制度下）官方储备的大幅波动以及国内股票市场更大幅的波动。金融波动性可能会导致不利的实际影响，以及名义汇率的波动，特别是在对国内生产者对冲途径有限的情况下可能会阻碍出口的扩张。

第一代和第二代危机模型（前文有所提及）提出本国货币资产转向外国货币资产（或者外币负债向本币负债转移），没有任何一个模型提出危机出现会伴随国内经济主体外部借款突然中断。但是，Calvo（1998）提出墨西哥 1994 年的货币危机和 1997—1998 年亚洲金融危机均出现了上述情况，即资本流入的突然中断。突然中断是指一国净资本流动急速且不连续的快速下降（包括外汇储备的减少）。因为这类现象与第一代或第二代货币危机模型所描述的情况并不相似，因此需要新的模型来对这类问题进行阐述。

资本流入突然中断的模型解释了一些与上述情况相关的经验现实（Montiel，2013a）。首先，在新兴市场经济体资本流入的突然中断一般伴随着大幅度的汇率贬值。与此相反，在发达国家实际汇率的大幅贬值与资本流动转向并不总是相伴相依。其次，资本流入突然中断一般会在很多国家同时发生。最后，资本流入突然中断一般与产出严重收缩、经常账户赤字大幅减少、国内利率大幅攀升和外汇储备巨额减少同时发生，并经常以汇率制度的转型而终止。[①] 例如 Hutchison and Noy（2006）利用 24 个发展中国家 1975—1997 年的面板数据，发现资本流入突然中断会对产出增长造成巨大的负面影响，货币危机一般会降低 2%～3%的产出水平，资本流入突然中断会在危机当年带来产出水平额外 6%～8%的减少，在后续三年内会带来 13%～15%的减少。Edwards（2004）同样发现经常账户反转同样会对产出造成巨大负面影响，在贸易相对封闭的固定汇率的国

---

① 参见 Guidotti et al.(2004)。

家其影响将更大。资本流入突然中断的破坏性一般会被“真实”开放程度所减轻（以产出中生产贸易品投入的比例衡量），本国债务没有美元化同样会减轻上述问题的负面影响。[①] 在对后续 66 个国家 1980—2003 年期间 83 次资本流入突然中断的研究中，Hutchison et al.（2010）发现危机期间紧缩性货币政策和财政政策与经济大幅下行是相联系的。扩张性财政政策则会在资本流入突然中断后带来更小的产出损失，但是扩张性货币政策并不会带来同样的结果。Joyce and Nabar（2009）基于 1976—2002 年多个国家的研究发现资本流入突然中断的同时如果伴随着系统性银行危机，则会给投资带来显著的负面影响。[②]

大量的研究都指出因为世界金融市场一体化而产生的国际资本流动增加与资本流入突然逆转带来破坏性之间具有正向关联。例如，Broto et al.(2011) 发现自 2000 年以来，全球性因素对于资本流动波动的影响要显著强于国家内部因素。Dufrénot et al.(2011) 发现美国金融市场的压力指标在次贷危机后引起了拉丁美洲国家股票市场的大幅波动。Agosin and Huaita（2012）将（总）资本流入的波动高于历史均值一个标准差并且达到至少 5%的 GDP 水平定义为突如其来的资本流入（或资本激增）。[③] 通过利用拉丁美洲国家 1976—2003 年的数据，他们发现突如其来的资本流入往往是资本流入突然中断的先行指标。资本流入突然中断的概率会随着前期资本流入激增的时间增加而增加。因此突然中断可能不是因为国内宏观经济基本面的恶化，而是对于前期资本流入正向“过度反应”的负向过度调整。[④]

从建模角度，资本流入的不连续性以及与之伴随的突然中断是资本流入和基本面关系不连续的结果（存在唯一均衡的模型）。本节中在考察存在唯一均衡的模型细节前，简要讨论多重均衡的模型构成，基本面因素的小幅变动会带来资本流入的不连续变动，最终导致货币危机。

□ 5.1 其他模型

5.1.1 多重均衡模型

在最初研究资本流入突然中断的文献中，Calvo（1998）提出其可以由于自我实现机制而出现，资本流入因为债权人害怕得不到偿付而出现中断，但是资本流入的中断自身就可以产生无法偿付债务的条件。在这一框架下，从资本流入的突然中断到债务无法偿付的逻辑通过实际汇率来传导。为了看清是怎样运行，我们知道国际收支平衡等式意味着资本流入的突然中断需要经常账户盈余增加来抵消。反过来，经常账户盈余（CA）包含贸易盈余和其他要素或非要素支付（N），贸易盈余是国内对于贸易品生产（Y^T）超

---

① 参见 Calvo et al.(2004)。Mendoza and Smith（2002）定义了三项关于资本流入突然中断的特征：资本内流与经常账户赤字的急速反转；国内生产与吸收的大幅下行调整；资产价格以及非贸易品对贸易品相对价格的崩溃。

② 他们强调在危机后如果出口动力恢复那么产出增长会提升，投资可能保持持续的低水平。在危机后立即跟踪产出变动路径可能会导致不完全且带有误导性的危机影响评估。如果投资不会反弹，复苏的稳健性以及长期增长就会被严重影响。

③ 该定义是非常严格的。在 Balakrishnan et al.(2012) 的研究中，大幅净私人资本流动被定义为两个及以上季度中这些流动大于历史趋势（1 标准差）或者大于分布的 75 分位数。

④ 一个关于这一效应的解释是大幅资本内流会带来经济基本面内生性不利变动（比如经常账户赤字、实际汇率升值或者银行向私人部门过度放贷、企业资产负债表不匹配、银行外币负债过多等），这种变动最终会导致资本大量撤出。换句话说繁荣为自身的腐化埋下了种子。

过国内需求（D^T）的部分，因此，经常账户盈余为：

$$CA = Y^T - D^T + N \tag{25}$$

因此，针对突然中断的经常账户调整，理论上可以通过降低对贸易品的国内需求来实现，并且维持实际产出不变。但是，如 Calvo 所述在现实中很难有国家实现，因为如果没有实际汇率变动，贸易品国内需求下降会带来国内吸收的减少，这意味着对于非贸易品需求的下降。后者需要实际贬值来保持非贸易品市场的均衡。

为了考察决定所需实际汇率变动幅度的因素，Calvo et al.（2004）假设非贸易品需求和贸易品需求之间存在如下关系：

$$d^N = \alpha + \beta e + \gamma d^T \tag{26}$$

其中，d^N 是国内非贸易品对数化需求，e 为实际汇率的对数（以非贸易品衡量的贸易品价格），d^T 是国内贸易品需求的对数［即 $d^T = \log(D^T)$］，α，β 以及 γ 为正的参数，其中 γ 可以被解释为国内吸收中非贸易品对贸易品的比例。如果经常账户原始赤字完全被资本流入突然中断所抵销，假定 Y^T 和 Y^N 为常数，国内吸收对于贸易品的合理调整幅度为 $\Delta d^T/d^T = CA/d^T < 0$，因为 $CA<0$。

对（26）式求一阶差分，并且假定非贸易品需求为常数，那么实际汇率的变动必须满足 $0 = \beta\Delta e + \gamma CA/d^T$，或者

$$\Delta e = -\frac{\gamma}{\beta}\frac{CA}{d^T} \tag{27}$$

也就是说，经常账户原始赤字越大，贸易品与非贸易品需求的替代弹性越小，吸收非贸易品的边际倾向越大，则需要的实际汇率贬值幅度越大。

上述最后一项逻辑背后的直觉源自为了实现给定规模的贸易盈余调整，国内吸收中关于贸易品收缩占比越小，则国内吸收的收缩越大。国内吸收的收缩越大，在初始实际汇率水平下非贸易品超额供给越多，因此就需要更大幅度的实际汇率调整。①

为了将实际汇率贬值与债务困境（debt-servicing difficulties）相联系，我们注意到如果没有预期到资本流入突然中断，那么实际汇率调整也将呈现出非预期。在国内债务美元化情况下，实际汇率的非预期变动将会对财富净值以及潜在清算能力带来负面影响。Calvo 提出国内经济普遍的破产会降低资本边际产出，因此使得企业难以偿付自身债务。由于企业破坏了合约的履行并将人力资本引向金融交易（企业间信贷减少导致企业破产），最终破坏了人力资本。因为具体的人力资本是实物资本的补充，实物资本的边际产出减少，企业将更难偿付债务。

尽管细节不尽相同，但是其他多均衡模型都基本遵从相似的逻辑和结构（Montiel，2013a）。具体来讲，这些模型倾向于强调实际汇率贬值与债务美元化在突然中断与债务困境之中的交互影响。

5.1.2　唯一均衡模型中的资本流入突然中断

本节我们介绍由 Calvo（2003）提出的模型的简化版本，该模型可以在唯一均衡之间不连续过渡的背景中解释资本流入的突然中断。这一模型比较有趣的地方是资本流入的突然中断既是“实际的”（从产品市场产生而非金融市场现象）同时又是需求驱动而非供

① Kehoe and Ruhl（2009）利用带有劳动调整成本的校准模型研究了墨西哥的情况，他们发现资本流入突然中断还与贸易品以及非贸易品部门资源再分配紧密相关。

给驱动的。换句话说，模型反映了国内对于外部资金需求的降低，而不是外部资金供给的减少。该模型可以描述 20 世纪 90 年代末货币危机的很多特点，包括产出的断崖式下跌，增长率的下降，汇率的大幅贬值以及汇率制度改变带来的外汇储备损耗。

考虑一个小型开放经济体，使用贸易资本 K 来生产单一的贸易品 Y，线性生产技术为：

$$Y_t = \alpha K_t \tag{28}$$

其中，α 为资本边际产出。① 政府对经济产出征收 τ 比例的税收，企业现金流 S 等于税后利润减去新增投资 $\dot{K}$：

$$S_t = \alpha(1-\tau)K_t - \dot{K}_t = [\alpha(1-\tau) - z_t]K_t \tag{29}$$

其中，$z_t = \dot{K}/K$ 为资本存量的增长率。如果国际实际利率等于 r，初始资本存量 K_0 被假设为 1，企业的价值函数为：

$$V = \int_0^{\infty}[\alpha(1-\tau) - z_t]K_t \mathrm{e}^{-rt}\mathrm{d}t = \int_0^{\infty}[\alpha(1-\tau) - z_t]_t \mathrm{e}^{\int_0^s (r-z_s)\mathrm{d}s}\mathrm{d}t \tag{30}$$

企业通过选择 z_t 来最大化自身价值。因为最优的 z_t 值为常数，因此相当于最大化下式：

$$V = \frac{\alpha(1-\tau) - z}{r - z} \tag{31}$$

为了保证企业价值为正，且资本存量的增长率为正但存在上限，z 必须被限制在 $0 \leqslant z \leqslant \bar{z} < r$ 的范围内。V 关于 z 的导数符号由 $\alpha(1-\tau) - r$ 给出，即税后资本边际产出超过实际利率的部分。如果该表达式为正，企业就会将 z 设定到上限值 $\bar{z}$。除此之外，企业将设定 z 值于 0。

税率 τ 被假定为保证政府清算能力。具体来讲，假设政府带有债务 D，为了保证清算能力，政府必须通过扭曲性税收［等于总债务现值的一定比例，θ，剩余债务 $(1-\theta)D$ 通过非扭曲性税收获得］来获取支撑的资源。政府跨期预算约束为：

$$\theta D = \alpha\tau\int_0^{\infty} K_t \mathrm{e}^{-rt}\mathrm{d}t = \alpha\tau\int_0^{\infty} z_t \mathrm{e}^{\int_0^s (r-z_s)\mathrm{d}s}\mathrm{d}t = \frac{\alpha\tau}{r - z} \tag{32}$$

这意味着税率为：

$$\tau = (r - z)\theta D/\alpha \tag{33}$$

将上式代入公司的目标函数中，可以描述投资行为的表达式为：

$$\alpha(1-\tau) - r = \alpha[1 - (r-z)\theta D/\alpha] - r = \alpha - (r-z)\theta D - r \tag{34}$$

我们注意到决定最优投资规模的因素取决于投资率本身。如果 $\alpha - r(1+\theta D) < 0$，即 $\theta D > (\alpha - r)/r$，那么零投资（零增长）均衡为最优（即 $z=0$）。债务存量过高会需要更高的扭曲性税率，这会抑制投资。与此相对，如果 $\alpha - (r-\bar{z})\theta D - r > 0$，或者 $\theta D < (\alpha - r)/(r - \bar{z})$。那么最大增长率 $\bar{z}$ 下的均衡为最优均衡。理论上，如果 $(\alpha - r)/r < \theta D < (\alpha - r)(r - \bar{z})$，就无法被确定增长率，因为条件都可以在上述区间得到满足。但是，Calvo假设在这种情况中投资者之间的协调会导致经济最终落在高增长均衡上。在这个假设下经济增长率以及投资水平会在 $\theta D = (\alpha - r)/r$ 出现关于 θD 的不连续。当债务水平低

① （28）式描述的是"AK"技术，该模型对长期经济增长的应用在第 17 章有所涉及。

于这一水平时，经济处于高增长均衡 $z=\bar{z}$，如果债务高于这一水平则经济处于低增长均衡 $z=0$。这对于处于阈值水平 $(\alpha-r)/r$ 的国家非常重要，生产系数 α 的小幅增加或者世界实际利率 r 的小幅增加都会导致投资水平和经济增速的不连续性下降。

为了将这一机制与资本流入突然中断相联系，我们需要扩充模型来描述国际收支中的经常账户。假设代表性消费者的效用函数为时间可分，并且时间偏好率为常数且等于世界实际利率 r，消费者即时效用函数被定义为 $u(c^T, c^N)$，其中 $u(\cdot)$ 具备通常的效用函数性质，c^T 和 c^N 分别为消费者针对贸易品与非贸易品的消费。非贸易品产出为 Y^N，由凹性的生产函数决定 $Y^N=f(x)$，其中 x 为总可交易产出 Y 中用于非贸易品生产的投入部分。在这些条件下，预算约束为：

$$r[V-(1-\theta)D]=c^T+x \tag{35}$$

假定非贸易品的生产和消费在均衡中必须相等。消费者的最大化目标为：

$$u(c^T, f(r[V-(1-\theta)D]-c^T)) \tag{36}$$

通过选择 c^T，一阶条件为：

$$\frac{u_2(c^T,\ f(r[V-(1-\theta)D]-c^T))}{u_1(c^T,\ f(r[V-(1-\theta)D]-c^T))}=\frac{1}{f'(r[V-(1-\theta)D]-c^T)}=e^{-1} \tag{37}$$

其中，e 为实际汇率（以非贸易品价格衡量的贸易品相对价格）。注意到，这个等式意味 c^T 和 e 是净财富 $V-(1-\theta)D$ 的函数。但是利用（33）式和（36）式，净财富可以被表示为：

$$V-(1-\theta)D=\frac{\alpha-z}{r-z} \tag{38}$$

通过（38）式，高增长均衡的存在需要 $\alpha-z>0$。这意味着净财富必须为 z 的增函数。如果初始资本存量等于 1，经济体中贸易品总产出等于 α，贸易品净产出为 $\alpha-x$。因此，贸易盈余为 $(\alpha-x)-(c^T+z)$，经常账户为：

$$CA=(\alpha-x)-(c^T+z)-rD=-\frac{\alpha-z}{r-z}z \tag{39}$$

因为 $\alpha-\bar{z}>0$ 且 $r-\bar{z}>0$，在高增长均衡中即当 $\theta D<(\alpha-r)/(r-\bar{z})$ 时，经常账户必须保持赤字状态，当 $z=0$ 时，赤字为零。因此，一个非连续性的经常账户赤字消失会在高增长向低增长过渡阶段产生。经济增长率在过渡点的崩溃意味着净财富的损失，对非贸易品的需求也将下降。这对实际产出下降和实际汇率贬值均具有影响。

5.2 外汇储备的地位和政策反应

上节所描述的模型并不包含货币因素。但是，如 Calvo 所示可以通过加入现金先行（cash-in-advance）动机将货币引入模型：

$$M=S(c^T+e^{-1}c^N) \tag{40}$$

其中，M 为货币供给，S 是名义汇率，假定初始状态固定。因为 c^T 和 c^N 在过渡期均从高增长均衡降至低增长均衡，实际汇率贬值（e 上升），货币需求同样下降。外汇储备也会减少。换句话说，资本流入突然中断伴随着投机性攻击。在第一代模型中，如果外汇储备初始较少，那么储备流失将会带来固定汇率制度的终结以及向浮动汇率的过渡。

模型对于政策还有另外一个较为有趣的启示。在第一代模型中，如果持续的财政赤字是国内信贷扩张的动力，那么固定汇率可以通过允许信贷扩张速率降低的财政调整来维持。但是在 Calvo 模型中，这样的财政调整会引发资本流入的突然中断并且当 τ 上升时还会带来货币危机，因为 τ 上升代表通过扭曲性税收偿付的政府债务比例上升，这会使经济从高增长均衡移向低增长均衡。在当前模型中可以通过减少 θD 来避免货币危机。这意味着财政赤字并不起决定作用，决定性因素是为政府活动融资而带来的经济扭曲。避免资本流入突然中断需要减少这样的活动规模或者降低带来扭曲的融资规模。

现实中，对易受资本流入突然中断影响的国家积累了大量的国际储备。这样的自保策略是为了避免为投资承担高流动性成本以及产出下降的风险。[①] Aizenman and Lee（2007）的研究将外汇储备预防性需求纳入模型。他们的分析提出尽管外汇储备会带来机会成本，但是资本流动高度的波动性（常伴随着全球资本市场的进入限制）使得外汇储备是福利增益的（即便在风险中性假定下）。换句话说，最优的外汇储备持有可以降低由资本流入突然中断带来的产出成本（从一阶和二阶条件来看）。Aizenman et al.（2007）利用 1997 年亚洲金融危机后韩国的例子提供了关于预防性需求的实证证据。Jeanne and Rancière（2011）同样通过模型研究了小型开放经济体的外汇储备最优持有水平。他们推导得到了储备最优水平的公式并且通过对模型校准解释了一些发展中国家外储规模的不同。

给定资本流入突然中断的经济成本，各国应该如何通过管理控制它发生的概率呢？Caballero and Panageas（2008）研究了一些国家的负债管理选择。在他们的模型中，资本流入突然中断被定义为随机性事件，一旦发生，要求国家大幅降低外部借款的速度。每一个时间点，国家都面临着一个信号，例如国家主要出口品价格的大幅下降，信号可以描述资本流入突然中断的可能性。他们描述了信号变化对最优的预防性储蓄的影响，以及不同对冲机会对降低波动和资本流入突然中断成本的作用。但是，在现实中实现他们模型中的对冲策略是非常困难的。因为政策制定者面临着冲击的持续性和经济情况的不确定性，并且缺乏释放相应冲击信号的市场（或者有些国家的市场发展程度有限）。

① 传统方法认为，固定汇率制度下需要外汇储备来为国际收支不平衡提供资金。更近期的一些文献（在 20 世纪 90 年代金融危机之后产生的文献）更加关注外汇储备存量。两种方法都认为外汇储备持有水平是充足的，这源于央行的最优行为。

第 15 章

银行危机与共生危机

过去 20 年内发展中国家发生的金融危机，不仅包括我们之前提到的资本流入突然中断和货币危机，也包括国内银行体系的危机。银行危机是国内金融部门的系统性或者说是近似系统性的崩溃，在这种情况下，大量银行会发现自身的净资产价值下降，迫使它们停止经营活动或者以其他方式减少其活动。银行危机严重影响国内金融中介部门的正常运行，伴随着巨大的财政成本，将对实体经济活动产生消极的影响。根据 Laeven and Valencia (2013) 的研究成果，在 1970—2011 年间，全球各地共发生 147 次银行危机。近年来，中等收入国家经历了最为严重的金融体系崩溃，包括 1994 年的墨西哥金融危机，1997—1998 年的亚洲金融危机和 2001 年的阿根廷金融危机，国内金融系统的崩溃成为危机的重要组成部分。在针对多达 35 个国家的总体经济数据和银行数据的正式研究中，Demirgüç-Kunt et al.(2006) 发现银行危机爆发之后，总产出的增长速度将会在短期内急剧下降，并出现信贷紧缩的情况。Tornell and Westermann (2002，2003) 也发现，银行危机的后果往往表现为短期的衰退和长期的信贷危机，将对非贸易品部门的大部分（小型）企业产生影响，这种影响在经济恢复后的一定时间内仍将持续。Kroszner et al.(2007) 利用了 38 个发达国家和发展中国家的样本数据，发现高度依赖外部融资的行业在银行危机期间往往经历了产值的大量减少，这种消极影响在金融系统更加稳固的国家表现得更为明显。之所以造成这种巨大的消极影响，是因为正如第 5 章和第 6 章所讨论的一样，信用借方和贷方之间通过流动资金需求产生联系。

正如这些例子所表明的，主权债务危机、货币危机和银行危机不是彼此独立的。危机之间存在着互相影响的途径，这些途径会提高危机连带发生的概率。事实上，发展中国家货币危机的实际成本在很大程度上取决于它们引发主权债务危机或国内银行危机的程度。我们在第 14 章中研究了导致货币危机产生的相关因素，在本章中，我们重点讨论国内银行危机，以及银行危机可能导致货币危机的一些途径。下一章中，我们将研究银行危机、货币危机和主权债务危机之间的联系。

近年来银行危机在发展中国家的逐渐增加与发展中国家国内金融自由化的进程相吻合，尤其是在 20 世纪 80 年代这 10 年间普遍存在（见第 18 章）。金融自由化意味着取消与金融抑制相关的限制政策，包括放开银行利率，由市场决定；降低或取消银行的准备金和流动性要求；取消定向信贷监管；采用间接的货币控制工具（取代对个别银行施加信贷最高限额）；开放金融部门的进入渠道（包括私有化），以及开放国际收支的资本账户。这些措施是为了加速金融发展，同时也积累了关于金融发展可以对发展中国家的经济福利和增长产生积极影响这一论断的实证经验。[1]

然而，发展中国家在金融自由化之后发生的一系列银行危机给了我们一个重要的教训，那就是金融改革的重要性。如果我们对金融改革采取自由放任的做法，这将使得政府实施预期的改革措施，然后依靠竞争规律和市场效率来确保放宽管制后金融体系的运作。这种方法存在着两个根本问题。第一，在信息不对称和机会主义行为存在的前提下，我们不能肯定不受管制的竞争性银行市场将是帕累托最优的，所以自由放任的做法可能导致金融体系系统性错配资源，破坏金融自由化带来的增长效益。第二，即使没有倾向于破坏微观经济福利的信息不对称和机会主义行为的问题，区别于严重抑制的金融体系，完全自由化的金融体系可能更容易受到具有高度破坏性的定期银行危机的影响。正如 Carlos Díaz-Alejandro 将这个话题放在一篇著名论文的标题中，后金融自由化的情况可以被称为“再见，金融抑制，你好，金融崩溃”（Diaz-Alejandro，1985）。

在本章中，我们将探讨这种金融崩溃现象的成因。第 1 节探讨了即使不存在信息不对称和机会主义行为的问题，银行危机是如何出现的，即在自由化的国内金融体系下，国内经济的福利得到促进，此时银行危机是如何产生的。第 2 节采用了第 1 节的模式，探讨银行危机如何与货币危机联系起来，即所谓的共生危机现象。在第 3 节中，我们将研究信息不对称和机会主义行为对金融部门资源配置效率和金融崩溃现象的影响。第 4 节将对本章进行一个总结，介绍一些关于发展中国家银行体系危机的决定因素及其对宏观经济影响的最新经验研究。

1 银行：期限转换器

必须以解释银行的经济作用作为解释银行危机的出发点。一种理解是银行扮演着“期限转换器”的角色，从这个角度来看，银行发挥了巨大的社会作用，允许具有偏好流动性的个人使用其储蓄来为流动性较高的社会投资提供资金，从而产生高收益的回报。银行可以通过向个人存款者提供流动性强的资产，并利用这些资源为投资提供资金来实现这一目标，这些投资的回报虽高，但需要很长的一段时间。银行可以通过将存款人面临的特殊流动性冲击，集中放置到一个能够有效消除流动性冲击的总负债组合中来对冲风险；但也正是因为银行的客户——个人存款者可能需要立即获得他们的资金，而银行的资产需要很长时间才能到期，因此银行业活动天生具有脆弱性。这一现象的关键问题是，即使是清算（偿付）银行，它们也未必有充足的流动性来满足个人存款者各种各样的需求。这是因为长期资产如果过早清算将会损失价值，那么试图通过清算资产来满足具有异常需求的银行可能将会无力偿债。这也意味着，在存在异常需求的情况下，一些个人存款者对于银行的索偿权的价值会在一定程度上减少。银行的流动负债具有一个重要特征，那就是存款者以先到先得的方式（即顺序偿还限制）对负债进行提取；这意味着即使是在没有任何流动性需求的情况下，预期出现价值损失的存款者将有动机“挤兑”，即率先撤出资产。这些问题的存在暗示着，正是由于银行缺乏流动性的投资组合结

① 有关进一步讨论，请参见第 17 章。

构，使得银行挤兑是一个理性预期均衡。

□ 1.1 Diamond-Dybvig 模型

Diamond and Dybvig（1983）共同建立了关于银行流动性危机的模型，该模型同时说明了银行所产生的福利收益以及其脆弱性。该模型为随后的许多银行危机的分析提供了基础，我们将在本节中详细描述。①

我们考虑一个划分为“三期”的全球市场，市场由连续的初始状态相同的消费者组成，每个消费者在第 0 期获得一个完全可以分类商品的禀赋，并在第 1 期和第 2 期（在第 0 期没有消费）做出消费决策。在第 0 期，商品的任何部分都可以无成本地存储或投资于非流动的生产技术。非流动的生产技术指的是，如果在第 1 期中止生产，则此项技术为每个单位产品产生一个单位产出；而如果生产允许持续到第 2 期，则每个单位产品的投资将产生 $R>1$ 的产出。消费者可以签订合同，决定在第 0 期和第 1 期中就现在和未来的消费选择进行交易。然而，假设的线性技术确定了第 1 期消费相比于第 2 期消费的相对价格比为 R^{-1}，第 1 期消费相比于第 0 期消费则为单位相对价格。

跨期贸易的动机产生于第 0 期，因为在这个模型中消费者仅仅在第 0 期是同质的。在第 1 期开始时，每个个体消费者都可能会遭受特殊的“流动性冲击”。这种流动性冲击使得 λ 部分消费者变成“A 类”消费者的范围，这种类型消费者仅仅关注第 1 期的消费；而剩余的 $1-\lambda$ 部分为“B 类”消费者，他们仅仅关心第 2 期的消费。在第 1 期中，A 类消费者的消费效用函数由 $u(c_1)$ 给出，其中 c_1 是 A 类消费者在第 1 期中的消费。效用函数具有以下性质：$u'(\cdot)>0$，$u''(\cdot)<0$（一阶导大于 0，二阶导小于 0），并满足稻田条件。B 类消费者在第 1 期的消费效用函数由 $\rho u(c_2)$ 给出，其中 c_2 是B 类消费者在第 2 期的消费，同时 $1>\rho>R^{-1}$，所以 $\rho R>1$。相对风险厌恶系数由 $-cu''/u'$ 给出，我们假设其总是大于单位值。

消费者都是风险厌恶的，他们愿意在第 0 期内支付，以减少他们在这种环境中面临的不确定性。因此，他们最好的选择是在第 0 期内设计保险合同，从而将他们的消费最优地分配到两种可能的自然状态；在这两种状态下，他们可能发现自己处于第 1 期和第 2 期（即 A 类和 B 类）。在这两个时期中两种类型的消费最优均衡分配将满足以下条件：

$$u'(c_1)=\rho R u'(c_2) \tag{1}$$

$$(1-\lambda)c_2=R(1-\lambda c_1) \tag{2}$$

第一个条件设定了两种自然状态下边际效用比率等于两种状态消费的相对价格比，而第二个条件则反映了经济资源的约束情况。然而，为了能够实现这种消费选择的分配，消费者需要在第 1 期向其他消费者付款并接收其他消费者的付款，这取决于该期间消费者的类型（A 类或 B 类）。为了看看这种支付将采取什么形式，我们可以观察一下效用函数的性质，我们注意到，在刚刚描述的最优分配方案中，$c_2<R$，而 $c_1>1$。因为我们假定商品的禀赋允许 A 类消费者在第 1 期消费一单位的商品，B 类消费者在第 2 期消费 R 单位的商品，因此最优保险合同的设计将是在第 1 期从 B 类消费者到 A 类消费者的付款。然而，Diamond-Dybvig 模型的一个关键假设是，消费者的类型是私人信息而不是公

① Kawamura（2007）提出了在现金约束条件的小型开放经济体下存在的两个好的 Diamond-Dybvig 模型，并分析了不同汇率制度和货币政策对银行业的影响。

共信息。这种假设的含义是，我们不能根据消费者的类型来制定合同，因为合同中的另一方不能验证消费者的类型。这意味着消费者不能制定保险合同，以便在两种自然状态之间最优地分配效用。

Diamond and Dybvig（1983）探讨了这些约束条件对于经济体中竞争均衡的影响。他们认为，由于消费者无法签订与政府有关的合同，在竞争均衡中实际上不会发生任何交易。在第 0 期消费者不会发生交易，因为消费者在这之前是相同的；他们也不能制定合同，因为这取决于他们在第 1 期显示的类型差异。类似地，在第 1 期消费者的类型明确之后交易也不会发生，因为一旦消费者明确了类型，他们对于在什么时候消费将有不同的偏好；他们可以使用相同的技术，将第 1 期的资源转换为第 2 期的资源，所以没有互惠贸易的机会。在这种情况下，竞争的均衡是自给自足的：A 类消费者在第 1 期中断生产并消费他们的禀赋，获得效用 $u(1)$ 和边际效用 $u'(1)$；而 B 类消费者允许生产持续到第 2 期，获得效用 $\rho u(R)$ 和边际效用 $\rho u'(R)$，产生更高的回报。Diamond and Dybvig（1983）证明了 $\rho Ru'(R)<u'(1)$，因此竞争均衡的条件不满足上述最优资源分配的条件。

银行可以为这一问题提供解决方案，从而实现最优的消费分配。它们可以通过在第 0 期提供存款方式（使用第 1 期可用的存款资源），使得投资者的回报超出纯粹持有现金的回报，存款方式会吸引所有的消费者。如果银行拥有足以支付的资金，即如果 f^j 小于 r^{-1}，那么这样的存款在第 1 期中被第 j 个消费者取出，投资回报为 r_1；其中 f^j 是在第 j 个消费者在提取他的存款之前所有存款组合的分数，并且如果 $f^j \geqslant r_1{}^{-1}$ 投资回报将为 0，因为这种情况下若第 j 个消费者试图提取存款，银行的自有资金将被耗尽。在第 2 期，银行将利用剩余存款人对应的资金进行支付，在第 0 期支付每单位存款 $R(1-r_1 f)/(1-f)$，其中 f 是所有存款在第 1 期撤出的比例；除非银行的资金在第 1 期耗尽，在这种情况下，支付金额为 0。

如果令 $r_1=c_1$，银行自身可以模拟完全信息均衡的情况。要看看如何操作，我们需要注意如果 A 类消费者在第 1 期提取存款，他们在第 1 期的消费比例为 c_1，正如完美信息均衡情况所揭示的一样，未提取的存款仍然将投资于流动性较差的项目。银行在第 2 期向 B 类消费者的支付额度受到银行自有资源条件的约束，如下式：

$$R(1-r_1 f)/(1-f)=R(1-c_1\lambda)/(1-\lambda)=c_2 \tag{3}$$

若第 2 期每单位存款在银行存款的比例为（$1-\lambda$），那么这将是 B 类消费者，并且直到第 2 期，他们将存款一直放在银行。上述均衡条件是一个理性预期均衡结果，因为 A 类消费者在第 1 期提取其存款并不会感到后悔，而在第 1 期不退出的 B 类消费者也不会后悔将其资产留在银行内部。

不幸的是，这并不是唯一可能的理性预期均衡，因为我们并不能保证在第 1 期中 $f=\lambda$ 的条件一定存在。换句话说，在该期内客户提取存款的部分可能不等于由 A 类消费者撤出的部分。我们假设，特别是在 $f=r^{-1}$ 的情况下，所有银行的自有资金将被第1期内消费者的提款耗尽。为了实现这一点，一些 B 类消费者还必须在第 1 期中提取其存款，利用免费存款假设来消耗第 2 期中的 c_1（银行在第 1 期支付的合同报酬）。在理性情况下，他们是会这样做的，因为按顺序进行服务的约束意味着那些在银行资金耗尽后试图提取资金的 B 类消费者在第 2 期将不会收到任何回报，因此这比他们幸运地及时撤出存款要糟糕得多。所以，B 类消费者对银行上演“挤兑”也会是一个完美预期均衡。

总之，旨在提供流动性服务的银行本身就容易受到挤兑的影响。由于 $c_1<c_2$，所以我

们可以很容易地知道A类消费者在银行资金撤出均衡的情况下不会变得更好，而B类消费者则会变得更差，所以银行资金撤出的均衡条件必须低于无撤出均衡条件，我们对此的直觉是，银行资金的撤出将迫使资产过早清算，使得整体经济将主要投资于储存技术，而不是生产技术（即资金将主要流入银行系统）。Diamond-Dybvig为这个问题提供了两种可能的解决方案：银行停止偿付和存款保险，我们稍后会再回头来讨论这一问题。

□ 1.2　商业周期和银行危机

Diamond-Dybvig模型没有说明银行业恐慌可能发生的条件，因为在资金“挤兑”或“不挤兑”的情况下，其结果都是理性预期均衡，任何一种结果都是可能的。然而后来的实证研究表明，银行危机与各种宏观经济发展情况有系统的相关性。例如，Gorton（1988）的早期发现表明，在美国的国家银行时代（1863—1914年），商业周期和银行危机之间存在着系统性关系：银行危机更有可能在经济衰退期间发生。这个发现可以在Diamond-Dybvig模型的结果中给出直接的解释，如果商业周期的衰退出现在流动性冲击更可能发生的时期（使得λ增加），或者当对流动性投资（R）的投资回报预期下降时，恐慌在经济衰退期更容易发生。Gorton还发现，正如Diamond-Dybvig模型所指出的那样，美国银行（1914年以联邦储备系统的形式表现）设立了最后贷款人制度，而存款保险制度（1934年的联邦存款保险公司）与银行恐慌发生率的减少息息相关。

Gorton and Huang（2006）系统地研究这些发现的理论基础，他们提出了一个模型，其中银行恐慌不是多重均衡的非理性表现。相反，这些事件是由信息不对称和存款人紧钉银行所导致的结果；银行很容易受到世界某些国家道德风险问题的影响。具体来说，如果存款人缺乏关于银行资产价值的全面信息，因此在宏观经济下行期间，他们通过撤出资金来监督银行，但也会引起银行恐慌。这种恐慌可能会导致金融体系的效率低下，因为银行可能在没有充分理由的情况下而被清算，仅仅是因为银行体系中没有足够的流动性，银行不能满足所有存款人的要求。因此，如果需要，我们可以通过建立一个创造流动性的中央银行来提高效率，这也在一定程度上减轻了道德风险的问题。

我们将会在第4节简要回顾发展中的银行危机的系统性决定因素的实证证据。然而在这样做之前，我们会先来考虑银行危机与货币危机之间的关系。

2　共生危机

20世纪80年代初，拉丁美洲南锥体的银行危机和货币危机具有显著的同步性，这提醒了经济学家们，这些现象在发展中国家可能会出现特别密切的联系。在已经被引用的Díaz-Alejandro（1985）的文章中，他率先提出我们需要注意在南锥体（南美洲的巴西、巴拉圭、乌拉圭、阿根廷和智利）两种危机之间的密切联系。

紧接着，Kaminsky and Reinhart（1999）在两种危机之间建立了一种更为系统的联系，为此他们提出了“共生危机”这一术语。为了研究银行危机和货币危机，他们选取了在1970—1995年间，25个国家（其中20个是发展中国家）76次货币危机的样本和26

次银行危机的样本。[1] 他们发现，20 世纪 70 年代，在金融危机之前，自由化这一趋势减弱了两大危机之间的相关性，但在后自由化时期却表现出很高的相关性。具体来说，尽管银行体系的问题往往会出现在货币危机之前（事实上银行危机的发生有助于我们预测货币危机），但是货币危机的爆发也导致了银行危机的深化。这两种类型的危机在发生之前都会有宏观经济基本面的恶化，这与 Gorton 对于美国历史上的实证研究证据保持一致，由于贸易条件的恶化，实际汇率的高估或成本的上升将带来信用衰退。重要的是，Kaminsky and Reinhart（1999）发现，货币危机和银行危机共同发生时产生的经济影响要大于其孤立发生时产生的影响。

在本节的剩下部分，我们将研究两个跨代的分析模型，试图解释银行危机和货币危机之间的联系。第一个模型：Velasco（1987）采用了第一代货币危机的分析框架，试图解释由于政府救助陷入困境的银行体系所导致的货币危机。第二个模型：Changand Velasco（2001）采用第三代货币危机的观点（正如上一章所讨论的），模拟了银行危机和资本流入突然中断同时发生的情况，作为对部分国内存款人和国内银行系统的外国债权人同时陷入恐慌的一种结果。

□ 2.1　两者紧密联系的基础模型

Velasco（1987）建立了银行危机和货币危机之间关系的早期模型。这一基础模型表明，政府对私人银行负债的担保可以产生标准的第一代货币危机，该分析与 Krugman（1979）的分析以及我们在第 14 章中讨论的内容类似。这一分析机制如下：在存在政府对国内银行债务的担保的情况下，银行系统的崩溃将导致政府预算的减少，这是通过外汇储备的消耗来实现的。考虑到外汇储备存在下限，因此其稳定的消耗必然导致第一代货币危机的发生。

Velasco 首先描述了一个不存在银行的简单动态经济体。在早期的第一代国际收支危机模型中，Velasco 做出了一些假设，例如国内经济规模比较小，同时生产单一贸易的商品；因此国内价格水平由购买力平价确定，$p_t=s$，其中 s 是名义汇率（以国内货币表示的外币价格），贸易品的外币价格则以单位价格表示。国内物价水平和工资水平是完全灵活的，因此国内的产出水平总是处于充分就业水平 y 之下。无抛补利率平价条件表明国内名义利率 i 总是等于外国利率 i^*。国内货币需求由以下等式给出：

$$m_t = L(i^*)w_t \tag{4}$$

其中，w_t 是私人非银行财富。货币的供应量完全由外汇储备支持，以 i^* 的利率向政府支付利息。假定政府仅仅消耗其外汇储备的利息收入，因此政府消费 g 是：

$$g_t = i^*R_t \tag{5}$$

正如我们将在下面看到的，政府的外汇储备存量将始终保持不变，因此政府消费也是不变的。非银行私人部门的财富定义为：

$$w_t = m_t + b_t^* + y/i^* \tag{6}$$

其中，b_t^* 表示国内私人持有的外国债券，因此私人部门财富存量由下式给出：

$$\dot{w}_t = y + i^*b^* - c(w_t) = i^*(w_t - m_t) - c(w_t) \tag{7}$$

其中，c 是真实的私人消费量，可以被视作私人真实财富的增长函数，将（6）式代入

[1] Glick and Hutchison（1999）同样提供了发展中国家共生危机将会更加频繁发生的证据。

(7) 式的第一部分，得到 (7) 式的第二部分。将 (4) 式代入 (7) 式中，经济体中财富的稳定水平由下式给出：

$$0 = i^*[w_t - L(i^*)w_t] - c(w_t) \tag{8}$$

在说明银行危机时，Velasco 假设经济中的资本存量由非银行部门间接持有，银行发挥着金融中介的作用，与 Diamond-Dybvig 模型显示的一样。实际上，资本存量由非银行私人部门转移到银行，作为回报，非银行私人部门对银行持有索偿权。然而，在这种情况下，这些索偿权的形式是国内债券，而不是活期存款。私人部门债券的现值必须等于经济的未来产出，或者可以说是 $b_0 = y / i^*$。所以在银行存在的情况下，非银行私人部门的财富可以表示为 $w_t = m_t + b_t^* + b_0$。我们假定单一贸易品的生产受规模经济的制约，银行有可能在每期获得垄断利润 π；因此，在这样的经济体下，经济产出变为 $y' = y + \pi$，我们假设银行家将会消费所有超额利润。

下一步我们需要考虑外部冲击对经济的影响，这种影响以经济产出 y 萎缩的形式出现。因为银行每期都将支付 $i^* b_0$，所以非银行私人部门将不会感觉到财富的变化，因此不会改变其消费行为。如果外部冲击足够小，那么银行可以继续履行其对私人债权人的义务，只需要减少自己的收入 π。但是，如果外部冲击足够大，超过银行自给自足的程度，银行只能通过借款继续履行义务。为了简单起见，我们假设外部冲击是如此之大，以至于使得 y' 变成零，每个周期的银行借款以 $\dot{F}_t$ 表示，由下式给出：

$$\dot{F}_t = i^* b_0 + \pi + i^* F_t \tag{9}$$

因为私人部门和银行家一开始都不会改变其消费行为，在这种情况下，y' 的减少导致经常账户赤字变大，需要银行进行外部借款提供资金。然而，如果这种外部借款具有一定的上限，也就是 F_u，那么这种情况必然会在某个时期结束。当银行的借款能力被耗尽时，也就是说当 $F_T = F_u$ 时，由以下等式表示：

$$\mathrm{e}^{i^* T} = \frac{i^* F_u + i^* b_0 + \pi}{i^* b_0 + \pi} \tag{10}$$

Velasco 假设银行存款和银行外债都可以由政府担保。然而，我们假设政府没有足够的外汇储备来同时赎回私人银行的存款并清偿外债。因此，他假设政府将使用储备来赎回银行的存款，但仅仅是承担银行的外债，并且会继续按时提供服务。如果政府最初消费的金额是 g，那么相对应的储备必须由 g/i^* 给出的，储备随着时间的演化方式将由下式给出：

$$\dot{R}_t = 0 = g - i^* R_0 \tag{11}$$

当政府向银行的存款者支付时，政府的储备将会下降 b_0，所以政府的收入也会下降 $i^* b_0$。另外，当政府承担银行的债务时，政府的支出增加 $i^* F_u$。因此，政府储备的动态变化可以表示为：

$$\dot{R}_{t-T} = i^* R_{t-T} - (i^* F_u + g) \tag{12}$$

这一模型最关键的地方在于，因为 $R_T = R_0 - b_0 = g / i^* - b_0$，私人银行的撤出使得在所有 $t \geqslant T$ 的情况下 $\dot{R}_{t-T} < 0$。因此，正如 Krugman (1979) 的经典模型中，储备存量的下降是不可避免的；假如储备存在有限的下限，那么必然将导致对货币的投机冲击。在克鲁格曼的模型中，冲击的时间是可以预测的，并且克鲁格曼假设了储备具有零下限，

由以下式子隐含给出：

$$e^{i^*(T^*-T)} = \frac{R_{T^*-T} - (F_u - g/i^*)}{(R_0 - b_0) - (F_u - g/i^*)} \tag{13}$$

我们需要注意到，在这种模式中银行危机与货币危机之间是通过政府的预算运作这一过程联系在一起的。与 Gorton 和 Kaminsky-Reinhart 的研究结果一致的是，经济衰退是触发银行危机的因素，而这无疑损害了银行资产的价值。由于保证了银行体系内负债的价值，对银行系统内净值的冲击会被政府所吸收，从而导致财政赤字，最终迫使政府用完外汇储备，触发货币危机。

□ 2.2 Chang-Velasco 模型

在 Velasco（1987）模型中，银行危机通过因果关系的逻辑直接导致货币危机。相比之下，在 Chang and Velasco（2001）最近提出的模型中，国内和国外的金融危机同时发生，是国内银行体系和国外银行体系的债权人共同恐慌的结果。这一模型是 Chang-Velasco 直接以 Diamond-Dybvig 模型为基础进行构建。正如在 Diamond-Dybvig 模型中，他们采取三期的设置方式，其中客户在第 0 期出生并且接受 e 单位完全可分离商品禀赋。在第 0 期，客户可以在国内或国外进行投资。国内的投资将受制于流动性不高的相关技术，如果投资在第1 期能够得到清偿，则每单位投资的回报率为 $r<1$；如果投资持续到第 2 期，则 $R>1$。用于替代 Diamond-Dybvig 模型中存储技术的外国投资，在第 1 期或第 2 期能够产生 1 个单位的消费量，这取决于外国投资何时被清算。国内的客户也可以在第 0 期和第 1 期以零利息的方式从国外进行借款，总外部借款的上限等于 f 单位的消费品。在 Diamond-Dybvig 模型中，消费者在第 1 期发现他们自己是 A 类消费者（仅关注第 1 期的消费）还是 B 类消费者（仅关注第 2 期的消费），这被假定为私人信息。A 类消费者的概率是 λ，而 B 类消费者的概率是 $(1-\lambda)$；从第 0 期开始，预期的效用由下式给出：

$$\lambda u(c_1) + (1-\lambda)u(c_2) \tag{14}$$

其中，$u(\cdot)$ 明显地采用了稳定的相对风险厌恶形式进行呈现，即 $u(c) = c^{1-\sigma}/(1-\sigma)$。

因为国内的客户往往是风险厌恶者，同时面对特定的风险时不确定自己所属的消费者类型，因此他们可以受益于整合自有资源。正如 Diamond-Dybvig 模型研究的一样，Chang-Velasco 探索了如何在银行按照顺序进行服务这一约束的情况下来实现预期效用更完美的均衡。作为分析的第一步，我们需要考虑到进行分析时不能观察到消费者个体类型这一问题。在这种情况下，B 类消费者必须满足激励相容的约束条件才能在第 1 期显示其本身的真实类型。[①] 假设 b_0 和 b_1 分别表示第 0 期和第 1 期的外国借款净额，k 表示投资于流动性较差的技术的金额，l 是在第 1 期清算的国内投资金额，我们要解决的问题是由（14）式给出的预期效用最大化，其受制于：

$$k \leqslant b_0 + e \tag{15}$$

$$\lambda c_1 \leqslant b_1 + rl \tag{16}$$

$$(1-\lambda)c_2 + b_0 + b_1 \leqslant R(k-l) \tag{17}$$

$$b_0 \leqslant f \tag{18}$$

$$b_0 + b_1 \leqslant f \tag{19}$$

① A 类消费者能够自动满足激励兼容性约束条件，他们没有在第 2 期支付满足激励。

$$c_2 \geqslant c_1 \tag{20}$$

$$c_1, c_2, k, l \geqslant 0 \tag{21}$$

除了（20）式，这些约束条件都是不言自明的，（20）式是我们在之前提到的激励相容约束条件，这一条件确保了 B 类消费者没有向他人隐瞒自身消费者类型的动机。

经济总体面临着很强的不确定性，若想解决这个问题，这将意味着没有足够国内投资用于支持第 1 期的消费，因为通过借款来支持第 1 期的这种消费成本更低。因此，解决方案对应的是 $l=0$ 和 $\lambda c_1 = b_1$。因为外部借款达到的效用在第 1 期是最佳的，（18）式不会收紧，（19）式必须能够作为确定 b_0 的等式。从（17）式来看，我们的这些考虑意味着：

$$R\lambda c_1 + (1-\lambda)c_2 = Re + (R-1)f = Rw \tag{22}$$

其中，$w = e + f(R-1)/R$ 是对经济财富的一种度量方式。（14）式预期效用的最大化受制于这一约束，将产生最优的消费水平：

$$\lambda c_1^* = \theta w, \quad (1-\lambda)c_2^* = (1-\theta)Rw \tag{23}$$

其中，$0 \leqslant \theta \equiv [1 + (1-\lambda)/\lambda R^{(\sigma-1)/\sigma}]^{-1} \leqslant 1$，我们可以很容易地验证该解能够满足激励相容的约束条件（20）式。

Chang-Velasco 认为，这种均衡情况可以在以下这样的情形下产生，即在第 0 期国内消费者让渡他们持有的商品禀赋和他们借款给外国银行的能力，而银行反过来将资本 k 用于投资国内技术；在第 0 期和第 1 期从国外借入 b_0 和 b_1，并且如果第 1 期资金退出（至少是银行的自有资金耗尽），则向存款者支付等于 c_1^* 的存款，如果在第 2 期资金退出，则向存款者支付等于 c_2^* 的存款。如果 A 类存款者在第 1 期每次都提取 c_1^* 的存款，而 B 类存款者将其资金全部留在银行，那么产生的均衡将满足上述条件，并且达到社会最优均衡。

但是这一均衡的问题是，正如 Diamond-Dybvig 模型揭示的一样，这并不是唯一可能的均衡情况，特别是在银行恐慌的条件下。银行恐慌指的是在第 1 期存款者的提款金额超过了银行在第 1 期的可用资金，导致银行进行清算，这也是一种可能的均衡情况。这方面涉及的重要问题是银行的资金可能因为第 1 期存款者的提款而被耗尽。原则上，银行可以通过从国外借款或清算国内的投资来满足这种提款需求。如果银行致力于为其外部借款提供服务，那么其可以清算的最大国内投资额为：

$$l^+ = Rk^* - f \tag{24}$$

因此如果发生以下情况，银行将无法履行第 1 期的义务：

$$z^+ = c_1^* - (b_1 + rl^+) > 0 \tag{25}$$

当银行的流动资产以外部资金的形式和国内投资的清算价值形式呈现，其总和为 $b_1 + rl^+$，低于其活期存款负债 c_1^* 时，该条件成立。如果该条件成立，那么将有足够数量的 B 类存款者寻求在第 1 期内提取资金，以便耗尽银行的自有资金，此时也会达成一个理性的期望均衡状态。这是因为在银行运行的情况下，若 B 类存款者在第 1 期无法成功取得资金，那么在第 2 期将不会收到任何资金。

如果资本流入的突然中断和资金的退出同时进行，那么资金成功退出的条件更有可能得到满足。为了能够看到这一点，我们假设银行会对其第 0 期的外债负责，而不是其第 1 期的外债（在银行运行的情况下）。如果是这样，那么银行可以清算的最大国内投资额增加到：

$$l^a = Rk^* - b_0 = Rk^* - (f - b_1) = l^+ + b_1 \tag{26}$$

但是比较关键的流动性状况现在将变成：

$$z^a = c_1^* - rl^a = c_1^* - r(l^+ + b_1)$$

也就是：

$$z^a = z^+ + (1-r)b_1 > 0 \tag{27}$$

因为 $z^a > z^+$，所以这个条件更有可能被满足。我们这里分析的意义在于，如果银行资金挤兑伴随着资本流入的突然中断，那么资金挤兑的条件很有可能成为满足均衡状态的条件。因此，资本流入的突然中断可能触发银行挤兑。但是，相反的情况也是如此：银行挤兑很有可能引起资本流入的突然中断，因为如果银行出现资金撤出的现象，那么它将不太可能募集新的外部借款用来进行银行服务。因此，国内银行挤兑和资本流入的突然中断（正如我们在上一章中所讨论的）是互补的。①

□ 2.3 Flood-Marion 协同分布模型

关于银行体系和货币体系同时崩溃的其他研究包括 Buch and Heinrich（1999）和 Flood and Marion（2004）。在 Buch-Heinrich 模型中，正如 Velasco（1987）模型所揭示的一样，两种危机之间存在着密切的联系。银行系统的崩溃带来了货币体系的崩溃；对银行资产回报的不利冲击降低了银行的净值，并增加了其外国借款成本。因为此时政府已经使得财政赤字货币化，一旦失去了国际储备，那么外国借款的下降将加速固定汇率无法逆转的崩溃速度。

相反，在 Flood-Marion 模型中，银行危机和货币危机不一定同时发生或按顺序发生。他们假设了一个具有固定汇率的小型开放经济体和一个以外币对负债进行计价的银行体系；存在一个单一的整体的经济冲击，能够影响到银行资产的回报情况、资产的需求情况和政府的融资情况。一旦银行的负债超过银行的资产时，那么银行将会崩溃；此时货币投机者将急于购买所有政府用于保护固定汇率制度的国际储备，货币体系也将走向崩溃。在影子汇率超过固定汇率的时刻，投机者的作用开始发挥，如同典型的 Krugman-Flood-Garber 模型讨论的一样（见第 14 章）。银行体系的崩溃和货币体系的崩溃都是因为经济的基本面遭受了不良冲击，因此它们两者往往是相关的；但是因为这些不利的冲击产生不良影响具有不同的条件，因此银行危机和货币危机并不总是同时发生。

3 信息不对称和机会主义

广为人们所接受的 Diamond-Dybvig 模型认为银行的社会作用在于，允许整体经济进行生产率高但流动性较低的投资，尽管个人储户有足够理由重视他们自身的流动性，银行基本上可以替代缺失的保险市场。同时，关于银行的社会作用，另一种观点认为它们是社会创新的产物，以解决信息不对称问题和实现激励，而非保险问题。② 从这个角度来看，银行挤兑并非低流动性糟糕的副产品，它实际上发挥了对社会较为有益的作用，即

① Vaugirard（2007）扩展了 Chang-Velasco 的研究框架，研究了银行的资金撤出产生的传染性影响。

② 早期的概述请见 Gertler（1988）；另见 Freixas and Rochet（1997）的研究。

减少银行及其存款人之间的委托-代理问题。

这种分析视角的关键点在于，在信息不对称问题和机会主义行为的情况下，存在高昂的交易成本。交易所涉及的费用涵盖各种类型，涉及金融交易的每一个步骤，包括从双方最初进行交易到最终清算的全过程。第一，当信息不对称时，贷款人和借款人必须花费精力相互寻找。因此，最终实现匹配金融交易的双方涉及经纪费用。第二，在信息不对称的情况下，逆向选择要求潜在贷款人承担贷款的评估成本。第三，信息不对称问题和机会主义行为的同时存在，使得货币在改变贷款人和借款人之间的交易步骤后产生委托-代理问题，因为借款人将有动机使用他们自己获得的资金来追求利益，而不是那些贷款人的利息，因此这需要承担监督成本。第四，由于合同在机会主义行为的商业世界里往往不具备自我执行的功能，金融交易也涉及合同执行成本。所有的这些成本在借款人支付的金额和贷款人收到的金额之中产生了一个价差，我们称之为外部融资溢价。

第二个关键点是，所有的这些成本中可能包含大量的固定成本（即独立于用于交易所产生的成本）。这意味着，如果个人扮演金融中介的角色，那么外部融资溢价将会非常高。然而，专门从事金融中介的机构可以通过利用金融中介过程的规模经济作用（例如撮合贷款人和借款人，评估贷款，监督双方和执行贷款合同）来实现更低的单位成本，因为这些活动中本身就具有范围经济和规模经济的特性。因此，专业化公司可以在借款人和贷款人之间扮演中介的角色，其成本明显低于个人金融中介。因此，这种专业化公司的社会贡献在于降低外部融资溢价。

那么，这就是银行所承担的角色。然而，因为银行的主要优势在于它们能以比个人更低的成本提供信息密集型（information-intensive）的贷款，银行必然将拥有更多关于资产组合质量的信息，这一点将胜过大多数的外部客户，甚至银行的储户。因此，银行储户作为贷款人本身就将面临逆向选择问题。此外，作为借款人的银行与其储户也属于委托-代理关系，并且银行也面临着与其他借款人同样的动机：一旦将资金委托给他人，它们就将以自身利益行事。因此，银行的储户也必须解决道德风险的问题。更加复杂的问题是，银行监管是一种公共产品：只要部分储户选择监督以保证银行服务于所有储户，那么无论其他人是否主动进行监督，所有储户都将受益。

采用按顺序约束的方式偿还发行的流动银行负债，能够解决银行存款人面临的逆向选择和道德风险问题。由于存款本身具有随存随取的特性，因此存款人可以通过快速切断银行的资金来源来惩罚被认为滥用存款资金的银行。相应地，按顺序进行偿还债务这一约束解决了监督行为存在的公共产品问题。它保留了个人存款人监督银行的动机，因为只有消息灵通的存款人才会在银行表现不佳前提前取回存款。最后，彻底摧毁银行股权结构后，银行危机是对错配存款人资金最终的惩罚。从这个角度来看，流动负债、按顺序进行服务和银行挤兑能够使得银行按照存款人利益采取行动，从而鼓励存款人将其储蓄委托给银行。[1]

当然，这并不意味着银行挤兑对社会是有益的。尽管银行挤兑威胁了银行的偿债能力，但也发挥了积极的社会作用，使得银行家和存款人相互协调自身的利益；但从社会角度来看，银行挤兑会导致银行破产，具有极大的破坏性。这一影响不仅仅在Diamond-Dybvig模型中得到解释，高生产率且非流动性的资产可能被清偿，而且银行破产也意味

① 详细说明见Calomiris and Gorton（1989）。

着整个社会损失了银行债务人的私人信息，这一点至关重要。

因此，最后贷款人制度和存款保险制度旨在继续为存款人提供社会福利。然而，从信息不对称的角度来看，这些好处必须与一些潜在的成本相权衡（Santos，2006）。具体来说，虽然这种制度的安排可能减少甚至消除恐慌的可能性，但是也减少了存款人主动进行监督的激励，因此可能加剧银行业的道德风险问题。随之而来的结果是，这种制度安排进行授权监督，创造了一个政府监管和监督银行以防止具有道德风险的贷款的案例。

4 银行危机的决定因素：实证证据

银行是社会创新的产物，这一点是毋庸置疑的，因为银行一方面降低了信息不对称和机会主义行为带来的金融中介成本，另一方面作为期限转换器发挥作用。银行愿意发行流动性负债以促进存款人对其进行监督，这也满足了存款人的流动性需求，对客户极具诱惑。与此同时，通过将许多流动负债聚集在一起，银行能够减少流动性风险。因此，银行在进行信息密集型贷款的发放时，也在其资产组合中纳入具有高预期回报但是流动性较差的项目。然而，这种折中的观点使得银行的资产变得不透明（至少从外部的角度来看是这样）和相对不流动，同时银行流动性较高的负债将受到按顺序进行偿还这一条件的约束。从这个角度来看，银行危机在发展中国家，尤其是在这些国家国内金融体系自由化之后频繁地发生，也就不足为奇了。[①] 本节中，我们回顾了一些造成这种银行危机的因素的国际实证证据，大体包括以下三类：间断性的跨国研究，“预警”指标导致的相关结果，多元计量经济学证据。

4.1 间断性跨国研究实证证据

Sundararajan and Baliño（1991）总结整理了发展中国家爆发银行危机的原因及其影响的早期研究，他们回顾了 7 个发展中国家的实证经验，包括 1980—1982 年期间阿根廷的南锥体危机，1981—1983 年的智利危机，1982—1985 年的乌拉圭危机，1983—1986 年的菲律宾危机，1984—1986 年的泰国危机，1978—1983 年的西班牙危机，以及 1985—1986 年的马来西亚危机。尽管金融自由化的程度有所不同，政策制度变化时点与银行危机的出现时点具有一定差异，但是在这些国家每一次银行危机之前都实行了国内金融自由化。在所有的这些国家，银行危机最终均导致国内银行破产。

因为不良贷款在每次银行危机前和爆发期间都出现急剧增长的态势，由此得出结论，这些危机无一可以被解释成自我实现的银行恐慌，也就是说，这些危机均是由经济基本面的恶化造成的。在这些情况下，危机都发生在经济快速增长之后，各产业部门之间的相对绩效存在着很大的差异，并伴随增长放缓。资产价格（例如房地产和股票价格）的不利变动在某些情况下是重要因素，但并不是全部因素。然而，与 Kaminsky and Reinhart（1999）后续调查结果一致的是，这些银行危机的爆发往往与重大的外部冲击以及

① 关于工业化国家银行危机和发展中国家相似性的证据，见 Schularick and Taylor（2012），Reinhart and Rogoff（2013）。

国际收支问题有关。在银行危机发生时，汇率和利率往往出现急剧的调整，这反映了汇率市场的压力，虽然在某些情况下，货币危机发生在银行危机之前。然而，在大多数国家，外部经济的不均衡在银行危机之前是最为严重的。与 Gorton 的研究（美国国家银行时代）相反的是，无论是否存在存款保险制度，这些银行危机均会发生。1979 年 11 月，阿根廷放弃了全额存款保险制度，而在菲律宾，存款保险机构的资金不足导致索赔的结算延迟。

在上述的这些国家爆发银行危机之后，存款转向货币（现金）的趋势明显，或者说货币需求的利息弹性显著降低。因此，阿根廷、菲律宾、西班牙和乌拉圭的货币乘数急剧减少，但泰国和智利却并没有（在泰国，银行危机主要影响金融公司，而不是银行）。这些银行危机与国内生产总值增长的急剧减少以及通货膨胀初期的减速有关，尽管后者在某些情况下随后会进行逆转。最后贷款人制度（在上述所有情况下均使用）帮助受困的国家恢复了信心，包括对于一些陷入困境的机构进行干预和存款保险的重新设置。然而，由于金融机构普遍破产，最后贷款人制度很快就以优惠利率取代了长期贷款。因此，政府将不再对破产的机构进行补贴，正如 Velasco（1987）所揭示的。在所有的情况下，存款者的损失最小（但是在阿根廷和泰国，存款者将承担一些损失），而且陷入破产困境的银行命运在各国也有所不同（在某些情况下被清算，在其他情况可能合并、重组或被补贴）。银行的借款人在财政支持、技术援助和债务权益转换等方面会得到一定的帮助。

Caprio and Klingebiel（2003）做了更全面的研究，提供了一个对于后续研究有所贡献的数据集。他们在定义系统性银行危机时，确定危机发生在银行系统主动报告的不良贷款超过总贷款的 5%时，他们选取 1975—2001 年间，在 88 个国家范围内确定了总共 112 次系统性银行危机事件。[①] 与 Baliño and Sundararajan（1991）的研究一样，危机前的特点往往是信贷增长异常迅速以及宏观经济波动（这种情况下，宏观经济波动通过 GDP 增长、通货膨胀和贸易条件的变化进行衡量）。然而，比宏观经济问题更为普遍的是微观经济因素，如银行监管不力、政治干预、关联贷款和银行管理不善等。这些因素为上一节的信息不对称和机会主义行为观点的实证重要性提供了强有力的支持。

Joyce and Nabar（2009）和 Dwyer et al.（2013）进行了另两项关于银行危机影响的研究。第一项研究发现表明，银行危机对投资的不利影响往往在经济开放程度大的经济体中放大。同时，在对 21 个工业化国家和发展中国家长期的研究（有些是 1870—2009 年，有些是从 1901 年开始）中，Dwyer et al.（2013）发现其中 25%的国家在银行危机或危机后两年其人均实际 GDP 并没有下降。一些国家在危机后出现经济长期增长的情况，而另一些国家的经济出现下降的态势，这里面没有可以全面清楚解释的模式。

□ 4.2 信号方法

目前人们主要采用两种实证方法对引起发展中国家银行危机的因素进行系统的调查：一种我们称之为“预警”方法，以及一种基于 logit 或者 probit 多元回归的估计方法。

信号方法主要指的是我们试图使用能够确定未来银行部门出现经营困难的“预警指标”。正如我们在之前提到的 Kaminsky-Reinhart 的“共生危机”的研究，他们率先在对发展中国家银行危机的背景研究中采用了这种方法。该方法包括：根据理论识别可能的

① 最近的研究使用了 Laeven and Valencia（2013）所用的数据库。

危机决定因素列表，并检验每个变量的不寻常运动对于结果的影响，即这些变量是否有助于预测未来银行危机的严重程度。更具体地，Kaminsky-Reinhart 考虑了每个潜在的危机决定因素在危机前是否超过了临界阈值。如果确实超过了阈值的话，那么这个变量将被解释为未来银行危机的信号。每个变量的临界阈值都是根据实证经验确定的，以便最小化该变量样本内的信号/噪音比（即正确预测与错误预测的比率）。Kaminsky-Reinhart 发现，对于即将到来的危机，最可靠的预警指标是实际汇率的变动（增值预示着未来的银行危机）、股票价格的变动（下跌预示着未来的银行危机）、货币乘数（下降预示着未来的银行危机）。

Kaminsky（1999）进一步发展了预警信号方法，他通过将对若干指标中包含的信息进行组合，调整出更有效的指标。该方法包括：以每个指标的信号/噪音比进行加权，构建出在每个时刻都能正确预警的指标所组成的复合指标。在预测银行危机时，复合指标的精确程度最终胜过任何单一指标，但是它也更有可能提高误报率（false positive）。Edison（2003）对进一步的拓展进行了深入的研究，但是结果更加复杂。

□ 4.3 计量经济学的实证研究

近年来，我们对影响银行危机的决定因素进行了大量的计量经济学实证研究，通常将 logit 或 probit 多元回归估计应用于估计危机-无危机的解释变量（crisis-non-crisis-dependent variable）。Demirgüç-Kunt and Detragiache（1998）在这个问题上进行了开创性的研究。在研究中，他们试图解释银行危机的决定因素，选取了在 1980—1994 年期间 45～65个国家（取决于具体数据的可用性）的样本。如果有一个银行救助行动的成本超过 GDP 的 2%，或者如果不良贷款与银行体系中总资产的比率超过 10%，或者如果是出现广泛的银行国有化现象，特别是银行业出现问题，那么无论那一年是否出现了大范围的银行挤兑、存款冻结或长期银行休业，还是为了应对这些问题制定的普通存款保险，他们均将这一年视作银行危机可能发生的年份并加以研究。在这些标准的基础上，他们从 546 个可能发生危机的时间点筛选出 31 个银行危机事件。

通过使用 logit 方法，他们研究了哪些因素可能影响样本中给定观测点被归类为危机的概率。在宏观经济变量中，国内 GDP 增长缓慢，国家贸易条件不佳，国内名义利率和实际利率高企，往往与银行危机有关，但汇率贬值和财政变量没有呈现较强的关系。同时研究中缺乏证据表明，私人部门的信贷快速增长（例如多出现在银行监管不当的自由化环境中）有可能预测随后的危机。与 Chang-Velasco 的研究一致的是，银行对存款人和外部债权人的恐慌具有脆弱性，M2 与中央银行外汇储备存量的高比率增加了危机发生的可能性。最后，Demirgüç-Kunt and Detragiache（1998）发现，他们用来表示国内体制环境价值高低的法律和秩序指数有助于预测随后发生的危机，存款保险制度的存在增加了他们用于研究危机的样本。这一结果在他们（Demirgüç-Kunt and Detragiache，2002）的后续研究中得到确认，这一研究来自 1980—1997 年期间 61 个国家的样本。

Hutchinson and McDill（1999）一项类似的统计研究进行了一定补充，主要关注大样本下银行危机的决定因素，他们研究了危机爆发时国家宏观经济变量和金融变量的“典型”时间序列变动。他们发现，银行危机爆发的国家与其他国家相比，危机前往往呈现出更快的货币贬值速度的特点，且通货膨胀率更高，M2 与外汇储备的比率更高。银行危机出现的国家的股价略高，但是财政业绩没有显著的差异。在银行危机爆发的经济体中，实际产出在危机之前经历了繁荣增长，然后逐渐放缓；在危机爆发时急剧下降，然后逐渐恢复。信贷增长这一现象在银行危机前是强劲的，在第一年明显收缩，然后缓慢反弹。汇率贬值在危机爆发时大幅上升，股票价格大幅下跌。在一份正式的统计分析中，Hutchinson and McDill（1999）发现，实际 GDP 增长放缓和股票价格下跌都增加了危机随后爆发的可能性；金融自由化、存款保险制度及其相互作用也是如此。相反，更大的央行独立性降低了经济体对银行危机的敏感性。

这类研究存在的一个问题是，研究者通常从事前确定的大量可能的危机决定因素开始，并且基于在特定样本内的理论符号和统计显著性来识别一组关键决定因素，因此难以确定他们对于所包括的变量集合和所选择的特定样本的变化的稳健性。Eichengreen and Arteta（2002）的研究主要关注发展中国家银行危机替代预测变量的稳健性。他们使用 Caprio-Klingebiel 所提出的危机数据集生成因变量，进行概率回归来解释危机发生率。根据关于银行危机的大量实证文献，他们发现国内金融自由化、快速的信贷扩张以及中央银行外汇储备对广义货币的低比率是发展中国家银行危机的最有力的预测指标。这不仅仅是对上述提出银行的作用这一观点的佐证，而且与“共生危机”重要性这一论断一致；因为外汇储备和广义货币的比率是外部金融系统脆弱性的指标。尽管如此，令人吃惊的是，Eichengreen-Arteta 没有发现汇率制度与银行危机发生频率之间存在稳定的关系。

Eichengreen-Arteta 研究中的另外两个结果值得一提，这也与本章着重分析的问题相关。第一，关于金融自由化的作用，如前所述，国内金融自由化与银行危机的敏感性增加有关。相比之下，Eichengreen-Arteta 没有发现资本账户的开放有助于增加银行危机的可能性。然而，资本账户的自由化的确使国内金融自由化对银行危机爆发的可能性产生更大影响。第二，关于存款保险问题，Eichengreen-Arteta 得出的结果与 Demirgüç-Kunt and Detragiache 以及 Hutchinson-McDill 的研究结果完全相反：存款保险制度的存在降低了样本中银行危机爆发的可能性。Eichengreen-Arteta 将研究结果的差异归因于，相较于早期研究者，他们使用更多的是发展中国家的样本。然而，他们确实发现，与银行能够解决信息不对称观点一致的是，存款保险制度和监管机构的相互作用（被解释为监管和监督结构薄弱）增加了银行危机爆发的可能性。

Bussière and Fratzscher（2006）提出了一种基于 logit 多元回归模型预测金融危机的替代预警系统。他们认为，如果使用二项离散依赖变量模型（binomial discrete-dependent-variable models）的常用方法，将有可能受到危机后产生偏差的影响。这是因为，经济向好时期（经济基本面是稳定的和可持续的）和危机爆发时期及后期（经济变量在达到更加可持续发展的水平或增长路径之前经历调整过程的危机时期）之间没有明显区分。这一多元 logit 模型允许对两个以上的国家进行区分，并显著提高了对 1993—2001 年期间 20 个国家发生金融危机的预测能力。

第 16 章

主权债务危机

在前两章中，我们考察了两种经常在发展中国家中出现的金融危机类型，即货币危机和银行危机。它们的发生具有各自的条件，在这些条件下，中央银行不能履行公布的汇率平价，国家内部的银行系统陷入难以清偿的状态，债权人不能得到应得的债务偿付。我们还考察了“共生危机”，即货币危机和银行危机同步发生的现象。但是，这些不是在过去几十年中金融危机影响发展中国家宏观经济管理的唯一问题。在本章中我们会考虑主权债务危机，危机包含国家政府不能或不愿履行自身债务的情形。

一直以来主权债务危机都是非常普遍的事件，不止在发展中国家，很多今天的高收入国家同样出现过主权债务危机。例如，Tomz and Wright（2012）记录了 1820—2012 年 107 个不同主权个体的 251 例违约。[①] 这些违约常常成批出现（大量国家在违约相对较少的时期后集中爆发）。最近一次在 20 世纪 80 年代出现的违约包含大量拉丁美洲发展中国家。但是，发展中国家的公共债务违约并不局限于 20 世纪 80 年代发生的那些。一些大众所熟知的新兴市场，如阿根廷、厄瓜多尔、巴基斯坦、俄罗斯、乌克兰和乌拉圭等，主权债务违约发生在 20 世纪 90 年代末期和 21 世纪初期。主权债务问题并没有远去，更没有远离新兴市场和发展中国家，近期欧洲国家（例如，塞浦路斯、希腊和爱尔兰）21 世纪头十年末期大衰退中的复苏经历印证了上述说法。最近这些经济体的不良表现证明了主权债务危机常常与严峻的经济下行相关。

这些经历催生了一系列分析和实证问题。一个重要的问题关注如何实证性地判断危机是否会在缺乏政策调整时出现，即在可以满足合约涉及债务的意义上，政府当前财政策略是否是可持续的。第二个问题是关于政府可能选择采取的可持续策略的条件，即从当前策略转移，允许政府保持偿付能力的条件。换句话说，在什么条件下政府可能避免违约。该问题与第 13 章中关于中央银行继续维护声明的汇率平价的承诺相似，因为它们都包含对比继续遵守之前的金融“合约”的成本与收益，并且可能并不具备法律效力。第三个问题与前一个相关，关注那些主权债务违约国家因债务违约导致的宏观经济影响。在中央银行和汇率的例子中，后两个问题是相关的，因为违约对国内经济带来的不利影响以及对本国居民带来的成本会促使政府内化这些成本，产生极强的动机来保证偿付能力。违约成本可能取决于债务违约引发的其他类型金融危机，例如货币危机和银行危机。

① 标普定义违约为政府不能偿付最初债务合约中约定的债务或者政府为债权人提供一个重组的但次于原合约的债务补偿。经典的违约事件历史参考可以参见 Reinhart and Rogoff（2009）的研究。

一个重要问题是什么情况下会引发其他危机。

本章我们会考虑这些问题。首先，我们会定性分析财政偿债能力，定义政府偿付危机，以及如何实证性地确定政府偿债能力受到威胁。然后，我们会考虑政府选择主动偿付债务的条件。接着考虑与之紧密相关的问题，即违约成本。最后，我们会回顾这些成本如何受到银行危机和货币危机的影响。附录提供了债务违约决定因素的实证证据。

1 财政可持续性与财政偿债能力

有必要在一开始理清一些概念性问题。首先，应该区分财政偿债能力（fiscal solvency）与财政可持续性（fiscal sustainability）。偿债能力意味着政府被（债权人）预期能够且有意愿采取未来的财政计划（关于支出与收入的时间路径）以满足其自身跨期预算约束。相应地，可持续性意味着政府不用通过改变之前的财政政策就可以满足偿债需求。

第二个问题关注应该纳入财政偿债能力分析的公共部门活动范围。Buiter（1989b）认为包含两个核心要求：一是政府对相应公共部门实体的公共债务负有无限责任，二是政府可以挪用实体利润并弥补自身损失。这意味着中央银行以及社保和养老金、保险基金都应该被包含在财政偿债能力的分析之中。①

第三个问题关注应该包括哪些特定政府部门的资产和债务。理论上，我们应该包含全部公共部门的资产和债务。资产应该“钉住市场”，不存在对应市场的相关资产应该估计经风险调整后未来价值的现值。另外，债务应该以无风险违约价值衡量，许多低收入发展中国家通行的优惠债务则应该以按期还本付息的现值来衡量。

□ 1.1 财政偿债能力的代数

本书第 3 章已经介绍了连续时间框架下财政偿债能力的推导，我们此处为了后续分析进行简短的回顾。

首先，假设所有政府债务都具有同等优先权，即在偿付债务时政府不会区别对待自己的债务。政府发行当期债务，其中一部分由外国货币构成。本国和外国货币债务的名义利率可能会不同，前者支付利率 i，后者为 i^*。令实际和预期的本币贬值率为 ε。在这些条件下，两种债务均不会优先于对方，我们预期两种债务类型在以相同货币表示时具有相同收益，即 $i=i^*+\varepsilon$。在连续时间中合并的公共部门预算约束可以被表示为：

$$\dot{\Delta}=-(\sigma+s)+[i-(i_F+\varepsilon)]f+(r-n)\Delta \tag{1}$$

其中，Δ 为政府净债务与 GDP 的比值，$\dot{\Delta}$ 是其对时间的导数，σ 是基本盈余（非利息收入减去非利息支出）与 GDP 的比值，s 是铸币税收入与 GDP 的比值，i_F 是中央银行持有外汇储备的收益，f 是储备的本币价值，r 是本币债务的实际利率，n 是 GDP 增长率，定义调整后的基本盈余为：

$$\hat{\sigma}=\sigma+s-[i-(i_F+\varepsilon)]f \tag{2}$$

① 因此，接下来“政府”一词将包含统一的公共部门，包含中央银行和这些其他公共部门实体。

$\hat{\sigma}$ 随时间的变化取决于非利息支出、非利息收入、铸币税和储备积累的路径。因此，我们可以将它称为政府的财政-货币项目。现在假设有一个关于财政-货币项目的集合，政府在经济上可行且在政治上有意愿实施该项目。我们定义可行的项目为可以由私人债权人通过市场进行融资的项目，然后当政府的财政-货币项目包含至少一个可行内容时，称政府具有偿债能力。

我们怎么知道一个项目是否可行呢？答案在于，私人债权人愿意为政府的财政-货币项目融资，只要政府在该项目下预期未来债务偿付的现值（按债权人在其他地方可以赚取的无风险利率贴现）至少与政府债务的价值一样大。因此，任何项目达到这一条件都可以被称为是可行的。利用（2）式，预算约束为：

$$\dot{\Delta}=-\hat{\sigma}+(r-n)\Delta$$

注意到 $\hat{\sigma}=(r-n)\Delta-\dot{\Delta}$ 是政府在每期向债权人偿还的债务。因此，通过上文中的定义（假设固定实际利率），只有当满足下述条件时，财政-货币项目才被称为是可行的：

$$\Delta_t\leqslant\int_t^{\infty}\hat{\sigma}_s e^{-(r-n)(s-t)}ds$$

另外，求解上述预算约束可得：

$$\Delta_t=\int_t^{\infty}\hat{\sigma}_s e^{-(r-n)(s-t)}ds+\lim_{s\to\infty}\Delta_t e^{-(r-n)(s-t)}$$

因此，

$$\Delta_t-\int_t^{\infty}\hat{\sigma}_s e^{-(r-n)(s-t)}ds=\lim_{s\to\infty}\Delta^t e^{-(r-n)(s-t)}$$

条件 $\Delta_t\leqslant\int_t^{\infty}\hat{\sigma}_s e^{-(r-n)(s-t)}ds$ 等价于 $\lim_{s\to\infty}\Delta_t e^{-(r-n)(s-t)}\leqslant 0$ 。直观看来，除非政府债务增长率低于经济增速调整后的实际利率增速，否则债权人将不能从政府债务中得到市场回报率，因此不会为相关的财政-货币项目提供融资。

□ 1.2 对财政政策的影响

为了看清跨期偿债能力对财政政策的约束，我们先来看 Barro（1979）的研究，他强调最优财政政策应该包含不变的税率。原因有两点，一是税率变动会引起跨期决策的扭曲，包括经济主体将经济活动从高税负时期转向低税负时期。二是如果税收成本是凸性的，波动的税率会增加税收负担。但是这就留下了一个问题，究竟应该怎么决定不变的税率？注意到在下式成立时能够满足跨期预算约束：

$$\Delta_t\leqslant\hat{\sigma}_P/(r_P-n_P) \tag{3}$$

其中，$\hat{\sigma}_P=(r_P-n_P)\int_t^{\infty}\hat{\sigma}_s e^{-(r-n)(s-t)}ds$ 是调整后基础盈余的（永续）年金。令 τ_P 和 g_P 分别代表政府收入和政府非利息支出对 GDP 的比值，$\hat{\sigma}_P=\tau_P-g_P$。永久税率应该满足：

$$\tau_P=g_P+(r_P-n_P)\Delta_t$$

Buiter（2004）称其为永久平衡规则（permanent balance rule），这意味财政赤字行为。因为实际财政赤字由 $d_t=\dot{\Delta}_t+(n+\pi)\Delta_t$ 给出，我们可以重新表述为①：

① 为了简化，我们忽略铸币税和商业负债以及外汇储备的利率差异，我们设定 $s=i-(i_F+\varepsilon)=0$，所以 $\hat{\sigma}=\sigma$。

$$d_t=(n+\pi)\Delta_t+\{(g-\tau_P)+(r-n)\Delta_t\}$$

或

$$d_t=(n+\pi)\Delta_t+\{g-[g_P+(r_P-n_P)\Delta_t]+(r-n)\Delta_t\}$$

又或

$$d_t=(n+\pi)\Delta_t+(g-g_P)+[(r-r_P)-(n-n_P)]\Delta_t$$

这一永久平衡规则有一些吸引人的特质：

- 它保证政府在财政-货币项目中的偿债能力和可持续性。
- 它关注跨期税收平滑。
- 它修正了通货膨胀和实际增长，即它考虑了通货膨胀和赤字增长可持续的影响。具体来讲，g，r 和 n 在各自不变的水平，该规则将赤字设定为 $d_t=(n+\pi)\Delta_t$。例如，利用《马斯特里赫特条约》关于债务存量以及增长和通货膨胀的数值（$b=0.6$，$n=0.03$，$\pi=0.02$）可以得到财政赤字 $d=0.03$。
- 永久平衡规则避免了顺周期行为。它指出赤字应该考虑 g 和 r 暂时性的增长以及 n 暂时性的减少。
- 它不包含黄金准则谬误，即为公共投资借债比为公共消费和转移支付融资更加安全。因为它没有给予公共投资优先性。产生谬误是因为公共投资不能确保产生足够的收益以弥补为债务融资需要的支出。
- 最后，与货币联盟经常采用的财政规则相比，它允许经济结构在不同国家的差异性。

2 财政可持续性的实证检验

如前文所示，如果实施财政项目（财政制度）不会违背政府清偿条件，那么就称其为可行的。这一节我们回顾一系列为了检验财政项目可持续性的实证检验方法。

□ 2.1 确定性检验

从（3）式可以看出检验可持续性可以基于下面这个等式：

$$\Delta_{MAX}=\hat{\sigma}_P/(r_P-n_P)$$

可以通过两种方法来检验。

2.1.1 可持续债务

在现行政策下，$\hat{\sigma}$，r 和 n 的长期值记为 $\hat{\sigma}_P$，r_P 和 n_P，可以基于最近的历史数值进行预测。将这些代入上面的等式可以估计出政府在当前政策下可以维持运行的最大债务水平。可持续债务规模的最大水平可以与现存的净债务存量进行比较，来判断当前政策是否可持续。只有净债务存量在 Δ_{MAX} 之内，才认为是可持续的。在2003年《世界经济展望》中，国际货币基金组织运用这种方法分别计算了发达国家和新兴市场经济体的债务。它们发现可持续债务/GDP比率的中值水平在发达国家是0.75，新兴市场国家是0.25。对于发达国家以及亚洲新兴市场经济体，实际债务都维持在估计的可持续规模以下。但是，对于整体新兴市场国家以及拉丁美洲国家，该比率达到了2.5。对于拉丁美洲和亚洲之外的新兴市场国家，这一比率接近 6。IMF 由此得出结论，即这些国家存在过度负债。[1]

2.1.2　可持续基础盈余

另外一个方法是前述方法的镜像：计算可以使债务规模持续的调整后基础盈余：

$$\hat{\sigma}_P = (r_P - n_P)\Delta_t$$

将计算出的盈余与现存的调整后盈余来比较决定债务是否可持续。Montiel（2011）提供了一个将该方法直观运用在拉丁美洲国家债务危机中的例子。

□ 2.2　时间序列检验

上述检验可持续性的方法假设存在长期均衡，而且没有将影响公共部门偿债能力的冲击纳入考虑范围。这一小节中涉及的其余检验方法将会主要应对这些问题。首先介绍的是一系列基于财政变量时间序列性质的检验。我们将政府离散状态下跨期预算约束表示为：

$$\Delta_t = (1 + r_P)\Delta_{t-1} - \hat{\sigma}_t + \nu_t$$

或者

$$(1 + r_P)^{-1}[\Delta_t + (\hat{\sigma}_t - \nu_t)] = \Delta_{t-1}$$

其中，ν_t 是所有代表对政府预算带来随机冲击的变量集合。在上述等式中，这些冲击可以以暂时偏离实际利率可持续价值 r_p 的形式表示，向前迭代可得：

$$\Delta_t = (1 + r_P)^{-j}\Delta_{t+j} + \sum_{i=1}^{j}(1 + r)^{-i}(\hat{\sigma}_{t+i} - \nu_{t+i})$$

让 j 趋于无穷且取期望可得：

$$\Delta_t = \lim_{j\to\infty}(1 + r_P)_t^{-j}\mathbb{E}_t\Delta_{t+j} + \mathbb{E}_t\sum_{i=1}^{\infty}(1 + r_p)^{-i}(\hat{\sigma}_{t+i} - \nu_{t+i})$$

偿债能力要求：

$$\Delta_t = \mathbb{E}_t\sum_{i=1}^{\infty}(1 + rp)^{-i}(\hat{\sigma}_{t+i} - \nu_{t+i})$$

或

$$\lim_{j\to\infty}(1 + r_P)^{-j}\mathbb{E}_t\Delta_{t+j} = 0$$

如果 r_p 是常数。上述横截条件表现了债务清偿能力对债务/GDP 比例施加的限制：它并不要求 Δ_t 是稳定的，只要求它的增长率小于利率。

2.2.1　Hamilton and Flavin（1986）

Hamilton and Flavin（1986）的研究设计了一个关于财政可持续性的检验，原假设即为债务增速低于利率（表示政府可以维持当前债务水平），备择假设为债务增速等于利率水平，意味着债务水平不可维系，未来债务存量的现值将收敛于一个正的常数 a。

为了看到后者对横截条件的影响，令 $N=t+j$，并且将横截条件表示为：

$$\begin{aligned}\lim_{j\to\infty}(1 + r_P)^{-j}\mathbb{E}_t\Delta_{t+j} &= \lim_{N\to\infty}(1 + r_P)^{-(N-t)}\mathbb{E}_t\Delta_N \\ &= (1 + r_P)^t\lim_{N\to\infty}(1 + r_P)^{-N}\mathbb{E}_t\Delta_N\end{aligned}$$

或等价为：

---

① 关于决定这些国家过度负债因素的实证分析将低政府收入/GDP 比率和低商业开放度、国内较弱的制度环境以及国内政治系统特质（单一政党与多党联合）的因素相关联。

$$\lim_{j\to\infty}(1+r_P)^{-j}\mathbb{E}_t\Delta_{t+j}=a(1+r_P)^t>0$$

从第 t 期来看，利息资本化会引起债务存量限制收敛到第 t 期的债务实际值。Hamilton-Flavin 举出了两种检验方法，在第一种方法中，如果备择假设是真的，那么向前迭代可得：

$$\Delta_t=\mathbb{E}_t\sum_{i=1}^{\infty}(1+r)^{-i}(\hat{\sigma}_{t+i}-\nu_{t+i})+a(1+r)^t$$

现在如果 $\hat{\sigma}_t$ 是平稳的，那么 $\sum_{i=1}^{\infty}(1+r)^{-i}\nu_{t+i}$ 可以被认为是平稳的，Δ_t 可以实现平稳的唯一途径就是 $a=0$。因此，第一种检验包含检验 $\hat{\sigma}_t$ 的平稳性，如果它是平稳的，那么检验 Δ_t 的平稳性。如果二者都是平稳的，那么 a 一定等于 0 并且债务清偿条件得到满足。

第二种检验基于之前的等式。假设 $\hat{\sigma}_t$ 预期未来值基于一系列关于 $\hat{\sigma}_t$ 和 Δ_t 的滞后值，现在估计以下回归方程系数，α_i，β_i 和 a：

$$\Delta_t=\sum_{i=0}^{A}\alpha_i\hat{\sigma}_{t-i}+\sum_{i=1}^{B}\beta_i\Delta_{t-i}+a(1+r)t$$

Hamilton-Flavin 的第二种检验方法包含检验 a 是否等于 0。

他们的检验方法受到一些限制：

- 他们假设预期的实际利率为常数。
- 他们的备择假设具有约束（即 a 为常数）。
- 检验只有当 $\hat{\sigma}_t$ 是平稳的时候才可以被应用，但偿付能力并不要求 $\hat{\sigma}_t$ 平稳。

2.2.2 Trehan and Walsh (1991)

Trehan and Walsh (1991) 的研究提出了对于 Hamilton-Flavin 检验的一些改进。首先 Trehan-Walsh 证明了 Hamilton-Flavin 检验在将 $a(1+r)^t$ 替换为 ARIMA 过程之后仍然成立，因此，检验对于与 Hamilton-Flavin 相比约束性不强的备择检验仍然成立。只要 $\hat{\sigma}_t$ 是平稳的，财政可持续性要求 Δ_t 同样平稳。其次，他们解决了 $\hat{\sigma}_t$ 不平稳的情况。他们证明如果 $\hat{\sigma}_t$ 是一阶平稳时，偿债能力所要求的横截条件为包含利息的赤字必须是平稳的，即 Δ_t 和 $\hat{\sigma}_t$ 与协整向量（r，-1）之间存在协整关系。如果 $\hat{\sigma}_t$ 是不平稳的且单位根在 1 和 $1+r$ 之间，那么 Δ_t 和 $\hat{\sigma}_t$ 必须协整。这是因为，当包含利息的赤字是平稳的，增加债务与增加基础盈余以及铸币税是相关的，这意味着必须通过市场手段来解决债务。最后，考虑到 Hamilton-Flavin 关于常数预期实际利率的假设，他们证明只要随机过程总是使实际利率向零以下波动，债务变动是平稳的就是偿债能力得到满足的充分条件。因为如果债务变动是平稳的，那么债务最多可以保持一个线性趋势，增长起来更接近线性，但是如果预期实际利率是正向的，贴现因子必须以指数型增长，债务现值必须向零收敛，横截条件必须得到满足。

□ 2.3 财政反应函数

Bohn (1998) 认为上述时间序列检验存在一定问题。因为即使当债务本身是平稳的时，它们的低统计检验力也总显示出着债务是不平稳的。Bohn 证明了在一定债务比例之上，盈余比例对债务比例具有正向线性关系，足够保证在一般条件下的跨期偿债能力。如果盈余和债务比例都是不平稳的，而其他影响盈余的因素是平稳的，那么这种情况可以在协整关系下进行检验。但是，如果当它们全部都是平稳的时，该方法要求在回归中要控制其他可以影响盈余的因素。

Bohn 将这种方法运用到美国，因为他发现盈余和债务都是平稳的，他在巴罗最优税率平滑理论中控制了影响盈余的其他因素：

$$\hat{\sigma}_t = \rho\Delta_{t-1} + \alpha_0 + \alpha_1 GVAR_t + \alpha_2 YVAR_t + \varepsilon_t$$

从上述等式和预算约束 $\Delta_t - \Delta_{t-1} = (r-n)\Delta_{t-1} - \hat{\sigma}_t$，可以得到 $\Delta_t - \Delta_{t-1} = (r-n)\Delta_{t-1} - \rho\Delta_{t-1} + \mu_t = (r-n-\rho)\Delta_{t-1} + \mu_t$，其中，$\mu_t = \alpha_0 + \alpha_1 GVAR_t + \alpha_2 YVAR_t + \varepsilon_t$ 且为平稳变量。这意味着如果 $-1 < (r-n-\rho) < 0$，债务比率将平稳。Bohn 还证明了他的检验方法相比其他检验更加一般化，因为该方法不依赖于对实际利率为常数的假设以及不确定性的缺失。

2003 年 4 月 IMF 的《世界经济展望》中提供了该方法的一个国际化应用。它们发现对债务初始余额的调整在新兴市场国家和发达国家都是非线性的，但是：

- 对于发达国家，初始盈余对债务比率的反应随着债务比率增加而增加。
- 但是，对于新兴市场国家调整系数在债务比率上升时更低，当债务/GDP 比率达到 50%时，反馈则会消失。因为债务清偿需要正的系数，债务/GDP 比率超过 50%时不符合新兴经济体债务偿还能力。

□ 2.4 财政脆弱性的检验

时间序列检验并不能将潜在的宏观不确定性与公共债务动态相关联，以提供一个前瞻性的财政脆弱性衡量。换句话说，这些方法告诉我们无论政府的财政行为是否可持续，未来都将和过去相似，但是没有告诉我们政府无法清偿债务的时候未来的变化会是什么。财政脆弱性的检验解决了这一问题。Mendoza and Oviedo（2004）注意到一些国家拥有更稳定的收入/GDP 比率和更稳定的 GDP 增速可以支撑更高的债务比率。这一观察意味着随机环境在评估可持续性时具有意义。我们首先回顾考虑随机性的两种方法。

2.4.1 在险价值

一种仿照在险价值（value at risk，VaR）的方法曾被用来衡量银行资产负债表稳健性。假定政府净值的变动为 $\Delta_t - \Delta_{t-1} = (r-n)\Delta_{t-1} - \hat{\sigma}_t + \mu_t$，其中，$\mu_t$ 代表一次性债务冲击。利用在险价值方法衡量财政脆弱性的步骤如下：

第一步：识别影响政府净值的核心宏观变量。这包括上面提及的变量（实际利率、增长率、原始赤字、债务存量），但是可能还包含一些其他变量［例如 Garciaand Rigobon（2004）将实际汇率 z_t 和通货膨胀率 π_t 纳入分析］。

第二步：推导这些变量变动与政府净值变动的关系。对于 r，n，$\hat{\sigma}_t$ 和 μ_t 的关系是非常直接的，因为它们都出现在预算约束中。对于诸如实际汇率和通货膨胀率，关系则变为间接性的：这些变量没有出现在预算约束中，但是这些变量的信息会影响那些具有直接关系的变量。

第三步：假设这些变量服从联合正态分布。利用 VaR 来估计这些变量变动的联合概率分布。模型是 $X_t = c + B(L)X_t + \upsilon_t$，其中 $X_t =（r_t, n_t, \hat{\sigma}_t, \mu_t, z_t, \pi_t）$，$\upsilon_t \sim N（0, \Omega）$。VaR 估计得到 c，$B(L)$ 和 Ω。

第四步：利用第二、三步的结果推导政府当前净值和选定之前一个时刻变动的概率分布。具体步骤是随机选出六个变量从 $N(0, \Omega)$ 推导 υ_{t+1}，利用这一信息将 X_t 更新至

X_{t+1}。再次重复过程得到 υ_{t+2} 直到希望得到结果的第 T 期。给定这一关于向量 X 的模拟路径，也可以推导出相关政府净值的未来路径。多次重复这一过程（比如 N 次），可以得到政府未来净值的 N 种可能值。在险价值就是分布左侧尾部 5%临界值的对应数值。在险价值就是至少 5%的概率可以观测到的净值最大损失。在险价值相对于政府初始净值越小，政府偿债能力越能得到保障。

这一方法的优势在于它考虑了宏观和财政变量之间同步变化对政府预算的影响，其具体应用可以参考 Barnhill and Kopits（2003）对厄瓜多尔的研究，以及 Garcia and Rigobon（2004）对巴西的研究。但是，在险价值方法的一个问题是，因为它依赖于非结构化方法，因此容易遭受卢卡斯批判。它假设政府在未来始终以与过去相同的行动模式运行，因此该方法并没有考虑在冲击中 VaR 中包含的变量之间的关系保持不变，可能会引发政策的改变。

2.4.2 Mendoza and Oviedo (2004)

上述问题促使 Mendoza and Oviedo（2004）提出了结构化方法。他们的方法研究了政府可以保证偿还全部状态时的最大债务规模（他们称其为自然债务上限或者 NDL）。具体来讲，假设政府收入是随机的，并且为马尔可夫链（收入之间存在有限离散结果和固定转移概率，并由转移矩阵给定）。政府收入/GDP 比率存在下限，即国家平均水平向下两个标准差。他们假设政府想要平滑公共消费，但是如果政府发现自身存在“财政危机”，政府就想削减其至更低的下限 $\underline{g}$，财政危机体现为政府收入在更低的下限，债务到达上限。因此，如果税收收入到达下界，最坏的情况持续发生，政府将公共消费保持在合意水平，通过不断积累债务来获得融资。但是当债务达到最大限度时，最终就会削减公共消费到一个最低的可行值。在这些条件下，最大债务水平等于支出和收入都在下限时的基本盈余现值：

$$\Delta_{MAX}=(\underline{t}-\underline{g})/(r-n)$$

对于具有下述特点的政府，自然债务上限（NDL）将更低：

- 政府收入比率更低，收入波动更大。
- 政府调整支出的弹性空间较小。
- 政府面临更高的借债率或者更低的经济增速。

为了判断给定债务是否可持续，Mendoza-Oviedo 研究了在财政危机的情况下，为了偿还债务，政府需要承诺多高的公共支出/GDP 比率，他们还将其与政府支出比率的标准差进行比较。

3 财政偿债能力和债务清偿

前两小节介绍了财政偿债能力对财政政策的影响，并且考虑了检验财政政策是否可行的实证方法。但是，这带来了一个关键问题：政府为什么会有激励执行与偿债能力相一致的财政政策？这一问题并不简单，因为正如前文所示，主权债务违约在国际经济发展历程中是比较普遍的事件。实际上，有人会问为什么债务危机没有更加普遍，那是因为寻求最大化选民福利的政府有动机去抵制债务，以利用他们本来要向其债权人转移的资源。为了回答这个问题，有必要区分本国居民持有的政府债务和外国居民持有的债务。[①] 国内居民可以通过国内法律制度上诉或通过对违约政府施加的政治制裁来强制政府还债。但是国外债权人并没有机制来强制执行他们的索取权，违约政府可以拒绝国外债权人进入本国法律系统，因为外国居民不参与选举。尽管国外居民可能在本国向债务政府追诉法律补偿，但是这些政府持有极少的海外资产可以被债权人追诉。国外债权人可以向自己的政府提出上诉，向违约政府施压以使他们履行债务合约。但是，这些机制在过去可能履行了重要作用，现今的作用已经不再明显。因此，问题就变成：为什么政府要采取可以偿还外债的财政政策？

由于外国债权人知道政府有动机来对外债进行违约，问题变成为什么在知道这种动机的情况下，政府仍能始终保持一定水平的外债规模。很显然，拒绝履约要确保导致政府始终偿还这些债务的成本。只有违约成本是巨大的，否则政府可能根本不能借到外债。那么这些成本是什么呢？

这一问题在 20 世纪 80 年代早期始终是主权债务定性研究的主题之一，当时大部分向发展中国家的主动贷款都源于国外债权人。[②] 一个传统解释基于 Eaton-Gersovitz (1981) 提出的概念，即政府不偿还债务会引发政府长期不能进入外部金融市场进行融资。在 Eaton-Gersovitz 的框架中（是典型的 20 世纪 80 年代债务危机时期出现的主权债务文献框架），政府是国内唯一可以向外举债的部门，全部外债都是公共的。框架的核心特征是政府是“仁慈的”，即政府以最大化本国代表性居民跨期效用为目标，追求外部负债的动机源于平滑国内消费，违约的成本是从国际资本市场永久除名。模型的一个简单版本在下文给出。[③] 这一模型已经成为分析主权债务违约的经典模型。

考虑一个最大化居民通过消费获得跨期效用的小型政府。政府在当期具有债务存量 Δ，包含承诺支付一单位产出的单期债券，以及随机决定的产出禀赋 y。在决定是否偿还债务时，政府会最大化自身值函数：

$$V(\Delta,\ y) = \max\{V^{D}(y),\ V^{ND}(\Delta,\ y)\}$$

其中，D 和 ND 分别表示违约和不违约。违约会导致国家永久不能进入国际资本市场。如果政府在第 t 期违约，带有时间偏好因子 β 的值函数为：

$$V^{D}(y) = E_y \sum_{s=t}^{\infty} \beta^{s-t} u(y_s)$$

另一方面，如果政府偿还债务，国家就可以进入世界资本市场。在这种情况，值函数为：

$$V^{ND}(\Delta,\ y) = \max_{c,\Delta'} u(c) + \beta E_y V(\Delta',\ y')$$

约束为：

---

① 实际上，Panizza (2008) 已经提到内部和外部负债的区别是存在问题的。“外部”负债指以外币计量的负债，并由外国居民持有或者由国外法律机构裁判。在本节，我们考虑的外部负债指由外国居民持有并且由外国司法管辖区发行。

② 发展中国家本国资本市场在当时发展落后，本国银行系统在金融抑制情况下发展，使得银行不得不强制性地持有政府债务。

③ 本节中关于 Eaton-Gersovitz 模型精简版本源于 Aguiar (2011) 的研究，还可以参见 Aguiar and Amador (2013) 的研究。

$$c+\Delta \leqslant y+q(\Delta'; y)\Delta'$$

其中，y' 为下一期产出，Δ' 是下一期债务，$q(\Delta'; y)$ 是在给定产出禀赋 y 时规模为 Δ' 的债券价值。债券价值是由债券发行价格与下一期的偿付可能性以及风险中性债权人可以在其他地方获得的无风险利率之间的套利关系决定的：

$$q(\Delta'; y)=\Pr\{V^{ND}(\Delta', y')\geqslant V^{D}(y') \mid y\}/(1+r)$$

在这个模型中，偿还债务的动机源于家庭平滑消费的意愿。这降低了在自给自足经济中的值函数的值，因为自给自足使得家庭消费与国内随机波动的收入相关联。违约的动机源于支付债务会减少当期消费，进而对不违约值函数带来负面效应。在收入较低时，当期债务存量巨大以及世界利率水平较高时，政府更倾向于违约。这些条件使得通过不向债权人偿付而转移出的资源更有价值，同时新债务变得不再具有吸引力。

尽管大量关于主权债务的文献都采用这一框架，但是它仍然在分析上和实证上具有一定定性和定量分析的局限性。一个重要问题是它依赖于对外部负债源于平滑消费动机的假设。Panizza et al.（2009）的研究指出这造成外部借债具有永久收益，未来如果取消借债将会对债务国家带来成本。但是如果外部借债的收益是暂时性的，比如由于急于消费或者资本积累加速而带来的负债，丧失未来进入国际融资市场的可能并不会使债务人履约。

第二个问题与执法机关排除融资渠道的有效性相关。Eaton-Gersovitz 的分析框架不能解释为什么国家违约后不能进入国际资本市场。隐含的假设是债权人可以通过不为债务人提供贷款来“报复”违约者。但是，这可能并不可行。原因是如果认为借款给政府在未来会获得收益，那么任何单独的债权人都不会想加入这种行为。协调当前债权人和所有潜在未来债权人的行动需要一定的机制。这种机制的缺失会使得从资本市场被驱逐，这一威胁具有时间不一致性问题。政府如果可以通过其他方式平滑消费，比如政府可以通过积累国外资产或者购买保险等方式，那么作为惩罚的驱逐措施也不会让政府有“切肤之痛”（Bulow and Rogoff，1989）。这些均意味着需要考虑一个其他机制来确保驱逐措施更加有效。如果将属于违约政府的资金暂时存到国外新的贷款资金账户，资金可以被受违约影响的债权人没收，那么驱逐措施就可以维持。这无疑会阻碍借用新资金。违约政府存在国外的资金作为以应对未来收入波动的自我保险，同样会被扣押（Wright，2011）。

第三个问题是它忽略了私人部门的外部借债。考虑私人部门借债的可能性，在这种情况私人部门会消除政府平滑消费的需要，因为在这种情况下私人部门自身就会起作用。但是，这不是一个关键问题，跨期平滑税收仍有可能激励逆周期政府借债（国内与国外）。借款源于外部，可能反过来会通过违约后排除国内居民向国际资本市场借债的可能性来促使政府进行偿还外债。[①]

Eaton-Gersovitz 框架中的实证问题更加严重。特别是消费平滑动机意味外部借债应该是逆周期的，这与新兴市场国家和发展中国家资本流动是顺周期的这一现实是相违背的（Kaminsky et al.，2004）。

对于违约成本的实证证据表明将违约政府从国际资本市场中排除是暂时的。违约政府只有在违约持续期内被排除，但是之后又相对快速地重回国际资本市场。风险溢价同

① 针对外部信用主权债务违约对私人部门的影响可以参见 Arteta and Hale（2008）的研究。

样没有在违约后长期处于不寻常的高水平。Panizza et al.(2009)注意到在重组债务后国家能够迅速恢复进入国际资本市场的渠道。[①] 不仅仅是进入渠道，还有国家可以从资本市场中获得的项目也被债务违约所临时影响。Borenzstein and Panizza (2009) 证明了信贷评级和风险溢价都被违约所影响，且这种影响是非常短暂的。尽管最近 Cruces and Trebesch (2013) 的研究开始质疑这些结果，他们认为债务违约对排除期限及后续借款成本的影响取决于债权人所承受的损失大小。他们没有建立损失与后续不利借债条件的因果关系，他们发现的实证关系可能由其他因素所影响（比如，信息披露：不良状态的政府产生更大的损失并且更难进入资本市场）。他们质疑了传统实证指出的违约不与后续进入资本市场的不利条件相关的逻辑。

最后，Eaton-Gerovitz 框架的校准很难与现实相匹配。例如，在校准模型中，债务水平远小于现实中观察到的。[②] 除此之外，这些模型预测更多的违约会发生在经济衰退期，且远高于历史观测到的例子（Tomz and Wright，2007）。

简言之，从国际金融市场上被驱逐并没有成为保证债务清偿的核心机制。

4 违约成本

如果市场的未来驱逐威胁并不足以解释外债清偿，那政府为什么会一直保有一定水平的对外负债呢？在良性政府的假设下，Eaton-Gersovitz 框架中债务偿还意愿是因违约对国内经济的不良影响而产生，但是这些成本并不只限于不能进入资本市场。两类其他成本也在文献中被提出：违约对国内债权人的成本和违约带来的实际产出收缩的可能性。

□ 4.1 违约和本国债务

国内债务的存在为政府偿还债务提供了一种新的激励机制：违约政府对于债务偿还具有选择，对外债违约，而对国内债务则不会违约。如果债务可以在二级市场进行交易，那么政府很难确定哪些债务归属于国外债权人（Broner et al.，2006）。这可能会减少违约的可能，因为政府在意本国居民的福利，或可能劝阻一个潜在违约者，因为如果违约中包含了本国债权人，会增加政府的违约成本。

如果国内债务由于违约受损，那么政府会失去进行市场融资的全部渠道（不只是国外融资）。不能发债会导致政府全部通过税收为支出进行融资。每一单位税收收入的额外负担会随着税率增加而增加，通过税收融资会增加与给定项目支出相关的外部负担(Barro，1979)。全额税收融资会导致税率随着政府支出变动而变动，可能会扭曲经济主体的资源跨期配置。而且这种融资方式还会在经济周期下行时提高税率，在繁荣期降低税率，财政政策将产生顺周期性。最后，全部通过税收融资会让当前的一代人承担公共

---

① 参见 Gelos et al.(2011)。很多发展中国家在 20 世纪 30 年代违约后，数十年来被排除在国际资本市场之外并不违背上述论断，因为这种排除同等程度地影响了违约人和非违约人（Borensztein and Panizza，2009）。

② 参见 Alfaro and Kanczuk (2005)，以及 Hatchondo et al. (2007)。

部门资本支出并惠及后代，因此违背了财政的“收益准则”（benefit principle）。通过超发货币来为赤字融资会使经济走向高企且带来不稳定的通货膨胀、交易成本的增加，以及期内和跨期相对价格的不稳定。对于效率和平等都会带来不良结果（但也存在不一定的情况），这些都使得超发货币融资不可行。所有这些由于不能进入资本市场带来的对本国的不利影响，会使政府通过政治系统内化违约成本。

□ 4.2 违约和实际产出

一些观察者指出，债务违约的主要成本在于，违约往往与违约国短暂且剧烈的产出收缩有关（Dooley，2000）。这种大规模的成本会直接影响国内经济主体，他们可以通过国内政治系统“惩罚”违约政府。

实际上，存在大量的实证研究指出违约的产出成本非常显著，这一成本对偿债的激励是巨大的。Sturzenegger（2004）分别利用基于横截面和年度时间序列的两种计量方法考察了100个国家1974—1999年主权债务违约的成本。① 从横截面角度研究，他考察了违约对平均增长率的影响，研究控制了大量潜在增长的决定因素（初始人均GDP、人口、GDP中投资份额、人口增长率、政府消费增长率、初始教育水平、内乱指标、贸易条件的改变、开放程度衡量、样本期平均通货膨胀、通货膨胀波动、银行危机发生的概率）。两个衡量违约的方法是：虚拟变量，如果国家在20世纪80年代或者90年代违约则虚拟变量为1，如果在两个年代都有违约则虚拟变量为2，如果均没有违约则为0。在横截面研究中，违约者每年增长比非违约者慢0.6%。年度数据被用来解决横截面研究中发生的违约现象可能与缺乏贫困国家特征代理有关，在年度面板中通过固定效应控制这些特征。他使用两个新的违约虚拟变量：一个是当违约发生在当年以及后续一年时为1，另一个是当违约发生在当年以及后续五年时为1，分离的虚拟变量为20世纪80年代和90年代分别设定。研究的核心发现是短期虚拟变量与降低增长率2%相关，长期的虚拟变量则会每年降低0.8%。

近期研究得到了相似的结论。Borensztein and Panizza（2009）利用标准普尔公司对违约的定义，并且考察1972—2000年期间的83个国家，发现违约意味着平均增长率在违约当年下降1.2%。相似地，Panizza et al.（2009）发现1970—2006年期间违约带来的增速在违约当年下降1.3%。预期以及非预期的违约都会带来GDP 1%左右的负面影响，这意味着实际违约和对潜在违约的预期都会影响经济增长。② 更近的研究指出违约带来的产出负面影响持久且巨大。例如Gornemann（2013）基于1970—2007年60个违约事件的研究发现在违约发生10年后，实际产出比不违约时要始终低6%。在一个模拟模型中，这一产出损失程度可以使债务/GDP比率相比基于消费平滑设定的模型更接近于现实。

但是这也留下了一个问题，到底哪一个才是主权债务违约对总体经济表现带来负面影响的机制。一些可能的机制在下文中列出：

---

① 参见Chuhan and Sturzenegger（2005）。

② 如Levy Yeyati and Panizza（2011）指出有效破产与违约是存在重要区别的。他们利用季度数据，注意到违约可以代表产出开始恢复的拐点，这意味着产出收缩与违约预期有关，以及有效财政破产，而不是无法进行债务偿还或者寻求重组债务。他们的解释是预期违约会导致低增速，预期的实现并不会带来额外成本。

4.2.1　债务悬置

债务违约可以被延长，债权人从违约政府得到额外偿还的可能提供激励，让他们拒绝放弃自己的债务权限。在预期到违约发生到债务最终被重组期间，未偿债务的状态是不确定的，这就带来了债务悬置问题。政府可能会对未来收入征税以偿还债务，潜在地扭曲了国内经济跨期相对价格（Sachs，1988；Krugman，1988）。在总量水平上，这可能会阻止促进增长的政策，破坏国内宏观经济表现，因为所做的牺牲将由国内居民承担，但是收益将流向借债者。但是政策制定者除了需要面对这一效应，债务悬置还会阻碍投资，因为债务人需要通过对投资收益进行征税以偿还债务（Helpman，1989）。其他成本可能会通过破坏国际贸易、信号以及对国内金融体系的不利影响而产生。

4.2.2　对国际贸易的影响

Rose（2005）提到主权债务违约会阻碍贸易，因为贷款者会通过拒绝提供贸易便利惩罚违约政府或违约会耗尽贸易信用。事实上，有证据表明债务违约与国际贸易下降之间存在联系。Rose 利用模型发现了非常剧烈的影响：违约将减少双边贸易中债权人国家贸易水平的 8%，而且该效应大约会持续 15 年。类似地，Borenzstein and Panizza（2009）发现主权违约对于违约国出口导向工业的增长率具有不成比例的负面影响，尽管他们发现这些效应持续时间比 Rose 提出的更短。但是，Panizza et al.（2009）提出产生这一联系的具体途径还不清晰，且没有明显的实证证据表明债权人对违约国施加了贸易制裁。与此同时，尽管他们发现违约确实会对贸易信贷产生不利影响，Borenzstein and Panizza（2009）还发现将双边贸易中的贸易信贷考虑在 Rose 类型的模型中，不会改变违约对贸易的负向影响，这意味着贸易信贷收缩不是产生这一效应的渠道。

4.2.3　信号

违约对实际产出施加影响的另一个机制是信息披露（information revelation）。Sandleris（2008）假设政府对经济基本面信息有所了解，而债务偿还取决于政府独有的信息，更良好的基本面会让政府更愿意偿还债务；同时假设私人无法获知这些信息，比如说经济的真实状态或政府的未来政策主张。同时，政府的偿债决策允许私人部门对政府持有的信息进行推断。在此情况下，主权债务违约会向国内和国外私人部门揭露出本国经济基本面的负面信息，这些信息会影响私人部门的投资决策或者信贷决策，因此违约会导致私人部门以导致国内产出收缩的形式采取行动。

5　主权债务危机和银行危机

在违约带来的严峻的产出收缩压力成为导致政府偿债的核心机制时，Dooley（2000）强调了另外一种不同的机制：他提出违约会导致本国金融中介的崩溃。如果主权债务危机会引起其他类型的金融危机，这些危机自身会导致产出收缩，那么与违约相关的产出损失将非常巨大。与债务违约相关的产出成本取决于与之相关的具体金融危机类型，比如银行危机或货币危机。De Paoli et al.（2006）发现与新兴市场主权债务相关的产出损失在伴随银行危机或货币危机会更大。他们考察了1970—2000年45个主权债务危机，发现年度产出损失的中值在危机时期可以达到6.9%，而在主权债务违约同时有银行危机和货币危机的时期损失可以达到22%。[①] 本节和下一节会考察主权债务危机分别和银行危机与货币危机之间的潜在关系。

Reinhart and Rogoff（2009）提供了主权债务危机在过去经常伴随着银行危机的证据。但是，这并不一定意味着主权债务违约会引发银行危机，因为理论上还有很多可能的传导渠道。一些说明性的例子如下：

常见原因

● 对本国经济需求或供给的负面冲击，导致本国经济活动下降，引发同步的主权债务危机和银行危机，使得政府税收下降以及银行借款者偿债能力下降。

● 由于政府和银行都拥有大量的外汇敞口，因此货币快速贬值会同时恶化政府和银行的资产负债表。

从主权债务危机到银行危机的因果关系

● 相对于银行资本，银行持有大量政府债务，使得主权债务危机可以直接引发银行危机（Bolton and Jeanne，2011）。

● 如果主权债务危机直接导致本国经济活动收缩，那么活动的收缩会影响银行利润，增加银行危机发生的可能。

● 主权债务危机不仅破坏了政府的债务，还破坏了一切政治管辖内的资产。主权债务危机出现会引发资本外流，银行由此可能发生挤兑进而产生银行危机。

从银行危机到主权债务危机的因果关系

● 从银行危机到主权债务危机的直接传导渠道是恢复银行系统清算能力的财政成本。在银行大面积无法清偿的情况下为银行注资，意味着大量的公共部门债务，这将会影响政府的偿债能力。

● 额外的间接渠道是通过银行危机对实体经济活动的影响产生的。因为银行是多数国家的核心金融中介，银行危机很可能与信贷紧缩相关。紧缩会减少政府收入，破坏政府的财政条件，因此增加主权债务危机发生的可能。

Borensztein and Panizza（2009）提供了直接的证据，印证了这些不同渠道的作用。在包含149个国家1975—2000年的数据样本中，他们发现111次银行危机和85次主权债务危机。他们还发现银行危机基于主权债务危机的条件概率显著高于无条件概率，但是差异并不是统计显著的。因此，主权债务危机更有可能引发银行危机，而不是相反。Bolton and Jeanne（2011），Sosa Padilla（2013）强调的渠道是银行持有大量主权债务。Sosa Padilla发现在新兴经济体，流向政府的银行信贷占银行总资产的比例平均达到30%，主权债务违约与信贷集中于私人部门更加相关。他建立的模型包含了由违约通过银行系统运行带来的产出成本。由于银行持有政府债务是毫无价值的，违约会减少银行系统可以借给本国企业的资源。这会增加营运资本成本，并且引起企业缩减产出。通过对阿根廷经济的校准，可以得到产出收缩与阿根廷2001年违约相关的结果。

---

① 他们可能会将违约的影响与触发它的冲击的影响相混淆，因此，他们强调反事实的非违约情景可能过于乐观。

另外一个主权债务危机可以产生产出收缩影响的渠道是通过货币危机。如第 14 章所述，货币快速贬值可以从很多渠道影响产出，因此引发货币危机的主权债务违约会加大对实际产出的负面影响。但是，如银行危机一样，因果关系并不总是单向从主权债务危机到货币危机的。主权债务危机和货币危机会相互影响，使得确定债务危机在多大程度上会引发货币危机变成一项复杂的任务。例如，在第一代货币危机模型中，政府通过超发货币来满足预算约束可能造成货币危机，而不是因为违约。

但是货币危机和债务危机可能是相互补充的，而不是相互替代的。像主权债务危机和银行危机一样，这会通过多种途径发生。

常见原因

● 总需求的外部收缩会通过第二代货币危机模型描述的机制引发货币危机（例如高失业率会迫使央行对本国货币贬值以刺激需求），同时增加政府原始赤字，减少偿还债务的资源。

● 国际实际利率的上升会对本国经济产生相近的影响，因此主权债务危机和货币危机同步发生的概率加大。对于预算的影响同样会通过债务偿还约束的直接影响而放大。

● 资本流入的突然中断可能会引发存在大量经常账户赤字、大量短期对外债务存量和不充足外汇储备的国家的货币危机。由于政府自身存在大量以外币计量债务的流动性风险敞口，最终会导致债务危机。

从主权债务危机到货币危机的因果关系

● 即使不存在实际违约，财政状况的不稳定也会增加资本从国内流出的可能性，最终在顶峰时形成货币危机。

● 实际违约可以被解读为国内市场较之前市场观念进一步变弱的信号，导致资本外流和货币危机。

● 实际违约自身就会通过提升本国利率以及财政收缩引发严重衰退。这会通过第二代模型描述的渠道带来货币危机。

从货币危机到主权债务危机的因果关系

● 由于央行尝试支撑本国货币，因此投机供给会提升本国利率。这会为预算带来压力，威胁到政府的偿债能力，因为这既提高了政府短期债务的成本，又通过缩减短期政府收入产生不利影响。

● 利用简单的债务可持续检验，比较 Δ 和 Δ_{MAX}，由货币危机带来的实际汇率贬值会由于债务贬值效应而使政府偿债能力陷入困境。政府调整的基础盈余的最大值是实际汇率的函数，依赖于贸易-非贸易支出和收入构成，因此 $\Delta_{MAX}=\Delta_{MAX}(e)=\hat{\sigma}_{MAX}(e)/(r-n)$。政府拥有本币计量的收入但是有大量以外币计量的支出，最大可持续债务在实际汇率贬值时大量缩减。与此同时，债务/GDP 比率由 $\Delta=(B+eB^{*})/(Y_N+eY_T)$ 给出，其中 B 和 B^{*} 分别代表政府本币计量和外币计量的负债，Y_N 和 Y_T 分别代表非贸易品和贸易品国内生产。因此，如果政府拥有大量外币计数的债务存量，并且经济相对封闭（拥有较小的贸易品部门），那么债务/GDP 比率就会升高，最终超过 Δ_{MAX}。

上述众多机制的结果是货币危机和主权债务危机之间的关系更加密切，Dreher et al.（2006）提供了关于这些联系强度方面的实证证据。他们利用 1975—2000 年 80 个发展中国家的数据进行了研究，其债务指标是一个基于利息和本金相对于偿债总额比率的指数，货币危机指标是基于外汇市场压力的指数。他们定义当利息和本金占债务总额 75%以上时发生债务危机，货币危机是指外汇市场压力指数大于均值 1 个标准差时发生。根据这种定义，样本中一共存在 280 次债务危机，179 次货币危机，其中 34 次二者同步发生。

Dreher et al.（2006）注意到主权债务危机和货币危机在样本中是紧密相连的。因果检验表明两类危机互为因果。他们想要考察这是否因为一些共同因素使得两类危机同步发生或其中一个危机导致了另一个危机发生。为了检验这一问题，他们研究了分别会带来各类危机的因素。他们最初考虑了 51 个潜在的解释变量，因子分析发现这些变量可以被分为四大类：（1）政治制度的制衡；（2）经济政策与结果；（3）债务结构与总量；（4）贸易。他们采用固定效应面板回归，利用年度观测值分别解释了每类危机发生的概率。他们利用迭代的方式发现了最优的形式：选择四类变量中的两个，然后利用协变量替换它们，保持那些最显著的变量。最终他们排除了不能在 5%显著性水平之上的变量，占据全部回归的三分之一以上。

这一步骤检验了显著不同的债务危机和货币危机决定因子，说明两个危机之间的联系并非由于共同的因素造成。货币危机可以通过同期债务问题、政府预算盈余/GDP 比率、黑市溢价、公共和受保障债务/GDP 比率、债务/出口比率、军队长官虚拟变量、是否是选举年份虚拟变量进行解释。主权债务危机可以通过外汇市场压力、多边债务/总债务比率（正向）、债务/GDP 比率、出口/GDP 比率、资本账户约束（正向）、最高执行官执政时长、控制行政机关和立法机关中其他主要党派的两极分化指数、民主化程度（正向）获得解释。总体而言，他们的发现意味着主权债务危机可以帮助解释货币危机，反之亦然，两类危机并不是由共同因素造成的。

附录　主权债务危机影响因素：证据

大量文献都基于面板数据研究了决定主权债务违约的因素。因为违约的收益和成本都取决于一系列经济和政治变量，因此文献发现了很多相关变量。本章附录中我们对这些文献进行简要的回顾。

如第 2 节所示，理论分析指出债务清偿能力取决于债务规模 Δ，以及正常条件下政府能承担的可持续最大债务规模 Δ_{MAX}。后者包含利率 r、经济长期增长率 n、以及影响政府长期财政政策和货币政策的因素 $\hat{\sigma}$。

- 总债务/GDP 比率是衡量偿债能力较差的指标，因为排除政府资产和忽略了 Δ_{MAX} 的决定因素。
- 净政府债务/GDP 比率同样不是一个很好的指标，因为它忽略了 Δ_{MAX} 的决定因素。
- 偿债行为不止取决于能力，还有支付意愿。影响潜在偿债能力的基本面因素是广泛的，包含经济和政治因素。

给定债务/GDP 比率，一系列变量会从理论上影响财政偿债能力。包括（1）本国政治经济变量，例如不平等、民族分割、选举系统（赢者通吃与比例代表）、选举周期；（2）制度结构，包括财政制度（分级与大会预算制定和批准）和财政支配地位（央行独立性、汇率制度）；（3）结构经济变量，包括商业开放程度、支出构成（生产性和非生产性）、税收系统效率、政府债务的构成（债务期限和货币构成）；（4）财政历史，包括过去违约和历史通货膨胀等；（5）外部经济环境，包括国际无风险利率、国际价格风险、贸易条件等。

在考察经验证据之前，我们需要回顾一些事实。IMF 在 2003 年的《世界经济展望》中提出了以下经验观察结果：

（1）在战后时期，工业化国家从没有发生违约。但是全球金融危机表现出高收入国家同样无法逃脱违约的影响。

（2）在发展中国家的违约案例中，债务/GDP 比率在违约期间都很低。之前 30 年中，55%的违约发生在债务/GDP 比率在 0.6 以下，35%的违约发生在 0.4 以下。违约期间债务/GDP 比率中位数为 0.5。

（3）尽管债务比率经常在违约期间保持低位，违约国家相比于未违约国家来说拥有更高的债务比率、更高的债务/政府收入比率、更高的对外负债/总负债比率以及更低的 M2/GDP 比率（作为衡量金融发展的指标）。

更系统性的研究由 Reinhart et al.（2003）给出，他们建立一个术语“债务不可容忍”（debt into lerance）来代指那些政府不能维持的高水平公共部门债务的国家的特征。他们指出可持续的债务/GDP 比率由两个核心变量决定：国家过去违约历史和过去高通货膨胀历史。他们认为之前违约并且历史存在通货膨胀的国家很难维持高水平债务（因此，认为它们是“债务不可容忍”的），因为债权人并不相信这些国家会做出财政牺牲来偿债。无论这些特点是否是衡量弱财政原则的指标或者无论它们是否反映了过去危机对增长和税收的影响，这一点都是正确的。他们指出这两个变量解释了为什么新兴市场经济体相比发达国家会被迫维持一个较低的债务水平。

其他类型的证据依赖于以主权债券差价和信贷评级对事前风险的评估。Borio and Packer（2004）给出了一个早期的著名研究，他们寻求解释主权债务评级在不同国家的变动原因，研究包含 42 个国家 1996—2003 年的年度数据。他们发现评级会被人均收入、通货膨胀、增长率、腐败指标、政治风险指标、国家违约历史、高通货膨胀历史、国家规模和货币错配代理变量影响。债务/GDP 比率和对外负债/出口比率仅对新兴市场经济体较为重要。

另一个方法利用违约预测等式，尝试解释事后债务违约经验。很多研究通过标准普尔公司给出的 1974—2002 年期间 84 个外国违约事件进行研究，一些杰出的研究提供了相关发现的支持。

Ades et al.（2000）考察了 15 个新兴经济体 1996 年后的数据，他们发现违约概率受到偿债能力相关指标以及流动性相关指标的影响。在偿债能力方面，实际 GDP 增长、政府预算盈余、出口/GDP 比率都会减少违约的可能性。债务/GDP 比率、实际汇率升值和过去违约历史都会增加违约概率。在流动性指标中，全球流动性（以国际利率水平衡量）会降低违约概率，对外负债/储备比率会增加违约概率。

Easterly（2001）直接研究了所需的财政调整规模对债务危机的影响（重新安排债

务），没有像 Borio-Packer 一样挖掘“深度”的决定因素。他利用 49 个发展中国家的横截面数据，被解释变量为 1980—1994 年期间重新安排债务（debt reschedulings）数量，解释变量为实际调整的基础盈余比率（包含援助、优惠融资、铸币税）、常数与债务/GDP 比率的乘积、增长率和债务/GDP 比率的乘积。他利用基础盈余和增长率与债务/GDP 比率的乘积、贸易伙伴国增长作为工具变量，并设定拉丁美洲和非洲的虚拟变量。在广义矩估计中，三个解释变量都具有显著性且与预期符号相符，但是在单一等式估计中不总是显著。

Detragiache and Spilimbergo（2002）考察了 69 个高收入国家和发展中国家 1971—1998 年的经历。他们将违约定义为拖欠商业债权人超过商业负债的 5%，并进行了债务重组或重订。如 Ades et al.（2000）发现偿债能力和流动性指标都在解释违约时显著。前者包含债务/GDP 比率、多边债务/总负债比率，上述因素会提升违约概率，流动性指标中短期负债/总债务比率同样会提高违约概率。另一方面，较高的外汇储备水平会减少违约概率。

Manasse et al.（2003）考虑了标普定义的违约政府或政府被允许使用 IMF 超过其配额 100%的非优惠贷款的情况。基于 47 个国家 1970 年以来的经历，他们发现偿债能力指标，例如债务/GDP 比率和债务/外汇储备比率在解释违约时非常显著，流动性指标中短期负债的利息支出同样显著。他们还考察了其他国家特征的影响，他们发现违约概率会因为过去通货膨胀波动而提高，其次通货膨胀超过 50%的时长，总统选举年份等因素也会提高违约概率。另一方面，更高的商业开放程度会减少债务违约概率。

Pescatori and Sy（2004）也基于标准普尔公司的划分将政府违约进行分类。但是他们还考虑了主权债券的利差是否超过一定阈值（一般为 1000 个基点）作为违约指标。和其他人的研究一样，他们发现债务/GDP 比率高估，短期负债/外汇储备比率过高都会增加违约概率，更高的实际 GDP 增速以及更高的商业开放程度会降低违约概率。他们还发现过去的违约可以作为未来违约的预测因子。

最后，Manasse and Roubini（2005）同样利用标准普尔公司和国际货币基金组织非优惠贷款角度定义债务危机。利用 1970—2002 年 47 个发展中国家年度观测值，他们发现 10 个变量对于预测违约是显著的。更高的对外负债/GDP 比率、政府对外负债/收入、实际汇率高估、汇率波动、通货膨胀率、短期负债比例、经常账户赤字/外汇储备、美国国库券利率都会增加违约概率，但是更高的增长率和下一期总统选举间隔年份的延长会降低概率。

这些不同的研究提供了比较一致的证据：更高的违约概率通常与更高的债务存量（以债务/GDP 比率、债务/出口比率衡量）、更大的财政赤字规模、历史财政调整难度（以高通货膨胀、历史违约衡量）、高估的实际汇率（可能伴随较高的实际利率）、不充足的流动性（短期债务比例较高、经常账户赤字/外汇储备比率较高）、选举带来的政治压力以及不利的外部环境（较高的国际利率）相关。

第五部分

增长、结构化改革和政治经济学

第 17 章 宏观经济政策和长期经济增长

产出增长率在富国和穷国之间的广泛差异是一个有据可查的经济事实。那些初始人均收入水平相似的国家之后却经历了非常不同的发展路径，其中一些国家掉进了"发展的陷阱"或者陷入了长期的停滞，而另一些国家却能够保持长期的高增长率。在这方面，特别引人注目的是第二次世界大战以后亚洲和非洲的发展中国家的对比。在 1960 年，亚洲和非洲国家的人均实际收入大致相等。而 30 年后，亚洲的人均收入增加了两倍以上，而在非洲只有少量的上升。① 发展中国家内部的发展差异也持续扩大。

传统新古典主义把增长归结于外生的技术进步，因此无法解释不同国家经济增长率方面的巨大差异。从 20 世纪 80 年代末期开始，学者们投入了大量努力来研究经济增长的源泉，并试图解释不同国家出现不同发展模式的原因。这些研究指出一系列促进经济发展的"内生"机制的存在，并认为公共政策在经济发展中扮演了新的角色。② 文献以极快的速度增长，而在本书中，我们无法为已发展出来的各种方法提供一个全面综述。③ 在本章中，我们将回顾"新增长"文献中的一些重要特征，以及它对宏观经济政策增长效应的含义。本章的第 1 节简单回顾了古典增长模型，并使用新古典主义分析方法来检验已有证据，试图找出发展中国家经济增长的源泉。第 2 节介绍 AK 模型，该模型假设资本是规模报酬不变的。第 3 节讨论人力资本、知识和经济增长之间的相互影响。第 4 节考察政府支出（资本）、税收与经济增长之间的联系。关于金融中介与经济增长，通货膨胀、宏观经济波动与经济增长之间的关系将分别在第 5、6、7 节中介绍。最后一节，我们回顾近期关于中等收入陷阱的文献。在这个过程中我们将复习一些相关的计量经济学方法。

1 新古典增长模型

新古典增长模型是由 Solow（1956）和 Swan（1956）发展出来的。它建立在一个加

① 仅在"四小虎"（中国香港、中国台湾、韩国及新加坡）中，人均实际收入在 1960—1990 年间就增加了四倍以上。

② 增长理论的复苏可以在很大程度上归于 Lucas（1988），Grossman and Helpman（1991）及 Romer（1986）所做的有影响的工作。

③ Barro and Sala-I-Martin（2003）对于新经济增长理论给出了一个广泛的综述，Agénor（2004b）则提供了更多关于发展中国家的相关讨论。

总的、规模报酬不变的生产函数基础上，该生产函数使用劳动和资本（其边际报酬递减）来生产一种综合产品。假设储蓄是产出的一个固定比例，而技术也按照一个外生的速率进步。令 Y 代表总产出，L 代表生产过程中所使用的工人数目，K 为资本存量，并假设生产函数是柯布-道格拉斯函数。因此，

$$Y = AK^{\alpha}L^{1-\alpha}, \quad 0 < \alpha < 1$$

其中，A 代表技术水平，每个工人的产出 $y=Y/L$ 可以由下式来表达：

$$y = Ak^{\alpha} \tag{1}$$

其中，k 代表资本/劳动比率。

资本积累服从下面的公式：

$$\dot{k} = sy - (n+\delta)k, \quad 0 < s, \delta < 1 \tag{2}$$

其中，s 代表储蓄倾向，$n>0$ 代表外生的人口增长率，δ 代表实物资本的折旧率。(2) 式实际上包括了产品市场的均衡条件，即投资等于储蓄，$I=sy$。

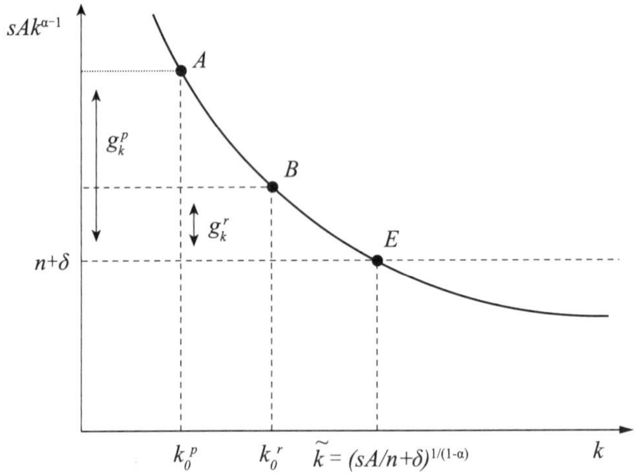

图 17-1　Solow-Swan 模型中的资本积累

现在，假设 A 是一个常数。把 (1) 式代入 (2) 式，在公式两边同时除以 k，我们就得到资本/劳动比率的增长率 g_k：

$$g_k \equiv \dot{k}/k = sAk^{\alpha-1} - (n+\delta) \tag{3}$$

由此，我们又可以推导出人均产出增长率为：

$$g_y \equiv \dot{y}/y = \alpha \dot{k} Ak^{\alpha-1}/Ak^{\alpha} = \alpha g_k$$

图 17-1 描述了人均资本存量的变动行为。在 $n+\delta$ 处的水平线是折旧线，其中，曲线 $sAk^{\alpha-1}$ 可以被称为储蓄曲线。资本边际报酬递减的假设保证了储蓄曲线的斜率为负。根据 (3) 式，资本/劳动比率的增长率是这两条曲线之间的差距。而这两条曲线之间的交点决定了资本/劳动比率的稳态值。①

更一般而言，如果技术（和人口一样）以一个固定的速度增长，那么在 Solow-Swan

① 在标准稻田条件（Inada condition）下，储蓄曲线在 $k=0$ 处垂直，而当 $k\to 0$ 时趋近于横轴，由于储蓄曲线在 0 和无穷大之间可取任何值，它必须至少穿过折旧线一次，而由于储蓄曲线在 $(0, \infty)$ 区间的斜率均为负，它只会穿过折旧线一次，参见 Agénor (2004b)。

模型中，我们可以证明每个有效工人产出的稳态值以及资本/有效劳动比率也是固定的，并且与（劳动增加）的技术变化量成比例。虽然就长期而言，储蓄率对人均增长率没有影响，但是它（正面地）影响稳态的人均收入水平。① 此外，该模型也意味着具有相同生产技术以及同等储蓄和人口增长率的国家将趋向于相同的稳态人均收入水平。趋同性意味着那些初始生活水平相对较低、资本/产出比率也较低的穷国在追赶富国的转型过程中会有更高的增长率，但最终这两组国家的人均收入水平会相等。② 正如图 17-1 所示，资本存量为 k_0^p 的穷国初始经济增长率（由 g_k^p 所给出）大于初始资本存量为 k_0^r 和增长率为 g_k^r 的富国。在转型过程中，穷国的增长速度也快于富国：如果两个国家都具有同样的技术水平 A、储蓄率 s、折旧率 δ 以及人口增长率 n，那么这两个国家都会趋近到同样的资本存量稳态水平 $\tilde{k}$。从直觉上来看，发生趋同的原因是资本存在边际报酬递减。当资本存量最开始较小时，资本存量的每一次增加都会对产出有很大的正面影响。而当资本存量很大时，就会发生相反的情况。

新古典增长模型也给我们带来了“经济增长来源”的分析方法，该方法在试图分析产出变动的决定因素时非常流行。该方法一般利用加总的生产函数，把产出的增长分解为不同来源的贡献，即由各种要素投入占其竞争性要素份额加权的要素增长率，再加上一个残差。这个残差往往被称为技术进步，但它实际上应该被描述为产出增长和投入增长加权总和之间的差异，即全要素生产率的增长。

假设生产函数的形式为 $y=Af(k, n)$。③ 以百分比变化来表示，我们有：

$$g \equiv \dot{y}/y = \frac{\dot{A}}{A} + Af_k\frac{\dot{k}}{y} + Af_n\frac{\dot{n}}{y} = g_A + \alpha_k g_k + \alpha_n g_n \qquad (4)$$

其中，$\alpha_h = f_h h/y$（其中 $h=k, n$）代表产出对于投入 h 的弹性，g_A 代表全要素生产率的增长率，它是作为残差被推导出来的。在竞争性均衡的条件下，要素得到了与其边际产出相同的支付。因此，系数 $\alpha_k(\alpha_n)$ 等于总产出中劳动（资本）的比例。当存在规模报酬不变时，所有比例系数的总和必然等于1。如果生产函数是（1）式中所描述的柯布-道格拉斯形式，那么在生产要素全部获得其边际产出的假设下，意味着 $\alpha = \alpha_k = 1-\alpha_n$，而劳动的比例对应着参数 α_n。

对总生产函数的规模报酬不变和要素市场竞争性的（和一体化的）的假设具有很强的限制性。特别是在发展中国家更是如此。实际上，在过去这些年中，大量基于增长来源方法所做的研究分析了工业化国家和发展中国家的情况。例如 Elías（1992）考察了7个拉丁美洲国家（阿根廷、巴西、智利、哥伦比亚、墨西哥、秘鲁和委内瑞拉）1940—1985 年期间的情况：他的研究考虑不同劳动和资本投入，并且定义了它们不同部分的特质和总量。比如劳动，总量部分是对不同特质（教育、性别、年龄）就业的算数加总，

① 储蓄率的改变也会在短期影响经济增长率。但是，从长期来看，储蓄率的上升只会导致资本/产出比率的同比例增加。

② 不管一国是对国际贸易封闭还是开放，新古典增长模型的这个含义都成立。该模型也预测，如果一国是开放的，而且能够进入国际资本市场，那么趋同就能够更快实现。在贫穷国家中，资本的相对稀缺和较低的资本/劳动比率使得资本的回报率较高，从而导致资本的流入和资本积累加速，并带来较高的经济增长。但是，如果一个国家只能通过借贷来为其部分资本融资，（比如，如果人力资本投资只能通过国内储蓄来融资），那么，新古典增长模型的开放经济版本将与封闭经济模型产生一样的趋同速率。参见 Barro and Sala-I-Martin（2003）。

③ 技术进步这里被假设为“希克斯中性”，也就是说，在给定的资本和劳动组合下，它将提高所可能取得的产出，但同时又不影响资本和劳动的相对边际产出。

资本则是对不同类别资本的算数加总。各项投入的质量取决于它们不同的特征。[①] 因此，特征部分可以衡量生产要素变化的情况。关于发展中国家更深入的研究可以参见 Bosworth and Collins（2003），同时 Bosworth and Collins（2008）利用增长核算方法，比较分析了中国和印度 1978—2004 年的增长情况。

在上述新古典增长模型中，资本表现出边际报酬递减。这一特征使得模型无法解释现实中各国长期增长率之间的差异。实际上，新古典增长模型认为国家的增长率应该符合条件收敛，即在控制影响稳态收入/储蓄比率以及人口增长率的因素后，不同国家的人均收入会出现收敛。人均收入与收入水平之间的显著的联系缺失不能构成推翻收敛假说的证据。最近的研究成果均支撑条件收敛，参见 Barro and Sala-i-Martin（2003）的综述，Barro（2012）发现条件年收敛率可以达到 2%。但是，Quah（1996）和 Huang（2005）利用非线性估计，研究发现国家间倾向于分组收敛（收敛俱乐部），与线性回归结果产生了鲜明的对比。

除此之外，在新古典增长模型中，产出增长在长期与储蓄率无关，仅与人口因素（人口增长率）以及技术进步率相关。但是因为人口增长和技术改变被视为外生，模型并不能解释稳态增长的产生，因此不能评估政府政策对于增长的潜在影响。增长率与储蓄率无关的假设与现实不符，高增长的发展中国家相比中等增长或低增长国家拥有更高的储蓄率［以及更高的投资率和出口增长率，参见 Agénor（2004）］。

新的增长文献通过提出多样的内生稳态增长机制解决了新古典增长模型的这些局限性。我们首先讨论新理论中外部性以及规模报酬不变假设的作用，然后关注人力资本和知识积累的影响，以及经济增长和金融发展之间的联系，政府政策和经济增长之间的关系，宏观经济稳定、波动性与经济增长之间的关系。

2 包含内生增长的 *AK* 模型

在新增长文献中，通常采用两种方法来放宽基础模型中资本边际报酬递减的假设。第一种方法把所有生产投入看作是某种可再生的资本，不仅包括实物资本（在基本的新古典框架下尤为强调），也包括其他类型的资本，尤其是人力资本（Lucas，1988）或“知识水平”（Romer，1986）。沿这些方向发展的一个简单增长模型被称为 *AK* 模型，由 Rebelo（1991）提出：设（1）式中的 $\alpha=1$，

$$y=Ak \tag{5}$$

其中，$k=K/L$，但 K 现在应当被理解为广义上的资本，包括实物资本和人力资本。生产函数为线性，表现出规模报酬不变，但资本并不是边际报酬递减的，A 仍然是一个影响技术水平的参数。[②]

① 劳动质量的变化是由各种特质的劳动加权加总而来。权重为每类工人的工资占总劳动力平均工资的比重。相同的方法被用于计算资本的权重。

② 获得像（5）式一样的公式的另一种办法是假设不断增加的机械或中间投入的种类或质量抵消了边际报酬递减的倾向。按照这种理解，K 现在代表制投入的种类或质量。要获得新投入就必须进行研究和开发，企业也必须为此投入熟练劳动力。为了确保进行这种研发活动的企业能够（以租金的方式）回收生产这些投入的研发支出，往往假设市场是垄断竞争的。参见 Grossman and Helpman（1991）及 Romer（1990）。

使用（2）式中的资本积累，稳态下的每个工人的资本存量增长率为：

$$g_k = sA - (n + \delta)$$

而稳态下，人均收入增长率为：

$$g_y = sA - (n + \delta) \tag{6}$$

当 $sA > n + \delta$ 时，经济增长率为正（并且一直保持恒定），而且人均收入水平也会无限制地上升。因此，与新古典增长模型相反，*AK* 模型的一个重要含义是，储蓄率的增加会永久提高穷人的人均增长率水平。此外，与新古典增长模型所预测的不同（即前面已经证明的，穷国将比富国增长率更高一些），*AK* 模型意味着，那些生产过程与其他国家具有相同复杂程度的穷国将与富国有相同的经济增长率，即增长率与其初始收入水平无关。因此，即使各国生产技术一样，而且储蓄模式相同，*AK* 模型并不能得到各国收敛的结论，这个特性与经验证据十分吻合。

内生增长理论中，*AK* 模型十分受欢迎，并且已经在不同方向上被扩展。比如，Rebelo（1991）分别考虑了消费品、实物资本和人力资本，并研究了 *AK* 模型在这些扩展下的含义。他的分析证明，如果“核心”资本的生产技术是规模报酬不变且不需要不可再生要素的话，将达到内生稳态增长。换句话说，要获得正的增长率，只需要存在以规模报酬不变生产且不需要使用不可再生投入的资本品。

第二种内生增长的方法是在增长过程中引入溢出效应。外部效应的存在意味着，如果一个厂商将投入加倍，其他厂商的生产率也会上升。引入溢出效应会放松资本边际报酬递减的假设。[①] 在大部分模型中，外部效应以所有企业均可使用的一般性技术知识的形式出现，而企业可用其进一步开发新生产方法。对这类设定的一个例外是 Lucas（1988），他对外部效应的设定是以公众学习的方式出现，从而增加了人力资本存量，并影响了生产中所有要素的生产率。[②] 另一个例外是 Barro（1990），他引入了与公共投资相关的外部效应。

外部效应的存在与生产函数中存在的规模报酬递增现象紧密相关。但是，上述表述的一个重要含义是：在表现出溢出效应和外部效应的模型中，持续增长并非来自外部效应的存在，而是来自所有可积累生产投入表现为规模经济不变的假设。正如 Rebelo（1991）所强调的，规模报酬递增既不是产生内生增长的必要条件，也不是充分条件。

3 人力资本、知识与增长

□ 3.1 人力资本的生产

在最近的增长理论文献中，一种特别强调的外部效应来源是人力资本积累及其对整个经济中生产率的作用。实际上，证据表明人力资本（以教育年限衡量）确实在世界范

---

① 这种模型和那些基于可再生资本的模型的关键区别是：这里外部效应的存在往往导致竞争性均衡的次优，从而为政府干预并改进福利提供了空间。参见后面关于卢卡斯模型的讨论。

② 把外部效应与规模经济纳入增长文献的另一种办法是由 Verspagen（1992）提出的，他也讨论了各种模拟创新过程的方法，包括由 Grossman and Helpman（1991）提出的“质量阶梯”（quality ladder）概念。

围大幅改善（Jones and Romer，2010）。卢卡斯提供了一个最广为人知的尝试，他把人力资本积累的溢出效应考虑在内。在模型中，如果其他工人有更多的人力资本，那么某个工人不管其自身技能水平如何，都会有更高的生产率（Lucas，1988）。

卢卡斯模型的一个简单版本如下。[①] 人力资本通过一个明确的“生产过程”进行生产：个人的一部分工作时间用于积累技能。具体说，k 为每个工人的实物资本，h 为每个工人的人均人力资本，或更一般地讲，“知识”资本。生产过程可以描述为：

$$y = Ak^{\sigma}[uh]^{1-\sigma}, \quad 0 < u < 1 \tag{7}$$

其中，u 代表个人投入生产的时间，如以前一样，实物资本增长率取决于储蓄率（$I=sy$），而人力资本增长率由投入生产的时间决定：

$$\dot{h}/h = \alpha(1-u), \quad \alpha > 0 \tag{8}$$

在此经济体中，长期人均资本及人均产出增长率为 $\alpha(1-u)$，人力资本增长率以及实物资本/人力资本比率都趋向于一个常数。从长期来看，收入水平与人力资本初始存量成正比。在此具体的设定中，储蓄率对增长率无影响。

卢卡斯模型的一个重要含义是：在完全竞争的均衡下，外部效应会导致人力资本的投资过少，因为私人不会把人力资本所导致的外部效应考虑在内。因此，由于外部效应的存在，均衡增长率低于最优增长率，由于均衡增长率取决于人力资本投资率，外部效应意味着提高人力资本投资可提高经济增长率。这就导致下面一个结论，即通过政府政策（补贴）把均衡增长率提高到最优增长率水平是必要的，政府对人力资本形成或学校教育的补贴可能潜在地提高了经济增长率。[②]

□ 3.2　知识的生产

Romer（1986）提出了另一种估计外部效应在经济增长过程中所起作用的方法。在他的分析框架中，外部效应来自知识存量而不是总人力资本存量。知识是由个人生产的，但由于新生产出来的知识最多只能部分和暂时地保密，所以产品及劳务生产不仅取决于个人的知识，也取决于总知识存量。[③] 企业与个人总能部分地获取生产知识的回报。因此，市场均衡导致在知识积累方面的投资不足。只要知识能够与技术水平联系起来，Romer 的分析框架就可以被看作是一种内生地决定技术进步率的尝试。在随后的工作中，Romer（1990）使用了一个区分了研究部门及经济中的其他部门的模型，内生地解释了投资于技术变革的决定。在那个分析框架中，企业不能获得知识生产中的所有好处，这就意味着，对于某些特定类型的资本积累而言，其社会回报率高于私人回报率。因此，有可能利用某种税收或补贴计划来提高经济的增长率。如 David Romer（2000b）的一个关于 Romer（1990）的简化模型所述，考虑到知识生产部门可以帮助我们解释储蓄率和

---

① Lucas（1988）原来的模型是建立在一个最优化框架中的，其中，私人经济主体在跨时资源约束的条件下最大化其效用，并决定他们的消费路径。但是，他分析的主要论点也可以通过假设恒定的储蓄率来得到，参见 Lucas（1993）。

② Lucas（1988）也发展了另外一个模型，其中假设了技术进步的另一种结构。在这个框架中，所有的人力资本积累都是来自在职培训或者说是干中学，而不来自工人为人力资本积累所配置的时间。因此，是直接投入于生产活动中的时间决定了经济增长率。

③ 知识外部效应的存在提出了是否有激励去进行创新的问题。Romer 假设进行知识生产的企业或个人享有一定程度的垄断权利（比如说通过专利保护），从而确保在一定时间内获得创新的收益。

经济增长率之间的正相关关系，而这一关系在与现实相符的同时又不能被 Solow-Swan 模型所解释。

4 政府支出、税收与经济增长

如本书第三部分所强调，通货膨胀稳定意味着对于财政赤字的削减。但是赤字同样可以影响经济增长。比如，Adam and Bevan（2005）利用 45 个中低收入发展中国家 1970—1999 年期间的面板数据，发现二者之间存在非线性关系。削减财政赤字至 1.5% 的 GDP 水平阈值以下，对于促进经济增长有显著的贡献。贡献的大小取决于赤字削减的方式，即削减支出还是提高税收。两种方法的差异带来政府部门规模的不同。那么这两种方法是否会对长期经济增长有不同影响呢，换句话说，政府的大小是否与长期的经济增长率之间具有直接关系呢？

理论上来说，我们有理由相信这一关系的存在。特别是假设财政赤字为常数，更高的政府支出水平意味着需要更高的税收。因为收入水平的实现需要通过扭曲税收来获得，这就会导致资源分配无效进而带来经济增速的下行。与此同时，一些政府支出可能体现出直接的生产性。比如，政府对健康和教育的支出可以被视为对人力资本的投资。另外政府建立财产权保护制度的支出可以被视为对“社会资本”的投资。这一逻辑意味着政府支出的水平和构成均会对长期增长产生影响。更进一步来讲，生产性的支出可以通过扭曲性税收进行融资，因此更大的政府部门对于长期经济增长的影响是不确定的。

政府实施人力资本积累会对经济增长产生重要影响。一个可能的渠道是公共资本（最重要的即为基础设施，本书第 2 章提及）和私人投资的互补性作用。本节中我们将介绍两个描述财政政策促进经济增长的模型。第一个模型与 Barro（1990）的研究相关，他将公共支出（例如基础设施服务）作为私人生产的投入。第二个模型是 Agénor（2008）内生增长模型的简化版本，该模型考虑了公共和私人资本积累。巴罗模型将基础设施服务视为流量而非存量（存量包括道路、机场等）。① 但是除此之外，对于基础设施的公共开支会通过影响健康因素来改变经济增长。有证据表明，特别是获得清洁的水资源和良好的环保设备可以帮助改善健康状况，进而促进生产率提高。通过降低燃烧成本和对产生烟尘的传统燃料（木材、作物残渣、木炭）的依赖，电的使用可以减少室内空气污染以及呼吸道疾病的发病率，进而改善卫生状况和健康。电力资源的提供对于医院运转和健康服务的传递是极为重要的，更好的交通网络（特别是农村地区）使获得医疗更加便利，同时也会吸引（或者保留）更多高水平的从医人员。

在对模型进行介绍后，我们求解了分散均衡（decentralized equilibrium）。我们还可以求得最优政策，即增长和福利水平最大化的税率以及在医疗和基础设施之间的支出分配比例。之后我们会扩展分析将医疗服务的生产视为健康公共资本的函数，并且展示模型如何产生过渡动态。最后，我们考察在财政收入中性（revenue-neutral）的情况下，政府支出从健康向基础设施变动对经济增长的影响。

① Futagami et al.（1993）扩展了 Barro 的分析，将公共资本存量纳入模型的生产函数。

□ 4.1　巴罗模型

Barro（1990）提出的模型很好地描述了税收对经济增长的双重效应。模型的关键点是政府支出 G 的流动对于私人生产具有正面作用。假设雇佣水平是常数且标准化为 1，每个（同质的）私人企业的生产函数为：

$$Y = AG^{\alpha}K^{1-\alpha}, \quad 0 < \alpha < 1 \tag{9}$$

其中，K 为资本存量。这个表达式意味着每个企业 h 的生产函数关于 G 和 K_h 都为不变回报。

假设政府按比例对产出征税，$\tau \in (0, 1)$，以实现平衡预算。将企业的数量标准化为 1，政府预算约束为：

$$G = \tau Y \tag{10}$$

家庭最大化效用现值：

$$\max_{C} V = \int_0^{\infty} \frac{C^{1-1/\sigma}}{1-1/\sigma} \exp(-\rho t)\mathrm{d}t \tag{11}$$

受到资源约束限制，

$$C + \dot{K}_P = (1-\tau)Y, \tag{12}$$

其中，C 为消费，K_P 为私人资本存量。$\sigma > 0$ 为跨期替代弹性。为了简化，私人资本的折旧率为零。

给定 G 随着私人总资本存量的提升而提升，私营企业生产函数关于 G 和 K 均为不变回报，模型可以产生内生稳态增长。巴罗的研究中给出经济增长率为：

$$g = \sigma[\alpha A^{1/(1-\alpha)} \tau^{\alpha/(1-\alpha)} (1-\tau) - \rho] \tag{13}$$

其中，ρ 表述了主观的时间偏好。（13）式展示了政府支出对经济增长产生影响的两个渠道①：$1-\tau$ 表示税收对于税后资本边际产出的负向影响；$\tau^{\alpha/(1-\alpha)}$ 表示公共服务对税后资本边际产出的正向影响。

（11）式意味着随着税率提升，增长率首先增加（税收的正面影响大于负面影响），当在 τ^* 时达到最大后开始随着税率上升而递减。如图 17－2 所示，因此对于 $\tau > \tau^*$ 时，税收和政府支出都是无效的。

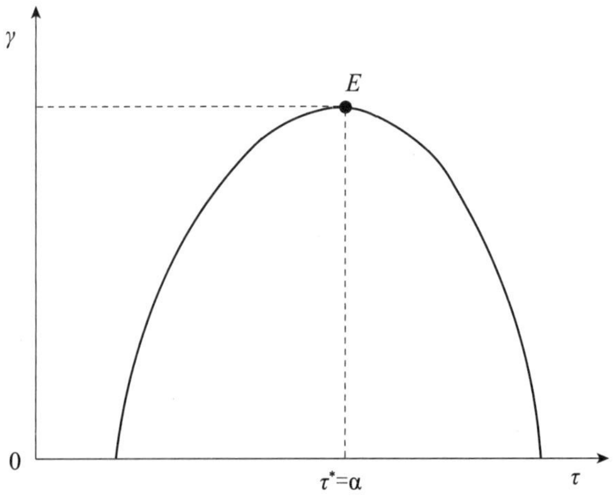

图 17－2　巴罗模型中的经济增长和税率

① Cashin（1995）提供了关于两种效应的经验性证据。

最大化增长率的最优税率由（13）式可以得出，由 $dg/d\tau=0$ 可以得到最优税率 τ^* 为：

$$\frac{dg}{d\tau}=\alpha A^{1/(1-\alpha)}\tau^{\alpha/(1-\alpha)}\left[\frac{\alpha/(1-\tau)}{(1-\alpha)\tau}-1\right]=0$$

由上式可以得到：

$$\tau^*=\alpha \tag{14}$$

因此，“巴罗规则”要求将税率设置为与公共基础设施的流动供给的产出弹性相等，以使增长最大化。在这个模型中，给定政府支出的单一构成，最优税率和最优支出份额是完全等同的。

□ 4.2 基础设施、健康和经济增长

根据 Agénor（2008）的研究，我们现在扩展上文的分析，考虑另外一种类型的与公共基础设施相关的外部性。

假设经济人口数量一定，代表性家庭拥有无限存续生命，它们仅生产和消费一种贸易品。商品可以被用来消费也可以被用来投资。政府免费提供基础设施支出并供应健康服务；政府对产出征税，从而为政府支出融资。

4.2.1 生产

产出 Y 由私人资本 K_P 和公共基础设施服务 G_I（包括对电厂、公路以及其他设施的支出）构成，有效劳动被定义为劳动数量与生产技术 A 的乘积。给定人口增长率为 0，人口规模被标准化为 1，假设生产技术符合柯布-道格拉斯函数：

$$Y=G_I^{\alpha}A^{\beta}K_P^{1-\alpha-\beta} \tag{15}$$

其中，$\alpha,\ \beta\in(0,\ 1)$。因此，健康是劳动扩张型的，正如关于营养和劳动技术微观层面研究的假设。

生产技术线性依赖于健康服务供给，则有：

$$A=H \tag{16}$$

结合（15）式和（16）式，有

$$Y=\left(\frac{G_I}{K_P}\right)^{\alpha}\left(\frac{H}{K_P}\right)^{\beta}K_P \tag{17}$$

上式意味着在稳态，由于 G_I/K_P 以及 H/K_P 为常数，产出/资本比率同样为常数。因此，模型与标准的 AK 框架表现一致（参见本章第 2 节）。

4.2.2 家庭偏好

C 代表消费，家庭的即时效用函数为：

$$U=\frac{(C^{\kappa}H^{1-\kappa})^{1-1/\sigma}}{1-1/\sigma},\quad \kappa\in(0,\ 1),\ \sigma\neq1 \tag{18}$$

其中，$1-\kappa$ 衡量了健康对效用的相对贡献，$\sigma>0$ 为跨期替代弹性。因此，效用关于消费和健康服务是不可分的。[①]

家庭最大化终生效用的贴现值，

$$\max_C V=\int_0^{\infty}U\exp(-\rho t)dt \tag{19}$$

① 为了保证即时效用函数关于 C 和 H 拥有合理的凹性，$\kappa(1-1/\sigma)<1$ 的条件必须被满足。

受限于与（12）式相同的资源约束：

$$C + \dot{K}_P = (1-\tau)Y \tag{20}$$

其中，$\tau \in (0,1)$ 为所得税税率。为了简化，私人资本的折旧率为零。Agénor（2010）的研究中提出，时间偏好可以被假设为与健康服务消费具有相反关系，这样可以描述更加健康的个人更加注重未来，这里我们将 ρ 视为常数。

4.2.3 健康服务的生产

服务的生产需要结合政府对于基础设施和健康方面的支出，即 G_I 和 G_H，后者包含对于医疗工作人员的补偿、医药开销等。假设生产技术仍服从柯布-道格拉斯函数形式：

$$H = G_I^{\mu} G_H^{1-\mu} \tag{21}$$

其中，$\mu \in (0,1)$，健康服务的提供为规模收益不变。

4.2.4 政府

政府对基础设施和健康医疗服务进行支出，并且对产出以税率 τ 进行征税。政府不能发行债券，因此必须在每一期保持收支平衡。政府的预算约束为：

$$G_H + G_I = \tau Y \tag{22}$$

两类支出均为税收收入的固定比例：

$$G_h = \upsilon_h \tau Y, \quad h = H, I \tag{23}$$

政府预算约束表示为：

$$\upsilon_H + \upsilon_I = 1 \tag{24}$$

□ 4.3 分散经济均衡

在当前框架中，分散经济均衡时一组关于 $\{C, K_P\}_{t=0}^{\infty}$ 的无限期序列，$\{C, K_P\}_{t=0}^{\infty}$ 最大化（19）式并受限于（20）式，给定税率和支出份额 υ_h，其中，$h = H, I$，$\{K_P\}_{t=0}^{\infty}$ 满足（20）式和（24）式。

给定税率和健康服务 H 的供给，家庭求解（19）式描述的问题，受到（18）式和（20）式的约束。利用（16）式和（15）式，该问题的汉密尔顿现值可以表示为：

$$L = \frac{(C^{\kappa}H^{1-\kappa})^{1-1/\sigma}}{1-1/\sigma} + \lambda\left\{(1-\tau)\left(\frac{G^I}{K_P}\right)^{\alpha}\left(\frac{H}{K_P}\right)^{\beta}K_P - C\right\}$$

其中，λ 为（20）式的共态变量。从一阶条件 $\mathrm{d}L/\mathrm{d}C = 0$ 以及共态条件 $\dot{\lambda} = -\mathrm{d}L/\mathrm{d}K_P + \rho\lambda$，结合 $s \equiv (1-\tau)(1-\alpha-\beta)$，最优条件可以表示为：

$$\kappa\left(\frac{H}{C}\right)^{1-\kappa}(C^{\kappa}H^{1-\kappa})^{-1/\sigma} = \lambda \tag{25}$$

$$s\left(\frac{G^I}{K_P}\right)^{\alpha}\left(\frac{H}{K^P}\right)^{\beta} = s\left(\frac{Y}{K_P}\right) = \rho - \dot{\lambda}/\lambda \tag{26}$$

结合预算约束（20）式和横截条件：

$$\lim_{t\to\infty} \lambda K_P \exp(-\rho t) = 0 \tag{27}$$

（25）式可以写为：

$$C = (\kappa/\lambda)^{1/[1-\kappa(1-1/\sigma)]} H^{(1-\kappa)(1-1/\sigma)/[1-\kappa(1-1/\sigma)]}$$

取对数并对时间求微分可得：

$$\frac{\dot{C}}{C} = -\nu_1\left(\frac{\dot{\lambda}}{\lambda}\right) + \nu_2\left(\frac{\dot{H}}{H}\right) \tag{28}$$

其中，$\nu_1 \equiv 1/[1-\kappa(1-1/\sigma)] > 0$，$\nu_2 \equiv (1-\kappa)(1-1/\sigma)\nu_1$。因此如果 $\kappa = 1$，这一公式可以得到相似的结果 $\dot{C}/C = -\sigma\dot{\lambda}/\lambda$。注意 $\nu_2 < 1\ \forall \sigma \neq 1$，以及如果 $\sigma < 1$，那么 $\nu_1 < 1$，$\nu_2 < 1$。

从（15）式可得：

$$\frac{\dot{Y}}{Y} = \alpha\left(\frac{\dot{G}_I}{G^I}\right) + \beta\left(\frac{\dot{H}}{H}\right) + (1-\alpha-\beta)\left(\frac{\dot{K}_P}{K_P}\right)$$

利用（21）式（该式表明 $\dot{H}/H = \dot{Y}/Y$，是规模报酬不变的结果）和（23）式（该式表明 $\dot{G}_I/G_I = \dot{Y}/Y, \dot{Y}/Y = \dot{K}_P/K_P$），将上式代入（28）式并结合（26）式可得：

$$\frac{\dot{C}}{C} = \nu_1\left\{s\left(\frac{Y}{K_P}\right) - \rho\right\} + \nu_2\left(\frac{\dot{K}_P}{K_P}\right) \tag{29}$$

结合 $c = C/K_P$，上式可以表示为：

$$\frac{\dot{c}}{c} = \nu_1\left\{s\left(\frac{Y}{K_P}\right) - \rho\right\} - (1-\nu_2)\left(\frac{\dot{K}_P}{K_P}\right) \tag{30}$$

由（17）式有

$$\frac{Y}{K^P} - \left(\frac{G_I}{Y}\right)^{\alpha/(1-\alpha-\beta)}\left(\frac{H}{Y}\right)^{\beta/(1-\alpha-\beta)}$$

结合预算约束（20）式有

$$\frac{\dot{K}^P}{K^P} = \frac{(1-\tau)Y}{K^P} - c = (1-\tau)\left(\frac{G^I}{Y}\right)^{\alpha/\eta}\left(\frac{H}{Y}\right)^{\beta/\eta} - c \tag{31}$$

其中，$\eta \equiv 1-\alpha-\beta \in (0,1)$。由（21）式和（23）式有

$$H = (\upsilon_I^{\mu}\upsilon_H^{1-\mu})\tau Y \tag{32}$$

将上式代入（31）式，结合（23）式可得：

$$\frac{\dot{K}^P}{K^P} = (1-\tau)(\upsilon_I\tau)^{\alpha/\eta}[(\upsilon_I^{\mu}\upsilon_H^{1-\mu})\tau]^{\beta/\eta} - c = \Lambda - c \tag{33}$$

将这一结果代入（30）式可以得到非线性微分方程：

$$\frac{\dot{c}}{c} = (1-\nu_2)c + \left[\frac{s}{1-\tau}\nu_1 - (1-\nu_2)\right]\Lambda - \nu_1\rho \tag{34}$$

（34）式和横截条件（27）式决定了分散经济的动态。

在均衡增长路径（BGP）上，消费和私人资本的存量增长以相同的不变速率 $\gamma = \dot{C}/C = \dot{K}_P/K_P$，所以 $\dot{c} = 0$ 增长。但是给定 $\nu_2 < 1$，均衡是（全局）不稳定的。因此，为了保持在均衡增长路径上，经济必须从均衡路径开始。

假定（34）式中 $\dot{c} = 0$，经济在稳态时的消费/资本比率为：

$$\tilde{c} = \Lambda + \frac{\nu_1(\rho - \eta\Lambda)}{1-\nu_2}$$

将上式代入（33）式可以得到稳态增长率为：

$$g = \frac{\nu_1}{1-\nu_2}(\eta\Lambda - \rho) \tag{35}$$

只要 $\rho < \eta\Lambda$ 为正。因此模型没有过渡动态。当经济受到冲击时，消费/资本比率会立即跳跃到新的均衡值，然后服从（35）式，运行在稳态经济增长路径上。因为在均衡增长路径上 H/C 为常数且 $\dot{H}/H = \dot{K}_P/K_P$，（25）式意味着 $\dot{\lambda}/\lambda = -\gamma/\sigma$。因此，如果 $g(1-$

$1/\sigma)-\rho<0$，横截条件（27）式在 BGP 上得到满足，即[①]

$$\rho>\left\{1+\frac{\nu_1(1-1/\sigma)}{1-\nu_2}\right\}^{-1}\frac{\nu_1\eta\Lambda(1-1/\sigma)}{1-\nu_2}$$

因为 $\nu_1(1-1/\sigma)/(1-\nu_2)=\sigma-1$，该式可以表示为：

$$\rho>\sigma^{-1}(\sigma-1)\eta\Lambda \tag{36}$$

如果 $\sigma\in(0,1)$，条件（36）式被自动满足，如果 $\sigma>1$，则可容许的税率值或支出份额存在上限。基于第 11 章所讨论的经验证据，我们将假设 $\sigma<1$。横截条件（27）式的成立与最优的公共选择获得的变量无关。

□ 4.4　最优政策

假设支出分配任意决定，给定支出的构成固定（即 $d\tau>0$ 且 $d\upsilon_I=d\upsilon_H=0$），以及政府支出从健康向基础设施的收入中性转移（即 $d\tau=0$ 且 $d\upsilon_I=-d\upsilon_H$），我们现在考虑税率提升的增长和福利效应。

首先，关于增长效应，由（35）式得

$$\text{sg}\left\{\left.\frac{dg}{d\tau}\right|_{d\upsilon_h=0}\right\}=\text{sg}\left\{-1+(1-\tau)\left(\frac{\alpha+\beta}{\tau\eta}\right)\right\},\quad h=I,H \tag{37}$$

$$\text{sg}\left\{\left.\frac{dg}{d\upsilon_I}\right|_{d\tau=0}\right\}=\text{sg}\left\{\left(\frac{\alpha+\mu\beta}{\upsilon_I}\right)-\frac{\beta(1-\mu)}{\upsilon_H}\right\} \tag{38}$$

这些表达式大体来说非常含糊。背后的原因是税率增加会带来权衡取舍的问题和倒 U 形曲线所描述的 τ 和 γ 之间的关系。由于提高了政府生产性支出，更高的税率会促进增长。但是当超过一定阈值时，更进一步地提升税率会阻碍私人资本积累，进而阻碍增长。

（37）式表示增长最大化税率为：

$$\tau^*=\alpha+\beta \tag{39}$$

因此，（39）式产生了（14）式所描述的巴罗税收-支出规则，即除基础设施服务外，健康支出对资本边际产出也有正面效应（通过提高劳动生产率）。因此，该式考虑了政府支出对生产的直接与间接影响。

考虑对基础设施投资的“收入中性”增长。两个相互冲突的效应使得对增长的效应并不明确。增加基础设施投资份额会提升资本的边际产出，进而通过健康服务的影响直接或间接地提升投资和经济增长。与此同时，健康支出的减少会通过降低劳动生产率而降低经济增长。净效应取决于生产技术中生产商品和健康服务的系数。当 $\mu=0$ 时，如果初始投资构成 υ_I/υ_H 超过生产商品弹性的比率 α/β，公共设施支出上升会提高经济增长。

从预算约束（24）式和（38）式得到，增长最大化的基础设施支出份额为：

$$\upsilon_I^*=\frac{\alpha+\mu\beta}{\alpha+\beta} \tag{40}$$

上式大于 α。严格的巴罗规则，即支出份额仅与基础设施的产出弹性有关，是次优的。在 $\mu=0$ 的“标准”情况下，如果健康服务仅仅由政府健康支出来生产，我们有 $\upsilon_I^*=\alpha/(\alpha+\beta)$，同样高于 α。当 $\mu=1$ 时，所有的支出都将分配给基础设施（$\upsilon_I^*=1$）。[②] μ 越高，意

---

① 条件 $\rho>\gamma(1-1/\sigma)$ 对于保证（19）式中的积分有界也是必要的。

② 参见 Agénor（2011）关于人力资本积累模型中增长最大化规则的详细讨论。

味着健康服务产出相对基础设施支出的弹性越高，那么健康支出份额越低。现在考虑福利最大化分配。从（20）式和（22）式中可得经济的总预算约束为：

$$Y = C + \dot{K}_P + (G_H + G_I)$$

通过（22）式有

$$\dot{K}_P = (1-\tau)Y - C \tag{41}$$

通过（15）式和（21）式，$Y = G_I^{\alpha+\mu\beta} G_H^{\beta(1-\mu)} K_P^{\eta}$。再次利用（23）式以及（32）式可得：

$$Y = \tau^{(\alpha+\beta)/\eta} \upsilon_I^{(\alpha+\mu\beta)/\eta} \upsilon_H^{\beta(1-\mu)/\eta} K_P \tag{42}$$

利用上述结论，并结合（19）式和（32）式，考虑由政府预算约束得到的 $\upsilon_H = 1 - \upsilon_I$，令 ζ_P 为关于（41）式的共态变量，政府的问题为最大化下式：

$$L = \frac{\{C^{\kappa}\{[\upsilon_I^{\mu}(1-\upsilon_I)^{1-\mu}]\tau Y\}^{1-\kappa}\}^{1-1/\sigma}}{1-1/\sigma} + \zeta_P[(1-\tau)Y - C]$$

选择变量为 C，υ_I，τ，K_P，约束为（42）式。关于 C，υ_I，τ 的一阶条件为：

$$\kappa\left(\frac{H}{C}\right)^{1-\kappa}[C^{\kappa}H^{1-\kappa}]^{-1/\sigma} = \zeta_P \tag{43}$$

$$(1-\kappa)\left(\frac{C}{H}\right)^{\kappa}[C^{\kappa}H^{1-\kappa}]^{-1/\sigma}\left\{\frac{\alpha(1-\mu)+\mu}{\eta\upsilon_I} - \frac{(1-\mu)(1-\alpha)}{\eta(1-\upsilon_I)}\right\}H$$

$$= -\zeta_P(1-\tau)Y\left\{\frac{\alpha+\mu\beta}{\eta\upsilon_I} - \frac{\beta(1-\mu)}{\eta(1-\upsilon_I)}\right\} \tag{44}$$

$$(1-\kappa)\left(\frac{C}{H}\right)^{\kappa}[C^{\kappa}H^{1-\kappa}]^{-1/\sigma}\left(\frac{H}{\eta\tau}\right) = \zeta_P Y\left\{1-(1-\tau)\frac{(\alpha+\beta)}{\eta\tau}\right\} \tag{45}$$

用（43）式和（45）式除以（44）式可得：

$$\tau^{**} = (\alpha+\beta) + \frac{1-\kappa}{\kappa}\left(\frac{C}{Y}\right) \tag{46}$$

$$\upsilon_I^{**} = \frac{1}{1+\Omega}\left\{\frac{\alpha+\mu\beta}{\alpha+\beta} + [\alpha(1-\mu)+\mu]\Omega\right\} \in (0, 1) \tag{47}$$

其中，

$$\Omega \equiv \frac{1-\kappa}{\kappa(1-\tau)(\alpha+\beta)}\left(\frac{C}{Y}\right) > 0$$

C/Y 在稳态时为常数。①

特别地，当 $\kappa = 1$ 时，效用不取决于健康服务的供给，即 $\Omega = 0$，并且（46）式和（47）式与（39）式和（40）式相等。效用最大化税率超过了增长最大化税率，二者的数量差距取决于 κ。因为 $d\tau^{**}/d\kappa < 0$，健康服务在效用中的影响越大，两者的差距越大。我们还注意到福利最大化税率不依赖于生产健康服务的技术。

利用（40）式，（47）式可以表示为：

$$\upsilon_I^{**} = \frac{\upsilon_I^{*} + [\alpha(1-\mu)+\mu]\Omega}{1+\Omega} \in (0, 1) \tag{48}$$

我们通过上式可知 $\upsilon^{**} < \upsilon_I^{*}$。因此，福利最大化的基础设施支出份额低于增长最大化的

① 尽管 υ_I^{**} 总是小于 1 [见（48）式]，仅当消费/产出比率稳态值不太高时，τ 的解才成立。注意此处我们并没有对集中计划经济的模型动态进行完全推导，在本章附录中我们会进行相关讨论。

份额。

直觉上来讲，如果健康对于消费有互补性，那么健康服务支出对于中央计划者更加具有价值。选择高于增长最大化的税率会降低均衡增长率，并且降低福利。但是，另一方面，税率会使家庭将资源从投资转向消费，并且可以生产更多的健康服务[参见（32）式]，这又会增加福利水平。如果 $\kappa<1$ ，当最优税率高于增长最大化税率时，正向影响会占据主导。

相同地，选择一个低于增长最大化比例的基础设施投资份额会降低增长率，同时还会带来政府对于健康服务支出的再分配。如果 μ 不太高，再分配会导致更高的健康服务产出，进而带来更高的生产率，从而抵消政府减少基础设施投资的影响。如果 $\kappa<1$，健康服务产出的增加会带来更高水平的消费（更低的投资）以及福利的增进。μ 越高，两种情况下解的差异越小。在极端情况，$\mu=1$ 时，（40）式会得到 $\upsilon_I^*=1$，从（48）式可得：

$$\upsilon_I^{**}=\frac{\upsilon_I^*+\Omega}{1+\Omega}=1$$

这意味着增长最大化和福利最大化解均表明税收资源应该分配给基础设施。

□ 4.5　存量方法

进一步扩展上述分析，将健康服务的流量视为健康资本存量 K_H 的一定比例，（16）式变为：

$$H=K_H \tag{49}$$

生产函数变为：

$$Y=G_I^{\alpha}K_H^{\beta}K_P^{1-\alpha-\beta}=\left(\frac{G^I}{K_P}\right)^{\alpha}\left(\frac{K^H}{K_P}\right)^{\beta}K_P \tag{50}$$

利用（23）式，健康公共资本生产决定为：

$$\dot{K}_H=G_I^{\mu}G_H^{1-\mu}=(\upsilon_I^{\mu}\upsilon_H^{1-\mu})\tau Y \tag{51}$$

为了简化起见，我们假定折旧率为零。因此，为了积累健康资本，不仅需要在健康方面进行支出，还需要在基础设施方面进行支出，因而健康资本可以视作一种综合资产。比如，它不仅包括医院的大楼，还包括通往医院的道路。传统的处理方法与 $\mu=0$ 相关。

（18）式的效用函数仍利用 K_H 替换 H。预算约束（20）式和（24）式相同。

如 Agénor（2008）所示，这一模型可以给出关于 $c=C/K_P$ 和 $k_H=K_H/K_P$ 的两个非线性微分方程构成的系统：

$$\frac{\dot{c}}{c}=(1-\tau)\nu(\upsilon_I\tau)^{\alpha/(1-\alpha)}k_H^{\beta/(1-\alpha)}+\nu_2\tau^{1/(1-\alpha)}\upsilon_H^{1-\mu}\upsilon_I^{\omega}k_H^{-\eta/(1-\alpha)}-\nu_1\rho+c \tag{52}$$

$$\frac{\dot{k}_H}{k_H}=\tau^{1/(1-\alpha)}\upsilon_H^{1-\mu}\upsilon_I^{\omega}k_H^{-\eta/(1-\alpha)}-(1-\tau)(\upsilon_I\tau)^{\alpha/(1-\alpha)}k_H^{\beta/(1-\alpha)}+c \tag{53}$$

当 $\sigma<1$，$\nu_1<1$ 且 $\eta<1$ 并且 $\nu\equiv\eta\nu_1-1<0$。上述公式结合初始条件 k_H^0 以及横截条件（27）式，我们可以得到分散经济的动态。均衡增长路径现在是关于 $\{c,k_H\}_{t=0}^{\infty}$ 的序列，该序列可以满足给定的支出份额和税率，（52）式和（53）式以及横截条件（27）式，并且健康的公共资本和私人资本存量以及消费均以相同的不变速率增长：$g=\dot{C}/C=\dot{K}_H/K_H=\dot{K}_P/K_P$。

经济增长率可以表示为：

$$g = \tau^{1/(1-\alpha)} \upsilon_H^{1-\mu} \upsilon_I^{\omega} \tilde{k}_H^{-\eta/(1-\alpha)} \tag{54}$$

$$g = \frac{\nu_1 s}{1-\nu_2}(\upsilon_I \tau)^{\alpha/(1-\alpha)} \tilde{k}_H^{\beta/(1-\alpha)} - \frac{\nu_1}{1-\nu_2}\rho \tag{55}$$

其中，$\tilde{k}_H$ 表示稳态时期 k_H 的值并且 $\omega = \mu + \alpha/(1-\alpha)$。均衡为鞍点均衡，均衡增长路径是唯一的，因此模型是局部性的。

过渡期动态可以利用图 17－3 描绘的相位图进行分析。向上倾斜的曲线 HH 与 $\dot{k}_H = 0$ 时的（c，k_H）组合相关，向下倾斜的曲线 CC 对应 $\dot{c} = 0$ 时的（c，k_H）。鞍点路径 SS 具有负的斜率。如前所述，向基础设施偏移的预算中性变动对于经济增长和消费/私人资本比率具有不确定的影响。在标准情况下，$\mu = 0$，可能会降低健康资本/私人资本比率。但是总体而言，如果 μ 比较高，k_H 的稳态值则会提高。基础设施投资提升的正面效应会大于降低健康服务投资的负面效应。从图形上来说，CC 总会向左偏移，HH 可能会向任意方向偏移，这依赖于模型的参数。上述描绘的例子对应 μ 和 α/β 相对较高的时候，因此 HH 曲线会移向右侧。在新的均衡中，公共资本/私人资本比率会变得更高，然而消费/资本比率则会降低。调整路径对应 EAE'。①

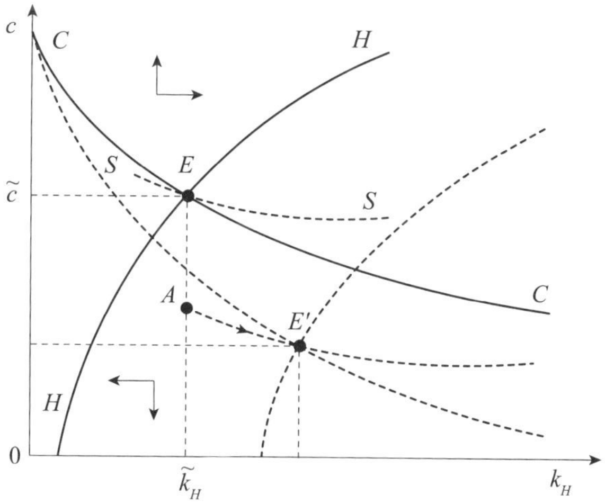

图 17－3　均衡增长路径和健康支出向基础设施支出的收入中性转移

资料来源：Agénor（2008）.

如 Agénor（2012b）研究中的讨论，基础设施中公共资本对于经济增长的影响渠道还有很多。许多经验证据表明，教育结果和电力、交通、卫生之间存在联系。电力可以促进学生学习并获取更多的技术支持；教育质量可以依靠郊区拥有更好的交通服务而获得改善。同时，实证研究还表明健康影响人力资本的数量和质量，因此可以间接影响增长。更健康的儿童会在学校中拥有更好的表现。Agénor and Neanidis（2011）研究了一个更加一般性的内生增长模型，该模型将基础设施、健康和教育之间的联系纳入分析框架，并求解了增长最大化和福利最大化支出分配准则。

① 从（54）式和（55）式，我们可以得到增长最大化的税率和基础设施投资比例，即（39）式和（40）式。因此，增长最大化。

5 金融中介与经济增长

长久以来，发展经济学家一直强调金融发展对经济增长的重要作用。虽然早期文献已经认识到二者之间的关系，参见 Mckinnon（1973），Shaw（1973）及第 18 章的讨论，但直到近期才形成对金融因素及经济增长互动的严格分析，其背景则是新内生增长理论的兴起。①

按照 Dagano（1993）的研究，把金融因素纳入增长模型的一个简单方法是假设由于金融活动，储蓄中的（$1-\mu$）部分将会“损失”：

$$\mu s y = I, \quad 0 < \mu < 1 \tag{56}$$

假设与 Rebelo 模型类似，生产函数对资本表现出规模报酬不变，稳态人均增长率为：

$$g = s\mu A - \delta \tag{57}$$

在讨论金融发展影响经济增长的不同渠道上，（57）式提供了一个十分方便的框架。第一，金融发展可能会提高储蓄率 s；第二，它可能提高 A，即资本存量的边际生产率；第三，它可能会导致用于投资的储蓄部分提高（或说 μ 的提高），这种现象按 Mckinnon（1973）的思想，即强调使用现金及银行储蓄作为信贷约束下企业的资本积累渠道，可以称之为“导管”效应。

5.1 对储蓄率的影响

虽然早期经济发展的文献强调金融的发展对于储蓄率存在着确定性的正面影响，新增长理论的文献却表明这种影响的方向并不是那么清楚。金融市场的发展给家庭提供了投资组合多元化的可能性，也增加了借贷的机会——从而影响了受到流动性约束的经济主体的比例，而这又会进一步影响储蓄率（Jappelli and Pagnao，1994）。金融发展也趋向于降低利率的总体水平，并改变利率的结构，尤其是减少借款人（往往是企业）所支付利率和贷款人（往往是家庭）所得到利率之间的差距。虽然这些因素肯定会影响储蓄的行为，但在每一种情况下，它的效果是比较模糊的。比如，利率水平的总体上升可能对于储蓄率有正面的或负面的影响，其净效果取决于银行和投资组合持有人对于风险的态度。②

如果考虑了与金融发展相关的所有方面的影响，金融中介对储蓄率影响的模糊性可能会进一步加剧。比如，Bencivenga and Smith（1991）证明，银行活动出现的直接影响可能是储蓄率的降低。但是，如果同时考虑了金融发展对于资本的生产率和投资效率的正面影响，那么金融发展对经济增长的净效果可能就是正的。

---

① 参见 Levine（2005）和 Ang（2008）关于金融发展与经济增长最近文献的文献综述，以及 Temple（1999）的早期讨论。

② 第 2 章所回顾的关于发展中国家储蓄的证据表明，利率和储蓄率之间的关系最多是微弱的。值得一提的是，在其后来的著作中，Mckinnon（1993）看上去接受了以下观点：高实际利率对经济增长的影响来自投资效率的改善，而不是更高的储蓄率。

□ 5.2 对资本配置的影响

从经济增长的角度来看，金融中介可以被视为促进资源向投资项目有效分配的手段，它可以提供最高的边际资本回报。在上述框架中，金融中介通过两种方式增加了资本的平均生产率 A（以及经济的增长率）：首先是通过搜集、加工和评估其他投资项目的相关信息；其次是通过金融中介的风险分担功能诱使企业家投资于风险更高但也更有生产率的技术。

Greenwood and Jovanovich（1990）的研究强调了金融中介的信息功能和生产率增长之间的关系。在他们的模型中，资本可以投资于一个安全、但产出比较低的技术中，也可投入到风险较高、但产出也较高的技术中。对于风险较高的技术，其回报受到两种类型的冲击的影响：一个是总冲击，它同时影响所有的项目；另一个是与具体项目相关的特殊性冲击。与个体企业家不同，金融中介具有很大的投资组合，因此可以识别总合性的生产率冲击，从而使其客户选择最适合于当前冲击的技术。通过金融中介渠道所实现的更有效的资源配置，可以提高资本的生产率，从而进一步提高经济的增长率。

金融中介的另一个关键作用是它能够使企业家对风险进行统筹（Pagnao，1993）。金融中介的这种“保险”功能来自下面这样一个事实，即它能够允许投资者分担无法被保险的风险（比如说来自流动性冲击的风险），也能使投资者分担来自其他资产回报率变化的可分散风险。风险分担的可能性将会影响储蓄的行为（前面已经讨论过）以及投资的决策。在没有银行的情况下，家庭只能够通过投资于能够迅速流动和清算的生产性资产，来防范特殊的流动性冲击。因此，就会经常放弃更有生产率、但不那么具有流动性的投资机会。这种低效率可能被银行在相当程度上削弱，因为银行能够将存款人的流动性风险统筹起来，并将后者的资金投入到流动性较小、但更具生产率的项目中去。Bencivenga and Smith（1991）所给出的内生增长分析框架研究了这种效果，他们指出，银行通过两种方式增加了投资生产率，一方面是把资金导向流动性较小、但产出较高的技术中，另一方面可以通过降低未成熟的清算风险来减少投资浪费。正如 Greenwood and Jovanovich（1990）的研究一样，这种生产率的改进提高了经济的增长率。[①]

□ 5.3 中介成本和效率

在把储蓄转化为投资的过程中，金融中介扮演了类似税收的角色，其税率为（57）式中的 $1-\mu$。由于金融中介消耗了私人储蓄的一部分，它也有降低经济增长率的效果。在很大的程度上，与金融中介相联系的成本代表着为金融中介提供服务所支付的报酬（比如服务费和佣金）。但是，发展中国家面临的一个重要问题在于，这种资金吸纳来自明确或隐含的税收（如高储备率的要求）和过度的管制（将会导致更高的成本，从而降低金融中介的效率）。[②] 除此之外，银行资产组合选择的约束可能会降低投资的数量和生产率，通过降低资金量并引起更无效的资金分配，导致经济增长停滞（Courakis，

---

① 消费者的流动性风险可以通过股票市场来分担。比如，在 Greenwood and Jovanovich（1990）的模型中，股票市场允许经济主体通过投资组合多元化来降低回报风险。

② 注意，即使金融中介和政府所榨取的租金或隐含税收被用于投资而不是消费，这类对资源的汲取也可能对经济增长有负面的影响。尤其是私人部门资本的生产率比其他地方要高时，情况尤其如此。

1984)。正如第 18 章中所强调的，只要金融体制改革降低了金融中介过程的成本和与之相关的低效率（也就是导致了 μ 的上升），那么结果就会是经济增长率的提高。

但是，在一些条件下金融发展并不能促进经济更快速地增长；金融中介的增长效应会随着经济发展状况改变而改变。Deidda（2006）将这一讨论放入带有金融中介成本的模型中进行了研究。当经济的收入水平到达一定程度时，金融发展会具有内生性。与自给自足的融资模式相比，金融中介可以将储蓄分配到生产率更高的投资中。无论何时，当通过金融中介获得融资的技术比自给自足型的技术要更加具备资本密集性时，金融发展对于经济增长的效应都存在不确定性。关键原因是家庭可能更倾向于通过中介储蓄，而不是自我融资实现投资，即使金融部门消费资源的增长率小于自给自足下的增长率。

金融发展的本质可能与经济增长相关。Chakraborty and Ray（2006）研究了一个增长模型，其中金融系统内生于公司的融资需求。他们证明，两个具有不同金融制度的国家可能会拥有相似的经济增长率。对于经济增长来说，重要的是国家金融和法律制度的效率，而不是金融系统的种类。但是从传统经济转向现代化、工业化经济的视角而言，在银行主导的体系中，银行会精心挑选项目、监督企业并寻找成功的企业家，因此表现要优于市场主导的体系。核心原因是银行监管能取代企业家的初始财富（由于面临信息缺失，富裕的企业家更加依赖市场融资），从而使得现代部门企业的投资额比无金融中介经济体中的投资额更高。同时，它也降低了企业为获得外部资金而保有的财富，使得传统部门在银行主导体系中更加局限。

6 通货膨胀和经济增长

人们预期高通货膨胀率会降低经济增长率，通过各种不同的机制影响资本积累率和全要素生产率的增长率。比如，Fischer（1993）指出，因为高通货膨胀率除了损害经济之外没有任何作用，一个容忍高通货膨胀率的政府实际上失去了对宏观经济的控制，而这种情况又可能阻碍国内投资者在实物资本方面的投资。其他学者也指出，高通货膨胀率意味着不稳定的通货膨胀以及多变的相对价格，而这会降低价格信号的信息传递功能，从而扭曲资源配置的有效性，最后，通货膨胀可能对全要素生产率的长期增长有负面的影响。但是，与此同时通货膨胀变动可能会通过增加储蓄而对经济增长具有正面作用：风险厌恶的代理人可能会在不确定性较高的时期增加自己的储蓄。这些额外的储蓄资源会通过更高的投资带来更多的产出增长（Grier and Grier，2006）。在征税成本较高的国家，政府可以选择抑制金融系统来增加收入，尽管他们意识到这些政策对经济增长会产生不良影响。上述观点告诉我们通货膨胀可以被视为金融抑制的代理（Roubini and Sala-i-Martin，1995）。[1]

Gillman and Kejak（2005）提供了通货膨胀对经济增长产生不利影响机制的梳理。这里我们给出了 De Gregorio（1993）提出的模型的一个简化版本，它抓住了与税收体制

---

① 但是，如第 3 章所述，这一解释并非完全合理，因为总体而言通货膨胀税和金融抑制税是可相互替代的财政工具。

效率成反比的通货膨胀与经济增长之间的关系。

考虑一个包括家庭、企业和政府的封闭经济体。家庭不持有货币，但持有政府所发放的指数化债券。[①] 资本是生产过程中的唯一投入，生产函数具有规模报酬不变的特点。企业之所以持有货币，是因为它能够降低购买新设备过程中的交易成本。预先排除了资本的流动性，因此国内的投资必须等于国内的储蓄。目前通货膨胀被假定为是外生的。

代表性家庭最大化效用流的现值：

$$\int_0^{\infty}\frac{c^{1-\eta}}{1-\eta}e^{-\rho t}dt,\quad 0<\eta<1 \tag{58}$$

预算约束为：

$$\dot{b}=(1-\iota)(y+rb)-c-\tau \tag{59}$$

其中，$\sigma\equiv 1/\eta$ 代表跨期替代弹性，b 是政府债券的实际存量，$0<\iota<1$ 是所得税税率，r 是债券的实际回报率，y 是总要素收入，τ 是家庭所支付的总量税。为了简化曲线，对所有总收入的不同部分都征收同样税率的所得税。

在（59）式的约束条件下，最大化（58）式，我们有：

$$\dot{c}/c=\sigma[(1-\iota)r-\rho] \tag{60}$$

如同前面讨论过的 AK 模型，生产函数被假设表现为规模报酬不变：

$$y=Ak \tag{21}$$

企业需要货币来购买新资本品。投资 I 单位资本的总成本因此为 $[1+\upsilon(m/I)]$，其中 m 代表企业的实际货币持有数量。描述交易技术的函数 $\upsilon(\cdot)$ 的特性是 $\upsilon'<0$，$\upsilon''>0$：持有货币减少交易成本，但导致回报递减。代表性企业最大化其现金流减去其持有货币余额机会成本的现值。后者的大小为 $(r+\pi)m$，其中，π 为通货膨胀率，因此，企业最大化：

$$\int_0^{\infty}\left[Ak-\left\{1+\upsilon\left(\frac{m}{I}\right)\right\}I-(r+\pi)m-\dot{m}\right]e^{-rt}dt \tag{62}$$

约束条件为 $\dot{k}=I$。解之，我们有：

$$-\upsilon'\left(\frac{m}{I}\right)=r+\pi\Rightarrow m=\Phi(r+\pi)I,\quad \Phi'=-1/\upsilon''<0 \tag{63}$$

$$\dot{q}/q=r-(A/q) \tag{64}$$

$$q=1+\upsilon\left(\frac{m}{I}\right)-\frac{m}{I}\upsilon'\left(\frac{m}{I}\right) \tag{65}$$

其中，q 为资本的影子价格（Abel，1990）。（63）式定义了企业的货币需求。因为现金流不被征税，持有货币的机会成本为税前实际利率加上通货膨胀率。套利条件（64）式可以被用来证明（加上相应的横截条件）资本的影子价格等于资本边际成本的现值。（65）式表明 q 大于 1（综合品的价格）是因为购买一单位新资本时存在交易成本。

将（63）式代入（65）式，我们有：

$$q=1+\upsilon[\Phi(\cdot)]+(r+\pi)\Phi(\cdot)=q(r+\pi) \tag{66}$$

---

① 家庭不持有货币的假设仅仅是为了简化分析。正如 De Gregorio 所示，在这里所考虑的模型设定中，家庭对通货膨胀的反应对增长率没有影响。实际上，如果只有消费者面临着交易成本，资本的边际生产率和实际利率将不取决于通货膨胀率，通货膨胀也就不会对经济增长有任何影响。

其中，$q' > 0$，（66）式表明如果通货膨胀不变的话，q 也是一个常数 $\tilde{q}$ 。从（64）式，我们得到实际利率等于：

$$\tilde{r} = A/\tilde{q} \tag{67}$$

政府预算约束为：

$$\dot{m} + \dot{b} = g - \iota y - \tau - \pi m \tag{68}$$

其中，g 代表公共支出，是产出的一个固定比例，此后，我们也假设政府放弃使用债券进行融资（$\dot{b} = 0$），而通过连续调整总量税来保持财政平衡。

经济的总资源约束为：

$$y = c + \left\{1 + \upsilon\left(\frac{m}{I}\right)\right\}I + g \tag{69}$$

根据上述方程组，我们可以得到，消费、产出和资本在稳态以一个固定速度增长[①]：

$$g = \sigma[(1 - \iota)\tilde{r} - \rho] \tag{70}$$

它也是实际货币余额的增长率。在这里，模型没有转型动态，也就是说，经济以（70）式所给出的速度连续增长。

从（66）、（67）和（70）式可以证明，这个模型得到了产出增长和通货膨胀率之间的负向关系。这个关系是由于通货膨胀率对投资盈利性的负面影响。更高的通货膨胀率将提高资本品的“有效”价格，后者（除了它的市场价格之外）还包括持有货币以便于购买资本品的机会成本。交易成本的增加提高了安置资本的影子价格，从而压制了投资，并降低了经济增长率。[②]

最后，还有一个值得注意的地方是通货膨胀和增长之间的关系可能是非线性的。Gillman and Kejak（2005）的研究发现通货膨胀率存在一个阈值，当低于阈值时，二者的关系不显著，当高于阈值时二者的关系显著为负。最近的研究中 Bick（2010）利用 40 个发展中国家 1960—2004 年期间的数据，研究发现通货膨胀率在 12%以下时，通货膨胀对经济增长具有正面作用，当超过这一通货膨胀率时，通货膨胀对经济增长产生负面影响，这一阈值显著高于发达国家。

7 宏观经济波动与经济增长

如第 1 章所讨论的，发展中国家普遍的特征是它们更易受到国内与国外的冲击。不稳定性源于内外两方面。特别是“走走停停”的宏观经济政策。政府支出和财政赤字在经济扩张期提升、下降期紧缩以及贸易条件冲击构成了宏观经济波动的主要因素（Caballero，2000）。Acemoglu et al.（2003）在更深的层次探讨了这一问题，指出“坏”政策并不是宏观经济波动的主要原因，潜在的制度性弱点才是主要原因。弱制度（包括政治制度不能约束政治家及政治精英、投资者的财产权保护缺失、普遍的政府腐败以及政治高度不稳定等）可以孕育宏观经济政策扭曲，最终导致宏观经济波动。

---

① 参见 De Gregorio（1993）。为了确保有正的经济增长，我们假设 $(1-\iota)\tilde{r} > \rho$ 。

② De Gregorio（1993）也发展了一个分析框架，其中通货膨胀影响投资的效率，而不是投资的水平。

宏观经济波动的一个重要影响是不稳定的增长率，这还可能给贫穷带来不良影响。[①] 在理论文献中，部分文献尝试分辨短期波动影响长期增长的不同机制。这一关系被证明与多种因素相关，最重要的因素是潜在的冲击来源以及与对待风险和不确定性态度相关的系数。例如 Blackburn and Pelloni（2004）指出经济增长的均值和方差取决于波动的冲击来源（实际或名义冲击）。因为预防性储蓄和对实际货币余额通货膨胀税的双重效应，通货膨胀均值与方差的相关性增加可能会导致经济增长均值的上升或下降。

与发展中国家高度相关的研究包括 Aizenman and Marion（1993），Turnovsky and Chattopadhyay（2003），García-Peñalosa and Turnovsky（2005），Aghion et al.（2005）以及 Kose et al.（2006）。例如 Aizenman and Marion（1993）研究了政策不确定性对内生增长模型的影响，并且证明这会对经济增长产生不良影响。这一结论与现实中一些宏观经济波动程度较高的国家的例子一致，这些国家具有较差的政治联盟以及较高的政治不稳定性，同时这又使得这些国家产生次优政策引起宏观经济的进一步波动。[②] 宏观经济波动影响经济增长的另一个原因是对于私人投资在实物资本方面的不良影响。如果不可逆性效应（参见第 2 章的讨论）的地位很重要，那么这一情况就将发生。Turnovsky and Chattopadhyay（2003）通过利用随机内生增长模型进行了数值实验，并进行了一系列跨国样本回归，他们发现贸易条件的变动和政府支出的波动都会对经济增长率产生较高的定量影响。García-Peñalosa and Turnovsky（2005）提出因为波动性可能会对收入分配产生不良影响，它可能对经济增长产生间接的不良影响。Aghion et al.（2005）提出金融市场不发达的国家（以借贷约束来衡量）会放大经济波动对增长的影响。

一个没有被充分研究的观点是经济高度波动会给教育的未来回报带来不确定性。由于增长主要由人力资本驱动（在卢卡斯类型的内生经济增长模型中），为了获取技术能力进行的投资动机减弱会阻止国家向高增长路径转移。从这一点出发，宏观经济波动产生的不良影响可能是持续的，使得一国长期处于低增长陷阱。

最后，Kose et al.（2006）在一个跨国研究中，分析了 1960—2000 年期间贸易和金融一体化会减弱经济增长和宏观经济波动间的负向关系。但是，这一结论中关于金融一体化的部分并不十分稳健。那些贸易开放程度较高的国家表现出对高波动性更好的包容性，长期增长并没有受到较大负面冲击。另外，在波动较高的经济体中，贸易一体化对于经济增长的益处要更高。

8 中等收入陷阱

从 20 世纪 50 年代开始，大量经济体都通过快速的经济增长实现了中等收入水平。但是，只有少数经济体迈出了下一步，步入高收入行列。大部分经济体最后都陷入了中

① 参见 Agénor（2004c）对于经济波动对贫困人群传导机制的讨论。

② Carmignani（2003）提供了关于政治不稳定性影响财政政策与经济增长多样渠道的分析。

等收入陷阱，增长率出现大幅下滑。[①] 大部分拉丁美洲和中东国家在 20 世纪 60—70 年代达到中等收入水平，并始终保持这一水平。根据世界银行（2012）的报告，1960 年的 101 个中等收入经济体中，仅有 13 个在 2008 年达到了高收入水平。它们分别是赤道几内亚、希腊、中国香港、爱尔兰、以色列、日本、毛里求斯、葡萄牙、波多黎各、韩国、新加坡、西班牙、中国台湾。

在亚洲，马来西亚和泰国的发展为避免陷入中等收入陷阱提供了很好的经验。尽管 1997 年出现了亚洲金融危机，它们仍然具有发达国家相近的生产率水平。但是，劳动密集型生产和出口的增长模式在这些国家在过去 20 年内没有任何改变。可是同时它们开始面对其他低生产成本国家的竞争，早期是中国和印度，现在是越南和柬埔寨。因此，两个国家的增长率出现大幅下降。马来西亚和泰国没有通过转向生产知识和创新型商品及服务，从而提升自身在全球产业价值链的位置并重新恢复高速增长，这在其他中等收入国家也是普遍存在的现象（UNIDO，2009）。

在更加规范的分析中，Eichengreen et al.（2012）将经济下滑定义为三个表现。首先，在增速下滑之前的 7 年中平均增长率要达到 3.5%或以上；其次，增速下行的 7 年中增速平均下降至少 2%；最后一点是以 2005 年价格水平计价的人均 GDP 要超过 10 000 美元，这会排除没有达到发达国家收入水平的情况。他们发现经济增速下滑基本发生在人均收入 15 000 美元附近（2005 年国际购买力平价价格）；GDP 增速平均下降 3.5%。他们还发现经济增长的降低主要源于生产率的下降，即全要素生产率（TFP）增长下降 85%。但是这些定义仍存在问题，例如经济增速从 8%下降到 6%符合增速下行，但是并不能说构成了陷阱。[②]

Lewis 类型的发展过程解释了经济增速下行。要素和初期发展优势（低劳动成本和国外技术的模仿）在达到中等收入及以上后就会消失，因此需要新的增长动力来维持人均收入的增长。实际上，在第一个阶段，低收入国家可以通过进口国外技术，来生产劳动力密集型的低成本产品，进而在国际市场进行竞争。这些国家可以通过将低生产率农业劳动力向高生产率的制造业转移实现生产率的大幅增长。但是，一旦当这些国家达到中等收入水平，农村劳动力就会收缩，同时工资会提升，影响之前的竞争力。通过部门资源再分配和技术赶超带来的生产技术增长就会消失，工资的上升使得劳动密集型出口品在国际市场上失去竞争优势，这时之前的低收入国家步入高速增长阶段。换句话说，增速下行发生在无法通过转移农业劳动力至工业促进生产率提升以及进口技术边际效用递减的阶段。如前文所述，这一过程在 Eichengreen et al.（2012）的研究中被很好地佐证。为了避免步入中等收入陷阱，国家必须提早解决结构化问题并发现新的促进生产率提高的方法。人们发现更高的生产率源于像高价值服务业的转移以及本国创新（政府为“优先”部门提供补贴）。

Agénor and Canuto（2012）研究了生产率下降可能是中等收入陷阱的原因。但是，他们的研究与已有文献不同之处在于生产率被限制的原因，以及促进国家创新的公共政策类型。他们强调生产率提高的三个决定性因素：个人获得技术的决定、获得不同类型

① 中等收入经济体在世界银行关于收入分类的指标中有所定义，参见 http://data.worldbank.org/about/country-classifications。

② 参见 Im and Rosenblatt（2013）关于经验证据的回顾。

政府基础设施的途径以及知识网络的外部性（高教育背景工人占比高会对工人的表现产生正面影响）。

他们的模型区分了两类劳动力，即基础型与高级型。高级技术被定义为必须通过高等教育获得的专业化知识。[①] 无论个人具有何种技术都可以参与最终产品的生产，但是只有高级型工人可以在创新部门工作。因为在创新部门工作的工人的生产率更高，高级型工人的供给增多可以促进经济增长。模型还假设职业选择是内生的，个体仅在创新部门工资足够高时选择投资教育。由于知识效应以及干中学的效应，这一收益在一定范围内是递增的。

Agénor and Canuto（2014）还考虑两类不同的基础设施：基本基础设施（公路、电力以及基本通信），高级基础设施［高级信息和通信技术（ICT），特别是高速通信网络等］。获得这些基础设施便利意味着本国和国际知识网络的搭建，从而可以改善信息传播和研究。这一网络还会为其他部门的发展提供平台，使得电子化程度提高，进而鼓励创新。为了突出 ICT 的益处，高级基础设施被假设可以改善创新部门的生产活动。因为劳动供给是与相对工资相关并且内生于模型的，因此这些活动和高等技术劳动占比之间存在双向影响。

他们的分析表明由于知识网络的外部性，知识的边际收益与创新部门劳动比例之间存在非线性关系，因此存在多重均衡，其中一种即为中等收入陷阱。该陷阱同样被定义为低生产率增速。为了获得已有知识的收益，必须有足够多的高能力个体在创新部门工作，但是如果该部门生产率较低（可能由于获得高级基础设施渠道有限造成），就意味着几乎没有高能力个体选择投资高级技术。因此，更低的增长均衡是由才能的错配造成的。分析还表明逃脱中等收入陷阱需要向高级基础设施进行大量投资，改善获得这些基础设施的渠道，促进创新部门生产率和工资的提升，这样可以吸引更多的劳动力，使得劳动供给向扩大知识收益的方向偏移。

Agénor and Canuto（2014）在之后的研究中将注意力又转移到获得金融资源的渠道上。无论在发展中国家还是发达国家，金融约束对创新的影响在近些年被广泛讨论。传统观点认为，创新企业可能由于各种摩擦限制它们向外部寻求融资的能力。这些企业的资产往往都是无形资产，因此对于它们来说缺少足够的抵押物价值。比如，以科学家工资和奖金为形式的投资，常常在创新企业的投资中占有很大比例并且可以帮助企业积累人力资本，但是这些都不能被用来抵押。更进一步来讲，为了保护创新知识的产权，企业不愿向潜在的借款方提供创新的具体信息。有限的抵押品价值和信息摩擦解释了为什么这些企业很少依赖债务融资而是更多利用自身股权或者自有资源融资。实际上，高度信息不对称会使借款者在面对创新项目投资时要求更高的回报率。因此，尽管信息不对称对于各种类型下的外部融资都有影响，但是在创新型项目融资方面更加重要。尤其是对于那些价值主要由其增长潜力决定的公司而言，要么因为其面临严重的信息不对称摩擦，只能接受成本高昂的股权融资，要么根本无法获得融资，就像成立时间较短或规模较小的公司经常面临的情况一样。如果金融约束给绝大多数创新型企业带来限制，那么经济增长将会受到不利影响。

Agénor and Canuto（2014）研究中的模型带有通过金融中介借贷的研究活动以及监

---

① 因此，为了与 Lucas-Uzawa 传统模型含有知识与内生教育时间分配相比，人力资本不能被无限积累。

督成本较高的情况，中介成本过高会对创新产生不利影响。除此之外，监管成本过高，会减少投资以获得高级技术的个体数量。这背后的原因是高监督成本会降低创新部门的工资，这反过来会导致向高技术进行投资的动力，进而降低创新部门的劳动力比率。从上述观点来看，金融资源获取渠道的缺失不仅带有直接的不利影响，还会为创新活动和经济增长带来间接的不利影响。Agénor-Canuto 模型表明如果单位监督成本由于项目成功实施而下降（例如由于信息外部性），多重均衡将会出现，中等收入陷阱就会存在。一个可以减轻金融约束的政策是减少融资成本同时改善投资技术与改善知识生产的动力，这一政策将使得国家迈出中等收入陷阱。

9 方法论注解

本章中我们讨论了决定经济增长的一系列决定因素，我们特别强调了与发展中国家相关的因素。我们并没有提供实证研究相关的回顾。大部分实证性质的文献在 Barro and Sala-i-Martin（2003）和 Agénor（2004b）中进行了回顾。但是，面板数据回归忽略了跨国差异并且饱受度量手段、统计与概念问题的困扰。由于以下三个原因，跨国增长研究被人们所质疑，首先，它们不能解决不同国家的异质性，从而忽略了跨国差异性的存在。其次，面板数据和国家层面的参数（估计获得）可能并不匹配，因此限制了面板估计的价值。最后，很多国家的面板数据并不是在均衡增长路径上的数据，因此混合回归是否可行仍存疑。

实际上，大量研究都表明如果国家数据不在均衡增长路径上，或者存在跨国异质性因素均会使面板回归的结果有偏且不一致。一些研究还表明面板数据和国家参数估计之间并不匹配，因此基于面板研究的结论对于单个国家的推断并不一定正确。Luintel et al.（2008）利用 14 个低收入和中等收入国家的时间序列进行分析，利用动态异质性面板估计量来检测时间序列和面板估计是否等价，最终解决了跨国参数异质性的问题。他们发现跨国参数和调整动态存在显著的异质性，测试表明样本数据并不能用于混合回归。测试还展示了面板估计量与单一国家的估计量不一致。当然该结果并不能推翻所有跨国实证研究，例如 Baltagi et al.（2009）和 Chang et al.（2009）就在解决这类问题的方向上迈出了一大步。但是与 Demetriades and Hussein（1996）的研究一致，他们强调单一国家层面的研究可能是一种更加有效的方法。

第18章 贸易自由化、金融改革和改革顺序

对进口替代战略负面作用的认识使得越来越多的发展中国家采取有利于更加自由化的对外贸易制度。① 贸易壁垒（比如关税和进口配额）的减少促进了相对价格的调整，同时导致资源向出口品生产部门的重新配置。从长期来看，成功的贸易自由化会带来出口的增加，与进口品竞争产业生产活动的收缩，以及资源从非贸易品生产部门向贸易品生产部门的转移。正如前一章所指出的，经验证据表明，更开放的贸易体制也许会带来更高的长期经济增长率。

虽然贸易改革的目标在于提高长期资源配置的效率，但宏观经济管理则更关注短期产出、通货膨胀、国际收支的决定。虽然存在这样的区别，宏观经济政策行为也与贸易改革的设计以非常重要的方式相互作用。采取更加自由化的商业政策，比如降低名义保护程度，往往会增加短期的产出和就业方面的成本，而后者可能阻碍宏观经济目标的实现，或对宏观经济政策工具的控制施加严格的约束条件。

本章的第 1 节回顾了有关贸易改革的最新理论和经验文献，特别强调了这些改革的短期宏观经济含义。我们首先简短地回顾了贸易自由化方面一些最新的经验证据。然后我们使用一个简单的宏观经济模型，分析了商业政策改革对产出和就业的效应。②

在第 17 章中，我们给出了一个分析框架，表明一个运作良好的金融体系可能对长期经济增长有很强的推动作用。发展中国家越来越认识到政府在金融和外汇市场上进行干预会带来扭曲效应，这使得近些年来越来越多的国家进行了金融体制、外汇体制和国际资本流动方面的自由化努力。本章第 2 节主要回顾了有关金融和汇率改革方面的理论和实证文献，特别强调了这些旨在最终促进长期经济增长政策的短期和中期宏观经济含义。我们特别讨论了南半球的南锥体在 20 世纪 70 年代末期的经验，围绕这些经验在近年来出现了相当多的研究。虽然在过去 20 年间，有很多其他发展中国家也采取了解除国内金融市场管制的措施，但南锥体经验的很多方面在发展中国家广泛存在。所以，我们在本章中进行的讨论可以得出广泛的政策经验。

① 在贸易和发展文献中，关于进口替代政策的负面效应已经得到了很好的描述：它会导致高度依赖于进口中间投入及资本品的产业结构、出口增长缓慢以及不断发生的支付危机。还有严重的配置扭曲，比如可以参见 Bruton (1989)。

② 我们并不系统讨论贸易自由化的福利影响。具体可以参见 Edwards and van Wijnbergen (1986)，Kähkönen (1987)，Rodrik (1987)，Ostry (1991) 和 Davidson and Matusz (2006)。特别是 Rodrik 考察了贸易改革的福利影响，他的模型将在本章中介绍，模型中的价格和工资黏性带来失业。

结构化改革项目带来了很多问题，特别是关于改革顺序、自由化进程速度以及在转型中短期宏观经济政策的实施等。接下来的章节中我们主要关注一些具体改革（与贸易制度以及国内金融系统相关）带来的短期与中期的宏观经济影响，以及最优改革速度和顺序的决定因素。本章第 3 节会考察改革顺序带来的问题，主要关注调整项目的成功在多大程度上取决于自由化顺序。我们还会讨论改革速度的决定因素以及可信度和可持续性在其中的作用。

1 贸易改革

20 世纪 80 年代中期以来，贸易改革在发展中国家被广泛推进。在改革之前，贸易壁垒（高关税、进口数量限制、广泛的豁免和外汇交易限制）在这些国家中非常普遍。因此，进口政策改革不仅包括平均关税的降低还包括取缔非关税壁垒，例如数量限制和外汇管制以及取消豁免。出口政策改革包括减少或降低出口的价格和数量壁垒，引入或者改善出口升级和多样化动力。在很多国家中，平均关税税率被大幅降低。开放性提升显著，出口与进口的实际量大幅攀升。贸易改革也常常伴随着实际汇率的贬值。[①]

贸易改革对经济增长的经验证据是复杂的（Yanikkaya，2003）。Lee et al.（2004）发现贸易开放度对经济增长有微弱的正面效应。但是在他们的研究中衡量开放度最稳健的指标是平行市场溢价，该指标不仅衡量贸易开放度还反映了经济和政策扭曲。因此，对于经济增长有促进作用的看起来不是贸易开放度本身而是更加广义的开放度。

贸易改革成本中讨论最多的话题是关于过度成本和暂时性失业的。劳动力转移和其他生产投入在古典贸易模型中是可以用来准确地确定国家从贸易开放中所获收益的（Mikić，1998）。在这些模型中，贸易的收益是通过将资源转移到一国具备比较优势的领域而获得，而比较优势本身是由各国在技术（李嘉图模型）和资源禀赋（赫克歇尔-俄林模型）方面的相对差异造成的。在内生增长模型中，贸易开放可以促进技术在不同国家间的扩散（Grossman and Helpman，1991），如果技术传导可以给不同部门带来不同影响，那么贸易自由化之后可能会发生劳动力分配的变化。

经验证据指出贸易改革对部门劳动力转移的影响是复杂的。在一项针对贸易自由化的研究中，Wacziarg and Wallack（2004）发现自由化对于部门间劳动力转移的影响在各个国家是不同的，这与改革范围和深度相关。但是总体而言，这一效应比较微弱。但是，一些经验证据指出贸易自由化与失业显著减少和产出短期收缩紧密相关。从理论角度来看，这并不让人惊讶。改革可以通过多样的潜在途径使得经济在短期收缩。[②] 这一成本可能会对调整过程的可持续性产生不利影响，甚至导致政策方向的转变或者改革项目的放

① 参见 Papageorgiou et al.（1990）关于早期经验证据的回顾以及 Li（2004）对近期情况的研究。

② 证据还表明，贸易改革带来了巨大而持久的分配效应。例如，Attanasio et al.（2004）在研究哥伦比亚 1984—1998 年间的贸易改革经验时发现，关税削减使国内生产者面临的外国竞争加剧，可能促进了偏重技能的技术变革，而这反过来又成为那段时期所观察到的技能溢价（教育回报增加）增加的主要驱动因素。另外可以参见 Gonzaga et al.（2006）关于巴西的例子，以及 Agénor（2004b）和 Ripoll（2005）更加广泛的讨论。

弃，但是理解这背后的机制是非常重要的。[①]

□ 1.1 分析框架

一系列的研究发现由于不同部门劳动力市场流动不完全性的存在（例如，由于地点偏好或者转移成本），贸易自由化可能会导致高失业水平。Agénor and Aizenman（1996）基于劳动力市场扭曲考察了贸易改革对工资、雇佣构成、总失业率的影响。与已有文献相比，他们的模型将不同部门工资形成机制的联系纳入框架。本节我们提供一个关于他们研究的简化版分析框架。

假设一个小型开放经济体包含三类经济主体：企业、家庭与政府。所有企业和家庭都相同。经济中生产两类商品：非贸易品（仅供国内最终消费），出口品（产出全部销往国外且价格由世界市场决定）。每个部门的资本存量是固定的。劳动力是同质的且在不同部门间不完全流动。[②]

出口品部门企业决定工资与总雇佣水平。出口品部门的工人获得高于均衡实际工资水平的回报，以便减少流转成本（包括退休、雇佣、培训以及解雇成本），同时非贸易品部门的工人工资具备完全弹性。尽管出口品部门的工人可以以现行工资在非贸易品部门找到工作，但是不完全劳动力流动阻止了劳动力瞬时再分配的可能。

家庭消费非贸易品和进口品，无弹性地提供劳动供给并且持有可交易债券，可交易债券的不变回报率由世界资本市场决定。政府只消费非贸易品，并在征收总量税的同时对进口品也征税。最后，假定工资和雇佣预期取决于当前劳动力市场条件。

1.1.1 产出、周转成本和工资

出口品部门的产出 y_E 以柯布-道格拉斯函数形式给出：

$$y_X = n_X^{\alpha_X} \tag{1}$$

其中，n_X 为劳动雇佣，$\alpha_X \in (0, 1)$。

除了与生产中劳动使用相关的成本外，出口品部门企业还会在雇佣和培训上产生数量为 $\theta q n_X$ 的成本。其中，q 为离职率，θ 为雇用和训练每个工人的成本。离职率取决于出口品部门的产品工资与非贸易品部门产品工资的比例：

$$q = q(\omega_X/\omega_N) \tag{2}$$

其中，ω_X表示出口品部门的产品工资，ω_N为非贸易品部门的实际工资（以出口品为单位），$q'<0$ 且 $q''>0$。

出口品被视作记账单位并且单位化为 1。在给定 ω_N 的前提下，出口品部门企业通过选择 ω_X 和 n_X 最大化实际利润：

$$\Pi_X = n_X^{\alpha_X} - \omega_X n_X - \theta\, q\left(\frac{\omega_X}{\omega_N}\right) n_X$$

一阶条件为：

$$-\theta\, q' = \omega_N \tag{3}$$

$$\alpha n_X^{\alpha_X - 1} = \Omega_X \tag{4}$$

---

① 理解劳动力市场结构的作用是非常重要的，Chang et al.（2009）提出贸易自由化对经济增长的影响可以被具备高度弹性的劳动力市场所放大。

② Traca（2004）基于两类劳动力构成以及技术工种低成本转移的假设研究了贸易改革的影响。

其中，$\Omega_X = \omega_X + \theta q$ 为出口品部门的单位劳动成本。(3) 式和 (4) 式意味单位出口品部门的单位劳动成本会随着非贸易品部门工资水平的上升而上升：

$$d\Omega_X = d\omega_N = \omega_X/\omega_N \tag{5}$$

对 (3) 式取对数微分：

$$\mathrm{dln}\omega_X = \left(\frac{1}{\eta} - 1\right)\ln\omega_N, \quad \eta \equiv - q''\omega/q' \tag{6}$$

其中，$\omega = \omega_X/\omega_N$。为了理解这一结果，我们注意到 (3) 式可以被表示为 $1 = -\theta q'/\omega_N$，即出口品部门的单位边际劳动成本等于边际劳动收益。该等式表示市场出清工资 ω_N 的上升会对边际收益产生不确定的影响。一方面，它会提高离职率，因此由于提高出口品部门的工资而提高边际收益。另一方面，由于一单位工资的提升意味着更小的相对工资百分比改进（即 $1/\omega_N$），因此减少了提高与有效工资相关的边际收益。对于较低的市场出清工资，第一种效应占据主导，而对于较大的 ω_N 值，第二种效应占据主导。

为了得到更多的信息，我们需要在模型中加入新的部门。比如，假设离职率函数以 $q = 1/(1+\beta\omega)$ 的形式存在，其中，$\beta > 0$ 取决于出口品部门工人的净非财产性收益，比如朋友或家人的亲近、居住距离等。如 Agénor (2006b) 所示，只要离职率低于 0.5，我们得到 $0 < \eta < 0.5$，出口品部门有效工资相对于市场出清工资的弹性就将小于 1 ($0 < \mathrm{dln}\omega_X/\mathrm{dln}\omega_N < 1$)。因此，我们假设这一条件始终成立。

将从 (3) 式中得到的 ω_X 的最优值代入 (4) 式可以得到出口品部门的劳动需求 n_X^d。将这一结果代入 (1) 式可得：

$$y_X^s = y_X^s(\omega_N), \quad y_X^{s'} < 0 \tag{7}$$

非贸易品部门实际工资的上升会降低出口品部门的产出。

非贸易品部门的产出函数可以为劳动报酬递减性的：

$$y_N = n_N^{\alpha_N} \tag{8}$$

其中，$\alpha_N \in (0, 1)$。该部门实际利润（以出口品价格衡量）为：

$$\Pi_N = z^{-1} n_N^{\alpha_N} - \omega_N n_N \tag{9}$$

其中，z 为实际汇率（即出口品相对于非贸易品的价格）。利润最大化让我们得到了关于边际收入和边际成本的等式：

$$\omega_N = z^{-1}\alpha_N n_N^{\alpha_N - 1} \tag{10}$$

其中，劳动需求为 $n_N^d = n_N^d(z\omega_N)$。将这一需求形式代入 (8) 式可得：

$$y_N^s = y_N^s(z\omega_N), \quad y_N^{s'} < 0 \tag{11}$$

从 (7) 式和 (11) 式可以看出，实际要素收入（以出口品价格衡量）为：

$$y = z^{-1} y_N^s(z\omega_N) + y_X^s(\omega_N) \tag{12}$$

1.1.2　消费和非贸易品市场

家庭无弹性地提供固定数量劳动供给并消费进口品和非贸易品。总消费 c（以出口品价格衡量）为：

$$c = \lambda(y + i^* b) + (1-\lambda)(\tilde{y} + i^* \tilde{b}) - T \tag{13}$$

其中，$\lambda \in (0, 1)$，i^* 是世界利率水平（假定为常数），b 为可交易债券的实际存量，T 为总量税税收（上述两者均以出口品价格衡量），$\tilde{y}$ 和 $\tilde{b}$ 是稳态时期净要素收入和债券持有量。(13) 式表示总消费取决于可支配收入，可支配收入为"预期"总收入［以当期资源（净要素收入和利息支付）和长期（或永久）收入的加权平均值来衡量］减去总量税得到的。该形式使我们可以看到带有前瞻性的消费行为，本书各章中的优化模型都强调了这一点（例如本书第 10 章）。

设定进口品的世界价格为 1，则本国进口品价格为 P_I：

$$P_I = 1 + \tau \tag{14}$$

其中，$\tau \in (0, 1)$ 表示进口品的从价税率。

如第 10 章类似，假设家庭即时效用函数为柯布-道格拉斯函数，消费支出的最优分配为：

$$c_I = \delta c/(1+\tau), \quad c_N = (1-\delta)zc \tag{15}$$

其中，c_I表示进口品消费，c_N表示非贸易品消费并且$\delta \in (0, 1)$为进口品效用的权重。

家庭的预算约束为：

$$\dot{b} = i^* b + y - z^{-1}c_N - (1+\tau)c_I - T \tag{16}$$

为了使系统封闭，我们需要识别债券长期需求 $\tilde{b}$。一个完全优化的模型可以内生推导出债券的需求，同时得到含有三个变量的动态系统。为了避免理论的复杂性，长期债券需求被假定为长期收入的一定比例（$\tilde{b} = \varphi\tilde{y}$）并且进一步简化假设 $\varphi = 0$。

通过（11）式和（15）式，非贸易品的市场均衡条件可以被表述为：

$$y_N^s(z\omega_N) = (1-\delta)zc + g_N \tag{17}$$

其中，g_N 为非贸易品公共支出的固定水平。

1.1.3 政府

政府消费非贸易品并且对进口品以及家庭进行征税。政府的预算约束为：

$$\tau c_I + T = z^{-1} g_N \tag{18}$$

表明只要进口品的关税收入超过政府非贸易品支出，就会以一次性转移支付或通过退税的方式返还给家庭。

初始均衡被假定总量税为 0（$T_{0^-} = 0$），进口税率足够高以平衡预算。利用（15）式，最初的预算约束为：

$$\alpha\chi c = z^{-1} g_N, \quad t < 0 \tag{19}$$

其中，$\chi = \tau/(1+\tau)$ 为百分比进口税率。将（12）、（13）、（15）、（17）、（19）式代入（16）式可得，

$$\dot{b} = i^* b + y_X^s - \delta c/(1+\tau) \tag{20}$$

1.1.4 劳动力市场调整

在劳动力市场，出口品部门企业决定工资率来最小化总劳动成本。工人会被随机雇用，直到最优劳动需求被满足。尽管不能在出口品部门找到工作的工人可以在非贸易品部门找到工作，但是劳动力的再分配由于重新安置成本和拥堵成本①，并不能瞬时完成。劳动力流动的不完全性意味着劳动力在不同部门的分配被提前决定好了。令 N 为总劳动，非贸易品部门劳动供给和需求相当的均衡条件为：

$$N - n_X^s = n_N(z\,\omega_N) \tag{21}$$

其中，n_X^s 表示出口品部门的劳动供给。工人在不同部门间流动的机制遵循第 1 章和第 4 章曾经提及的 Harris-Todaro 形式。出口品部门预期工资等于以雇佣概率为权重的当前工

① Furusawa and Lai（1999）的研究中与跨部门再分配相关的调整成本包括“摩擦损失”，即与培训、重新安置和短暂性失业相关的成本。

资；因为雇佣是随机的，这一概率可以近似等于就业率。非贸易品部门的预期工资就变为当前工资，假定在该部门找到工作的概率为 1。因此，出口品部门的劳动供给服从：

$$\dot{n}_X^s = \kappa\left(\frac{\omega_X n_X^d}{n_X^s} - \omega_N\right) \tag{22}$$

其中，$\kappa > 0$ 表示调整速度。(22) 式意味着在 $\dot{n}_X^s$ 时的稳态，工资比率 $\tilde{\omega}$ 等于出口品部门就业率的倒数。

在考察关税改革效应前，我们可以首先考察其动态变量（国外债券存量以及出口品部门劳动供给）对实际汇率和非贸易品实际工资短期均衡的影响。通过 (8) 式和劳动力市场均衡条件 (21) 式有 $n_X^s = (N - n_X^s)^{\alpha_N}$。利用上述结果并结合利润最大化条件 (10) 式，以及 (7)、(8)、(13) 式和 $\tilde{b} = 0$，非贸易品市场的均衡条件 (17) 式可以写为：

$$\Lambda(N - n_X^s)^{\alpha_N} - z(1-\delta)[(y_X^s + i^* b) + (1-\lambda)\tilde{y}] - g_N = 0$$

$$z\omega_N - \alpha_N (N - n_X^s)^{\alpha_N - 1} = 0$$

其中，$\Lambda \equiv 1 - \lambda(1-\delta) > 0$。从该系统可以得到：

$$z = z(\overset{-}{b}, \overset{?}{n_X^s}), \quad \omega_N = \omega_N(\overset{+}{b}, \overset{+}{n_X^s}) \tag{23}$$

(23) 式表示债券存量的提升会提高非贸易品部门的出清工资（因为提高了本国产品的消费并提升了产出和劳动需求）并带来实际汇率的升值，这使得供给和需求再次回到均衡。出口品部门劳动力的增多会提高非贸易品部门的工资（因为降低了该部门的劳动供给），但是对于实际汇率的影响是不确定的。一方面，负面的供给效应源于非贸易品产出下降（由于工资提升最早在非贸易品部门发生，然后传导到出口品部门），直接导致实际汇率的升值。另一方面，由于非贸易品部门产出下降降低了要素收入以及个人支出，因此会影响需求，需要实际汇率贬值以重新回到市场均衡。模型中我们有：

$$sg = \left(\frac{\partial z}{\partial n_X^s}\right) = -sg\left\{\lambda(1-\delta)\left(\frac{1-\alpha_N}{N - n_X^s}\right) y_X^{s'} + \Lambda\right\} \lesseqgtr 0$$

上式意味着如果总消费主要受永久性收入而不是当期收入的影响 ($\lambda \to 0$)，那么供给效应就将占据主导，出口品部门劳动力提升的净效应则会带来实际汇率的升值。

因为 $n_N^s = (N - n_X^s)^{\alpha_N}$，所以非贸易品供给与国外债券的存量变动是无关的。(7) 式和 (23) 式意味着出口品部门的产出与国外债券持有以及出口品部门劳动力规模负相关：

$$y_X^s = (\overset{-}{b}, \overset{-}{n_X^s}) \tag{24}$$

将 (12)、(13)、(15)、(17)、(19)、(23)、(24) 式代入 (20) 式可得：

$$\dot{b} = \left(1 - \frac{\delta\lambda}{1+\tau}\right)\{i^* b + y_X^s[\omega_X(b, n_X^s)]\}$$

$$- \frac{\delta}{(1+\tau)}\left\{\frac{\lambda y_N^s[z(\cdot)\omega_N(\cdot)]}{z(b, n_X^s)} + (1-\lambda)\tilde{y}\right\} \tag{25}$$

上式决定了国外资产的积累率。最后，利用 (6) 式替代 (23) 式短期均衡解，并且利用 (22) 式的结果可以得到：

$$\dot{n}_X^s = J(b, n_X^s) \tag{26}$$

其中，

$$\frac{\partial J}{\partial b} = \kappa\left(\frac{\partial \omega_N}{\partial b}\right)\left\{\left(\frac{\partial \omega_N}{\partial \omega_N}\right)\left(\frac{\tilde{n}_X^d}{\tilde{n}_X^s}\right) + \left(\frac{\tilde{\omega}_X}{\tilde{n}_X^s}\right)\left(\frac{\partial n_X^d}{\partial \omega_N}\right) - 1\right\}$$

$$\frac{\partial J}{\partial n_X^s} = \kappa\left\{\left(\frac{\partial \omega_N}{\partial n_X^s}\right)\left[\left(\frac{\partial \omega_X}{\partial \omega_N}\right)\left(\frac{\tilde{n}_X^d}{\tilde{n}_X^s}\right) + \left(\frac{\tilde{\omega}_X}{\tilde{n}_X^s}\right)\left(\frac{\partial n_X^d}{\partial \omega_N}\right) - 1\right] - \frac{\tilde{\omega}_X \tilde{n}_X^d}{(\tilde{n}_X^s)^2}\right\}$$

（6）式意味着 ω_X 关于 ω_N 的弹性小于 1。利用这一结果以及工资比率在稳态附近等于雇佣概率的倒数这一性质可得：

$$\frac{\partial J}{\partial b}=\kappa\left(\frac{\partial \omega_N}{\partial b}\right)\left\{\left(\frac{\partial \omega_N}{\partial \omega_N}\right)\left(\frac{\tilde{\omega}_N}{\tilde{\omega}_X}\right)-1+\left(\frac{\tilde{\omega}_X}{\tilde{n}_X^s}\right)\left(\frac{\partial n_X^d}{\partial \omega_N}\right)\right\}<0$$

$$\frac{\partial J}{\partial n_X^s}=\kappa\left\{\left(\frac{\partial \omega_N}{\partial n_X^s}\right)\left[\left(\frac{\partial \omega_X}{\partial \omega_N}\right)\left(\frac{\tilde{\omega}_N}{\tilde{\omega}_X}\right)-1+\left(\frac{\tilde{\omega}_X}{\tilde{n}_X^s}\right)\left(\frac{\partial n_X^d}{\partial \omega_N}\right)-1\right]-\frac{\tilde{\omega}_X\tilde{n}_X^d}{(\tilde{n}_X^s)^2}\right\}<0$$

（25）式和（26）式决定了国外资产行为和出口品部门劳动力规模。将这一结果代入（23）式可以得到非贸易品部门均衡水平的实际工资以及实际汇率。关于（25）式和（26）式在稳态附近的线性近似可得：

$$\begin{bmatrix}\dot{b}\\ \tilde{n}_X^s\end{bmatrix}=\begin{bmatrix}a_{11} & a_{12}\\ \partial J/\partial b & \partial J/\partial n_X^s\end{bmatrix}\begin{bmatrix}b-\tilde{b}\\ n_X^s-\tilde{n}_X^s\end{bmatrix} \tag{27}$$

其中，$\tilde{n}_X^s<N$，系数 a_{11} 和 a_{12} 为：

$$a_{11}=\left(1-\frac{\delta\lambda}{1+\tau}\right)\left\{i^*+y_X^{s'}\left(\frac{\partial \omega_N}{\partial b}\right)\right\}+\frac{\delta\lambda}{(1+\tau)}\left(\frac{\tilde{y}_N^s}{\tilde{z}^2}\right)\left(\frac{\partial z}{\partial b}\right)$$

$$a_{12}=\left(1-\frac{\delta\lambda}{1+\tau}\right)y_X^{s'}\left(\frac{\partial \omega_N}{\partial n_X^s}\right)-\frac{\delta\lambda}{(1+\tau)}\left\{\tilde{z}^{-1}\left(\frac{\partial y_N^s}{\partial n_X^s}\right)-\left(\frac{\tilde{y}_N^s}{\tilde{z}^2}\right)\left(\frac{\partial z}{\partial n_X^s}\right)\right\}$$

假设 i^* 很小，a_{11} 为负。总体而言，a_{12} 的符号是不确定的。给定 a_{11} 和 $\partial J/\partial n_X^s$ 为负，系统局部稳定的条件为（27）式系数矩阵的行列式 $a_{11}(\partial J/\partial n_X^s)-a_{12}(\partial J/\partial b)$ 为正，同时保证两个负根。上述条件的充分条件为 $a_{12}>0$。我们假设这一情况成立。

模型的稳态均衡在图 18－1 中被描述。向上倾斜的曲线 $[\dot{b}=0]$ 给出了在国外资产保持恒定的情况下，b 和 n_X^s 的组合，向下倾斜的曲线 $[\dot{n}_X^s=0]$ 描述了出口品部门劳动力恒定情况下 b 和 n_X^s 的组合。稳态均衡在 E 点产生。假定经济的初始状态在 A 点，出口品部门劳动供给过高，经常账户盈余，向稳态的过渡并非线性的，伴随着国外资产的连续缩减以及初期出口品部门劳动力的降低（A 到 C）和后期缓慢的增加（C 到 E），最终回到 E 点。

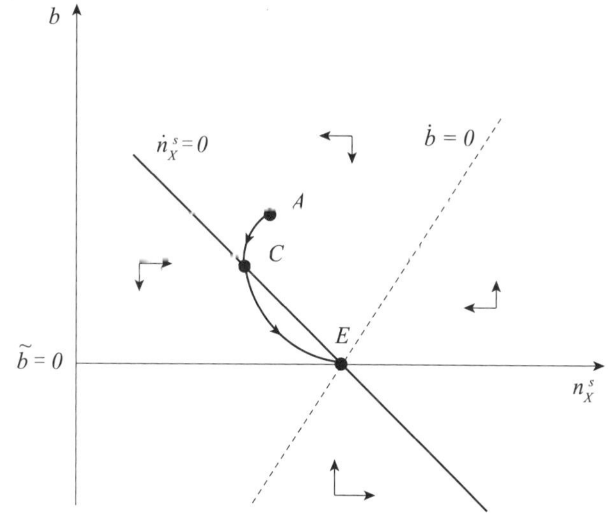

图 18－1　稳态均衡

资料来源：Agénor and Aizenman（1996，p. 274）.

□ 1.2　关税、实际工资与就业

假设关税改革在 $t=0$ 开始，总量税为 0 并且关税税率足够高，以至于可以产生足够的收入来覆盖政府对于非贸易品的开支。改革包含降低百分比关税税率 χ 和同时调整总量税使得政府预算平衡。

1.2.1　稳态影响

为了研究关税改革的稳态影响，我们首先考虑调整前的系统。从（13）式可以看出，在稳态 $\tilde{c}=\tilde{y}-\widetilde{T}$。

政府预算约束可以表示为：

$$\delta\chi(\tilde{y}-\widetilde{T})+\widetilde{T}=\tilde{z}^{-1}g_N$$

或者利用（12）式：

$$\delta\chi(z^{-1}\tilde{y}_N^s+\tilde{y}_X^s)+(1-\delta\chi)\widetilde{T}=\tilde{z}^{-1}g_N \tag{28}$$

由（21）式和（22）式，劳动力市场的稳态均衡条件为：

$$N=n_N^d(\tilde{z}\tilde{\omega}_N)+\tilde{n}_X^s=n_N^d(\tilde{z}\tilde{\omega}_N)+\tilde{\omega}n_X^d(\tilde{\omega}_N) \tag{29}$$

其中，从（6）式可得 $\tilde{\omega}_X=\omega_X(\tilde{\omega}_N)$。

最后，利用（17）式非贸易品市场的长期均衡条件可以表示为：

$$\delta\tilde{y}_N-(1-\delta)\tilde{z}\tilde{y}_X+(1-\delta)\tilde{z}\widetilde{T}=g_N \tag{30}$$

（28）～（30）式的解可以用 $\tilde{z}$，$\tilde{\omega}_N$，$\widetilde{T}$ 来表示。经过冗长的计算可得：

$$\frac{d\widetilde{T}}{d\chi}<0,\quad \frac{d\tilde{\omega}_N}{d\chi}<0,\quad \frac{d\tilde{z}}{d\chi}<0,\quad \frac{d\tilde{z}\tilde{\omega}_N}{d\chi}<0.$$

比例关税（percentage tariff rate）的降低提高了总量税，可以为总消费带来负面的收入效应。对于非贸易品私人支出的减少需要实际汇率的贬值来维持市场的均衡。实际贬值又会增加非贸易品部门的产品工资，因此降低产出以及该部门的劳动需求。劳动需求的降低会为市场出清工资带来向下的压力，因此部分抵消了实际贬值的影响。但是，因为实际汇率贬值的比率要高于非贸易品部门实际工资的下降，产品工资就会上升并且降低该部门的产出与就业。与此相对，非贸易品部门实际工资的减少会导致出口品部门产品工资的下降，这会刺激产出和就业。总就业水平的净效应则变为不确定的，因为还不能确定出口品部门就业的提升和非贸易品部门的下降。然而以贸易品衡量的总产出则会提升。

为了决定相对工资的变动，求解

$$\frac{\mathrm{d}\tilde{\omega}}{\mathrm{d}\chi}=\left(\frac{\tilde{\omega}}{\tilde{\omega}_N}\right)\left(\frac{\mathrm{d}\tilde{\omega}_N}{\mathrm{d}\chi}\right)\left(\frac{\mathrm{d}\omega_N/\omega_X}{\mathrm{d}\omega_N/\omega_N}-1\right) \tag{31}$$

上式意味着如果效率工资相对于市场出清工资的弹性小于 1，那么工资比率会由于关税改革而提升（$\mathrm{d}\omega/\mathrm{d}\chi<0$）。出口品部门工资下降比例会小于市场出清工资的下降。因此可以确定关税改革对出口品部门劳动供给的影响。从（22）式可知 $\tilde{n}_X^s=\tilde{\omega}_X\tilde{n}_X^d/\tilde{\omega}_N$，这意味着：

$$\frac{\mathrm{d}\tilde{n}_X^s}{\mathrm{d}\chi}=\frac{\mathrm{d}\tilde{\omega}_N}{\mathrm{d}\chi}\left\{\tilde{\omega}\left(\frac{\mathrm{d}\tilde{n}_X^d}{\mathrm{d}\chi}\right)+\tilde{n}_X^d\left(\frac{\tilde{\omega}}{\tilde{\omega}_N}\right)\left(\frac{\mathrm{d}\tilde{\omega}_X/\omega_X}{\mathrm{d}\tilde{\omega}_N/\omega_N}\right)-1\right\} \tag{32}$$

给定出口品部门劳动需求上升（$\mathrm{d}\tilde{n}_X^d/\mathrm{d}\chi<0$），工资弹性小于 1，（32）式意味着关税改革会提升出口品部门的劳动力规模（$\mathrm{d}\tilde{n}_X^s/\mathrm{d}\chi<0$）。如（31）式以及均衡条件 $\tilde{\omega}=$

$\tilde{n}_X^s/\tilde{n}_X^d$，劳动供给的提升程度高于劳动需求，从而降低了就业率。关税改革导致劳动力从非贸易品部门（工资等于边际产出）转移到出口品部门（工资高于边际产出），使得生产要素的使用变得没那么有效率。

（部门）失业率 μ_X 可以被定义为 $u_X=(n_X^s-n_X^d)/n_X^s$，在稳态下由（22）式可以得到，$\tilde{u}_X=1-(\tilde{\omega}_N/\tilde{\omega}_X)$。利用之前推导所得，我们有：

$$\frac{\mathrm{d}\tilde{u}_X}{\mathrm{d}\chi}=\tilde{\omega}_X^{-1}\Big(\frac{\mathrm{d}\tilde{\omega}_N}{\mathrm{d}\chi}\Big)\Big(\frac{\mathrm{d}\omega_X/\omega_X}{\mathrm{d}\omega_N/\omega_N}-1\Big) \tag{33}$$

如果效率工资相对于市场出清工资的弹性小于 1，关税的减少会提升稳态失业率（$\mathrm{d}\tilde{u}_X/\mathrm{d}\chi<0$）。在这种情况下，劳动需求以及实际就业的增长完全被出口品部门寻求工作的劳动力规模的增长所抵消。

最终，我们可以看到，两个部门工人收入的购买力（就非贸易品而言）得到了提升。但是，关税改革的净福利影响仍不确定，并且取决于不同部门间工资差异情况。

1.2.2 短期动态

为了考察改革后模型中的短期动态，我们注意到（25）式在实施关税和财政调整后变为：

$$\dot{b}=i^*b+y_X^s(\cdot)-\frac{\delta}{1+\tau}\lambda[i^*b+y_X^s(\cdot)+z(\cdot)^{-1}y_N^s(\cdot)]-T+(1-\lambda)\bar{y}\} \tag{34}$$

其中，由（18）式可得 $T=z^{-1}g_N$。动态系统包含（26）式和（34）式，并且可以通过线性化来研究它的性质。贸易自由化对工资和雇佣以及产出的影响总体而言是不确定的（给定债券存量和出口品部门劳动力不会瞬间改变），影响取决于消费对长期收入或过渡期收入的反应。无论 λ 取何值，因为劳动力在不同部门间的分配并不是瞬时的，作为实际工资和实际汇率变动抵消的结果，非贸易品部门的产品工资必须保持恒定①：

$$\frac{\mathrm{d}[z_0\omega_N(0)]}{\mathrm{d}\chi}=0 \tag{35}$$

这一结果意味着非贸易品部门的产出和雇佣情况不会变动。对总要素收入的瞬时影响（以出口品价格衡量）仅仅取决于出口品产出初始影响的方向：

$$\mathrm{sg}\Big(\frac{\mathrm{d}y_0}{\mathrm{d}\chi}\Big)=\mathrm{sg}\Big(\frac{\mathrm{d}y_X^s(0)}{\mathrm{d}\chi}\Big)=y_E^{s'}\mathrm{sg}\Big(\frac{\mathrm{d}\omega_N(0)}{\mathrm{d}\chi}\Big) \tag{36}$$

如果家庭消费行为会受到当前资源变动的影响（$\lambda\rightarrow1$），则 $\mathrm{d}z_0/\mathrm{d}\chi<0$ 并且 $\mathrm{d}\omega_N(0)/\mathrm{d}\chi>0$，关税的减少降低了非贸易品部门的工资并且使实际汇率贬值。这是因为对于国内产品和进口品而言，关税改革均会增加总量税，而减少消费。因此，实际汇率必须通过贬值来维持非贸易品市场的均衡。这是由于，如（35）式所示，产品工资不会因为非贸易品部门的影响而变动，市场出清工资（以出口品衡量）必须下降，从而降低效率工资而提高劳动需求和出口品部门的产出。

出口的增长［如（36）式所示］带来了等量的净要素收入增长，这加深了税收对个人投资的初始负面影响。对失业率的短期影响是：

$$\frac{\mathrm{d}u_X(0)}{\mathrm{d}\chi}=-\Big[\frac{n_X^{d'}}{n_X^s(0)}\Big]\Big[\frac{\mathrm{d}\omega_N(0)}{\mathrm{d}\chi}\Big]>0$$

由于劳动需求的上升和出口品部门雇佣的增加，出口品部门失业率最终下降。因此，

① 参见第 4 章第 5 节中相似的结果。

关税改革对失业率的稳态影响是负的（如果效率工资相对于市场出清工资的弹性小于1)，短期影响可能是正的（假设消费主要依赖当期收入）。

图 18－2 展示了动态调整路径。假设经济初始在稳态点 E。关税税率的降低会使两条曲线$[\dot{n}_X^s=0]$和$[\dot{b}=0]$移向右侧。图中关税税率的降低提高了在过渡期对进口品的消费。在调整过程的第一阶段中（点 E 和点 A 之间）经济体的经常账户呈现赤字状态并且会积累国外负债（$b<0$)，然而到了第二阶段（点 A 到点 E')，经常账户会产生盈余并且减少国外负债（$b>0$)。新的均衡 E'点上国外债券稳态值为零且出口品部门劳动力增加。

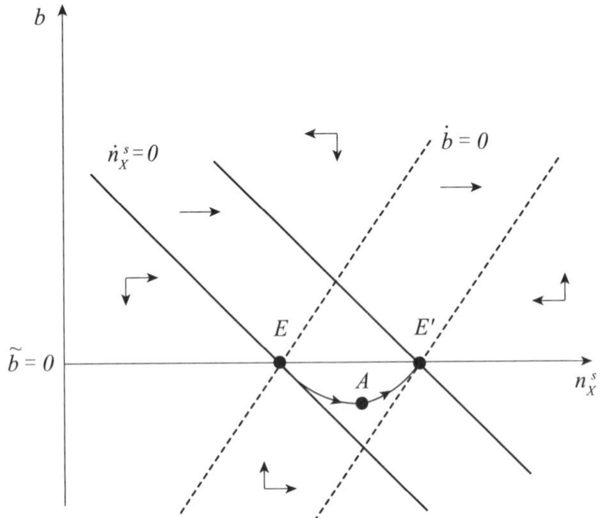

图 18－2　关税改革的调整

资料来源：Agénor and Aizenman（1996，p. 278）.

前述结果与对贸易改革的传统观点大相径庭，传统观点假设工资和价格具有完全弹性以及不同部门间劳动力完全流动。在这些假设下，关税保护的减少会导致相对价格的变动，影响供给和需求两端，资源也会瞬时在不同部门间进行再分配。关税减少的同时伴有非贸易品部门的劳动力向贸易品部门的转移，因此减少了前者的就业，减弱了进口竞争行业的就业下降。失业率不会出现，因为工人在各个部门间是完全自由流动的，工资调整是连续的直到市场出清。

与此相反，前述结果基于三个主要假设：流通成本仅在出口品部门较高；出口品部门相对于非贸易品部门的工资弹性小于 1；劳动力在不同部门的再分配是缓慢的并且遵照 Harris-Todaro 方法。最后一个假设在推导贸易自由化短期和长期影响时起到了至关重要的作用。它阻止了劳动力在不同部门的瞬时再分配并且要求工资比率在稳态时等于出口品部门就业率的倒数。在更一般的形式中，如（31）～（33）式的表述，它们意味着关税改革对劳动力市场的稳态影响取决于出口品部门效率工资相对于非贸易品部门市场出清工资的弹性。离职函数（quit function）意味着工资弹性小于 1。因此，出口品部门的劳动供给增加会大于劳动需求，失业率会增加。另外一种离职函数形式会产生大于 1 的弹性，则稳态时的失业率会降低（传统观点所强调的结论），然而等于 1 的弹性意味着无长期影响。弹性为 1（常数相对工资比率）可以有当前模型框架产生，只要通过工资-生产联系将效率因素纳入即可，具体推导可以参见 Agénor and Aizenman（1999a)。

通常来说，关税改革对劳动力市场的长期影响取决于迁移过程的特征和工资形成机制。除此之外，出口品部门固定劳动供给对贸易改革的短期影响非常重要。尽管这其中大多数影响是含糊的，但是我们展示了“违反常情”的结果，即消费仅对当前可支配收入做出反应的情况。换言之，对劳动力不能完全流动的假设改变了传统的贸易改革传导机制，因为针对相对价格变化的资源再分配需要一定时间才会实现。

总而言之，尽管经验证据并没有提出贸易改革可以对就业在短期产生较大的负面影响，但是上述讨论意味着工资形成过程和生产活动结构之间的相互影响可以在短期和长期产生不希望见到的宏观经济影响。其他研究也发现贸易改革对劳动力市场的不利影响，这些研究包括 Buffie（1984b），Batra and Beladi（1999）以及 Geide-Stevenson（2000）。这其中的一些论文包括不同类型劳动力市场的扭曲形式，尽管在 Batra and Beladi（1999）的研究中，失业出现的条件仅仅取决于劳动供给的内生性，以及进口品生产是否比出口品生产更加劳动密集化。

与此同时，我们需要意识到即使贸易自由化带来了短期成本，它仍有可能在长期是十分有益的，这是因为生产投入之间的替代弹性在长期要高于短期。[①] 权衡潜在的短期成本是十分重要的，并且需要设计改革过程以最小化成本。我们在本节之后将要考察该一般性原则的含义以及最优的改革速率，分析中我们会将政治因素和调整过程中需要维持的可信度等均纳入框架。

2 金融自由化

如上一章所示，金融抑制（包含一系列对银行行为的法律约束，比如利率上限，银行业竞争限制，银行资产组合限制等）在发展中国家一直十分普遍。但是在过去的 20 年中，很多国家（贫困以及中等收入国家）开始进行雄心勃勃的改革，旨在去除这些约束银行行为的限制。金融自由化以私有化公共金融机构为形式，去除银行业准入限制，并且以促进金融市场竞争、降低法定存款准备金率和流动性比率以及去除信贷指导和自由化官定利率为目的。

本节我们对金融部门改革的影响进行一个关于理论和实证分析的简要回顾。我们将金融改革政策视为结构化政策，即通过改善生产性资产积累与有效使用，而加强中期经济增长的政策。我们还会从发展中国家的历史总结相关经验。

2.1 利率去管制

McKinnon（1973）和 Shaw（1973）的研究使人们认为作为结构政策的利率自由化可以带来更高的经济增长。他们的研究可以简要总结如下：在一个储蓄仅以现金、活期存款以及定期存款形式存在的经济中，将管制利率提升到接近均衡的水平上，可能会导致储蓄率的升高以及资产组合从存货、贵金属、外汇转移出来，并且使市场非正规的信

① 我们主要到贸易自由化可能会导致新生产活动的产生，这会增加劳动需求。因此，我们的稳态结果可能描述了贸易自由化对工资和失业的“中期”而不是“长期”影响。

贷进入正规金融系统。通过改革获得的更高的利率实际上会增加总投资，一方面是因为积累资金实现投资的需要使现金与资本之间呈现互补关系而非替代关系（McKinnon 强调的观点），另一方面是因为“信贷可得性”效应（Shaw 强调的影响渠道）。后者的逻辑是当利率在低于均衡水平时，总投资会受到储蓄资源的限制。通过提高总储蓄可以将更多资源引入银行系统，更高的利率可以通过改善信贷资源可得性来增加投资。[1] 更进一步地，很多之前没有获得融资的高回报项目，在利率自由化后可以实现。因为银行相对于非正规市场在收集与处理信息方面具有规模经济。因此，银行在将资金分配到高回报投资项目的过程中将比非正规市场更加有效率。在储蓄增加并提升投资以及投资质量改善中经济增长获得加强。

根据这些讨论，允许之前管制利率的提升会增加对国内活期与定期存款的需求，这将增加国内投资数量并改善投资的质量。更高的资本积累率会促进增长。实证研究分别探讨了上述情况，并且考察了政策目标（更高的实际利率）和关于投资与增长最终目标之间的关系。大量研究评估了各国利率去监管的经历。[2]

更新的经验证据表明利率自由化对于经济增长的影响是复杂的（Bandiera et al.，2000）。更高的存款利率对储蓄率并没有很强的影响。在回顾了第 2 章所提及的证据时，这一结论并不使人惊讶。很多研究发现总储蓄的实际利率弹性并不显著区别于零，实际上它非常低。

与此同时，资产组合向国内金融工具转移确实是由利率去管制带来的。然而，这可能也不会对投资量产生很大的影响。关于“互补”效应的证据很少，但是“信贷可得性”在数据方面得到了更多的支持，即在其他条件相同的情况下，信贷供给增加与投资水平之间具有正相关关系。如第 2 章所述，实际存款利率与投资增加之间不存在正向关系的话，会让人疑惑这种联系是否应该被解读为对“信贷可得性”的支持。最后，尽管实际存款利率与增长之间的正向联系是发展中国家的特征，关于这一关系的解释却是存在问题的。它可能反映了一些前文谈及的关于效率效应的贡献，但是实际存款利率可能被当作更加广义的扭曲的代理变量，包括与高通货膨胀以及不稳定通货膨胀相关的不确定性。

各个国家利率去监管的事例并不能提供一个清晰明了的论断，特别是“其他条件不变”这种控制实验的方式行不通。作为事例可以考虑韩国 1965 年的货币改革。如 McKinnon（1976）所讨论的，韩国名义存款利率和贷款利率在改革前被设定在很低的水平，导致在 1963—1964 年期间实际利率为负。在 1965 年 9 月，名义利率被上调而未自由化，直接信贷约束被降低而未被消除，因此我们将上述行为称为货币改革而不是金融自由化。实际回报率在改革之后激增，广义货币相对于 GDP 的比率在 1964—1969 年期间增加了 7%，私人储蓄也获得了增长，经济增长得到了较强的促进。McKinnon 将上述事实解读为货币改革通过前文所述渠道对经济增长产生正面影响。

但是 Giovannini（1985）的研究得到了不同的结论。他强调韩国 1965 年后国民储蓄

① 如 Cho（1986）在关于 Stiglitz-Weiss 模型的讨论中所指出，利率自由化并不能完全消除信贷配给。因为高利率带来的额外风险会使银行预期利润减少。这一问题可能会由于企业没有其他机会来为投资进行资本融资而变得更加复杂。因此，Cho 指出股票市场的发展应该与金融系统自由化同时展开。Cho 结论中的一个潜在问题是股票市场在很多发展中国家并不是首要的资本获得渠道（参见第 5 章）。

② 参见 Fry（1996）关于早期经验的综述。

大部分的增长源于公共部门并且源于一次财政巩固（fiscal correction）。他指出改革后家庭盈余的增长是1966年的一次性事件导致的，而且盈余与实际利率之间的关系在1966年之后是负向的。他通过分析得到结论：储蓄的增加源于资产组合从非正规市场转移，从而改变了储蓄。

□ 2.2 金融自由化更广泛的方面

如前文所提到的，除了利率去管制，金融自由化包含两个最主要的方面——去除商业银行对信贷分配的约束并取消资本流动管制（包含为外资银行提供更多进入国内金融市场的渠道）。在第13章中已经提到与国际金融开放程度的相关成本与收益。这里我们简要考虑与“金融深化”（以银行信贷和存款占产出的比例来衡量）相关的内容。

证据再一次提供了复杂的情况。大体上来说，跨国面板数据的研究发现金融发展对产出增长具有正面作用，即使考虑了增长的其他决定因素，由于同时性、缺失变量和未观测到的特定国家效应引起的潜在偏差，结论也一样成立。例如，Levine et al.（2000）发现金融发展与经济增长存在正向关联。他们发现不同国家在法律与会计系统（例如债权人权力、合约履行以及会计准则等）方面的不同很大程度上解释了金融深化程度的不同。基于60个国家1982—2002年期间的数据，Ranciere et al.（2006）发现金融自由化可以促进长期经济增长，尽管金融深化也提高了金融危机发生的概率。

利用12个发展中国家公司层面的面板数据，Galindo et al.（2007）发现金融自由化可以提升投资资金的分配效率（以投资资金进入高边际资本回报公司的比例衡量）。因此，可以带来更高的增长。Aghion et al.（2005）发现初始人均GDP与金融中介之间的系数显著为负，表明金融系统发展滞后对于增长收敛的速度有显著影响。

与此相反，一些基于时间序列的分析给出了相反的结果。Demetriades and Hussein（1996）发现几乎不存在系统性的证据证明金融深化可以带来经济增长改善。除此之外，他们发现绝大多数国家的因果关系是双向的，一些国家的金融发展是在经济增长之后的结果。

但是，Christopoulos and Tsionas（2004）提出时间序列研究的结果并不可靠，因为研究所使用的数据样本时间跨度太短。相反，他们利用面板单位根检验和面板协整分析考察发展中国家金融发展和经济增长的关系，显著地扩充了的样本数量。与之前的研究相反，他们发现从长期来看金融发展可以促进经济增长，因果关系并不是双向的。[①] 他们还发现在大多数国家的数据中金融发展和增长之间存在唯一的协整向量。

□ 2.3 监管的作用

20世纪80年代和90年代的经验表明金融自由化尽管是有益的，但是在金融环境比较脆弱的国家仍然可能非常具有风险。高利率经常与金融自由化相关（银行为获得存款加剧竞争），这会使金融系统更易受到由于道德风险、逆向选择以及贷款违约而带来的损害。[②] 在金融自由化带来的流动性约束放松的环境中，经常伴随着消费的暂时性增加以及

---

① 一些研究发现反向的因果关系，例如参见Ang and McKibbin（2007）对马来西亚的研究。

② 即使不存在道德风险问题，关于贷款质量的信息不对称也会带来金融脆弱性。参见van Order（2006）的研究。

储蓄率的降低。如果金融自由化导致更低的家庭储蓄，它将可能对增长造成破坏，尽管它仍然对投资有益［参见 Hung（2005）更加细致的分析］。除此之外，信贷激增会导致资产价格泡沫，银行资产负债表弱化以及增加金融系统对不利冲击的易损性。

与此同时，宏观经济不稳定使得金融改革对金融系统的影响变得更加复杂。宏观经济不稳定通过提高银行融资支持的不同项目间的协方差和方差，增加了银行资产组合的风险。如果没有存款保险或者没有被合理定价，关于信贷配给的 Stiglitz-Weiss 模型预测银行将会降低利率并且使配给现象更加严重。相反，在存款保险定价不合理时，道德风险会导致银行提高利率来吸引存款，并且为高风险项目提供资金，因为它们面临一种单方面的赌注：如果项目回报正常，那么银行的所有者就可以收获利润，如果项目没有回报，那么政府就会偿还存款，银行所有者只需要拿其有限的资本来下赌注。当存款保险定价合理时，这一结果可以被避免，因为银行需要为它们的资产组合选择付出代价，这将内化它们行为的结果。银行监管足够充分也可以带来同样的效果，即使在存款保险免费或者没有被充分定价时。①

例如，Williamson and Mahar（1998）关于 20 世纪 80 年代和 90 年代早期的 30 个发达国家与发展中国家的数据表明，其中一半以上的国家在金融自由化之后都发生了金融危机。② Demirgüç-Kunt and Detragiache（2001）针对 50 个发达国家与发展中国家 1980—1995 年期间的数据，构建了一个金融自由化指数（主要反映银行利率去监管），其他条件相同时，金融危机在自由化的金融系统中更容易发生。这一关系在制度环境薄弱，特别是审慎监管与金融中介和合约履行机制方面较差的国家中更显著。具体而言，阿根廷、智利、乌拉圭在 20 世纪 70 年代末期解除了利率上限，放松银行监管，并显性（阿根廷）或隐性（智利）地实施存款保险制度，上述措施都建立在高通货膨胀和未达预期经济表现的基础之上。实际上，上述三国的金融自由化措施与创新性宏观稳定措施是相伴的。宏观经济的难点不仅包含与实施稳定政策相关的不确定性，还涉及银行资产组合中大量的不良贷款，会损害银行资本并加剧了由于存款保险带来的道德风险。在这些国家，贷款利率迅速攀升，使借贷公司陷入困顿，破产变得寻常。在每一个例子中，自由化和稳定政策都在 20 世纪 80 年代初期的危机中期崩溃。菲律宾和土耳其 20 世纪 80 年代的自由化与之前的国家基本一致，不出所料，它们的实施结果也基本相同。③

与此相反，尽管金融自由化 1978 年末在马来西亚开始迅速实施，该国却拥有经济稳定和银行监管的长期传统。在向自由化金融系统过渡阶段，马来西亚十分顺利，只伴随有实际利率的微弱上升，并且没有发生大面积破产现象。与此同时，南锥体、斯里兰卡（1977）和韩国（1981）都在宏观经济表现较差的情况下开始了金融自由化。但是，不像南锥体地区，亚洲国家在去除利率管制的同时缓慢地追求宏观经济稳定与对银行业更有力的审慎监管。这些国家只有在宏观经济稳定达成和监管机制加强后才允许金融系统实

① 上述不良结果可以通过监管对贷款损失准备和资本充足率设定标准来避免。这些标准可以在银行选择高风险贷款时，提高股权人的潜在损失。

② 金融自由化和金融危机经常源于银行系统不良的规划与设计，关于这方面的解释大多基于静态分析。但是 Daniel and Jones（2007）提出了动态的分析方法，他们基于国外竞争的演化，资本边际产出以及银行自身净值等因素进行了分析。

③ 关于土耳其金融自由化经验的讨论可以参见 Denizer（1997）的研究，他着重强调了其中市场结构和银行业竞争的作用。

现更大的灵活性。①

总体而言，上述分析强调了金融部门改革成功的两个主要前提条件：一个是稳定的宏观经济环境，另一个是正确的银行审慎监管系统。实际上，Villanueva and Mirakhor（1990）从发展中国家的经验中得到结论，特别是上文提及的南锥体 20 世纪 70 年代末期以及韩国、马来西亚、菲律宾和土耳其的经验，如果在解除利率管制的同时逐渐建立起稳定的宏观经济环境和强有力的银行监管系统，那么金融自由化更易获得成功。

与此同时，之前的讨论提及改革发展中国家的银行系统需要复杂的手段，既要解决眼前的冲击以及银行系统无力偿债问题，还要修正在会计、法律、监管方面的框架。特别是银行监管，需要在金融自由化之前被重建并且加强以应对自由化带来的风险。金融市场的全球化以及与之伴随的资本流动的波动加剧，同样对加强审慎监管以及相关的信息系统构建提出了要求。特别是在资本账户开放的基础上，上述系统的强化与构建可以有效帮助我们应对利率与汇率风险。

加强审慎监管包含一系列制度改革，其中包括建立对贷款对象借贷敞口的头寸限制，防止信贷集中于个别借款者，提升银行资本与发展中国家面对的宏观经济波动环境匹配。资本充足率标准可以有效填补存款保险在弱化市场对金融机构约束方面的影响，并且对于减弱银行承担过度风险具有重要作用。② 实际上，正如第 15 章所讨论的，在 Diamond-Dybvig 模型框架中，存款保险可以避免银行挤兑现象的发生。但是，Cooper and Ross（2002）的研究表明，如果银行受制于道德风险的问题，那么存款保险制度需要更高的资本要求来配合，以确保存款者对监督银行有足够的动机，进而使银行避免投资风险过高的项目。如 Rochet（2004）所述，对于宏观经济冲击过高的敞口为集中的审慎监管提供了基本原理。

但是，这种要求也可能会扭曲银行的投资行为，并加大它们陷入破产的可能性（Rochet，1992）。Rochet（2004）指出，尽管市场约束会有帮助，但是它不能解决基本的监管自治问题，因此关键是确立独立且负责的银行监管者。

除审慎监管之外，改革发展中国家的银行系统包含很多方面，比如鼓励更好地对银行金融状况进行公开披露，采取严格的国际会计准则，升级银行内控以及立法确保一般交易关系贷款分配的决定（Bhattacharya et al.，1998）。并且提高政府在银行系统参与过程中的透明度，设计官方安全网以保证可以在抵御政治压力下实现监管自治都是十分重要的方面。

如第 5 章所讨论的，从全球金融危机中可以得到的经验教训是金融监管必须采取宏观审慎的视角来识别金融部门的脆弱性并且减弱系统性漏洞。这么做之所以重要，一方面是为了减轻短期宏观经济波动（近期大部分文献的关注点），另一方面也是为了避免更长期的经济波动。随着经济波动的恶化，金融不稳定性会带来向收益高度不确定的项目进行投资的动机，对长期经济增长造成不良影响。因此，无论在国家层面还是国际层面都对金融监管框架进行了调整和加强。《巴塞尔协议Ⅲ》在 2011 年被采纳，该协议将一系列对银行的监管变革引入旨在减少金融危机发生的频率，提高金融系统的稳定性［参

---

① 参见 Galbis（1993），Leite and Sundararajan（1990），Sundararajan and Baliño（1991）以及 Goldstein and Turner（1996）的研究

② 关于市场约束的文献综述参见 De Ceuster and Masschelein（2003）。

见巴塞尔委员会对银行监管的文件（Basel Committee on Banking Supervision，2011）]。银行被要求显著提高其所持有的资本数量与质量，以使银行可以在安全稳健的基础上经营。最低资本要求也提高了。资本质量的改善旨在确保银行可以更好地在持续经营的基础上吸收损失。风险覆盖也增加了，特别是在交易活动、证券化和表外业务敞口以及衍生品方面。全球性的最低杠杆率同样被引入，用以支撑基于风险测度的资本和限制金融系统过度使用杠杆。巴塞尔委员会还引入了关于银行流动性的国际标准，用以改善银行对流动性冲击的抵御。高质量流动性资产/净流动性流出比率最低要求必须使银行足以在压力测试条件下支撑一个月（即所谓的流动性覆盖比率，LCR）同样被引入监管框架。最低流动性覆盖比率会在未来几年内缓慢增加，以确保新流动性标准不会阻碍全球银行系统为复苏提供资金。但是，更进一步的措施仍需在很多领域推行，这些措施包括内部风险控制的安排、消除过度风险承担动机、提高透明度、国际会计准则的融合等。

3 改革的顺序

调整成本、政治或行政约束的存在往往会阻止改革采取最有利的方法，即同时消除所有的扭曲。因此，对于政策制定者来说，决定政策改革的合适顺序是无法回避的实际问题，并可能对任何改革计划的成败产生重要的影响。改革顺序的问题往往包括几个方面：第一是国内金融市场自由化和资本账户自由化的时间安排；第二是贸易开放和资本账户开放的时间安排；第三是宏观经济调整计划和结构改革的顺序。

3.1 宏观经济稳定、金融改革和资本账户的开放

在发展宏观经济学家中，存在着一个很大的共识：即在消除金融抑制之前，必须首先解决政府预算方面的问题，否则，在取消金融抑制之后，税收收入的损失可能会带来很高的通货膨胀。因此，选择改革顺序的第一个原则是：宏观经济的稳定必须在金融改革之前达到。此外，投资者对于保护其财产的政策体制稳定性的信心也是非常重要的，只有保证了投资者的信心，才能够防止资本外逃。这就意味着，财政调整必须先于旨在取消资本外流限制的改革。即使在没有潜在财政赤字的情况下，如果财政刚性阻碍了基本财政赤字的调整，由国外资产对本国货币的替代可能导致通货膨胀税的税基减少，也可能会带来通货膨胀的迅速上升。① 这个观点也可以进一步扩展，以更一般地分析稳定计划和资本账户自由化之间的关系。正如第13章中所指出的，政策工具——尤其是财政政策工具——必须具有足够的灵活性，才能够抵消资本流动的影响。不管是资本流入还是资本流出。如果在资本账户开放之前，政府无法取得财政方面的稳定，那么当存在紧缩性冲击，比如外部利率上升的情况出现时，(由于债权人的反应) 可能很难采取较宽松的财政政策。其含义是：必须在国内金融和对外自由化之前就达到财政稳定的状态。

---

① 但是，Brock（1984）已经指出，开放资本财产并不必然带来通货膨胀税的降低。比如，在非本国居民银行储蓄方面更高的准备金要求可能有助于补偿通货膨胀税税基（即国内货币持有量）的减少，后者是由本币和外币之间的替代所引致的。

学者们形成另外一个广泛的共识是：在开放资本账户之前，必须进行国内利率自由化，控制货币也必须更多地依靠间接的政策工具，同时需要强化国内的金融机构和市场改革。如果政府把实际的国内利率保持在远低于国际利率的水平，取消资本账户的控制将会带来持续的资本外流，并最后导致国际收支危机。而关于改革是否可持续的不确定性（在自由化计划的早期阶段，这个问题尤其尖锐）可能会恶化资本流动的可变性，并进一步恶化危机。这也是我们从南锥体 20 世纪 70 年代末和 80 年代初那段振荡的改革时期所得到的主要教训（Hanson，1995）。

在开放资本账户之前改革国内金融体制的第二个论点与防止外部借贷恶化问题有关。具体说来，正如第 14 章中所指出的，如果国内的金融体制受到抑制，或者没有被适当地自由化（也就是说，虽然进行了自由化，但没有合适的制度和机制来确保充分的管制和监督），那么只要资本是通过国内金融体制为中介进入该国的，它们就可能会被以不当的方式配置。结果是使用这些外部资金的总收益可能会低于这些资金给国内经济带来的成本，使国内的居民更加贫穷。

因此，总的来说，前面关于改革顺序的建议将要求首先进行财政调整，然后再进行国内金融改革；只有当完成了前两步改革之后，才能进行资本账户的自由化。

Fischer and Reisen（1994）最近提出了一个更加微妙也更加清楚的改革顺序。与前面已经说过的相一致，他们指出，在开放资本账户之前必须进行财政控制，因为如果没有这些控制，金融抑制将会带来资本外流或通货膨胀。而且在资本账户完全开放后，政府可能失去货币政策的自主性，而这会使得执行稳定性计划时，由于不能灵活运用财政政策，政府将没有任何工具可使用，这两点前面都已经提到了。但是他们还指出，即使金融方面的开放使得政府仍然有一些国内货币政策的自主性（这是由于国内资产和国外资产不能完全替代），但还是应该推迟资本账户的开放，这是因为需要建立和深化国内货币和证券市场以允许资本流入和流出的对冲，同时发展国内银行体系以确保金融开放不会带来很高的国内利率和金融体系的过度中介化。后者意味着：（1）在金融部门实施竞争，以促进配置效率的改善。（2）加强银行的管理和监督，建立法律和会计体制以应对系统性风险。（3）消除过多的银行坏账以提高银行的价值。

虽然 Fischer and Reisen（1994）同意以下的观点，即宏观经济稳定和国内金融改革应当在资本账户开放之前进行，但他们所建议的改革顺序并不意味着要在完全完成了稳定计划和国内金融改革之后才可以开始资本账户的开放。实际上，他们认为首先可以开放外商直接投资和贸易融资。这两部分被认为对经济发展有着关键的作用（主要是因为外国直接投资会带来有益的溢出效应，而贸易融资会带来商业开放的好处），而同时又不会造成宏观经济和金融部门的问题。除此之外，他们还认为，在此之后，财政稳定是最重要的下一步改革措施，原因有两个：第一，正如前面所指出的，政府需要通过财政稳定才能应付金融抑制取消后所带来的收入损失，只有财政稳定才能够给政府提供一个稳定经济的工具；第二，在改革金融部门时，政府需要一个健康的财政状况才能对付潜在的银行坏账问题。除了财政稳定之外，应当优先考虑的是实施改善银行管制和监督的措施。由于实施这些措施需要较长的时间，所以应当比较早就开始进行。当实现了宏观经济稳定之后，就应该考虑建立合适的制度和机制来约束国内金融部门，并解决银行坏账问题，同时使国内利率自由化。在这些条件下，由于道德风险问题所带来的银行过度中介化就不再是一个太严重的问题了。在国内利率自由化的同时，当局应当采取措施培育证券市场。当有了高收益的国内工具，也没有债务悬置会引发资本外逃时，就可以把资本外流自由化，并完成国内金融改革（在利率自由化并消除银行坏账之后，这实际上就意味着降低银行的准备金要求）。此时，就可以允许外国银行进入国内金融体系。最后，随着由于自由进入所带来的银行竞争的增加，这种竞争将带来信贷市场一体化，随着坏账问题解决之后银行能够独立进行信贷决策，随着政府有了更审慎的管制，同时稳定性政策导致利率降低，就可以通过开放短期资本流动来完成自由化的进程。按照这种改革顺序，他们认为，利率趋同的目标将会达到，也能有效地配置新的外部资源，而危机也将不太可能发生。

然而，存在一些条件使得在国内金融改革之后，即使是资本账户自由化也不是合意的。原因是自由化本身会影响金融系统的效率。Alessandria and Qian（2005）建立了一个关于金融中介的一般均衡模型，金融合约的结构和监管效率都是内生的（如第5章高价查证模型中所讨论）。他们发现解除国际资本流动管制可能会对金融中介的效率产生不利影响。如果在进入全球资本市场时面对高利率，就会提高金融中介的资本成本，并且使金融中介吸引客户进行投资的成本过高。因此自给自足的金融系统效率无法在资本账户自由化后改善福利。

□ 3.2 资本账户和经常账户自由化

关于贸易和资本账户自由化合理顺序问题的争论，在很大程度上是来自20世纪60年代亚洲国家（尤其是韩国和印度尼西亚）的经验以及70年代末南锥体所实施的改革计划。[①] 在后一组国家中，阿根廷和乌拉圭在取消贸易交易的限制之前就已经开放了其资本账户。与此相反，智利则是在开放资本控制之前降低了国际贸易的壁垒。在20世纪60年代，韩国在放松对资本流动的控制之前也开放了其贸易账户，而印度尼西亚则同时降低贸易壁垒并取消了对资本账户的大部分控制。

一般说来，在自由化对外贸易体制之前开放资本账户并不是一个很好的改革策略。正如前面所指出的，如果在取消资本控制之前将国内金融体制自由化，可能会带来巨大的资本流入并导致外汇储备增加。而这些储备如果没有得到对冲，将会导致外汇储备增加、国内通货膨胀以及实际汇率的持续升值。[②] 但是，正如之前所指出的，贸易账户的成功自由化往往要求对本国货币进行实际贬值以抵消关税保护程度降低对国际收支的负面影响，从而促进出口并抑制进口。[③] 但与此相反，取消资本控制往往会带来货币升值，而这会降低出口产业的盈利性，从而对资源的重新配置产生负面影响，并最终延长了经济调整的过程，甚至使这个过程脱轨。即使贸易改革和资本账户改革同时进行，短期内实际部门对相对价格变化的反应比较慢，而资本流动的反应比较快，这就意味着其净效果

---

① 关于南锥体改革顺序更全面的讨论请参见 Edwards（1984，1989*b*）。后续的文献综述可以参考 Falvey and Kim（1992），Galbis（1994）和 Hanson（1995）。

② 如果一个正在进行自由化的国家进入国际资本市场的渠道有限，或者改革中政府的可信度低（由于人们预期未来政策可能反复），开放资本账户可能导致资本外逃，而不是带来资本流入，因为资本流入可能会受到资本汇出风险增加的不利影响。持续资本外逃可能会导致实际汇率贬值，而后者的效果可能不足以防止连续的外汇储备损失，而如果不紧缩货币政策，可能会导致支付危机(Park，1994)。这样的结果可能会阻碍贸易自由化过程。但实际上发展中国家消除资本流动限制更多的经验是实际汇率升值。

③ 如果没有实际贬值，进口上升将导致经常账户恶化，会导致持续的支付困难或重新征收关税的压力，从而影响自由化的可信度。

是实际汇率的升值。[①] 因此，首先开放经常账户，然后逐渐开放资本账户的做法可能是比较有利的。Edwards（1984）和 Mckinnon（1973，1993）就是这个观点的主要提倡者，他们认为应当在放开资本控制之前降低关税。[②]

支持 Edwards-McKinnon 观点的另一类逻辑来自对贸易和资本账户自由化顺序所带来潜在产出效应的考虑。比如，Rodrik（1987）指出，如果资本账户自由化先于贸易自由化，或与后者同时进行，那么贸易自由化可能会有紧缩效应。他所强调的机制是贸易改革对实际利率的影响。当缺乏对资本流动的限制时，如果人们预期贸易品的未来价格相对于其当前价格会下降，那么贸易自由化会带来利率的上升，跨时的替代将使经济主体把支出由现在转移到将来。而一旦经济中有未被使用的生产能力和由需求决定的产出，结果就会是经济收缩和失业率上升。从中期来看，Krueger（1985）指出，在一个资本/劳动比率较低的国家开放资本流动将会降低资本的回报率和积累率，从而会降低长期的经济增长率。首先开放经常账户也许能够充分刺激产出并补偿这种负面的效果。

在关于贸易和资本账户改革顺序的争论中，出现了一个非常重要的问题，这个问题与所有研究政策改革顺序的文献都十分相关。这也就是跨时考虑的作用以及改革前各种不同扭曲的影响。多位学者，包括 Edwards（1989b），Khan and Zahler（1985），Edwards and van Wijnbergen（1986）已经试图将这些因素纳入分析。“先开放经常账户，然后开放资本账户”的改革顺序的理由并不像前面所描述的那么强，它取决于初始扭曲的类型和程度。但是，仍然可以证明，首先开放资本账户在很多情况下可能不是最优的。比如，Edwards and van Wijnbergen（1986）就指出，当存在关税时，放松资本控制可能会加大已经存在的扭曲，而首先开放经常账户对扭曲的作用往往是中性的，甚至还会有正面的影响。

跨期效应也可能来自资本账户和经常账户自由化改革策略的一个或几个部分缺乏可信度。Calvo（1987a，1989）强调了这一点。他的分析指出，如果一项给定的改革措施在经济主体看来并不可信，那么采取其他的改革措施可能会减少福利。比如，当公众相信降低关税的政策可能以后会被改变时，开放资本账户将会使经济主体利用资本流入来进口大量产品，尤其是为耐用消费品进口进行融资。因此，缺乏可信度起着一个跨期扭曲的作用。当经济主体对贸易自由化计划的可持续性还没有取得足够的信心时，就不应当将资本账户自由化。因此，可信度不仅影响着改革的速度（下面将会讨论），也影响着最优的改革顺序的策略。

在关于改革顺序问题的争论中，人们往往忽略了一个重要的问题。正如第 13 章中所指出的，发展中国家的资本流动性可能比其法律约束强度所代表的情况要高一些，因为经济主体会使用其他非官方渠道在本国和世界其他地方之间转移资金。资本账户实际的开放意味着取消资本控制的法律约束可能对于私人经济主体的投资组合结构没有太大的影响，当然这需要假设通过非官方渠道所进行的交易风险不是太高，而官方渠道资本流入的上升可能仅仅反映了原来通过非法的（但可容忍的）渠道进行资金流动的转移。同

① 由 Morandé（1988，1992）提供的计量经济证据支持以下观点，即资本流入是 20 世纪 70 年代末智利比索升值后面的主要因素。也可参见 McNelis and Schmidt-Hebbel（1993）。

② 也可参见 Khan and Zahler（1983，1985）。注意到 Baltagi et al.（2009）提供的跨国证据表明两种类型的开放都在统计上显著决定银行部门的发展。因此，并不是所有类型的开放都一定会改善金融发展。开放贸易账户同时不开放资本账户（或相反）都可以产生一定益处。

样，只要大部分对外贸易是通过非官方的非法渠道进行的，取消关税可能也只会对官方和非官方市场交易的分布产生影响。在这种情况下，如何决定改革顺序的问题实际上变成在把以前的非法活动合法化的过程中，决定哪种策略更有利于效率改进的问题。

□ 3.3 宏观经济稳定和贸易改革

前面所讨论的经验证据表明，一般来说，必须在实际汇率贬值之后或同时进行贸易改革。实际贬值能够通过降低对由消除关税所带来的进口品过度需求的减少来确保自由化过程的可持续性。虽然实际汇率本身并不是一个政策变量，政府还是能够通过名义贬值和限制性的需求政策来影响它。因此，汇率调整就构成贸易自由化的一个关键组成部分。这也就是我们在前面讨论商业政策对产出和就业的短期效应时，对贸易改革问题所进行的分析中的机制。

一般认为，实施全面的贸易自由化计划的前提条件是经济稳定。有三方面的理由来支持这个观点（Mussa，1987；Rodrik，1995）。第一，宏观经济不稳定（往往会带来很高的、可变的通货膨胀率）扭曲了贸易改革带来的相对价格变化所能够传递的信息。第二，只要贸易自由化采取显著降低关税的形式，并可能引起税收收入的下降，那么较大的初始宏观经济不平衡可能会严重限制所可能采取的政策以及关税降低的速度。第三，与自由化相伴的实际汇率贬值往往是大规模的名义贬值，如果货币和财政政策不够紧缩，可能会进一步恶化通货膨胀问题。此外，货币贬值将影响汇率作为名义锚的作用，从而损害稳定计划的可信度。后面一个考虑在很大程度上是对第 8 章中所讨论的通货膨胀稳定和产出增加之间权衡的一个反思。

虽然无法否认宏观经济不稳定的负面经济效果，但有一个观点却未必像想象中的那么不证自明：贸易自由化所带来的进口关税和出口税收降低会对财政赤字有负面的影响，而这可能会使短期的宏观经济管理问题更加复杂。一方面，在很多发展中国家，对外贸产品征税确实是政府收入的一个重要来源（参见第 1 章）。在这种情况下，政府收入的下降可能确实会导致货币融资的增加和更高的通货膨胀。但是，另一方面，即使从短期看，贸易自由化也有可能导致产出和国内收入的增加。第一，取消进口数量限制及其产出效应可能会带来税基（和进口量）的增加，而这会补偿关税税率下降的不利影响，甚至会带来总收入的上升。第二，把关税税率从很高的程度上降下来可以减少走私、低开发票以及各种寻租行为（比如游说要求进口关税的减免）的激励，如拉弗曲线所预测的，它甚至可能使税收收入上升。实际上，Greenaway and Milner（1991）研究了发展中国家的情况，并没有发现贸易改革与通过外贸税收所获得政府收入数量之间有任何关系。

但是，在一些国家中，尤其在自由化过程的早期阶段，财政的目标可能相对比较重要，并会影响关税改革的速度和深度。当政府对贸易改革的财政影响十分关注时，就应当逐步地进行关税削减。通过关税总体水平的逐渐削减和结构的逐步调整来适应国内税收基础扩张的速度。当其他的国内税收来源随着时间增加逐步发展起来以后，财政目标的相对重要性就会下降，从而使得加速贸易改革和取消关税成为可能（Falvey and Kim，1992）。因此，贸易改革早期阶段的速度可能会受到财政调整余地的约束。

在贸易改革和宏观经济改革的时间顺序问题上，一个很重要的因素是可信度的作用。正如第 11 章中详细讨论的，如果在采取限制性的货币和财政政策之前没有实施合适的结构性调整措施，那么就可能损害反通货膨胀计划的可信度。与此相似，如果政府在公众对宏观经济管理缺乏信心的情况下实施关税改革，将会使人们对改革过程总体的可持续性产生怀疑。[①] 正如前面所指出的，贸易改革需要实际汇率的贬值。从可信度的角度来看，这一点往往被认为是冲突的来源。当实际汇率贬值是由名义贬值所带来时，贸易品价格的上升往往会导致通货膨胀的增加，而这又会使经济主体对政策制定者关于宏观经济稳定的承诺产生怀疑。但是，在使用名义贬值时，所面临的权衡也许不像乍一看起来那么大。特别地，Rodrik（1995）指出，在那些名义工资刚性是由于公众缺乏对宏观经济政策信心所导致的发展中国家，一个固定汇率的可信承诺有可能有助于解决而不是恶化贸易自由化（它需要实际贬值）和汇率稳定性之间的潜在冲突，而汇率的稳定性是汇率发挥作为国内价格制定者的名义锚作用所必需的。

但是，在实际中会出现两个问题。第一，财政改革的缺席并不能解释一些发展中国家，尤其是南锥体自由化所遭受的失败。比如，Fernández（1985）已经指出，智利在20世纪70年代末所实施的自由化计划并没有避免金融危机，虽然在实施计划开始时中央政府预算已经出现盈余。第二，在实践中，贸易改革往往与宏观经济稳定计划同时进行，而不是在取得宏观经济稳定之后才进行。玻利维亚和墨西哥提供了两个例子（Ten Kate，1992）。因此，从某种程度上讲，在决定结构改革和宏观调整顺序的问题上可能还是有讨论余地的。确保贸易改革的成功要求保持一个支持性的宏观经济环境（紧的货币和财政政策）。不仅在贸易改革开始时，而且在贸易改革进行的过程中，都应当如此，才能够确保贸易改革中实际贬值不被国内价格上升的压力所侵蚀。正如第11章中所强调的，宏观经济稳定措施和贸易（或更一般地讲，结构性）改革之间的一致性对于加强改革的可信度并确保整体改革计划的成功是至关重要的。

4　调整成本、可信度和改革的速度

第11章中讨论稳定性计划的可信度问题时，我们回顾了关于渐进和激进改革的长期争论。那里所讨论的问题在结构改革的背景下也会出现。比如，贸易自由化对收入分配可能有很强的影响，因为它会对不同的产业有不同的影响。如果在改革中“受损者”比“受益者”更多，这取决于权力结构和部门游说的相对力量，就有可能加剧社会的冲突。从短期看来，改革可能会有巨大的产出成本，这是因为资源在不同部门之间重新配置需要时间，而这种重新配置也被部门间的劳动力流动性程度所制约。劳动力流动性程度本身就与工人获得不同技能的必要性有关系。

短期失业的大幅增加可能会内生地影响改革的可信度并减弱对改革的政治支持，使得政府不得不放弃自由化的努力。[②] 因此由于突然取消保护出现的“受损者”所施加的政治压力被认为足够强大以至于能够使改革停止甚至逆转，那么渐进的自由化计划可能是

① 关于贸易改革持续性可信度的缺乏又对私人储蓄及投资可能有负面影响。Aizenman（1992）讨论了资本支出在一个政策改变风险可能导致未来关税不确定性的框架中可能起的作用。

② 改革如果对分配结果产生显著影响，那么它很可能会引致政治阻力（即使它可以为经济总体带来效率增益）。Von Hagen and Zhang（2008）通过资本账户自由化表明了这一影响。他们证明在该条件下，用渐进自由化来促进平滑过渡是非常好的。

最优的反应——因为政策制定者的目标是最小化经济调整的成本，或相同的意思是最大化持续改革的概率。① 但是，如果调整的过程太慢，又会同时产生对改革的承诺的怀疑。这种情况会鼓励那些反对自由化的政治力量。在这种情况下，为政府提供持续的外部援助以使得政策制定者能够保持改革的力度也许就非常重要了。

Mehlum（2001）提供了调整速度如何影响改革时期的过渡成本的规范研究。他考虑了封闭经济体包含有效率的现代私人部门、无效率的公共部门以及非正规部门的情况。改革包含以解雇公共劳动盈余和减税等方式的财政调整。

劳动需求短期减少会降低工资。降低工资和减税会提高实物资本在现代私人部门的回报，因此可以提升私人资本存量。劳动和资本是互补的，私人资本存量的提升还伴随着劳动需求的提升。因此，工资会随着时间而恢复。“大爆炸”或者“冷中止”式的改革会带来工资的大幅降低，还会带来资本的高回报。因此，储蓄的反应是激烈的，并且劳动需求的恢复也是相对较快的。与此相反，渐进改革不会使工资突然下降，但是要承担恢复过慢的成本。

在没有额外约束下，“大爆炸”式的改革会最大化效率。但是，如果所需的工资减少由于政治约束而受限，那么短暂的财政调整就将不具备可行性。实际上，Mehlum 假设改革提案在实施前要受到投票的约束。如果改革意味着对大部分人工资的初始削减过于激烈，那么改革就将被否定并且最终被放弃。在模型中，如果正规部门劳动需求的下降是过量的，那么非正规部门的工人就被置于生存线之下。当这个约束生效时，“大爆炸”式的改革就会变得政治不可行。与此相对，渐进改革因为它保证了工资初始下降是温和的，因此是可行的。

Mehlum 还考察了改革预期变为自我实现的可能性。如果改革被放弃，未来资本回报就会比完成改革的情况下要低。放弃改革的信念会对储蓄和投资产生负面影响，最终造成劳动需求的减少。这一结果就变成了自我实现式失败（self-fulfilling failure），预期放弃改革产生的结果印证了之前的信念。与之相反，预期改革完成可以促进投资和劳动需求，因此产生自我实现式成功（self-fulfilling success）。因此，根据调整速度模型可以产生双重均衡。改革如果足够缓慢，无论经济主体预期如何，都可以保证在过渡时期劳动需求保持足够高。恶性循环的可能就会消失，改革就会被顺利实施。因此渐进改革只有一个成功均衡。

① Froot（1988）研究了可信度因素对贸易改革最优速度的影响，而 Mussa（1986）讨论了调整成本对自由化最优速度的影响。但是两个研究都没有考虑政治可行性。

第 19 章 经济调整的政治经济学

主流宏观经济学的近期发展已经强调了政治因素在决定政府决策方面所起到的重要作用。① 这些决策被看成是集体行动的结果，而这些集体行动是通过政治制度，在个人政策偏好加总的过程中产生的。在代议制民主中，一种机制是通过选举将这些偏好传递到政策制定者。对工业化国家总统选举和宏观经济表现之间关系的研究早已经开始，并催生了一类被称为“政治商业周期”的文献。

近来，关于发展中国家经济稳定和结构调整计划的研究也强调了影响政策改革的政治因素所起的作用。在很多方面，这些不断增长的文献帮助我们深入了解问题，包括解释通货膨胀水平及其不稳定性、宏观经济政策工具的选择以及反通货膨胀计划和结构改革政策的实施及失败等方面的因素。本章第 1 节将回顾这些文献中所采用的一般方法。在第 2 节讨论另外一种研究利益冲突如何影响经济改革决策的方法，第 3 节中我们将会回顾一系列发展中国家关于选举引致商业周期的模型。最后一节我们关注财政规则的政治经济学。

1 政治、经济政策和经济调整

在分析发展中国家经济稳定和结构调整时，大部分学者特别注意研究政策制定者所面临的政治激励和制度约束。Bates 很清楚地表达了进行这种研究的理由：

> 我们必须研究那些影响政治家经济决策的政治动机；因为……政治家并不是经济利益的完美代表，而是有他们自己的各不相同的政治激励。因此，我们必须理解政治家在制定经济政策时试图解决的问题和性质。我们也必须观察推动政治家进行经济干预的意识形态。如果政治家确实采取了一些行动，我们必须把我们的注意力从那些需要政治干预的经济力量转移到提供这些干预的政治力量上去（Bates，1990，p44）。

① 比如，可以参见 Alesina（1991），Whitehead（1990）。很久以来，政治因素对公共政策决策的影响在“公共选择”文献中是一个中心问题，尤其在对寻租行为的分析中尤其如此。但是，关于宏观经济问题的讨论则是更近期的事情。

最近，学者们强调了两个政治因素起作用的领域，分别是采用（或者有时候是放弃）结构化调整项目的决定，和政治不稳定对通货膨胀及预算赤字的影响。[1]

□ 1.1 结构调整的政治经济学

尽管经济稳定和调整政策对整个国家中期和长期有有利影响，但它们仍然会带来短期的成本，且具有重要的社会、政治和分配方面的含义。[2] 那些在结构化调整项目（比如公共部门改革、货币贬值、取消市场管理委员会、减少食物补贴等）中得到倡导的政策可能会损害政治领导人所依靠的选民基础。公共企业的私有化往往会招致失业和创租，尤其是失业率已经很高时，情况更是如此。通过名义货币贬值所进行的实际汇率调整可能会提高食物的价格，并增加进口成本，从而给低收入城市家庭带来困难。农产品价格的上升也会提高城市工人的食物支出，至少从短期来看可能会是这样。因此，结构化调整项目的政治经济学中，关键问题之一是决定如何消化这些冲击，以及不同类型政府在对付哪种冲击方面会遇到困难。如果对结构改革的政治效果没有很好地理解，对重要的选民集团可能的疏远也许从一开始就会威胁经济调整的过程，并使情况向“现状”回归（Haggard and Kafuman，1989）。

一般来说，为了创造或保持政治支持，政府会试图控制经济的结果。政治家往往会理性地提倡政府干预，因为对市场实施管制可能会使政治组织的建设更加容易。统治者试图通过建立“领主-附庸”（patron-client）式关系网络来获得政治支持，并将其统治体制制度化，从而使他们能够继续享有权力（Bates，1990）。领导人通过对经济的直接干预（比如补贴[3]、进入国有企业的优先权以及外贸许可证的有选择配置）来奖励忠实的政治追随者，或者那些被认为对领导人继续执政很重要的集团，而这些政策又能够确保资源流向这些集团。这种类型的干预往往会带来通过政府强制来进行产品配置的体制，但这个过程又使市场通过价格信号传递信息的作用无法发挥。从这个角度来看，灾难性的经济政策可以被视作能够降低潜在的政治不稳定的“安排”（Bates，1990）。

与此相反，经济改革所带来的明显政治变动可能会把现有领导人的权力结构削弱到一个他们无法接受的水平。Bates（1990）强调，结构化改革会带来极具波动性的政治气候。在这种气候中，即使很小的扰动也会被严肃地加以对待。那些与给定领导集团有紧密联系的团体可能会在结构化改革过程中经历“地位下降”，因为它们可能会丧失原来得到公共资源的所有特权。比如，提高税收可能会最终对经济增长和就业有帮助（如果能够把更多的资源投入有生产率的领域的话），但它也可能导致政治支持的丧失。与此相似，一旦价格被自由化，对城市人口食物和其他基本商品的补贴就不能再起到防止民众抗议等活动的作用。但是，如果在位者希望保持对城市的控制并能够继续执政，城市人口的支持就非常重要。相比于通过宪政选举的政府而言，在进行结构化调整时，那些依靠强制和庇护性关系维持政权的体制将会变得更具有压迫性。实际上，如果在新的环境下没有办法继续以前所建立起来的“领主-附庸”式的关系网络，为了维持稳定，领导人

---

① 参见 Frey and Eichenberger（1992）及 Roemer and Radelet（1991）。关于选举本身的作用，后面将要研究。

② 参见 Bates（1990），Corden（1990），Nelson（1990），Nelson and Waterbury（1988）及 Haggard and Kaufman（1989，1990）的讨论，我们在第 11 章讨论了收入分配、政治不稳定性及稳定性计划的可信度之间的关系。

③ 为了补贴那些对现行体制而言政治上十分重要的城市工人，政府往往把价格压低到“实际”市场价格之下。

可能会压迫一些他们以前的支持者，除此之外别无选择。因此，由结构化调整所带来的实际压迫可能并不来自首次实施紧缩方案时对食品暴乱的镇压，而是来自一些非强制措施的取消，这些措施在以前可以被政府用来控制具有潜在威胁的集团。[①]

改革另一个潜在的不利影响是它们可能会催生腐败和不良的统治。Blackburn and Forgues-Puccio（2010）提到金融自由化会导致腐败，部分是由于提供更多掠夺和藏匿资产的机会。[②] 他们建立了一个内生增长模型，其中腐败对经济增长的影响取决于金融开放程度，同时开放对经济增长的影响又取决于腐败的盛行程度。腐败经常对增长是不利的，因为非法收入的藏匿以及政府甄别非法行为的成本减少了可供投资的资源。外部金融自由化会加剧这一问题，因为自由化给向国外洗钱提供了更多机会。与此同时，金融自由化会带来更高的生产效率。因此，当腐败比较盛行的时候，金融自由化会给经济带来不确定性的影响，可能会出现一个低增长陷阱均衡。

在实证分析方面，Giavazzi and Tabellini（2005）利用140个国家1960—2000年期间的面板数据，研究发现在经济和政治改革间存在正向的反馈效应。因果关系更多时候是由政治影响经济，而不是相反的作用。很多经济自由化都是在政治自由化之后，相反的情况很少发生。他们还发现在两种改革之间存在联系：同时实施两种改革的国家其经济表现要优于仅实施一种改革的国家，而且这种效应不是可加的。更重要的是，改革顺序同样起到作用：首先实施自由化然后再变成民主化的国家比顺序相反的国家表现要好。向民主化过渡的主要影响是改善制度质量（产权保护和腐败的控制），制度质量的改善对发展是至关重要的一环。

众多文献最主要的结论是结构化改革意味着政治体制的改变，而后者可能不仅会带来相对的权力结构转移，同时也会带来领导人和其支持者互动机制的改变。结构化调整需要时间，虽然这种调整能够最终促进经济增长，并改善所有集团的福利，但它确实意味着要在短期内付出成本。结构化调整计划，不论是优先考虑效率还是优先考虑福利，如果没有认识到效率、福利和政治可行性之间的相互关系，那么就很可能会失败。[③] 如果我们没有很好地理解结构化调整后面的政治逻辑，就很难理解在某一点之后，长期的改革措施可能对政治领导人不具吸引力（所谓的“结构调整疲软”），即使改革已经投入了短期的成本，情况也是如此。因此，结构化调整计划不仅必须适用特定的经济条件，而且也应当考虑政治结构。

□ 1.2 政治不稳定、通货膨胀和财政赤字

最近，很多学者已经开始关注发展中国家影响通货膨胀和预算赤字规模的政治因素所起的作用，比如 Haggard（1991），Haggardand Kaufman（1990）就指出，阿根廷、巴西、乌拉圭和智利（皮诺切特政府之前）都表现出与政治事件相关的通货膨胀模式，往往有两种或三种政策机制会对稳定的宏观经济管理造成损害：强大的劳工运动会带来极化的政党、严重的执政不稳定性以及倾向于大规模再分配的政党。在阿根廷面临很高

① Nelson and Waterbury（1988）研究影响了20世纪80年代13个国家中19个政府经济调整计划成败的政治因素。

② 参见 Aidt（2003）关于腐败经济学的分析性综述。

③ Edwards and Santaella（1993）提供了政治不稳定会削弱政府实施成功的调整政策能力的证据，也可参见 Williamson and Haggard（1994）。

的通货膨胀时，政府无法保持经济的稳定与持续的改革计划就与政治不稳定以及没有任何集团能够有效地稳定其权力紧密相关（Dornbusch and De Pablo，1989）。

Edwards and Tabellini（1991）和 Roubini（1991）研究了政治不稳定和预算赤字之间的关系。两项研究都表明，由若干政党组成的短暂且不稳定的大型联合政府往往会有很大的财政赤字。Roubini（1991）特别指出，发展中国家的赤字往往受到政治不稳定程度（用政府的政治一致性、稳定性以及军事政变的概率指标来测度）和公共财政方面考虑的重要影响，而选举却没有直接的明显影响。[①] Eslava（2006）发现更碎片化的政府（以不同党派在立法机构中的席位比例来衡量）伴随着更高的赤字率。

2 利益冲突与经济改革

新政治经济学的关键洞见在于政治选择可以在不同目标群体解决利益冲突的办法之中反映出来。因此问题的关键是辨别造成冲突并导致有益改革推迟的原因以及解决它们的机制。本节提出两种基本方法：不确定性收益法（uncertain-benefits approach）和分配冲突法（distributional conflict approach），二者均强调利益的异质性和关于改革净收益的不确定性。[②]

□ 2.1 不确定性收益法

不确定性收益法的核心是利益集团可能对实施改革所获得的净收益存在不确定性。因此，对大部分群体有益的改革可能不会被采纳，并且存在现状偏见（status quo bias）。Fernández and Rodrik（1991）基于贸易改革提出了一个简单的例子，他们的主要观点是对待改革影响的异质性和不确定性可能会产生事前对它们的反对，即使事后每个人看起来都应该支持改革。

为了说明这个结论，假设一个经济体中包含 100 个工人，分别受雇于两个部门，W 和 L。最初 W 部门有 40 个工人，L 部门有 60 个工人。

现在假设改革使每个 W 部门的工人每人获益 0.2，而 L 部门工人每人损失 0.2。改革会导致 20 个工人从 L 转移向 W。如果关于工人从 L 转移向 W 是完全信息的，大部分投票者都会允许改革，因为 60 个工人会产生收益。

但是，假定个体对从 L 向 W 转移的工人都存在不确定性。特别是假定从 L 转移出来的工人具有相同的转移概率，这一概率大致为 20/60，然而留在 L 部门的概率为 40/60。在这种情况，预期收益为：

① 但是，应当强调，关于政治不稳定与经济不稳定之间的经验相关性并没有单一方向的因果关系。

② Drazen（1996，2001）提供了一个综合这两类方法的分析性框架。

$$0.2\times(1/3)-0.2\times(2/3)<0$$

工人们预期改革会给他们造成损失，因此 L 中大部分工人都会投票拒绝。这就存在一种悖论，当“仁慈的”独裁者自由决定改革实施时，大部分工人都只会在事后支持，因为事后个体不确定性消失了。

这个例子向我们展示了现状偏见会减少社会福利。克服它需要实施可以降低个体不确定性的政策，比如设计合理的转移机制或者一个更好的保险市场运作机制，机制可以允许个体在不确定性环境中保护自身。但是，在实际生活中，信息不对称问题经常会阻碍这类市场的创造。

□ 2.2 分配冲突法

Alesina and Drazen（1991）以及 Drazen and Grilli（1993）提出的分配冲突法认为，已知的政策成本在不同利益群体间分配存在冲突，因此引起政策改变的事后异质性是最为关键的。尽管每个利益群体知道自己会得到的净收益，但是每个群体都对其他群体可以获得的净收益存在不确定性，因此也不确定自身的改革支付意愿。

这一方法可以应用在消耗战模型上。消耗战发生在当两个（或多个）群体对政策成本分担没有共识时。在这个设定中不确定性仍然非常重要，如果一个群体知道它最终要让步，那么它就会在改革初更早让步，从而避免后续成本。随着时间的流逝，每个群体都会意识到对手的实力（即它们让步的成本）或者现状下的成本。当一方或者两方发现继续维持现状会带来更多成本时，消耗战立刻会终止。

Alesina and Drazen（1991）的研究中假设经济体中政府赤字通过扭曲性税收来获得融资，这会给消费者带来福利损失。这些福利损失在不同类型的消费者中有所不同，并且是私人信息，当消费者同意“稳定”经济时而被避免，即消费者同意更高的税收（但是不是扭曲的）或者更低的政府转移。他们假设稳定成本是不平等的，最早一批同意的群体成本最大。在均衡中，每个群体都希望推迟让步，希望坚持比对手更长的时间。尽管具有完全信息的中央计划者会立即采取稳定措施，但是拖延是个体的理性行为。

模型可以被总结如下：在稳定计划之前，政府支出通过扭曲性税收 τ 融资，为简化起见，政府每期支出 g 为常数。因此，在 t 期：

$$\tau_t=g$$

经济体中有两个消费者，均获取相同的恒定收入 y，并且在每一期支付相同比例的税收。除减少消费者可支配收入外，税收会带来引发效用损失的扭曲。假定这些损失与税收成一定比例，但是在不同消费者间不同，成本由 θ 来衡量，并且为私人信息。

在均衡中每一个经济主体都消费自己的可支配收入。忽略固定的收入项，两个消费者每期效用为：

$$u_i=-(\theta_i+0.5)\tau_t=-(\theta_i+0.5)g,\quad i=1,\ 2$$

参数 θ 在已知的下限 θ_L 和上限 θ_H 之间。两个消费者根据密度函数 $f(\theta)$ 以及累计概率分布函数 $F(\theta)$ 估计对手成本 θ。

在稳定计划实施期 T，可以开始运行非扭曲性税收，并且提高到足以覆盖全部财政支出的水平。这些税收在不同消费者间被不均等地分配，最早让步的消费者（“失败者”）始终承担更大的税负。税收在“失败者”和“成功者”之间的比例为 α（大于 0.5）和 $1-\alpha$。

因为税收是非扭曲性的，效用损失仅与可支配收入减少有关，在稳定计划实施后效用为：

$$U_L=-\alpha g, \quad U_W=-(1-\alpha)g$$

其中，L 代表失败者，W 代表成功者。在稳定计划实施时的效用贴现值为：

$$V_L=-\alpha g/r, \quad V_W=-(1-\alpha)g/r$$

其中，r 为不变利率。

在每一期，每个消费者可以选择妥协，并且通过同意永远承担更高的税负来实施稳定计划。或者，他们可以选择等待，寄希望于他们的对手可以让步，但是在这个过程中要承担扭曲性税收。这一博弈的解为函数 $T(\theta_i)$，将不含稳定计划状态下的异质成本 θ_i 映射到让步时间 T 上。在均衡中，时刻 T 满足让步边际收益等于等待的边际收益：

$$-u_i+U_L-\frac{\mathrm{d}V_L}{\mathrm{d}T}=\Omega(T, \theta_j)(V_W-V_L) \tag{1}$$

其中，$\Omega(T, \theta_j)$ 是对手在 T 与 $T+\mathrm{d}t$ 之间让步的概率[①]：

$$\Omega(T, \theta_j)=-\frac{f(\theta_j)}{F(\theta_j)}\cdot\frac{1}{T'(\theta_j)} \tag{2}$$

替代上式的函数形式并且将关注度集中在对称均衡中，(1) 式可以表示为：

$$T'(\theta)=\frac{f(\theta)}{F(\theta)}\cdot\frac{(2\alpha-1)}{r(\theta+0.5-\alpha)} \tag{3}$$

额外的假设 $\theta_L>\alpha-0.5$ 保证对于所有 $\theta>\theta_L$ 类型都会在有限时间内让步。如 (3) 式所示，最优让步时间 T 负向取决于 θ：更高的扭曲税收带来的异质性成本，让步时间就会越早。

拥有最高成本的消费者 θ_H 会立即让步，因为他知道任何其他类型消费者都可以等待，因此，

$$T(\theta_H)=0 \tag{4}$$

微分方程 (3) 式以及边界条件 (4) 式完整刻画了对称均衡。如果 θ 的分配在 θ_L，θ_H 之间属于均匀分布，即 $f(\theta)=1/(\theta_H-\theta_H)$，那么 (3) 式和 (4) 式意味着：

$$T(\theta)=\frac{(2\alpha-1)}{r(\theta+0.5-\alpha)}\left\{\ln\left[\frac{\theta+0.5-\alpha}{\theta_H+0.5-\alpha}\right]-\ln\left[\frac{\theta-\theta_L}{\theta_H-\theta_L}\right]\right\}$$

图 19-1 说明了这种情况。[②]

非均等分布的负担调整是不行动策略时长的核心因素，这会因为给至少一个群体带来更大的成本而延迟改革。消耗战可以解释为什么政府在改革之初会面临极小的困难，但是在后续改革中却步履维艰。Alesina et al. (2006) 的研究提供了实证证据，发达国家和发展中国家的大量样本都支持消耗战模型的预测，即关于大规模财政赤字以及高通货膨胀的稳定计划更倾向于在危机时期发生。

---

① 为了推导这一表达式，令 $G[T(\theta)]$ 为让步时间 T 的累积分布函数，$g[T(\theta)]$ 为对应的密度函数。概率 Ω 由下式给出：

$$\Omega(T,\theta)=\frac{g[T(\theta)]}{1-G[T(\theta)]}$$

但是 $1-G[T(\theta)]=F(\theta)$ 对这一表达式求微分可得，$-g[T(\theta)]T'(\theta)=f(\theta)$。将这两个式子代入上式，可以得到 (2) 式。注意到在 (1) 式中，$\mathrm{d}V_L/\mathrm{d}T=0$。

② Hsieh (2000) 提供了关于消耗战模型的扩展。

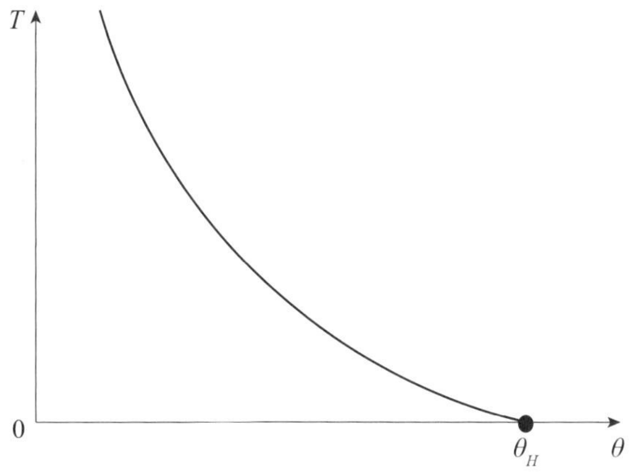

图 19-1　消耗战模型中的最优让步时间

3　政治稳定周期

尽管一些国家最近已经转向了民主体制，而且政治家为了确保再次当选也用尽了各种手段，但发展中国家政治经济学文献中的一个主要问题仍然是政治权利的脆弱性。比如，Ames写道：

> 拉丁美洲国家的领导人很少获得工业化国家领导人所具有的稳定性和自立性。如果一个政府是在平民竞争体制中脱颖而出的，那么其政党挑选其继任者的机会非常小，而实施能够提高这种机会的政策的可能性也同样很小。当通过竞争当选的领导人面临中期选举的时候，这种政治过程本身就会扭曲预算安排，并增加通货膨胀的压力。

正如前面所指出的，旨在降低通货膨胀的紧缩性政策会带来相当高的政治成本，尤其是当这些政策效果较小，而且需要通过一段时间才会展现时，情况尤其如此。当一个在位者面临选举时，他往往有激励去操纵政策工具以获得选举时的好处。这种策略往往会导致出现所谓的“政治商业周期”。一般说来，政治商业周期是指由政策所导致的宏观经济变量（比如产出、失业率和通货膨胀率）波动，而这些波动又与主要选举时间相一致。早期的模型把这些周期看成是来自在位政府为获得选举好处而进行的有意操纵经济的尝试。被选举的官员——或者更一般地说，那些支持当选者的政党——往往被描述为只关心其再次当选机会的最大化。[①] 但是，这些早期的政治商业周期模型基于几个限制性很强的假设，特别值得一提的是“非理性”选举人的假设。与此相反，最近的理论方法则纳入了理性及具有前瞻性投票人的假设，并特别强调了不同经济主体之间信息不对称所起的作用。这些模型与早期的模型有相似的预测，但是，前者强调了选举时间与政策工具周期之间的同时性，而不是选举时间与宏观经济结果周期之间的同时性。

① Nordhaus（1975）提出了这种类型周期的第一个系统分析。参见 Alesina（1991）及 Nordhaus（1989）关于相关文献的最新综述。

在这一节中，我们研究了各种政治商业周期理论以及它们对宏观经济政策工具的含义。我们首先考虑了传统的“机会主义”模型，然后研究了更近期的带有信息不对称的“均衡”模型。

□ 3.1 “机会主义”模型

关于政治商业周期的“机会主义”模型假设政治家只在乎能否继续执政。我们首先研究“传统”模型，该模型强调封闭经济中存在通货膨胀-失业权衡。然后，我们建立一个分析框架，其中强调了汇率政策的作用以及通货膨胀和竞争力之间的权衡。①

3.1.1 选举、通货膨胀和失业

Nordhaus（1975）给出了关于政治商业周期的经典机会主义模型。这个模型本质上是基于加入预期后的菲利普斯曲线和观察过去所形成的预期。投票者有一个取决于通货膨胀和失业的偏好分布。假设每隔 T 年进行一次选举，而为简化问题，我们把 T 设为固定。总投票函数把在位者再次当选的概率与经济表现相联系，其公式如下：

$$V_0(T)=-\int_0^T(u^2/2+\theta\pi)\mathrm{e}^{\rho t}\,\mathrm{d}t,\quad \theta>0 \tag{5}$$

其中，u 代表失业率，π 代表通货膨胀率，ρ 代表投票者的“记忆损失率”，θ 代表赋予通货膨胀的相对于失业的权重。② 为了简化起见，实际的通货膨胀率以线性方式进入投票函数，而“合意的”通货膨胀率（比如与铸币税有关）被假设为 0。加入预期的菲利普斯曲线是：

$$\pi=\delta_0-\delta_1 u+\pi^a \tag{6}$$

其中，π^a 代表预期通货膨胀率。回顾性预期或投票者偏好的惯性通过界定下面的适应性预期过程来表达：

$$\dot{\pi}^a=\alpha(\pi-\pi^a),\quad \alpha>0 \tag{7}$$

在位政府最大化（5）式，约束条件是通货膨胀失业权衡（6）式和预期的形成条件（7）式。将（6）式代入（5）式，决策问题可以写成：

$$\max_u V_0(T)=-\int_0^T[u^2/2+\theta(\delta_0-\delta_1 u+\pi^a)]\mathrm{e}^{\rho t}\,\mathrm{d}t \tag{8}$$

约束为（7）式。汉密尔顿函数为：

$$H(u,\ \pi^a,\ \lambda,\ t)=-[u^2/2+\theta(\delta_0-\delta_1 u+\pi^a)]\mathrm{e}^{\rho t}+\lambda\alpha(\pi-\pi^a)$$

其中，λ 为共态变量，可以理解为对预期通货膨胀下降导致的边际选举收益的度量。内点解的必要条件为③：

$$\partial H/\partial u=0\Rightarrow u=\delta_1(\theta-\alpha\lambda)\mathrm{e}^{-\rho t} \tag{9}$$

$$\dot{\lambda}=-\partial H/\partial\pi^a\rightarrow\dot{\lambda}=\theta\mathrm{e}^{\rho t} \tag{10}$$

$$\lambda_T=0 \tag{11}$$

由（6）式和（7）式，约束条件为：

$$\dot{\pi}^a=\alpha(\delta_0-\delta_1 u) \tag{12}$$

---

① 政治商业周期出现的另一个领域是在选举之前利用价格管制来稳定通货膨胀，参见 Agénor and Asilis（1997）的研究。

② ρ 是回顾性而非前瞻性的贴现率，对应着投票者对过去业绩的贴现率。

③ 由凹性看，这些条件也是充分条件。

最终条件（11）式代表在时期 T 减少通货膨胀没有更多的选举收益。[①] 在约束条件（9）式，最终条件（11）式和初始通货膨胀率 π_0^a 下，微分方程（10）式和（12）式的解为：

$$u=\left(\frac{\theta\delta_1}{\rho}\right)\left[\rho-\alpha+\alpha e^{-\rho(t-T)}\right] \tag{13}$$

$$\pi^a=\pi_0^a+\alpha\left[\delta_0-\frac{\delta_1^2\theta(\rho-\alpha)}{\rho}\right]t-\left(\frac{\alpha\delta_1}{\rho}\right)^2\theta e^{\rho t}(1-e^{-\rho t}) \tag{14}$$

$$\lambda=\theta(e^{\rho t}-e^{\rho t})/\rho \tag{15}$$

（6）式和（13）～（15）式决定了选举周期过程中通货膨胀和失业的行为。[②] 失业和通货膨胀会在选举之前平稳地下降（因为在周期结束之前把这些变量降低是最好的，这样可以对选民施加最大的影响），然后它们在选举结果出来之后会迅速上升。因此，在几个选举周期过后，通货膨胀和失业表现出锯形模式。[③] 假设失业率与总需求水平存在负相关关系，该模型预测：为了利用短期菲利普斯曲线，在位者将会在选举之前的时期增加政府支出（以及总需求），而在选举完成之后，会减少支出以降低通货膨胀。这种政策也会同时导致经济萧条和失业率的上升。[④]

前面的讨论假设选举周期的长度 T 是固定的。但是，在很多国家，选举时期并没有一个固定的长度。虽然一般来说这个时间长度有制度方面的上限，但大部分宪法也包含一些条款，允许在这个范围之内在位的政治家解散所有的立法机构，并要求重新进行选举。预先解散议会（并决定新选举的日期）可能会在以下情况下发生：（1）总统的决定，比如说当议会出现僵局的时候；（2）由首相或议会的多数党所提出的要求；（3）当议会投票通过不信任案时。在这些时候，可以假设政府不知道选举周期的确切长度，并认为它是一个随机变量（当然有一个定义良好的概率分布）。Lachler（1982）在一个类似模型中研究了这种情况，并证明了两个主要的结果：（1）当 T 是不确定的时，失业率变化的范围会小一些；（2）虽然在选举之后失业率是最高的，而随后会降低，但这种下降在整个选举时期并不是单调的。换句话说，相比于选举周期固定的情况，当选举周期的长度不太确定时，由政策所导致的商业周期看上去不那么显著。

另一种情况是在位者自己可以决定什么时候举行选举。正如 Chappell and Peel（1979）所示，结果与随机性选举周期模型所得到的结果相反：相比于固定选举时期长度的情况而言，这种情况下由政策所导致的商业周期要更加显著一些。

3.1.2 选举与贬值周期

汇率政策是发展中国家政策工具周期与选举周期同步的另一个颇为有趣的领域。下

① 从技术上看，（11）式之所以成立，是由于预期通货膨胀率上无边界点条件。比如，可以参见 Beavis and Dobbs（1990）。

② 注意，由（13）式，有 $\dot{u}=-\alpha\theta\delta_1 e^{-\rho(t-T)}$。因此，失业率由初始水平 $u_0=(\theta\delta_1/\rho)(\rho-\alpha+\alpha e^{\rho T})$［通过在（13）式中设 $t=0$ 时得到］变到 $u_T=\theta\delta_1$。但根据（6）式，由于自然失业率（由设 $\pi=\pi_a$ 得到）为 δ_0/δ_1，选举周期末期失业率将一般不同于自然失业率，意味着通货膨胀率不稳定。

③ ρ 越高，通货膨胀及失业率的时间变化曲线斜率越陡，然后，随 $\rho\to0$，将渐渐变得平缓，因为在位者将对未来通货膨胀对投票者当前决定的影响赋予越来越少的权重。

④ 值得注意的是，周期的性质主要取决于投票者偏好的结构，在 Nordhaus 的模型中，在位者并不在选举前采取经济扩张性政策，而是寻求反通货膨胀计划（即限制性财政政策），如果通货膨胀被投票者认为是最紧迫的经济问题。比如可以参见 Neck（1991）。

面我们建立一个简单的政治经济学模型，研究回顾性合约条件下的货币贬值。[①] 考虑一个小的开放经济，可以生产非贸易品和贸易品。让 π 代表通货膨胀率，定义为：

$$\pi = \delta\pi_N + (1-\delta)\varepsilon, \quad 0 < \delta < 1 \tag{16}$$

其中，π_N 为非贸易品价格通货膨胀率，ε 为名义汇率贬值率。为了简化，我们假设世界通货膨胀为零。非贸易品价格的增加是由名义工资增长率决定，$\pi_N = \omega$。名义工资增长率如第 12 章中讨论的回顾式合同机制的方式决定，因此仅仅取决于过去的通货膨胀率：

$$\omega = \mu\int_{-\infty}^{t} e^{-\mu(t-h)}\pi_h \, dh, \quad \mu > 0 \tag{17}$$

其中，μ 为贴现因素。将（17）式对时间微分，我们得到：

$$\dot{\omega} = -\mu(\omega - \pi) \tag{18}$$

在位者会最大化选举投票方程，同时受到均衡定价方程和决定工资行为方程的约束；在位者将设定贬值率以在选举时最大化选票；选举每隔 T 期进行一次。被选举者受欢迎的程度与实际产出的增长率（它取决于实际汇率的变化率以及其趋势增长率，还有通货膨胀）。[②] 假设趋势产出增长率为 0，政府的目标就是最大化投票函数：

$$V_0(T) = -\int_0^T [(\varepsilon - \pi_N)^2/2 + \theta\pi^2/2] e^{\rho t} \, dt, \tag{19}$$

其中，θ 代表政府给通货膨胀相对于产出的相对权重，ρ 仍然为记忆损失率。使用（16）式和 $\pi_N = \omega$，决策问题变为：

$$\max_{\varepsilon} -\int_0^T \{(\varepsilon - \omega)^2/2 + \theta[\delta\omega + (1-\delta)\varepsilon]^2/2\} e^{\rho t} \, dt, \tag{20}$$

从（16）式和（18）式可以看出，约束条件为：

$$\dot{\omega} = -\kappa(\omega - \varepsilon), \quad \kappa \equiv (1-\delta)\mu \tag{21}$$

和关于 ω_0 的初始条件。建立系统的汉密尔顿函数并将 λ 定义为共态变量（它度量了工资增长率下降所带来的边际选举收益），最优解的必要（根据凹性也是充分）条件是：

$$\frac{\partial H}{\partial \varepsilon} = [1 + \theta(1-\delta)^2]\varepsilon - [1 - \theta\delta(1-\delta)]\omega + \kappa\lambda = 0 \tag{22}$$

$$\begin{aligned}\dot{\lambda} &= -\rho - \partial H/\partial\omega \\ &= [1 - \theta\delta(1-\delta)]\varepsilon - (1 + \theta\delta^2)\omega + (\kappa - \rho)\lambda \end{aligned} \tag{23}$$

$$\lambda_T = 0 \tag{24}$$

约束为（21）式和关于 ω_0 的初始条件。横截条件（24）式意味着在时刻 T 不存在工资增长率下降所带来的边际选举收益。将（22）式和（24）式合并，我们有：

$$\varepsilon_T = \frac{1}{1 + \theta(1-\delta)^2}[1 - \theta\delta(1-\delta)]\omega_T \leqslant \omega_T \tag{25}$$

对（22）式求导数，使用（21）、（22）和（23）式，我们得到下面的关于 (ε, ω) 的一阶线形微分方程系统：

$$\begin{bmatrix}\dot{\varepsilon} \\ \dot{\omega}\end{bmatrix} = \begin{bmatrix}\kappa - \rho - \alpha \\ \kappa \quad -\kappa\end{bmatrix}\begin{bmatrix}\varepsilon \\ \omega\end{bmatrix}$$

---

① 从很多方面看，这个模型与第 6 章中研究汇率体制可信度的模型十分相似。关于另一个相关的模型，可参见 Van der Ploeg（1989），他强调了 J-曲线效果的作用。

② 因此，如以前一样，假设期望通货膨胀率为零。

其中，$\alpha \equiv [1+\theta(1-\delta)^2]^{-1}[(\kappa-\rho)\{1-\theta\delta(1-\delta)\}-\kappa\theta\delta]$。我们假设 $\kappa > \rho$。

在给定的名义工资变化率的条件下，可以根据终值条件（25）式知道（26）式。存在鞍点稳定的充要条件是（26）式中出现的系数矩阵为负定。① 如果 α 为负，那么这个条件总能成立。如果 α 为正，那么我们需要 $\alpha/(\kappa-\rho)<1$。该条件可以在后面的图中得到解释。假设这个条件成立，（26）式的完全解为：

$$\omega = \tilde{\omega} + C_1 e^{\nu_1 t} + C_2 e^{\nu_2 t} \tag{27}$$

$$\varepsilon = \tilde{\varepsilon} + \left[\frac{(\kappa-\rho)-\nu_1}{\alpha}\right] C_1 e^{\nu_1 t} + \left[\frac{(\kappa-\rho)-\nu_2}{\alpha}\right] C_2 e^{\nu_2 t} \tag{28}$$

其中，$\nu_1<0$，$\nu_2>0$ 是系统的根，$(\tilde{\omega}, \tilde{\varepsilon})$ 是稳态解。给定世界通货膨胀率为零，稳态值都为零。为了保证静态周期的存在，需要我们在上述表达式中设定 $\omega_0=\omega_T$。使用终值条件（25）、（27）和（28）式可以被用来求解常数项 C_1，C_2。

图 19-2 中画出选举周期中贬值率和名义工资变化率的行为。图 19-2 是 $\alpha>0$ 的情况，图 19-3 是 $\alpha<0$ 的情况。曲线 $\dot{\omega}=0$ 和 $\dot{\varepsilon}=0$ 分别代表名义工资变化率和贬值率保持不变的情况。前面的鞍点稳定条件要求 $\dot{\omega}=0$ 比 $\dot{\varepsilon}=0$（绝对值）更陡。在两个图中，鞍点路径为 SS。对于 $\alpha>0$ 其斜率为正，否则为负。

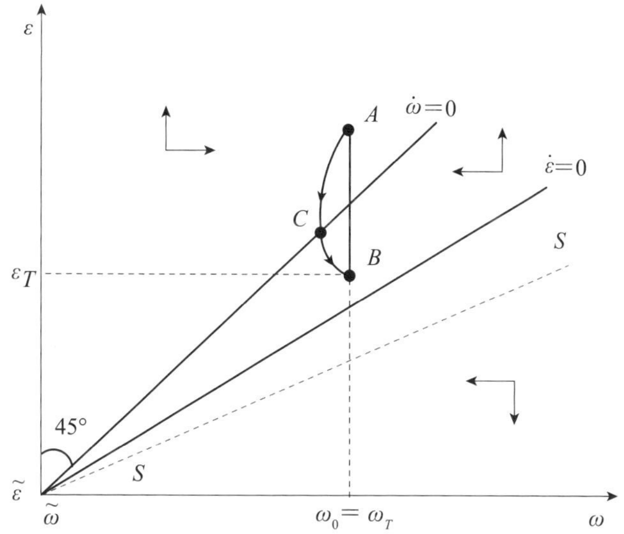

图 19-2　政治贬值周期，情形Ⅰ：$\alpha>0$

图 19-3 中按照 ABC 的顺序画出了选举周期中贬值率的路径。在位者在开始执政之后马上会降低贬值速率，它会从点 A 跳到点 B。② 通货膨胀率也会向下跳跃，产出会减少。由于合约是回顾性的，工资不可能马上被改变。在下一次选举到来之前，产出在投票者眼中变得越来越重要，贬值速率则以加速度上升。工资最开始会下降直到点 C——位于[$\dot{\omega}=0$]曲线之上——以赶上贬值速率的下降，然后又开始上升。经济最后又

① 关于系统必须是鞍点稳定的要求确保当选举周期长度趋近于无穷大时，该系统会沿着单一的路径趋向于贬值率及名义工资增长的均衡值。

② 贬值率的跳跃是有限的，这是因为在总投票函数中存在一个正的通货膨胀成本（参数 θ）。这意味着在选举周期内任一时刻引致一个随意大的汇率调整是非最优的，因为这会给投票者带来相应较大的成本。但注意，最初向下的跳跃并不足以把经济推入鞍点路径。只有当 $T\to\infty$，即经济一下子跳到其稳态位置时，这种情况才会发生。

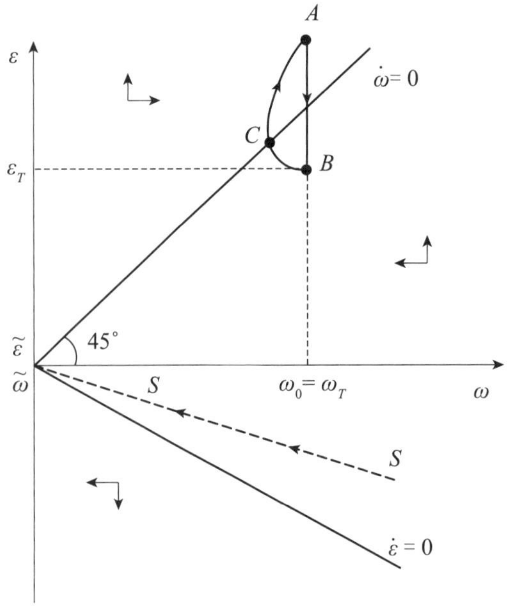

图 19－3　政治贬值周期，情形Ⅱ：α<0

回到点 A，也就是在时刻 T 到来之前达到。此后，一个新的周期又开始。注意，根据（25）式，在时期 T，贬值速率被保持在低于名义工资变化率的水平。这个结果的直观理解是：那些希望再次当选的政府将在选举竞争开始之前的最后一刻才会刺激产出的增加。

这里所给出贬值周期的机会主义模型的预测与前面 Nordhaus 模型所预测的结果比较相似：在选举之前的时期，政府将会增加名义汇率的贬值速度，从而降低实际汇率以刺激产出。而在选举之后，名义汇率的迅速上涨将会出现以减少价格上升的速度。因此，选举之后会出现经济萧条。但是，两个模型的一个重要区别（我们后面还要谈到）是：在贬值周期的机会主义模型中，惯性因素并不是投票者回顾性预期的反应（但在 Nordhaus 原来的模型中，情况却是这样），而是工资设定制度化机制的结果。

□ 3.2　具有信息不对称的模型

最近，关于政治经济模型的研究解释了政治商业周期，其中有两个关键的假设：第一，投票者是理性的，而且具有前瞻性；第二，他们并不完全知道在位政府的政策偏好和目标。在新的理论中，这两个假设都对选举周期的产生起到了重要的作用。在前面所描述的 Nordhaus 模型中，假设投票者理性和具有前瞻性意味着他们会根据预期的未来业绩来评价候选人。具有完全预见能力假设［在（13）～（15）式的解中假设 $\alpha \rightarrow \infty$］的含义就意味着，在通常的稳定性条件下，将不会出现所谓的“周期”。因此，Nordhaus 类型机会主义模型中的理性预期实际上消除了政治商业周期的存在，因为经济主体可以“预见”选举时期之后为降低通货膨胀所需要的政策变化。

除了理性预期的假设之外，政治商业周期理论最近的发展也强调了政策制定者和投票者之间信息不对称的存在。这类模型往往使用博弈论的分析框架，其中最重要的是

Rogoff and Sibert（1988）和 Rogoff（1990）的模型。[1] 在这些模型中，政府也是机会主义的，也就是说其希望再次当选。但是，这里有一个关键的信息不对称：投票者并不确切知道在位者的“类型”（即政府的“执政能力”，以其减少财政决策中的“浪费”和提供公共产品的效率来定义），但在位者本人却完全了解这一点。因此，在位政府有激励去“传递”关于其执政能力的信号——因为理性的投票者希望更有执政能力的政策制定者执政。在位者政策会通过选举前操纵政府支出（或更一般地说，操纵税率、公共服务的价格等）来做到这一点。因此，政府支出的选举周期来自在位政府提供公共产品能力方面的信息不对称。[2] 扩张性政策的通货膨胀效应会在经过一段时间后才被感觉到，也就是选举之后才会被感觉到。除此之外，在 Rogoff（1990）的模型中，为了传递信号而导致的政府支出增加可能会以增加选举前“消费性”支出，或高度“可见”的转移支付（它们可以马上影响可支配收入）和降低“资本性”支出（它们会在一段时间之后才影响个人的福利）的形式出现。因此，政府支出周期可能采取以扭曲公共支出组成的形式。在这种模型中，投票者通过观察现在和过去的宏观经济业绩来评价在位政府的表现。正如 Nordhaus 类型的机会主义模型一样，这些模型也是回顾性的。

财政调整的构成对于在位者的选举前景同样重要。Konishi（2006）通过财政政策的政治-经济模型考察了选举者基于过去财政表现进行投票选举的问题。模型预测包含大幅削减支出的财政调整将导致在位者连任，然而仅包含增加税负的调整会使在位者在选举中被打败。这背后的原因是削减支出的政治成本相对于增税更高，因为在位者更在意特殊利益群体的福利。因此，这意味着以税收为基础的财政调整更易使拥有部分信息的选举者认为在位者与特定利益群体合谋。因此，削减支出可以释放更多信号表明在位者遵守财政规则并且保持独立。

传统的和近期的“理性”政治商业周期模型的共同含义是：政府可以通过选举来操纵政策工具，尤其是通过政府支出来影响选举。[3] 但是，就像 Rogoff（1990）模型一样，这两种方法的主要差别在于预算周期并不一定会在每次选举中都以系统性的方式出现。这个结果在理解实证分析中缺乏稳健性统计证据时十分有用。另外一个重要区别是：“理性”选举周期将主要被反映在所使用的政策工具模式中，而不一定反映在产出、通货膨胀和失业的行为中。Drazen and Eslava（2005）的研究指出如果在位者考虑选举人讨厌财政赤字，那么政治预算周期就会以支出构成的大幅变化或者更加针对特定选举群体的形式出现，从而基本不改变财政赤字规模。

本节关于政治商业周期“传统的”和“近期的”理论回顾可以给我们提供一些重要的思考。首先，在政府由民主过程选举产生的发展中国家，在位者会面临与发达国家相同的选举激励。因此，至少在理论上，同样的政治商业周期现象会出现。但是，比较实证分析的结果却十分复杂。Shi and Svensson（2006）研究了 1975—1995 年 85 个国家，发现政治预算周期（选举前赤字增多）对于发展中国家是非常显著的，但是对于发达国家结果却不那么稳健。这一结果始终成立，当他们限制样本的选举时间由宪法决定或提

① 也可参见 Cukierman and Meltzer（1989）。他们宣称投票者和政府之间的信息不对称来自对影响经济的冲击的不完全监测。Terrones（1999）扩展了 Rogoff（1990）的分析以考虑内生选举日期的因素。

② 注意，如果有货币性融资，支出周期也将会与一个货币周期相联系。

③ 实际上，“理性”理论并不能提供关于选举前是否会通过减税或政府支出增加方式进行财政扩张的精确预测。

前一年宣布时，他们发现在两个群体中结果相似。一个可能的解释是财政政策操作在发达国家更加低效，因为选举这在这些国家获得的信息更多。但是 Vergne（2009）利用 42 个发展中国家 1975—2001 年的数据研究发现，选举年的公共支出会向可见的当期支出转移（特别是工资与补贴），而从资本性支出中转移出来。因此，选举周期确实看起来影响了发展中国家公共支出的分配。

其次，机会主义模型中的惯性因素可能不是来自回顾性预期本身，而是（在我们的贬值周期模型中也明确承认的）来自劳动合同性质或其他类型的市场刚性，比如黏性价格或贸易流的惯性（van der Ploeg，1989）。在这样的条件下，即使私人部门具有前瞻性，而且能够理性预期未来的经济和政治事件，一个在位者所采取的最大化选票策略也可能带来政治商业周期。最后，虽然在这里所讨论的机会主义模型中，政党以及在位政府的意识形态只通过其对目标函数中赋予政策目标相对权重的可能影响来影响经济政策的制定，但最近的研究已经试图考虑下面一种情况：在位政府不仅关心其再次执政的可能性，也关心其意识形态上的承诺（Nordhaus，1989）。当把政党与特定的意识形态等同不太可能时，这种研究也可能特别有用。

4 财政规则的政治经济学

如第 13 章中所讨论的，在最近几年，很多国家（发达国家与发展中国家）开始采取显性的规则以约束财政政策设定。这些规则的具体形式（例如固定预算赤字的目标，定义不同的公共债务/产出比率）和它们对改革的影响成为政治经济学研究中的热点。两个代表性贡献分别由 Beetsma and Debrun（2004）和 Drazen（2004）给出。

从政治经济学视角来看，如 Drazen（2004）所强调的，财政规则的主要用处是它可以帮助政府建立财政纪律的声誉。因为它们可以帮助人们消除对于正向财政赤字和债务积累的偏见。上述现象在很多国家的预算过程中都十分普遍，因为政府资源被视为“公共财产”，而且利益群体可以为它们偏好的项目进行支出融资，因此常引发人们的偏见，而财政纪律可以消除这些顾虑（Velasco，1999）。立法约束在理论上可以使财政稳定的目标实现，比起简单的遵守规定声明，它们更加可信且能释放更强的信号。但是，因为不能排除时间不一致问题（第 11 章中所讨论的），特别是如果执行成本极高甚至不可行，那么在现实中规则可以提供的可信性就将十分微弱。

Beetsma and Debrun（2004）的研究没有关注财政规则的益处，而是关注了它们的潜在成本。在在位者更加关注他们能否继任的假设下，他们讨论了很多理想的结构化改革（税收改革、社会福利改革、公共投资项目以及劳动力与产品市场改革）需要暂时性的结构性财政赤字，因此与紧预算约束相冲突。他们利用包含选举不确定性的两期模型，其中政府对未来经济效益的贴现率要高于公众，同时在公共产品供给（包含结构化改革和生产性投资）方面投入过多，而不是在提高未来收入方面投入更多。他们证明了基于改革力度，对赤字暂时的放松会帮助缓解稳定与增长之间的冲突。财政规则因此具有“改革偏误”，使财政规则的增长与净福利效应变得模糊。

后记

在后记中我们并不想总结从本书中可以得到的政策经验，我们仅想对发展宏观经济学的现状以及未来重要的研究方向进行简要阐述。

本书中我们所采用的发展宏观经济学视角基于我们的“信仰”，即“货币主义”和“结构主义”，都是完全正确的。如货币主义者断言，经济学的基本准则是通行的，并不会因为发展中国家的条件而受阻。这类国家宏观经济运行的结果最终将在追求效用与利润的个体行为中，在技术和资源约束中，以及不同主体行为之间相互影响的市场中产生。与此同时，结构主义者的观点也是正确的：经济结构具有举足轻重的地位。具体来讲，经济结构就是经济个体最优化行为以及市场运行的环境。更重要的一点是，这一环境在大部分发展中国家与大多数现代宏观经济所关注的高收入国家的理论假设不一致。除此之外，政策制定者和经济学家们对发展中国家的关注点往往异于高收入国家。这两点成为写作本书的动机。

在过去30年中，改善我们对发展中国家宏观经济问题认识的文献不断涌现，这些研究都将发展中国家核心的特殊环境条件引入了分析。研究工作的增多源于发展中国家在世界舞台上的重要性的提升，以及宏观经济学自身的发展，即通过建立微观基础来改进我们对宏观经济现象的理解。研究的进展使得微观基础（经济主体具体的微观行为）对宏观经济的影响变得更加重要。

本书尝试为读者一致且连贯地展示上述发展。我们尝试展示对发展中国家专业的分析视角，如我们在本书第5章和第6章对货币传导机制的分析。这种专业分析诉求源于发达国家与发展中国家结构化差异，尽管很多对发达国家的研究准则、方法、模型对于发展中国家基本适用。当然，结构特征并不是不可改变的，而且由于政策选择和技术发展的结果，在某一特定时刻，从宏观经济角度来看，重要的特征可能会因制度演变而失去相关性。例如，自由化和结构化改革在大多数发展中国家仍然在持续，本书之前的版本讨论了一些问题，比如平行外汇市场、金融抑制等不再与当前热点那么相关。但是，发展并不是一个不连续的过程，因此即使很多发展中国家的结构特征已经改变，但是它们的经济环境以及具体的宏观经济问题仍然具有特殊性。

因此，我们对这些国家宏观经济所采取的分析方法也要反映出特殊性。从我们选择在本书中呈现的模型可以看出，我们认为在宏观经济学中寻求“第一准则”远非纯粹的学术研究，也不符合美学的本性。利用各种基于不牢靠的微观基础的函数形式进行分析，不仅会使宏观模型预测失效，还会导致不正确的政策建议。例如，在我们讨论第一代货币危机模型时，看起来不仅是货币需求弹性决定了危机的影响和规模，跨期替代程度（一种脱离模型与微观基础难以隔离出来的现象）也起到了一定作用。同样地，在我们讨论基于汇率的稳定政策带来的繁荣-衰退周期时，我们指出，用任意需求函数获得的预测和从优化框架导出的预测基本上彼此不同。尽管含有微观基础的动态优化模型已经成为发展宏观经济学标准的研究方法，如同它们在对高收入国家宏观分析时一样，但是我们仍然要注意不能让模型的选择和分析的易处理性使我们忽略对特定环境中经济主体的约束。这些具体的约束会对这些模型的形式和结果产生影响，例如，带有流动性约束的经济主体不会和没有此类约束的个体具有相同表现，企业在高度不确定的环境中运营，对于那些标准的投资影响因素的反应也将与其在稳定的环境中大不相同。因此，当今分析发展中国家宏观经济的核心挑战是提升理论分析对政策制定者的实用性，为模型提供合理的微观基础，符合经济主体在发展中国家运营的特定背景。这不仅包括市场不完全性和制度特质，还包括经济主体的异质性。在很多例子中，拥有坚实微观基础的模型都很难处理，因此这些因素都在需要完善的清单之上。这一研究目标在本书中得到了体现：无论何时，只要存在可能，我们都会利用含有微观基础的模型，有时我们发现必须使用含有假设行为函数的模型。尽管我们尝试了很多方法为这些方程提供微观基础，特别是在我们讨论货币和汇率规则动态的时候，但是仍然有许多工作需要完善。

除了这一广义的方法论视角，我们还应该注意到本书提及但未深入讨论的发展宏观经济学的重要问题，以及那些值得额外重视但是很难被解决的问题。前者包括发展中国家实际汇率均衡的定义和测度（Hinkle and Montiel，1999），公共部门债务管理（Montiel，2005），低收入国家货币政策传导挑战（Mishra et al.，2012），援助低收入国家的宏观经济影响（包括“荷兰病”问题）以及减少贫穷的宏观经济学（Agénor，2004*c*；Agénor et al.，2006）。

后者涉及的问题本书已经略有提及，但我们仍不能完全解决，还有待进一步研究。最重要的是，我们在很多地方都提及了金融摩擦和宏观经济运行的联系，并且单独成章将其引入动态随机一般均衡模型来介绍（第12章有所涉及）。这一问题是当今宏观经济研究的前沿，无论对高收入国家还是发展中国家都一样。我们还在很多地方考察了政治与宏观经济学的联系。我们提出政治因素、经济主体的行为以及政策工具设定之间的相互作用，在决定稳定政策（或更广义而言，宏观经济政策）可信度的时候具有决定性作用。一个核心问题是发展中国家宏观经济制度究竟应该怎样设计，才能使这种复杂的交互影响改善宏观经济表现，并带来福利的增进。我们需要更多定性与定量的研究来了解具体国家环境下最优的宏观经济制度，以及实施这些制度的政治经济背景。尽管这仍不是当今研究的核心领域，但发展宏观经济学家越发重视的领域与分配问题在宏观经济政策制定中的作用有关。[①]

我们关于通货膨胀新结构主义模型的讨论，强调了这些考虑在设计反通货膨胀计划时的重要作用。相对价格的任何变化都将影响部门间和经济群体间的利润和收入分配。

---

① 收入不均等和经济增长的关系早已成为发展经济学中的主要研究对象。近期一些证据表明增长和减少收入不均之间存在正向联系（Persson and Tabellini，1994），特别是在东亚国家（WB，1993）。Larraín and Vergara（1993）指出投资可能是将收入不均与增长联系起来的渠道。更均等的收入分配可以减少社会冲突，因此可以减少不确定性以及创造一个更加稳定的投资环境。

社会中大量群体对变动的拒绝会加剧社会冲突和政治不稳定性，最终影响改革政策的结果。一个关于分配问题有意义的分析需要放松对于代表性经济个体的假设，因此这就再一次回到我们刚刚提及的问题，我们需要关注模型中对不同个体异质性的设定。

尽管我们强调宏观经济政策的分析依据，我们尝试回顾了大量的实证研究与经验性证据。虽然过去几年中很多领域都实现了推进，但是很多关键领域的实证研究文献仍然远远不够。比如，关于发展中国家实际和名义工资的动态，实证研究仍十分不足。同样，我们现在仍然不能针对发展中国家金融一体化在全球资本市场的有效程度，提供令人信服的评估。隔离和测度政治因素对宏观经济政策工具的影响并没有得到应有的重视。评估宏观改革政策可信度的技术仍然不成熟，尽管该领域存在一些进展。近期计量经济学的快速发展为实证研究提供了大量新的方法，它们在发展中国家所面对宏观经济问题中的持续运用是未来研究的核心之一。与经济学其他领域一样，理论构建和实证结果直接的相互影响是推动发展宏观经济学未来前进的核心元素。

最后，在本书末尾我们再一次陈述我们的中心论点：将理论框架运用到现实世界中是一件非常困难的任务，它需要我们仔细斟酌每个国家的具体情况。当然，过往经验告诉我们不能过分强调这一明显的问题。但是，忽略结构条件约束和制度约束的经济改革支持者，只会反复承担改革失败的成本。最终，我们希望本书所提供的一些分析方法，可以为政策制定者及其顾问在面对宏观经济管理难题时提供一些支持。

参考文献

Abel, Andrew B. 1990. "Consumption and Investment." In *Handbook of Monetary Economics* II, edited by Benjamin Friedman and Frank H. Hahn. Amsterdam: North Holland.

Abel, Andrew B., and Janice C. Eberly. 1999. "The Effects of Irreversibility and Uncertainty on Capital Accumulation." *Journal of Monetary Economics* 44 (December): 339–77.

Acemoglu, Daron, Simon Johnson, James Robinson, and Y. Thaicharoen. 2003. "Institutional Causes, Macroeconomic Symptoms: Volatility, Crises and Growth." *Journal of Monetary Economics* 50 (January): 49–123.

Adam, Christopher, and David Bevan. 2005. "Fiscal Deficits and Growth in Developing Countries." *Journal of Public Economics* 89 (April): 571–97.

Ades, Alberto, Federico Kaune, Paulo Leme, Rumi Masih, and Daniel Tenengauzer. 2000. "Introducing GS-ESS: A New Framework for Assessing Fair Value in Emerging Markets Hard-Currency Debt." Global Economics Paper no. 45, Goldman Sachs (June).

Adolfson, Malin, Stefan Laséen, Jesper Lindé, and Lars E. O. Svensson. 2014. "Monetary Policy Trade-Offs in an Estimated Open-Economy DSGE Model." *Journal of Economic Dynamics and Control* 42 (May): 33–49.

Adolfson, Malin, Stefan Laséen, Jesper Lindé, and Mattias Villani. 2008. "Evaluating an Estimated New Keynesian Small Open Economy Model." *Journal of Economic Dynamics and Control* 32 (August): 2690–21.

Agénor, Pierre-Richard. 1994. "Credibility and Exchange Rate Management in Developing Countries." *Journal of Development Economics* 45 (August): 1–16.

——. 1995. "Credibility Effects of Price Controls in Disinflation Programs." *Journal of Macroeconomics* 17 (Winter): 161–71.

——. 1997. *Capital-Market Imperfections and the Macroeconomic Dynamics of Small Indebted Economies*. Study in International Finance no. 82, Princeton University.

——. 1998*a*. "Wage Contracts, Capital Mobility and Macroeconomic Policy." *Journal of Macroeconomics* 20 (Winter): 1–25.

——. 1998*b*. "The Behavior of Real Interest Rates in Exchange Rate-Based Stabilization Programs." *Review of Development Economics* 2 (October): 231–49.

——. 1998*c*. "Capital Inflows, External Shocks, and the Real Exchange Rate." *International Journal of Money and Finance* 17 (October): 713–40.

——. 2002. "Monetary Policy under Flexible Exchange Rates: An Introduction to Inflation Targeting." In *Inflation Targeting: Design, Performance, Challenges*, edited by Norman Loayza and Raimundo Soto. Santiago: Central Bank of Chile.

——. 2004*a*. "Orderly Exits from Adjustable Pegs and Exchange Rate Bands." *Journal of Policy Reform* 7 (June): 83–108.

——. 2004*b*. *The Economics of Adjustment and Growth*. 2nd ed. Boston, MA: Harvard University Press.

——. 2004*c*. "Macroeconomic Adjustment and the Poor: Analytical Issues and Cross-Country Evidence." *Journal of Economic Surveys* 18 (September): 351–409.

——. 2005. "Fiscal Adjustment and Labor Market Dynamics." *Journal of Development Economics* 76 (February): 97–125.

——. 2006*a*. "Market Sentiment and Macroeconomic Fluctuations under Pegged Exchange Rates." *Economica* 73 (November): 579–604.

——. 2006*b*. "The Analytics of Segmented Labor Markets." In *Adjustment Policies, Poverty and Unemployment: The IMMPA Framework*, edited by Pierre-Richard Agénor, Alejandro Izquierdo, and Henning Tarp Jensen. Oxford: Blackwell.

——. 2008. "Health and Infrastructure in Models of Endogenous Growth." *Journal of Macroeconomics* 30 (December): 1407-22.

——. 2010. "A Theory of Infrastructure-Led Development." *Journal of Economic Dynamics and Control* 34 (May): 932–50.

——. 2011. "Schooling and Public Capital in a Model of Endogenous Growth." *Economica* 78 (January): 108–32.

——. 2012*a*. "International Financial Integration: Benefits, Costs, and Policy Challenges." In *Survey of International Finance*, edited by H. Kent Baker and Leigh A. Riddick. Oxford: Oxford University Press.

——. 2012*b*. *Public Capital, Growth and Welfare*. Princeton, NJ: Princeton University Press.

Agénor, Pierre-Richard, and Joshua Aizenman. 1996. "Trade Liberalization and Unemployment." *Journal of International Trade and Economic Development* 5 (September): 265–86.

——. 1998. "Contagion and Volatility with Imperfect Credit Markets." *IMF Staff Papers* 45 (June): 207–35.

——. 1999*a*. "Macroeconomic Adjustment with Segmented Labor Markets." *Journal of Development Economics* 58 (April): 277–96.

——. 1999*b*. "Volatility and the Welfare Costs of Financial Market Integration." In *Financial Crises: Contagion and Market Volatility*, edited by Pierre-Richard Agénor, Marcus Miller, David Vines, and Axel Weber. Cambridge: Cambridge University Press.

——. 2004. "Savings and the Terms of Trade under Borrowing Constraints." *Journal of International Economics* 63 (July): 324–45.

——. 2006. "Investment and Deposit Contracts under Costly Intermediation and Aggregate Volatility." *International Review of Economics and Finance* 15 (September): 263–75.

——. 2011. "Capital Market Imperfections and the Theory of Optimum Currency Areas." *Journal of International Money and Finance* 30 (December): 1659–75.

Agénor, Pierre-Richard, and Koray Alper. 2012. "Monetary Shocks and Central Bank Liquidity with Credit Market Imperfections." *Oxford Economic Papers* 64 (July): 563–91.

Agénor, Pierre-Richard, Koray Alper, and Luiz A. Pereira da Silva. 2012. "Capital Requirements and Business Cycles with Credit Market Imperfections." *Journal of Macroeconomics* 34 (September): 687–705.

——. 2013. "Capital Regulation, Monetary Policy and Financial Stability." *International Journal of Central Banking* 9 (September): 193–238.

——. 2014. "Sudden Floods, Macroprudential Regulation and Stability in an Open Economy." *Journal of International Money and Finance* 48 (November): 68–100.

Agénor, Pierre-Richard, and Carlos Asilis. 1997. "Price Controls and Electoral Cycles." *European Journal of Political Economy* 13 (February): 131–42.

Agénor, Pierre-Richard, and Nihal Bayraktar. 2010. "Contracting Models of the Phillips Curve: Empirical Estimates for Middle-Income Countries." *Journal of Macroeconomics* 32 (June 2010): 555–70.

Agénor, Pierre-Richard, and Otaviano Canuto. 2012. "Middle-Income Growth Traps." Policy Research Working Paper no. 6210, World Bank (September).

——. 2014. "Access to Finance, Product Innovation and Middle-Income Traps." Policy Research Working Paper no. 6767, World Bank (February).

Agénor, Pierre-Richard, and Robert P. Flood. 1994. "Macroeconomic Policy, Speculative Attacks and Balance of Payments Crises." In *The Handbook of International Macroeconomics*, edited by Frederick van der Ploeg. Oxford: Basil Blackwell.

Agénor, Pierre-Richard, Alejandro Izquierdo, and Henning Tarp Jensen, eds. 2006. *Adjustment Policies, Poverty and Unemployment: The IMMPA Framework*. Oxford: Blackwell.

Agénor, Pierre-Richard, Henning Tarp Jensen, Mathew Verghis, and Erinc Yeldan. 2006. "Disinflation, Fiscal Sustainability, and Labor Market Adjustment in Turkey." In *Adjustment Policies, Unemploment and Poverty*, edited by Pierre-Richard Agénor, Alejandro A. Izquierdo, and Henning Tarp Jensen. Oxford: Blackwell.

Agénor, Pierre-Richard, and Mohsin S. Khan. 1996. "Foreign Currency Deposits and the Demand for Money in Developing Countries." *Journal of Development Economics* 50 (June): 101–18.

Agénor, Pierre-Richard, and Paul R. Masson. 1999. "Credibility, Reputation, and the Mexican Peso Crisis." *Journal of Money, Credit, and Banking* 31 (February): 70–84.

Agénor, Pierre-Richard, C. John McDermott, and Eswar Prasad. 2000. "Macroeconomic Fluctuations in Developing Countries: Some Stylized Facts." *World Bank Economic Review* 14 (May): 251–86.

Agénor, Pierre-Richard, C. John McDermott, and Murat E. Ucer. 1997. "Fiscal Imbalances, Capital Inflows, and the Real Exchange Rate: Evidence for Turkey." *European Economic Review* 41 (April): 819–25.

Agénor, Pierre-Richard, and Peter J. Montiel. 2006. "Credit Market Imperfections and the Monetary Transmission Mechanism. Part I: Fixed Exchange Rates." Working Paper no. 76, Centre for Growth and Business Cycle Research, University of Manchester (October).
——. 2007. "Credit Market Imperfections and the Monetary Transmission Mechanism. Part II: Flexible Exchange Rates." Working Paper no. 86, Centre for Growth and Business Cycle Research, University of Manchester (January).
Agénor, Pierre-Richard, and Kyriakos Neanidis. 2011. "The Allocation of Public Expenditure and Economic Growth." *Manchester School* 79 (July): 899–931.
Agénor, Pierre-Richard, and Luiz A. Pereira da Silva. 2013. *Inflation Targeting and Financial Stability: A Perspective from the Developing World*. Washington, DC: Inter-American Development Bank.
——. 2014. "Macroprudential Regulation and the Monetary Transmission Mechanism." *Journal of Financial Stability* 13 (August 2014): 44–63.
Agénor, Pierre-Richard, and Lodovico Pizzatti. 2005. "Disinflation and the Supply Side." *Journal of Macroeconomics* 27 (December): 596–620.
Agénor, Pierre-Richard, and Julio A. Santaella. 1998. "Efficiency Wages, Disinflation, and Labor Mobility." *Journal of Economic Dynamics and Control* 22 (February): 267–91.
Agénor, Pierre-Richard, and Mark P. Taylor. 1993. "Analyzing Credibility in High-Inflation Economies." *Economic Journal* 103 (March): 329–36.
Agénor, Pierre-Richard, and Murat E. Ucer. 1999. "Exchange Market Reform, Inflation, and Fiscal Deficits." *Journal of Policy Reform* 3 (March): 81–96.
Agénor, Pierre-Richard, and Devrim Yilmaz. 2011. "The Tyranny of Rules: Fiscal Discipline, Productive Spending, and Growth." *Journal of Economic Policy Reform* 14 (March): 69–99.
Aghevli, Bijan B. 1977. "Inflationary Finance and Growth." *Journal of Political Economy* 85 (December): 1295–1309.
Aghevli, Bijan B., and Mohsin S. Khan. 1978. "Government Deficits and the Inflationary Process in Developing Countries." *IMF Staff Papers* 25 (September): 383–416.
Aghevli, Bijan B., Mohsin S. Khan, and Peter J. Montiel. 1991. *Exchange Rate Policy in Developing Countries: Some Analytical Issues*. Occasional Paper no. 78, International Monetary Fund (March). Washington, DC: IMF.
Aghion, Philippe, George-Marios Angeletos, Abhijit Banerjee, and Kalina Manova. 2005. "Volatility and Growth: Credit Constraints and Productivity-Enhancing Investment." Working Paper no. 11349, National Bureau of Economic Research (May).
Aghion, Philippe, Philippe Bacchetta, and Abhijit Banerjee. 2000. "A Simple Model of Monetary Policy and Currency Crises." *European Economic Review* 44 (May): 728–38.
——. 2001. "Currency Crises and Monetary Policy in an Economy with Credit Constraints." *European Economic Review* 45 (June): 1121–50.
——. 2004*a*. "A Corporate Balance-Sheet Approach to Currency Crises." *Journal of Economic Theory* 119 (March): 6–30.
——. 2004*b*. "Financial Development and the Instability of Open Economies." *Journal of Monetary Economics* 51 (September): 1077–1106.
Aghion, Philippe, Philippe Bacchetta, Romain Rancière, and Kenneth Rogoff. 2009. "Exchange Rate Volatility and Productivity Growth: The Role of Financial Development." *Journal of Monetary Economics* 56 (May): 494–513.
Aghion, Philippe, Peter Howitt, and David Mayer-Foulkes. 2005. "The Effect of Financial Development on Convergence: Theory and Evidence." *Quarterly Journal of Economics* 120 (January): 173–222.
Agosin, Manuel R., and Franklin Huaita. 2012. "Overreaction in Capital Flows to Emerging Markets: Booms and Sudden Stops." *Journal of International Money and Finance* 31 (September): 1140–55.
Aguiar, Mark. 2005. "Investment, Devaluation, and Foreign Currency Exposure: The Case of Mexico." *Journal of Development Economics* 78 (October): 95–113.
——. 2011. "Discussion of Qian, Reinhart and Rogoff's 'On Graduation from Default, Inflation and Banking Crises: Ellusive or Illusion'." In *NBER Macroeconomics Annual 2010*, edited by Daron Acemoglu and Michael Woodford. Chicago: University of Chicago Press.
Aguiar, Mark, and Manuel Amador. 2013. "Sovereign Debt: A Review." Working Paper no. 19388, National Bureau of Economic Research (August).
Ahmed, Shaghil. 2003. "Sources of Economic Fluctuations in Latin America and Implications for the Choice of Exchange Rate Regimes." *Journal of Development Economics* 72 (October): 181–202.
Ahmed, Shaghil, and Andrei Zlate. 2014. "Capital Flows to Emerging Market Economies: A Brave New World?" *Journal of International Money and Finance*. 48 (November): 221–48.

Ahumada, Hildegard. 1992. "A Dynamic Model of the Demand for Currency: Argentina, 1977–1988." *Journal of Policy Modeling* 14 (June): 335–61.

Aidt, Toke S. 2003. "Economic Analysis of Corruption: A Survey." *Economic Journal* 113 (November): 632–52.

Aizenman, Joshua. 1986. "On the Complementarity of Commercial Policy, Capital Controls, and Inflation Tax." *Canadian Journal of Economics* 19 (February): 114–33.

——. 1987. "Inflation, Tariffs and Tax Enforcement Costs." *Journal of International Economic Integration* 2 (Autumn): 12–28.

——. 1989. "Country Risk, Incomplete Information and Taxes on International Borrowing." *Economic Journal* 99 (March): 147–61.

——. 1992. "Trade Reforms, Credibility, and Development." *Journal of Development Economics* 39 (July): 163–87.

Aizenman, Joshua, and Reuven Glick. 2008. "Pegged Exchange Rate Regimes—A Trap?" *Journal of Money, Credit, and Banking* 40 (June): 817–35.

——. 2009. "Sterilization, Monetary Policy, and Global Financial Integration." *Review of International Economics* 17 (September): 777–801.

Aizenman, Joshua, and Ricardo Hausmann. 1995. "The Impact of Inflation on Budgetary Discipline." Working Paper no. 5338, National Bureau of Economic Research (November).

Aizenman, Joshua, Michael Hutchison, and Ilan Noy. 2011. "Inflation Targeting and Real Exchange Rates in Emerging Markets." *World Development* 39 (May): 712–24.

Aizenman, Joshua, and Jaewoo Lee. 2007. "International Reserves: Precautionary vs. Mercantilist Views, Theory and Evidence." *Open Economies Review* (July): 191–214.

Aizenman, Joshua, Yeonho Lee, and Youngseop Rhee. 2007. "International Reserves Management and Capital Mobility in a Volatile World: Policy Considerations and a Case Study of Korea." *Journal of the Japanese and International Economies* 21 (March): 1–15.

Aizenman, Joshua, and Nancy P. Marion. 1993. "Macroeconomic Uncertainty and Private Investment." *Economics Letters* 41 (February): 207–10.

Aizenman, Joshua, and Andrew Powell. 2003. "Volatility and Financial Intermediation." *Journal of International Money and Finance* 22 (October): 657–79.

Akinci, Ozge. 2013. "Global Financial Conditions, Country Spreads and Macroeconomic Fluctuations in Emerging Countries." *Journal of International Economics* 91 (November): 358–71.

Albuquerque, Rui. 2003. "The Composition of International Capital Flows: Risk Sharing through Foreign Direct Investment." *Journal of International Economics* 61 (December): 353–83.

Alesina, Alberto. 1991. "Macroeconomics and Politics." In *NBER Macroeconomics Annual*, edited by Stanley Fischer. Cambridge, MA: National Bureau of Economic Research.

Alesina, Alberto, Silvia Ardagna, and Francesco Trebbi. 2006. "Who Adjusts and When? The Political Economy of Reforms." *IMF Staff Papers* 53 (September): 1–29.

Alesina, Alberto, and Robert J. Barro. 2002. "Currency Unions." *Quarterly Journal of Economics* 107 (May): 409–36.

Alesina, Alberto, and Allan Drazen. 1991. "Why Are Stabilizations Delayed?" *American Economic Review* 81 (December): 1170–88.

Alesina, Alberto, and Roberto Perotti. 1997. "Fiscal Adjustment in OECD Countries: Composition and Macroeconomic Effects." *IMF Staff Papers* 44 (June): 210–48.

Alesina, Alberto, and Guido Tabellini. 1989. "External Debt, Capital Flight, and Political Risk." *Journal of International Economics* 27 (November): 199–220.

Alessandria, George, and Jun Qian, 2005. "Endogenous Financial Intermediation and Real Effects of Capital Account Liberalization." *Journal of International Economics* 67 (September): 97–128.

Alexander, Sidney S. 1952. "Effects of a Devaluation on a Trade Balance." *IMF Staff Papers* 2 (April): 263–78.

Alexius, Annika. 1999. "Inflation Rules with Consistent Escape Clauses." *European Economic Review* 43 (March): 509–23.

Alfaro, Laura, and Fabio Kanczuk. 2005. "Sovereign Debt as a Contingent Claim: A Quantitative Approach." *Journal of International Economics* 65 (March): 297–314.

Ambler, Steve, and Emanuela Cardia. 1992. "Optimal Anti-Inflation Programs in Semi-Industrialized Economies: Orthodox Versus Heterodox Policies." *Journal of Development Economics* 38 (January): 41–61.

Ames, Barry. 1987. *Political Survival: Politicians and Public Policy in Latin America*. Berkeley: University of California Press.

Anand, Ritu, and Sweder van Wijnbergen. 1989. "Inflation and the Financing of Government Expenditure: An Introductory Analysis with an Application to Turkey." *World Bank Economic Review* 3 (March): 17–38.

Andersen, Torben M. 1989. "Credibility of Policy Announcements: The Output and Inflation Costs of Disinflationary Policies." *European Economic Review* 33 (January): 13–30.

Andrés, Javier, and Oscar Arce. 2012. "Banking Competition, Housing Prices and Macroeconomic Stability." *Economic Journal* 122 (December): 1346–72.

Ang, James B. 2008. "A Survey of Recent Development in the Literature on Finance and Growth." *Journal of Economic Surveys* 23 (July): 536–76.

Ang, James B., and Warwick J. McKibbin. 2007. "Financial Liberalization, Financial Sector Development and Growth: Evidence from Malaysia." *Journal of Development Economics* 84 (September): 215–33.

Antunes, António R., and Tiago V. de Cavalcanti. 2007. "Startup Costs, Limited Enforcement, and the Hidden Economy." *European Economic Review* 51 (January): 203–24.

Archer, David. 2006. "Implications of Recent Changes in Banking for the Conduct of Monetary Policy." In *The Banking System in Emerging Economies: How Much Progress Has Been Made?* Document no. 28, Bank for International Settlements (Basel).

Ardagna, Silvia. 2004. "Fiscal Stabilizations: When Do They Work and Why." *European Economic Review* 48 (October): 1047–74.

——. 2007. "Fiscal Policy in Unionized Labor Markets." *Journal of Economic Dynamics and Control* 31 (May): 1498–1534.

Arghyrou, Michael G., and Kul B. Luintel. 2007. "Government Solvency: Revisiting some EMU Countries." *Journal of Macroeconomics* 29 (June): 387–410.

Ariyoshi, Akira, and others. 2000. *Capital Controls: Country Experiences with their Use and Liberalization*. Occasional Paper no. 190. Washington, DC: International Monetary Fund.

Arize, A., John Malindretos, and Elias C. Grivoyannis. 2005. "Inflation-Rate Volatility and Money Demand: Evidence from Less Developed Countries." *International Review of Economics and Finance* 14 (March): 57–80.

Arrau, Patricio, José De Gregorio, Carmen Reinhart, and Peter Wickham. 1995. "The Demand for Money in Developing Countries: Assessing the Role of Financial Innovation." *Journal of Development Economics* 46 (April): 317–40.

Arteta, Carlos, Barry Eichengreen, and Charles Wyplosz. 2001. "When Does Capital Account Liberalization Help More Than It Hurts?" Working Paper no. 8414, National Bureau of Economic Research (August).

Arteta, Carlos, and Galina Hale. 2008. "Sovereign Debt Crises and Credit to the Private Sector." *Journal of International Economics* 74 (January): 53–69.

Ascari, Guido. 2003. "Price/Wage Staggering and Persistence: A Unifying Framework." *Journal of Economic Surveys* 17 (September): 511–40.

Ascari, Guido, and Tiziano Ropele. 2013. "Disinflation Effects in a Medium-Scale New Keynesian Model: Money Supply Rule versus Interest Rate Rule." *European Economic Review* 61 (July): 77–100.

Ascari, Guido, and Lorenza Rossi. 2011. "Real Wage Rigidities and Disinflation Dynamics: Calvo vs. Rotemberg Pricing." *Economics Letters* 110 (February): 126–31.

Asici, Ahmet A., Nadezhda Ivanova, and Charles Wyplosz. 2008. "How to Exit from Fixed Exchange Rate Regimes?" *International Journal of Finance and Economics* 13 (June): 219–46.

Asilis, Carlos M., Patrick Honohan, and Paul D. McNelis. 1993. "Money Demand during Hyperinflation and Stabilization: Bolivia." *Economic Inquiry* 31 (April): 262–73.

Asteriou, Dimitrios, and Simon Price. 2005. "Uncertainty, Investment and Economic Growth: Evidence from a Dynamic Panel." *Review of Development Economics* 9 (June): 277–88.

Athanasoglou, Panayiotis P., Ioannis Daniilidis, and Manthos D. Delis. 2014. "Bank Procyclicality and Output: Issues and Policies." *Journal of Economics and Business* 72 (March): 58–83.

Attanasio, Orazio. 1999. "Consumption." In *Handbook of Macroeconomics*, edited by John B. Taylor and Michael Woodford. Amsterdam: North Holland.

Attanasio, Orazio P., Pinelopi K. Goldberg, and Nina Pavcnik. 2004. "Trade Reforms and Wage Inequality in Colombia." *Journal of Development Economics* 74 (August): 331–66.

Attanasio, Orazio P., and Guglielmo Weber. 2010. "Consumption and Saving: Models of Intertemporal Allocation and their Implications for Public Policy." *Journal of Economic Literature* 48 (September): 693–751.

Auernheimer, Leonardo. 1974. "The Honest Government's Guide to the Revenue from the Creation of Money." *Journal of Political Economy* 92 (May): 598–606.

——. 1987. "On the Outcome of Inconsistent Programs Under Exchange Rate and Monetary Rules." *Journal of Monetary Economics* 19 (March): 279–305.

Auriol, Emmanuelle, and Michael Warlters. 2005. "Taxation Base in Developing Countries." *Journal of Public Economics* 89 (April): 625–46.
Aysun, Uluc, and Adam Honig. 2011. "Bankruptcy Costs, Liability Dollarization, and Vulnerability to Sudden Stops." *Journal of Development Economics* 95 (July): 201–11.
Bacchetta, Philippe. 1990. "Temporary Capital Controls in a Balance-of-Payments Crisis." *Journal of International Money and Finance* 9 (March): 246–57.
Baek, In-Mee. 2006. "Portfolio Investment Flows to Asia and Latin America: Pull, Push, or Market Sentiment?" *Journal of Asian Economics* 17 (April): 363–73.
Bailey, Martin J. 1956. "The Welfare Cost of Inflationary Finance." *Journal of Political Economy* 64 (April): 93–110.
Balakrishnan, Ravi, Sylwia Nowak, Sanjaya Panth, and Yiqun Wu. 2012. "Surging Capital Flows to Emerging Asia: Facts, Impacts, and Responses." Working Paper no. 12/130, International Monetary Fund (May).
Baldwin, Richard, and Rikard Forslid. 2000. "Trade Liberalization and Endogenous Growth." *Journal of International Economics* 50 (April): 497–517.
Ball, Laurence. 1994. "Credible Disinflation with Staggered Price-Setting." *American Economic Review* 84 (March): 282–89.
——. 1999. "Policy Rules for Open Economies." In *Monetary Policy Rules*, edited by John B. Taylor. Chicago: University of Chicago Press.
Baltagi, Badi H., Panicos O. Demetriades, and Siong Hook Law. 2009. "Financial Development and Openness: Evidence from Panel Data." *Journal of Development Economics* 89 (July): 285–96.
Bandiera, Oriana, Gerard Caprio, Jr., Patrick Honohan, and Fabio Schiantarelli. 2000. "Does Financial Reform Increase or Reduce Savings?" *Review of Economics and Statistics* 82 (May): 239–63.
Barajas, Adolfo, Roberto Steiner, and Natalia Salazar. 1999. "Interest Spreads in Banking in Colombia." *IMF Staff Papers* 46 (June): 196–24.
Barnhill, Theodore M., and George Kopits. 2003. "Assessing Fiscal Sustainability under Uncertainty." Working Paper no. 03/79, International Monetary Fund (April).
Barro, Robert J. 1974. "Are Government Bonds Net Wealth?" *Journal of Political Economy* 82 (November): 1095–1117.
——. 1979. "On the Determination of the Public Debt." *Journal of Political Economy* 87 (October): 940–971.
——. 1983. "Inflationary Finance Under Discretion and Rules." *Canadian Journal of Economics* 16 (February): 1–16.
——. 1986. "Reputation in a Model of Monetary Policy with Incomplete Information." *Journal of Monetary Economics* 17 (March): 3–20.
——. 1989. "The Ricardian Approach to Budget Deficits." *Journal of Economic Perspectives* 3 (March): 37–54.
——. 1990. "Government Spending in a Simple Model of Endogenous Growth." *Journal of Political Economy* 98 (Supplement): 103–25.
——. 2012. "Convergence and Modernization Revisited." NBER Working Paper no. 18295, National Bureau of Economic Research (August).
Barro, Robert J., and David B. Gordon. 1983. "A Positive Theory of Monetary Policy in a Natural Rate Model." *Journal of Political Economy* 91 (August): 589–610.
Barro, Robert J., and Xavier Sala-i-Martin. 2003. *Economic Growth*. 2nd ed. New York: MIT Press.
Barry, Frank, and Michael B. Devereux. 1995. "The 'Expansionary Fiscal Contraction' Hypothesis: A Neo-Keynesian Analysis." *Oxford Economic Papers* 47 (April): 249–64.
——. 2003. "Expansionary Fiscal Contraction: A Theoretical Exploration." *Journal of Macroeconomics* 25 (March): 1–23.
Bartolini, Leonardo, and Allan H. Drazen. 1997. "Capital-Account Liberalization as a Signal." *American Economic Review* 87 (March): 138–54.
Basel Committee on Banking Supervision. 2011. "Basel III: A Global Regulatory Framework for more Resilient Banks and Banking Systems." Report no. 189 (June).
Basu, Anupam, and Krishna Srinivasan. 2002. "Foreign Direct Investment in Africa: Some Case Studies." Working Paper no. 02/61, International Monetary Fund (March).
Bates, Robert. 1990. "Macropolitical Economy in the Field of Development." In *Perspectives on Political Economy*, edited by James E. Alt and Kenneth A. Shepsle. Cambridge: Cambridge University Press.
Batra, Ravi, and Hamid Beladi. 1999. "Trade Policies and Equilibrium Unemployment." *Manchester School* 67 (September): 545–56.
Baxter, Marianne, and Robert G. King. 1999. "Approximate Band-Pass Filters for Economic Time Series." *Review of Economics and Statistics* 81 (November): 575–93.

Bayoumi, Tamim. 1994. "A Formal Model of Optimum Currency Areas." *IMF Staff Papers* 41 (December): 537–54.
Beavis, Brian, and Ian Dobbs. 1990. *Optimization and Stability Theory for Economic Analysis*. Cambridge: Cambridge University Press.
Beck, Thorsten, and Asli Demirguc-Kunt. 2006. "Small and Medium-Size Enterprises: Access to Finance as a Growth Constraint." *Journal of Banking and Finance* 30 (November): 2931–43.
Beetsma, Roel M., and Xavier Debrun. 2004. "Reconciling Stability and Growth: Smart Pacts and Structural Reforms." *IMF Staff Papers* 51 (November): 431–56.
Beetsma, Roel M., and Massimo Giuliodori. 2010. "The Macroeconomic Costs and Benefits of the EMU and Other Monetary Unions: An Overview of Recent Research." *Journal of Economic Literature* 48 (September): 603–41.
Bekaert Geert, Campbell R. Harvey, and Christian Lundblad. 2006. "Growth Volatility and Financial Liberalization." *Journal of International Money and Finance* 25 (April): 370–403.
Bencivenga, Valerie R., and Bruce D. Smith. 1991. "Financial Intermediation and Endogenous Growth." *Review of Economic Studies* 58 (April): 195–209.
——. 1992. "Deficits, Inflation, and the Banking System in Developing Countries." *Oxford Economic Papers* 44 (October): 767–90.
Benigno, Pierpaolo, and Alessandro Missale. 2004. "High Public Debt in Currency Crises: Fundamentals versus Signaling Effects." *Journal of International Money and Finance* 23 (March): 165–88.
Bernanke, Ben S., and Alan S. Blinder. 1988. "Is It Money or Credit, or Both, or Neither?" *American Economic Review* 78 (May): 435–39.
Bernanke, Ben S., and Mark Gertler. 1989. "Agency Costs, Net Worth, and Business Fluctuations." *American Economic Review* 79 (March): 14–31.
——. 1995. "Inside the Black Box: The Credit Channel of Monetary Policy Transmission." *Journal of Economic Perspectives* 9 (September): 27–48.
Bernanke, Ben S., Mark Gertler, and Simon Gilchrist. 2000. "The Financial Accelerator in a Quantitative Business Cycle Framework." In *Handbook of Macroeconomics*, edited by John B. Taylor and Michael Woodford. Amsterdam: North Holland.
Bertola, Giuseppe. 1998. "Irreversible Investment." *Research in Economics* 52 (March): 3–37.
Besancenot, Damien, Radu Vranceanu. 2007. "Financial Instability under a Flexible Exchange Rate." *Scandinavian Journal of Economics* 109 (June): 291–302.
Bester, Helmut. 1985. "Screening vs. Rationing in Credit Markets with Imperfect Information." *American Economic Review* 75 (September): 850–55.
Bevan, David, Paul Collier, and Jan W. Gunning. 1993. "Trade Shocks in Developing Countries: Consequences and Policy Responses." *European Economic Review* 37 (April): 557–65.
Bhalla, Surjit. 1980. "The Measurement of Permanent Income and its Application to Saving Behavior." *Journal of Political Economy* 88 (August): 722–43.
Bharucha, Nargis, and Chistopher Kent. 1998. "Inflation Targeting in a Small Open Economy." Discussion Paper no. 9807, Reserve Bank of Australia (July).
Bhattacharya, Sudipto, Arnoud W. Boot, and Anjan V. Thakor. 1998. "The Economics of Bank Regulation." *Journal of Money, Credit, and Banking* 30 (November): 745–70.
Bick, Alexander. 2010. "Threshold Effects of Inflation on Economic Growth in Developing Countries." *Economics Letters* 108 (August): 126–29.
Binici, Mahir, Michael Hutchison, and Martin Schindler. 2010. "Controlling Capital? Legal Restrictions and the Asset Composition of International Financial Flows." *Journal of International Money and Finance* 29 (June): 666–84.
Bird, Richard M., and Eric M. Zolt. 2005. "The Limited Role of the Personal Income Tax in Developing Countries." *Journal of Asian Economics* 16 (December): 928–46.
Blackburn, Keith, and Gonzalo F. Forgues-Puccio. 2010. "Financial Liberalisation, Bureaucratic Corruption and Economic Development." *Journal of International Money and Finance* 29 (November): 1321–39.
Blackburn, Keith, and Alessandra Pelloni. 2004. "On the Relationship between Growth and Volatility." *Economics Letters* 83 (April): 123–28.
Blanchard, Olivier J. 1985. "Credibility, Disinflation, and Gradualism." *Economic Letters* 17 (March): 211–17.
——. 2004. "Fiscal Dominance and Inflation Targeting: Lessons from Brazil." Working Paper no. 10389, National Bureau of Economic Research (March).
Blanchard, Olivier J., and Stanley Fischer. 1989. *Lectures on Macroeconomics*. Cambridge, MA: MIT Press.

Blanchard, Olivier J., and Francesco Giavazzi. 2004. "Improving the SGP through a Proper Accounting of Public Investment." Discussion Paper no. 4220, Centre for Economic Policy Research (February).
Blanco, Herminio, and Peter M. Garber. 1986. "Recurrent Devaluation and Speculative Attacks on the Mexican Peso." *Journal of Political Economy* (February): 148–66.
Bleaney, Michael, and David Fielding. 2002. "Exchange Rate Regimes, Inflation and Output Volatility in Developing Countries." *Journal of Development Economics* 68 (June): 233–45.
Bleaney, Michael, and David Greenaway. 1993*a*. "Adjustment to External Balance and Investment Slumps in Developing Countries." *European Economic Review* 37 (April): 577–85.
——. 1993*b*. "Long-Run Trends in the Relative Price of Primary Commodities and in the Terms of Trade of Developing Countries." *Oxford Economic Papers* 45 (July): 349–63.
Blejer, Mario I., and Adrienne Cheasty. 1991. "The Measurement of Fiscal Deficits: Analytical and Methodological Issues." *Journal of Economic Literature* 29 (December): 1644–78.
Blejer, Mario I., and Nissan Liviatan. 1987. "Fighting Hyperinflation: Stabilization Strategies in Argentina and Israel." *IMF Staff Papers* 34 (September): 409–38.
Bohn, Henning. 1990. "Sustainability of Budget Deficits with Lump-Sum and with Income-Based Taxation." *Journal of Money, Credit, and Banking* 23 (August): 580–604.
——. 1998. "The Behavior of US Public Debt and Deficits." *Quarterly Journal of Economics* 113 (August): 949–63.
Bolton, Patrick, and Olivier Jeanne. 2011. "Sovereign Default Risk and Bank Fragility in Financially Integrated Economies." *IMF Economic Review* 59 (June): 162–94.
Borensztein, Eduardo. 1990. "Debt Overhang, Credit Rationing and Investment." *Journal of Development Economics* 32 (April): 315–35.
Borensztein, Eduardo, José De Gregorio, and Jong Wha Lee. 1998. "How Does Foreign Direct Investment Affect Economic Growth?" *Journal of International Economics* 45 (June): 115–35.
Borensztein, Eduardo, and Ugo Panizza. 2009. "The Costs of Sovereign Default." *IMF Staff Papers* 56 (December): 683–741.
Borio, Claudio, and Frank Packer. 2004. "Assessing New Perspectives on Country Risk." *BIS Quarterly Review* (December): 47–65.
Bosworth, Barry P., and Susan M. Collins. 2003. "The Empirics of Growth: An Update." *Brookings Papers on Economic Activity* no. 2 (December): 113–206.
——. 2008. "Accounting for Growth: Comparing China and India." *Journal of Economic Perspectives* 22 (March): 45–66.
Boughton, James M. 1993. "The Economics of the CFA Franc Zone." In *Policy Issues in the Operation of Currency Unions*, edited by Paul R. Masson and Mark P. Taylor. Cambridge: Cambridge University Press.
Brainard, William. 1967. "Uncertainty and the Effectiveness of Policy." *American Economic Review* 57 (May): 411–25.
Branson, William H. 1986. "Stabilization, Stagflation, and Investment Incentives: The Case of Kenya 1979–80." In *Economic Adjustment and Exchange Rates in Developing Countries*, edited by Sebastián Edwards and Liaqat Ahamed. Chicago: University of Chicago Press.
Bravo, Ana B., and Antonio L. Silvestre. 2002. "Intertemporal Sustainability of Fiscal Policies: Some Tests for European Countries." *European Journal of Political Economy* 18 (September): 517–28.
Brock, Philip L. 1984. "Inflationary Finance in an Open Economy." *Journal of Monetary Economics* 14 (July): 37–53.
——. 1989. "Reserve Requirements and the Inflation Tax." *Journal of Money, Credit, and Banking* 21 (February): 106–21.
Brock, Philip L., and Stephen J. Turnovsky. 1994. "The Dependent-Economy Model with Both Traded and Nontraded Capital Goods." *Review of International Economics* 2 (October): 306–25.
Broda, Christian. 2004. "Terms of Trade and Exchange Rate Regimes in Developing Countries." *Journal of International Economics* 63 (May): 31–58.
Broner, Fernando, Tatiana Didier, Aitor Erce, and Sergio L. Schmukler. 2013. "Gross Capital Flows: Dynamics and Crises." *Journal of Monetary Economics* 60 (January): 113–33.
Broner, Fernando, Alberto Martin, and Jaume Ventura. 2006. "Sovereign Risk and Secondary Markets." Working Paper no. 12783, National Bureau of Economic Research (December).
Broto, Carmen, Javier Díaz-Cassou, and Aitor Erce. 2011. "Measuring and Explaining the Volatility of Capital Flows to Emerging Countries." *Journal of Banking and Finance* 35 (August): 1941–53.
Brunnermeier, Markus K., Thomas M. Eisenbach, and Yuliy Sannikov. 2012. "Macroeconomics with Financial Frictions: A Survey." Working Paper no. 18102, National Bureau of Economic Research (May).

Bruno, Michael. 1991. *High Inflation and the Nominal Anchors of an Open Economy.* Princeton Essay in International Finance no. 183. Princeton, NJ: Princeton University.
Bruno, Michael, and Stanley Fischer. 1990. "Seigniorage, Operating Rules, and the High Inflation Trap." *Quarterly Journal of Economics* 105 (May): 353–74.
Bruno, Valentina, and Hyun Song Shin. 2012. "Capital Flows and the Risk-Taking Channel of Monetary Policy." Working Paper no. 400, Bank for International Settlements (December).
Bruton, Henry. 1989. "Import Substitution." In *Handbook of Development Economics* II, edited by Hollis B. Chenery and T. N. Srinivasan. Amsterdam: North Holland.
Brzoza-Brzezina, Michal, Marcin Kolasaz, and Krzysztof Makarski. 2013. "The Anatomy of Standard DSGE Models with Financial Frictions." *Journal of Economic Dynamics and Control* 37 (January): 32–51.
Bubula, Andrea, and Inci Otker-Robe. 2002. "The Evolution of Exchange Rate Regimes since 1990: Evidence from De Facto Policies." Working Paper no. 02/155, International Monetary Fund (September).
Buch, Claudia M., and Ralph P. Heinrich. 1999. "Twin Crises and the Intermediary Role of Banks." *International Journal of Finance and Economics* 4 (October): 313–24.
Budina, Nina, and Sweder van Wijnbergen. 2008. "Quantitative Approaches to Fiscal Sustainability Analysis: A Case Study of Turkey since the Crisis of 2001." *World Bank Economic Review* 23 (March): 119–40.
Buffie, Edward F. 1984*a*. "Financial Repression, the New Structuralists, and Stabilization Policy in the Semi-Industrialized Economies." *Journal of Development Economics* 14 (April): 305–22.
——. 1984*b*. "The Macroeconomics of Trade Liberalization." *Journal of International Economics* 17 (August): 121–37.
——. 1986*a*. "Devaluation and Imported Inputs: The Large Economy Case." *International Economic Review* 27 (February): 123–40.
——. 1986*b*. "Devaluation, Investment and Growth in LDCs." *Journal of Development Economics* 20 (March): 361–79.
——. 1992. "Short- and Long-Run Effects of Fiscal Policy." *World Bank Economic Review* 6 (May): 331–51.
——. 1998. "Public Sector Layoffs, Credibility, and the Dynamics of Inflation in a Simple Macromodel." *Journal of Development Economics* 56 (June): 115–40.
Buffie, Edward E., and Manoj Atolia. 2012. "Resurrecting the Weak Credibility Hypothesis in Models of Exchange-Rate-Based Stabilization." *European Economic Review* 56 (April): 361–72.
Buiter, Willem H. 1980. "Walras' Law and All That: Budget Constraints and Balance Sheet Constraints in Period Models and Continuous Time Models." *International Economic Review* 21 (February): 1–16.
——. 1983. "Measurement of the Public Sector Deficit and Its Implications for Policy Evaluation and Design." *IMF Staff Papers* 30 (June): 306–49.
——. 1985. "A Guide to Public Sector Debt and Deficits." *Economic Policy* no. 1 (November): 13–80.
——. 1987. "Borrowing to Defend the Exchange Rate and the Timing of and Magnitude of Speculative Attacks." *Journal of International Economics* 23 (November): 221–39.
——. 1988. "Structural and Stabilization Aspects of Fiscal and Financial Policy in the Dependent Economy." *Oxford Economic Papers* 40 (June): 220–45.
——. 1989*a*. "Some Thoughts on the Role of Fiscal Policy in Stabilization and Structural Adjustment in Developing Countries." In *Principles of Budgetary and Financial Policy*, edited by Willem H. Buiter. Cambridge, MA: MIT Press.
—— .1989*b*. "The Arithmetic of Solvency." In *Principles of Budgetary and Financial Policy*, edited by Willem H. Buiter. Cambridge, MA: MIT Press.
——. 2004. "Fiscal Sustainability." Unpublished, European Bank for Reconstruction and Development (January).
Buiter, Willem H., and Urjit R. Patel. 1992. "Debt, Deficits and Inflation: An Application to the Public Finances of India." *Journal of Public Economics* 47 (March): 171–205.
Bulow, Jeremy, and Kenneth Rogoff. 1989. "A Constant Recontracting Model of Sovereign Debt." *Journal of Political Economy* 97: 155–178.
Burnside, Craig. 2004. "Currency Crises and Contingent Liabilities." *Journal of International Economics* 62 (January): 25–52.
Burnside, Craig, Martin Eichenbaum, and Sergio Rebelo. 2001. "Prospective Deficits and the Asian Currency Crisis." *Journal of Political Economy* 109 (December): 1155–97.
——. 2004. "Government Guarantees and Self-Fulfilling Speculative Attacks." *Journal of Economic Theory* 119 (November): 31–63.

Burstein, Ariel, Martin Eichenbaum, and Sergio Rebelo. 2005. "Large Devaluations and the Real Exchange Rate." *Journal of Political Economy* 113 (August): 742–84.
Burstein, Ariel, Joao C. Neves, and Sergio Rebelo. 2003. "Distribution Costs and Real Exchange Rate Dynamics during Exchange-Rate-Based Stabilizations." *Journal of Monetary Economics* 50 (September): 1189–1214.
Burton, David. 1983. "Devaluation, Long-Term Contracts, and Rational Expectations." *European Economic Review* 23 (September): 19–32.
Bussière, Matthieu, and Marcel Fratzscher. 2006. "Towards a New Early Warning System of Financial Crises." *Journal of International Money and Finance* 25 (October): 953–73.
Caballero, Ricardo J. 1990. "Consumption Puzzles and Precautionary Savings." *Journal of Monetary Economics* 25 (January): 113–36.
——. 1991. "On the Sign of the Investment-Uncertainty Relationship." *American Economic Review* 81 (March): 279–88.
——. 1999. "Aggregate Investment." In *Handbook of Macroeconomics*, edited by John B. Taylor and Michael Woodford. Amsterdam: North Holland.
——. 2000. "Macroeconomic Volatility in Latin America: A Conceptual Framework and Three Case Studies." Working Paper no. 426, Inter-American Development Bank (August).
——. 2010. "Macroeconomics after the Crisis: Time to Deal with the Pretense-of-Knowledge Syndrome." *Journal of Economic Perspectives* 24 (September): 85–102.
Caballero, Ricardo J., and Arvind Krishnamurthy. 2001. "International and Domestic Collateral Constraints in a Model of Emerging Market Crises." *Journal of Monetary Economics* 48 (December): 513–48.
Caballero, Ricardo J., and Stavros Panageas. 2008. "Hedging Sudden Stops and Precautionary Contractions." *Journal of Development Economics* 85 (February): 28–57.
Calderón, César, Alberto Chong, and Ernesto Stein. 2002. "Trade Intensity and Business Cycle Synchronization: Are Developing Countries Different?" Working Paper no. 195, Central Bank of Chile (December).
Calderón, César, and J. Rodrigo Fuentes. 2014. "Have Business Cycles Changed over the Last Two Decades? An Empirical Investigation." *Journal of Development Economics* 109 (July): 98–123.
Calomiris, Charles W., and Gary Gorton. 1989. "The Origins of Banking Panics: Models, Facts, and Bank Regulation." In *Financial Markets and Financial Crises*, edited by Glenn Hubbard. Chicago: University of Chicago Press.
Calvo, Guillermo A. 1983. "Staggered Contracts and Exchange Rate Policy." In *Exchange Rates and International Macroeconomics*, edited by Jacob A. Frenkel. Chicago: University of Chicago Press.
——. 1986. "Temporary Stabilization: Predetermined Exchange Rates." *Journal of Political Economy* 94 (December): 1319–29.
——. 1987*a*. "On the Cost of Temporary Policy." *Journal of Development Economics* 27 (October): 245–62.
——. 1987*b*. "Balance of Payments Crises in a Cash-in-Advance Economy." *Journal of Money, Credit, and Banking* 19 (February): 19–32.
——. 1989. "Incredible Reforms." In *Debt, Stabilization and Development*, edited by Guillermo A. Calvo, Ronald Findlay, Pentti Kouri, and Jorge Braga de Macedo. Oxford: Basil Blackwell.
——. 1998. "Capital Flows and Capital-Market Crises: The Simple Economics of Sudden Stops." *Journal of Applied Economics* 1 (November): 35–54.
——. 2003. "Explaining Sudden Stop, Growth Collapse, and BOP Crisis: The Case of Distortionary Output Taxes." *IMF Staff Papers* 50 (March): 1–20.
——. 2007. "Interest Rate Rules, Inflation Stabilization, and Imperfect Credibility: The Small Open Economy Case." Unpublished, Columbia University (February).
Calvo, Guillermo A., Oya Celasun, and Michael Kumhoff. 2003. "Inflation Inertia and Credible Disinflation—The Open Economy Case." Working Paper no. 9557, National Bureau of Economic Research (March).
Calvo, Guillermo A., Alejandro Izquierdo, and Luis-Fernando Mejia. 2004. "On the Empirics of Sudden Stops: The Relevance of Balance-Sheet Effects." Working Paper no. 10520, National Bureau of Economic Research (May).
Calvo, Guillermo A., Leonardo Leiderman, and Carmen M. Reinhart. 1996. "Inflows of Capital to Developing Countries in the 1990s: Causes and Effects." *Journal of Economic Perspectives* 10 (Spring): 123–39.
Calvo, Guillermo A., and Enrique G. Mendoza. 1996. "Mexico's Balance-of-Payments Crisis: A Chronicle of a Death Foretold." *Journal of International Economics* 41 (November): 235–64.
Calvo, Guillermo A., and Carmen M. Reinhart. 2002. "Fear of Floating." *Quarterly Journal of Economics* 117 (May): 379–408.

Calvo, Guillermo A., and Carlos A. Rodríguez. 1977. "A Model of Exchange Rate Determination Under Currency Substitution and Rational Expectations." *Journal of Political Economy* 85 (June): 617–25.

Calvo, Guillermo A., and Carlos A. Végh. 1993*a*. "Exchange Rate-Based Stabilization under Imperfect Credibility." In *Open Economy Macroeconomics*, edited by Helmut Frisch and Andreas Worgotter. New York: St. Martin's Press.

——. 1993*b*. "Credibility and the Dynamics of Stabilization Policy: A Basic Framework." In *Advances in Econometrics*, edited by Christopher A. Sims. Cambridge: Cambridge University Press.

——. 1994. "Stabilization Dynamics and Backward-Looking Contracts." *Journal of Development Economics* 43 (February): 59–84.

——. 1996. "From Currency Substitution to Dollarization and Beyond: Analytical and Policy Issues." In *Money, Exchange Rates, and Output*, edited by Guillermo A. Calvo. Cambridge, MA: MIT Press.

Canavan, Chris, and Mariano Tommasi. 1997. "On the Credibility of Alternative Exchange Rate Regimes." *Journal of Development Economics* 54 (October): 101–22.

Canova, Fabio, and Evi Pappa. 2006. "The Elusive Costs and the Immaterial Gains of Fiscal Constraints." *Journal of Public Economics* 90 (September): 1391–1414.

Caprio, Gerard, and Daniela Klingebiel. 2003. "Episodes of Systemic and Borderline Financial Crises." World Bank Research Dataset.

Caputo, Rodrigo, Felipe Liendo, and Juan Pablo Medina. 2006. "New Keynesian Models for Chile in the Inflation-Targeting Period: A Structural Investigation." Working Paper no. 402, Central Bank of Chile (December).

Cardoso, Eliana. 1981. "Food Supply and Inflation." *Journal of Development Economics* 8 (June): 269–84.

——. 1993. "Private Investment in Latin America." *Economic Development and Cultural Change* 41 (July): 833–48.

Carlstrom, Charles T., and Timothy S. Fuerst. 2005. "Investment and Interest Rate Policy: A Discrete Time Analysis." *Journal of Economic Theory* 123 (July): 4–20.

Carmichael, Jeffrey, Jerome Fahrer, and John Hawkins. 1985. "Some Macroeconomic Implications of Wage Indexation: A Survey." In *Inflation and Unemployment: Theory, Experience and Policymaking*, edited by Victor E. Argy and John W. Neville. London: G. Allen and Unwin.

Carmignani, Fabrizio. 2003. "Political Instability, Uncertainty and Economics." *Journal of Economic Surveys* 17 (March): 1–54.

Carranza, Luis, José E. Galdon-Sanchez, Javier Gomez-Biscarri. 2009. "Exchange Rate and Inflation Dynamics in Dollarized Economies." *Journal of Development Economics* 89 (May): 98–108.

Carruth, Alan, Andy Dickerson, and Andrew Henley. 2002. "What Do We Know about Investment under Uncertainty?" *Journal of Economic Surveys* 14 (June): 119–53.

Cashin, Paul. 1995. "Government Spending, Taxes, and Economic Growth." *IMF Staff Papers* 42 (June): 237–69.

Cashin, Paul, John McDermott, and Alasdair Scott. 2002. "Booms and Slumps in World Commodity Prices." *Journal of Development Economics* 69 (October): 277–96.

Castiglionesi, Fabio. 2007. "Financial Contagion and the Role of the Central Bank." *Journal of Banking and Finance* 31 (January): 81–101.

Catão, Luis, and Marco E. Terrones. 2005. "Fiscal Deficits and Inflation." *Journal of Monetary Economics* 52 (April): 529–54.

Cavalcanti, Marco Antonio F. 2010. "Credit Market Imperfections and the Power of the Financial Accelerator: A Theoretical and Empirical Investigation." *Journal of Macroeconomics* 32 (March): 118–44.

Cavoli, Tony, and Ramkishen S. Rajan. 2006. "Monetary Policy Rules For Small and Open Developing Economies: A Counterfactual Policy Analysis." *Journal of Economic Development* 31 (June): 89–111.

Ca' Zorzi, Michele, Elke Hahn, and Marcelo Sánchez. 2007. "Exchange Rate Pass-through in Emerging Markets." Working Paper no. 739, European Central Bank (March).

Cecchetti, Stephen G., Hans Genberg, John Lipsky, and Sushil Wadhwani. 2000. *Asset Prices and Central Bank Policy*. London: Centre for Economic Policy Research.

Celasun, Oya. 2006. "Sticky Inflation and the Real Effects of Exchange Rate-Based Stabilization." *Journal of International Economics* 70 (September): 115–39.

Céspedes, Luis F., Roberto Chang, and Andrés Velasco. 2003. "IS-LM-BP in the Pampas." *IMF Staff Papers* 50 (March): 143–56.

——. 2004. "Balance Sheets and Exchange Rate Policy." *American Economic Review* 94 (September): 1183–93.

Chah, Eun Y., Valerie A. Ramey, and Ross M. Starr. 1995. "Liquidity Constraints and Intertemporal Consumer Optimization: Theory and Evidence from Durable Goods." *Journal of Money, Credit, and Banking* 27 (February): 272–87.

Chakraborty, Shankha, and Tridip Ray. 2006. "Bank-Based versus Market-Based Financial Systems: A Growth-Theoretic Analysis." *Journal of Monetary Economics* 53 (March): 329–50.
Chang, P. Kevin, Stijn Claessens, and Robert E. Cumby. 1997. "Conceptual and Methodological Issues in the Measurement of Capital Flight." *International Journal of Finance and Economics* 2 (April): 101–19.
Chang, Roberto, and Andrés Fernández. 2013. "On the Sources of Aggregate Fluctuations in Emerging Economies." *International Economic Review* 54 (November): 1265–93.
Chang, Roberto, Linda Kaltani, and Norman V. Loayza. 2009. "Openness can be Good for Growth: The Role of Policy Complementarities." *Journal of Development Economics* 90 (September): 33–49.
Chang, Roberto, and Giovanni Majnoni. 2002. "Fundamentals, Beliefs, and Financial Contagion." *European Economic Review* 46 (May): 801–08.
Chang, Roberto, and Andrés Velasco. 2000*a*. "Liquidity Crises in Emerging Markets: Theory and Policy." In *NBER Macroeconomics Annual 1999*, edited by Ben Bernanke and Julio Rotemberg. Cambridge, MA: MIT Press.
——. 2000*b*. "Banks, Debt Maturity and Financial Crises." *Journal of International Economics* 51 (June): 169–94.
——. 2001. "A Model of Financial Crises in Emerging Markets." *Quarterly Journal of Economics* 116 (May): 489–517.
——. 2002. "Dollarization: Analytical Issues." In *Dollarization*, edited by Federico Sturzenegger and Eduardo Levy-Yeyati. Cambridge, MA: MIT Press.
——. 2006. "Currency Mismatches and Monetary Policy: A Tale of Two Equilibria." *Journal of International Economics* 69 (June): 150–75.
Chappell, D., and David A. Peel. 1979. "On the Political Theory of the Business Cycle." *Economic Letters* 2 (March): 327–32.
Chari, V. V., and Patrick J. Kehoe. 2004. "Financial Crises as Herds: Overturning the Critiques." *Journal of Economic Theory* 119 (November): 128–50.
Chhibber, Ajay, and Mansoor Dailami. 1993. "Fiscal Policy and Private Investment in Developing Countries: Recent Evidence on Key Selected Issues." In *Fiscal Issues in Adjustment in Developing Countries*, edited by Riccardo Faini and Jaime de Melo. New York: St. Martin's Press.
Ching, Stephen, and Michael B. Devereux. 2003. "Mundell Revisited: A Simple Approach to the Costs and Benefits of a Single Currency Area." *Review of International Economics* 11 (September): 674–91.
Chinn, Menzie D., and Hiro Ito. 2006. "What Matters for Financial Development? Capital Controls, Institutions, and Interactions." *Journal of Development Economics* 81 (October): 163–92.
Chirwa, Ephraim W., and Montfort Mlachila. 2004. "Financial Reforms and Interest Rate Spreads in the Commercial Banking System in Malawi." *IMF Staff Papers* 51 (March): 96–122.
Chiu, Ru-Lin. 2001. "The Intratemporal Substitution between Government Spending and Private Consumption: Empirical Evidence from Taiwan." *Asian Economic Journal* 15 (September): 313–24.
Cho, Yoon Je. 1986. "Inefficiencies from Financial Liberalization in the Absence of Well-Functioning Equity Markets." *Journal of Money, Credit, and Banking* 18 (May): 191–99.
Choi, Woon Gyu, and David Cook. 2004. "Liability Dollarization and the Bank Balance Sheet Channel." *Journal of International Economics* 64 (December): 247–75.
Choi, Woon Gyu, and Michael B. Devereux. 2006. "Asymmetric Effects of Government Spending: Does the Level of Real Interest Rates Matter?" *IMF Staff Papers* 53 (September): 147–81.
Chong, Beng Soon, Ming-Hua Liu, and Keshab Shrestha. 2006. "Monetary Transmission via the Administered Interest Rate Channel." *Journal of Banking and Finance* 30 (May): 1467–84.
Choudhry, Nurun N. 1991. "Collection Lags, Fiscal Revenue and Inflationary Financing: Empirical Evidence and Analysis." Working Paper no. 91/41, International Monetary Fund (April).
Chowdhury, Ibrahim, Mathias Hoffmann, and Andreas Schabert. 2006. "Inflation Dynamics and the Cost Channel of Monetary Transmission." *European Economic Review* 50 (May): 995–1016.
Christiano, Lawrence J., and Terry J. Fitzgerald. 2003. "The Band Pass Filter." *International Economic Review* 44 (May): 435–65.
Christiano, Lawrence J., Christopher Gust, and Jorge Roldós. 2004. "Monetary Policy in a Financial Crisis." *Journal of Economic Theory* 119 (November): 64–103.
Christiano, Lawrence J., Roberto Motto, and Massimo Rostagno. 2010. "Financial Factors in Business Cycles." Working Paper no. 1192, European Central Bank (May 2010).
Christiano, Lawrence J., Mathias Trabandt, and Karl Walentin. 2010. "DSGE Models for Monetary Policy Analysis." In *Handbook of Monetary Economics*, edited by Benjamin M. Friedman and Michael Woodford. Amsterdam: North Holland.

——. 2011. "Introducing Financial Frictions and Unemployment into a Small Open Economy Model." *Journal of Economic Dynamics and Control* 35 (December): 1999–2041.

Christopoulos, Dimitris K., and Efthymios G. Tsionas. 2004. "Financial Development and Economic Growth: Evidence from Panel Unit Root and Cointegration Tests." *Journal of Development Economics* 73 (February): 55–74.

Chuhan, Punam, and Federico Sturzenegger. 2005. "Default Episodes in the 1980s and 1990s: What Have We Learned?" In *Managing Economic Volatility and Crises*, edited by Joshua Aizenman and Brian Pinto. Cambridge: Cambridge University Press.

Claessens, Stijn. 1991. "Balance of Payments Crises in an Optimal Portfolio Model." *European Economic Review* 35 (January): 81–101.

Claessens, Stijn, Swati R. Ghosh, and Roxana Mihet. 2013. "Macro-Prudential Policies to Mitigate Financial System Vulnerabilities." *Journal of International Money and Finance* 39 (December): 153–85.

Claessens, Stijn, M. Ayhan Kose, and Marco E. Terrones. 2011. "Recessions and Financial Disruptions in Emerging Markets: A Bird's Eye View." In *Monetary Policy under Financial Turbulence*, edited by Luis F. Céspedes, Roberto Chang, and Diego Saravia. Santiago: Central Bank of Chile.

Clarida, Richard, Jordi Galí, and Mark Gertler. 1999. "The Science of Monetary Policy: A New Keynesian Perspective." *Journal of Economic Literature* 37 (December): 1661–1707.

Clements, Benedict, Rina Bhattacharya, and Toan Q. Nguyen. 2003. "External Debt, Public Investment, and Growth in Low-Income Countries." Working Paper no. 03/249, International Monetary Fund (December).

Coco, Giuseppe. 2000. "On the Use of Collateral." *Journal of Economic Surveys* 14 (June): 191–214.

Coeurdacier, Nicolas, and Hélène Rey. 2013. "Home Bias in Open Economy Financial Macroeconomics." *Journal of Economic Literature* 51 (March): 63–115.

Cohen, Daniel. 1993. "Low Investment and Large LDC Debt in the 1980's." *American Economic Review* 83 (June): 437–49.

Cole, Harold L., and Timothy J. Kehoe. 1996. "A Self-Fulfilling Model of Mexico's 1994–1995 Debt Crisis." *Journal of International Economics* 41 (November): 309–30.

Coles, Melvyn, and Apostolis Philippopoulos. 1997. "Are Exchange Rate Bands Better than Fixed Exchange Rates? The Imported Credibility Approach." *Journal of International Economics* 43 (August): 133–53.

Collard, Fabrice, and Harris Dellas. 2005. "Poole in the New Keynesian Model." *European Economic Review* 49 (May): 887–907.

Connolly, Michael B. 1986. "The Speculative Attack on the Peso and the Real Exchange Rate: Argentina, 1979–81." *Journal of International Money and Finance* 5 (March): 117–30.

Connolly, Michael B., and Arturo Fernández. 1987. "Speculation Against the Pre-Announced Exchange Rate in Mexico: January 1983 to June 1985." In *Economic Reform and Stabilization in Latin America*, edited by Michael Connolly and Claudio González-Vega. New York: Praeger.

Connolly, Michael B., and Dean Taylor. 1984. "The Exact Timing of the Collapse of an Exchange Rate Regime and Its Impact on the Relative Price of Traded Goods." *Journal of Money, Credit, and Banking* 16 (May): 194–207.

Cook, David. 2004. Monetary Policy in Emerging Markets: Can Liability Dollarization Explain Contractionary Devaluation?" *Journal of Monetary Economics* 51 (September): 1155–81.

Cook, David, and Michael B. Devereux. 2006*a*. "Accounting for the East Asian Crisis: A Quantitative Model of Capital Outflows in Small Open Economies." *Journal of Money, Credit, and Banking* 38 (April): 721–49.

——. 2006*b*. "Capital Inflows, Fiscal Discretion, and Exchange Rate Policy." *European Economic Review* 50 (November): 1975–92.

Cooper, Richard N. 1971. *Currency Devaluation in Developing Countries*. Essay in International Finance no. 86. Princeton, NJ: Princeton University.

Cooper, Russell, and Thomas W. Ross. 2002. "Bank Runs: Deposit Insurance and Capital Requirements." *International Economic Review* 43 (February): 55–72.

Corden, W. Max. 1984. "Booming Sector and Dutch Disease Economics: Survey and Consolidation." *Oxford Economic Papers* 36 (November): 359–80.

——. 1990. "Macroeconomic Adjustment in Developing Countries." In *Public Policy and Economic Development*, edited by Maurice Scott and Deepak Lal. Oxford: Clarendon Press.

Corden, W. Max, and Ronald Findlay. 1975. "Urban Unemployment, Intersectoral Capital Mobility and Development Policy." *Economica* 42 (February): 59–78.

Cordoba, Juan-Carlos, and Marla Ripoll. 2004. "Credit Cycles Redux." *International Economic Review* 45 (November): 1011–46.

Corsetti, Giancarlo, and Bartosz Maćkowiak. 2006. "Fiscal Imbalances and the Dynamics of Currency Crises." *European Economic Review* 50 (July): 1317–38.
Coudert, Virginie, and Marc Dubert. 2005. "Does Exchange Rate Regime Explain Differences in Economic Results for Asian Countries?" *Journal of Asian Economies* 16 (October): 861–73.
Courakis, Anthony S. 1984. "Constraints on Bank Choices and Financial Repression in Less Developed Countries." *Oxford Bulletin of Economics and Statistics* 46 (November): 341–70.
Cowan, Kevin, Erwin Hansen, and Luis O. Herrera. 2005. "Currency Mismatches, Balance-Sheet Effects and Hedging in Chilean Non-Financial Corporations." Working Paper no. 521, Central Bank of Chile (January).
Cox, W. Michael. 1983. "Government Revenue from Deficit Finance." *Canadian Journal of Economics* 16 (May): 264–74.
Cruces, Juan J., and Christoph Trebesch. 2013. "Sovereign Defaults: The Price of Haircuts." *American Economic Journal—Macroeconomics* 5 (March): 85–117.
Cuddington, John. 1986. *Capital Flight: Estimates, Issues and Explanations.* Study in International Finance no. 58. Princeton, NJ: Princeton University.
Cukierman, Alex. 1988. "The End of the High Israeli Inflation: An Experiment in Heterodox Stabilization." In *Inflation Stabilization*, edited by Michael Bruno et al. Cambridge, MA: MIT Press.
——. 1992. *Central Bank Strategy, Credibility, and Independence.* Cambridge, MA: MIT Press.
Cukierman, Alex, Sebastián Edwards, and Guido Tabellini. 1992. "Seigniorage and Political Instability." *American Economic Review* 82 (June): 537–55.
Cukierman, Alex, and Nissan Liviatan. 1991. "Optimal Accommodation by Strong Policymakers under Incomplete Information." *Journal of Monetary Economics* 27 (February): 99–127.
——. 1992. "Dynamics of Optimal Gradual Stabilizations." *World Bank Economic Review* 6 (September): 439–58.
Cukierman, Alex, and Allan Meltzer. 1989. "A Political Theory of Government Debt and Deficits in a Neo-Ricardian Framework." *American Economic Review* 79 (September): 713–32.
Cukierman, Alex, Yossi Spiegel, and Leonardo Leiderman. 2004. "The Choice of Exchange Rate Bands: Balancing Credibility and Flexibility." *Journal of International Economics* 62 (March): 379–408.
Cumby, Robert E., and Maurice Obstfeld. 1983. "Capital Mobility and the Scope for Sterilization: Mexico in the 1970s." In *Financial Policies and the World Capital Market*, edited by Pedro A. Armella, Rudiger Dornbusch, and Maurice Obstfeld. Chicago: University of Chicago Press.
Cumby, Robert E., and Sweder van Wijnbergen. 1989. "Financial Policy and Speculative Runs with a Crawling Peg: Argentina 1979–1981." *Journal of International Economics* 27 (August): 111–27.
Dabla-Norris, Era, Mark Gradstein, and Gabriela Inchauste. 2008. "What Causes Firms to Hide Output? The Determinants of Informality." *Journal of Development Economics* 85 (February): 1–27.
Daniel, Betty C., and John B. Jones. 2007. "Financial Liberalization and Banking Crises in Emerging Economies." *Journal of International Economics* 72 (May): 202–21.
Darrat, Ali F., and Augustine C. Arize. 1990. "Domestic and International Sources of Inflation in Developing Countries." *International Economic Journal* 4 (Winter): 55–69.
Davidson, Carl, and Steven J. Matusz. 2006. "Trade Liberalization and Compensation." *International Economic Review* 47 (August): 723–47.
Deaton, Angus S. 1989. "Saving in Developing Countries: Theory and Review." *World Bank Economic Review.* Washington, DC: Proceedings of the World Bank Annual Conference on Development Economics.
——. 1992. *Understanding Consumption.* Oxford: Oxford University Press.
Deaton, Angus, and John Muellbauer. 1980. *Economics and Consumer Behavior.* Cambridge: Cambridge University Press.
De Ceuster, Marc J., and Nancy Masschelein. 2003. "Regulating Banks through Market Discipline: A Survey of the Issues." *Journal of Economic Surveys* 17 (December): 749–66.
De Grauwe, Paul. 2012. *Economics of Monetary Union*, 9th ed. Oxford: Oxford University Press.
De Grauwe, Paul, and Magdalena Polan. 2005. "Is Inflation Always and Everywhere a Monetary Phenomenon?" *Scandinavian Journal of Economics* 107 (June): 239–59.
De Grauwe, Paul, and Yuemei Ji. 2014. "How Much Fiscal Discipline in a Monetary Union?" *Journal of Macroeconomics* 39, Part B (March 2014): 348–60.
De Gregorio, José. 1993. "Inflation, Taxation, and Long-Run Growth." *Journal of Monetary Economics* 31 (June): 271–98.
——. 1995. "Policy Accommodation and Gradual Stabilization." *Journal of Money, Credit, and Banking* 27 (August): 727–41.

De Paoli, Bianca, Glenn Hoggarth, and Vistoria Saporta. 2006. "Costs of Sovereign Default." Financial Stability Paper no. 1, Bank of England (July).

Deidda, Luca G. 2006. "Interaction between Economic and Financial Development." *Journal of Monetary Economics* 53 (March): 233–48.

Dellas, Harris, and Alan C. Stockman. 1993. "Self-Fulfilling Expectations, Speculative Attacks, and Capital Controls." *Journal of Money, Credit, and Banking* 25 (November): 721–30.

Demekas, Dimitri G. 1990. "Labor Market Segmentation in a Two-Sector Model of an Open Economy." *IMF Staff Papers* 37 (December): 849–64.

Demetriades, Panicos, and Khaled A. Hussein. 1996. "Does Financial Development Cause Economic Growth? Time-Series Evidence from 16 Countries." *Journal of Development Economics* 51 (December): 387–411.

De Meza, David, and David C. Webb. 1987. "Too Much Investment: A Problem of Asymmetric Information." *Quarterly Journal of Economics* 102 (May): 281–92.

——. 2006. "Credit Rationing: Something's Gotta Give." *Economica* 73 (November): 563–78.

Demirel, Ufuk D. 2010. "Macroeconomic Stabilization in Developing Economies: Are Optimal Policies Procyclical?" *European Economic Review* 54 (April): 409–28.

Demirgüç-Kunt, Asli, and Enrica Detragiache. 1998. "The Determinants of Banking Crises in Developing Countries." *IMF Staff Papers* 45 (March): 81–109.

——. 2001. "Financial Liberalization and Financial Fragility." In *Financial Liberalization: How Far, How Fast?* edited by Gerard Caprio, Patrick Honohan, and Joseph E. Stiglitz. Cambridge: Cambridge University Press.

——. 2002. "Does Deposit Insurance Increase Banking System Stability? An Empirical Investigation." *Journal of Monetary Economics* 49 (October): 1373–1406.

Demirgüç-Kunt, Asli, Enrica Detragiache, and Poonam Gupta. 2006. "Inside the Crisis: An Empirical Analysis of Banking Systems in Distress." *Journal of International Money and Finance* 25 (August): 702–18.

Denizer, Cevdet. 1997. "The Effects of Financial Liberalization and New Bank Entry on Market Structure and Competition in Turkey." Policy Research Working Paper no. 1839, World Bank (November).

Detragiache, Enrica, and Antonio Spilimbergo. 2002. "Crisis and Liquidity: Evidence and Interpretation." Working Paper no. 01/2, International Monetary Fund (January).

Deutsch, Joseph, and Ben-Zion Zilberfarb. 1994. "Inflation Variability and Money Demand in Developing Countries." *International Review of Economics and Finance* 3 (March): 57–72.

Devenow, Andrea, and Ivo Welch. 1996. "Rational Herding in Financial Economics." *European Economic Review* 40 (April): 603–15.

Devereux, Michael B. 2006. "Exchange Rate Policy and Endogenous Price Flexibility." *Journal of the European Economic Association* 4 (December): 737–69.

Devereux, Michael B., Philip R. Lane, and Juanyi Xu. 2004. "Exchange Rates and Monetary Policy in Emerging Market Economies." IIIS Discussion Paper no. 36, University of British Columbia (August).

Devereux, Michael B., and Doris Poon. 2004. "A Simple Model of Optimal Monetary Policy with Financial Constraints." Unpublished, University of British Columbia (March).

Diamond, Douglas W., and Philip H. Dybvig. 1983. "Bank Runs, Deposit Insurance, and Liquidity." *Journal of Political Economy* 91 (June): 401–19.

Díaz-Alejandro, Carlos F. 1963. "A Note on the Impact of Devaluation and the Redistributive Effect." *Journal of Political Economy* 71 (December): 577–80.

——. 1965. *Exchange Rate Devaluation in a Semi-Industrialized Country.* Cambridge, MA: MIT Press.

——. 1985. "Good-Bye Financial Repression, Hello Financial Crash." *Journal of Development Economics* 19 (September): 1–24.

Di Giorgio, Giorgio. 1999. "Financial Development and Reserves Requirements." *Journal of Banking and Finance* 23 (July): 1031–41.

Dincer, N. Nergiz, and Barry Eichengreen. 2014. "Central Bank Transparency and Independence: Updates and New Measures." *International Journal of Central Banking* 10 (March): 189–253.

Disyatat, Piti. 2004. "Currency Crises and the Real Economy: The Role of Banks." *European Economic Review* 48 (February): 75–90.

Disyatat, Piti, and Pinnarat Vongsinsirikul. 2003. "Monetary Policy and the Transmission Mechanism in Thailand." *Journal of Asian Economics* 14 (June): 389–418.

Dixit, Avinash. 1980. "A Solution Technique for Rational Expectations Models with Applications to Exchange Rate and Interest Rate Determination." Unpublished. Department of Economics, Warwick University (November).

——. 1991. "The Optimal Mix of Inflationary Finance and Commodity Taxation with Collection Lags." *IMF Staff Papers* 38 (September): 643–54.

Dixit, Avinash, and Robert S. Pindyck. 1994. *Investment Under Uncertainty*. Princeton, NJ: Princeton University Press.

Dixit, Avinash, and Jospeh E. Stiglitz. 1977. "Monopolistic Competition and Optimum Product Diversity." *American Economic Review* 67 (June): 297–308.

Dixon, Huw, and Engin Kara. 2006. "Understanding Inflation Persistence: A Comparison of Different Models." Working Paper no. 672, European Central Bank (September).

Djankov, Simeon, Oliver Hart, Caralee McLiesh, and Andrei Shleifer. 2010. "Debt Enforcement around the World." *Journal of Political Economy* 116 (December): 1105–49.

Dolado, Juan D., Ramon María-Dolores, and Francisco J. Ruge-Murcia. 2002. "Nonlinear Monetary Policy Rules: Some New Evidence for the U.S." Discussion Paper no. 3405, Centre for Economic Policy Research (June).

Dooley, Michael. 1996. "A Survey of Literature on Controls Over International Capital Transactions." *IMF Staff Papers* 43 (December): 639–87.

——. 2000. "Can Output Losses Following International Financial Crises Be Avoided?" Working Paper no. 7531, National Bureau of Economic Research (February).

Dooley, Michael, Eduardo Fernández-Arias, and Kenneth Kletzer. 1994. "Is the Debt Crisis History? Recent Private Capital Inflows to Developing Countries." Working Paper no. 4792, National Bureau of Economic Research (July).

Dooley, Michael, Jeffrey Frankel, and Donald Mathieson. 1987. "International Capital Mobility: What Do Saving Investment Correlations Tell Us?" *IMF Staff Papers* 34 (September): 503–30.

Dooley, Michael, and Peter Isard. 1980. "Capital Controls, Political Risk, and Deviations from Interest Parity." *Journal of Political Economy* 88 (April): 370–84.

Dornbusch, Rudiger. 1980. *Open-Economy Macroeconomics*. New York: Basic Books.

——. 1982. "PPP Exchange-Rate Rules and Macroeconomic Stability." *Journal of Political Economy* 90 (February): 158–65.

——. 1983. "Real Interest Rates, Home Goods, and Optimal External Borrowing." *Journal of Political Economy* 91 (February): 141–53.

——. 1991. "Credibility and Stabilization." *Quarterly Journal of Economics* 106 (August): 837–50.

——. 1993. "Lessons from Experiences with High Inflation." In *Stabilization, Debt, and Reform*, by Rudiger Dornbusch. Englewood Cliffs, NJ: Prentice Hall.

Dornbusch, Rudiger, and Juan Carlos de Pablo. 1989. "Debt and Macroeconomic Instability in Argentina." In *Developing Country Debt and the World Economy*, edited by Jeffrey D. Sachs. Chicago: University of Chicago Press.

Dornbusch, Rudiger, and Stanley Fischer. 1986. "Stopping Hyperinflations, Past and Present." *Weltwirtschaftliches Archives* 122 (March): 1–47.

——. 1993. "Moderate Inflation." *World Bank Economic Review* 7 (January): 1–44.

Dornbusch, Rudiger, and Mario H. Simonsen. 1988. "Inflation Stabilization: The Role of Incomes Policy and Monetization." In *Exchange Rates and Inflation*, by Rudiger Dornbusch. Cambridge, MA: MIT Press.

Dornbusch, Rudiger, Federico Sturzenegger, and Holger Wolf. 1990. "Extreme Inflation: Dynamics and Stabilization." *Brookings Papers on Economic Activity* no. 1 (March). 1–84.

Drazen, Allan H. 1985. "Tight Money and Inflation: Further Results." *Journal of Monetary Economics* 15 (January): 113–20.

——. 1996. "The Political Economy of Delayed Reform." *Journal of Policy Reform* 1 (March): 25–46.

——. 2001. *Political Economy in Macroeconomics*. Princeton, NJ: Princeton University Press.

——. 2004. "Fiscal Rules from a Political Economy Perspective." In *Rules-Based Fiscal Policy in Emerging Markets*, edited by George F. Kopits. New York: Macmillan.

Drazen, Allan H., and Marcela Eslava. 2005. "Political Budget Cycles with Deficits: How to Play Favorites." Unpublished, University of Maryland (April).

Drazen, Allan H., and Vittorio Grilli. 1993. "The Benefits of Crises for Economic Reforms." *American Economic Review* 83 (June): 598–607.

Drazen, Allan H., and Elhanan Helpman. 1988. "Stabilization Policy with Exchange Rate Management Under Uncertainty." In *Economic Effects of the Government Budget*, edited by Elhanan Helpman, Assaf Razin, and Efraim Sadka. Cambridge, MA: MIT Press.

——. 1990. "Inflationary Consequences of Anticipated Macroeconomic Policies." *Review of Economic Studies* 57 (January): 147–66.
Drazen, Allan H., and Stefan Hubrich. 2006. A Simple Test of the Effect of Interest Rate Defense." *Journal of the Japanese and International Economies* 20 (December): 612–36.
Drazen, Allan H., and Paul R. Masson. 1994. "Credibility of Policies versus Credibility of Policymakers." *Quarterly Journal of Economics* 109 (August): 735–54.
Dreher, Axel, Bernhard Herz, and Volker Karb. 2006. "Is there a Causal Link between Currency and Debt Crises?" *International Journal of Finance and Economics* 11 (October): 305–25.
Driffill, John, and Martin Sola. 2006. "Target Zones for Exchange Rates and Policy Changes." *Journal of International Money and Finance* 25 (October): 912–31.
Duca, John V., and David D. VanHoose. 2004. "Recent Developments in Understanding the Demand for Money." *Journal of Economics and Business* 56 (December): 247–72.
Duffy, John, Maxim Nikitin, and R. Todd Smith. 2006. "Dollarization Traps." *Journal of Money, Credit, and Banking* 38 (December): 2073–97.
Dufrénot, Gilles, Valérie Mignon, and Anne Péguin-Feissolle. 2011. "The Effects of the Subprime Crisis on the Latin American Financial Markets: An Empirical Assessment." *Economic Modelling* 28 (September): 2342–57.
Dutton, Dean S. 1971. "A Model of Self-Generating Inflation: the Argentine Case." *Journal of Money, Credit, and Banking* 3 (May): 245–62.
Dwyer, Gerald P., John Devereux, Scott Baier, and Robert Tamura. 2013. "Recessions, Growth and Banking Crises." *Journal of International Money and Finance* 38 (November): 18–40.
Easterly, William. 2001. "Growth Implosions and Debt Explosions: Do Growth Slowdowns Cause Public Debt Crises?" *Contributions in Macroeconomics* 1 (March): 1–24.
Easterly, William, Paolo Mauro, and Klaus Schmidt-Hebbel. 1995. "Money Demand and Seigniorage-Maximizing Inflation." *Journal of Money, Credit, and Banking* 27 (May): 583–603.
Easterly, William, and Klaus Schmidt-Hebbel. 1994. "Fiscal Adjustment and Macroeconomic Performance: A Synthesis." In *Public Sector Deficits and Macroeconomic Performance*, edited by William Easterly, Carlos A. Rodríguez, and Klaus Schmidt-Hebbel. Oxford: Oxford University Press.
Eaton, Jonathan, and Mark Gersovitz. 1981. "Debt with Potential Repudiation: Theoretical and Empirical Analysis." *Review of Economic Studies* 48 (April): 289–309.
Edison, Hali J. 2003. "Do Indicators of Financial Crises Work? An Evaluation of an Early Warning System." *International Journal of Finance and Economics* 8 (January): 11–53.
Edison, Hali J., Michael W. Klein, Luca A. Ricci, and Torsten Slok. 2004. "Capital Account Liberalization and Economic Performance: Survey and Synthesis." *IMF Staff Papers* 51 (June): 220–56.
Edison, Hali J., Ross Levine, Luca Ricci, and Torsten Slok. 2002. "International Financial Integration and Economic Growth." *Journal of International Money and Finance* 21 (November): 749–76.
Edwards, Sebastián. 1984. *The Order of Liberalization of the External Sector in Developing Countries.* Princeton Essay in International Finance no. 156. Princeton, NJ: Princeton University.
——. 1988. "Terms of Trade, Tariffs and Labor Market Adjustment in Developing Countries." *World Bank Economic Review* 2 (May): 165–85.
——. 1989*a*. *Real Exchange Rates, Devaluation and Adjustment: Exchange Rate Policies in Developing Countries.* Cambridge, MA: MIT Press.
——. 1989*b*. "On the Sequencing of Structural Reforms." Working Paper no. 3138, National Bureau of Economic Research (October).
——. 2004. "Financial Openness, Sudden Stops, and Current-Account Reversals." *American Economic Review* (May): 59–64.
——. 2011. "Exchange-Rate Policies in Emerging Countries: Eleven Empirical Regularities from Latin America and East Asia." *Open Economies Review* 22 (September): 533–63.
Edwards, Sebastián, and Mohsin S. Khan. 1985. "Interest Rate Determination in Developing Countries: A Conceptual Framework." *IMF Staff Papers* 32 (September): 377–403.
Edwards, Sebastián, and Eduardo Levy-Yeyati. 2005. "Flexible Exchange Rates and Shock Absorbers." *European Economics Review* 49 (November): 2079–2105.
Edwards, Sebastián, and I. Igal Magdenzo. 2006. "Strict Dollarization and Economic Performance: An Empirical Investigation." *Journal of Money, Credit, and Banking* 38 (February): 269–82.
Edwards, Sebastián, and Peter J. Montiel. 1989. "Devaluation Crises and the Macroeconomic Consequences of Postponed Adjustment in Developing Countries." *IMF Staff Papers* 36 (December): 875–904.

Edwards, Sebastián, and Roberto Rigobon. 2009. "Capital Controls on Inflows, Exchange Rate Volatility and External Vulnerability." *Journal of International Economics* 78 (July): 256–67.

Edwards, Sebastián, and Julio A. Santaella. 1993. "Devaluation Controversies in the Developing Countries: Lessons from the Bretton Woods Era." In *A Retrospective on the Bretton Woods System*, edited by Michael D. Bordo and Barry Eichengreen. Chicago: University of Chicago Press.

Edwards, Sebastián, and Guido Tabellini. 1991. "Explaining Fiscal Policies and Inflation in Developing Countries." *Journal of International Money and Finance* 10 (Supplement, March): 16–48.

Edwards, Sebastián, and Sweder van Wijnbergen. 1986. "The Welfare Effects of Trade and Capital Market Liberalization." *International Economic Review* 27 (February): 141–48.

Edwards, Sebastian, and Carlos A. Végh. 1997. "Banks and Macroeconomic Disturbances under Predetermined Exchange Rates." *Journal of Monetary Economics* 40 (November): 239–78.

Eichengreen, Barry, and Carlos Arteta. 2002. "Banking Crises in Emerging Markets: Presumptions and Evidence." In *Financial Policies in Emerging Markets*, edited by Mario I. Blejer and Marko Skreb. Cambridge, MA: MIT Press.

Eichengreen, Barry, Donghyun Park, and Kwanho Shin. 2012. "When Fast Economies Slow Down: International Evidence and Implications for China." *Asian Economic Papers* 11 (March): 42–87.

Eijffinger, Sylvester C., and Bilge Karatas. 2012. "Currency Crises and Monetary Policy: A Study on Advanced and Emerging Economies." *Journal of International Money and Finance* 31 (September): 948–74.

Eijffinger, Sylvester C., and Mewael F. Tesfaselassie. 2007. "Central Bank Forecasts and Disclosure Policy: Why It Pays to Be Optimistic." *European Journal of Political Economy* 23 (March): 30–50.

Elekdag, Selim, Alejandro Justiniano, and Ivan Tchakarov. 2006. "An Estimated Small Open Economy Model of the Financial Accelerator." *IMF Staff Papers* 53 (June): 219–41.

Elías, Victor J. 1992. *Sources of Growth: A Study of Seven Latin American Countries*. San Francisco, CA: ICS Press.

Erbas, S. Nuri. 1989. "The Limits on Bond Financing of Government Deficits under Optimal Fiscal Policy." *Journal of Macroeconomics* 11 (Fall): 589–98.

Erceg, Christopher J. 2002. "The Choice of an Inflation Target Range in a Small Open Economy." *American Economic Review* 92 (May): 85–89.

Esaka, Taro. 2010. "Exchange Rate Regimes, Capital Controls, and Currency Crises: Does the Bipolar View Hold?" *Journal of International Financial Markets, Institutions and Money* 20 (February): 91–108.

Eslava, Marcela. 2006. "The Political Economy of Fiscal Policy: Survey." Working Paper no. 583, Inter-American Development Bank (October).

Estrella, Arturo, and Frederic S. Mishkin. 1997. "Is There a Role for Monetary Aggregates in the Conduct of Monetary Policy?" *Journal of Monetary Economics* 40 (October): 279–304.

Evans, J. L., and George K. Yarrow. 1981. "Some Implications of Alternative Expectations Hypotheses in the Monetary Analysis of Hyperinflations." *Oxford Economic Papers* 33 (March): 61–80.

Faini, Riccardo, and Jaime de Melo. 1992. "Adjustment, Investment and the Real Exchange Rate in Developing Countries." In *Reviving Private Investment in Developing Countries*, edited by Ajay Chhibber, Mansoor Dailami, and Nemat Shafik. Amsterdam: North Holland.

Falvey, Rod, and Cha Dong Kim. 1992. "Timing and Sequencing Issues in Trade Liberalisation." *Economic Journal* 102 (July): 908–24.

Faruqee, Hamid. 1992. "Dynamic Capital Mobility in Pacific Basin Developing Countries: Estimation and Policy Implications." *IMF Staff Papers* 39 (September): 706–17.

Fatás, Antonio, and Ilian Mihov. 2006. "The Macroeconomic Effects of Fiscal Rules in the US States." *Journal of Public Economics* 90 (January): 101–17.

Faust, Jon, and Lars E. Svensson. 2001. "Transparency and Credibility: Monetary Policy with Unobserved Goals." *International Economic Review* 42 (May): 369–97.

Feenstra, Robert C. 1985. "Anticipated Devaluation, Currency Flight and Direct Trade Controls in a Monetary Economy." *American Economic Review* 75 (June): 386–401.

Feldstein, Martin, and Charles Horioka. 1980. "Domestic Saving and International Capital Flows." *Economic Journal* 90 (June): 314–29.

Fernández, Raquel, and Dani Rodrik. 1991. "Resistance to Reform: Status Quo Bias in the Presence of Individual Specific Uncertainty." *American Economic Review* 81 (December): 1146–55.

Fernández, Roque B. 1985. "The Expectations Management Approach to Stabilization in Argentina 1976–82." *World Development* 13 (August): 871–92.

——. 1991. "Exchange Rate Policy in Countries with Hyperinflation: The Case of Argentina." In *Exchange Rate Policies in Developing and Post-Socialist Countries*, edited by Emil-Maria Claassen. San Francisco: ICS Press.
Fernández-Arias, Eduardo. 1996. "The New Wave of Private Capital Inflows: Push or Pull?" *Journal of Development Economics* 48 (March): 389–418.
Fernández-Arias, Eduardo, and Peter J. Montiel. 1996. "The Surge in Capital Inflows to Developing Countries: An Analytical Overview." *World Bank Economic Review* 10 (March): 51–77.
Fiess, Norbert. 2003. "Capital Flows, Country Risk, and Contagion." Policy Research Working Paper no. 2943, World Bank (January).
Fischer, Bernard, and Helmut Reisen. 1994. *Financial Opening: Why, How, When.* Occasional Paper no. 55, International Center for Economic Growth. San Francisco: ICS Press.
Fischer, Stanley. 1983. "Seigniorage and Fixed Exchange Rates: An Optimal Inflation Tax Analysis." In *Financial Policies and the World Capital Market*, edited by Pedro Aspe Armella, Rudiger Dornbusch, and Maurice Obstfeld. Chicago: University of Chicago Press.
——. 1985. "Contracts, Credibility and Disinflation." In *Inflation and Unemployment: Theory, Experience and Policymaking*, edited by Victor E. Argy and John W. Neville. London: G. Allen and Unwin.
——. 1986. "Exchange Rate Versus Money Targets in Disinflation." In *Indexing, Inflation, and Economic Policy.* Cambridge, MA: MIT Press.
——. 1988. "Real Balances, the Exchange Rate and Indexation: Real Variables in Disinflation." *Quarterly Journal of Economics* 103 (March): 27–49.
——. 1993. "The Role of Macroeconomic Factors in Growth." *Journal of Monetary Economics* 32 (December): 485–512.
Fischer, Stanley, and William Easterly. 1990. "The Economics of the Government Budget Constraint." *World Bank Research Observer* 5 (July): 127–42.
Fischer, Stanley, Ratna Sahay, and Carlos A. Végh. 2002. "Modern Hyper- and High Inflations." *Journal of Economic Literature* 40 (September): 837–80.
Fishlow, Albert, and Jorge Friedman. 1994. "Tax Evasion, Inflation and Stabilization." *Journal of Development Economics* 43 (February): 105–23.
Fishlow, Albert, and Samuel Morley. 1987. "Debts, Deficits and Destabilization: The Perversity of High Interest Rates." *Journal of Development Economics* 27 (October): 227–44.
Fitzgerald, E.V.K., Karel Jansen, and Rob Vos. 1994. "External Constraints on Private Investment Decisions in Developing Countries." In *Trade, Aid, and Development*, edited by Jan Willem Gunning, Henk Kox, Wouter Tims, and Ynto de Wit. New York: St. Martin's Press.
Fleming, J. Marcus. 1962. "Domestic Financial Policies Under Fixed and Under Floating Exchange Rates." *IMF Staff Papers* 9 (March): 369–80.
Flood, Robert P., and Peter M. Garber. 1984. "Collapsing Exchange Rate Regimes: Some Linear Examples." *Journal of International Economics* 17 (August): 1–13.
Flood, Robert P., Peter M. Garber, and Charles Kramer. 1996. "Collapsing Exchange Rate Regimes: Another Linear Example." *Journal of International Economics* 41 (November): 223–34.
Flood, Robert P., and Peter Isard. 1989. "Monetary Policy Strategies." *IMF Staff Papers* 36 (December): 612–32.
Flood, Robert P., and Olivier Jeanne. 2005. "An Interest Rate Defense of a Fixed Exchange Rate?" *Journal of International Economics* 66 (July): 471–84.
Flood, Robert P., and Nancy P. Marion. 1999. "Perspectives on the Recent Currency Crisis Literature." *International Journal of Finance and Economics* 4 (January): 1–26.
——. 2004. "A Model of the Joint Distribution of Banking and Currency Crises." *Journal of International Money and Finance* 23 (December): 841–65.
Forbes, Kristin J., and Francis E. Warnock. 2012. "Capital Flow Waves: Surges, Stops, Flight and Retrenchment." *Journal of International Economics* 88 (November): 235–51.
Fountas, Stiliano, and Agapitos Papagapitos. 2001. "The Monetary Transmission Mechanism: Evidence and Implications for European Monetary Union." *Economics Letters* 70 (March): 397–404.
Frankel, Jeffrey A., Carlos A. Végh, and Guillermo Vuletin. 2013. "On Graduation from Fiscal Procyclicality." *Journal of Development Economics* 100 (January): 32–47.
Fratzscher, Marcel. 2012. "Capital Flows, Push Versus Pull Factors and the Global Financial Crisis." *Journal of International Economics* 88 (November): 341–56.
Freitas, M. Lebre de. 2004. "The Dynamics of Inflation and Currency Substitution in a Small Open Economy." *Journal of International Money and Finance* 23 (February): 133–42.

Freitas, M. Lebre de, and Francisco J. Veiga. 2006. "Currency Substitution, Portfolio Diversification, and Money Demand." *Canadian Journal of Economics* 39 (August): 719–43.

Freixas, Xavier, and Jean-Charles Rochet. 1997. *Microeconomics of Banking*. Cambridge, MA: MIT Press.

Frenkel, Jacob A., and Assaf Razin. 1987. "The Mundell-Fleming Model a Quarter Century Later: A Unified Exposition." *IMF Staff Papers* 34 (December): 567–620.

——. 1992. *Fiscal Policies and the World Economy*. 2nd ed. Cambridge, MA: MIT Press.

Frey, Bruno S., and Reiner Eichenberger. 1994. "The Political Economy of Stabilization Programmes in Developing Countries." *European Journal of Political Economy* 10 (May): 169–90.

Frisch, Helmut, and Sylvia Staudinger. 2003. "Inflation Targeting versus Nominal Income Targeting." *Journal of Economics* 78 (March): 113–37.

Froot, Kenneth A. 1988. "Credibility, Real Interest Rates, and the Optimal Speed of Trade Liberalization." *Journal of International Economics* 25 (August): 71–93.

Fry, Maxwell J. 1996. *Money, Interest and Banking in Economic Development*. 2nd ed. Baltimore, MD: Johns Hopkins University Press.

Fuhrer, Jeffrey C. 1997. "Inflation-Output Variance Trade-Offs and Optimal Monetary Policy." *Journal of Money, Credit, and Banking* 29 (May): 214–34.

Fuhrer, Jeffrey C., and Geoffrey R. Moore. 1995. "Inflation Persistence." *Quarterly Journal of Economics* 110 (February): 127–59.

Furusawa, Taiji, and Edwin L. Lai. 1999. "Adjustment Costs and Gradual Trade Liberalization." *Journal of International Economics* 49 (December): 333–61.

Futagami, Koichi, Yuichi Morita, and Akihisa Shibata. 1993. "Dynamic Analysis of an Endogenous Growth Model with Public Capital." In *Endogenous Growth*, edited by Torben M. Andersen and Karl O. Moene. Oxford: Basil Blackwell.

Gagnon, Etienne. 2009. "Price Setting During Low and High Inflation: Evidence from Mexico." *Quarterly Journal of Economics* 124 (August): 1221–63.

Gagnon, Joseph E., and Jane Ihrig. 2004. "Monetary Policy and Exchange Rate Pass-Through." *International Journal of Finance and Economics* 9 (November): 315–38.

Gaiotti, Eugenio, and Alessandro Secchi. 2006. "Is There a Cost Channel of Monetary Policy Transmission? An Investigation into the Pricing Behavior of 2,000 Firms." *Journal of Money, Credit, and Banking* 38 (December): 2013–37.

Galati, Gabriele, and Richhild Moessner. 2013. "Macroprudential Policy—A Literature Review." *Journal of Economic Surveys* 27 (December): 846–78.

Galbis, Vicente. 1993. "High Real Interest Rates Under Financial Liberalization: Is There a Problem?" Working Paper no. 93/7, International Monetary Fund (January).

——. 1994. "Sequencing of Financial Sector Reforms: A Review." Working Paper no. 94/101, International Monetary Fund (September).

Galí, Jordi. 2008. *Monetary Policy, Inflation, and the Business Cycle: An Introduction to the New Keynesian Framework*. Princeton, NJ: Princeton University Press.

Galindo, Arturo J., Alejandro Izquierdo, and Liliana Rojas-Suárez. 2010. "Financial Integration and Foreign Banks in Latin America: How Do They Impact the Transmission of External Financial Shocks?" Working Paper no. 4651, Inter-American Development Bank (January).

Galindo, Arturo, Fabio Schiantarelli, and Andrew Weiss. 2007. "Does Financial Liberalization Improve the Allocation of Investment? Micro-Evidence from Developing Countries." *Journal of Development Economics* 83 (July): 562–97.

Gan, Wee-Beng, and Lee-Ying Soon. 1994. "Rational Expectations, Saving and Anticipated Changes in Income: Evidence from Malaysia and Singapore." *Journal of Macroeconomics* 16 (Winter): 157–70.

Ganelli, Giovanni. 2005. "The New Open Economy Macroeconomics of Government Debt." *Journal of International Economics* 65 (January): 167–84.

Garcia, Carlos J., Jorge E. Restrepo, and Scott Roger. 2011. "How Much Should Inflation Targeters Care about the Exchange Rate?" *Journal of International Money and Finance* 30 (November): 1590–1617.

García, Gustavo. 2012. "Fiscal Rules for Stability and Sustainability." in *The Fiscal Institutions of Tomorrow*. Washington, DC: Inter-American Development Bank.

Garcia, Marcio, and Roberto Rigobon. 2004. "A Risk Management Approach to Emerging Market Sovereign Debt Sustainability with an Application to Brazilian Data." NBER Working Paper 10336.

García-Peñalosa, Cecilia, and Stephen J. Turnovsky. 2005. "Production Risk and the Functional Distribution of Income in a Developing Economy: Tradeoffs and Policy Responses." *Journal of Development Economics* 76 (February): 175–208.

Gavin, Michael, and Roberto Perotti. 1997. "Fiscal Policy in Latin America." In *Macroeconomics Annual 1997*, edited by Julio Rotemberg and Ben Bernanke. Cambridge, MA: MIT Press.

Geide-Stevenson, Doris. 2000. "Labor Unions, Unemployment, and Trade and Capital Liberalization." *Journal of Economic Integration* 15 (March): 76–99.

Gelos, Gaston, Ratna Sahay, and Guido Sandleris. 2011. "Sovereign Borrowing by Developing Countries: What Determines Market Access?" *Journal of International Economics* 83 (March): 243–54.

Genberg, Hans. 1989. "Exchange Rate Management and Macroeconomic Policy: A National Perspective." *Scandinavian Journal of Economics* 91 (June): 439–69.

Geraats, Petra M. 2014. "Monetary Policy Transparency." Working Paper no. 4611, CESifo (January).

Gerali, Andrea, Stefano Neri, Luca Sessa, and Federico M. Signoretti. 2010. "Credit and Banking in a DSGE Model of the Euro Area." *Journal of Money, Credit, and Banking* 42 (September): 107–41.

Gersbach, Hans, and Volker Hahn. 2006. "Signaling and Commitment: Monetary versus Inflation Targeting." *Macroeconomic Dynamics* 10 (November): 595–624.

Gersovitz, Mark. 1988. "Saving and Development." In *Handbook of Development Economics,* edited by Hollis B. Chenery and T. N. Srinivasan. Amsterdam: North Holland.

Gertler, Mark. 1988. "Financial Structure and Aggregate Economic Activity: An Overview." *Journal of Money, Credit, and Banking* (August): 559–88.

——. 1992. "Financial Capacity and Output Fluctuations in an Economy with Multi-Period Financial Relationships." *Review of Economic Studies* 59 (July): 455–72.

Gertler, Mark, Simon Gilchrist, and Fabio M. Natalucci. 2007. "External Constraints on Monetary Policy and the Financial Accelerator." *Journal of Money, Credit and Banking* 39 (March): 295–330.

Ghosh, Amit. 2013. "Exchange Rate Pass Through, Macro Fundamentals and Regime Choice in Latin America." *Journal of Macroeconomics* 35 (March): 163–71.

Ghosh, Atish R., Jun Il Kim, Mahvash S. Qureshi, and Juan Zalduendo. 2014. "Surges." *Journal of International Economics* 92 (March): 266–85.

Giavazzi, Francesco, Tullio Jappelli, and Marco Pagano. 2000. "Searching for Non-Linear Effects of Fiscal Policy: Evidence from Industrial and Developing Countries." *European Economic Review* 44 (June): 1259–89.

Giavazzi, Francesco, Tullio Jappelli, Marco Pagano, and Marina Benedetti. 2005. "Searching for Non-Monotonic Effects of Fiscal Policy: New Evidence." Working Paper no. 2005-E-13, Bank of Japan (September).

Giavazzi, Francesco, and Marco Pagano. 1988. "The Advantage of Tying One's Hands: EMS Discipline and Central Bank Credibility." *European Economic Review* 32 (June): 1055–82.

Giavazzi, Francesco, and Guido Tabellini. 2005. "Economic and Political Liberalizations." *Journal of Monetary Economics* 52 (October): 1297–1330.

Gillman, Max, and Michal Kejak. 2005. "Contrasting Models of the Effect of Inflation on Growth." *Journal of Economic Surveys* 19 (February 2005): 113–24.

Giovannini, Alberto. 1985. "Saving and the Real Interest Rate in LDCs." *Journal of Development Economics* 18 (August): 197–217.

Giovannini, Alberto, and Martha de Melo. 1993. "Government Revenue from Financial Repression." *American Economic Review* 83 (August): 953–63.

Giovannini, Alberto, and Bart Turtelboom. 1994. "Currency Substitution." In *The Handbook of International Macroeconomics,* edited by Frederick van der Ploeg. Oxford: Basil Blackwell.

Glick, Reuven, and Michael Hutchison. 1999. "Banking and Currency Crises: How Common Are the Twins?" In *Financial Crises in Emerging Markets,* edited by Reuven Glick, Ramon Moreno, and Mark M. Spiegel. Cambridge: Cambridge University Press.

——. 2005. "Capital Controls and Exchange Rate Instability in Developing Countries." *Journal of International Money and Finance* 24 (April): 387–412.

Glick, Reuven, and Andrew Rose. 2002. "Does a Currency Union Affect Trade? The Time-Series Evidence." *European Economic Review* 46 (June): 1125–51.

Goderis, Benedikt, and Vasso Ioannidou. 2008. "Do High Interest Rates Defend Currencies During Speculative Attacks? New Evidence." *Journal of International Economics* 74 (January): 158–69.

Goldberg, Linda S. 1994. "Predicting Exchange Rate Crises: Mexico Revisited." *Journal of International Economics* 34 (May): 413–30.

Goldfeld, Stephen M., and Edward D. Sichel. 1990. "The Demand for Money." In *Handbook of Monetary Economics* I, edited by Benjamin Friedman and Frank H. Hahn. Amsterdam: North Holland.
Goldstein, Itay. 2005. "Strategic Complementarities and the Twin Crises." *Economic Journal* 115 (April): 368–90.
Goldstein, Itay, and Assaf Razin. 2013. "Review of Theories of Financial Crises." Working Paper no. 18670, National Bureau of Economic Research (January).
Goldstein, Morris, and Philip Turner. 1996. *Banking Crises in Emerging Economies: Origins and Policy Options*. Economic Paper no. 46, Bank for International Settlements (October).
Gonzaga, Gustavo, Naércio Menezes Filho, and Cristina Terra. 2006. "Trade Liberalization and the Evolution of Skill Earnings Differentials in Brazil." *Journal of International Economics* 68 (March): 345–67.
Goode, Richard. 1984. *Government Finance in Developing Countries*. Washington, DC: Brookings Institution.
Goodfriend, Marvin, and Bennett T. McCallum. 2007. "Banking and Interest Rates in Monetary Policy Analysis: A Quantitative Exploration." *Journal of Monetary Economics* 54 (July): 1480–1507.
Goodhart, Charles E. 2006. "A Framework for Assessing Financial Stability?" *Journal of Banking and Finance* 30 (December): 3415–22.
Gopinath, Gita. 2004. "Lending Booms, Sharp Reversals and Real Exchange Rate Dynamics." *Journal of International Economics* 62 (January): 1–23.
Gornemann, Nils. 2013. "Sovereign Default, Private Investment, and Economic Growth." Unpublished, University of Pennsylvania (June).
Gorton, Gary. 1988. "Banking Panics and Business Cycles." *Oxford Economic Papers* 40 (December): 751–81.
Gorton, Gary, and Lixin Huang. 2006. "Bank Panics and the Endogeneity of Central Banking." *Journal of Monetary Economics* 53 (October): 1613–29.
Gorton, Gary, and Andrew Metrick. 2012. "Getting Up to Speed on the Financial Crisis: A One-Weekend-Reader's Guide." *Journal of Economic Literature* 50 (March): 128–50.
Greenaway, David, and Chris Milner. 1991. "Fiscal Dependence on Trade Taxes and Trade Policy Reform." *Journal of Development Studies* 27 (April): 96–132.
Greene, Joshua, and Delano Villanueva. 1991. "Private Investment in Developing Countries." *IMF Staff Papers* 38 (March): 33–58.
Greene, William. 2003. *Econometric Analysis*. 5th ed. Englewood Cliffs, NJ: Prentice Hall.
Greenwald, Bruce C., and Joseph E. Stiglitz. 1987. "Keynesian, New Keynesian, and New Classical Economics." *Oxford Economic Papers* 39 (March): 119–33.
——. 1993. "Financial Market Imperfections and Business Cycles." *Quarterly Journal of Economics* 108 (February): 77–114.
Greenwood, Jeremy, and Boyan Jovanovich. 1990. "Financial Development, Growth, and the Distribution of Income." *Journal of Political Economy* 98 (October): 1076–107.
Grier, Robin, and Kevin B. Grier. 2006. "On the Real Effects of Inflation and Inflation Uncertainty in Mexico." *Journal of Development Economics* 80 (August): 478–500.
Grier, Kevin B., and Shu Lin. 2010. "Do High Interest Rates Deter Speculative Attacks? Evidence and some Theory." *Journal of International Money and Finance* 29 (September): 938–50.
Grisanti, Alejandro, Ernesto H. Stein, and Ernesto Talvi. 1998. "Institutional Arrangements and Fiscal Performance: The Latin American Experience." Working Paper no. 367, Inter-American Development Bank (January).
Grossman, Gene M., and Elhanan Helpman. 1991. *Innovation and Growth in the World Economy*. Cambridge, MA: MIT Press.
Grubel, Herbert. 2005. "Small Country Benefits from Monetary Union." *Journal of Policy Modeling* 27 (June): 509–23.
Guender, Alfred V. 2006. "Stabilising Properties of Discretionary Monetary Policies in a Small Open Economy." *Economic Journal* 116 (January): 309–26.
Guender, Alfred V., and Julie Tam. 2004. "On the Performance of Nominal Income Targeting as a Strategy for Monetary Policy in a Small Open Economy." *Journal of International Money and Finance* 23 (March): 143–63.
Guidotti, Pablo E., and Carlos A. Rodríguez. 1992. "Dollarization in Latin America." *IMF Staff Papers* 39 (September): 518–44.
Guidotti, Pablo E., Federico Sturzenegger, and Agustín Villar. 2004. "On the Consequences of Sudden Stops." *Economia* 4 (March): 1–44.
Gupta, Poonam. 2005. "Aftermath of Banking Crises: Effects on Real and Monetary Variables." *Journal of International Money and Finance* 24 (June): 675–91.

Gylfason, Thorvaldur, and Marian Radetzki. 1991. "Does Devaluation Make Sense in the Least Developed Countries?" *Economic Development and Cultural Change* 40 (October): 1–25.

Gylfason, Thorvaldur, and Ole Risager. 1984. "Does Devaluation Improve the Current Account?" *European Economic Review* 25 (February): 37–64.

Gylfason, Thorvaldur, and Michael Schmid. 1983. "Does Devaluation Cause Stagflation?" *Canadian Journal of Economics* 16 (November): 641–54.

Haggard, Stephan. 1991. "Inflation and Stabilization." In *Politics and Policy Making in Developing Countries*, edited by Gerald E. Meier. San Francisco: ICS Press.

Haggard, Stephan, and Robert Kaufman. 1989. "The Politics of Stabilization and Structural Adjustment." In *Developing Country Debt and the World Economy*, edited by Jeffrey D. Sachs. Chicago: University of Chicago Press.

——. 1990. "The Political Economy of Inflation and Stabilization in Middle-Income Countries." PRE Working Paper no. 444, World Bank (June).

Haliasos, Michael, and James Tobin. 1990. "The Macroeconomics of Government Finance." In *Handbook of Monetary Economics* II, edited by Benjamin M. Friedman and Frank H. Hahn. Amsterdam: North Holland.

Hamilton, James D., and Marjorie A. Flavin. 1986. "On the Limitations of Government Borrowing: A Framework for Empirical Testing." *American Economic Review* 76 (September): 808–19.

Hanson, James A. 1983. "Contractionary Devaluation, Substitution in Production and Consumption, and the Role of the Labor Market." *Journal of International Economics* 14 (February): 179–89.

——. 1995. "Opening the Capital Account: A Survey of Issues and Results." In *Capital Controls, Exchange Rates and Monetary Policy in the World Economy*, edited by Sebastián Edwards. New York: Cambridge University Press.

Haque, Nadeem U. 1988. "Fiscal Policy and Private Sector Saving Behavior in Developing Economies." *IMF Staff Papers* 35 (June): 316–35.

Haque, Nadeem U., and Peter J. Montiel. 1989. "Consumption in Developing Countries: Test for Liquidity Constraints and Finite Horizons." *Review of Economics and Statistics* 71 (August): 408–15.

——. 1991. "Capital Mobility in Developing Countries: Some Empirical Tests." *World Development* 19 (October): 1391–98.

——. 1994. "The Macroeconomics of Public Sector Deficits: The Case of Pakistan." In *Public Sector Deficits and Macroeconomic Performance*, edited by William Easterly, Carlos A. Rodríguez, and Klaus Schmidt-Hebbel. Oxford: Oxford University Press.

Harris, John, and Michael P. Todaro. 1970. "Migration, Unemployment and Development: A Two-Sector Analysis." *American Economic Review* 60 (March): 126–43.

Hatchondo, Juan Carlos, Leonardo Martinez, and Horacio Sapriza. 2007. "Quantitative Models of Sovereign Default and the Threat of Financial Exclusion." *Federal Reserve Bank of Richmond Economic Quarterly* 93 (June): 251–286.

Hayo, Bernd, and Carsten Hefeker. 2002. "Reconsidering Central Bank Independence." *European Journal of Political Economy* 18 (November): 653–74.

Heinemann, Frank, and Gerhard Illing. 2002. "Speculative Attacks: Unique Equilibrium and Transparency." *Journal of International Economics* 58 (December): 429–50.

Hellwig, Christian, Arijit Mukherji, and Aleh Tsyvinski. 2006. "Self-Fulfilling Currency Crises: The Role of Interest Rates." *American Economic Review* 96 (December): 1769–87.

Helpman, Elhanan. 1988. "Macroeconomic Effects of Price Controls: The Role of Market Structure." *Economic Journal* 98 (June): 340–54.

——. 1989. "Voluntary Debt Reduction: Incentives and Welfare." *IMF Staff Papers* 36 (September): 580–611.

Helpman, Elhanan, and Leonardo Leiderman. 1988. "Stabilization in High-Inflation Countries: Analytical Foundations and Recent Experience." In *Stabilization Policy and Labor Markets*, edited by Karl Brunner and Allan H. Meltzer. Carnegie-Rochester Conference Series on Public Policy, 28. Amsterdam: North Holland.

Helpman, Elhanan, Leonardo Leiderman, and Gil Bufman. 1994. "New Breed of Exchange Rate Bands: Chile, Israel and Mexico." *Economic Policy* 9 (October): 260–306.

Helpman, Elhanan, and Assaf Razin. 1987. "Exchange Rate Management: Intertemporal Tradeoffs." *American Economic Review* 77 (March): 107–23.

Hernández, Leonardo, and Heinz Rudolph. 1994. "Domestic Factors, Sustainability, and Soft Landing in the New Wave of Private Capital Inflows." Unpublished, World Bank (November).

Herrendorf, Berthold. 1997. "Importing Credibility through Exchange Rate Pegging." *Economic Journal* 107 (May): 687–94.

——. 1999. "Transparency, Reputation, and Credibility under Floating and Pegged Exchange Rates." *Journal of International Economics* 49 (October): 31–50.

Herrmann, Sabine, and Dubravko Mihaljek. 2013. "The Determinants of Cross-Border Bank Flows to Emerging Markets: New Empirical Evidence on the Spread of Financial Crises." *Economics of Transition* 21 (July): 1–27.

Heymann, Daniel, and Pablo Sanguinetti. 1994. "Fiscal Inconsistencies and High Inflation." *Journal of Development Economics* 43 (February): 85–104.

Hinkle, Lawrence, and Peter J. Montiel, eds. 1999. *Exchange Rate Misalignment: Concepts and Measurement for Developing Countries*. Oxford: Oxford University Press.

Hnatkovska, Viktoria, Amartya Lahiri, and Carlos A. Végh. 2013. "Interest Rate and the Exchange Rate: A Non-Monotonic Tale." *European Economic Review* 63 (October): 68–93.

Ho, Corinne, and Robert N. McCauley. 2003. "Living with Flexible Exchange Rates: Issues and Recent Experience in Inflation Targeting Emerging Market Economies." Working Paper no. 130, Bank for International Settlements (February).

Hodrick, Robert J., and Edward C. Prescott. 1997. "Postwar U.S. Business Cycles: An Empirical Investigation." *Journal of Money, Credit, and Banking* 29 (February): 1–16.

Hoffmaister, Alexander W., and Jorge E. Roldós. 1997. "Are Business Cycles Different in Asia and Latin America?" Working Paper no. 97/9, International Monetary Fund (January).

——. 2001. "The Sources of Macroeconomic Fluctuations in Developing Countries: Brazil and Korea." *Journal of Macroeconomics* 23 (Spring): 213–39.

Hoffmaister, Alexander W., Jorge E. Roldós, and Peter Wickham. 1998. "Macroeconomic Fluctuations in Sub-Saharan Africa." *IMF Staff Papers* 44 (March): 132–60.

Hoffman, Dennis L., and Chakib Tahiri. 1994. "Money Demand in Morocco: Estimating Long-Run Elasticities for a Developing Country." *Oxford Bulletin of Economics and Statistics* 56 (August): 305–24.

Hoffmann, Mathias. 2007. "Fixed versus Flexible Exchange Rates: Evidence from Developing Countries." *Economica* 74 (August): 425–49.

Hogan, Vincent. 2004. "Expansionary Fiscal Contractions? Evidence from Panel Data." *Scandinavian Journal of Economics* 106 (December): 647–59.

Hong, Kiseok, and Aaron Tornell. 2005. "Recovery from a Currency Crisis: Some Stylized Facts." *Journal of Development Economics* 76 (February): 71–96.

Horn, Henrik, and Torsten Persson. 1988. "Exchange Rate Policy, Wage Formation, and Credibility." *European Economic Review* 32 (October): 1621–36.

Horton, Susan, Ravi Kanbur, and Dipak Mazumdar. 1994. "Overview." In *Labor Markets in an Era of Adjustment*, edited by Susan Horton, Ravi Kanbur, and Dipak Mazumdar. Washington, DC: World Bank.

House, Christopher L. 2006. "Adverse Selection and the Financial Accelerator." *Journal of Monetary Economics* 53 (September): 1117–34.

Hsieh, Chang-Tai. 2000. "Bargaining over Reform." *European Economic Review* 44 (October): 1659–76.

Huang, Haizhou, and Shang-Jin Wei. 2006. "Monetary Policies for Developing Countries: The Role of Institutional Quality." *Journal of International Economics* 70 (September): 239–52.

Huang, Ho-Chuan. 2005. "Diverging Evidence of Convergence Hypothesis." *Journal of Macroeconomics* 27 (June): 233–55.

Hubbard, R. Glenn. 1998. "Capital-Market Imperfections and Investment." *Journal of Economic Literature* 36 (March 1998): 193–225.

Hubbard, R. Glenn, and Kenneth L. Judd. 1986. "Liquidity Constraints, Fiscal Policy, and Consumption." *Brookings Papers on Economic Activity* (June): 1–50.

Hutchison, Michael M., and Kathleen McDill. 1999. "Are All Banking Crises Alike? The Japanese Experience in International Comparison." Working Paper no. 7253, National Bureau of Economic Research (July).

Hutchison, Michael M., and Ilan Noy. 2005. "How Bad Are Twins? Output Costs of Currency and Banking Crises." *Journal of Money, Credit, and Banking* 37 (August): 725–52.

——. 2006. "Sudden Stops and the Mexican Wave: Currency Crises, Capital Flow Reversals and Output Loss in Emerging Markets." *Journal of Development Economics* 79 (February): 225–48.

Hutchison, Michael M., Ilan Noy, and Lidan Wang. 2010. "Fiscal and Monetary Policies and the Cost of Sudden Stops." *Journal of International Money and Finance* 29 (October): 973–87.

Iacoviello, Matteo. 2005. "House Prices, Borrowing Constraints, and Monetary Policy in the Business Cycle." *American Economic Review* 95 (June): 739–64.

Ikeda, Shinsuke, and Ichiro Gombi. 1999. "Habits, Costly Investment, and Current Account Dynamics." *Journal of International Economics* 49 (December): 363–84.
Im, Fernando G., and David Rosenblatt. 2013. "Middle-Income Traps: A Conceptual and Empirical Survey." Policy Research Working Paper no. 6594, World Bank (September).
Imrohoroglu, Ayse, and Krishna B. Kumar. 2004. "Intermediation Costs and Capital Flows." *Review of Economic Dynamics* 7 (July): 586–612.
——. 2012. "The Liberalization and Management of Capital Flows: An Institutional View." Staff Paper (Washington, DC).
——. 2003. *World Economic Outlook* (April). Washington, DC: International Monetary Fund.
Ireland, Peter N. 2001. "Sticky-Price Models of the Business Cycle: Specification and Stability." *Journal of Monetary Economics* 47 (February) 3–18.
Irvine, Ian, and Susheng Wang. 2001. "Saving Behavior and Wealth Accumulation in a Pure Lifecycle Model with Income Uncertainty." *European Economic Review* 45 (February): 233–58.
Irwin, Gregor. 2004. "Currency Boards and Currency Crises." *Oxford Economic Papers* 56 (January): 64–87.
Ishiyama, Yoshihide. 1975. "The Theory of Optimum Currency Areas: A Survey." *IMF Staff Papers* 22 (July): 344–83.
Islam, Shafiqul. 1984. "Devaluation, Stabilization Policies and the Developing Countries." *Journal of Development Economics* 14 (January): 37–60.
Iyigun, Murat F., and Ann L. Owen. 2004. "Income Inequality, Financial Development, and Macroeconomic Fluctuations." *Economic Journal* 114 (April): 352–76.
Iyoha, Milton A. 2000. "An Econometric Analysis of External Debt and Economic Growth in Sub-Saharan African Countries." In *External Debt and Capital Flight in Sub-Saharan Africa*, edited by S. Ibi Ajayi and Mohsin Khan. Washington, DC: International Monetary Fund.
Ize, Alain, and Guillermo Ortiz. 1987. "Fiscal Rigidities, Public Debt, and Capital Flight." *IMF Staff Papers* 34 (June): 311–32.
Jappelli, Tullio, and Marco Pagano. 1994. "Saving, Growth, and Liquidity Constraints." *Quarterly Journal of Economics* 109 (February): 83–110.
Jeanne, Olivier, and Romain Rancière. 2011. "The Optimal Level of International Reserves for Emerging Market Countries: A New Formula and Some Applications." *Economic Journal* 121 (September): 905–30.
Jensen, Henrik. 2002. "Targeting Nominal Income Growth or Inflation?" *American Economic Review* 92 (September): 928–56.
Jones, Charles I., and Paul M. Romer. 2010. "The New Kaldor Facts: Ideas, Institutions, Population, and Human Capital." *American Economic Journal: Macroeconomics* 2 (January): 224–45.
Jonung, Lars. 1990. *The Political Economy of Price Controls*. Brookfield, VT: E. Gower.
Jorgensen, Steen L., and Martin Paldam. 1986. "Exchange Rates and Domestic Inflation: A Study of Price/Wage Inflation in Eight Latin American Countries, 1946–85." Working Paper no. 10, Aarhus University.
Joyce, Joseph P., and Malhar Nabar. 2009. "Sudden Stops, Banking Crises and Investment Collapses in Emerging Markets." *Journal of Development Economics* 90 (November): 314–22.
Kähkönen, Juha. 1987. "Liberalization Policies and Welfare in a Financially Repressed Economy." *IMF Staff Papers* 34 (September): 531–47.
Kalulumia, Pene, and Francine Nyankiye. 2000. "Labor Adjustment Costs, Macroeconomic Shocks and Real Business Cycles in a Small Open Economy." *Journal of Macroeconomics* 22 (September): 671–94.
Kamas, Linda. 1986. "The Balance of Payments Offset to Monetary Policy: Monetarist, Portfolio Balance, and Keynesian Estimates for Mexico and Venezuela." *Journal of Money, Credit, and Banking* 18 (November): 467–81.
Kaminsky, Graciela. 1999. "Currency and Banking Crises: The Early Warnings of Distress." Working Paper no. 99/178, International Monetary Fund (December).
Kaminsky, Graciela L., and Carmen M. Reinhart. 1999. "The Twin Crises: The Causes of Banking and Balance-of-Payments Problems." *American Economic Review* 89 (June): 473–500.
Kaminsky, Graciela, Carmen Reinhart, and Carlos Vegh. 2004. "When It Rains, It Pours: Procyclical Capital Flows and Macroeconomic Policies." In *NBER Macroeconomics Annual 2004*, edited by Mark Gertler and Kenneth S. Rogoff. Cambridge, MA: MIT Press.
Karayalcin, Cem. 2003. "Habit Formation and Government Spending in a Small Open Economy." *Macroeconomic Dynamics* 7 (June): 407–23.

Karras, Georgios. 1994. "Government Spending and Private Consumption: Some International Evidence." *Journal of Money, Credit, and Banking* 26 (February): 9–22.
——. 2007. "Is Africa an Optimum Currency Area? A Comparison of Macroeconomic Costs and Benefits." *Journal of African Economies* 16 (March): 234–58.
Kawai, Masahiro, and Louis J. Maccini. 1990. "Fiscal Policy, Anticipated Switches in Methods of Finance, and the Effects on the Economy." *International Economic Review* 31 (November): 913–34.
——. 1995. "Twin Deficits versus Unpleasant Fiscal Arithmetic in a Small Open Economy." *Journal of Money, Credit, and Banking* 27 (August): 639–58.
Kawamura, Enrique. 2007. "Exchange Rate Regimes, Banking and the Non-Tradable Sector." *Journal of Monetary Economics* 54 (March): 325–45.
Kay, Cristobal. 1989. *Latin American Theories of Development and Underdevelopment.* London: P. Routledge.
Kehoe, Timothy J., and Kim J. Ruhl. 2009. "Sudden Stops, Sectoral Reallocations, and the Real Exchange Rate." *Journal of Development Economics* 89 (July): 235–49.
Kendall, Maurice G., and Alan Stuart. 1967. *The Advanced Theory of Statistics.* London: Griffin.
Khalkhali, Sal Amir, and Atul Dara. 2007. "Trade Openness and Saving-Investment Correlations." *Economic Modelling* 24 (January): 120–27.
Khan, Mohsin S. 1980. "Monetary Shocks and the Dynamics of Inflation." *IMF Staff Papers* 27 (June): 250–84.
Khan, Mohsin S., and Manmohan S. Kumar. 1994. "Determinants of the Current Account in Developing Countries, 1970–1990." Unpublished, International Monetary Fund (March).
Khan, Mohsin S., and J. Saul Lizondo. 1987. "Devaluation, Fiscal Deficits, and the Real Exchange Rate." *World Bank Economic Review* 1 (January): 357–74.
Khan, Mohsin S., and Peter J. Montiel. 1987. "Real Exchange Rate Dynamics in a Small Primary-Exporter Country." *IMf Staff Papers* 34 (December): 687–710.
Khan, Mohsin S., and C. Luis Ramírez-Rojas. 1986. "Currency Substitution and Government Revenue from Inflation." *Revista de Análisis Económico* 1 (June): 79–88.
Khan, Mohsin S., and Roberto Zahler. 1983. "The Macroeconomic Effects of Changes in Barriers to Trade and Capital Flows." *IMF Staff Papers* 30 (June): 223–82.
——. 1985. "Trade and Financial Liberalization Given External Shocks and Inconsistent Domestic Policies." *IMF Staff Papers* 32 (March): 22–55.
Khor, Hoe E., and Liliana Rojas-Suárez. 1991. "Interest Rates in Mexico." *IMF Staff Papers* 38 (December): 850–71.
Kiguel, Miguel A. 1987. "The Non-Dynamic Equivalence of Monetary and Exchange Rate Rules under Imperfect Capital Mobility and Rational Expectations." *Journal of International Money and Finance* 6 (June): 207–14.
——. 1989. "Budget Deficits, Stability and the Dynamics of Hyperinflation." *Journal of Money, Credit, and Banking* 21 (May): 148–57.
Kiguel, Miguel A., and Nissan Liviatan. 1992. "The Business Cycle Associated with Exchange Rate Based Stabilization." *World Bank Economic Review* 6 (May): 279–305.
——. 1994. "A Policy-Game Approach to the High Inflation Equilibrium." *Journal of Development Economics* 45 (October): 135–40.
Kim, Jimill, and Dale W. Henderson. 2005. "Inflation Targeting and Nominal-Income-Growth Targeting: When and Why Are They Suboptimal?" *Journal of Monetary Economics* 52 (November): 1463–95.
Kimbrough, Kent P. 1985. "An Examination of the Effects of Government Purchases in an Open Economy." *Journal of International Money and Finance* 4 (March): 113–33
——. 1992. "Speculative Attacks: The Roles of Intertemporal Substitution and the Interest Elasticity of the Demand for Money." *Journal of Macroeconomics* 14 (Fall): 689–710.
——. 2006. "Revenue Maximizing Inflation." *Journal of Monetary Economics* 53 (November): 1967–78.
Kimura, Takeshi, and Takushi Kurozumi. 2007. "Optimal Monetary Policy in a Micro-Founded Model with Parameter Uncertainty." *Journal of Economic Dynamics and Control* 31 (February): 399–431.
Kirman, Alan P. 1992. "Whom or What Does the Representative Individual Represent?" *Journal of Economic Perspectives* 6 (Spring): 117–36.
Kiyotaki, Nobuhiro. 1998. "Credit and Business Cycles." *Japanese Economic Review* 49 (March): 18–35.
Kiyotaki, Nobuhiro, and John Moore. 1997. "Credit Cycles." *Journal of Political Economy* 105 (April): 211–48.
Klein, Michael W., and Jay Shambaugh. 2006. "Fixed Exchange Rates and Trade." *Journal of International Economics* 70 (December): 359–83.
Kletzer, Kenneth, and Mark M. Spiegel. 2004. "Sterilization Costs and Exchange Rate Targeting." *Journal of International Money and Finance* 23 (October): 897–915.

Kollmann, Robert. 2001. "The Exchange Rate in a Dynamic-Optimizing Business Cycle Model with Nominal Rigidities: A Quantitative Investigation." *Journal of International Economics* 55 (December): 243–62.

Konishi, Hideki. 2006. "Spending Cuts or Tax Increases? The Composition of Fiscal Adjustment as a Signal." *European Economic Review* 50 (August): 1441–69.

Kose, M. Ayhan. 2002. "Explaining Business Cycles in Small Open Economies: How Much Do World Prices Matter?" *Journal of International Economics* 56 (March): 299–327.

Kose, M. Ayhan, Eswar S. Prasad, and Marco E. Terrones. 2006. "How Do Trade and Financial Integration Affect the Relationship between Growth and Volatility?" *Journal of International Economics* 69 (June): 176–202.

Kose, M. Ayhan, and Raymond Riezman. 2001. "Trade Shocks and Macroeconomic Fluctuations in Africa." *Journal of Development Economics* 65 (June): 55–80.

Krasker, William S. 1980. "The 'Peso Problem' in Testing the Efficiency of Forward Exchange Rate Markets." *Journal of Monetary Economics* 6 (March): 269–76.

Krishnamurthy, Arvin. 2003. "Collateral Constraints and the Amplification Mechanism." *Journal of Economic Theory* 111 (August): 277–292.

Kroszner, Randall S., Luc Laeven, and Daniela Klingebiel. 2007. "Banking Crises, Financial Dependence, and Growth." *Journal of Financial Economics* 84 (April): 187–228.

Krueger, Ann O. 1985. "How to Liberalize a Small, Open Economy." In *The Economics of the Caribbean Basin*, edited by Michael Connolly and John McDermott. New York: Praeger.

Krugman, Paul. 1979. "A Model of Balance of Payments Crises." *Journal of Money, Credit, and Banking* 11 (August): 311–25.

——. 1988. "Financing vs. Forgiving a Debt Overhang." Working Paper no. 2486, National Bureau of Economic Research (January).

——. 1991. "Target Zones and Exchange Rate Dynamics." *Quarterly Journal of Economics* 106 (November): 669–82.

——. 1998. "What Happened to Asia?" Unpublished, MIT (January).

——. 1999. "Balance Sheets, the Transfer Problem, and Financial Crises." In *International Finance and International Crises*, edited by Peter Isard, Assaf Razin, and Andrew K. Rose. Washington, DC: International Monetary Fund.

——. 2008. "The International Finance Multiplier." unpublished, Princeton University (October).

Krugman, Paul, and Lance Taylor. 1978. "Contractionary Effects of Devaluation." *Journal of International Economics* 8 (August): 445–56.

Kwack, Sung Y., and Young S. Lee. 2005. "What Determines Saving Rates in Korea? The Role of Demography." *Journal of Asian Economics* 16 (October): 861–73.

Labán, Raúl, and Felipe Larraín. 1997. "Can a Liberalization of Capital Outflows Increase Net Capital Inflows?" *Journal of International Money and Finance* 16 (June): 415–31.

Laeven, Luc, and Fabián Valencia. 2013. "Systemic Banking Crises Database." *IMF Economic Review* 61 (March): 225–70.

Lahiri, Amartya. 2001. "Exchange Rate Based Stabilizations under Real Frictions: The Role of Endogenous Labor Supply." *Journal of Economic Dynamics and Control* 25 (August): 1157–77.

Lahiri, Amartya, and Carlos A. Végh. 2003. "Delaying the Inevitable: Interest Rate Defense and Balance of Payments Crises." *Journal of Political Economy* 111 (April): 404–24.

Lahiri, Ashok K. 1989. "Dynamics of Asian Savings: The Role of Growth and Age Structure." *IMF Staff Papers* 36 (March): 228–61.

Lane, Philip R. 2001. The New Open Economy Macroeconomics: A Survey." *Journal of International Economics* 54 (August): 235–66.

——. 2003. "The Cyclical Behavior of Fiscal Policy: Evidence from the OECD." *Journal of Public Economics* 87 (December): 2661–75.

Larraín, Felipe, and Rodrigo Vergara. 1993. "Investment and Macroeconomic Adjustment: The Case of East Asia." In *Striving for Growth After Adjustment*, edited by Luis Servén and Andrés Solimano. Washington, DC: World Bank.

Laurens, Bernard. 2005. *Monetary Policy Implementation at Different Stages of Market Development*. Washington, DC: International Monetary Fund.

Layard, Richard, Stephen Nickell, and Richard Jackman. 1991. *Unemployment*. Oxford: Oxford University Press.

Lächler, Ulrich. 1982. "On Political Business Cycles with Endogenous Election Dates." *Journal of Public Economics* 17 (March): 111–17.

——. 1988. "Credibility and the Dynamics of Disinflation in Open Economies." *Journal of Development Economics* 28 (May): 285–307.

Leblebicioglu, Asli. 2009. "Financial Integration, Credit Market Imperfections and Consumption Smoothing." *Journal of Economic Dynamics and Control* 33 (February): 377–93.

Lee, Ha Yan, Luca A. Ricci, and Roberto Rigobon. 2004. "Once Again, Is Openness Good for Growth?" *Journal of Development Economics* 75 (December): 451–72.

Lee, Jeong-Joon, and Yasuyuki Sawada. 2010. "Precautionary Saving under Liquidity Constraints: Evidence from Rural Pakistan." *Journal of Development Economics* 91 (January): 77–86.

Lee, Junhee, and Wooheon Rhee. 2013. "Financial Factors in the Business Cycle of a Small Open Economy: The Case of Korea." *Open Economies Review* 24 (November): 881–900

Lee, Kiseok, and Ronald A. Ratti. 1993. "On Seigniorage, Operating Rules, and Dual Equilibria." *Quarterly Journal of Economics* 108 (May): 543–50.

Leiderman, Leonardo, and Mario I. Blejer. 1988. "Modeling and Testing Ricardian Equivalence." *IMF Staff Papers* 35 (March): 1–35.

Leiderman, Leonardo, and Assaf Razin. 1988. "Testing Ricardian Neutrality with an Intertemporal Stochastic Model." *Journal of Money, Credit, and Banking* 20 (February): 1–21.

Leite, Sérgio P., and Ved Sundararajan. 1990. "Issues in Interest Rate Management and Liberalization." *IMF Staff Papers* 37 (December): 735–52.

Leitemo, Kai. 2006. "Targeting Inflation by Forecast Feedback Rules in Small Open Economies." *Journal of Economic Dynamics and Control* 30 (March): 393–413.

Levchenko, Andrei A. 2005. "Financial Liberalization and Consumption Volatility in Developing Countries." *IMF Staff Papers* 52 (September): 237–59.

Levine, Ross. 1996. "Foreign Banks, Financial Development, and Economic Growth." In *International Financial Markets*, edited by Claude E. Barfield. Washington, DC: American Enterprise Institute Press.

——. 2005. "Finance and Growth: Theory and Evidence." In *Handbook of Monetary Economics* IA, edited by Philippe Aghion and Steven N. Durlauf. Amsterdam: Elsevier B.V.

Levine, Ross, Norman Loayza, and Thorsten Beck. 2000. "Financial Intermediation and Growth: Causality and Causes." *Journal of Monetary Economics* 46 (August): 31–77.

Levy-Yeyati, Eduardo, and Ugo Panizza. 2011. "The Elusive Costs of Sovereign Defaults." *Journal of Development Economics* 84 (January): 85–105.

Levy-Yeyati, Eduardo, and Federico Sturzenegger. 2003. "To Float or to Fix: Evidence on the Impact of Exchange Rate Regimes on Growth." *American Economic Review* 93 (September): 1173–93.

——. 2005. "Classifying Exchange Rate Regimes: Deeds vs. Words." *European Economic Review* 49 (August): 1603–35.

Levy-Yeyati, Eduardo, Federico Sturzenegger, and Iliana Reggio. 2010. "On the Endogeneity of Exchange Rate Regimes." *European Economic Review* 54 (July): 659–77.

Li, Xiangming. 2004. "Trade Liberalization and Real Exchange Rate Movement." *IMF Staff Papers* 51 (September): 553–84.

Licchetta, Mirko. 2011. "Common Determinants of Currency Crises: The Role of External Balance Sheet Variables." *International Journal of Finance and Economics* 16 (July): 237–55.

Lin, Hsin-Yi, and Hao-Pang Chu. 2013. "Are Fiscal Deficits Inflationary?" *Journal of International Money and Finance* 32 (February): 214–33.

Liviatan, Nissan. 1984. "Tight Money and Inflation." *Journal of Monetary Economics* 13 (January): 5–15.

——. 1986. "The Tight Money Paradox An Alternative View." *Journal of Macroeconomics* 8 (Winter): 105–12.

——. 1988. "On the Interaction between Monetary and Fiscal Policies Under Perfect Foresight." *Oxford Economic Papers* 40 (March): 193–203.

Lizondo, J. Saul, and Peter J. Montiel. 1989. "Contractionary Devaluation in Developing Countries: An Analytical Overview." *IMF Staff Papers* 36 (March): 182–227.

Loayza, Norman V., Klaus Schmidt-Hebbel, and Luis Servén. 2000. "What Drives Private Saving across the World?" *Review of Economics and Statistics* 82 (May): 165–81.

Lohmann, Susan. 1992. "Optimal Commitment in Monetary Policy: Credibility Versus Flexibility." *American Economic Review* 82 (March): 273–86.

Lombardo, Giovanni, and David Vestin. 2008. "Welfare Implications of Calvo Vs. Rotemberg-Pricing Assumptions." *Economics Letters* 100 (August): 275–79.

Lucas, Robert E. Jr. 1976. "Econometric Policy Evaluation: A Critique." In *The Phillips Curve and Labor Markets*, edited by Karl Brunner and Allan H. Meltzer, Carnegie-Rochester Conference Series on Public Policy. Amsterdam: North-Holland.

——. 1988. "On the Mechanics of Economic Development." *Journal of Monetary Economics* 22 (January): 3–42.
——. 1993. "Making a Miracle." *Econometrica* 61 (March): 251–72.
Luintel, Kul B., Mosahid Khan, Philip Arestis, and Konstantinos Theodoridis. 2008. "Financial Structure and Economic Growth." *Journal of Development Economics* 86 (April): 181–200.
MacKenzie, George A. 1998. "The Macroeconomic Impact of Privatization." *IMF Staff Papers* 45 (June): 363–73.
Manasse, Paolo, Nouriel Roubini, and Axel Schimmelpfennig. 2003. "Predicting Sovereign Debt Crises." Working Paper no. 03/221, International Monetary Fund (November).
Manasse, Paolo, and Nouriel Roubini. 2005. " 'Rules of Thumb' for Sovereign Debt Crises." Working Paper no. 05/42, International Monetary Fund (March).
Mansoorian, Arman, and Simon Neaime. 2003. "Durable Goods, Habits, Time Preference, and Exchange Rates." *North American Journal of Economics and Finance* 14 (March): 115–30.
Markusen, James R., and Anthony J. Venables. 1999. "Foreign Direct Investment as a Catalyst for Industrial Development." *European Economic Review* 43 (February): 335–56.
Masson, Paul R. 1985. "The Sustainability of Fiscal Deficits." *IMF Staff Papers* 32 (August): 577–605.
——. 2000. "Multiple Equilibria, Contagion, and the Emerging Market Crises." In *Financial Crises in Emerging Markets*, edited by Reuven Glick, Ramon Moreno, and Mark M. Spiegel. Cambridge: Cambridge University Press.
Mateut, Simona. 2005. "Trade Credit and Monetary Policy Transmission." *Journal of Economic Surveys* 19 (September): 655–70.
Matsuyama, Kiminori. 1991. "On Exchange-Rate Stabilization." *Journal of Economic Dynamics and Control* 15 (January): 7–26.
McCallum, Bennett T. 1984. "Are Bond-Financed Deficits Inflationary? A Ricardian Analysis." *Journal of Political Economy* 92 (February): 123–35.
——. 1997. "Crucial Issues Concerning Central Bank Independence." *Journal of Monetary Economics* 39 (June): 99–112.
——. 1999. "Issues in the Design of Monetary Policy Rules." In *Handbook of Macroeconomics*, edited by John B. Taylor and Michael Woodford. Amsterdam: North Holland.
McCallum, Bennett T., and Edward Nelson. 2000. "Monetary Policy for an Open Economy: An Alternative Framework with Optimizing Agents and Sticky Prices." *Oxford Review of Economic Policy* 16 (December): 74–91.
McKinnon, Ronald I. 1973. *Money and Capital in Economic Development.* Washington, DC: Brookings Institution.
——. 1976. "Saving Propensities and the Korean Monetary Reform in Retrospect." In *Finance in Growth and Development*, edited by Ronald McKinnon. New York: Marcel Dekker.
——. 1993. *The Order of Economic Liberalization*. 2nd ed. Baltimore, MD: Johns Hopkins University Press.
McKinnon, Ronald I., and Donald J. Mathieson. 1981. *How to Manage a Repressed Economy*. Essay in International Finance no. 145, Princeton University.
McKinnon, Ronald I., and Huw Pill. 1999. "Exchange Rate Regimes for Emerging Markets: Moral Hazard and International Overborrowing." *Oxford Review of Economic Policy* 15 (March): 19–38.
McKinnon, Ronald I., and Günther Schnabl. 2005. "The East Asian Dollar Standard, Fear of Floating, and Original Sin." In *Exchange Rates under the East Asian Dollar Standard: Living with Conflicted Virtue*, edited by Ronald I. McKinnon. Cambridge, MA: MIT Press.
McNelis, Paul D., and Liliana Rojas-Suárez. 1996. "Currency Substitution as Behavior toward Risk: The Case of Bolivia and Peru." Unpublished, Department of Economics, Georgetown University (November).
McNelis, Paul D., and Klaus Schmidt-Hebbel. 1993. "Financial Liberalization and Adjustment." *Journal of International Money and Finance* 12 (June): 249–77.
Meh, Césaire, Vincenzo Quadrini, and Yaz Terajima. 2009. "Real Effects of Price Stability with Endogenous Nominal Indexation." Working Paper no. 09–16, Bank of Canada (May).
Mehlum, Halvor. 2001. "Speed of Adjustment and Self-Fulfilling Failure of Economic Reform." *Journal of International Economics* 53 (February): 149–67.
Mendizábal, Hugo R. 2006. "The Behavior of Money Velocity in High and Low Inflation Countries." *Journal of Money, Credit, and Banking* 38 (February): 209–28.
Mendoza, Enrique G., and Katherine A. Smith. 2002. "Margin Calls, Trading Costs, and Asset Prices in Emerging Markets." Working Paper no. 9286, National Bureau of Economic Research (October).

Mendoza, Enrique G., and Martin Uribe. 1996. "The Syndrome of Exchange-Rate Based Stabilizations and the Uncertain Duration of Currency Pegs." Board of Governors of the Federal Reserve System, International Finance Discussion Paper no. 548 (April).

Mendoza, Enrique, and Marcelo Oviedo. 2004. "Public Debt, Fiscal Solvency, and Macroeconomic Uncertainty in Latin America: The Cases of Brazil, Colombia, Costa Rica, and Mexico." Working Paper no. 10637, National Bureau of Economic Research (July).

Mikić, Mia. 1998. *International Trade*. New York: St. Martin's Press.

Minford, Patrick, and David Peel. 2002. *Advanced Macroeconomics*. Northampton, MA: E. Elgar.

Mishkin, Frederic S., and Miguel A. Savastano. 2001. "Monetary Policy Strategies for Latin America." *Journal of Development Economics* 66 (December): 415–44.

Mishkin, Frederic S., and Klaus Schmidt-Hebbel. 2007. "Does Inflation Targeting Make a Difference?" In *Monetary Policy under Inflation Targeting*, edited by Frederic S. Mishkin and Klaus Schmidt-Hebbel. Santiago: Central Bank of Chile.

Mishra, Prachi, Peter J. Montiel, and Antonio Spilimbergo. 2013. "Monetary Transmission in Low-Income Countries: Effectiveness and Policy Implications." *IMF Economic Review* 60 (June): 270–302.

Mizen, Paul, and Serafeim Tsoukas. 2012. "The Response of the External Finance Premium in Asian Corporate Bond Markets." *Journal of Banking and Finance*, 36 (November): 3048–59.

Mlambo K., and Temitope W. Oshikoya. 2001. "Macroeconomic Factors and Investment in Africa." *Journal of African Economies* 10 (September): 12–47.

Mohanty, M. S., and Marc Klau. 2004. "Monetary Policy Rules in Emerging Market Economies: Issues and Evidence." Working Paper no. 149, Bank for International Settlements (March).

Mohanty, M. S., Gert Schnabel, and Pablo Garcia-Lima. 2006. "Banks and Aggregate Credit: What Is New?" In *The Banking System in Emerging Economies: How Much Progress Has Been Made?* BIS Paper no. 28, Bank for International Settlements (Basel).

Mohsin, Mohammed. 2006. "Durability in Consumption and the Dynamics of the Current Account." *Journal of Economic Dynamics and Control* 30 (January): 143–62.

Montiel, Peter J. 1985. "A Monetary Analysis of a Small Open Economy with a Keynesian Structure." *IMF Staff Papers* 32 (June): 179–210.

——. 1986. "Long-Run Equilibrium in a Keynesian Model of a Small Open Economy." *IMF Staff Papers* 33 (March): 685–708.

——. 1987. "Output and Unanticipated Money in the 'Dependent Economy' Model." *IMF Staff Papers* 34 (June): 228–59.

——. 1989. "Empirical Analysis of High-Inflation Episodes in Argentina, Brazil and Israel." *IMF Staff Papers* 36 (September): 527–49.

——. 1994. "Capital Mobility in Developing Countries: Some Measurement Issues and Empirical Estimates." *World Bank Economic Review* 8 (September): 311–50.

——. 1996. "Policy Responses to Surges in Capital Flows: Issues and Lessons." In *Private Capital Flows to Emerging Markets After the Mexican Crisis*, edited by Guillermo A. Calvo, Morris Goldstein, and Eduard Hochreiter. Washington, DC: Institute for International Economics.

——. 2003. "Tight Money in a Post-Crisis Defense of the Exchange Rate: What Have We Learned?" *World Bank Research Observer* 18 (Spring): 1–23.

——. 2005. "Public Debt Management and Macroeconomic Stability: An Overview." *World Bank Research Observer*, 20 (Fall): 259–81.

. 2011. *Macroeconomics in Emerging Markets*, 2nd ed. Cambridge: Cambridge University Press.

——. 2013*a*. "The Simple Analytics of Sudden Stops." *Open Economies Review* 24 (April): 267–81.

——. 2013*b*. *Ten Crises*. London: Routledge.

Montiel, Peter J., and Carmen Reinhart. 1999. "Do Capital Controls and Macroeconomic Policies Influence the Volume and Composition of Capital Flows? Evidence From the 1990s." *Journal of International Money and Finance* 18 (August): 619–635.

Morandé, Felipe G. 1988. "Domestic Currency Appreciation and Foreign Capital Inflows: What Comes First?" *Journal of International Money and Finance* 7 (December): 448–66.

——. 1992. "Dynamics of Real Asset Prices, the Real Exchange Rate, and Foreign Capital Inflows: Chile, 1976–1989." *Journal of Development Economics* 39 (July): 111–39.

Morón, Eduardo, and Diego Winkelried. 2005. "Monetary Policy Rules for Financially Vulnerable Economies." *Journal of Development Economics* 76 (February): 23–51.

Morris, Stephen, and Hyun Song Shin. 1998. "Unique Equilibrium in a Model of Self-Fulfilling Crises." *American Economic Review* 88 (June): 587–97.
Mourmouras, Alex, and José A. Tijerina. 1994. "Collection Lags and the Optimal Inflation Tax." *IMF Staff Papers* 41 (March): 30–54.
Mundell, Robert A. 1961. "A Theory of Optimum Currency Areas." *American Economic Review* 51 (September): 657–65.
——. 1963. "Capital Mobility and Stabilization Policy Under Fixed and Flexible Exchange Rates." *Canadian Journal of Economics and Political Science* 29 (November): 475–85.
Musgrave, Richard A. 1939. "The Nature of Budgetary Balance and the Case for a Capital Budget." *American Economic Review* 29 (June): 260–71.
Musgrove, Phillip. 1979. "Permanent Household Income and Consumption in Urban South America." *American Economic Review* 69 (June): 355–68.
Mussa, Michael. 1986. "The Adjustment Process and the Timing of Trade Liberalization." In *Economic Liberalization in Developing Countries*, edited by Armeane M. Choksi and Demetris Papageorgiou. Oxford: Basil Blackwell.
——. 1987. "Macroeconomic Policy and Trade Liberalization: Some Guidelines." *World Bank Research Observer* 2 (January): 61–77.
Neck, Reinhard. 1991. "The Political Business Cycle Under a Quadratic Objective Function." *European Journal of Political Economy* 7 (December): 439–67.
Nelson, Joan M. 1990. "The Politics of Economic Adjustment in Developing Nations." In *Economic Crisis and Policy Choice*, edited by Joan M. Nelson. Princeton, NJ: Princeton University Press.
Nelson, Joan M., and John Waterbury. 1988. *Fragile Coalitions: The Politics of Economic Adjustment*. New Brunswick, NJ: Transaction Books.
Neumeyer, Pablo A., and Fabrizio Perri. 2005. "Business Cycles in Emerging Economies: The Role of Interest Rates." *Journal of Monetary Economics* 52 (March): 345–80.
Neut, Alejandro, and Andrés Velasco. 2004. "Tough Policies, Incredible Policies?" Working Paper no. 103, Center for International Development (September).
Nicoló, Gianni de, Patrick Honohan, and Alain Ize. 2005. "Dollarization of Bank Deposits: Causes and Consequences." *Journal of Banking and Finance* 29 (July): 1697–1727.
Nordhaus, William. 1975. "The Political Business Cycle." *Review of Economic Studies* 42 (April): 169–90.
——. 1989. "Alternative Models of Political Business Cycles." *Brookings Papers in Economic Activity* no. 1 (March): 1–68.
Nucci, Francesco, and Alberto F. Pozzolo. 2001. "Investment and the Exchange Rate: An Analysis with Firm-Level Panel Data." *European Economic Review* 45 (February): 259–83.
Obstfeld, Maurice. 1981. "Capital Mobility and Devaluation in an Optimizing Model with Rational Expectations." *American Economic Review* 71 (May): 217–21.
——. 1984. "Balance of Payments Crises and Devaluation." *Journal of Money, Credit, and Banking* 16 (May): 208–17.
——. 1985. "The Capital Inflows Problem Revisited: A Stylized Model of Southern Cone Disinflation." *Review of Economic Studies* 52 (October): 605–25.
——. 1986*a*. "Capital Flows, the Current Account, and the Real Exchange Rate: Consequences of Liberalization and Stabilization." In *Economic Adjustment and Exchange Rates in Developing Countries*, edited by Liaqat Ahmed and Sebastián Edwards. Chicago: University of Chicago Press.
——. 1986*b*. "Speculative Attacks and the External Constraint in a Maximizing Model of the Balance of Payments." *Canadian Journal of Economics* 19 (March): 1–22.
——. 1994. "Risk-Taking, Global Diversification, and Growth." *American Economic Review* 84 (December): 1310–29.
——. 1996. "Models of Currency Crises with Self-Fulfilling Features." *European Economic Review* 40 (April): 1037–47.
——. 2001. "International Macroeconomics: Beyond the Mundell-Fleming Model." *IMF Staff Papers* 47 (March): 1–39.
——. 2013. "Finance at Center Stage: Some Lessons of the Euro Crisis." Economic Paper no. 493, European Commission (April).
Ogaki, Masao, Jonathan Ostry, and Carmen M. Reinhart. 1996. "Saving Behavior in Low- and Middle-Income Developing Countries: A Comparison." *IMF Staff Papers* 43 (March): 38–71.

Okada, Keisuke. 2013. "The Interaction Effects of Financial Openness and Institutions on International Capital Flows." *Journal of Macroeconomics* 35 (March): 131–43.

Olivera, Julio H. 1967. "Money, Prices and Fiscal Lags: A Note on the Dynamics of Inflation." *Banca Nazionale del Laboro Quarterly Review* 20 (September): 258–67.

Orphanides, Athanasios. 1992. "Credibility and Reputation in Stabilization." Unpublished, Federal Reserve Board, Washington, DC (May).

——. 1996. "The Timing of Stabilizations." *Journal of Economic Dynamics and Control* 20 (March): 257–79.

Orphanides, Athanasios, and Volker Wieland. 2000. "Inflation Zone Targeting." *European Economic Review* 44 (June): 1351–87.

Orphanides, Athanasios, and David W. Wilcox. 2002. "The Opportunistic Approach to Disinflation." *International Finance* 5 (March): 47–71.

Oshikoya, Temitope W. 1994. "Macroeconomic Determinants of Domestic Private Investment in Africa." *Economic Development and Cultural Change* 42 (April): 573–96.

Ostry, Jonathan D. 1991. "Trade Liberalization in Developing Countries." *IMF Staff Papers* 38 (September): 447–79.

Ostry, Jonathan D., Atish R. Ghosh, Marcos Chamon, and Mahvash S. Qureshi. 2012. "Tools for Managing Financial-Stability Risks from Capital Inflows." *Journal of International Economics* 88 (November): 407–21.

Ostry, Jonathan D., and Carment M. Reinhart. 1992. "Private Saving and Terms of Trade Shocks: Evidence from Developing Countries." *IMF Staff Papers* 39 (September): 495–517.

Ozkan, F. Gulcin, and Alan Sutherland. 1998. "A Currency Crisis Model with an Optimising Policymaker." *Journal of International Economics* 44 (April): 339–64.

Paasche, Bernhard. 2001. "Credit Constraints and International Financial Crises." *Journal of Monetary Economics* 48 (December): 623–50.

Pagano, Marco. 1993. "Financial Markets and Growth: An Overview." *European Economic Review* 37 (April): 613–22.

Pallage, Stéphane, and Michel A. Robe. 2003. "On the Welfare Cost of Economic Fluctuations in Developing Countries." *International Economic Review* 44 (May): 677–98.

Pallage, Stéphane, Michel A. Robe, and Catherine Bérubé. 2006. "The Potential of Foreign Aid as Insurance." *IMF Staff Papers* 53 (December): 453–75.

Panizza, Ugo. 2008. "Domestic and External Public Debt in Developing Countries." Discussion Paper no. 188, UNCTAD (March).

Panizza, Ugo, Federico Sturzenegger, and Jeromin Zettelmeyer. 2009. "The Economics and Law of Sovereign Debt and Default." *Journal of Economic Literature* 47 (September): 651–98.

Papademos, Lucas, and Franco Modigliani. 1983. "Inflation, Financial and Fiscal Structure, and the Monetary Mechanism." *European Economic Review* 21 (March): 203–50.

Papageorgiou, Demetris, Armeane M. Choksi, and Michael Michaely. 1990. *Liberalizing Foreign Trade in Developing Countries*. Washington, DC: World Bank.

Park, Daekeun. 1994. "Foreign Exchange Liberalization and the Viability of a Fixed Exchange Rate Regime." *Journal of International Economics* 36 (February): 99–116.

Parkin, Vincent. 1991. *Chronic Inflation in an Industrializing Economy: The Brazilian Inflation*. Cambridge: Cambridge University Press.

Parsley, David C., and Helen A. Popper. 2006. "Exchange Rate Pegs and Foreign Exchange Exposure in East and South East Asia." *Journal of International Money and Finance* 25 (October): 992–1009.

Patinkin, Don. 1993. "Israel's Stabilization Program of 1985, or Some Simple Truths of Monetary Theory." *Journal of Economic Perspectives* 7 (March): 103–28.

Paus, Eva. 1991. "Adjustment and Development in Latin America: The Failure of Peruvian Orthodoxy." *World Development* 19 (May): 411–34.

Payne, James E. 2005. "Savings-Investment Dynamics in Mexico." *Journal of Policy Modeling* 27 (July): 525–34.

Pericoli, Marcello, and Massimo Sbracia. 2003. "A Primer on Financial Contagion." *Journal of Economic Surveys* 17 (September): 571–608.

Perotti, Roberto. 1999. "Fiscal Policy When Things Are Going Badly." *Quarterly Journal of Economics* 114 (November): 1399–1436.

——. 2013. "The 'Austerity Myth': Gain without Pain?" In *Fiscal Policy after the Financial Crisis*, edited by Alberto Alesina and Francesco Giavazzi. Chicago: University of Chicago Press.

Persson, Torsten, and Guido Tabellini. 1994. "Is Inequality Harmful for Growth?" *American Economic Review* 84 (June): 600–621.
Persson, Torsten, and Sweder van Wijnbergen. 1993. "Signalling, Wage Controls, and Monetary Disinflation Policy." *Economic Journal* 103 (January): 79–97.
Pescatori, Andrea, and Amadou Sy. 2004. "Debt Crises and the Development of International Capital Markets." Working Paper no. 04/44, International Monetary Fund (March).
Phelps, Edmund S. 1973. "Inflation in a Theory of Public Finance." *Swedish Journal of Economics* 75 (March): 67–82.
Phylaktis, Kate, and Mark P. Taylor. 1992. "Monetary Dynamics of Sustained High Inflation: Taiwan, 1945–1949." *Southern Economic Journal* 58 (January): 610–22.
——. 1993. "Money Demand, the Cagan Model, and the Inflation Tax: Some Latin American Evidence." *Review of Economics and Statistics* 75 (February): 32–37.
Polackova, Hana. 1998. "Government Contingent Liabilities: A Hidden Risk to Fiscal Stability." Policy Research Working Paper no. 1989, World Bank (October).
Poloz, Stephen S. 1986. "Currency Substitution and the Precautionary Demand for Money." *Journal of International Money and Finance* 5 (March): 115–24.
Poole, William. 1970. "Optimal Choice of Monetary Policy Instruments in a Simple Stochastic Macro Model." *Quarterly Journal of Economics* 84 (May): 197–216.
Popper, Helen A., Alex Mandilaras, and Graham Bird. 2013. "Trilemma Stability and International Macroeconomic Archetypes." *European Economic Review* 64 (November): 181–93.
Pozsar, Zoltan, Tobias Adrian, Adam Ashcraft, and Hayley Boesky. 2010. "Shadow Banking." Staff Report no. 458, Federal Reserve Bank of New York (July).
Prock, Jerry, Gökçe A. Soydemir, and Benjamin A. Abugri. 2003. "Currency Substitution: Evidence from Latin America." *Journal of Policy Modeling* 25 (June): 415–30.
Quah, Danny T. 1996. "Empirics for Economic Growth and Convergence." *European Economic Review* 40 (June): 1353–75.
Raddatz, Claudio. 2007. "Are External Shocks Responsible for the Instability of Output in Low-Income Countries?" *Journal of Development Economics* 84 (September): 155–87.
Rajan, Ramkishen S., and Chung-Hua Chen. 2002. "Are Crisis-Induced Devaluations Contractionary?" Working Paper no. PB0–06 (August).
Rama, Martín. 1993. "Empirical Investment Equations in Developing Countries." In *Striving for Growth After Adjustment*, edited by Luis Servén and Andrés Solimano. Washington, DC: World Bank.
Ranciere, Romain, Aaron Tornell, and Frank Westermann. 2006. "Decomposing the Effects of Financial Liberalization: Crises vs. Growth." *Journal of Banking and Finance* 30 (December): 3331–48.
Ravenna, Federico, and Carl E. Walsh. 2006. "Optimal Monetary Policy with the Cost Channel." *Journal of Monetary Economics* 53 (March): 199–216.
Razin, Assaf, and Efraim Sadka. 2004. "A Brazilian-type Debt Crisis: Simple Analytics." *IMF Staff Papers* 51 (March): 148–53.
Razin, Assaf, Efraim Sadka, and Chi-wa Yuen. 2000. "Excessive FDI under Asymmetric Information." In *Financial Crises in Emerging Markets*, edited by Reuven Glick, Mark Spiegel, and Ramon Moreno. Cambridge: Cambridge University Press.
Rebelo, Sergio. 1991. "Long-Run Policy Analysis and Long-Run Growth." *Journal of Political Economy* 99 (June): 500–521.
Rebelo, Sergio, and Carlos A. Végh. 1997. "Real Effects of Exchange-Rate Based Stabilization: An Analysis of Competing Theories." *NBER Macroeconomics Annual 1996*, edited by Ben S. Bernanke and Julio J. Rotemberg. Cambridge, MA: MIT Press.
Reinhart, Carmen M., and Rogoff, Kenneth S. 2009. *This Time Is Different: Eight Centuries of Financial Folly*. Princeton, NJ: Princeton University Press.
——. 2013. "Banking Crises: An Equal Opportunity Menace." *Journal of Banking and Finance* 37 (November): 4557–73.
Reinhart, Carmen M., and Carlos A. Végh. 1995. "Nominal Interest Rates, Consumption Booms, and Lack of Credibility." *Journal of Development Economics* 46 (April): 357–78.
Reinhart, Carmen M., and Peter Wickham. 1994. "Commodity Prices: Cyclical Weakness or Secular Decline?" *IMF Staff Papers* 41 (June): 175–213.

Reinhart, Carmen, Kenneth Rogoff, and Miguel Savastano. 2003. "Debt Intolerance." NBER Working Paper no. 9908 (August).

Reisen, Helmut, and Helene Yeches. 1993. "Time-Varying Estimates on the Openness of the Capital Account in Korea and Taiwan." *Journal of Development Economics* 41 (August): 285–305.

Rennhack, Robert, and Guillermo Mondino. 1988. "Capital Mobility and Monetary Policy in Colombia." Working Paper no. 88/77, International Monetary Fund (August).

Rhee, Hyuk Jae. 2008. "Money-Based Stabilization in a Small Open Economy." *Journal of Macroeconomics* 30 (March 2008): 462–80.

Riccuiti, Roberto. 2003. "Asessing Ricardian Equivalence." *Journal of Economic Surveys* 17 (March): 55–78.

Ripoll, Marla. 2005. "Trade Liberalization and the Skill Premium in Developing Economies." *Journal of Monetary Economics* 52 (April): 601–19.

Risager, Ole. 1988. "Devaluation, Profitability and Investment." *Scandinavian Journal of Economics* 90 (June): 125–40.

Roberts, John M. 1995. "New Keynesian Economics and the Phillips Curve." *Journal of Money, Credit, and Banking* 27 (November): 975–84.

Robinson, David J., and Peter Stella. 1993. "Amalgamating Central Bank and Fiscal Deficits." In *How to Measure the Fiscal Deficit: Analytical and Methodological Issues*, edited by Mario I. Blejer and Adrienne Cheasty. Washington, DC: International Monetary Fund.

Rochet, Jean-Charles. 1992. "Capital Requirements and the Behavior of Commercial Banks." *European Economic Review* (June): 1137–70.

——. 2004. "Macroeconomic Shocks and Banking Supervision." *Journal of Financial Stability* 1 (September): 93–110.

Rodríguez, Carlos A. 1978. "A Stylized Model of the Devaluation-Inflation Spiral." *IMF Staff Papers* 25 (March): 76–89.

——. 1982. "The Argentine Stabilization Plan of December 20th." *World Development* 10 (September): 801–11.

——. 1991. "The Macroeconomics of the Public Sector Deficit: The Case of Argentina." Working Paper no. 632, World Bank (March).

——. 1993. "Money and Credit Under Currency Substitution." *IMF Staff Papers* 40 (June): 414–26.

Rodríguez, Jorge C., Carla R. Tokman, and Alejandra C. Vega. 2007. "Structural Balance Policy in Chile." Studies in Public Finance, Budget Office of the Finance Ministry, Chile (December).

Rodríguez, Miguel A. 1991. "Public Sector Behavior in Venezuela: 1970–85." In *The Public Sector and the Latin American Debt Crisis*, edited by Felipe Larraín and Marcelo Selowsky. San Francisco: ICS Press.

Rodrik, Dani. 1987. "Trade and Capital Account Liberalization in a Keynesian Economy." *Journal of International Economics* 23 (August): 113–29.

——. 1989. "Credibility of Trade Reforms—A Policymaker's Guide." *World Economy* 12 (March): 1–16.

——. 1991. "Policy Uncertainty and Private Investment in Developing Countries." *Journal of Development Economics* 36 (October): 229–42.

——. 1995. "Trade Liberalization and Disinflation." In *Understanding Interdependence*, edited by Peter B. Kenen. Princeton, NJ: Princeton University Press.

Roemer, Michael, and Steven C. Radelet. 1991. "Macroeconomic Reform in Developing Countries." In *Reforming Economic Systems in Developing Countries*, edited by Dwight H. Perkins and Michael Roemer. Cambridge, MA: Harvard University Press.

Roger, Scott, Carlos J. Garcia, and Jorge E. Restrepo. 2009. "Hybrid Inflation Targeting Regimes."

Rogoff, Kenneth A. 1985. "The Optimal Degree of Commitment to an Intermediate Monetary Target." *Quarterly Journal of Economics* 100 (November): 1169–89.

——. 1989. "Reputational Constraints on Monetary Policy." In *Modern Business Cycle Theory*, edited by Robert J. Barro. Cambridge, Mass.: Harvard University Press.

——. 1990. "Equilibrium Political Budget Cycles." *American Economic Review* 80 (March): 21–36.

Rogoff, Kenneth A., and Anne Sibert. 1988. "Elections and Macroeconomic Policy Cycles." *Review of Economic Studies* 60 (January): 1–16.

Roldós, Jorge. 1995. "Supply-Side Effects of Disinflation Programs." *IMF Staff Papers* 42 (March): 158–83.

——. 1997. "On Gradual Disinflation, the Real Exchange Rate, and the Current Account." *Journal of International Money and Finance* 16 (February): 37–54.

Romer, David. 2000*a*. "Keynesian Macroeconomics without the LM Curve." *Journal of Economic Perspectives* 14 (March 2000): 149–69.

——. 2000*b*. *Advanced Macroeconomics*. 2nd ed. New York: McGraw Hill.
Romer, Paul. 1986. "Increasing Returns and Long-Run Growth." *Journal of Political Economy* 94 (October): 1002–37.
——. 1990. "Endogenous Technological Change." *Journal of Political Economy* 98 (October): s71-s102.
Rose, Andrew. 2005. "One Reason Countries Pay Their Debts: Renegotiation and International Trade." *Journal of Development Economics* 77 (June): 189–206.
Rosenzweig, Mark. 2001. "Savings Behaviour in Low-Income Countries." *Oxford Review of Economic Policy* 17 (March): 40–54.
Rossi, Nicola. 1988. "Government Spending, the Real Interest Rate, and the Behavior of Liquidity-Constrained Consumers in Developing Countries." *IMF Staff Papers* 35 (March): 104–40.
——. 1989. "Dependency Rates and Private Savings Behavior in Developing Countries." *IMF Staff Papers* 36 (March): 166–81.
Rotemberg, Julio J. 1982. "Monopolistic Price Adjustment and Aggregate Output." *Review of Economic Studies* 49 (October): 517–31.
Roubini, Nouriel. 1991. "Economic and Political Determinants of Budget Deficits in Developing Countries." *Journal of International Money and Finance* 10 (March, Supplement): 49–72.
Roubini, Nouriel, and Xavier Sala-i-Martin. 1995. "A Growth Model of Inflation, Tax Evasion and Financial Repression." *Journal of Monetary Economics* 35 (April): 275–301.
Sachs, Jeffrey. 1988. "Conditionality, Debt Relief, and the Developing Country Debt Crisis." Working Paper no. 2644, National Bureau of Economic Research (July).
——. 1989. "The Debt Overhang of Developing Countries." In *Debt, Stabilization and Development*, edited by Guillermo A. Calvo et al. Oxford: Basil Blackwell.
Sachs, Jeffrey, Aarón Tornell, and Andrés Velasco. 1996. "The Mexican Peso Crisis: Sudden Death or Death Foretold?" *Journal of International Economics* 41 (November): 265–83.
Salter, Walter E. 1959. "Internal and External Balance: The Role of Price and Expenditure Effects." *Economic Record* 35 (August): 226–38.
Samuelson, Paul A., and Subramanian Swamy. 1974. "Invariant Economic Index Numbers and Canonical Duality: Survey and Synthesis." *American Economic Review* 64 (September): 566–93.
Sandleris, Guido. 2008. "Sovereing Defaults: Information, Investment, and Credit." *Journal of International Economics* 76 (December): 267–75.
Santaella, Julio. 1993. "Stabilization Programs and External Enforcement." *IMF Staff Papers* 40 (September): 584–621.
Santos, Joao C. 2006. "Insuring Banks against Liquidity Shocks: The Role of Deposit Insurance and Lending of Last Resort." *Journal of Economic Surveys* 20 (July): 459–82.
Sarantis, Nicholas, and Chris Stewart. 2003. "Liquidity Constraints, Precautionary Saving and Aggregate Consumption: An International Comparison." *Economic Modelling* 20 (December): 1151–73.
Sargent, Thomas J. 1983. "Stopping Moderate Inflations: The Methods of Poincaré and Thatcher." In *Inflation, Debt and Indexation,* edited by Rudiger Dornbusch and Mario H. Simonsen. Cambridge, MA: MIT Press.
Sargent, Thomas J., and Neil Wallace. 1981. "Some Unpleasant Monetarist Arithmetic." *Federal Reserve Bank of Minneapolis Quarterly Review* 5 (Fall): 1–17.
Sbracia, Massimo, and Andrea Zaghini. 2001. "Expectations and Information in Second Generation Currency Crises Models." *Journal of International Economics* 18 (April): 203–22.
Schadler, Susan, Mari Carkovic, Adam Bennet, and Robert Kahn. 1993. *Recent Experiences with Surges in Capital Inflows*. Occasional Paper no. 108. Washington, DC: International Monetary Fund.
Schaling, Eric. 2004. "The Nonlinear Phillips Curve and Inflation Forecast Targeting: Symmetric versus Asymmetric Monetary Policy Rules." *Journal of Money, Credit, and Banking* 36 (June): 361–86.
Schclarek, Alfredo. 2007. "Fiscal Policy and Private Consumption in Industrial and Developing Countries." *Journal of Macroeconomics* 29 (December): 912–39.
Schmid, Michael. 1982. "Stagflationary Effects of a Devaluation in a Monetary Model with Imported Intermediate Goods." *Jahrbütcher fur Nationalokonomie und Statistik* 197 (March): 107–29.
Schmidt-Hebbel, Klaus, and Tobias Muller. 1992. "Private Investment Under Macroeconomic Adjustment in Morocco." In *Reviving Private Investment in Developing Countries*, edited by Ajay Chhibber, Mansoor Dailami, and Nemat Shafik. Amsterdam: North Holland.
Schneider, Friedrich. 2011. "The Shadow Economy Labor Force: What Do We (Not) Know?" *World Economics* 12 (October): 53–92.

Schorfheide, Frank. 2011. "Estimation and Evaluation of DSGE Models: Progress and Challenges." Working Paper no. 11–7, Federal Reserve Bank of Philadelphia (January).

Schubert, Stefan F., and Stephen J. Turnovsky. 2002. "The Dynamics of Temporary Policies in a Small Open Economy." *Review of International Economics* 10 (November): 604–22.

Schularick, Moritz, and Alan M. Taylor. 2012. "Credit Booms Gone Bust: Monetary Policy, Leverage Cycles, and Financial Crises, 1870–2008." *American Economic Review* 102 (June): 1029–61.

Servén, Luis. 1990."Anticipated Real Exchange Rate Changes and the Dynamics of Investment." PRE Working Paper no. 562, World Bank (December).

——. 1997. "Uncertainty, Instability, and Irreversible Investment: Theory, Evidence, and Lessons for Africa." PRE Working Paper no. 1722, World Bank (February).

Servén, Luis, and Andrés Solimano. 1993. "Private Investment and Macroeconomic Adjustment: A Survey." In *Striving for Growth After Adjustment*, edited by Luis Servén and Andrés Solimano. Washington, DC: World Bank.

Shambaugh, Jay C. 2004. "The Effect of Fixed Exchange Rates on Monetary Policy." *Quarterly Journal of Economics* 119 (February): 301–52.

Sharma, Subhash C., Magda Kandil, and Santi Chaisrisawatsuk. 2005. "Currency Substitution in Asian Countries." *Journal of Asian Economics* 16 (June): 489–532.

Shaw, Edward S. 1973. *Financial Deepening in Economic Development.* New York: Oxford University Press.

Shi, Min, and Jakob Svensson. 2006. "Political Budget Cycles: Do They Differ across Countries and Why?" *Journal of Public Economics* 90 (September): 1367–89.

Silver, Mick. 2006. "Core Inflation Measures and Statistical Issues in Choosing Among Them." Working Paper no. 06/97, International Monetary Fund (April).

Simonsen, Mario H. 1983. "Indexation: Current Theory and the Brazilian Experience." In *Inflation, Debt and Indexation*, edited by Rudiger Dornbusch and Mario H. Simonsen. Cambridge, MA: MIT Press.

Sjaastad, Larry A. 1983. "Failure of Economic Liberalization in the Southern Cone of Latin America." *World Economy* 6 (March): 5–26.

Smith, Katherine A., and Diego Valderrama. 2009. "The Composition of Capital Inflows When Emerging Market Firms Face Financing Constraints." *Journal of Development Economics* 89 (July): 223–34.

Soderstrom, Ulf. 2002. "Monetary Policy with Uncertain Parameters." *Scandinavian Journal of Economics* 104 (March): 125–45.

Solow, Robert M. 1956. "A Contribution to the Theory of Economic Growth." *Quarterly Journal of Economics* 50 (February): 65–94.

Sosa Padilla, Cesar. 2013. "Sovereign Default and Banking Crises." Unpublished, McMaster University (February).

Spaventa, Luigi. 1987. "The Growth of Public Debt." *IMF Staff Papers* 34 (June): 374–99.

Srinivasan, T. G., Vincent Parkin, and David Vines. 1989. "Food Subsidies and Inflation in Developing Countries: A Bridge Between Structuralism and Monetarism." Centre for Economic Policy Research, Working Paper no. 334 (August).

Stella, Peter. 2005. "Central Bank Financial Strength, Transparency, and Policy Credibility." *IMF Staff Papers* 52 (September): 335–65.

Stiglitz, Joseph E. 1974. "Alternative Theories of Wage Determination and Unemployment in LDCs: The Labor Turnover Model." *Quarterly Journal of Economics* 98 (May): 194–227.

——. 1982. "Alternative Theories of Wage Determination and Unemployment: The Efficiency Wage Model." In *The Theory and Experience of Economic Development*, edited by Mark Gersovitz, Carlos F. Diaz-Alejandro, Gustav Ranis, and Mark R. Rosenzweig. London: Allen and Unwin.

——. 1992. "Alternative Approaches to Macroeconomics: Methodological Issues and the New Keynesian Economics." In *Macroeconomics: A Survey of Research Strategies*, edited by Alessandro Vercelli and Nicola Dimitri. Oxford: Oxford University Press.

Stiglitz, Joseph E., and Andrew Weiss. 1981. "Credit Rationing in Markets with Imperfect Information." *American Economic Review* 53 (June): 393–410.

——. 1992. "Asymmetric Information in Credit Markets and Its Implications for Macroeconomics." *Oxford Economic Papers* 44 (October): 694–724.

Stockman, Alan C. 1989. "The Cash-in-Advance Constraint in International Economics." In *Finance Constraints and the Theory of Money*, edited by S. C. Tsiang and Meier Kohn. Orlando, FL: Academic Press.

Straub, Stéphane. 2005. "Informal Sector: The Credit Market Channel." *Journal of Development Economics* 78 (December): 299–321.

Sturzenegger, Federico. 2004. "Tools for the Analysis of Debt Problems." *Journal of Reconstructing Finance* 1 (March): 1–23.
Sundararajan, Ved, and Tomás J. Baliño. 1991. "Issues in Recent Banking Crises." In *Banking Crises: Cases and Issues*, edited by Ved Sundararajan and Tomás J. Baliño. Washington, DC: International Monetary Fund.
Sutherland, Alan. 1997. "Fiscal Crises and Aggregate Demand: Can High Public Debt Reverse the Effects of Fiscal Policy?" *Journal of Public Economics* 65 (August): 147–62.
——. 2006. "The Expenditure Switching Effect, Welfare and Monetary Policy in a Small Open Economy." *Journal of Economic Dynamics and Control* 30 (July): 1159–82.
Suzuki, Yui. 2014. "Financial Integration and Consumption Risk Sharing and Smoothing." *International Review of Economics and Finance* 29 (January): 585–98.
Svensson, Lars E. O. 1992. "An Interpretation of Recent Research on Exchange Rate Target Zones." *Journal of Economic Perspectives* 4 (September): 114–19.
——. 1997. "Inflation Forecast Targeting: Implementing and Monitoring Inflation Targets." *European Economic Review* 41 (June): 1111–46.
——. 1999. "Price Level Targeting vs. Inflation Targeting: A Free Lunch?" *Journal of Money, Credit, and Banking* 31 (August): 277–95.
——. 2003. "What Is Wrong with Taylor Rules? Using Judgment in Monetary Policy through Targeting Rules." *Journal of Economic Literature* 41 (June): 426–77.
——. 2010. "Inflation Targeting." In *Handbook of Monetary Economics*, Vol. 3, edited by Benjamin M. Friedman and Michael Woodford. Amsterdam: North Holland.
Swan, Trevor W. 1956. "Economic Growth and Capital Accumulation." *Economic Record* 32 (November): 334–61.
——. 1960. "Economic Control in a Dependent Economy." *Economic Record* 36 (March): 51–66.
Swinburn, Mark, and Marta Castello-Blanco. 1991. "Central Bank Independence and Central Bank Functions." In *The Evolving Role of Central Banks*, edited by Patrick Downes and Reza Vaez-Zadeh. Washington, DC: International Monetary Fund.
Talvi, Ernesto. 1997. "Exchange Rate-Based Stabilization with Endogenous Fiscal Response." *Journal of Development Economics* 54 (October): 59–75.
Tanzi, Vito. 1978. "Inflation, Real Tax Revenue, and the Case for Inflationary Finance: Theory with an Application to Argentina." *IMF Staff Papers* 25 (September): 417–51.
——. 1988. "Lags in Tax Collection and the Case for Inflationary Finance: Theory With Simulations." In *Fiscal Policy, Stabilization, and Growth in Developing Countries*, edited by Mario I. Blejer and Ke-young Chu. Washington, DC: International Monetary Fund.
Tavlas, George, Harris Dellas, and Alan C. Stockman. 2008. "The Classification and Performance of Alternative Exchange-Rate Systems." *European Economic Review* 52 (August): 941–63.
Taylor, Lance. 1979. *Macro Models for Developing Countries.* New York: McGraw Hill.
——. 1983. *Structuralist Macroeconomics.* New York: Basic Books.
——. 1991. *Income Distribution, Inflation and Growth*. Cambridge, MA: MIT Press.
Temple, Jonathan. 1999. "The New Growth Evidence." *Journal of Economic Literature* 37 (March): 112–56.
Ten Kate, Adriaan. 1992. "Trade Liberalization and Economic Stabilization in Mexico: Lessons of Experience." *World Development* 20 (May): 659–72.
Tenreyro, Silvana, and Robert J. Barro. 2007. "Economic Effects of Currency Unions." *Economic Inquiry* 45 (March): 1–23.
Terrones, Marco E. 1989. "Macroeconomic Policy Cycles Under Alternative Electoral Structures." Working Paper no. 8905, University of Western Ontario (April).
Todaro, Michael P., and Stephen C. Smith. 2011. *Economic Development,* 11th ed. Harlow: Pearson Education.
Tomz, Michael, and Mark L. Wright. 2007. "Do Countries Default in 'Bad Times?'." *Journal of the European Economic Association* 5 (April): 352–60.
——. 2012. "Empirical Research on Sovereign Debt and Default." Federal Reserve Bank of Chicago Working Paper no. 2012–06.
Tornell, Aaron, and Andrés Velasco. 1998. "Fiscal Discipline and the Choice of a Nominal Anchor in Stabilization." *Journal of International Economics* 46 (October): 1–30.
Tornell, Aaron, and Frank Westermann. 2002. "Boom-Bust Cycles in Middle Income Countries: Facts and Explanation." *IMF Staff Papers* 49 (March): 111–55.
——. 2003. "Credit Market Imperfections in Middle-Income Countries." Working Paper no. 9737, National Bureau of Economic Research (May).

Tovar, Camilo E. 2005. "The Mechanics of Devaluations and the Output Response in a DSGE Model: How Relevant Is the Balance Sheet Effect?" Working Paper no. 192, Bank for International Settlements (November).

Tovar, Camilo E., Mercedes Garcia-Escribano, and Mercedes Vera Martin. 2012. "Credit Growth and the Effectiveness of Reserve Requirements and Other Macroprudential Instruments in Latin America." Working Paper no. 12/143, International Monetary Fund (June).

Towbin, Pascal, and Sebastian Weber. 2013. "Limits of Floating Exchange Rates: The Role of Foreign Currency Debt and Import Structure." *Journal of Development Economics* 101 (March): 179–94.

Townsend, Robert M. 1979. "Optimal Contracts and Competitive Markets with Costly State Verification." *Journal of Economic Theory* 21 (October): 265–93.

Traca, Daniel. 2004. "Trade Liberalization, Labour Mobility and Wages." *Journal of International Trade and Economic Development* 13 (June): 111–36.

Trehan, Bharat, and Carl E. Walsh. 1991. "Testing Intertemporal Budget Constraints: Theory and Applications to U.S. Federal Budget and Current Account Deficits." *Journal of Money, Credit and Banking* 23 (May): 206–23.

Turnovsky, Stephen J. 1981. "The Effects of Devaluation and Foreign Price Disturbances Under Rational Expectations." *Journal of International Economics* 11 (February): 33–60.

——. 1983. "Wage Formation and Exchange Market Intervention in a Small Open Economy." *Canadian Journal of Economics* 16 (November): 574–92.

——. 1985. "Domestic and Foreign Disturbances in an Optimizing Model of Exchange Rate Determination." *Journal of International Money and Finance* 1 (March): 151–71.

Turnovsky, Stephen J., and A. Basher. 2009. "Fiscal Policy and the Structure of Production in a Two-Sector Developing Economy." *Journal of Development Economics* 88 (March): 205–16.

Turnovsky, Stephen J., and Pradip Chattopadhyay. 2003. "Volatility and Growth in Developing Economies: Some Numerical Results and Empirical Evidence." *Journal of International Economics* 59 (March): 267–95.

Turnovsky, Stephen J., and Partha Sen. 1991. "Fiscal Policy, Capital Accumulation, and Debt in an Open Economy." *Oxford Economic Papers* 43 (January): 1–24.

Uctum, Merih, and Michael Wickens. 2000. "Debt and Deficit Ceilings, and Sustainability of Fiscal Policies: An Intertemporal Analysis." *Oxford Bulletin of Economics and Statistics* 62 (May): 197–222.

UNIDO. 2009. *Breaking In and Moving Up: New Industrial Challenges for the Bottom Billion and the Middle-Income Countries*. Industrial Development Report, United Nations (Vienna).

Uribe, Martín, and Vivian Z. Yue. 2006. "Country Spreads and Emerging Countries: Who Drives Whom?" *Journal of International Economics* 69 (March): 6–36.

van der Ploeg, Frederick. 1989. "The Political Economy of Overvaluation." *Economic Journal* 99 (September): 850–55.

van Gompel, Johan. 1994. "Stabilization with Wage Indexation and Exchange Rate Flexibility." *Journal of Economic Surveys* 8 (September): 252–81.

van Order, Robert. 2006. "A Model of Financial Structure and Financial Fragility." *Journal of Money, Credit, and Banking* 38 (April): 565–85.

van Wijnbergen, Sweder. 1982. "Stagflationary Effects of Monetary Stabilization Policies." *Journal of Development Economics* 10 (April): 133–69.

——. 1986. "Exchange Rate Management and Stabilization Policies in Developing Countries." *Journal of Development Economics* 23 (October): 227–47.

——. 1988. "Monopolistic Competition, Credibility and the Output Costs of Disinflationary Programs." *Journal of Development Economics* 29 (November): 375–98.

——. 1991. "Fiscal Deficits, Exchange Rate Crises, and Inflation." *Review of Economic Studies* 58 (January): 81–92.

Varian, Hal R. 1992. *Microeconomic Analysis*. New York: Norton.

Vaugirard, Victor. 2007. "Informational Contagion of Bank Runs in a Third-Generation Crisis Model." *Journal of International Money and Finance* 26 (April): 403–29.

Végh, Carlos A. 1989*a*. "The Optimal Inflation Tax in the Presence of Currency Substitution." *Journal of Monetary Economics* 24 (July): 139–46.

——. 1989*b*. "Government Spending and Inflationary Finance." *IMF Staff Papers* 46 (September): 657–77.

——. 1992. "Stopping High Inflation: An Analytical Overview." *IMF Staff Papers* 39 (September): 626–95.

Veidyanathan, Geetha. 1993. "Consumption, Liquidity Constraints and Economic Development." *Journal of Macroeconomics* 15 (Summer): 591–610.

Veiga, Francisco J. 1999. "What Causes the Failure of Inflation Stabilization Plans?" *Journal of International Money and Finance* 18 (April): 169–94.

Velasco, Andrés. 1987. "Financial Crises and Balance of Payments Crises—A Simple Model of the Southern Cone Experience." *Journal of Development Economics* 17 (October): 263–83.
——. 1993. "Real Interest Rates and Government Debt during Stabilization." *Journal of Money, Credit, and Banking* 25 (May): 251–72.
——. 1996. "Fixed Exchange Rates: Credibility, Flexibility and Multiplicity." *European Economic Review* 40 (April): 1023–35.
——. 1997. "When Are Fixed Exchange Rates Really Fixed?" *Journal of Development Economics* 54 (October): 5–25.
——. 1999. "A Model of Endogenous Fiscal Deficits and Delayed Fiscal Reforms." In *Fiscal Institutions and Fiscal Performance*, edited by James M. Poterba and Jurgen von Hagen. Chicago: University of Chicago Press.
Venegas-Martínez, Francisco. 2001. "Temporary Stabilization: A Stochastic Analysis." *Journal of Economic Dynamics and Control* 25 (September): 1429–49.
Vergne, Clémence. 2009. "Democracy, Elections and Allocation of Public Expenditures in Developing Countries." *European Journal of Political Economy* 25 (March): 63–77.
Verspagen, Bart. 1992. "Endogenous Innovation in Neo-Classical Growth Models: A Survey." *Journal of Macroeconomics* 14 (Fall): 631–62.
Vestin, David. 2006. "Price-Level versus Inflation Targeting." *Journal of Monetary Economics* 53 (October): 1361–76.
Vickers, John. 1986. "Signalling in a Model of Monetary Policy with Incomplete Information." *Oxford Economic Papers* 38 (November): 443–55.
Villanueva, Delano, and Abbas Mirakhor. 1990. "Strategies for Financial Reforms." *IMF Staff Papers* 37 (September): 509–36.
von Hagen, Jürgen, and Haiping Zhang. 2008. "A Welfare Analysis of Capital Account Liberalization." *Review of International Economics* 16 (August): 576–90.
——. 2014. "Financial Development, International Capital Flows, and Aggregate Output." *Journal of Development Economics* 106 (January): 66–77.
Wacziarg, Romain, and Jessica S. Wallack. 2004. "Trade Liberalization and Intersectoral Labor Movements." *Journal of International Economics* 64 (December): 411–39.
Walsh, Carl E. 1995. "Optimal Contracts for Central Bankers." *American Economic Review* 76 (March): 150–67.
——. 1999. "Announcements, Inflation Targeting and Central Bank Incentives." *Economica* 66 (May): 255–69.
Wang, Neng. 2004. "Precautionary Saving and Partially Observed Income." *Journal of Monetary Economics* 51 (November): 1645–81.
Wasmer, Etienne, and Philippe Weil. 2004. "The Macroeconomics of Labour and Credit Market Imperfections." *American Economic Review* 94 (September): 944–63.
Werner, Alejandro M. 1995. "Exchange Rate Target Zones, Realignments, and the Interest Rate Differential: Theory and Evidence." *Journal of International Economics* 39 (November 1995): 353–67.
Wette, Hildegard. 1983. "Collateral in Credit Rationing in Markets with Imperfect Information." *American Economic Review* 73 (June): 442–45.
Whitehead, Laurence. 1990. "Political Explanations of Macroeconomic Management: A Survey." *World Development* 18 (August 1990): 1133–46.
Wickens, Michael. 2011. *Macroeconomic Theory*. 2nd ed. Princeton, NJ: Princeton University Press.
Willett, Thomas D., Manfred W. Keil, and Young Seok Ahn. 2002. "Capital Mobility for Developing Countries May Not Be So High." *Journal of Development Economics* 68 (August): 421–34.
Williamson, John. 1996. *The Crawling Band as an Exchange Rate Regime: Lessons from Chile, Colombia, and Israel.* Washington, DC: Institute for International Economics.
Williamson, John, and Stephan Haggard. 1994. "The Political Conditions for Economic Reform." In *The Political Economy of Economic Reform,* edited by John Williamson. Washington, DC: Institute for International Economics.
Williamson, John, and Molly Mahar. 1998. *A Survey of Financial Liberalization*. Essay in International Finance no. 211, Princeton University (November).
Williamson, Stephen D. 1986. "Costly Monitoring, Financial Intermediation, and Equilibrium Credit Rationing." *Journal of Monetary Economics* 18 (September): 159–79.
Willman, Alpo. 1988. "The Collapse of the Fixed Exchange Rate Regime with Sticky Wages and Imperfect Substitutability between Domestic and Foreign Bonds." *European Economic Review* 32 (November): 1817–38.
Wolpin, Kenneth I. 1982. "A New Test of the Permanent Income Hypothesis: The Impact of Weather on the Income and Consumption of Farm Households in India." *International Economic Review* 23 (October): 583–94.

Wong, David Y. 1990. "What Do Saving-Investment Relationships Tell Us About International Capital Mobility?" *Journal of International Money and Finance* 9 (March): 60–74.
Woo, Jaejoon. 2005. "Social Polarization, Fiscal Instability and Growth." *European Economic Review* 49 (August): 1451–77.
——. 2011. "Growth, Income Distribution, and Fiscal Policy Volatility." *Journal of Development Economics* 96 (November): 289–313.
Woodford, Michael. 2003. *Interest and Prices*. Princeton, NJ: Princeton University Press.
——. 2010. "Financial Intermediation and Macroeconomic Analysis." *Journal of Economic Perspectives* 24 (September): 21–44.
——. 2013. "Macroeconomic Analysis without the Rational Expectations Hypothesis." Working Paper no. 19368, National Bureau of Economic Research (August).
World Bank. 1993. *The East Asian Miracle*. New York: Oxford University Press.
——. 1997. *Private Capital Flows to Developing Countries*. Washington, DC: World Bank.
——. 2012. *China 2030: Building a Modern, Harmonious, and Creative High-Income Society*. Washington, DC: World Bank.
Wright, Mark L. 2011. "The Theory of Sovereign Debt and Default." In *Encyclopedia of Financial Globalization*, edited by Gerard Caprio. Amsterdam: North-Holland.
Yun, Tack. 1996. "Nominal Price Rigidity, Money Supply Endogeneity, and Business Cycles." *Journal of Monetary Economics* 37 (April): 345–70.
Zeldes, Stephen. 1989. "Consumption and Liquidity Constraints: An Empirical Investigation." *Journal of Political Economy* 97 (April): 305–46.
Zuehlke, Thomas W., and James E. Payne. 1989. "Tests of the Rational Expectations-Permanent Income Hypothesis for Developing Economies." *Journal of Macroeconomics* 11 (June): 423–33.

经济科学译丛

序号	书名	作者	Author	单价	出版年份	ISBN
1	发展宏观经济学(第四版)	皮埃尔·理查德·阿根诺等	Pierre-Richard Agénor	79.00	2020	978-7-300-27425-6
2	微观经济学(第四版)	保罗·克鲁格曼等	Paul Krugman	86.00	2020	978-7-300-28321-0
3	平狄克《微观经济学》(第九版)学习指导	乔纳森·汉密尔顿等	Jonathan Hamilton	42.00	2020	978-7-300-28281-7
4	经济地理学:区域和国家一体化	皮埃尔-菲利普·库姆斯等	Pierre-Philippe Combes	56.00	2020	978-7-300-28276-3
5	公共部门经济学(第四版)	约瑟夫·E. 斯蒂格利茨等	Joseph E. Stiglitz	96.00	2020	978-7-300-28218-3
6	递归宏观经济理论(第三版)	拉尔斯·扬奎斯特等	Lars Ljungqvist	128.00	2020	978-7-300-28058-5
7	策略博弈(第四版)	阿维纳什·迪克西特等	Avinash Dixit	85.00	2020	978-7-300-28005-9
8	劳动关系(第10版)	小威廉·H. 霍利等	William H. Holley, Jr.	83.00	2020	978-7-300-25582-8
9	微观经济学(第九版)	罗伯特·S. 平狄克等	Robert S. Pindyck	93.00	2020	978-7-300-26640-4
10	宏观经济学(第十版)	N. 格里高利·曼昆	N. Gregory Mankiw	79.00	2020	978-7-300-27631-1
11	宏观经济学(第九版)	安德鲁·B. 亚伯等	Andrew B. Abel	95.00	2020	978-7-300-27382-2
12	商务经济学(第二版)	克里斯·马尔赫恩等	Chris Mulhearn	56.00	2019	978-7-300-24491-4
13	管理经济学:基于战略的视角(第二版)	蒂莫西·费希尔等	Timothy Fisher	58.00	2019	978-7-300-23886-9
14	投入产出分析:基础与扩展(第二版)	罗纳德·E. 米勒等	Ronald E. Miller	98.00	2019	978-7-300-26845-3
15	宏观经济学:政策与实践(第二版)	弗雷德里克·S. 米什金	Frederic S. Mishkin	89.00	2019	978-7-300-26809-5
16	国际商务:亚洲视角	查尔斯·W. L. 希尔等	Charles W. L. Hill	108.00	2019	978-7-300-26791-3
17	统计学:在经济和管理中的应用(第10版)	杰拉德·凯勒	Gerald Keller	158.00	2019	978-7-300-26771-5
18	经济学精要(第五版)	R. 格伦·哈伯德等	R. Glenn Hubbard	99.00	2019	978-7-300-26561-2
19	环境经济学(第七版)	埃班·古德斯坦等	Eban Goodstein	78.00	2019	978-7-300-23867-8
20	管理者微观经济学	戴维·M. 克雷普斯	David M. Kreps	88.00	2019	978-7-300-22914-0
21	税收与企业经营战略:筹划方法(第五版)	迈伦·S. 斯科尔斯等	Myron S. Scholes	78.00	2018	978-7-300-25999-4
22	美国经济史(第12版)	加里·M. 沃尔顿等	Gary M. Walton	98.00	2018	978-7-300-26473-8
23	组织经济学:经济学分析方法在组织管理上的应用(第五版)	塞特斯·杜玛等	Sytse Douma	62.00	2018	978-7-300-25545-3
24	经济理论的回顾(第五版)	马克·布劳格	Mark Blaug	88.00	2018	978-7-300-26252-9
25	实地实验:设计、分析与解释	艾伦·伯格等	Alan S. Gerber	69.80	2018	978-7-300-26319-9
26	金融学(第二版)	兹维·博迪等	Zvi Bodie	75.00	2018	978-7-300-26134-8
27	空间数据分析:模型、方法与技术	曼弗雷德·M. 费希尔等	Manfred M. Fischer	36.00	2018	978-7-300-25304-6
28	《宏观经济学》(第十二版)学习指导书	鲁迪格·多恩布什等	Rudiger Dornbusch	38.00	2018	978-7-300-26063-1
29	宏观经济学(第四版)	保罗·克鲁格曼等	Paul Krugman	68.00	2018	978-7-300-26068-6
30	计量经济学导论:现代观点(第六版)	杰弗里·M. 伍德里奇	Jeffrey M. Wooldridge	109.00	2018	978-7-300-25914-7
31	经济思想史:伦敦经济学院讲演录	莱昂内尔·罗宾斯	Lionel Robbins	59.80	2018	978-7-300-25258-2
32	空间计量经济学入门——在R中的应用	朱塞佩·阿尔比亚	Giuseppe Arbia	45.00	2018	978-7-300-25458-6
33	克鲁格曼经济学原理(第四版)	保罗·克鲁格曼等	Paul Krugman	88.00	2018	978-7-300-25639-9
34	发展经济学(第七版)	德怀特·H. 波金斯等	Dwight H. Perkins	98.00	2018	978-7-300-25506-4
35	线性与非线性规划(第四版)	戴维·G. 卢恩伯格等	David G. Luenberger	79.80	2018	978-7-300-25391-6
36	产业组织理论	让·梯若尔	Jean Tirole	110.00	2018	978-7-300-25170-7
37	经济学精要(第六版)	巴德、帕金	Bade, Parkin	89.00	2018	978-7-300-24749-6
38	空间计量经济学——空间数据的分位数回归	丹尼尔·P. 麦克米伦	Daniel P. McMillen	30.00	2018	978-7-300-23949-1
39	高级宏观经济学基础(第二版)	本·J. 海德拉	Ben J. Heijdra	88.00	2018	978-7-300-25147-9
40	税收经济学(第二版)	伯纳德·萨拉尼耶	Bernard Salanié	42.00	2018	978-7-300-23866-1
41	国际贸易(第三版)	罗伯特·C. 芬斯特拉	Robert C. Feenstra	73.00	2017	978-7-300-25327-5
42	国际宏观经济学(第三版)	罗伯特·C. 芬斯特拉	Robert C. Feenstra	79.00	2017	978-7-300-25326-8
43	公司治理(第五版)	罗伯特·A. G. 蒙克斯	Robert A. G. Monks	69.80	2017	978-7-300-24972-8
44	国际经济学(第15版)	罗伯特·J. 凯伯	Robert J. Carbaugh	78.00	2017	978-7-300-24844-8
45	经济理论和方法史(第五版)	小罗伯特·B. 埃克伦德等	Robert B. Ekelund. Jr.	88.00	2017	978-7-300-22497-8
46	经济地理学	威廉·P. 安德森	William P. Anderson	59.80	2017	978-7-300-24544-7
47	博弈与信息:博弈论概论(第四版)	艾里克·拉斯穆森	Eric Rasmusen	79.80	2017	978-7-300-24546-1
48	MBA宏观经济学	莫里斯·A. 戴维斯	Morris A. Davis	38.00	2017	978-7-300-24268-2
49	经济学基础(第十六版)	弗兰克·V. 马斯切纳	Frank V. Mastrianna	42.00	2017	978-7-300-22607-1
50	高级微观经济学:选择与竞争性市场	戴维·M. 克雷普斯	David M. Kreps	79.80	2017	978-7-300-23674-2
51	博弈论与机制设计	Y. 内拉哈里	Y. Narahari	69.80	2017	978-7-300-24209-5
52	宏观经济学精要:理解新闻中的经济学(第三版)	彼得·肯尼迪	Peter Kennedy	45.00	2017	978-7-300-21617-1
53	宏观经济学(第十二版)	鲁迪格·多恩布什等	Rudiger Dornbusch	69.00	2017	978-7-300-23772-5
54	国际金融与开放宏观经济学:理论、历史与政策	亨德里克·范登伯格	Hendrik Van den Berg	68.00	2016	978-7-300-23380-2

经济科学译丛						
序号	书名	作者	Author	单价	出版年份	ISBN
55	经济学(微观部分)	达龙·阿西莫格鲁等	Daron Acemoglu	59.00	2016	978-7-300-21786-4
56	经济学(宏观部分)	达龙·阿西莫格鲁等	Daron Acemoglu	45.00	2016	978-7-300-21886-1
57	发展经济学	热若尔·罗兰	Gérard Roland	79.00	2016	978-7-300-23379-6
58	中级微观经济学——直觉思维与数理方法(上下册)	托马斯·J. 内契巴	Thomas J. Nechyba	128.00	2016	978-7-300-22363-6
59	环境与自然资源经济学(第十版)	汤姆·蒂坦伯格等	Tom Tietenberg	72.00	2016	978-7-300-22900-3
60	劳动经济学基础(第二版)	托马斯·海克拉克等	Thomas Hyclak	65.00	2016	978-7-300-23146-4
61	货币金融学(第十一版)	弗雷德里克·S. 米什金	Frederic S. Mishkin	85.00	2016	978-7-300-23001-6
62	动态优化——经济学和管理学中的变分法和最优控制(第二版)	莫顿·I. 凯曼等	Morton I. Kamien	48.00	2016	978-7-300-23167-9
63	用 Excel 学习中级微观经济学	温贝托·巴雷托	Humberto Barreto	65.00	2016	978-7-300-21628-7
64	国际经济学:理论与政策(第十版)	保罗·R. 克鲁格曼等	Paul R. Krugman	89.00	2016	978-7-300-22710-8
65	国际金融(第十版)	保罗·R. 克鲁格曼等	Paul R. Krugman	55.00	2016	978-7-300-22089-5
66	国际贸易(第十版)	保罗·R. 克鲁格曼等	Paul R. Krugman	42.00	2016	978-7-300-22088-8
67	经济学精要(第3版)	斯坦利·L. 布鲁伊等	Stanley L. Brue	58.00	2016	978-7-300-22301-8
68	投资学精要(第九版)	兹维·博迪等	Zvi Bodie	108.00	2016	978-7-300-22236-3
69	环境经济学(第二版)	查尔斯·D. 科尔斯塔德	Charles D. Kolstad	68.00	2016	978-7-300-22255-4
70	MWG《微观经济理论》习题解答	原千晶等	Chiaki Hara	75.00	2016	978-7-300-22306-3
71	横截面与面板数据的计量经济分析(第二版)	杰弗里·M. 伍德里奇	Jeffrey M. Wooldridge	128.00	2016	978-7-300-21938-7
72	宏观经济学(第十二版)	罗伯特·J. 戈登	Robert J. Gordon	75.00	2016	978-7-300-21978-3
73	动态最优化基础	蒋中一	Alpha C. Chiang	42.00	2015	978-7-300-22068-0
74	城市经济学	布伦丹·奥弗莱厄蒂	Brendan O'Flaherty	69.80	2015	978-7-300-22067-3
75	管理经济学:理论、应用与案例(第八版)	布鲁斯·艾伦等	Bruce Allen	79.80	2015	978-7-300-21991-2
76	微观经济分析(第三版)	哈尔·R. 范里安	Hal R. Varian	68.00	2015	978-7-300-21536-5
77	财政学(第十版)	哈维·S. 罗森等	Harvey S. Rosen	68.00	2015	978-7-300-21754-3
78	经济数学(第三版)	迈克尔·霍伊等	Michael Hoy	88.00	2015	978-7-300-21674-4
79	发展经济学(第九版)	A. P. 瑟尔沃	A. P. Thirlwall	69.80	2015	978-7-300-21193-0
80	宏观经济学(第五版)	斯蒂芬·D. 威廉森	Stephen D. Williamson	69.00	2015	978-7-300-21169-5
81	资源经济学(第三版)	约翰·C. 伯格斯特罗姆等	John C. Bergstrom	58.00	2015	978-7-300-20742-1
82	应用中级宏观经济学	凯文·D. 胡佛	Kevin D. Hoover	78.00	2015	978-7-300-21000-1
83	现代时间序列分析导论(第二版)	约根·沃特斯等	Jürgen Wolters	39.80	2015	978-7-300-20625-7
84	空间计量经济学——从横截面数据到空间面板	J. 保罗·埃尔霍斯特	J. Paul Elhorst	32.00	2015	978-7-300-21024-7
85	国际经济学原理	肯尼思·A. 赖纳特	Kenneth A. Reinert	58.00	2015	978-7-300-20830-5
86	经济写作(第二版)	迪尔德丽·N. 麦克洛斯基	Deirdre N. McCloskey	39.80	2015	978-7-300-20914-2
87	计量经济学方法与应用(第五版)	巴蒂·H. 巴尔塔基	Badi H. Baltagi	58.00	2015	978-7-300-20584-7
88	战略经济学(第五版)	戴维·贝赞可等	David Besanko	78.00	2015	978-7-300-20679-0
89	博弈论导论	史蒂文·泰迪里斯	Steven Tadelis	58.00	2015	978-7-300-19993-1
90	社会问题经济学(第二十版)	安塞尔·M. 夏普等	Ansel M. Sharp	49.00	2015	978-7-300-20279-2
91	博弈论:矛盾冲突分析	罗杰·B. 迈尔森	Roger B. Myerson	58.00	2015	978-7-300-20212-9
92	时间序列分析	詹姆斯·D. 汉密尔顿	James D. Hamilton	118.00	2015	978-7-300-20213-6
93	经济问题与政策(第五版)	杰奎琳·默里·布鲁克斯	Jacqueline Murray Brux	58.00	2014	978-7-300-17799-1
94	微观经济理论	安德鲁·马斯-克莱尔等	Andreu Mas-Collel	148.00	2014	978-7-300-19986-3
95	产业组织:理论与实践(第四版)	唐·E. 瓦尔德曼等	Don E. Waldman	75.00	2014	978-7-300-19722-7
96	公司金融理论	让·梯若尔	Jean Tirole	128.00	2014	978-7-300-20178-8
97	公共部门经济学	理查德·W. 特里西	Richard W. Tresch	49.00	2014	978-7-300-18442-5
98	统计学:在经济中的应用	玛格丽特·刘易斯	Margaret Lewis	45.00	2014	978-7-300-19082-2
99	计量经济学导论(第三版)	詹姆斯·H. 斯托克等	James H. Stock	69.00	2014	978-7-300-18467-8
100	发展经济学导论(第四版)	秋山裕	秋山裕	39.80	2014	978-7-300-19127-0
101	中级微观经济学(第六版)	杰弗里·M. 佩罗夫	Jeffrey M. Perloff	89.00	2014	978-7-300-18441-8
102	微观银行经济学(第二版)	哈维尔·弗雷克斯等	Xavier Freixas	48.00	2014	978-7-300-18940-6
103	施米托夫论出口贸易——国际贸易法律与实务(第11版)	克利夫·M. 施米托夫等	Clive M. Schmitthoff	168.00	2014	978-7-300-18425-8
104	计量经济学原理与实践	达摩达尔·N. 古扎拉蒂	Damodar N. Gujarati	49.80	2013	978-7-300-18169-1
105	高级国际贸易:理论与实证	罗伯特·C. 芬斯特拉	Robert C. Feenstra	59.00	2013	978-7-300-17157-9

经济科学译丛

序号	书名	作者	Author	单价	出版年份	ISBN
106	经济学简史——处理沉闷科学的巧妙方法(第二版)	E. 雷·坎特伯里	E. Ray Canterbery	58.00	2013	978-7-300-17571-3
107	微观经济学原理(第五版)	巴德、帕金	Bade,Parkin	65.00	2013	978-7-300-16930-9
108	宏观经济学原理(第五版)	巴德、帕金	Bade,Parkin	63.00	2013	978-7-300-16929-3
109	环境经济学	彼得·伯克等	Peter Berck	55.00	2013	978-7-300-16538-7
110	高级微观经济理论	杰弗里·杰里	Geoffrey A. Jehle	69.00	2012	978-7-300-16613-1
111	高级宏观经济学导论:增长与经济周期(第二版)	彼得·伯奇·索伦森等	Peter Birch Sørensen	95.00	2012	978-7-300-15871-6
112	卫生经济学(第六版)	舍曼·富兰德等	Sherman Folland	79.00	2011	978-7-300-14645-4
113	现代劳动经济学:理论与公共政策(第十版)	罗纳德·G. 伊兰伯格等	Ronald G. Ehrenberg	69.00	2011	978-7-300-14482-5
114	经济学原理(第四版)	威廉·博伊斯等	William Boyes	59.00	2011	978-7-300-13518-2
115	计量经济学基础(第五版)(上下册)	达摩达尔·N. 古扎拉蒂	Damodar N. Gujarati	99.00	2011	978-7-300-13693-6
116	《计量经济学基础》(第五版)学生习题解答手册	达摩达尔·N. 古扎拉蒂等	Damodar N. Gujarati	23.00	2012	978-7-300-15080-8

金融学译丛

序号	书名	作者	Author	单价	出版年份	ISBN
1	金融市场与金融机构(第12版)	杰夫·马杜拉	Jeff Madura	99.00	2020	978-7-300-27836-0
2	个人理财(第11版)	E. 托马斯·加曼等	E. Thomas Garman	108.00	2020	978-7-300-25653-5
3	银行学(第二版)	芭芭拉·卡苏等	Barbara Casu	99.00	2020	978-7-300-28034-9
4	金融衍生工具与风险管理(第十版)	唐·M. 钱斯	Don M. Chance	98.00	2020	978-7-300-27651-9
5	投资学导论(第十二版)	赫伯特·B. 梅奥	Herbert B. Mayo	89.00	2020	978-7-300-27653-3
6	金融几何学	阿尔文·库鲁克	Alvin Kuruc	58.00	2020	978-7-300-14104-6
7	银行风险管理(第四版)	若埃尔·贝西	Joël Bessis	56.00	2019	978-7-300-26496-7
8	金融学原理(第八版)	阿瑟·J. 基翁等	Arthur J. Keown	79.00	2018	978-7-300-25638-2
9	财务管理基础(第七版)	劳伦斯·J. 吉特曼等	Lawrence J. Gitman	89.00	2018	978-7-300-25339-8
10	利率互换及其他衍生品	霍华德·科伯	Howard Corb	69.00	2018	978-7-300-25294-0
11	固定收益证券手册(第八版)	弗兰克·J. 法博齐	Frank J. Fabozzi	228.00	2017	978-7-300-24227-9
12	金融市场与金融机构(第8版)	弗雷德里克·S. 米什金等	Frederic S. Mishkin	86.00	2017	978-7-300-24731-1
13	兼并、收购和公司重组(第六版)	帕特里克·A. 高根	Patrick A. Gaughan	89.00	2017	978-7-300-24231-6
14	债券市场:分析与策略(第九版)	弗兰克·J. 法博齐	Frank J. Fabozzi	98.00	2016	978-7-300-23495-3
15	财务报表分析(第四版)	马丁·弗里德森	Martin Fridson	46.00	2016	978-7-300-23037-5
16	国际金融学	约瑟夫·P. 丹尼尔斯等	Joseph P. Daniels	65.00	2016	978-7-300-23037-1
17	国际金融	阿德里安·巴克利	Adrian Buckley	88.00	2016	978-7-300-22668-2
18	个人理财(第六版)	阿瑟·J. 基翁	Arthur J. Keown	85.00	2016	978-7-300-22711-5
19	投资学基础(第三版)	戈登·J. 亚历山大等	Gordon J. Alexander	79.00	2015	978-7-300-20274-7
20	金融风险管理(第二版)	彼德·F. 克里斯托弗森	Peter F. Christoffersen	46.00	2015	978-7-300-21210-4
21	风险管理与保险管理(第十二版)	乔治·E. 瑞达等	George E. Rejda	95.00	2015	978-7-300-21486-3
22	个人理财(第五版)	杰夫·马杜拉	Jeff Madura	69.00	2015	978-7-300-20583-0
23	企业价值评估	罗伯特·A.G. 蒙克斯等	Robert A. G. Monks	58.00	2015	978-7-300-20582-3
24	基于Excel的金融学原理(第二版)	西蒙·本尼卡	Simon Benninga	79.00	2014	978-7-300-18899-7
25	金融工程学原理(第二版)	萨利赫·N. 内夫特奇	Salih N. Neftci	88.00	2014	978-7-300-19348-9
26	国际金融市场导论(第六版)	斯蒂芬·瓦尔德斯等	Stephen Valdez	59.80	2014	978-7-300-18896-6
27	金融数学:金融工程引论(第二版)	马雷克·凯宾斯基等	Marek Capinski	42.00	2014	978-7-300-17650-5
28	财务管理(第二版)	雷蒙德·布鲁克斯	Raymond Brooks	69.00	2014	978-7-300-19085-3
29	期货与期权市场导论(第七版)	约翰·C. 赫尔	John C. Hull	69.00	2014	978-7-300-18994-2
30	国际金融:理论与实务	皮特·塞尔居	Piet Sercu	88.00	2014	978-7-300-18413-5
31	货币、银行和金融体系	R. 格伦·哈伯德等	R. Glenn Hubbard	75.00	2013	978-7-300-17856-1
32	并购创造价值(第二版)	萨德·苏达斯纳	Sudi Sudarsanam	89.00	2013	978-7-300-17473-0
33	个人理财——理财技能培养方法(第三版)	杰克·R. 卡普尔等	Jack R. Kapoor	66.00	2013	978-7-300-16687-2
34	国际财务管理	吉尔特·贝克特	Geert Bekaert	95.00	2012	978-7-300-16031-3
35	应用公司财务(第三版)	阿斯沃思·达摩达兰	Aswath Damodaran	88.00	2012	978-7-300-16034-4
36	资本市场:机构与工具(第四版)	弗兰克·J. 法博齐	Frank J. Fabozzi	85.00	2011	978-7-300-13828-2

DEVELOPMENT MACROECONOMICS, 4E
By Pierre-Richard Agénor and Peter J. Montiel

图书在版编目（CIP）数据

发展宏观经济学：第四版/（美）皮埃尔·理查德·阿根诺，（美）彼得·J. 蒙蒂尔著；董琦，范翻译. -- 北京：中国人民大学出版社，2020.8
（经济科学译丛）
ISBN 978-7-300-27425-6

Ⅰ.①发… Ⅱ.①皮… ②彼… ③董… ④范… Ⅲ.①发展经济学—宏观经济学
Ⅳ.①F061.3 ②F015

中国版本图书馆 CIP 数据核字（2020）第 131516 号

"十三五"国家重点出版物出版规划项目
经济科学译丛
发展宏观经济学（第四版）
皮埃尔·理查德·阿根诺　著
彼得·J. 蒙蒂尔
董琦　范翻　译
陶然　校
Fazhan Hongguan Jingjixue

出版发行	中国人民大学出版社		
社　　址	北京中关村大街 31 号	**邮政编码**	100080
电　　话	010－62511242（总编室）		010－62511770（质管部）
	010－82501766（邮购部）		010－62514148（门市部）
	010－62515195（发行公司）		010－62515275（盗版举报）
网　　址	http://www.crup.com.cn		
经　　销	新华书店		
印　　刷	涿州市星河印刷有限公司		
规　　格	185 mm×260 mm　16 开本	**版　　次**	2020 年 8 月第 1 版
印　　张	33 插页 2	**印　　次**	2020 年 8 月第 1 次印刷
字　　数	790 000	**定　　价**	79.00 元